海原年鉴

2022

海原县委党史和地方志研究室　编

方志出版社
Publishing House of Local Records

图书在版编目（CIP）数据

海原年鉴. 2022 / 海原县委党史和地方志研究室编.—
北京：方志出版社，2023.11
ISBN 978-7-5144-5945-6

Ⅰ. ①海… Ⅱ. ①海… Ⅲ. ①海原县—2022—年鉴
Ⅳ. ①Z524.34

中国国家版本馆CIP数据核字(2023)第229956号

责任编辑：王海荣
责任校对：刘玉霞
责任印制：梅中英
出 版 者：方志出版社
地 址：北京市朝阳区潘家园东里9号(国家方志馆4层)
邮 编：100021
网 址：http://www.zgfzcb.cn
发 行：方志出版社图书营销中心（010-67110500）
印 刷：银川市昊博彩色印刷有限公司
开 本：889毫米×1194毫米 1/16
印 张：33.5
字 数：724千字
版 次：2023年11月第1版
印 次：2023年11月第1次印刷
定 价：298.00元

《海原年鉴(2022)》编纂委员会

《海原年鉴(2022)》编纂人员

编辑说明

一、《海原年鉴(2022)》是由中共海原县委、海原县人民政府主管,海原县委党史和地方志研究室编纂,国内外公开发行的正式出版物,是具有政府公报性质的大型资料工具书。

二、《海原年鉴(2022)》以马克思列宁主义、毛泽东思想、邓小平理论、"三个代表"重要思想、科学发展观、习近平新时代中国特色社会主义思想为指导,坚持辩证唯物主义和历史唯物主义的立场、观点和方法,坚持改革创新和新发展理念,客观记述海原县2021年的发展与现状,力求达到思想性、科学性、资料性的统一。

三、《海原年鉴(2022)》主体内容时限为2021年1月1日至12月31日。乡镇概况类目中的个别条目为介绍相关背景资料,适当作了回溯性记载。

四、《海原年鉴(2022)》采用分类编辑法,采用条目体,分类目、分目、条目三个层次,并以条目为基本写作单元。本年鉴设特载、媒体印象、大事记、组织机构和负责人名录、海原综览、中国共产党海原县委员会、海原县人民代表大会、海原县人民政府、中国人民政治协商会议海原县委员会、纪检 监察、群众团体、法治 军事、经济管理、工业、农业农村、住房和城乡建设、交通运输、邮电通信、自然资源和生态环境、市场监管和商贸流通、金融 保险、教育 体育、科学技术、文化传媒、全域旅游、卫生健康、应急管理、社会管理和民生服务、乡(镇、街道、管委会)、人物 先进、附录。

五、《海原年鉴(2022)》的所有资料,均由各乡(镇)、县直各部门(单位)、自治区和市驻海原各部门(单位)提供,全县性的统计资料由县统计局提供。由于统计口径不同,个别数字可能略有差异,引用时以《海原县国民经济和社会发展统计公报》为准。

六、《海原年鉴(2022)》数字用法、标点符号用法分别采用国家标准《出版物上数字用法》(GB/T 15835—2011)、《标点符号用法》(GB/T 15834—2011),计量单位采用国家技术监督局1993年12月发布的《量和单位》系列国家标准。

9月24日，中国共产党海原县第十五次代表大会开幕

2月25日，海原县被中共中央、国务院授予“全国脱贫攻坚先进集体”称号

①

②

①②12月3日，中卫市委副书记、海原县委书记、海兴开发区党工委书记杨青龙（后排右三）率团访问华润集团总部，与华润集团董事长王祥明（后排左三）签署定点帮扶框架协议

12月3日，华润集团定点帮扶海原县工作座谈会召开

12月9日，海兴开发区“宁夏(海原)牛市”开市

海原牛市俯瞰

海原牛市一隅

肉牛养殖基地一隅(马　德　摄)

曹洼华润肉牛繁育基地俯瞰(马　德　田兴仁　摄)

11月23日，海原县2021年冬季"点对点"劳务输出启动

9月10日，CCTV综艺频道"一路有你公益行"走进海原县西安镇学台小学

海原县牌路山生态公园新貌

海原县园林城市建设一隅

贺堡河流域治理一隅(王文革　摄)

荞麦花开

长隆农业西安镇蔬菜种植基地

长隆农业西安镇蔬菜种植基地

①

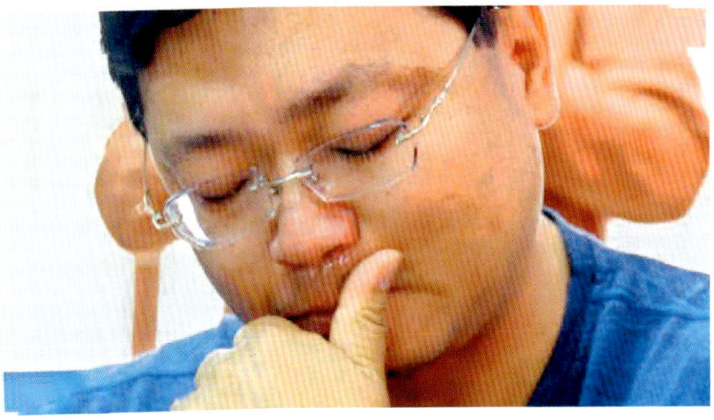

②

③

①②③7月6日，关桥乡方堡村驻村第一书记穆海彬离任，乡亲们依依惜别（王文革　摄）

7月6日，宁夏第四届农民篮球争霸赛决赛在海原县体育馆举行

9月14日，海原县庆祝中国共产党成立100周年2021年“担当新使命 奋进新征程”广场文化艺术演出活动在文体广场举行

9月7日，海原县新时代文明实践“雷锋日”志愿者服务活动启动仪式及新时代文明实践中心授旗仪式在南门广场举行

李俊乡在红星村开展理论政策宣讲活动

西安镇西安村开展冬季党员轮训

乡村旅游

神秘的红羊乡汉代石窑

移民的幸福生活

高崖乡高崖村玉平文化大院

12月23日,海原县举办残疾人庆祝2022年元旦文艺晚会

高崖乡高崖村图书阅览室

贾塘乡如火如荼的乡村篮球运动会

目　录

特　载

媒体印象

大　事　记

组织机构和负责人名录

海原综览

中国共产党海原县委员会

海原县人民代表大会

海原县人民政府

中国人民政治协商会议海原县委员会

纪检 监察

群众团体

法治　军事

经济管理

工 业

农业农村

住房和城乡建设

交通运输

邮电通信

自然资源和生态环境

市场监管和商贸流通

金融 保险

教育 体育

科学技术

文化传媒

全域旅游

卫生健康

应急管理

社会管理和民生服务

乡(镇、街道、管委会)

人物　先进

附　录

特 载

中共海原县委工作报告

——在中国共产党海原县第十五次代表大会上

中卫市委副书记、海原县委书记、海兴开发区党工委书记 杨青龙

（2021年9月24日）

这次大会，是在中国共产党带领全党全国各族人民向第二个百年奋斗目标迈进的重要时期，全县上下巩固拓展脱贫攻坚成果、开启全面推进乡村振兴的关键之际，召开的一次十分重要的会议。大会的主题是：高举中国特色社会主义伟大旗帜，坚持以习近平新时代中国特色社会主义思想为指导，全面贯彻落实习近平总书记视察宁夏重要讲话精神，立足新发展阶段，贯彻新发展理念，融入新发展格局，加快推动高质量发展，乘势而上启新程，接续奋斗谱新篇，为建设经济繁荣民族团结环境优美人民富裕的美丽新宁夏贡献海原力量。

一、砥砺奋进五年路，春华秋实结硕果

过去五年，我们始终牢记习近平总书记殷殷嘱托，坚决贯彻党中央和区市党委决策部署，团结带领全县各级党组织、广大党员和各族干部群众，以脱贫攻坚为统揽，以高质量发展为主题，攻坚克难、砥砺奋进，圆满完成了县第十四届党代会确定的目标任务，谱写了海原发展史上浓墨重彩的崭新篇章。

——综合实力显著增强。积极适应经济新常态，精准打好政策组合拳，发展质量和效益大幅提升。全县地区生产总值达到81.44亿元，年均增长5.7%；一般公共财政预算收入累计完成10.88亿元，年均增长4.2%；固定资产投资累计达到265.87亿元。以高端肉牛为主的特色农业转型升级，以新能源为主的新型工业异军突起，文化旅游、交通运输等现代服务业逐步壮大，海同高速公路、“三塘”水库工程等一批重大项目建成投用。县城面貌焕然一

新，关桥等乡镇脱胎换骨，城镇化率提高13.3个百分点。

——脱贫攻坚全面胜利。始终把脱贫攻坚作为最大政治任务、第一民生工程，立愚公移山志，誓拔穷根奔小康。"两不愁三保障"全面实现，安全饮水全面普及，长期困扰群众的行路难、饮水难、上学难、就医难等问题得到根本性解决。11.2万农村贫困人口全部脱贫，125个贫困村全部出列，顺利退出贫困县序列，历史性解决了困扰千年的绝对贫困问题，与全国全区全市同步建成全面小康社会。广大群众听党话、感党恩、跟党走的信心更加坚定。海原县委荣获全国脱贫攻坚先进集体，"基础母牛银行"扶贫模式入选全国典型案例。

——民生福祉大幅提升。始终坚持以人民为中心的发展思想不动摇，大力推进普惠性、基础性、兜底性民生建设，努力让百姓过上更满意的生活。城镇、农村居民人均可支配收入分别达到274885元、10641元，年均增长7.6%、11.2%。义务教育基本均衡发展通过国家验收，"互联网+教育"示范县建设成效明显。县乡村三级医疗卫生服务体系不断健全，人民健康水平显著提升。就业规模持续扩大，创业带动就业效应不断释放。社会保障提标扩面，妇女、儿童、农民工、退役军人等群体权益有效保障。

——生态环境持续改善。深入践行习近平生态文明思想，以壮士断腕的决心根治污染，以重整河山的气魄改善生态。主要污染物减排超额完成区市下达任务，空气质量优良天数比例达到95%以上，清水河海原段水质稳定达标，水土流失治理程度提高至63%，森林覆盖率提高至9.5%。西华山成功入选国家草原自然公园试点项目。美丽乡村建设串珠成线，村容村貌明显改观。

——文化建设富有成效。始终坚定文化自信，大力弘扬社会主义核心价值观，群众性精神文明创建活动蓬勃开展。主流思想舆论巩固壮大，网络空间不断净化。县乡村三级公共文化服务体系不断完善，群众精神文化生活日益丰富，以非遗传承保护为重点的文化事业和以剪纸刺绣为代表的文化产业繁荣发展。

——改革开放持续深化。坚持以改革开路、以改革破题，重点领域和关键环节改革取得重大进展。"放管服"改革走深走实，营商环境持续优化，基层审批服务执法力量改革全面完成，"四权"改革全面铺开，"地长制"改革全区首推，全国基层政务服务公开标准化规范化试点工作通过国家验收。闽宁扶贫协作由单项援助转向双向互动，对外开放合作不断扩大。

——民主法治有序推进。党委总揽全局、协调各方的领导核心作用更加突出，人大监督有力有效，政协工作有声有色，统一战线巩固壮大，群团组织桥梁纽带作用积极发挥。平安海原建设成效显著，县域社会治理"1+6+1"体系不断完善，基层治理能力不断提升，依法治县深入推进，扫黑除恶战果显著，政法队伍教育整顿扎实有效。安全生产形势总体稳定。民族团结进步创建深入开展，中华民族共同体意识深入人心。宗教领域保持平稳和顺。

——党的建设全面加强。坚持以习近平新时代中国特色社会主义思想武装头脑，扎实开展"两学一做"学习教育、"不忘初心、牢记使命"主题教育、党史学习教育，党员干部"四个意识"显著增强。乡村两级换届圆满完成，基层党组织战斗堡垒作用和党员先锋模范作用充分发挥。坚持正确选人用人导向，提拔交流干部736人次。坚持全面从严治党，持续强化政治监督，实现任期内有形有效巡察全覆盖。驰而不息纠“四风”、转作风，始终保持惩治腐败高压态势，一体推进会“三不”机制，立案处理人数逐年下降，正气充盈的政治生态持续巩固。

回顾过去五年，取得的成绩令人振奋。海原步入了历史上综合实力提升最快、城乡面貌变化最大、社会事业成效最好、人民群众得到实惠最多的时期。今天的海原，无论是党风政风、还是民风社风都焕然一新，无论是事业发展、还是干事创业劲头都蒸蒸日上，以全新的姿态展现在世人面前！这些成绩的取得，是以习近平同志为核心的党中央领航定向的结果，是区市党委坚强领导的结果，是历届县委接续奋斗的结果，更是全县人民共同努力、鼎力支持的结果！在此，我代表中共海原县第十四届委员会，向全县广大党员和各族干部群众，向各民主党派、各人民团体和社会各界人士，向离退休老同志，向驻海部队和武警官兵，向区市驻海单位，向所有关心支持海原发展的同志们、朋友们，致以崇高的敬意和衷心的感谢！

回顾过去五年，积累的经验弥足珍贵。我们深刻认识到：一定要旗帜鲜明讲政治，始终在政治上行动上以习近平新时代中国特色社会主义思想作为一切工作的根本遵循和行动指南；一定要坚持不懈抓发展，完整准确全面贯彻落实新发展理念，推动县域经济质量变革、效率变革、动力变革；一定要以民为本践初心，着力保障和改善民生，做到发展为了人民，发展依靠人民，发展成果由人民共享；一定要团结一心聚合力，以铸牢中华民族共同体意识为主线，促进各民族共同团结奋斗、共同繁荣发展；一定要从严治党强根基，把各级党组织建设得更加坚强有力，为各项事业发展提供坚强保障；一定要务实苦干敢担当，持续奋力拼搏，大力弘扬脱贫攻坚精神，把海原的事业干成、干好。

回顾过去的五年，存在的问题不容忽视。我们清醒地看到：县域经济实力弱，财政自给率低，城乡居民收入不高；基础设施建设相对滞后，生态环境脆弱，水力资源利用率不高；农业产业链条短，工业底子薄，服务业层次低；部分党员干部思想守旧、市场意识不强，工作作风和能力还跟不上发展需要，等等。对此，我们务必要增强忧患意识，坚持问题导向，树牢底线思维，采取有力措施加以解决。

二、主动站位新阶段，科学谋划新蓝图

今后五年，是海原转型追赶、高质量发展的重要机遇期和关键窗口期。我们要站在全局的高度，准确把握面临的形与势，找准前进的桥和路，科学描绘顺应时代要求、彰显时代特色、反映人民心声的发展蓝图。

审视宏观大势，发展信心更足。我国发展仍处于重要战略机遇期，党领导下的社会主义制度优势显著、治理效能提升、经济长期向好、物质基础雄厚、人力资源丰富、市场空间广阔、发展韧性强劲、社会大局稳定，这是我们转型追赶、高质量发展的信心所在。

竞争优势厚植，发展潜力充足。海原地域广阔，土地资源丰富、光照资源富集，人力资源、人力资本挖掘空间大，经过多年来的发展积累，长期制约海原发展的交通、水利、通信等瓶颈有效破解，特色功能农业和清洁能源产业等发展势头强劲,这是我们转型追赶、高质量发展的潜力所在。

总体看来,未来五年,海原仍处于可以大有作为的重要战略机遇期。我们要抢抓机遇、担当进取,不断开创发展新局面,实现人民新期待。

今后五年,全县工作的总体要求是:坚持以习近平新时代中国特色社会主义思想为指导,全面贯彻落实习近平总书记视察宁夏重要讲话精神,坚定不移贯彻新发展理念,坚持稳中求进总基调,以建设黄河流域生态保护和高质量发展先行区先行市为时代使命,以推动高质量发展为主题,以巩固拓展脱贫攻坚成果同乡村振兴有效衔接为统揽,以满足人民日益增长的美好生活需求为根本目的,坚决守好民族团结、维护政治安全、改善生态环境"三条生命线",走出一条高质量发展的新路子,为建设经济繁荣民族团结环境优美人民富裕的美丽新宁夏贡献海原力量。

今后五年,我们的主要奋斗目标是:守住"一条底线"、保持"三个高于"、实现"五个提升"、做好"五篇文章"。"一条底线"是坚决守住不发生规模性返贫的底线;"三个高于"是经济发展速度高于全区平均水平、城乡居民收入增速高于全区平均水平、农村居民收入增速高于城镇居民;"五个提升"是经济发展质量、生态环境质量、人民幸福指数、社会治理效能、社会文明程度明显提升;"五篇文章"是做好水的文章、乡的文章、城的文章、人的文章、治的文章。上述总体目标要求和奋斗目标,顺应和遵循了经济社会发展的趋势和客观规律,涵盖和指明了全县改革发展稳定的整体架构和着力点,与"十四五"规划目标任务有机契合,符合国家大政,立足海原实际,顺应人民期盼。

实现新的奋斗目标,必须坚持党的全面领导。党政军民学,东西南北中,党是领导一切的。要增强"四个意识",坚定"四个自信",做到"两个维护"。不断提高政治判断力、政治领悟力、政治执行力,在思想上拥护核心、政治上维护核心、行动上紧跟核心,自觉把海原的发展放在党和国家工作大局来思考,放在区市发展全局中来谋划,做到中央有要求、海原必行动,区市有部署、海原保落实。

实现新的奋斗目标,必须坚持新发展理念。理念是行动的先导。从根子上看,海原发展落后源于发展理念的落后。站位新阶段、融入新格局,必须坚定不移地贯彻新发展理念,主动调整不适应新发展理念的认识,坚决纠正不适应新发展理念的行为。切实以发展理念转变引领发展方式转变,着力破解发展难题,加快发展步伐。

实现新的奋斗目标,必须坚持以人民为中心。江山就是人民,人民就是江山。我们虽然打赢了脱贫攻坚战,实现了全面小康,但与群众对更高收入、更好教育、更优医疗、更美环境等期盼还有差距。要始终坚持人民至上,将增进人民福祉作为一切工作的出发点和落脚点,加快推进共同富裕,努力让人民群众的获得感、幸福感、安全感质量更高、成色更足。

实现新的奋斗目标,必须坚持全面改革开放。唯有改革才有出路,唯有开放才有未来。海原高质量发展的动力在改革创新,活力在扩大开放。要坚持用改革的思维和改革的方法,以闯关夺隘的胆识和毅力,持续深化重点领域和关键环节改革,推进全方位、宽领域、多层次对外开放,着力推动改革开放和经济社会发展深度融合、高效联动，激发发展活力、释放发展潜力。

实现新的奋斗目标，必须坚持真抓实干。真抓才能攻坚克难，实干才能梦想成真。海原之所以能取得今天的成绩，靠的是真抓实干，面对新目标，更要突出真抓实干。要大力弘扬“社会主义是干出来的”的伟大号召，增强真抓实干的本领，树立真抓实干的导向，完善真抓实干的机制，营造真抓实干的氛围，一步一个脚印干在实处，一年一个台阶干出实效。

以上五个“必须坚持”，是我们面向未来必须牢牢把握的基本原则。

三、勇于担当新使命，奋力走好新征程

新阶段赋予新使命，新理念指引新方向，新格局带来新机遇。面对新征程，必须明确重点任务，抓住关键环节，统筹推进经济、政治、文化、社会、生态文明建设，不断加快发展步伐，增强发展后劲，走出一条高质量发展的新路子。

（一）聚焦生态之源，做活“水”的文章。水是生命之源、生产之要、生态之基。要把“水”放在经济社会发展的重要位置，树立水资源是稀缺资源的理念，坚持开源节流并重、保护开发并举，着力破解发展瓶颈，增强可持续发展能力。

建设现代水系网。围绕增水源、建水网，加快建设调水、蓄水、净水、供水、用水重点工程，构建以河流库坝为基础、引调工程为通道、调蓄工程为节点、智慧调控为手段的现代水网体系。依托清水河城乡供水工程，加快建设海原支线水源项目，提标改造城乡供水管网，实施“互联网+城乡供水”工程，建设安全可靠的城乡居民供水服务体系。持续推进“三塘”灌区配水工程，加快建设中部干旱带海原西安供水工程，有序推进井灌区水源替换，新建灌区调蓄和抗旱应急水源工程，着力构建保障有力的农业灌溉水网。

高效利用水资源。严格落实“四定”原则，严守管控指标红线，强化水资源节约集约利用。有序推进灌区高效节水灌溉面积达到90%以上。推动农业适水种植、量水生产，压减高耗水作物，有序退出压砂种植作物，发展节水型生态农业，形成与水资源条件相适应的农业生产布局和种植结构。全力推进水权改革，构建资源有价、使用有偿、交易有市、节约有效的新机制，逐步实现县域内居民生活用水同网同价、农业灌溉用水分类定价。大力推进节水型社会建设，严格落实阶梯水价和超额累进加价制度，积极创建节水型公共机构、居民小区，推进水资源再生利用，加快建设污水资源化利用基础设施，协同推进污水处理、中水回用一体化。

持续改善水生态。坚持山水林田湖草沙系统治理，立足海原“三山一河七流域”空间布局，统筹推进“四水同治”，构建水清、岸绿、河畅、景美的生态水网格局。持续推进南部水源涵养林、中部防沙治沙工程，抓好西华山国家级自然草原公园建设，推动实现山区林草化、城镇园林化、道路林荫化、庭院果园化。积极推进山林权改革、排污权改革，推动跨区域生态合作。大力开展小流域综合治理，建设以梯田和淤地坝为主的拦水减泥体系，不断提升水土保持能力。实施中小流域治理、新建水库和险病水库除险加固工程，提高防洪减灾能力。严格落实河湖长制，巩固提升“一河七流域”整治效果，推动水污染防治常态长效。

（二）聚焦富民之路，做强“乡”的文章。海原过去是脱贫攻坚的主战场，现在是乡村振兴的主阵地。要坚持农业农村优先发展，大力弘扬脱贫攻坚精神，全面推进巩固脱贫攻坚成果同乡村振兴有效衔接，促进农业高质高效、乡村宜居宜业、农民富裕富足，确保农村居民收入增速高于城镇居民。

持续巩固拓展脱贫攻坚成果。严格落实“四个不摘”要求，保持思想不松、队伍不散、机制不变、工作不断，坚决守住不发生规模性返贫底线。健全防止返贫动态监测和帮扶机制，紧盯脱贫不稳定、边缘易致贫和突发严重困难户，加强日常监测预警，精准调度帮扶。持续巩固“两不愁三保障”及饮水安全成果，扎实做好过渡期脱贫县、脱贫村定点观测工作。聚焦就业、产业、社会融入3件事情，全力推进移民致富提升“10大专项行动”，确保搬迁群众稳得住、融得进、有就业、逐步能致富。坚持和完善社会力量帮扶机制，深化闽宁对口协作、央企定点帮扶、部门结对帮扶，协同推进产业、人才、消费等领域合作。用足用好国家乡村振兴驻点帮扶县政策，全面做好政策衔接、机制整合和工作统筹，确保各项工作有序推进、高效落实。

加快发展优势特色产业。坚持以市场需求为导向，落实“四化四调”要求，优产品、提品质、延链条、打品牌，着力构建现代农业产业体系，大力推广出户入园、户繁企育、家庭经营“50”等模式，力争2025年实现“人均一头牛”目标，创建国家级肉牛产业技术体系和自治区肉牛标准化养殖示范县。突出绿色、有机、富硒，推动“三带两园六基地”提质增效，强化“三品一标”认证，大力推进旱作农业科技创新，促进特色农产品优质优价，打造西北地区马铃薯育种基地、小杂粮之乡、中宁枸杞清水河产区。积极推进土地权改革，发展壮大集体经济，培育新型农业经营主体，强化金融保险支持力度，健全联农带农机制。推行“农业+”模式，积极发展农产品加工、仓储、冷链物流和农村电商，促进一二三产深度融合，打造乡村经济新业态。牢牢守住耕地红线，坚决扛起粮食安全政治责任。

大力实施乡村建设行动。把乡村建设摆在现代化建设的重要位置，优化生产生活生态空间，持续改善村容村貌和人居环境，努力实现村庄美、庭院美、生态美、乡风美。统筹城镇与村庄、保护与发展，积极有序推进“多规合一”适用性村庄规划编制实施。完善乡村水、电、路、气、房、通讯、网络、物流等基础设施，建立运营长效管护机制，增加农村教育、医疗、养老、文化等服务供给，促进城乡基础公共服务普惠均衡。扎实开展农村人居环境整治提升五年行动和“一村一年一事”行动，以乡镇政府驻地和中心村为重点，梯次推进生活污水和垃圾治理，因地制宜推进“厕所革命”和增绿植绿，保护好乡村特色风貌，建设一批美丽集镇、美丽乡村、美丽庭院，让广大群众望得见山、看得见水、记得住乡愁。

（三）聚焦强县之要，做美“城”的文章。城镇化是现代化的必由之路，是最大的内需潜力和发展动力所在。要坚持人民城市人民建、人民城市为人民，统筹城镇规划、建设、治理，构建以县城和海兴开发区为平台、乡镇为节点、特色产业为支撑的各具特色、各就其位、协同联动、有机互促的城镇发展格局。

推动产城融合发展。以城市功能承载产

业布局和经济发展,以产业保障驱动城市更新和完善服务配套,打造产业融合、资本技术人才汇聚的区域发展小高地。坚持以工业发展带动城市发展,聚焦新能源装备制造、农产品深加工、轻纺“三大特色”产业,依托海兴开发区和县城产业功能区,盘活资产、用好资源、优化服务、强化招商,打造西北地区新能源制造及智慧运维基地、绿色农副产品精深加工基地、绿色轻工纺织生产基地,走出一条以产兴城、以产聚人的高质量发展新路子。继续挖掘交通运输大县潜力,健全县乡村三级物流体系,建立“互联网+物流”新模式,推进物流园区规模化、多功能发展。唱响“花儿之乡、古韵海原”文旅品牌,大力发展乡村旅游,争创自治区级全域旅游示范县。推动金融保险业健康发展,大力发展普惠性金融,守住不发生系统性金融风险的底线。深化“放管服”改革,进一步优化为民服务和为企服务流程时限,解决民营企业融资难、融资贵问题,推动营商环境走在全区前列,全力支持民营企业发展壮大。

推进新型城镇化建设。树立“精明增长”“紧凑城市”理念,推动城镇建设由规模扩张向内涵式、集约化、绿色化发展。扎实推进城市更新行动,修订完善县城控制性详细规划,坚持改留拆并重,稳步推进城中村、棚户区、老旧小区、老旧管网和街区小巷改造提升,持续完善城市功能。推动公共服务设施提标扩面、环境卫生设施提级扩能、市政公用设施提档升级,加快推进小区管理物业化、街面管理责任化、市场管理规范化,推动县城面貌、管理水平、市民素质大提升。接续推进“两廊两核四镇”城镇发展格局,进一步完善海兴开发区产业聚集区和科教聚集区功能,聚人气、添活力;抓好特色中心集镇建设,充分发挥乡镇的主观能动性和积极性,大胆扩权赋能,让有能力的乡镇成为发展县域经济的主力。

加快基础设施建设。坚持统筹城乡、强化功能、服务发展,加快构建系统完备、高效实用、安全可靠的基础设施体系。准确把握中央和自治区政策指向、投资导向、发展方向,精准谋划实施一批战略性、全局性的基础设施大项目、好项目。积极争取中卫至海原高速公路、宝中铁路海原火车站等项目,加快推进海平、寨海高速公路建设,改造提升海同、小红等干线公路,持续推动“四好农村路”高质量发展,构建“三纵一横一联”高速路网、“四纵三横一联”干线公路网。积极推动天都山至华中特高压支流输电工程,加快推进建设天然气一体化综合利用工程,持续升级改造城乡电网,提高标准化、智能化水平。依托“云天中卫”和电子政务外网,加快推进5G网络建设,打造“数字海原”,构建智慧城市。

(四)聚焦民生之盼,做足“人”的文章。民生连着民心,民心是最大的政治。要始终把人民放在心中最高的位置,以实施“四大提升行动”为抓手,用心用情解决好人民群众“急难愁盼”问题,在高质量发展中不断促进共同富裕。

努力办好人民满意的教育。坚持教育优先发展,落实立德树人根本任务,大力实施基础教育质量提升行动,提高优质教育覆盖面,推动海原教育总体水平争先进位,走在山区九县前列。持续优化城乡教育资源布局,合理推进乡村学校撤并,加快县城、海兴开发区学校扩容增位,倡导集团化办学,积极创建“互联网+教育”示范县,重点化解教育“乡村弱”“城镇挤”“大班额”等突出问题,形成与人口变化、空间布局相适应的教育均衡发展格局。深化校企合作,推动职业教育产教融合发展。抓好中小学“五项管理”,落实“双减”政策,办好思想政治理论课,促进学生全面发展、健康成长。加强“四有”教师队伍建设,完善激励约束机制,深入推进“县管校聘”等改革,探索建立名校长、名教师引用育管机制,构建以能力、业绩和贡献为导向的评价标准,激发广大教师工作积极性和潜能。

全面提升全民健康水平。贯彻新时代党的卫生健康工作方针,大力实施全民健康水平提升行动,加快推进健康海原建设,着力在健全医疗服务体系、提升医疗救治保障水平、增强全民健康素养三个方面实现大突破。加快优质医疗资源扩容提质,推动县人民医院晋升三级乙等综合医院,支持宁南医院建设宁南地区区域性医疗中心,推进乡镇、社区卫生服务机构创优达标。加快县域医共体建设,深化“三医联动”改革,开展“互联网+医疗健康”服务,建立健全分级诊疗模式,促进优质医疗资源扩容下沉,实现小病不出村、常见病不出乡、较大病不出县。加快推进疾病防控体系改革,健全监测预警、应急预案、基础防控和宣教机制。毫不松懈抓好常态化疫情防控,坚决捍卫来之不易的疫情防控成果。积极倡导健康生活理念,广泛开展全民健身运动,提高群众健康素质。落实国家优化生育政策,促进人口长期均衡发展。

扎实推进文化繁荣发展。围绕举旗帜、聚人气、育新人、兴文化、展形象的使命任务,扎实推进精神文明建设,推动形成顺应时代要求的思想观念、精神面貌、文明风尚、行为规范,实现社会文明程度明显提升。坚持以社会主义核心价值观为引领,加强公民思想道德建设和青少年理想信念教育,打牢共同思想基础,培养担当民族复兴大任的时代新人。深化各级各类文明创建活动,争创自治区级文明县城。加快公共文化服务体系建设,优化公共文化资源配置,推进学雷锋志愿服务制度化常态化,打通关心服务群众、宣传教育群众“最后一公里”。大力推进移风易俗,倡导乡风文明,破除陈规陋习。繁荣发展文艺创作,加强文物保护和非遗传承,打造一批以花儿和剪纸刺绣等为代表的文艺精品。

大力实施就业创业行动。把就业作为实施城乡居民收入提升行动的根本途径,落实就业优先战略和积极就业政策,切实提升就业创业对城乡居民收入的拉动作用。深入挖掘人力资源潜力,实施新生代农民工职业技能提升行动,培育一批叫得响的海原务工品牌,促进更高质量和更充分就业。千方百计扩大就业容量,做好农村转移劳动力、城镇困难人员、退役军人等重点人群就业工作,提高低收入群体收入,扩大中等收入群体。加大“引凤还巢”行动力度,鼓励引导海原的能人、“老人”、新人和有梦想的人返乡创业,持续释放创业带动就业功能。

建设高质量社会保障体系。按照兜底线、织密网、建机制的要求,健全覆盖全民、统筹城乡、公平统一、可持续的多层次社会保障体系。深入实施全民参保计划,推动基本养老、医疗、工伤、失业等保险提标扩面、应保尽保。健全完善社会救助体系,持续抓好低保、特困、残疾、优抚等政策落实,统筹推进扶老、助残、救孤、留守妇女儿童关爱等福利和慈善事业发展,加快实现城乡社会救助均等化。积极应对人口老龄化，加快构建养老托育公共服务体系和社会环境。坚持房住不炒，稳定房价，增加保障性住房供给，确保群众安居乐业。

（五）聚焦稳定之基，做好“治”的文章。平安是民生之需，稳定是发展之基。要坚持党的领导、人民当家作主和依法治县有机统一，综合运用法治思维和法治方式，更好地统筹社会力量、平衡社会利益、调解社会关系、规范社会行为，巩固和发展政通人和、安定有序、生动活泼的好局面。

加强和推进民主法治建设。充分发挥县委统揽全局、协调各方的作用，支持人大、政协依法履行职能，扩大人民群众有序政治参与，完善大统战工作格局，加强和改进群团工作，形成同心同德、共促发展的强大合力。坚持全面依法治县，规范司法权力运行，提高司法办案质量和效率。加强法治宣传教育，扎实开展“八五”普法，全面落实普法责任制，培育形成办事依法、遇事找法、解决问题用法、化解矛盾靠法的法治环境。

加强和改进民族宗教工作。全面贯彻习近平总书记关于加强和改进民族工作的重要思想，以铸牢中华民族共同体意识为主线，深化民族团结进步宣传教育，持续开展“传承党的百年光辉史基因，铸牢中华民族共同体意识”主题教育，使“三个离不开”“五个认同”思想深入人心，构筑中华民族共有精神家园，坚决守好民族团结生命线。全面贯彻党的宗教工作方针，依法加强宗教事务管理，保护合法、制止非法、抵御渗透、打击犯罪，巩固宗教领域突出问题整治成果，牢牢守住不发生系统性、区域性风险的底线。

加强和创新基层社会治理。聚焦乡村、社区、宗教、校园、企业、社团和网络空间等重点领域，构建严密的组织体系、清晰的责任体系、高效的服务体系、有力的保障体系，大力提升基层治理能力，推动社会治理效能明显提升。坚持和发展新时代“枫桥经验”，完善社会矛盾纠纷多元预防调处化解综合机制，创建全国信访工作示范县。深化平安海原建设，落实安全生产责任制，提高防灾减灾救灾能力，保障人民群众生命财产安全。加强社会治安防控体系建设，健全完善扫黑除恶长效机制，巩固提升政法队伍教育整顿成果，严厉打击各类违法犯罪行为，确保社会大局和谐稳定。

四、全面加强党的建设，为推动高质量发展提供坚强保障

事业成败，关键在党。要全面贯彻落实新时代党的建设总要求和新时代党的组织路线，大力弘扬伟大建党精神，从党的百年历史中汲取奋进力量，以永远在路上的韧劲全面加强党的建设，为推动高质量发展提供坚强政治保证。

（一）加强思想政治建设。坚持思想建党，不断强化理论武装，推动学习贯彻习近平新时代中国特色社会主义思想走深走实。把“不忘初心、牢记使命”作为党员干部的终身课题，巩固深化党史学习教育成果，教育引导广大党员、干部发扬光荣传统、赓续红色血脉，坚定理想信念，牢记“国之大者”，不断增强“四个意识”、坚定“四个自信”、做到“两个维护”。牢牢掌握意识形态工作领导权，把好导向、守住阵地、管好队伍，让正能量充沛、主旋律高昂。以新形势下党内政治生活准则为遵循，把加强和规范党内政治生活的各项规定落到实处，努力形成团结、紧张、严肃、活泼的生动政治局面。

(二)加强干部队伍建设。落实新时代好干部标准,健全干部素质培养、知事识人、选拔任用、从严管理、正向激励体系,建设让党放心、让群众有信心的领导班子和德才兼备的高素质干部队伍。加强思想淬炼、政治历练、实践锻炼、专业训练,注重在急难险重一线培养、考察、识别干部,不断提高各级干部的综合素质和能力。突出“五个过硬”“四个特别”选拔使用干部,科学设置考核评价体系,真正选出让组织放心、群众满意、干部服气的干部,确保各级领导权掌握在忠诚干净担当的干部手中。注重加强年轻干部培养,完善培养机制,让年轻干部经风雨、见世面、壮筋骨、长才干,努力成为可堪大任、能担重任的栋梁之材。实施更加积极、更加开放、更加有效的人才政策,激发人才创新创造活力。

(三)加强基层组织建设。树立大抓基层的鲜明导向,深入推进基层党建“六项行动”“一抓两整”示范县乡创建行动、“三大三强”行动和农村“两个带头人”工程,突出抓好软弱涣散党组织整顿提升,扎实开展“让党中央放心、让人民群众满意”模范机关创建活动,在各领域打造一批党建示范点。深入实施党建引领“凝心工程”,不断增强基层党组织的政治引导力、思想引领力、群众组织力、社会号召力,为乡村全面振兴提供坚强政治保障和组织保障。严格党的组织生活制度,提高党员发展质量,从严加强日常管理,推动党员更好发挥先锋模范作用。

(四)加强党风廉政建设。落实全面从严治党各项要求,切实履行“两个责任”,持续深化纪检监察体制改革,一体推进不敢腐、不能腐、不想腐。聚焦党中央和区市党委重大决策部署落实,强化政治监督,确保政令畅通、令行禁止。把纪律挺在前面,抓早抓小,做细日常监督。发挥巡察利剑作用,实现县委巡察全覆盖。严格落实中央八项规定及其实施细则精神和自治区“八条禁令”,坚持纠“四风”树新风并举,推动作风建设常态长效。保持政治腐败高压态势,深入开展工程建设和政府采购等重点领域突出问题专项治理,精准纠治民生领域“中梗阻”“微腐败”,严肃查处“小官大贪”、侵占挪用、克扣强占等侵害群众利益的腐败问题。严格落实“三个区分开来”要求,精准运用监督执纪“四种形态”,为勇于担当者担当,为敢于负责者负责,营造勇担当善作为的干事创业氛围。

同志们!新征程催人奋进,新蓝图引领未来。让我们更加紧密地团结在以习近平同志为核心的党中央周围,在区、市党委的坚强领导下,承前启后、继往开来,乘风破浪、勇开新局,以实干展现新作为、靠实干交出新答卷,为建设黄河流域生态保护和高质量发展先行区先行市、继续建设经济发展民族团结环境优美人民富裕的美丽新宁夏贡献海原力量,向着实现第二个百年奋斗目标奋勇前进!

海原县人大常委会工作报告

——在海原县第十八届人民代表大会第一次会议上

海原县人大常委会主任 杨 和

（2021年10月28日）

过去五年工作回顾

过去五年是全县上下凝心聚力实现“十三五”目标，决胜脱贫攻坚战、决战全面小康的五年，也是我县民主法治建设扎实推进，法治海原建设加快推进，人大工作取得明显进步的五年。

五年来，县人大常委会高举习近平新时代中国特色社会主义思想伟大旗帜，认真学习习近平法治思想，深入学习贯彻习近平总书记视察宁夏重要讲话精神，坚决贯彻落实县委决策部署，坚持党的领导、人民当家作主和依法治国有机统一，站位新起点、担当新使命、展现新作为，为全县改革发展稳定作出了人大贡献。

五年来，县人大常委会认真履行宪法法律赋予的职责，先后召开人大常委会会议44次，听取和审议“一府两院”专项工作报告89项，开展视察检查和专题调研85次，提出审议意见168条，依法作出决议决定76项，任免国家机关工作人员235人次，圆满完成了十七届人民代表大会确定的任务，为全县经济社会高质量发展贡献了人大力量。

一、始终坚持党的领导，把牢人大工作正确政治方向

五年来，我们始终把讲政治作为人大工作的生命线，牢牢把握坚持党的领导这一最高政治原则，旗帜鲜明讲政治，增强“四个意识”，坚定“四个自信”，做到“两个维护”，确保人大工作始终沿着正确的政治方向前进。

坚持用党的创新理论指导人大工作。深入学习习近平新时代中国特色社会主义思想、习近平法治思想、习近平总书记关于坚持和完善人民代表大会制度的重要思想，把习近平总书记视察宁夏重要讲话和系列重要讲话作为党组会议第一议题和理论中心组必学内容，坚持领导干部带头学、常委会组成人员专题学、人大代表履职学、机关党员干部例会学，实现人大常委会组成人员、各级人大代表和机关干部全覆盖，深入学习原文原著，深刻领会精神实质，准确把握核心要义，坚持用党的创新理论武装头脑、指导实践、推动人大工作。

坚决贯彻落实县委重大决策部署。坚持把人大工作放在县委总体工作布局和全县改革发展大局中谋划，全面贯彻落实县委重大决策部署，认真落实县委关于加强和改进新时代人大工作的意见，坚持人大工作守正创新、与时俱进。始终围绕县委中心工作制定并实施年度监督计划，及时向县委请示报告工作，跟踪监督脱贫攻坚、产业发展、城乡建设、生态环保、疫情防控、扫黑除恶专项斗争等重点领域工作，确保党的路线方针政策得到全面贯彻执行，确保县委决策部署落实落细落地。

压紧压实全面从严治党政治责任。坚决扛起全面从严治党主体责任，把维护以习近平同志为核心的党中央权威和集中统一领导作为首要政治责任，强化守土有责、守土担责、守土尽责的政治担当，将人大机关党的建设与人大依法监督工作同谋划、同部署、同推进，不断提高履职能力。深入推进“两学一做”常态化，扎实开展“不忘初心、牢记使命”主题教育，持续深化党史学习教育，积极创建“让党中央放心、让人民群众满意”的模范机关，人大工作规范化、制度化、科学化水平不断提升。

二、始终围绕中心工作，忠实履行宪法法律赋予的职责

五年来，我们聚焦全县改革发展大局，围绕全县中心工作，着眼打赢脱贫攻坚战和人民群众关注的热点难点问题，突出监督重点，创新监督方式，增强监督实效，助推全县高质量发展。

聚焦脱贫攻坚开展监督。始终把脱贫攻坚作为最大的政治任务，围绕“两不愁三保障”目标，聚焦打赢脱贫攻坚战集中开展检查视察，制定下发了《关于进一步发挥人大代表作用助力脱贫攻坚工作的通知》，注重发挥代表密切联系群众的优势，引导人大代表围绕精准扶贫建言献策，积极投身脱贫攻坚主战场，有力促进了全县11.2万贫困人口全部脱贫，125个贫困村全部出列，海原与全国同步迈入全面小康社会。

聚焦重大项目开展监督。围绕海同高速、G341等重大交通项目，“三塘水库”等重点水利工程，旧城改造、农村安全饮水等基础设施项目，植绿增绿等生态建设项目，肉牛主导产业、优势特色产业发展进行检查视察，听取和审议县人民政府专项工作报告，推进全县重大项目建设落地见效，城乡基础设施日益完善，产业结构趋于合理，群众稳定增收致富，谱写了海原发展史上浓墨重彩的崭新篇章。

聚焦民生保障开展监督。牢固树立以人民为中心的发展思想，综合运用视察检查、专题调研、审议专项工作、满意度测评等方式，对全县义务教育均衡发展、公共医疗服务体系建设、社会保障体系建设及民生实事等开展监督，促进教育、卫生、文化、产业发展等惠民政策落实落地，全县教育质量不断提升，公共医疗服务能力不断提高，社会保障覆盖面进一步扩大，社会各项事业明显进步，人民群众获得感幸福感不断增强。

聚焦生态建设开展监督。深入学习贯彻习近平生态文明思想，听取和审议县人民政府关于生态环保、植绿增绿大会战专项工作报告，加大对《中华人民共和国环保法》《宁夏回族自治区环境保护条例》贯彻落实情况和中央环保督察反馈问题整改销号的检查力度，坚决打好蓝天、碧水、净土“三大保卫战”，空气优良天数比例达到95%以上，森林覆盖率提高至

10.2%,全力助推生态文明建设再上新台阶。

聚焦法治海原开展监督。围绕“科学立法、严格执法、公正司法、全民守法”,组织开展“七五”普法和法治海原建设专题视察检查,依法作出《关于深入开展第八个五年法治宣传教育的决议》。切实加强《中华人民共和国宪法》《中华人民共和国民法典》等法律法规的宣传教育,扎实开展法律法规贯彻实施情况的执法检查。强化法治思维,监督支持“法检”两院深化司法体制改革,开展政法队伍教育整顿,加强政法队伍建设,强化基层社会治理,依法维护社会公共利益,法治海原建设扎实推进。

三、始终坚持人民主体地位,积极支持人大代表依法履职

五年来,我们始终坚持人民主体地位,密切人大代表与人民群众的联系,健全完善代表工作机制,不断提升服务保障水平,积极支持代表依法履职,代表履职水平进一步提高,代表作用进一步发挥。

保障提升代表履职水平。以提升代表履职能力为抓手,先后组织人大代表赴区内外参加培训学习,邀请专家学者,围绕学习贯彻习近平法治思想、脱贫攻坚、民族宗教工作和新时代人大代表履职等内容,积极开展代表专题培训,实现区市县乡四级人大代表培训全覆盖。不断拓宽代表知情渠道,邀请和组织人大代表列席常委会会议、政府常务会议,参加视察检查、专题调研、交流座谈、经济观摩、媒体问政679人次。

跟踪督办代表建议意见办理。把办理代表建议意见作为监督工作的重要抓手和保障代表权利、促进工作落实的重要途径,不断完善转办督办工作机制,加大现场督办工作力度,深入现场开展督导检查,切实增强代表建议意见办理实效。十七届人大代表提出建议意见138件,办结135件,办结率98%,答复率100%,满意率100%。

密切代表与人民群众的联系。完善常委会组成人员同人大代表联系、人大代表同人民群众联系的“双联”制度,建立了代表履职“四个一”工作机制。建成乡镇人大“代表之家”17个,村级“代表工作室”116个。组织乡镇人大主席外出考察学习,建立健全代表履职考核制度,规范乡镇人代会和主席团会议,推动乡镇人大工作规范有序开展,依法选举产生新一届县人大代表241名、乡镇人大代表1037名,圆满完成了乡镇人大换届选举。

新时代人大工作遵循的原则

各位代表,人民代表大会制度作为国家根本政治制度,是坚持党的领导、人民当家作主、依法治国有机统一的制度性安排,是实现我国全过程人民民主的重要制度载体。本届常委会工作实践,为做好新时代人大工作提供了有益的启示,我们要深入学习贯彻中央人大工作会议精神,与时俱进加强和改进新时代人大工作。

做好新时代人大工作,必须坚持党的全面领导。人大机关是政治机关,必须旗帜鲜明讲政治,始终把党的领导贯穿人大工作全过程和各方面,增强“四个意识”,坚定“四个自信”,做到“两个维护”,把党的主张同人民意志统一起来,把对党负责与对人民负责统一起来,通过人民代表大会制度保证党的路线方针政策和县委决策部署全面贯彻落实。

做好新时代人大工作，必须坚持人民主体地位。人大机关是权力机关，必须坚持一切权力属于人民，始终站稳人民立场，牢固树立以人民为中心的发展思想，坚持人民主体地位，支持和保证人民通过人民代表大会行使权力，发展全过程人民民主，保证人民当家作主，始终做到为了人民、依靠人民、造福人民。

做好新时代人大工作，必须坚持依法履行职责。人大机关是工作机关，必须坚持全面依法治国基本方略，认真履行宪法法律赋予的监督职责，实行正确监督、有效监督、依法监督，做到依法履职，依法办事，依法监督"一府一委两院"，依法任免国家机关工作人员，依法作出决议决定，不断加强和创新社会治理，加快推进法治海原建设。

做好新时代人大工作，必须坚持发挥代表作用。人大机关是代表机关，必须保障和服务人大代表依法履职，充分发挥人大代表作用，围绕县委决策部署，聚焦高质量发展，积极建言献策，多出新招好招，多讲真话实话，多提妙策良策，展现新时代人大代表风采，凝聚加快发展的强大合力。

各位代表，五年来，十七届人大及其常委会在砥砺奋进中发出"人大声音"，在久久为功中书写"人大故事"，在担当作为中沉淀"人大经验"，这些成绩的取得，是习近平新时代中国特色社会主义思想科学指引的结果，是县委总揽全局、正确领导的结果，是全体人大代表和常委会组成人员依法履职、勤勉工作的结果，是"一府一委两院"同心协力、共同努力的结果，是全县人民和社会各界充分信任、大力支持的结果。在此，我谨代表十七届人大常委会，向全体人大代表和关心支持人大工作的各位领导、社会各界人士表示衷心的感谢！

我们也清醒地认识到，人大常委会工作与中央和区市县党委的要求以及人民群众的期盼还有一定差距，主要表现在法定监督方式还没有充分运用，监督工作实效需要进一步增强；代表服务保障还不够到位，工作机制举措需要进一步深化；自身建设还存在短板不足，人大代表素质需要进一步提升等，对此，我们将虚心听取代表和各方面的意见建议，不断加强和改进工作，不辜负党和人民的期望。

2022年主要任务

各位代表，在县委带领全县各族人民向第二个百年奋斗目标迈进的重要时期，全县上下巩固拓展脱贫攻坚成果、开启全面推进乡村振兴的关键之际，十七届人大常委会圆满完成了历史使命，十八届人大常委会即将选举产生。面对新征程，人大工作步入新阶段，刚刚闭幕的县第十五次党代会，明确了今后五年全县奋斗目标和主要任务，人大常委会工作总体思路是：坚持以习近平新时代中国特色社会主义思想为指导，深入学习贯彻习近平法治思想和中央人大工作会议精神，全面贯彻落实习近平总书记视察宁夏重要讲话精神，认真贯彻落实县第十五次党代会精神，以建设黄河流域生态保护和高质量发展先行区先行市为时代使命，以推动高质量发展为主题，以巩固拓展脱贫攻坚成果同乡村振兴有效衔接为统揽，以满足人民日益增长的美好生活需要为根本目的，紧紧围绕"1355"奋斗目标，坚持党的领导、人民当家作主、依法治国有机统一，全面担负起宪法法律赋予的职责，为继续建设经济繁荣民族团结环境优美人民富裕的美丽新宁夏贡献海原力量,向着实现第二个百年奋斗目标作出人大贡献。

2022年是全面实施"十四五"规划、加快建设黄河流域生态保护和高质量发展先行区先行市的关键之年,也是十八届人大常委会履职的开局之年,县人大常委会要认真贯彻落实县第十五次党代会精神,围绕"1355"奋斗目标,突出监督重点,创新监督方式,增强监督实效,推动人大工作取得新成效、再上新台阶。

一、旗帜鲜明讲政治,在服务改革发展大局上展现新作为

始终把政治建设摆在人大工作首位,毫不动摇坚持党的全面领导,立足新发展阶段,贯彻新发展理念,融入新发展格局,增强"四个意识",坚定"四个自信",做到"两个维护"。深入学习习近平法治思想和习近平总书记在中央人大工作会议上的重要讲话精神,不断提高政治判断力、政治领悟力、政治执行力,确保人大工作政治方向正确。认真落实县委关于新时代加强和改进人大工作的意见,深刻把握坚持和完善人民代表大会制度,推进全过程人民民主建设的政治责任和实践要求,坚持把围绕中心服务大局作为履职尽责的首要政治任务,做到县委有号召、人大有行动,监督有成效,体现人大担当、展现人大作为。

二、加强法律实施监督,在推进法治海原建设上作出新贡献

始终坚持全面依法治国基本方略,认真学习贯彻中央全面依法治国工作会议和中央人大工作会议精神,充分发挥人大监督职能,加快推进法治海原建设。切实加强对《中华人民共和国宪法》《中华人民共和国民法典》等法律法规学习宣传,加大"八五"普法以及法律实施情况的监督检查,适时听取"法检"两院工作情况汇报,全面了解案件办理、司法公开、司法为民、服务改革发展等工作进展情况,支持和推动"法检"两院深化司法体制改革,加强政法队伍建设,增强司法公信力。积极配合区市人大常委会开展立法调研和执法检查,保障宪法和法律在我县得到全面贯彻实施,为经济社会高质量发展提供法治保障。

三、围绕中心服务大局,在增强监督实效上实现新突破

全面贯彻落实县第十五次党代会精神,围绕全县中心工作,紧扣"五篇文章"谋篇定局,切实做到正确监督、有效监督、依法监督,通过视察、检查、调研、督办等方式,助推全县经济社会高质量发展。

聚焦做活"水"的文章开展有效监督。围绕建设现代水系网、高效利用水资源、持续改善水生态加大监督力度,以强化水资源刚性约束为重点,以水权改革为突破,适时组织人大代表和常委会组成人员对清水河城乡供水支线工程、中部干旱带西安供水工程、扬黄灌区高效节水灌溉等重点水利工程进行视察检查,督促县人民政府及相关职能部门加快项目建设进度。持续跟进督办南部水源涵养林、中部防沙治沙工程、西华山国家级自然草原公园等生态建设项目,努力实现山区林草化、城镇园林化、道路林荫化、庭院果园化,着力构建水清、岸绿、河畅、景美的水生态格局。聚焦做强"乡"的文章开展有效监督。围绕持续巩固脱贫攻坚成果、加快发展优势特色产业、大力实施乡村建设行动加大监督力度,对防止返贫动态监测机制和"四查四补"常态化机制落实情况进行监督检查，深入重点移民村实地视察百万移民致富提升行动推进情况，扎实开展国家级肉牛产业技术体系和自治区肉牛标准化养殖示范县、西北地区马铃薯育种基地、小杂粮之乡等特色产业发展情况专题调研，组织人大代表对农村人居环境整治提升和美丽乡村建设进行观摩评促，促进农业高质高效、乡村宜居宜业、农民富裕富足。聚焦做美“城”的文章开展有效监督。围绕推动产城融合发展、推进新型城镇化和加快基础设施建设加大监督力度，聚焦打造西北地区新能源装备制造及智慧运维基地、绿色农副产品精深加工基地、绿色轻工纺织生产基地开展监督。结合全域旅游示范县创建，对特色集镇、美丽村庄和乡村旅游示范村创建工作开展视察，助推农村一、二、三产业融合发展。坚持人民城市人民建、人民城市为人民，坚持留改拆并重，加大棚户区改造、老旧小区改造等重点项目检查力度，补齐县城基础设施短板，不断改善县城人居环境，让老百姓望得见山、看得见水、记得住乡愁。聚焦做足“人”的文章开展有效监督。围绕办好人民满意的教育、提升全民健康水平、推进文化繁荣发展、实施就业创业行动、建设高质量社会保障体系加大监督力度，紧扣人民日益增长的美好生活需要，组织对“四大提升行动”、代表建议意见和民生实事办理情况进行视察检查，推动各项民生实事落地落实，不断增强人民群众获得感和幸福感。聚焦做好“治”的文章开展有效监督。围绕加强和推进民主法治建设、加强和改进民族宗教工作、加强和创新基层社会治理加大监督力度，组织人大代表对创建全国民族团结进步示范县、全国信访工作示范县，平安海原建设，加强创新基层社会治理等工作进行专项检查，推动基层社会治理效能提升，督促扫黑除恶常态化，确保社会大局和谐稳定。

四、始终站稳人民立场，在发挥代表作用上取得新成效

牢固树立以人民为中心的发展思想，认真做好人大代表履职培训工作，适时举办全县人大代表专题培训班，有计划地组织常委会组成人员和基层人大代表外出考察学习，加强人大代表思想政治建设，不断提高代表履职能力和水平。持续深化常委会同人大代表、人大代表同人民群众的联系，规范化运行“代表之家”和“代表工作室”，邀请更多代表列席常委会会议、参加视察调研等活动，不断拓展人大代表参与常委会工作的深度和广度。丰富人大代表闭会期间的履职活动，大力开展“比履职、比贡献、争做优秀人大代表”“助力乡村振兴、展现代表风采”“人民选我当代表、我为人民办实事”等主题实践活动，进一步激发代表履职热情。强化代表建议意见督办工作，采取满意度测评、代表建议意见办理“回头看”等多种方式，提高办理质量，增强办理实效，努力实现好维护好发展好人民群众的根本利益。

五、着力加强自身建设，在提升履职水平上再上新台阶

大力弘扬伟大建党精神，扎实推进新时代党的建设新的伟大工程，压紧压实全面从严治党主体责任，以党的政治建设为统领，全面加强人大及其常委会思想建设、组织建设、作风建设、纪律建设、制度建设和党风廉政建设，努力营造风清气正的政治生态。切实加强人大机关干部宪法法律学习，不断提升法治思维和法律素养，优化人大干部结构，严明纪律作风，严格落实中央八项规定和自治区"八条禁令"，建设忠诚干净担当的高素质人大干部队伍。自觉接受区市人大常委会的指导，切实加强对乡镇人大工作的指导，努力开创人大工作新局面。

各位代表，使命重在担当，实干铸就辉煌。让我们更加紧密地团结在以习近平同志为核心的党中央周围，在县委的坚强领导下，认真贯彻落实县第十五次党代会精神，围绕中心、服务大局，切实履行宪法法律赋予的职责，以实干展现新作为、靠实干交出新答卷，为建设经济繁荣民族团结环境优美人民富裕的美丽新宁夏贡献海原力量，向着实现第二个百年奋斗目标作出人大贡献！

海原县人民政府工作报告

——在海原县第十八届人民代表大会第一次会议上

海原县委副书记、海原县人民政府代县长 张 鹏

（2021年10月27日）

一、过去五年工作

过去的五年，是海原发展进程中极不平凡的五年。面对历史重任、人民期盼，县人民政府坚持以习近平新时代中国特色社会主义思想为指导，全面贯彻习近平总书记视察宁夏重要讲话精神，坚决落实区市党委、政府和县委各项决策部署，坚定信心、砥砺前行，聚力攻坚了一批关键大事，办成了一批发展要事，突破了一批改革难事，办好了一批民生实事，圆满完成了县第十七届人民代表大会确定的各项目标任务。实践证明，这五年，是我县综合实力提升最快、城乡面貌变化最大、社会事业成效最好、人民群众得到实惠最多的五年，全县人民感党恩、谋幸福，共享发展新成果、共创美好新生活。

五年来，我们砥砺奋进、跨越追赶，综合实力显著增强。坚持稳中求进工作总基调，完整、准确、全面贯彻新发展理念，抓好发展第一要务，综合实力显著增强。2021年，预计实现全县地区生产总值95亿元，比2016年增加34亿元，年均增长6.8%；一般公共财政预算收入2.24亿元，年均增长2.2%；社会消费品零售总额31.32亿元，年均增长6%；城乡居民人均可支配收入分别达到29825元、11812元，年均增长7.7%和11.4%；累计完成固定资产投资252亿元。三次产业结构比重由2016年的18.9∶26.6∶54.5调整到2021年的20∶19∶61，经济发展质量效益不断提升。

五年来，我们尽锐出战、精准脱贫，全面建成小康社会。始终把脱贫攻坚作为重大政治任务和最大民生工程，以“不获全胜绝不收兵”的信心斗志，举全县之力，高质量打赢了精准脱贫攻坚战。累计投入资金34.36亿元，实施扶贫项目8215个。完成安全住房改造24996户，自来水入户77650户，搬迁安置移民3639户1.52万人，“两不愁三保障”全面实现，农村危房改造入选全国农村公共服务典型案例。建成村级光伏电站17座，每年为125个贫困村增加村集体经济收入3000万元。争取闽宁资金2.4亿元，建设闽宁科技园等项目117个。为10003户贫困户赊销西门塔尔基础母牛3.29万头，“基础母牛银行”扶贫模式入选全国

典型案例，华润希望小镇如期建成投用。全县11.2万农村贫困人口全部脱贫，125个贫困村全部出列，历史性解决了困扰千年的绝对贫困问题，与全国全区全市同步建成全面小康社会，荣获全国脱贫攻坚先进集体称号。

五年来，我们调整布局、转型升级，产业结构持续优化。加快农业产业化进程，培育形成“一主四特”产业布局。大力发展肉牛主导产业，成立肉牛产业集团，建立完善“6+1”高端肉牛产业体系，中国（宁夏）良种牛繁育中心、活牛交易市场项目相继建成，华润五丰6万头肉牛全产业链精深加工一期项目投产运营。成功举办6届高端肉牛大赛，海原肉牛品牌影响力不断提升，牛饲养量突破30万头。突出抓好特色产业，发展富硒功能农业5万亩，马铃薯、小杂粮、瓜菜、枸杞种植面积分别达到45万亩、35万亩、15万亩和3.8万亩，累计实现农牧业总产值128亿元。加快工业转型升级，建成闽宁科技园、华润电力运维基地、中车风机装备制造等项目，引进闽宁纺织、卡立方等闽籍企业，新能源装备制造、农产品深加工、轻纺“三大特色”产业初具规模。培育规上企业5家，累计实现规上工业总产值95.48亿元。促进服务业繁荣发展，建成汽贸物流园区2个，培育货运企业96家，货运车辆达到1万余辆，交通运输行业从业人员2.5万余人。增设银行机构3家，成立政府性融资担保机构1家，布设乡镇金融服务网点12个，实现金融服务全覆盖。成立县文化旅游产业发展集团有限公司，创建天都山AAA级景区，成功举办4届“关桥梨花节”等乡村文化旅游活动，旅游产业初显成效。服务业增加值达到58亿元。

五年来，我们统筹协调、一体推进，城乡面貌焕然一新。坚持规划引领、建管并重，城乡基础设施、公共服务不断完善，全县城镇化率由21.9%提高到35.2%。建成东城等3个安置小区和闽宁华府等6个商住小区，改造老旧小区2.1万平方米。南门广场、东城生态园等一批市政项目建成投用，县城绿化覆盖率由20%提高到35%，集中供热覆盖率达到99%。建设市政道路41公里，县城路网框架结构基本形成。海同、黑海高速公路建成通车，海平高速、银昆高速海原段建设加快推进，新建国省干线公路284公里，新改建农村公路650公里，全县公路通车总里程达到3328公里。高标准打造7个美丽小城镇、38个美丽村庄，改造农村户厕1.44万户，拆除危旧房屋3.9万余间。农村客运、动力电、4G信号实现全覆盖，5G基站建设全面铺开，乡村面貌发生了天翻地覆的变化，成功入选2021中国最美县域榜。

五年来，我们厚植绿色、系统治理，生态环境显著改善。坚定不移践行习近平生态文明思想，深入开展生态保护、污染治理、植绿增绿“三个大会战”。坚持“节引调补蓄管”并重，治理河道、沟道155公里，完成小流域综合治理项目34个、淤地坝除险加固30座，三塘水库建成通水。实施水土流失综合治理720.7平方公里，治理程度达到63.3%。全力打好蓝天、碧水、净土“三大保卫战”，建成李旺等9家清洁煤配送中心，持续推进“散乱污”企业综合整治，空气质量优良天数达到95%以上。严格落实“河长制”，整治河道“四乱”问题79个，高崖等10个乡镇污水处理站建成投运。大力推行测土配方施肥与化肥减量增效技术推广项目，实现化肥、农药使用量零增长。累计完成营造林71.34万亩，全县森林覆盖率由7.2%提高至10.24%。

五年来，我们改善民生、兜牢底线，人民幸福指数大幅提升。将75%以上的财力用于保障和改善民生。开展各类技能培训2.37万人次，为1.1万群众发放创业担保贷款7.4亿元，转移就业45.6万人次，创收70.38亿元。累计投入资金5.24亿元，新建、改扩建中小学及幼儿园223所。扎实推进“互联网+教育”示范县建设，数字教学资源实现全覆盖，义务教育基本均衡发展顺利通过国家验收。迁建县人民医院、中医院、妇计中心，改扩建8家乡镇卫生院，新建44个社区卫生服务站和标准化村卫生室，李旺镇中心卫生院“优质服务基层行”达到国家推荐标准。加快“互联网+医疗健康”信息化建设，建立中医医疗信息共享平台，荣获“全国基层中医药先进单位”称号。城乡居民基本医疗保险参保扩面稳定在95%以上，二级医疗机构报销比例达到85%，健康促进县建设顺利通过国家级评估验收。建成非遗基地、文化馆，实现乡镇综合文化站、村综合文化服务中心全覆盖。社会保障面持续扩大，建成残疾人康复服务中心，发放各类救助资金15.45亿元，年均救助8.3万人。成功创建14家全国示范性退役军人服务中心，荣获全区双拥模范县称号。坚持人民至上、生命至上，慎终如始抓好常态化疫情防控工作，新冠疫情防控取得“零疑似、零输入、零感染”重大战果，荣获全区抗击疫情先进集体称号。不断完善县域社会治理“1+6+1”体系，基层治理能力不断提升，连续两年获得全国信访“三无”县称号。全面贯彻党的民族政策和宗教工作基本方针，成功创建自治区民族团结进步示范县。健全应急管理体系，安全生产形势持续稳定，食品药品安全得到有效保障，获评自治区食品安全县。顺利完成第七次全国人口普查工作，荣获国家级先进集体称号。国防动员、地震、气象、红十字、工会、青年、妇女儿童等工作取得了新成效。

五年来，我们创新引领、深化改革，发展活力不断激发。坚定不移解痛点、疏堵点，政府机构设置和职能配置进一步优化，“放管服”改革全面提速，重点领域和关键环节改革取得重要进展。扎实推进基层整合审批服务执法力量改革，标准化建设乡镇民生服务中心、村(社区)民生服务代办点，下沉乡镇便民服务事项161项，县、乡、村三级累计办结事项104万余件。将34个部门1345项政务服务事项全部整合到县政务大厅，建成一体化在线政务服务平台，推动政务服务从“线下跑”“分头办”向“网上办”“协同办”转变。持续优化营商环境，企业开办、注销时间压缩至1个工作日，县、乡、村三级“不见面”网上办件13.4万余件。政府债务风险防范化解机制进一步完善，债务风险总体可控。农村土地承包经营权确权实现全覆盖，“四权”改革全面铺开，“路长制”“地长制”等改革稳步推进，以科技创新为主的县域创新能力不断提升，全国基层政务公开标准化规范化试点县工作通过国家验收。

五年来，我们自我革命、转变职能，政府效能不断提升。坚持把党的领导贯穿政府工作全过程，坚决贯彻党中央、国务院和区市党委、政府各项决策部署，全面落实县委工作安排。扎实开展“两学一做”学习教育、“不忘初心、牢记使命”主题教育、党史学习教育，自觉把增强“四个意识”、坚定“四个自信”、做到“两个维护”落实到具体行动上。深入推进领导干部学法、行政执法制度改革，全面完成“七五”普法。认真办理人大代表建议意见112件,政协提案建议199件。坚决落实党风廉政建设责任制,从严执行中央八项规定精神,持续深化“党政机关作风建设年、干部队伍素质提升年”活动,从严惩治侵害群众利益的不正之风,良好政治生态逐步形成。

各位代表,五年的历程极不平凡,五年的成就令人振奋。面对任务最重、难度最大的脱贫硬仗,我们勠力同心、艰苦奋斗,撕下了“苦瘠甲天下”的历史标签;面对疫情冲击的严峻形势,我们众志成城、共克时艰、逆势而上,统筹推进常态化疫情防控和经济社会发展,县域经济跑出了海原加速度。这些成绩的取得,是习近平新时代中国特色社会主义思想科学引领的结果!是区市党委、政府正确领导,县委统揽全局、科学决策的结果!是人大、政协积极支持、有效监督的结果!是各级各部门和社会各界密切配合、广泛参与、鼎力相助的结果!更是全县各族人民同舟共济、顽强拼搏的结果!在此,我代表县人民政府,向在各个岗位付出智慧、心血和汗水的全县各族人民,向人大代表、政协委员、各民主党派、工商联和各界人士,向无私帮扶支持海原脱贫攻坚事业的漳州市漳浦县、华润集团和区市各帮扶单位、企业,向驻海单位、武警官兵、公安民警致以崇高敬意和衷心感谢!

五年的发展实践,使我们深刻体会到,做好政府工作:必须旗帜鲜明讲政治,深学笃行习近平新时代中国特色社会主义思想和习近平总书记视察宁夏重要讲话精神,把党的全面领导贯穿经济社会发展各方面全过程;必须完整、准确、全面贯彻新发展理念,坚定不移走生态优先、绿色发展之路,加快推动高质量发展;必须坚持以人民为中心的发展思想,把人民利益放在最高位置,全心全意为海原人民谋福祉;必须加强法治政府建设,严格依法行政、依规办事,使各项工作在法治轨道上规范运行;必须牢固树立正确的政绩观,多做打基础利长远的工作,努力提升产业发展、基础设施和公共服务水平;必须强化作风建设,真抓实干,善作善成,一张蓝图绘到底,一以贯之抓落实;必须全面推进政府治理能力现代化,不断提高执政能力和服务水平。这些重要启示,需要我们长期坚持、不断发展。

各位代表,天道酬勤,春华秋实。我们要时刻谨记发展不平衡不充分仍是最大县情,时刻谨记全面建成小康社会来之不易、全面推进乡村振兴任务艰巨,时刻谨记人民群众对美好生活充满热切期待。同时,我们也要清醒地认识到,全县经济社会发展仍面临着不少困难和问题,主要是:海原高质量发展仍处于滚石上山、爬坡过坎的关键期,经济体量小,城乡居民收入水平低,城镇化进程滞后,民生保障和社会治理短板弱项不少;基础设施历史欠账较多,生态环境比较脆弱,水资源利用效率不高;产业转型升级任务艰巨,农业产业链条短,工业底子薄,服务业层次低;重要领域、关键环节改革仍需突破,市场主体活力和民营经济实力有待增强;部分干部还缺乏创新担当精神和真抓实干的作风,会谋、善谋能力尚需进一步提高,等等。对此,我们要直面问题、迎接挑战,因时而变、顺势而为,努力在推动高质量发展中总结海原经验、探索海原路径。

二、今后五年的总体要求和重点任务

今后五年,是海原抢抓机遇、转型追赶,推动经济社会高质量发展的关键五年。刚刚闭幕的县第十五次党代会，立足海原实际，顺应人民期盼，科学提出了“1355”奋斗目标，明确指出了实现新目标的“五个必须坚持”，这是置身新方位顺势而为的战略抉择，也是站在新起点乘势而上的科学考量，更是承载新使命应势而进的历史担当。县委的决策部署，发出了扬帆奋进的动员令，按下了对标竞进的快进键，开启了加快海原高质量发展的新征程。我们要坚定不移把这一部署体现在政府的各项工作上，体现在攻坚克难的行动自觉上，体现在推动高质量发展的奋力拼搏上。

新一届政府工作的总体要求是：坚持以习近平新时代中国特色社会主义思想为指导，深入贯彻落实习近平总书记视察宁夏重要讲话精神，全面落实县第十五次党代会决策部署，坚定不移贯彻新发展理念，坚持稳中求进工作总基调，以建设黄河流域生态保护和高质量发展先行区先行市为时代使命，以推动高质量发展为主题，以巩固拓展脱贫攻坚成果同乡村振兴有效衔接为统揽，以满足人民日益增长的美好生活需要为根本目的，聚焦“1355”奋斗目标，坚决守好促进民族团结、维护政治安全、改善生态环境“三条生命线”，走出一条高质量发展的新路子，为建设经济繁荣民族团结环境优美人民富裕的美丽新宁夏贡献海原力量。

今后五年的奋斗目标是：坚决守住不发生规模性返贫这一底线，保持经济发展速度高于全区平均水平、城乡居民收入增速高于全区平均水平、农村居民收入增速高于城镇居民，推动经济发展质量、生态环境质量、人民幸福指数、社会治理效能、社会文明程度明显提升。实现地区生产总值年均增长8%以上，一般公共预算收入年均增长6%以上，固定资产投资年均增长10%以上，社会消费品零售总额年均增长7%以上，城乡居民人均可支配收入年均分别增长8%和10%以上，调查失业率控制在4.5%以内。

各位代表，实现上述目标，必须扎实做好“水、乡、城、人、治”五篇文章，这是时代发展的需要，是人民群众的期盼，也是县第十五次党代会的核心要求。我们必须以舍我其谁的赶考心态、永不懈怠的精神状态、一往无前的奋斗姿态，奋力谱写新时代海原高质量发展新篇章，努力创造不负时代、不负人民的新业绩。

（一）扎实做好“水”的文章，加快建设美丽海原。深入践行绿色发展理念，坚决落实“四定”原则，坚持开源节流并重、保护开发并举，优化用水结构，破解发展瓶颈，实现生态惠民、生态利民、生态为民、生态富民。

加快促进节水增效。实施“互联网+城乡供水”和“智慧水务”工程，配套自动化监测装置，加快实现城乡供水从源头到用户全程自动化，进一步提高水资源配置率、利用率。实施清水河流域城乡供水海原支线工程，新增供水能力631万立方米，有效保障城乡居民供水。建成中部干旱带海原西安供水工程，铺设输水管道77公里。有序推进扬黄灌区高效节水灌溉工程，发展高效节灌36万亩，高效节灌面积达到90%以上。全力推进用水权改革，力争“十四五”时期全县万元地区生产总值用水量降低8%，农田灌溉水有效利用系数提高到0.66以上。

扎实推进生态保护。以“三山一河七流域”为重点，推进实施生态廊道综合治理，完成清水河等58条544公里河道综合治理。规划实施郑旗南山、九彩黑林山等14项小流域综合治理，完成坡耕地综合治理3.2万亩，提升改造老旧梯田57万亩，新建淤地坝15座，对园河等6座水库进行除险加固，不断提升水土保持和防洪减灾能力。到2025年，水土流失治理程度达到76%。全面落实“河湖长制”，常态化开展水域岸线、水污染及水环境整治。全力抓好西华山国家草原自然公园试点建设，持续加大苋麻河、清水河、石峡口等湿地修复保护，建设河畅水净岸绿、天蓝地绿水美的美丽海原。

加快植绿增绿步伐。持续推进“山林权”改革，全面推行“林长制”“山长制”，建立覆盖县、乡、村三级的林长管理体系，推行“以林养林”新模式和“以地换林”“以碳养林”新路径。聚焦“山区林草化、城镇园林化、道路林荫化、庭院果园化”，科学规划，精准造林，完成人工造林24万亩，未成林补植补造及退化林改造提升25万亩，经济林建设5.2万亩，乡村及道路绿化2万亩，草原生态修复6万亩。到2025年，草原综合植被覆盖率达到66%以上，森林覆盖率提高到13.22%以上。

持续推进污染治理。深入开展蓝天、碧水、净土“三大保卫战”。加快乡镇清洁煤配送中心体系建设，全时段全过程推进“四尘”同治，确保空气优良天数比例保持在90%以上。开展排污权有偿使用和交易改革，持续加强工业污染源监管，确保重点工业企业主要污染物达标排放。统筹推进“五水”同治，加快补齐城乡生活污水设施设备。持续加强农业面源污染防治和工业污染源监管，推动有机肥代替化肥行动，继续保持化肥农药使用量零增长，全面补齐城乡生活垃圾处理设施，不断巩固提升土壤和地下水环境质量。扎实推进“双碳”“双控”工作，严格限制“两高”项目准入，努力实现绿色低碳发展。

(二)扎实做好“乡”的文章，加快建设富裕海原。坚持农业农村优先发展，大力实施乡村振兴战略，加快农业农村现代化步伐，促进农业高质高效、乡村宜居宜业、农民富裕富足。

巩固拓展脱贫成果。大力弘扬脱贫攻坚精神，坚决落实“四个不摘”要求，加快推进脱贫攻坚与乡村振兴有效衔接。积极争取乡村振兴重点帮扶县政策支持，扎实推进“四大提升行动”，加快实施高素质农民培育工程和农村劳动力就业能力提升行动，鼓励各类人才返乡创业兴业，促进稳定就业、稳定增收。兜牢兜实低收入人口和特殊群体基本生活保障，提升闽宁对口协作质量和水平，完善华润定点帮扶长效机制，深入开展“百企兴百村”等行动，形成巩固拓展脱贫攻坚成果、全面推进乡村振兴强大合力，坚决守住不发生规模性返贫的底线。

提升农业质量效益。坚持以农业供给侧结构性改革为主线，立足“三带两园六基地”产业布局，严格落实“四调四化”要求，加快构建现代农业产业体系、生产体系、经营体系。紧盯“人均一头牛、产值百亿元”目标，以创建自治区级肉牛标准化养殖示范县为抓手，持续完善“6+1”高端肉牛产业体系，加快推进华润五丰高端肉牛全产业链精深加工二期项目，持续打造国家级肉牛产业技术体系“一县一业”示范县。完善马铃薯三级良种繁育推广体系，建设南华山阴湿地区马铃薯产业示范带，加快推动优质种薯西部繁育基地和自治区级马铃薯产业标准化示范基地建设，马铃薯种植面积稳定在40万亩。建设优质高效的小杂粮核心区和标准化示范基地，小杂粮种植面积稳定在

35万亩。立足清水河地域资源优势,实施枸杞产业“六大工程”,枸杞等经果林种植面积稳定在15万亩。加快瓜菜标准园区和优质基地建设,特色瓜菜种植面积稳定在15万亩。制定富硒功能农业种植标准,加大富硒小杂粮等特色区域产品研发力度,推动富硒功能农业走标准化、高端化路子。提升农业品质品牌效应,建立健全农产品全链条追溯体系,强化“三品一标”认证,做靓“南月牌”马铃薯等特色品牌,不断提升“西海固”区域公用品牌影响力。到2025年,完成农业增加值21.45亿元,年均增长4.5%。

加快补齐农村短板。大力实施农村人居环境整治提升五年行动,集中开展“厕所革命”、拆违插绿、巷道硬化、危房改造、垃圾清运、污水处理为一体的立体式综合整治,建设好5个特色小镇、5个美丽集镇、25个乡村振兴示范村和100个人居环境提升村,打造“四美四化四到位”的乡村人居环境。持续抓好农田水利、供电供气、“四好农村路”、宽带网络、生态环保等基础设施建设,加快建立城乡公共资源均衡配置机制,统筹发展教育、医疗、就业创业、社会保障、文化服务等农村基本公共服务,加快补齐短板弱项,促进乡村宜居宜业。

(三)扎实做好“城”的文章,加快建设繁荣海原。坚持“县区一体”融合发展,以“两廊两核四镇”为抓手,科学推进新型城镇化建设,不断提高城市人居环境质量、人民生活质量和城市竞争力。

做强城镇经济。坚持以产兴城、以城聚产、产城融合。推动工业发展带动城市发展,加大闽宁科技园、海兴工业园区招商引资力度,重点培育发展新能源装备制造、农产品精深加工、轻纺三大产业,大力发展新型建材、农机加工、皮革加工等轻工业,引进风电光伏与储能产业互补开发融合发展项目,努力走出一条创新驱动、绿色发展、特色鲜明的新型工业化道路,到2025年,全县工业增加值达到26亿元以上,规模以上工业增加值达到24亿元。大力发展商贸、交通物流、农贸、旅游等工商服务业,鼓励社会资本广泛参与,统筹布局城市综合服务体、便民市场、交易中心、商超及特色商业街等基础设施。以旅游业赋能城市发展,着力打造“星星故乡”“红色主题”“长城遗址”“地震遗址”“生态康养度假”等特色文化旅游品牌,依托优质资源禀赋,承接“全国黄河生态康养目的地”、自治区“海原生态旅游度假区”等项目,着力打造具有海原特色的文旅产业发展新模式。加快制定海原特色餐饮标准化生产规范,扶持一批餐饮龙头企业,打造特色餐饮示范店、美食街,支持发展“联营店”“连锁店”,培育壮大特色餐饮业。加快数字基础设施和智慧应用体系建设,着力打造“数字”海原。

推进城市更新。深入贯彻新型城镇化战略,高质量编制县城控制性详细规划,着力推进城市更新行动,建设舒适便利的宜居城市。大力实施安居工程,坚持“房住不炒”定位,建设9个以上开发小区和保障性住房小区,老旧小区提升改造全覆盖,满足群众多层次住房需求。加快推进公共服务设施提标扩面、环境卫生设施提级扩能、市政公用设施提档升级,实施21项市政道路及基础设施建设项目,完成北坪路、县城西片区等9处排水防涝设施工程,建设5个集中供热项目,建成建筑垃圾填埋场等12个环卫设施项目,力争到2025年县城供水普及率、排水覆盖率、生活垃圾处理率均达到100%，城镇化率达到45%。协同推进海兴开发区高质量发展，持续完善基础设施建设，培育壮大特色产业，形成目标同向、措施一体、优势互补、互利共赢的“县区一体”深度融合发展格局。加快实施交通强县工程，海平高速、银昆高速海原段建成通车，开工建设寨海高速公路，“三纵一横一联”高速公路网络不断完善。改扩建国省干线公路290公里，优化干线公路等级结构，加快建设“四纵三横一联”的干线公路网。争取海原通用机场、平川经海原至环县铁路、中卫经海原至西吉快速通道等重大项目取得积极进展，着力构建内畅外通的交通大格局。

推动精细治理。深入推进文明县城创建，实施城市精细化管理，推动小区管理物业化、社区管理多元化、街面管理条块化、市场管理规范化。大力开展交通治堵、环境治脏、市容治乱、服务治差、占地治违行动，完善停车场、充电桩、快递末端服务点等公共服务设施，进一步提升城市亮化美化净化档次。建设智慧城市，完善城市数字化综合信息管理平台，强化智慧管理、智慧社区、智慧环保等服务，提高城市数字化治理水平。

（四）扎实做好“人”的文章，加快建设幸福海原。坚持以人民为中心的发展思想，尽力而为、量力而行，努力在发展中保障和改善民生。

全力抓好就业创业增收。实施城乡居民收入提升行动，千方百计增加就业岗位、优化就业结构、提升就业质量。完成职业技能培训1.5万人，创业培训2500人，发放创业担保贷款4亿元以上。规范人力资源市场服务管理，打造多元化海原劳务品牌，提升海原劳务层次，力争五年内农村劳动力转移就业达47万人次，劳务创收80亿元以上。

努力办好人民满意教育。实施基础教育质量提升行动，加大基础设施投入，新建中小学及幼儿园15所，改扩建40所。提高优质教育覆盖面，确保学前三年毛入园率、九年义务教育巩固率、高中阶段毛入学率分别达到95%、100%、94%，推动教育教学质量争先进位，走在山区九县前列。促进城乡教育一体化发展，持续优化教育资源布局，重点化解义务教育“乡村弱”“城镇挤”“大班额”等突出问题。深化校企合作、产教融合，推动职业教育高质量发展。抓好中小学“五项管理”，落实“双减”政策，促进学生全面发展、健康成长。建成8所“互联网+教育”标杆校、55个区市县网络名师工作室，培育100名“互联网+创新素养教育”教学名师，实现数字校园建设全覆盖，创建义务教育优质均衡县和自治区“互联网+教育”示范县。

着力推进健康海原建设。实施全民健康水平提升行动，加快完善卫生健康服务体系，实施二级以上医院传染病区改造，新建传染病专科医院和2家康养中心、3家乡镇卫生院发热门诊，规范建设社区服务中心，推动县人民医院成功创建三级乙等医院，支持宁南医院建设宁南地区区域性医疗中心。加强基层人才队伍建设，不断增强乡村医疗卫生服务能力，实现优质医疗资源均衡发展。加快完善医疗保障体系，群众异地就医更加便捷。全面落实国家优化生育政策，促进人口长期均衡发展。加快推进疾病防控体系改革，持续做好常态化疫情防控工作，有效提升基层疫情监测预警和防控救治能力。扎实推进县域综合医改，持续加强“互联网+医疗健康”信息化建设，传承发展中医药事业，推动医疗卫生事业高质量发展。

大力促进文化事业发展。培育和践行社会主义核心价值观，统筹推进县、乡、村三级公共文化设施改造提升，创建"互联网+"数字文化服务管理平台，构建全面丰富高效便捷的公共文化服务体系。深度开发"中国民间艺术之乡"等地域文化品牌优势，编排创作一批"花儿"歌舞品牌剧目，保护开发西安州古城遗址等重点文物，加强长城沿线历史文化遗存保护利用，力争成功申报7个区市非物质文化遗产代表性项目。

倾力提高社会保障水平。持续抓好低保、特困、残疾等政策落实，统筹推进扶老、助残、救孤、留守妇女儿童关爱等福利和慈善事业发展，取消区内居民在户籍地申办最低生活保障限制，加快实现城乡社会救助均等化。探索居家养老和社区医养康养模式，实施老年人居家适老化改造工程2000户，新建树台养老院、3个城市社区日间照料中心和20个农村老饭桌。健全未成年人关爱保护体系，巩固全国"护童成长"试点县成果。深化双拥共建，持续完善退役军人抚恤优待政策，实现创建全国示范性退役军人服务站乡镇全覆盖。

（五）扎实做好"治"的文章，加快建设和谐海原。有效防范和化解各类风险，加强和创新社会治理，推进治理体系和治理能力现代化，为经济社会健康可持续发展提供坚实保障。

维护社会和谐稳定。持续强化乡村、社区、宗教、校园、企业、社团、网络空间治理，提升社会治理效能。坚持和发展新时代"枫桥经验"，创建全国信访工作示范县。深入学习贯彻中央民族工作会议精神，坚持把铸牢中华民族共同体意识贯穿民族工作始终，大力实施民族团结进步创建"八大工程"和"585"行动计划，依法加强宗教事务管理，巩固提升民族团结进步创建成果，加快创建铸牢中华民族共同体意识示范县。深化平安海原建设，扎实推进"八五"普法，常态化开展扫黑除恶斗争，全力开展"净边"、反诈等各类专项行动，建好用好"雪亮工程"，完善网格化社会治理机制，夯实长治久安根基。

增强社会发展动力。深化"放管服"改革，加快转变政府职能，持续为企业"松绑"、为群众"解绊"、为市场"腾位"。按照"应进必进"和"三集中三到位"要求，提速推进行政许可7类政务服务事项全面进驻政务服务大厅，"一窗受理"政务服务事项稳定在80%以上。进一步优化宽松便捷的市场准入环境，压减申报材料和申报时间，坚持"放活"与"管好"相结合，规范公平有序的市场竞争秩序。深入实施创新驱动战略，创建自治区农业科技示范展示区2个以上，全社会R&D经费投入强度达到0.5%，县财政投入年均增长率不低于30%。

守住安全发展底线。有序化解政府债务，严守"资金跟着项目走"原则，切实提高资金使用效率，坚决遏制隐性债务增加。稳妥处置金融风险，紧盯重点领域、重点行业，依法整治非法金融活动，加强非法集资防范处置。健全应急管理体系，狠抓安全生产责任落实，强化隐患排查治理，防范遏制重特大事故，确保人民群众生命财产安全。

各位代表，新时代开启新征程，新使命呼唤新作为。只要我们坚定发展信心，始终保持奋发有为的精神状态和"跳起来摘桃子"的拼劲干劲，迎难而上、开拓进取，绘就的美好蓝图一定会变为现实！

三、2022年重点工作

2022年是实施"十四五"规划和先行区、先行市建设的关键之年,也是新一届政府的开局之年,做好明年工作至关重要。我们要围绕既定目标任务,砥砺奋进、锐意进取,全力推动经济社会发展取得新成效、展现新气象。

2022年主要预期目标是:地区生产总值增长8%以上,全社会固定资产投资增长15%左右,地方一般公共预算收入增长5%以上,社会消费品零售总额增长8%左右,城乡居民人均可支配收入分别增长10%和12%以上,调查失业率控制在5%以内,节能降碳和主要污染物排放完成区市下达任务。为确保完成这一目标任务,重点抓好以下八个方面工作:

（一）*扩大有效投资,在增强发展后劲上实现新突破*。把项目作为推动高质量发展的强引擎、硬支撑,坚持发展向项目聚焦、工作向项目发力、资源向项目集聚,全力推动项目建设提质提速提效。高起点谋划项目。紧盯国家、自治区产业政策和资金投向,立足海原实际,围绕产业转型升级、生态环境保护、文旅融合发展、公共基础设施等领域,谋划实施一批补短板、增后劲、惠民生项目,在已谋划的海兴区至S311线南城公路等72个总投资近74亿元项目的基础上,力争更多项目挤进自治区盘子,实现项目梯次推进、滚动发展,为高质量发展储能蓄势。高效率推进项目。全年计划实施项目112个,完成投资83.75亿元以上。扎实推进中部干旱带海原西安供水工程、西河中型灌区配套与节水改造等重大产业配套项目,重点抓好清水河海原段历史遗留废弃矿山生态修复、中部防沙治沙等重大生态环保项目,全力实施华润天然气一体化综合利用、宝中铁路扩能改造(海原段)等重大基础设施建设项目,加快建设第八小学、社区卫生服务中心等重大民生保障项目。高质量引进项目。优化完善招商引资优惠政策和考核办法,依托闽宁科技园二期标准化厂房,强化产业链招商、园区招商、以商招商,围绕特色种养及绿色食品加工、清洁能源装备制造、轻纺、交通物流等产业的上下游,按照"缺什么补什么",着力引进一批投资规模大、产业关联度高、耦合发展能力强、延伸配套齐的好项目。持续强化签约项目跟踪服务,争取百汇绿海万亩蔬菜生产基地等项目落地开工,力争全年招商引资到位资金突破50亿元。高标准服务项目。实行重点项目领导包抓、清单管理、定期调度、推进奖补措施,强化要素保障,加快清退落后产能、"僵尸企业",处置批而未供、闲置土地300亩以上,为先进产能、优势产业腾退能耗、土地等要素空间。发挥政府投资引导撬动作用,促进政银企深度联动,健全融资担保体系,支持符合条件的企业扩大直接融资,激发民间投资信心和活力。

（二）*调整优化结构,在产业转型升级上实现新突破*。聚焦高端化、绿色化、智能化、融合化产业发展方向,加快构建现代产业体系,不断提升经济发展质量和效益。

抓好农业提质增效。做优做强"一主四特"产业,大力调整种养业结构,打好有机、富硒牌,发展节水型、高附加值种养业。持续推进肉牛产业发展规模化、品种良种化、生产标准化,完成李旺新源等6个肉牛"出户入场"项目建设,新建郑旗蒲家山有机肥加工厂,打造25万亩青贮饲草供应基地,在李旺、高崖等乡镇配套建设7个粪污资源化利用点。投入运营中国(宁夏)良种牛繁育中心,启动“联合育种机制”,投入种公牛和种子母牛300头以上,推动形成现代肉牛良种繁育体系。加快肉牛交易市场开市运营,探索“线上+线下”交易模式,打造六盘山片区肉牛交易集散地。力争全县牛饲养量达到33万头,基础母牛存栏9万头。建设马铃薯起垄、覆膜、施肥、播种“四位一体”标准化示范基地10万亩,打造小杂粮绿色高质高效标准化示范基地5万亩。以西安高标准设施蔬菜现代园区、“三塘一坪”现代农业产业园等为重点,打造贾塘辣椒基地等5万亩“五优”蔬菜基地,建设蔬菜晾晒、分拣、冷库集配中心1座,发展西甜瓜4万亩。抓好工业集聚转型。强化龙头牵引作用,加快推进1GW光伏发电、老旧风电场“以大代小”更新增容、海兴风电光伏设备生产建设等投资规模体量大、辐射带动效应强的新能源及装备制造业项目。新增规模以上工业企业和“专精特新”工业企业各1家,规模以上工业增加值增长15%以上。

抓好服务业提档升级。以自治区级全域旅游示范区创建为引领,大力发展生态、康养、体验、采摘等乡村旅游产业,全面开放非遗基地和地震博物馆,打造西华山越野自驾游、环南华山避暑康养游、天都山徒步登山游、历史文化研学游、红色文化体验游。加快贺堡河流域梨园风情区、西安文旅古镇、甘盐池网红打卡地等乡村旅游基础设施建设,完善公共旅游接待设施,提升吸引力和承载力。加强金佛沟、元龙山石窟等文物保护,完成北嘴城址、柳州城址修缮保护,对祁家堡址、关桥堡址等红色革命文物和长城文物保护开发,推动文旅融合发展。全力打造电子商务进农村综合示范县升级版,加大海原名优特农产品向外推销力度,实现消费帮扶3.2亿元以上。加快完善联富汽贸城基础设施,推进汽车物流行业入园规范化经营,实现区内外物流基地平台互联互通,形成集群发展。

(三)巩固脱贫成效,在推进乡村振兴上实现新突破。严守返贫致贫底线。健全完善防止返贫动态监测机制和“四查四补”常态化机制,及时解决“两不愁三保障”动态新增问题。推动农村劳动力转移就业,提供公益性岗位5393个,持续促进脱贫人口稳定增收。大力实施移民致富提升行动,细化36个安置点“一点一策一方案”,扎实推进10大专项行动,全面解决好移民产业、就业和社会融入3件大事。抓好金融帮扶政策落实,脱贫人口小额信贷余额达到9.7亿元以上。强化华润定点帮扶,在肉牛产业、华润电力、华润燃气等方面实施精准帮扶。深化闽宁协作,争取资金8000万元,谋划实施一批带动能力强的产业提升项目。聚力部门帮扶,落实帮扶资金,有效补齐产业就业、群众增收、基础设施、公共服务等领域短板弱项。

夯实农业发展基础。加快完善现代农业产业体系、生产体系、经营体系。落实最严格的耕地保护制度,严守耕地红线。落实粮食安全责任制,深入实施藏粮于地、藏粮于技战略,粮食面积稳定在109万亩以上。扎实推进用水权改革,实施最严格的水资源保护利用制度,加快推进“三塘”灌区配水工程,启动贾塘片区二期项目,保障灌溉水源。建设20处规模化养殖供水工程,破解产业发展用水瓶颈。在高崖、李旺、七营、三河4个乡镇实施4.13万亩高效节水灌溉试点项目,有序推进井灌区水源替换。完成15万亩高标准农田建设,大力推广农业机械化转型升级,主要农作物耕种收综合机械化水平达到59.5%。

推进美丽乡村建设。坚持尊重群众意愿,因村制宜、分类推进村庄建设。以“两廊两核四镇”为轴心,抓好李旺、七营等重点小镇建设,打造美丽宜居村庄17个、闽宁乡村振兴示范村4个。加快村庄基础设施改善,实施农村智慧水利工程,改造提升农村危房及抗震房500户,完成农村户厕改造3000座。建立健全农村人居环境整治长效机制,加强12个乡镇污水处理站运行维护管理,力争在每个乡镇建设生活垃圾填埋场,推行垃圾分类减量试点,建立“户保洁、村收集、乡转运处理”机制,农村生活垃圾处理率和卫生厕所普及率进一步提升。着力建强基层组织,持续推进移风易俗,推动形成文明乡风、良好家风、淳朴民风。

(四)统筹城乡发展,在建设美丽家园上实现新突破。推动城乡一体化布局。围绕“一带两廊”空间规划布局,高质量编制海原县国土空间规划和42个“多规合一”实用性村庄规划,统筹各类自然资源要素配置,合理确定产业布局、城镇规模、空间结构和功能定位,科学划定生态保护红线、永久基本农田、城镇开发边界“三条控制线”,构建更加清晰的城镇、农业和生态空间。

推进新型城镇化建设。践行“人民城市人民建,人民城市为人民”理念,加快补齐城市建设、管理、服务领域短板,推动城市由外延扩张向内涵提质转变。探索实施货币化安置,完成棚户区改造200户以上,新建南苑、万福等商住小区3个以上,提升改造7个老旧小区,进一步提高住房保障能力。持续完善城市功能,实施华润天然气入户、中水利用、道路亮化、集中供热等一批市政项目,改造提升政府南北街、黎明路等6条7.7公里市政道路。实施城市排涝除险项目,着力提高县城防洪排涝能力。提升城市管理精细化水平,探索县城环卫保洁市场化运营机制,实行小区物业管理“评星定级”,大力解决交通拥堵、“马路拉链”等问题,打造“环境优美、整洁有序、和谐文明”的城市人居环境。积极推进“县区一体融合发展”,实施海兴开发区市政道路提升改造、植绿增绿、生态湿地扩容改造、风电光伏设备制造等项目,加快工业园区转型升级,提升承接周边市县产业转移和产业配套能力,支持引导机关事业单位到海兴开发区办公,全方位打造农贸市场、特色餐饮一条街和物流园区商业圈,促进人气商气聚集,努力走出一条以区兴产、以产聚人的发展路子。

持续完善基础设施。加快推进国道344头营至李旺段等160公里国省干线升级改造,建设村组硬化路、生产砂砾路共200公里,畅通群众致富路、幸福路。实施电力网络改善工程,完成90个低压老旧台区改造,新建5G基站139个,重点补盲4G基站49个,进一步改善全县供电通讯网络条件。

(五)增进民生福祉,在提升幸福指数上实现新突破。紧盯群众“急难愁盼”问题,实施“四大提升行动”,加快补齐公共服务短板弱项,让全县人民的获得感成色更足、幸福感更可持续、安全感更有保障。

扎实推进优质教育扩面。坚持教育优先发展,落实学校保安和学前保育服务资金保障,推进普惠性幼儿园提标扩面,新增公办幼儿教育学位720个。新建海原九小,改扩建海原三小、海原八小，促进义务教育优质均衡发展。加快普通高中多样化特色发展，加强“双师型”教师队伍建设，促进职业教育创新发展。加快推进教育信息化，开展骨干教师信息化运用能力提升培训1000人次以上，顺利通过自治区“互联网+教育”示范县创建验收。

全面提升医疗服务水平。加快推进医疗机构达标工程，改造县人民医院感染病区，改扩建李旺、红羊中心卫生院。加强人才队伍建设，加大儿科、精神科等紧缺专业人才培养引进，优化卫生人才配置结构。落实“双随机、一公开”监管机制，不断提升医疗卫生行业综合监管能力。持续做好城乡居民参保扩面工作，二级医疗机构报销比例达到87%。广泛开展爱国卫生运动，切实保障人民群众身体健康和生命安全。

织牢织密社会保障网络。统筹社会救助、社会福利、慈善事业，加强城市夹心层等困难群体帮扶。抓好树台养老院和6个农村老饭桌建设，推进“护童成长”试点项目。实施困难残疾人家庭无障碍改造100户，投入运营残疾人康复中心，对6岁以下残疾儿童全部免费提供康复救助。定期开展优抚对象走访慰问，全面落实优抚安置政策，切实增强优抚对象幸福感、获得感。抓好居民生活必需品、重要农副产品保供稳价，兜好兜牢基本民生底线。

稳步提升就业创业水平。完善支持就业创业政策措施，开展创业和职业技能培训3500人以上，发放创业担保贷款8000万元以上，新增城镇就业1000人以上，实现转移就业9万人，劳务创收16亿元以上。

持续丰富群众文化生活。推进“互联网+文化资源”，促进图书馆、文化馆与乡村数字资源的整合共享。完成“送戏下乡”100场次，放映农村公益电影2300场次以上，开展世界读书日、图书“七进”等活动，推进“菜单式文化服务”下基层，扶持农家书屋、农民文化大院、业余文艺团队30个，不断丰富群众精神文化生活。

全力构建现代治理体系。加强社会治安防控体系建设，依法打击各类违法犯罪，建设更高水平的平安海原。抓好综治信访工作，健全矛盾纠纷化解机制，努力把各类隐患消除在萌芽。深化民族团结进步创建，不断强化“三个离不开”“五个认同”，全力推进铸牢中华民族共同体意识示范县创建。落实安全生产专项整治三年行动，坚决遏制重特大事故发生。筑牢食品药品安全防线，确保顺利通过全域创建“食品药品安全区”验收，守护群众“舌尖上的安全”。

（六）打好三大会战，在改善生态环境上实现新突破。牢固树立“绿水青山就是金山银山”的理念，持之以恒抓好生态环境保护，坚决守好改善生态环境生命线。

持续打好生态保护大会战。统筹山水林田湖草沙系统治理，治理河道、沟道90公里，建设大中型淤地坝2座，新增坡改梯3万亩，实施水土流失综合治理63平方公里，形成以梯田、淤地坝、水库为骨干的拦洪减泥体系。抓好3.8万亩压砂地退出和生态修复，完成西华山退化草原生态修复1万亩，推进220公顷历史遗留废弃矿山区生态修复。

持续打好污染治理大会战。严格落实“6个100%”扬尘防控措施，加快推进乡村“煤改电”，力争实现乡镇清洁煤配送中心全覆盖，确保空气优良天数比例保持在90%以上。扎实推进排污权改革，加强城乡生活污水设施监管，常态化开展水源地保护及违章企业整治，提升重点河流、水库监测保护，确保水环境质量持续向好。持续推进农业面源污染治理，建立健全残膜回收利用体系，实施农药化肥"减量增效"行动，化肥利用率达到40.5%以上，农用残膜回收率达到90%以上，畜禽粪污资源化利用率达到95%以上。

持续打好植绿增绿大会战。扎实推进山林权改革，建立政府引导、市场运作、全民参与的国土绿化机制。深入开展植绿增绿大会战，推动沿路植绿、门前补绿、见缝插绿、荒山播绿，重点抓好高速公路、主干道路沿线两侧林网的植绿增绿，村庄巷道、房前屋后、空闲地块的补植补造。坚持因地制宜、选优树种、科学栽植，扶持发展庭院经果林特色产业，推动形成香水梨、红梅杏等"一村一品""一乡一业"。完成水源涵养林造林5.37万亩、中部防沙治沙造林10.5万亩、城乡绿化500亩、生态经济林建设5000亩、生态修复工程2.15万亩、补植补造及抚育提升1万亩，森林覆盖率提升到10.98%，让生态绿色成为海原发展的鲜明底色。

（七）深化改革创新，在激发动力活力上实现新突破。坚持以供给侧结构性改革为主线，深化改革创新，着力激发市场活力，增强发展动力。

持续深化"放管服"改革。全面推行县、乡、村"一窗受理"模式，加快建立完善涉企经营许可事项清单，实现"证照分离"全覆盖。强化"互联网+监管"系统应用，监管事项覆盖率、监管行为完善率均达到70%以上。深化信用体系建设，完善"双公示"工作机制，确保行政许可和行政处罚信息及时有效公开。

扎实推进重点领域改革。加快推进"四权"改革，赋予"四权"商品属性、市场属性、价值属性，挖掘隐形资源、激活沉睡资产，促进资源要素优化配置、转化增值。深化农村改革，成立县级农村产权交易中心，开展农村承包地经营权和宅基地抵押贷款试点，探索新型经营主体联农带农机制，在全县范围内试点推广100万亩农业生产托管服务，增强农业农村发展活力。加大公立医院改革，规范医疗健康总院运行机制。深化教育改革，推进"县管校聘"，建立名校长、名教师引用育管机制，打造新时代高素质教师队伍。全面完成国有企业改革"三年行动"，建立现代企业制度，实现肉牛产业集团和文旅产业集团市场化运营。理顺海原华润农业有限公司股权关系，深化央企帮扶后续合作。组建林草集团，有效盘活山林资源。

全面提升创新领域改革。深入实施创新驱动战略，持续加大财政科技投入力度，支持建设"西海固"牛产业技术创新中心、小杂粮技术创新中心，优化科技计划项目管理制度，逐步探索攻关任务"揭榜挂帅"制度和科研经费"包干制"，落实股权激励、分类评价等政策。县财政R&D经费投入同比增长30%以上。

（八）坚持执政为民，在建设人民满意政府上实现新突破。政府是人民的政府，人民是我们执政的最大底气。承载新使命，开启新征程，我们必须不断提升政府治理效能，提高政府公信力和执行力，努力建设人民满意政府。

强化政治引领。坚持把党的领导贯穿政府工作的全过程各方面，一以贯之加强政府系统党的建设。深入学习贯彻习近平新时代中国特色社会主义思想，增强"四个意识"、坚定

“四个自信”、做到“两个维护”，牢记“国之大者”。全面执行党中央、国务院和区市党委、政府决策部署，全面准确落实县委各项工作安排，始终做到县委有部署、政府有行动、落实有成效。

严格依法行政。深入贯彻习近平法治思想，严格按照宪法法律履职尽责，在法治轨道上推进政府治理体系和治理能力现代化。认真执行县人大及其常委会决议决定，办好人大代表建议和政协委员提案，依法接受人大法律监督、工作监督，自觉接受政协民主监督，主动接受社会公众和舆论监督，确保每一项行政决策和执法行为都于法有据、体现民意、符合实际。

加强廉政建设。落实全面从严治党要求，认真履行党风廉政建设“一岗双责”，严格执行中央八项规定精神和自治区加强作风建设“八条禁令”，持之以恒纠正“四风”问题。牢固树立“过紧日子”思想，大力压减非刚性支出，着力保障重点支出，切实提高财政资金使用效益，确保每一分钱都用在刀刃上。加强财政、审计、统计监督，深入推进工程建设、政府采购等重点领域突出问题专项治理，从严惩治各类腐败行为，永葆为民务实清廉政治本色。

提升政府效能。始终把抓落实作为政府第一要务，积极响应习近平总书记“社会主义是干出来的，幸福是奋斗出来的”伟大号召，大力弘扬“不到长城非好汉”的精神，积极践行“马上就办、办就办好”的快干实干之风，咬定目标、久久为功，主动到改革发展的一线、急难险重的前线，脚踏实地、埋头苦干，让改革发展稳定各项任务落下去、让惠及百姓的各项工作实起来。

各位代表，征途漫漫，惟有奋斗！展望新征程，我们重任在肩，实现新跨越，我们信心满怀。让我们更加紧密地团结在以习近平同志为核心的党中央周围，在区市党委、政府和县委的坚强领导下，以永不懈怠的精神状态和“功成不必在我、功成必定有我”的历史担当，真抓实干、奋勇争先，为建设黄河流域生态保护和高质量发展先行区先行市、继续建设经济繁荣民族团结环境优美人民富裕的美丽新宁夏贡献海原力量，向着实现第二个百年奋斗目标奋勇前进！

名词解释：

1.“两不愁三保障”：不愁吃、不愁穿；保障义务教育、基本医疗、住房安全。

2.“一主四特”：以高端肉牛为主导产业，以小杂粮、马铃薯、瓜菜、枸杞经果林为特色的“一主四特”产业体系。

3.“6+1”高端肉牛产业体系：基础母牛扩繁体系、肉牛品种改良体系、饲草料生产加工配送体系、科技服务与人才培养体系、疾病防治与疫病防控体系、肉牛屠宰与品牌营销体系和金融服务体系。

4. 河道“四乱”：在河道内乱占、乱采、乱堆、乱建。

5.“1+6+1”县域治理体系：1即完善县域社会治理体系提高治理能力；6即完善乡村、校园、社团、宗教、社区、企业治理体系，提高治理能力；1即完善网络空间治理体系，提高治理能力。

6.“四权”改革：用水权、土地权、排污权、山林权改革。

7.“两学一做”：学党章党规、学系列讲话，做合格党员。

8.“1355”奋斗目标：守住“一条底线”、保持“三个高于”、实现“五个提升”、做好“五篇文章”。“一条底线”是坚决守住不发生规模性返贫的底线；“三个高于”是经济发展速度高于全区平均水平、城乡居民收入增速高于全区平均水平、农村居民收入增速高于城镇居民；“五个提升”是经济发展质量、生态环境质量、人民幸福指数、社会治理效能、社会文明程度明显提升；“五篇文章”是做好水的文章、乡的文章、城的文章、人的文章、治的文章。

9.“四定”原则：以水定城、以水定地、以水定人、以水定产。

10.“三山一河七流域”：“三山”即南华山、西华山、月亮山；“一河”即清水河；“七流域”即西河、杨明河、郑旗河、马营河、杨坊河、贺堡河、甘城沟流域。

11.“双碳”“双控”：二氧化碳排放力争于2030年达到峰值，努力争取2060年实现碳中和。对能源消费总量和能源消费强度进行控制。

12.“两高”：高排放和高耗能的产业。

13.“四个不摘”：摘帽不摘责任、摘帽不摘政策、摘帽不摘帮扶、摘帽不摘监管。

14.“四大提升行动”：移民致富提升行动、城乡居民收入提升行动、基础教育质量提升行动、全民健康水平提升行动。

15.“三带两园六基地”：牧草产业带、养殖产业带、马铃薯产业带；设施蔬菜园、高效农业产业园；高端肉牛繁育基地、秋杂粮种植基地、硒甜瓜基地、枸杞大蒜基地、韭菜西芹基地、菌草基地。

16.“四调四化”：调优种养结构、调大经营规模、调强加工能力、调长产业链条；产业布局区域化、经营规模化、生产标准化、发展产业化。

17.枸杞产业“六大工程”：基地稳杞工程、龙头强枸工程、科技兴杞工程、质量保杞工程、品牌立杞工程、文化活杞工程。

18.“三品一标”：无公害农产品、绿色食品、有机农产品；农产品地理标志。

19.“四好农村路”：进一步把农村公路建好、管好、护好、运营好。

20.“两廊两核四镇”：“两廊”即扬黄生态产业廊、生态富民产业廊；“两核”即县城、海兴开发区；“四镇”即李旺交通运输中心镇、七营商贸中心镇、贾塘农贸中心镇、西安文旅中心镇。

21.“三纵一横一联”高速公路网：“三纵”即中卫经海原至西吉高速公路、福银高速公路和银川至昆明高速公路；“一横”即寨科经海原至平川高速公路；“一联”即同海高速公路。

22.“四纵三横一联”的干线公路网：“四纵”即省道205、省道103、省道204、国道344；“三横”即国道341、省道311、高崖至麻春县道公路；“一联”即省道202。

23.“四尘”“五水”：煤尘、烟尘、汽尘、扬尘；饮用水源、黑臭水体、工业废水、城镇污水、农村排水。

24.中小学“五项管理”：手机管理、睡眠管理、读物管理、作业管理、体质管理。

25.“双减”：有效减轻义务教育阶段学生过重作业负担和校外培训负担。

26.“585”行动计划：5即中华民族共同体意识进一步增强、各族群众交往交流交融进一步深入、民族团结宣传教育水平进一步提高、民族团结进步创建活动的覆盖面和影响力进一步扩大、先进典型的示范引领作用进一步增强;8即实施学校民族团结育苗工程、实施幸福社区共建共享工程、实施乡村和谐发展工程、实施党政干部民族工作能力建设工程、实施企业民族团结互助共赢工程、实施军民互学共建工程、实施和谐寺观教堂创建工程、实施民族团结进步舆论引导工程;5即建立健全组织领导机制、建立健全考核评价机制、建立健全督促检查机制、建立健全典型引领机制、建立健全政策保障机制。

27.“净边”:公安机关按照国家和自治区禁毒办统一部署,严厉打击境外毒品流入的专项行动。

28.“三塘一坪”:贾塘乡贾塘村、后塘村、王塘村和黄坪村。

29.“五优”蔬菜基地:品种优、技术优、管理优、品质优、价格优的蔬菜基地。

30.“专精特新”工业企业:生产专业化、管理精细化、产品或服务特色化、发展方式新颖化的工业企业。

31.“一带两廊”:沿黄生态经济带、扬黄特色产业廊、生态产业廊。

32.“多规合一”:强化国民经济和社会发展规划、城乡规划、土地利用规划、环境保护、文物保护、林地与耕地保护、综合交通、水资源、文化与生态旅游资源、社会事业规划等各类规划有机衔接,在统一的空间信息平台上建立控制线体系。

33.“双随机、一公开”:在监管过程中随机抽取检查对象,随机选派执法检查人员,抽查情况及查处结果及时向社会公开。

34.“三个离不开”:汉族离不开少数民族,少数民族离不开汉族,各少数民族之间也互相离不开。

35.“五个认同”:认同伟大祖国、认同中华民族、认同中华文化、认同中国共产党、认同中国特色社会主义。

36.“一窗受理”模式:建设“一窗受理”综合管理系统,将部门分设的办事窗口整合为综合窗口,实行“前台综合受理、后台分类审批、综合窗口出件”工作模式,实现“一窗通办”,达到群众“进一个门、取一个号、跑一个窗、办一件事”的目的。

37.“双公示”:行政许可、行政处罚等信用信息作出决定后上网公示。

38.“四风”:形式主义、官僚主义、享乐主义、奢靡之风。

海原县政协常委会工作报告

——在政协海原县第十二届委员会第一次会议上

海原县政协主席 丁志爱

（2021年10月26日）

五年工作回顾

过去五年，是海原经济社会平稳较快发展的五年，也是县政协服务大局、履职为民、展现作为，各项工作不断迈上新台阶的五年。五年来，在县委的坚强领导下，县政协及其常委会团结带领广大政协委员和政协工作者，以习近平新时代中国特色社会主义思想为指导，紧扣团结和民主两大主题，准确把握人民政协的新方位新使命，坚持建言资政与凝聚共识双向发力，围绕中心，服务大局，履职尽责，为推动海原高质量发展、实现第一个百年奋斗目标作出了积极贡献。

一、坚持党建引领，夯实共同思想政治基础

坚持党的全面领导。县委高度重视政协工作，召开县委政协工作会议和庆祝中国人民政治协商会议成立70周年各界人士座谈会，制定出台《关于新时代加强和改进人民政协工作的实施意见》，听取政协党组工作汇报，研究政协年度协商民主计划，增设政协社会治理委员会及委员服务和信息中心，这都充分体现了县委对政协工作的关心和支持，也是加强和改进人民政协工作的生动体现。政协党组认真贯彻落实中央和区市县党委各项决策部署，班子成员积极参与脱贫攻坚、乡村振兴、项目推进、招商引资、生态建设、疫情防控等工作，坚持重要工作、重大事项由党组集体研究决定，并向县委请示报告，做到在县委的坚强领导下，主动负责、协调一致地开展工作。

理论武装持续强化。充分发挥政协党组理论学习中心组学习引领作用、主席会议集体学习带动作用、机关党组和功能型党支部基础作用，综合运用集中培训、座谈交流等载体，深入学习了习近平新时代中国特色社会主义思想、习近平总书记关于加强和改进人民政协工作的重要思想及视察宁夏重要讲话精神、中央和区市县党委政协工作会议精神等。扎实开展了“两学一做”学习教育、“不忘初心、牢记使命”主题教育、党史学习教育和“新时代新使命新样子”学习讨论活动。五年来，共召开学习性党组和主席会70余次、常委会会议32次，举办委员培训班7期、习近平新时代中国特色社会主义思想专题学习研讨会3次，广大政协委员和政协工作者“四个意识”更加牢固、“四个自信”更加坚定、落实“两个维护”更加坚决。

党的建设不断加强。认真贯彻新时代党的建设总要求和全国及区市政协系统党的建设工作座谈会精神，完善政协党组织体系，成立各专委会功能型党支部，落实党员委员双重组织生活制度，重大活动设立临时党组织，实现了“两个全覆盖”，保证政协工作在哪里，党的建设就跟进到哪里。完善“两会一联系”工作机制，各专委会功能性党支部积极组织党员委员深入开展政治理论学习，定期召开组织生活会；党员委员紧密联系非党员委员，在提交提案、反映社情民意等方面示范引领，有效发挥了功能性党支部战斗堡垒作用和党员委员先锋模范作用。定期听取机关党组、各专委会功能型党支部工作汇报，指导政协机关党组开展党建和党风廉政建设工作，切实发挥了把方向、管大局、保落实的领导作用。

二、围绕中心履职，助推经济社会高质量发展

聚焦发展建言资政。围绕脱贫攻坚、乡村振兴等工作进行跟踪调研和督查，联合区市政协就如何实现稳定可持续脱贫进行调研协商，针对部分“十一五”移民安置点遗留问题，提出了“321”帮扶措施，取得了显著效果。围绕农村土地三权改革、民营经济发展、新型经营主体培育、营商环境改善和就业创业、教育、文化、养老、卫生健康、生态建设、老旧小区改造、环境综合整治等进行了专题调研协商。围绕重点项目建设、“三大会战”、社区治理、宗教事务依法管理等开展了监督性视察。围绕牛产业科技服务、品种改良、精深加工及滩羊产业发展等进行了对口协商。五年来，共开展调研视察协商活动42次，形成调研报告48篇，其中农村土地“三权”改革、做大做强牛产业等20余篇报告得到县委县政府主要领导的批转，为县委科学决策提供了参考。

紧扣民生献计出力。五年来，广大政协委员提交提案488件，审查立案243件，委员对办理结果满意率和基本满意率达90%以上，涉及政治、经济、教育、文化、卫生、体育、统战、民族宗教、劳动人事等方方面面。结合委员基层联系点活动和调研视察过程中发现的问题，梳理社情民意信息102篇，其中《关于妥善处置闲置清真寺的建议》得到区政协办公厅采纳；《关于充分发挥劳动关系三方协调机制作用，保障农民工合法权益的建议》等63篇得到县委县政府主要领导批转办理，为促进我县经济高质量发展和社会稳定发挥了积极作用。

心系百姓真情帮扶。认真开展贫困村和贫困户帮扶工作，筹措资金解决了党员活动阵地电教设施、办公经费和贫困户危房改造资金短缺等问题。深入开展委员基层联系点活动，积极协调，每年为关庄学区解决取暖费8万元，利用少数民族发展项目资金硬化了树台乡刘河安置点道路。广大政协委员和政协工作者捐资56万元为建档立卡户送去了生活用品，慰问了病患儿童、贫困学生，为疫情防控捐资捐物43万元。充分利用厚德慈善基金会平台，资助大学生1159名，发放资助金307.1万元。

三、广泛凝心聚力，不断汇聚团结奋进力量

统战作用充分发挥。在“三化”治理的关键时期，积极探索开展“四联四助”活动，协助县委县政府宣传政策、解疑释惑、协调关系、化解矛盾，得到区市政协主要领导的肯定。成立宗教界别委员工作室，组织召开宗教人士“听党话、感党恩、跟党走、促和谐”座谈会、庆祝中国共产党成立100周年座谈会等，加强思想政治引领，沟通思想、增进共识。

文史宣传有序推进。充分发挥文史资料“存史、资政、团结、育人”的作用，编辑出版了《红色记忆》《山海情深》等书籍。先后多次在《华兴时报》、区市政协刊物上发表理论文章。组织政协委员和机关干部参加了市政协举办的各种文艺演出、书画展览等活动，展现了政协风采。认真组织开展了“委员大讲堂”活动，邀请有专业特长的政协委员传播新知、传承文化、传授技艺。

联谊交流不断扩大。积极主动配合上级和兄弟县（区）政协来海调研视察及考察学习40余次，其中协助全国政协开展了少数民族地区精准扶贫调研和六盘山片区精准扶贫交流推进会考察。积极参与县委外出考察活动，组织政协委员外出考察学习18次，学习借鉴外省区先进经验和典型做法。

四、完善制度体系，推进协商民主广泛多层发展

建立健全协商机制。研究制定了《关于加强和促进人民政协凝聚共识工作的实施意见》《政协海原县委员会协商工作规则》等，对各类协商活动的参加范围、基本程序、交流方式和成果凝结等作出规定。认真落实县委会同政府、政协制定年度协商计划制度，确定政协常委会会议和专题协商会议议题。严格遵守“协商议政七要七不要”“协商会议开法九条”“改进调研作风六可六不可”“党政部门领导参加政协协商会议四条”等规则，专门协商机构建设更加科学、规范。

有效拓展协商形式。更加灵活更为经常地开展专题议政性常委会会议协商、专题会议协商、对口协商、提案办理协商和监督性视察。每年精选重点提案6~8件，分别由县委、县政府主要领导和政协班子成员领衔督办，推动提案办理落实。创新开展提案提办质量“互评”活动，促进提案“办得好须提得好，提得好须办得好”的良性循环。按照“准确定位、把握适度”的监督原则，先后对公安、住建等六部门进行了民主评议。政协常委会定期听取政府民生实事、提案办理和法检两院工作情况通报，进一步发挥了监督作用。

积极搭建协商平台。围绕网吧管理、食品安全、健康海原建设等召开专题议政性常委会会议协商，邀请群众代表、市政协委员和专家学者参与，与党政部门共商发展、推动落实。积极搭建“众人的事情由众人商量”平台，政协委员与政府分管领导、职能部门面对面协商，为海原南门广场改造建言。依托自治区政协信息平台开展网络议政12次。认真落实政协委员特约监督员、民主评议员选派机制，选派政协委员列席县政府常务会、人民法院案件庭审会100余人次，为委员知情明政创造了条件。

五、加强自身建设，提升政协工作质量和水平

委员管理不断加强。按照“懂政协、会协商、善议政，守纪律、讲规矩、重品行”的要求，加强对委员的政治教育，健全履职档案，强化服务管理，实现委员学习培训全覆盖，委员履职意识和责任担当进一步增强。制定了《海原县政协委员履职考核办法》，从11个方面进行量化分值，实行差异化考核，对3名政协委员进行了提醒谈话，依章程撤销1名政协委员资格。制定活动经费管理办法，为委员发放了交通通讯补贴，并对优秀政协委员、提案和社情民意信息进行表彰，激发了委员履职热情和活力。

作风建设逐步提升。修订完善了《海原县政协各专门委员会定期向主席会议、常委会会议报告工作办法》等制度21项，为规范政协工作提供了保障。严格执行中央八项规定及其实施细则精神、自治区“八条禁令”及我县实施细则，持之以恒纠正“四风”，认真落实巡察整改意见，深入开展警示教育活动。结合“党政机关作风建设年、干部队伍素质提升年”活动的开展，坚持从严教育、从严管理、从严监督干部，完善效能考核、优化职责分工，干部精神面貌大转变，办文质量、工作水平、落实力度、办事效率得到明显提升。

五年风雨同舟、团结奋斗的历程，使我们深刻体会到，做好政协工作，必须坚持党的领导，增强履职的政治性。始终把学习贯彻习近平新时代中国特色社会主义思想，作为汲取信仰力量的“定盘星”、补足精神之钙的“主心骨”、筑牢思想根基的“压舱石”，牢固树立“四个意识”，坚定“四个自信”，做到“两个维护”。要毫不动摇地坚持党的领导，做到政协重要工作在县委的领导下开展、重要活动围绕县委中心工作进行、重要安排上报县委审批后实施。必须始终围绕中心，增强履职的全局性。要在大局上主动、大局中思考、大局下行动，聚焦县委县政府中心任务，做到政治协商由此切入，民主监督向此发力，参政议政依此展开，团结联合为此聚力，使各项履职活动更加符合大局需要。必须以人民为中心，增强履职的为民性。要坚持人民政协为人民，把不断满足人民对美好生活的需要、促进民生改善作为重要着力点，倾听群众呼声，反映群众愿望，抓住民生领域实际问题做好工作，协助县委和县政府增进人民福祉。必须深化协商民主，增强履职的包容性。要充分发挥人民政协作为社会主义协商民主的重要渠道和专门协商机构作用，坚持大团结大联合、一致性和多样性，提倡热烈而不对立的讨论、真诚而不敷衍的交流、尖锐而不极端的批评，让委员愿讲话、敢讲话、讲真话，努力增进共识、促进团结。必须紧紧依靠委员，增强履职的实效性。委员是社会各界的精英，是参政资政的人才库、智囊团，要尊重委员主体地位，保障委员民主权利，完善委员联络制度，为委员履职创造条件，让每位委员干事有舞台、建言有渠道、工作有作为。必须推进改革创新，增强履职的时代性。要坚持问题导向，在活跃协商方式、丰富协商内容、增强协商实效上出实招，在思想引领、增进共识、广纳群言上下功夫，在讲落实、抓落实、重落实上求实效，不断增强政协事业生机活力。

各位委员、同志们，五年的成绩来之不易，五年的经验弥足珍贵。我们每前进一步，都是在习近平新时代中国特色社会主义思想的科学指引下，是区市政协有力指导和县委坚强领导的结果，是县人大、县政府大力支持和各部门、社会各界积极帮助的结果，凝结着广大政协委员、政协各参加单位、政协机关干部职工的智慧、心血和汗水。在此，我代表县政协十一届常委会向大家表示衷心的感谢！

我们也清醒地认识到，有些工作同新时代新要求相比、同人民群众期待相比还有一定差距。民主监督的方式方法和制度化建设还需进一步探索,团结联谊的范围和渠道还需进一步拓展,发挥委员作用还需进一步强化,专门委员会联系界别、联系委员的工作还需进一步改进,机关建设还有薄弱环节,等等。这都需要在今后工作中切实加以改进。

今后五年工作建议

新时代赋予人民政协新使命,新征程召唤人民政协要有新作为。今后五年,县政协工作的总体要求是:坚持以习近平新时代中国特色社会主义思想为指导,全面贯彻落实习近平总书记视察宁夏重要讲话精神及中央和区市县党委各项重大决策部署,始终把坚持和发展中国特色社会主义作为巩固共同思想政治基础的主轴,把加强思想政治引领、广泛凝聚共识作为中心环节,坚持团结和民主两大主题,紧紧围绕县第十五次党代会确定的守住“一条底线”、保持“三个高于”、实现“五个提升”、做好“五篇文章”的奋斗目标,认真履行政治协商、民主监督、参政议政职能,切实担负起“落实下去”和“凝聚起来”的政治责任,为建设经济繁荣民族团结环境优美人民富裕的美丽新宁夏贡献政协的智慧和力量。

一、坚持不懈用习近平新时代中国特色社会主义思想统领工作

发扬人民政协自愿学习、自觉实践的优良传统,深入学习领会习近平新时代中国特色社会主义思想和习近平总书记重要讲话精神,适时开展新任政协委员全员培训;引导政协各参加单位和各族各界人士深入学习党的创新理论、时事政策,学习中共党史、统一战线史,树牢“四个意识”、坚定“四个自信”,筑牢思想基础,在思想上政治上行动上同以习近平同志为核心的党中央保持高度一致。始终坚持党对人民政协工作的全面领导,认真贯彻中央和区市县党委对政协工作的各项要求,在县委的领导下不断推进政协协商民主制度化规范化程序化,县委有号召、政协必行动,切实做到党政工作推进到哪里、政协工作就跟进到哪里、合力共识就凝聚到哪里。

二、坚持不懈为经济社会高质量发展凝心聚智

围绕中心,服务大局。聚焦巩固拓展脱贫攻坚成果同乡村振兴有效衔接和坚决守住不发生规模性返贫的底线,瞄准抓重点、补短板、强弱项,持续深入协商、集中议政,跟踪督导检查、助推落实。聚焦经济发展质量、生态环境质量、人民幸福指数、社会治理效能和社会文明程度,深入开展调查研究,建睿智之言、献务实之策。聚焦水的文章、乡的文章、城的文章、人的文章、治的文章,选择综合性、战略性议题进行全面调研,选择切口小、关注度高的具体问题进行专题调研,精准建言出实招,集合众智克难关。重点围绕县第十五次党代会决策部署贯彻落实开展监督工作,增加监督性议题比重,增强计划性、协同性、实效性,更好发挥政协民主监督体系的独特作用。引导政协委员聚焦“1355”奋斗目标,多提提案、多反映社情民意。聚焦老百姓最急最忧最盼的问题,更加深入更为经常地关注民计民生,真正把功夫下到察实情、出实招、办实事上,让人民群众的获得感多起来。把凝聚共识融入视察考察、调查研究、协商履职活动中,在建言成果、思想收获上一体设计、一体落实。

三、坚持不懈为促进大团结大联合汇聚力量

立足人民政协独有的界别代表性和广泛

包容性，支持和保障宗教界、工商联和无党派人士参加政协会议活动，加强与党外知识分子和新的社会阶层人士的联络，在坚持一致性中尊重多样性，在包容多样性中寻求一致性，找到最大公约数，画出最大同心圆，进一步铸牢中华民族共同体意识。积极搭建有事好商量、众人的事情由众人商量平台，认真落实“三联系”制度，不断完善“委员讲堂”和界别委员工作室，创建委员会客室，及时解读党的路线方针政策和做好理顺情绪、解疑释惑工作，最大限度加深理解、最大限度地增加和谐因素、最大限度使县委县政府决策得到群众支持，为我县“十四五”规划实施和县第十五次党代会描绘的发展蓝图凝聚力量、凝聚人心、凝聚智慧。引导宗教人士、信教群众贯彻落实党的民族宗教政策，不断增进“五个认同”和“三个离不开”思想，使人民政协成为坚持和加强党对各项工作领导的重要阵地、用党的创新理论团结教育引导各族各界代表人士的重要平台、在共同思想政治基础上化解矛盾和凝聚共识的重要渠道。

四、坚持不懈深化人民政协协商民主实践

加强专门协商机构制度建设，践行党的群众路线和民主集中制，在决策之前和决策实施之中，充分协商交流、深化思想沟通，广集良策促进决策优化，广聚共识推动决策实施。围绕县委、县政府工作的重点、群众生产生活的难点、社会治理的焦点，明确协商内容、确定协商主题，深入开展专题协商活动。完善以全体会议为龙头，以专题议政性常委会和专题协商会、协商座谈会等为重点的政协协商议政格局；以界别为依托，以专门委员会为基础，更加灵活更为经常开展专题协商、对口协商、提案办理协商。健全政协协商民主制度机制，制定实施年度协商计划，坚持协商议题和协商形式相匹配、视察调研和协商议政相衔接，组织委员深入协商议政。持续推进县领导领衔督办重点提案、提案“清单式”管理工作。完善协商成果采纳、落实和反馈机制，并将实施情况列入县委、县政府督查事项，推动协商成果有效转化。

五、坚持不懈提升政协工作规范化水平

全面落实“懂政协、会协商、善议政，守纪律、讲规矩、重品行”的要求，不断提高委员政治把握能力、调查研究能力、联系群众能力、合作共事能力，以新时代奋斗者的姿态和干劲，积极投身凝心聚力、决策咨询、协商民主、社会治理第一线。大兴调查研究之风，深入基层、沉到一线，用事实和数据说话，把协商议政、民主监督建立在扎实调研基础上，做到言之有据、言之有理、言之有度、言之有物。认真做好提案、视察、社情民意、文史资料、新闻宣传等工作，在提升质量上下功夫。全面落实新时代党的建设总要求，把政治建设摆在首位，严格落实中央八项规定及其实施细则精神、自治区“八条禁令”及我县实施细则，坚持纠“四风”树新风并举，推动作风建设持续好转，打造过硬机关干部队伍，全面提高服务保障水平。

各位委员，使命呼唤担当，实干成就梦想。让我们更加紧密地团结在以习近平同志为核心的党中央周围，在县委的坚强领导下，不忘初心、牢记使命，团结一致、拼搏实干，为建设黄河流域生态保护和高质量发展先行区先行市、建设经济繁荣民族团结环境优美人民富裕的美丽新宁夏作出政协新的更大贡献，向着第二个百年奋斗目标奋勇前进！

媒体印象

海原：一个颠覆认知的地方

——一个老记者眼中的海原(一)

陈凤兰

六月，走进宁夏海原，那沟沟岔岔，山梁沟壑，都披上了绿色的盛装。满目苍翠，绿意盎然，令人目不暇接。走近村庄，一幢幢具有乡村风情的宽宅大院精致地扑入眼帘，门楼考究而气派，红黄色的大铜门诉说着富足，落地窗明晃晃亮堂堂令人眼晕。屋子里的地瓷砖擦得明镜似的，一开水龙头，自来水哗哗地流。开门迎客的老乡脸上总是挂着自信的笑容，问起他们的生活状况，说得最多的一句话是："唉，那没嘛哒，党的富民政策好得很么！"

海原啊，你竟变得让人不认识了，彻底颠覆了笔者的认知。难怪一位哲人说，我颠覆了整个世界，只为摆正你的倒影。

而摆正海原这个贫穷倒影的是谁呢？经过几天走乡串户的访问，这些年来，海原县委、县政府扎扎实实地理清了发展思路，找准了发展目标，以咬定青山不放松，抓铁有痕见实效的气魄，带领群众打着一场脱贫攻坚、美丽乡村建设的持久战。无论是奔波在村庄、田间地头、农户家中的县、乡村各级干部，还是辛勤劳作的群众，一种强烈的发展意识扑面而来，势不可挡。

笔者的思绪，不由得回溯到20年前。2001年7月2日至4日，笔者当时作为宁夏日报党政新闻部记者，跟随时任宁夏回族自治区主席马启智到海原、彭阳等地考察调研。7月2日到达海原时，天气阴沉沉的下起毛毛细雨，而马启智的脸色比这天气还阴沉，他满脸愁云密布，令前来向他介绍情况汇报工作的当地干部诚惶诚恐。面对到处是寸草不生的荒山秃岭，还有进了村就向政府哭穷要救济的贫困群众，主席的心情能好么？所以他对当地干部说，一个地区没有整体生态环境的改善，就没有经济的可持续发展。

2001年，海原县被列入全国退耕还林示范试点县之一。

海原县的领导班子成员清醒地认识到：这可是改变海原一穷二白面貌千载难逢的大好机遇啊，敢颠覆自己的过去才能够把握现在和未来。

经过广泛宣传动员，全县干部群众形成共识。他们一级带着一级干，持续推进退耕还林还草发展战略。在国家政策扶持下，经过全县广大干部群众十多年的苦干实干，海原县自2001年实施退耕还林工程以来，累计完成退耕还林工程建设任务141.6万亩，退耕造林61.9万亩（享受国家政策兑现面积56.7万亩，超计划5.2万亩），配套荒山造林76.7万亩，封山育林3万亩。工程项目共涉及17个乡镇、2个管委会、1个管理处、148个行政村。受益农户达3.8万户、人口20.9万人。截至2020年底，国家累计拨付退耕还林工程资金约12.97亿元（其中造林种苗补助0.7亿元，直补退耕农户补助资金12.27亿元，纳入生态效益补偿资金189.4万元），退耕农户户均受益3.1万元，人均收入5707元。主要造林树种为柠条、山杏、山桃；整地模式为鱼鳞坑整地、“88542”整地、反坡带子田整地等。

尝到甜头后，他们又抓住新一轮退耕还林重大发展机遇，从2015年至2017年，全县累计完成新一轮退耕还林任务9.266万亩，项目涉及15个乡镇。涉及退耕农户7250户（其中建档立卡户3100户），人口29540人。截至2019年底，国家及自治区财政累计拨付工程建设总投资约1.2亿元。其中种苗造林费0.34亿元、中央财政直补政策补助资金约0.65亿元、自治区财政配套资金0.124亿元。退耕农户户均受益1.5万元，人均0.4万元。

海原县史店乡田拐村万亩红梅杏基地（陈凤林　摄）

尤其是近年来，在自治区、中卫市党委、政府的坚强领导下，海原县坚持以绿水青山就是金山银山理念为引领，依托国家天然林保护、三北防护林建设及退耕还林工程，抢抓机遇，乘势而上，在生态建设上狠下功夫，全县生态建设取得长足发展。截至2020年底，全县林地面积185万亩，其中乔木林地2.7万亩，灌木林地68.4万亩，其他林地113.9万亩。截至2020年底，全县森林覆盖率达到9.5%，预计2021年底森林覆盖率将达到10.24%。

透过这一串饱满而又充实的数字，是宁夏海原人与大自然进行艰苦卓绝斗争，在寸草不生的荒山秃岭上书写出的绿色新篇章。

2021年6月1日下午，笔者从海原县关庄乡走村入户采访后，登上了南华山的最高处远眺，目之所及，都是绿色啊，南华山像是披上了绿毯子似的，反坡带子田、鱼鳞坑里的云杉全部成活，漫山遍野、七疙八梁一片苍翠，风景如画，这还是我20年前曾多次来过的南华山吗？过去光秃秃的景象已没了踪迹。陪同我们的关庄乡党委书记祁国福说，现在南华山、月亮山及其周边范围已经明显形成了小气候，年降雨量达到400~600毫米，比县城多出一倍多,水源涵养使县城及周边18万人受益。

史店乡田拐村是海原县最集中的一片红梅杏种植区,他们要在此打造万亩红梅杏基地。登上一处制高点,只见山顶上鱼鳞坑种的常青树已长成一人高,绿油油的,山腰种的红梅杏均已挂果。史店乡规划把富有新农村特色的田拐村及红梅杏基地打造成旅游景区,春赏杏花夏摘果,秋天上山观红叶,这里的山已然成为金山银山了。大山无言,它用绿色的身躯记录着奋斗者的足迹。

跨越,还是跨越。这种跨越,它颠覆了一个世界。紧接着,一个个生态环境建设的大手笔呼之即出:全面打响"三大会战",厚植绿色底蕴,坚决守好改善生态环境生命线。

打响植绿增绿大会战。今年以来,海原县把植绿增绿摆在突出位置,认真谋划、周密部署、迅速行动,抢抓植绿增绿黄金期,层层压实责任,建立工作台账,强化技术指导,严把质量效益,重点围绕主干道路、农户院落、农田林网、机关社区、企业学校、宗教场所等区域,全年计划造林11.56万亩,其中春季造林6.37万亩,目前已完成6.4万亩。全县6万多户常住户完成庭院经济林苗木栽植61.3万株,基本实现了常住户院落、房前屋后庭院经济林种植全覆盖,力争今年全县森林覆盖率再提高1个百分点。

打响生态保护大会战。围绕自治区"七大生态系统",梳理海原重点任务,精准谋划实施"三大工程"。实施水源涵养工程,持续推进南华山外围区域水源涵养林建设项目,启动实施西华山国家级草原公园试点项目,年内计划完成林草建设8.21万亩,全面巩固林草植被保护成果,增强水源涵养功能。实施小流域综合治

老记者们在海原县深入农户家采访(陈凤林　摄)

理工程,以小流域为基本单元,以河道沟道治理、坡地耕地改造、荒山荒坡地造林封育、移民迁出区生态修复为重点,坚持山水林田路统一规划、梁峁沟坡塬一体治理,大力推进堤岸防护、梯田、淤地坝等工程建设,采取流域综合治理、水土保持等措施,计划实施坡改梯3万亩,水土流失治理程度提高到65%以上。实施生态修复工程,以清水河、西河、苋麻河全流域治理和废弃矿区恢复治理为重点,计划恢复治理历史遗留矿区304公顷、恢复耕地139公顷,新增耕地134公顷,修复生态伤疤,拓展绿色空间。

打响污染防治大会战。统筹推进煤尘、烟尘、汽尘、扬尘"四尘同治"实施水污染综合治理工程,统筹推进饮用水源、黑臭水体、工业废水、农田退水、城乡污水　"五水共治"实施耕地土壤环境治理保护重大工程,系统推进建筑垃圾、生活垃圾、危险废物、畜禽粪污、工业固废、电子废弃物"六废联治",累计建成5家清洁煤配送中心、17个乡镇垃圾填埋场、6个乡镇污水处理站,新建并投入运营大气污染精细化监管项目、老城区水源地整治项目,全县环境空气质量、清水河海原段水质稳定达标,农

6月的宁夏海原，那沟沟岔岔、山梁沟壑，都披上了绿色的盛装(陈凤林　摄)

药减量控害技术覆盖率、畜禽粪污及秸秆综合利用率均达到85%以上。绿化覆盖率达到38%，村容村貌发生翻天覆地的变化，涌现出了以史店乡田拐村、关桥村希望小镇等为代表的美丽村庄，为乡村振兴奠定坚实基础；生态气候显著变好。全县年均降雨量由原来的280毫米左右提高到400毫米以上，部分地区甚至达到600毫米左右；环境空气质量优良天数343天，占比96.1%，比2015年环比增加了21.1%，小气候生态圈逐步形成，生态系统正在良性循环，有效改善了“十年九旱”的县情，促使农业产业得到跨越式发展。

乘车从草洼乡走李俊乡的沿途，漫山遍野被绿色植被密密实实地覆盖着。

李俊乡是海原大地震破坏严重的区域，地震断裂带痕迹随处可见。山地丘陵多，可耕地面积少，全乡人口8500多人，他们实行宜林造林，宜草种草，在207平方公里的区域内，通过十多年的退耕还林、乡村建设、环境整治，林草覆盖率由原来的23.3%提高到49.76%。

走进李俊乡团结村金佛自然村，村口还有一个小广场，立有篮球架，各种活动器材，听村支书说，这个村的人特别爱打篮球，晚饭后村民们自发到小广场打篮球，酣战一场。在村民穆凤兰家的院子里，小花园、小果园、小菜园，规划得齐齐整整。环顾整个村庄，没有垃圾堆，就连烧炕的劈柴都码放得很规整，村容村貌焕然一新。20年前，笔者跟随自治区领导慰问困难群众曾来过李俊乡，那些东倒西歪的土坯房子，残墙断壁，草垛、杂物堆统统不见了踪影。

此次海原行，自始至终都被颠覆着认知，如今，海原县的倒影正过来了，笔者要大声为海原县正名：宁夏海原，它不再是西海固思维定式中贫穷的代名词。

（本文来源于2021年7月20日宁夏新闻网，作者系宁夏日报报业集团退休高级记者，现任宁夏老新闻工作者协会主席）

宁夏海原县：
产业为幸福加码　让钱袋子鼓起来

人民网银川11月18日电（记者赵茉钰）今年以来，宁夏海原县以优化收入结构、拓宽增收渠道为切入点，有序提升城乡居民收入。前三季度城镇居民人均经营净收入1031.3元，同比增长7.0%，占城镇居民人均可支配收入的5.0%。农村居民人均经营净收入2084.9元，同比增长10.5%，占农村居民人均可支配收入的29.9%。

“是养牛让我走上了致富道路，过上幸福甜蜜的生活。”宁夏中卫市海原县曹洼村养殖户田风栋说。2018年，在“基础母牛银行”扶贫模式的帮助下，田风栋从起初的1头牛发展到现在的29头。三年时间内，田风栋不仅翻新了家里的6间房，还自掏腰包拿出10万元改扩建了草料棚和牛圈。

田风栋是海原发展肉牛产业的上万户受益者之一。尝到甜头以后，他计划今年年底养到50头牛。

海原县曹洼乡肉牛养殖基地（高嘉蔚　摄）

目前，海原县进一步壮大肉牛产业，推动区域肉牛产业全产业链发展，完善规模养殖、精深加工、品牌营销、综合服务四个环节。

强产业、全力提高经营性收入是海原县提升居民收入的手段之一。海原县人力资源和社会保障局相关负责人表示，海原县严格落实遏制耕地非农化、防止非粮化各项举措，扎实推进“藏粮于地、藏粮于技”，持续提升农业效益，前三季度农林牧渔业总产值36.16亿元，实现增加值12亿元。其中农业产值完成16亿元，畜牧业产值完成20.16亿元。而在移民致富提升方面，海原县聚焦全县“十一五”以来36个移民点、7071户29387人移民群众，围绕解决产业、就业、社会融入3件大事，紧盯县内生态移民、劳务移民、自发移民、移民迁出区遗留问题4个关键，逐点逐户调研摸底，精准制定“一点一策”方案，谋划储备项目127个，全力启动推进10大专项行动，实施项目39个，全力促进移民致富提升。

9月，海原县医护人员走上街头，深入村（社区）开展提高人口素质的系列宣传活动，发放优生优育、妇幼健康宣传资料、宣传品1000

医护人员正在科普宣传优生优育(县委宣传部　摄)

余份。同时通过微信等平台进行预防出生缺陷知识宣传,以计划怀孕夫妇为重点,进行婚前医学检查、孕前优生健康检查、产前筛查、孕期保健、避孕药具的适宜应用等健康知识的宣传与指导。

"让孕前优生理念潜移默化进入千家万户。并根据不同层次不同需求进行针对性引导,充分调动其主观参与意愿,进而自觉积极参加孕前优生健康检查,同时带动辐射周围育龄群众,为孕前优生工作的进一步开展夯实基础。"海原县卫健局相关负责人说。

没有全面健康,就没有全面小康。今年,海原县从健全医疗卫生服务体系、提升疾病预防控制能力、提高医疗救治保障能力、全面提升全民健康素养等方面,切实推进该县全民健康水平提升。

此外,海原县以"推动教育总体水平争先进位,走在山区九县前列"为目标,以落实"双减"政策为抓手,聚焦短板弱项,突出优质均衡,强化规范管理,深化改革创新。今年,新建公办幼儿园2所(四幼、六幼),新增学位720个,创建市级示范幼儿园8所,学前教育毛入园率达到85%。推进义务教育学校标准化建设,持续改善乡村寄宿制学校办学条件,全县九年义务教育巩固率达到100%。完善高中基础设施,改扩建海原一中、兴海中学等普通高中,有效化解"大班额",提升学位供给数量,创建区级特色高中1所,高中阶段教育毛入学率达到94%。

【来源:宁夏扶贫开发办媒体报道】

俯瞰海原县县城(高嘉蔚　摄)

大事记

1月

4日　中卫市委常委、海原县委书记徐海宁主持召开十四届海原县委2021年第1次常委会会议。

6日　新华社宁夏分社社长王磊率队到海原县采访调研。中卫市委常委、县委书记徐海宁陪同调研采访。

△　海原县审批服务“一窗受理”综合业务系统正式上线试运行，这标志着海原县推进无差别“一窗受理”改革工作全面进入落地实施阶段。

12日　在宁夏回族自治区党委宣传部、自治区教育厅开展的“爱国心、报国情、强国志”主题征文活动中，海原县教育体育局、海原县第一中学获优秀组织奖；海原县第一小学学生李骁、马欣雨分获小学组一等奖、三等奖；海原县回民中学学生马龙获中学组一等奖，海原县第三中学学生李晨阳、海原县回民中学学生李蕊获中学组三等奖；海原县第一小学教师孟旭霞、海原县回民中学老师陈华良获优秀指导教师奖。

△　县长许正清主持召开县人民政府第93次常务会议。

13日　自治区科技厅农村中心组织相关专家到海原县关桥乡开展“科学知识进乡村”系列科普活动。

15日　中卫市委常委、海原县委书记徐海宁主持召开十四届海原县委2021年第2次常委会会议。

△　中卫市委常委、海原县委书记徐海宁主持召开海原县委应对新冠疫情工作领导小组会议，安排部署疫情防控工作。

18日　《人民日报》以《特色产业助脱贫　宁夏中卫海原县累计减贫近10万人》为题，对海原县脱贫攻坚成就进行专题报道。

21日　县长许正清主持召开县人民政府第94次常务会议。

26日　中卫市委常委、海原县委书记徐海宁主持召开十四届海原县委2021年第3次常委会会议。

28—29日　自治区卫健委党组成员、副主任李作忠带领评估专家组，对海原县健康促进县建设工作进行全面评估验收。

28—31日　海原县红十字会开展“博爱送万家”春节慰问活动。

29日　在第35届宁夏青少年科技创新大赛少年机器人竞赛中，海原县第五中学学生张轩获虚拟机器人赛初中组二等奖；海原县第二中学学生田圣波、虎亚宝获教育机器人挑战赛初中组三等奖。

是月 海原县邮政储蓄银行村镇产业基金项目获中国邮政储蓄银行总行“优秀项目”称号。

2月

1日 副县长孙占宏在县自然资源局会议室主持召开全县国土空间规划编制暨基本农田核实清理工作推进会，安排部署国土空间规划编制和基本农田核实清理工作。

2—4日 海原县举办了全县机关事业单位新录（聘）用人员岗前培训班，2020年新录用选调生和公务员、事业单位公开招聘工作人员、转正特岗教师、公费师范生、农村订单定向医学生等共241人参加培训。

4日 海原县科技局邀请自治区相关行业专家6人，对征集筛选的7个项目进行评审。

△ 海原县水务局在全区水利工作会议上获全区农村饮水安全脱贫攻坚先进集体称号，县水务局干部田兴明、李伟保获全区农村饮水安全脱贫攻坚先进个人称号。

△ 海原县应对新冠疫情工作指挥部组织卫健、公安等多部门开展了2021年冬春季新冠疫情防控应急演练。县政协主席张斌，县委常委、宣传部部长于建涛，县人大常委会副主任但升、副县长金钟河出席演练活动。县政协副主席、县卫生健康局党委书记、局长屈文彬主持并负责演练的指挥调度。县应对新冠疫情工作指挥部办公室各成员单位负责人、各乡镇乡镇长、街道办主任、甘盐池种羊场负责人，全县各医疗卫生单位负责人及相关医务人员共计200余人参加了应急演练。

5日 海原县2021年“黄河魂 海原情”百姓网络春节联欢晚会节目彩排在县文化馆演光大厅举行。

7日 中卫市委常委、海原县委书记徐海宁主持召开十四届海原县委2021年第4次常委会会议。

△ 中卫市委常委、海原县委书记徐海宁主持召开海原县委意识形态工作领导小组会议，安排部署2021年春节期间意识形态领域风险防范工作。

19日 海原县在南门广场举办春节前全县森林草原防火宣传活动启动仪式。

22日 县长许正清主持召开县人民政府第95次常务会议。

25日 在全国脱贫攻坚总结表彰大会上，中共海原县委员会被授予“全国脱贫攻坚先进集体”称号；西安镇党委副书记、镇长洪兴志、贾塘乡后塘村驻村第一书记王铁被授予“全国脱贫攻坚先进个人”称号。

27日 海原县召开迎接国务院安委会2020年度安全生产和消防考核动员部署暨全国“两会”期间安全防范工作会议，传达学习全国“两会”安全防范工作视频会议精神及自治区、中卫市安委会迎接国务院安全生产和消防考核巡查工作部署会议精神，安排部署海原县在全国“两会”期间安全生产工作和海原县迎接考核事宜。中卫市委常委、海原县委书记徐海宁参加会议并讲话，县长许正清主持会议。

△ 海原县委宣传部、县义工联合会、团县委、县文明办等部门联合在三河镇和关桥乡

关桥村开展海原县新时代文明实践——“党建红”引领“志愿红”情系冷暖让爱陪伴活动和慰问疫情防控一线志愿者及困难家庭关爱活动。

△ 海原县新任村(社区)干部乡村振兴能力提升培训班开班。培训班分4期对全县802名新当选村(社区)干部进行集中全员轮训。

3月

1日 海原县在2020年全区就业创业工作综合考评中被评为C类奖,被区人社厅通报表彰,并给予100万元绩效奖补资金。

3日 中卫市委常委、海原县委书记徐海宁主持召开十四届海原县委2021年第5次常委会会议。

△ 中卫市委常委、海原县委书记徐海宁主持召开海原县推进基层整合审批服务执法力量改革领导小组第3次会议,安排部署基层整合审批服务执法力量改革工作。

△ 海原县县长许正清主持召开县人民政府第96次常务会议。

4日 海原县红十字会开展“奉献爱心 传递温暖”雷锋日无偿献血宣传活动,宁夏水投有限公司海原分公司职工集中献血。

5日 中卫市委常委、海原县委书记、县委审计委员会主任徐海宁主持召开海原县委审计委员会第五次会议。会议传达学习全国、全区审计工作会议精神,研究审议《海原县委审计委员会2021年工作要点(送审稿)》《海原县委审计委员会2021年审计项目计划(送审稿)》,听取历年审计查出问题整改情况汇报。县长许正清,县人大常委会主任杨和参加会议。

△ 海原县与宁夏宁视文化传播有限公司合作开拍4集《凉都花海 山海情原》公益扶贫短片。4月5日完成拍摄,并在人民视频网、中国乡村振兴网等平台播出。

8日 中卫市委常委、海原县委书记徐海宁主持召开十四届海原县委2021年第6次常委会会议。

9日 自治区政府副主席王和山、自治区政协副主席李泽峰到海原县调研高端肉牛产业发展情况。中卫市委常委、海原县委书记徐海宁,中卫市委常委、中卫副市长肖汉华,海原县县长许正清陪同调研。

△ 自治区红十字会党组书记、常务副会长田永华到海原县调研红十字会工作。县委常委李雪峰陪同调研。

10日 自治区卫生健康委党组书记田丰年带领自治区卫健委体改处处长王军、疾控处处长李成、人事与老干部处副处长李华、医改药政处副处长王孟妍一行到海原县调研卫生健康重点工作。海原县委副书记、县长许正清陪同调研。

11日 海原县红十字会联合县妇联在新区党校开展全县妇联干部红十字应急救护知识及技能培训。

12日 中能全联能源集团考察团一行到海原县考察西安供水工程。宁夏回族自治区党委原常委昌业廷,中国企业报集团副总裁、副社长陈秀明,民政部智慧乡村绿色有机食品安全倡导项目办公室主任、中能集团董事局主席许洺鑫,中铁建大桥局西北有限公司党委书记韩福堂,中能全联能源集团有限公司投融部总监高睿泽,国粮特品科技有限公司董事长张立,国粮特品科技有限公司总经理李鹏,智慧农科信息技术有限公司市场总监周芳,中国企业报集团宁夏融媒体中心主任王小民,中国企业报集团宁夏有限公司执行总经理安少平,中铁建大桥局西北有限公司经营计划部部长任彦云,中国企业报集团宁夏融媒体中心记者吕丽丽、武金鑫等参加调研考察。徐海宁、许正清等领导陪同考察。

14日 中卫市委常委、海原县委书记徐海宁深入南华山五桥防火管理站、西山洼林场,认真查看林区监控设施,听取关于近期森林草原防灭火工作情况汇报,详细了解卡点值守、"防火码"使用、森林草原防灭火宣传教育和野外火源管控等情况。

△ 中卫市消防救援支队海城消防救援站接支队指挥中心调度赴固原市原州区西海子林场火灾现场增援,完成灭火任务后安全返回。

15日 海原县庆祝中国共产党成立100周年"重温党史辉煌·凝聚奋进力量"党史网络知识竞赛活动正式开始。此次活动由县委宣传部、组织部主办,县融媒体中心承办。竞赛活动于4月15日结束。

△ 县长许正清主持召开县人民政府第97次常务会议。

16日 海原县文明委2021年第1次会议召开。会议传达学习全国精神文明建设表彰大会精神,全国宣传部长、文明办主任会议精神,全区宣传部长会议精神、中卫市文明委2021年第1次会议精神;审议《2021年海原县精神文明建设工作要点(送审稿)》《海原县加强未成年人思想道德建设实施方案(送审稿)》《2020年度海原县道德模范、移风易俗模范户、星级文明户、文明家庭》《2020年度县级文明单位、村镇、社区、校园》建议名单。

17日 中卫市委常委、海原县委书记徐海宁主持召开十四届海原县委2021年第7次常委会会议。

18日 海原县召开2021年重大项目集中开工现场推进会暨第一季度重大项目集中开工仪式。中卫市委常委、海原县委书记徐海宁出席开工仪式并宣布第一季度重大项目集中开工。中卫市人大常委会副主任、海兴开发区管委会主任张振红,中卫市政协副主席付成林,海原县县长许正清,海原县人大常委会主任杨和,海原县政协主席张斌参加开工仪式。

20—21日 海原县书法家协会召开第二次会员代表大会。

23日 自治区水利厅副厅长潘军带领水土保持处处长李克文等一行,到海原县调研压砂地情况。

24日 县长许正清主持召开海原县人民政府第98次常务会议。

28日 宁南医院组织开展了"敬畏生命,关注麻醉——疫情防控救重症,分娩镇痛护新生"的义诊宣传活动。

29日 海原县拉开2021年植绿增绿大会战的序幕,组织85个单位1487人,计划利用一周时间,在县城主要街道、西山洼、牌路山和县内主干道路开展春季义务植树活动。

30日 海原县召开以"争做奋斗者 建功'十四五'"为主题的劳模先进事迹报告会。

是月 丁志爱任海原县政协党组书记、主席候选人,张斌调职;童颢任海原县委副书记,田风明任海原县委常委、统战部部长、县政协党组副书记(兼);马光智任海原县人大常委会副主任候选人。

4月

1日　中卫市委常委、海原县委书记徐海宁主持召开十四届海原县委2021年第8次常委会会议。

2日　海原县举办新冠疫苗接种工作推进暨技术培训会,传达学习国家、自治区、市新冠病毒疫苗接种电视电话会议精神和相关文件精神,对全县新冠病毒疫苗接种工作再部署。

8日　中卫市委常委、海原县委书记徐海宁主持召开十四届海原县委2021年第9次常委会会议。

△　中卫市委常委、海原县委书记徐海宁主持召开海原县扶贫开发领导小组2021年第1次会议,安排部署巩固脱贫攻坚城同乡村振兴有效衔接工作。

△　县长许正清主持召开县人民政府第99次常务会议。

9日　海原县开展为期一周的春季义务植树活动。全县85个单位、1487人,在县城主要街道、西山洼、牌路山和县内主干道路开展春季义务植树活动,完成植树面积1590.5亩,栽植苗木74350株。

△　市委常委、县委书记、县政法队伍教育整顿领导小组组长徐海宁到海原县公安局调研督导政法队伍教育整顿开展情况。

12日　自治区体育局党组成员、副局长董文带领区体育局群体、社体等处室主要负责人和自治区篮协专业人员到海原县就承办全区第四届农民篮球赛保障筹备工作进展情况进行了实地调研。

△　在宁夏第十三届书法篆刻临摹展(网络展)中,海原县马海宁、肖彩芬等的书法作品入展。

14日　海原县郑旗乡盖牌村五星级文旅民宿的建成投用,标志着由海原县与中国规模最大的企业家公益环保组织——阿拉善SEE生态协会共同出资4000万元打造的SEE塞上江南宁夏项目中心海原县生态富民示范基地正式运营。

△　县长许正清主持召开海原县人民政府第100次常务会议。

16—22日　海原县在关桥乡方堡村举办“海原县第四届文化旅游节”暨2021年“关桥梨花节”系列活动。

18日　中卫市委常委、海原县委书记徐海宁主持召开十四届海原县委2021年第10次常委会会议。

△　中卫市委常委、海原县委书记徐海宁主持召开县委党史学习教育领导小组第一次会议,安排部署全县党史学习教育工作。

20日　自治区伊协专职副会长兼秘书长王生军一行到海原县调研伊协工作。

23日　海原县文化旅游广电局组织县、乡、村各级公共图书服务场所,通过在网站、微信公众号、现场推介等线上线下多种宣传方式,为“4·23”世界读书日系列宣传活动营造浓厚的全民阅读氛围。

△　海原县开展全县青少年阅读推广活动。

△　共青团海原县委员会召开十四届三次全体(扩大)会议。

24日 中卫市委常委、海原县委书记徐海宁主持召开十四届海原县委2021年第11次常委会会议。

△ 中卫市委常委、海原县委书记徐海宁主持召开县委党史学习教育领导小组第2次会议。

△ 石嘴山市委常委、统战部部长王正儒率考察团到海原县考察民族团结进步创建工作。

26日 海原县伊斯兰教协会召开五届九次常委会会议。

27日 在全区脱贫攻坚表彰大会上，县水务局、县扶贫办、县农商行、县住建局、三河镇党委、红羊乡党委、史店乡党委、关庄乡宋庄村支部、史店乡徐坪村支部、自治区农业农村厅驻曹洼乡脱烈村工作队、市委组织部驻郑旗乡郑旗村工作队、县教体局驻关桥乡麻春村工作队等单位被自治区党委、政府命名为全区脱贫攻坚先进集体；丁志爱等23人被表彰为全区脱贫攻坚先进个人。

28日 海原县庆祝中国共产党成立100周年中小学生田径运动会开幕。

△ 市委常委、纪委书记、监委主任刘凯华到海原县红羊乡调研"廉情诊所"监督机制、脱贫攻坚同乡村振兴有效衔接、乡村植绿增绿等工作。

29日 海原县在关桥堡红色遗址举办了中国共产党成立100周年"永远跟党走"暨庆祝五一国际劳动节全县干部职工"重走红军长征路"徒步行新时代文明实践活动，来自全县65家机关企事业单位的1500余名职工参加活动。

是月 自治区卫健委评审组通过听取汇报、查阅档案、现场评估验收等形式，对海原县建设健康促进县工作进行省级复审。

△ 强斌任海原县人民政府党组副书记、常务副县长；杨常林任海原县人大常委会副主任候选人；刘文杰、贾治林、王银军任海原县人民政府党组成员、副县长；王建平任海原县政协副主席候选人；孙占宏调任海兴开发区党工委委员、副主任。

5月

6日 中卫市委常委、海原县委书记徐海宁主持召开十四届海原县委2021年第12次常委会会议。

△ 中卫市委常委、海原县委书记徐海宁主持召开海原县扶贫开发领导小组2021年第2次会议。

△ 中卫市委常委、海原县委书记徐海宁主持召开海原县委网络安全和信息化委员会第3次会议。

7日 县长许正清主持召开海原县人民政府第101次常务会议

7—8日 海原县人大常委会视察组对全县植绿增绿大会战进展情况进行了视察。

8日 自治区科技厅农村发展中心副主任杨海霞一行到海原县，就科技成果转化项目的成果支撑、实施企业开展科技成果转化的实力、科技成果转化对当前乡村振兴产业发展的支撑能力等进行实地调研。

△ 海原县举办"学习强国"学习平台达人挑战赛，来自全县各部门、各乡镇的52名学习达人参加挑战赛。

11日　海原县消防救援大队联合应急管理局等多个减灾委员会成员单位在县城南门广场开展“防范化解灾害风险，筑牢安全发展基础”为主题的宣传活动。

△　《海原县文化旅游产业发展规划（2021—2025）》通过了专家审定。

8—12日　海原县红十字会在全县开展防灾减灾暨红十字博爱周宣传与志愿服务系列活动。

12日　海原县在县医院举办了庆祝中国共产党成立100周年暨第110个国际护士节技能竞赛活动，共200余人参加了此次活动。

17日　中卫市委常委、海原县委书记徐海宁主持召开十四届海原县委2021年第13次常委会会议。

△　中卫市委常委、海原县委书记徐海宁主持召开县委疫情防控领导小组第19次会议。

18日　海原县委党史和地方志研究室在县图书馆开展地方志宣传日活动。

19—25日　“中国体育彩票杯”宁夏第四届农民篮球争霸赛决赛在海原县举行。

21日　海原县首例造血干细胞志愿捐献者捐献成功。

23日　中卫市委副书记、代市长马洪海到海原县关桥乡华润希望小镇、武塬闽宁示范村、海城镇安桥堡等地调研乡村振兴、植绿增绿等工作。

△　中卫市委常委、海原县委书记徐海宁主持召开十四届海原县委2021年第14次常委会会议。

△　县委副书记、县长许正清主持召开关桥堡红色记忆馆布展方案审定会。市委常委、县委书记徐海宁参加会议，并对布展工作进行安排部署。

25日　自治区党委常委、政法委书记雷东生到海原县调研基层治理工作。雷东生在调研中强调，要以改革创新精神把自治区党委基层治理“1+6”文件体系贯彻落实到基层，以党的建设为引领、以依法治理为基础、以服务群众为根本，不断提高基层治理体系和治理能力现代化水平，为促进乡村振兴奠定坚实基础。

△　海原县召开全县“传承百年光辉史基因、铸牢中华民族共同体意识”教育活动宣讲动员备课会，安排部署宣讲工作。

△　海原县委组织部、县委宣传部、县委党史研究室、县融媒体中心、县总工会联合举办了海原县“学党史、知党情、跟党走”党史学习教育知识竞赛。此次比赛有来自全县各乡镇党委，各部门（党组），各群众团体，县直及自治区、驻海原各单位，海城街道办，海兴开发区，甘盐池种羊场的48支队伍、144名选手参加。

26日　自治区政府副主席王道席、自治区水利厅副厅长一行6人到海原县调研水利水保工作。

△　县长许正清主持召开海原县人民政府第102次常务会议。

27日　中卫市委常委、海原县委书记徐海宁主持召开十四届海原县委2021年第15次常委会会议。

31日　海原县2021年科技活动周正式拉开帷幕。此次活动由海原县委宣传部、县科技局、县科协联合主办，主题是“百年回望：中国共产党领导科技发展”。

是月　海原县顺利通过自治区“互联网+教育”达标县验收。

△　在宁夏检察机关第五届书画摄影作

品展中，海原县人民检察院田风海的书法作品《建党100周年》获硬笔书法一等奖，绘画作品《释法》获美术国画作品二等奖；李鹏的摄影作品《我心向党》获摄影作品优秀奖。

6月

1日　中卫市委常委、海原县委书记徐海宁主持召开十四届海原县委2021年第16次常委会会议。

△　海原县委政法委联合团县委、县教体局、县司法局、李旺镇、李旺车站派出所和韩府湾联防大队在李旺镇红圈小学开展了以“喜迎建党100周年　爱路护路保平安”为主题的宣传活动。

3日　自治区教育工委副书记、自治区教育厅党组成员王宏伟和自治区教育厅二级巡视员田西林等一行6人到海原县检查指导高考准备情况。

△　县政协党组书记、主席候选人丁志爱主持召开海原县政协第十一届31次常委会会议。会议审议通过了关于张斌、杨常林、马凤槐辞去县政协委员和补充丁志爱、王建平、宋海山为县政协委员的议题。

△　自治区生态环境保护领导小组对全区打赢蓝天保卫战先进集体和先进个人进行表彰，海原县获先进集体称号，1人获评先进个人。

△　据《中卫日报》报道：2020年，海原县优良天数达343天，达标率96.1%；与2019年同期（有效监测天数352天，优良天数为335天，达标率95.2%）相比优良天数增加8天。海原县在全区22个县（区）污染防治攻坚战成效考核中以98分的成绩与兴庆区、金凤区并列第二名；在全区（山区九县）效能目标管理考核中位居第一；环境质量和污染物排放总量考核在全区11个县（区）（涉及11个生态功能县考核）中位居第一；在全市水污染防治工作年度考核中成绩为优秀；在《中卫市打赢蓝天保卫战三年行动计划（2018—2020年）》终期考核中成绩为100分（优秀）。

△　海原县人民政府办公室印发《海原县2021年自然资源统一确权登记重点工作实施方案》，安排部署全县自然资源统一确权登记工作。确权登记范围包括：全县河流（道）、水库、淤地坝、水源地和固海扬水工程渠道的划界确权登记，六个国有林场（凤凰山林场、瓜瓜山林场、拐洼林场、牌路山林场、西华山林场、月亮山林场）和六个乡镇（红羊乡、九彩乡、曹洼乡、关庄乡、树台乡、郑旗乡）草原确权登记和全县已确定的湿地确权登记发证工作等。

4日　副县长刘文杰在县政府二楼常务会议室主持召开海原县迎接第三生态环境保护督察组督查工作部署会。

6日　在全区“非遗进万家文旅展风采”2021年宁夏黄河流域非遗作品创意大赛中，海原县选送了砖雕、剪纸、刺绣、烙画、蛋雕、二毛皮制作技艺等非物质文化遗产代表性项目参加了此次创意大赛，获得优异成绩。乔亚茹创作的《剁绣包》获得二等奖，卢慧琴创作的刺绣《黄河母亲》、周国霞创作的剪纸《黄河人家乡村记忆系列》、杨世雄创作的砖雕《牡丹》分别获得三等奖，田荣创作的烙画《荷颂》获得优秀奖。

8日　县长许正清主持召开海原县人民

政府第103次常务会议

△ 海原县食品安全委员会办公室在县城南门广场同步举行2021年“食品安全宣传周”暨“药品科技活动周”宣传活动。

10日 自治区党委第三生态环境保护督察组组长李彬一行3人到海原县督察生态环境保护工作开展情况。

14日 海原县文明办、县总工会、县教体局联合举办了“浓浓粽香端午情 红心向党庆百年”新时代文明实践活动，邀请全县各单位干部职工、环卫工人代表、保安代表、学生代表在海原县一小开展“我们的节日——包粽子送关怀”活动。

△ 海原县红十字会联合县委宣传部、县卫健局及相关医疗单位开展“6·14”世界献血者日志愿服务活动。

15日 市委常委、县委书记徐海宁主持召开海原县近期重点工作部署会，对近期安全生产、疫情防控、乡村振兴“四大提升行动”、“四权”改革等重点工作进行安排部署。

16日 中卫市委组织部调研组在海原县开展党的建设制度改革专项调研座谈会。

△ 海原县举行全县2021年安全生产月暨“6·16”消防宣传咨询日主题活动。

△ 海原消防救援大队在海城镇水洼行政村开展“我为群众办实事”暨“学雷锋消防服务站”挂牌仪式实践活动。

△ 海原县人民政府县长许正清组织召开“全县‘四权’改革工作推进会”，审议用水权、土地权、排污权、山林权改革方案，安排部署“四权”改革工作。各相关单位(部门)主要负责人参加会议。

△ 宁夏立安国际旅行社海原营业部成立并挂牌运行。

18日 海原县举行“光荣在党50年”纪念章颁发仪式，为14名“光荣在党50年”党员代表集中颁发纪念章。

△ 海原县防范治理电信网络新型违法犯罪暨“全民反诈”宣传启动仪式在海原县南门广场举行。县公安局、县检察院、县法院、县司法局等单位以此为契机，组织干警、律师走上街头、广场、商场等人员密集场所开展法治宣传活动。

21日 中卫市委常委、海原县委书记徐海宁主持召开十四届海原县委2021年第17次常委会会议。

△ 自治区党委老干部局“塞上金秋”宣讲团走进海原县开展党史宣讲活动。全县各乡镇离退休干部党支部负责人及党务工作者、县城各离退休干部党支部的部分老党员老干部以及部分组工干部共120余人聆听了宣讲报告。

24日 中国工程院“脱贫攻坚与乡村振兴有效衔接”调研组综合组组长、中国人民大学杰出学者特聘教授、中央农办、农业农村部乡村振兴专家咨询委员会委员程国强一行10人到海原县关庄乡高台村就脱贫攻坚与乡村振兴有效衔接进行调研。

△ 中卫市委常委、海原县委书记、海兴开发区党工委书记徐海宁主持召开海原县非物质文化遗产传承基地布展推进会，安排部署县非物质文化遗产传承基地布展工作。县领导杨和、田玉宝、强斌、于建涛及有关部门负责人参加会议。

△ 以“听党话、感党恩、跟党走”为主题的中卫市第八届、海原县第十六届“卧尔兹”演

讲比赛在海原西关大寺举行。

25日　县长许正清主持召开海原县人民政府第104次常务会议。

28日　杨青龙任中卫市委副书记、海原县委书记(正厅级)、海兴开发区党工委书记;徐海宁调职。

30日　海原县举行全县优秀共产党员、优秀党务工作者和先进基层党组织表彰大会,对白向平等40名共产党员、白志珍等20名党务工作者、李旺镇党委等30个基层党组织分别被授予“全县优秀共产党员”“全县优秀党务工作者”“全县先进基层党组织”称号。会议认真学习贯彻习近平总书记在庆祝中国共产党成立100周年“七一勋章”颁授仪式上的市委副书记、县委书记、海兴开发区党工委书记杨青龙出席会议并讲话;县委副书记、县长许正清主持会议。

△　中卫市委副书记、海原县委书记杨青龙主持召开十四届海原县委2021年第18次常委会会议。

△　县委宣传部、县总工会联合举办“学党史、感党恩、跟党走”暨“党在我心中”主题演讲比赛决赛。参加决赛的人员有来自全县各单位的20余名选手纷纷讲述了自己与党的故事。

△　海原县红十字会在海原国华农机制造有限责任公司、海原华润电场等企业开展心肺复苏、AED技能培训进企业活动。

是月　薛军勇任海原县委副书记,童颢调职;刘文杰任海原县委常委。

△　应海原县邀请,宁夏老记者协会组织老记者开展“新思想引领新征程·红色足迹”主题采访——“老记者走海原”采访活动。吴文彪、庄电一、陈凤兰、陈风林、袁进民、郝盛元6名老记者深入海原县乡村,沿着红色足迹开展采访活动,在各级媒体先后发表新闻稿20余篇,从各种角度全面反映海原县脱贫攻坚成就,形成了宣传声势。

△　海原县在全区打赢蓝天保卫战先进典型表彰活动中被评为先进集体,1人获评先进个人。

7月

2日　海原县举办了第二届“弘扬工匠精神　保障建筑安全”建筑工人职业技能竞赛。23家工程项目负责人以及195名参赛选手参加。

3日　由宁夏回族自治区体育局、宁夏体育总会主办,宁夏社会体育服务中心、中共海原县委、海原县人民政府承办的2021“中国体育彩票杯”宁夏第四届农民篮球争霸赛决赛暨“我要上全运”宁夏预选赛在海原县全民中心、海原县体育馆开赛。

△　宁夏中卫市沧海土特产有限责任公司通过海原县红十字会向河南水灾捐赠物资。

6日　“中国体育彩票杯”宁夏第四届农民篮球争霸赛决赛暨“我要上全运”宁夏预选赛在海原县隆重开幕。市委副书记、海原县委书记杨青龙宣布“中国体育彩票杯”宁夏第四届农民篮球争霸赛决赛暨“我要上全运”宁夏预选赛开幕并开球。

7日　中卫市委副书记、海原县委书记杨青龙主持召开十四届海原县委2021年第19次常委会会议。

8日　海原县召开2021年食品安全暨“食

品药品安全区"创建工作推进会。

9日 县长许正清主持召开海原县人民政府第105次常务会议。

11日 中卫市委副书记、海原县委书记杨青龙主持召开十四届海原县委2021年第21次常委会会议。

14日 自治区公安厅交通警察总队总队长胡银萍,在市政府副市长、市公安局党委书记、局长董立军陪同下到海原县公安局交巡警大队车管所督导调研车驾管工作。

△ 中卫市副市长、市公安局党委书记、局长董立军到海原县公安局调研检查指导工作。

△ 县人大常委会视察组对全县重点项目建设及新型城镇化工作进行了视察。

14—15日 自治区科技厅副厅长刘常青一行5人,到海原县调研科技创新及驻村工作。

16日 市委副书记、县委书记、海兴开发区党工委书记杨青龙,县委副书记、县长许正清,县政协主席丁志爱在回族等少数民族传统节日古尔邦节到来之际,分别到民族团结进步模范个人代表、少数民族群众家中走访慰问,向全县广大少数民族群众致以节日的问候、送上美好的祝愿。

△ 县卫生健康局开展了海原县县、乡、村妇幼健康综合业务培训。

17日 由海原县人民政府主办,西安市红会医院、海原县卫生健康局协办,海原县人民医院承办的海原县人民医院与西安市红会医院协作医院签约揭牌仪式暨陕宁骨科高峰论坛,在海原县人民医院门诊三楼会议室成功举办。西安市红会医院副院长、骨科创伤医院院长张堃、联勤保障部队第985医院骨科主任连坡、西安市红会医院医务部副部长赵元廷及西安市红会医院、宁夏医科大学总院、宁夏人民医院、银川市第一人民医院等市县医院的骨科专家及海原县人民医院科室骨干、媒体代表、专家和学者240余人参加了此次论坛。

21日 福建集美大学党委书记沈灿煌一行16名专家和社会实践队员到海原县调研。

22—23日 自治区教育厅厅长李秋玲到海原县调研教育工作。李秋玲一行先后到关桥乡井湾教学点、海原一小、海原二中、史店乡苍湾小学和海原县职业技术学校,通过实地察看和听取汇报的方式,详细了解海原县各级各类学校的硬件设施建设、教学装备配置、师资队伍建设等情况。

23日 海原县在曹洼乡中国(宁夏)良种牛繁育中心项目建设现场举行12个重大项目集中开工仪式。这12个重大项目,涵盖产业转型、基础设施、民生保障等多个领域,总投资达15.3亿元。

△ 中卫市委副书记、海原县委书记杨青龙主持召开十四届海原县委2021年第22次常委会会议。

△ 县卫生健康局组织开展新冠病毒疫苗接种医疗保障第四期业务培训。全县二级及以上医疗机构分管院长,医务科、急诊科、感染科主任;各基层医疗机构负责人,各接种点医疗保障医师及护士近100人参加培训会议。

△ 海原县召开红十字会成立大会暨第一次全县会员代表大会,选举产生了海原县红十字会第一届理事会、监事会。

25日 中卫市委副书记、海原县委书记、海兴开发区党工委书记杨青龙主持召开全县2021年上半年经济形势分析会。

△ 中卫市委副书记、海原县委书记、海兴开发区党工委书记杨青龙主持召开中共海原县委全体(扩大)会议。市委常委、纪委书记刘凯华参加会议。

26—27日 自治区党委副书记、自治区政府主席咸辉到海原县西安镇西安村、史店乡田拐村调研九大重点产业和高质量发展情况。她在调研中强调,要深入学习贯彻习近平总书记在庆祝中国共产党成立100周年大会上的重要讲话精神,按照自治区党委书记陈润儿关于九大重点产业的要求,因地制宜发展富民产业,真抓实干增创竞争优势,努力在高质量发展中体现新担当、展现新作为、作出新贡献。

27日 自治区政府副主席陈春平带领发改、财政等部门负责人到海原县专题调研中部干旱带西安供水工程情况。

△ 海原县2021年草原虫害防治工作在曹洼乡南川村南川梁启动,此次防治采取“人工+无人机防治”相结合的生物防治方式,县自然资源局技术人员、项目监理及跟踪验收人员现场跟踪指导和监督检查。

28日 中卫市政府副市长马自忠、水利厅副总工苏立宁、中卫市水务局局长刘宏阳、宁夏水务投资集团总工田建林等调研清水河流域城乡供水工程海原县高崖支线工程。

△ 中卫市委副书记、海原县委书记杨青龙主持召开十四届海原县委2021年第23次常委会会议。

29日 自治区妇联到海原县树台乡树台中心小学和相桐村中心小学开展了“童心永向党·红船精神永流传”主题活动。

7月29日至8月31日 海原县开展全县大货车随意停放现象专项整治工作。

30日 海原县人民政府与县总工会举行联席会议,研究审议通过了《海原县在职职工医疗互助保障管理办法(试行)》。

△ 县人民政府拨付财政资金20万元,作为职工医疗互助金,启动全县职工医疗互助参保工作。

31日 市委副书记、县委书记、海兴开发区党工委书记杨青龙,县委副书记、代县长张鹏,县政协主席丁志爱等分别带领慰问组,开展八一走访慰问活动,向武警官兵、消防指战员及退役军人、现役军人家属致以节日的问候和崇高的敬意,送去党和政府的关怀和温暖。

△ 中卫市委副书记、海原县委书记杨青龙主持召开十四届海原县委2021年第25次常委会会议。

△ 海原县召开应对新冠疫情专题部署会,传达学习自治区应对新冠疫情工作指挥部第17次全体会议精神;安排部署当前疫情防控工作。

是月 曾小明任海原县委常委、县人民政府副县长(挂职);薛鹏飞任海原县人大常委会副主任候选人;冯磊任海原县人民政府党组成员、副县长,王金中任海原县人民政府党组成员、副县长(挂职)。

△ 海原县公安局刑侦大队破获电信诈骗案件1起,抓获犯罪嫌疑人4名,累计缴获银行卡27张,银行U盾16个,笔记本电脑6台;破获帮助信息网络犯罪案件1起,抓获卖卡嫌疑人2名。

△ 海原县社会保险事业中心被人力资源和社会保障部授予“全国人力资源和社会保障窗口示范单位”称号。

8月

2日 中卫市委副书记、海原县委书记杨青龙主持召开十四届海原县委2021年第26次常委会会议。

3日 西北农林科技大学理学院赴陕甘宁地区富硒畜牧业和富硒肉类食品产业发展现状调研团在带队教授朱杰的带领下，前往宁夏中卫市海原县三河镇富陵村肉牛养殖园区，深入了解和学习了当地富硒肉牛的养殖模式及富硒肉品的产业发展前景。

4日 自治区科技厅组织山西农业大学、宁夏农林科学院、宁夏大学等学府的11名专家到海原县，通过现场观摩、座谈交流，针对旱作节水高效农业进行调研和指导。

6日 县委副书记、代县长张鹏主持召开项目资金争取和招商引资工作专题会，听取全县项目资金争取和招商引资工作情况汇报，分析当前形势，谋划2022年重大项目储备、资金争取和招商引资工作。

13日 县委副书记、代县长张鹏先后到三河镇富陵村、七营镇张堡村和李旺镇杨堡村、新源村调研乡村振兴工作。

14日 据新华社客户端宁夏频道报道：海原县自5月下旬以来连续60多天全境无有效降雨，旱情十分严重。海原县通过加强统筹调度、抓好抗旱保收、全力服务保障等方式，多措并举统筹推进抗旱救灾工作有力有序进行。

17日 自治区生态环境厅党组成员、副厅长平学智率调研组一行5人到海原县调研锅炉提标改造、生态修复、水源地保护、大气污染治理等相关工作。

△ 代县长张鹏主持召开海原县人民政府第106次常务会议。

△ 自治区市场监管厅副厅长陈旭东到海原县督查检查市场监管局工作。

17—19日 自治区政协农业和农村委员会围绕“宁夏中南部黄土丘陵区生态保护修复情况”，组织部分委员和自治区水利厅、自治区农业农村厅、自治区林业和草原局、自治区农科院、自治区气象局、宁夏大学等单位相关专家，组成调研组到海原县调研。

18日 中卫市委副书记、海原县委书记杨青龙主持召开十四届海原县委2021年第27次常委会会议。

19日 自治区生态环境厅监察专员李彬一行4人，深入海原县核查中央、自治区党委环保督察反馈问题整改落实情况。

20日 海原县编制完成《海原县山林地资源划界与权属调查登记实施方案》《海原县山林地资源划界与权属调查登记工作技术方案》。

△ 县人大常委会视察组对海原县植绿增绿大会战进展情况进行了视察。

25—27日 自治区政协经济委员会联合九三学社宁夏区委会、自治区工商联，组织部分自治区政协委员组成调研组，到海原县就“提升农民收入，实现农民增收、移民致富”进行专题调研。

26日 海原县城片首次小升初电脑派位在全民健身中心举行，邀请部分人大代表、政协委员、公证人员、教师代表、家长代表现场监督此次摇号全过程。

26—27日　海原县人大常委会对县十七届人大五次会议代表建议意见及民生实事办理情况进行了视察。

△　海原县人大常委会对全县“四大提升行动”推进情况进行了视察。

28日　海原县直属机关工作委员会召开党员代表大会，选举出席县第十五次党代会的代表。县委常委、组织部部长、县直机关工委书记李雪峰主持会议。

31日　市委副书记、县委书记、海兴开发区党工委书记杨青龙到海原县清水河沿线乡镇调研河长制工作落实情况。

△　市委副书记、县委书记、海兴开发区党工委书记杨青龙到曹洼乡、郑旗乡调研重点工作进展情况。

△　代县长张鹏主持召开海原县人民政府第107次常务会议。

△　海原县红十字会先后在海原县回民中学、海原一中、海原县职业中学开展心肺复苏、AED技能培训进学校活动。

是月　海原县首家新能源汽车充电站投入运行。充电站位于县城四季鲜停车场内，隶属于鸿运公交公司。充电站内共有7个充电桩24把充电枪，可同时供24辆新能源车辆进行充电。每把充电枪功率达160千瓦，一辆公交车充满电只需90分钟，而家用新能源车仅需40分钟即可完成充电。

△　张鹏任海原县委副书记、县人民政府副县长、代县长，许正清调职；刘福林任海原县人民政府党组成员、副县长、公安局局长，张赞军调职；郭孟强任海原县人民检察院代理检察长，俞敏调职。

9月

1日　市委副书记、县委书记、海兴开发区党工委书记杨青龙主持召开海原县委第28次常委会(扩大)会议，传达学习中央民族工作会议精神、全区黄河流域生态保护和高质量发展先行区和重大项目建设第5次推进会会议精神、全区党员管理领导小组会议及排查整顿违规违纪发展党员问题会议精神，研究部署贯彻落实意见。

△　市委副书记、县委书记、海兴开发区党工委书记杨青龙主持召开海原县委退役军人事务工作领导小组2021年第1次会议。县人大常委会主任杨和、县政协主席丁志爱参加会议。

△　海原县人民检察院邀请人民监督员对抽取的6件公益诉讼案件进行了质量评查。

△　自治区残联党组书记、理事长马军生到海原县督导调研残疾人工作开展情况。

2日　自治区林草局项目办公室主任于钊一行到海原实地调研考察欧洲投资银行贷款黄河流域沙化土地可持续治理项目情况。

3日　海原县召开进一步减轻义务教育阶段学生作业负担和校外培训负担“双减”工作安排部署会，相关部门及各学校负责人参加会议。

5日　市委副书记、县委书记、海兴开发区党工委书记杨青龙深入贾塘乡南河村调研过渡期贫困村定点观测工作。县委常委田玉宝、副县长贾治林及有关部门负责人陪同调研。

6日 海原县举行县乡两级人民代表大会换届选举。杨青龙、张鹏、杨和等县领导以普通选民身份参加了在所在选区选举工作。

△ 海原县道路交通委员会向县直各机关、企事业单位发出共创文明县城公告，号召全县机关、企事业单位干部职工自觉遵守交通安全法规相关规定，做文明城市创建的排头兵、带头人。

6—7日 国家组织青海省卫生健康委宣传处处长姚晓群、浙江省疾控中心高级专家徐水洋、浙江省疾控中心副所长吴青青、浙江省疾控中心医师吴淑贤、青海省健康教育所主管医师张琳5名专家团队到海原县对建设全国健康促进县工作国家级技术评估。

7日 市委副书记、县委书记、海兴开发区党工委书记杨青龙到关桥乡调研过渡期贫困村定点观测及压砂地生态修复工作。

△ 市委副书记、县委书记、海兴开发区党工委书记杨青龙到县永安驾校、非物质文化孵化创业基地、凯强劳务有限公司等单位调研就业创业工作。

7—8日 县政协组织对县政协十一届六次会议重点提案办理情况进行调研督办。

8日 杨青龙、张鹏、杨和、丁志爱等县四套班子领导调研海原县城市建设重点项目进展情况。

△ 代县长张鹏主持召开海原县人民政府第108次常务会议。

9日 海原县红十字会开展“99公益日”网络募捐和志愿服务活动。

10日 市委副书记、县委书记、海兴开发区党工委书记杨青龙主持召开海原县委2021年第30次常委会(扩大)会议。会议传达学习习近平总书记在2021年秋季学期中央党校中青年干部培训班开班仪式上的重要讲话精神；传达学习自治区党委书记陈润儿在固原、中卫调研实施“四大提升行动”（移民致富提升行动、城乡居民收入提升行动、基础教育质量提升行动、全民健康水平提升行动)推进乡村全面振兴时的讲话精神，并研究贯彻落实意见。

△ 市委副书记、县委书记杨青龙主持召开海原县委国家安全委员会第3次会议，安排部署全县国家安全工作。县领导张鹏、杨和、丁志爱等及安委会成员单位负责人参加会议。

△ 市委副书记、县委书记杨青龙主持召开海原县2021年总河长第1次会议，安排部署2021年总河长工作。县领导张鹏、杨和、丁志爱等及安委会成员单位负责人参加会议。

△ 县委副书记、代县长张鹏调研西河河道治理工作。

△ 海原县组织新任职领导干部和新入职公务员举行了宪法宣誓仪式。

11日 固原市副市长位西北率领全区农村“厕所革命”互感互检组到海原县开展观摩活动。

13日 市委副书记、县委书记杨青龙主持召开海原县处级领导干部严肃换届纪律集体座谈会。

△ 海原县工商联(民间商会)召开第七届会员代表大会。

15—16日 自治区党委常委、宣传部部长李金科率调研组到海原县开展贯彻落实中央民族工作会议精神专题调研活动。杨青龙、张鹏陪同调研。

16日 县政协党组书记、主席候选人丁志爱带领政协调研组，对县城老旧小区提升改造工作进行调研。县委常委、副县长强斌陪同调研。

16—17日　来自《人民日报》、新华社、《光明日报》、《中国日报》等全国主流媒体的记者组成采访团，到海原开展以“巩固脱贫成果，推进乡村振兴”为主题的采访活动。

△　宁夏科技馆与宁夏科协对口帮扶村海原县甘盐池管委会盐池村党员干部、村民代表等，结对共建开展“用心学党史　为民办实事”暨服务贫困村乡村振兴活动。

17日　县委副书记、代县长张鹏到三河、七营等乡镇调研基层派出所建设工作。副县长、公安局局长刘福林陪同调研。

△　县人大常委会主任杨和主持召开海原县第十七届人大常委会第43次会议。县委副书记、代县长张鹏列席会议。

△　海原县举办2021年“政府开放日”政府办专场活动。

△　海原县卫健局组织人员深入村（社区）开展以“健康孕育，护佑新生”“免费婚检孕检·防治出生缺陷·助力健康海原”为主题的提高人口素质的系列宣传活动。现场累计咨询400余人次，发放优生优育、妇幼健康宣传资料、宣传品1000余份。

18日　县委常委、组织部部长李雪峰主持召开海原县党员教育管理协调小组会议暨农村基层党建工作推进会议。

△　县委常委、副县长刘文杰主持召开海原县2021年生态环境保护领导小组第2次会议，传达学习中卫市生态环境保护领导小组办公室关于1—8月份空气质量状况和存在问题的通报，听取自治区党委第三生态环境保护督察组反馈意见整改落实情况汇报，研究审定《海原县生态环境保护工作大排查、大整治工作实施方案（送审稿）》。

△　自治区畜牧工作站安排技术人员深入海原县百万移民致富提升行动重点村麻春村、脱场村、北咀村、南堡村等地，开展“专家服务基层助推乡村振兴”活动。

△　县卫健局组织召开海原县2021年学生常见病和健康影响因素监测与干预工作培训会。

△　海原县红十字会联合县中医医院开展“世界骨髓日”志愿服务活动。

21日　市委副书记、县委书记杨青龙主持召开县委党外人士座谈会，征求对中国共产党海原县第十五次代表大会工作报告的意见。县政协党组书记、主席候选人丁志爱参加会议。

△　海原县委召开“两代表一委员”座谈会，征求对中国共产党海原县第十五次代表大会工作报告的意见。

21—25日　应宁夏老科协邀请，由中国老科协副会长岳明生带领专家团在海原县开展了“助力乡村振兴·健康行”海原县培训、义诊、科普活动。来自解放军总医院、北京医院、北京宣武医院等首都9个医院23名心内科、妇产科、骨外科、皮肤科、儿科等14个学科专业的医疗专家，参加了医疗义诊、培训、科普报告等活动。

22日　在宁夏（海原）农业综合项目招商洽谈会上，来自北京、河北、上海、重庆、天津、河南等地的企业与海原县7个农业综合项目成功签约，签约金额为16.26亿元。

△　宁夏（海原）牛产业发展论坛在海原县委党校举办。国家肉牛牦牛产业技术体系

5名专家与甘肃农业大学、河南省农业科学院、宁夏大学等高校院所专家教授、自治区有关厅局领导、中卫市及周边市(县、区)相关领导、自治区内外相关企业和当地专业合作社、家庭农场、种植养殖大户代表等共280余人齐聚一堂,共商“牛事”、共谋牛产业高质量发展良策。

△ 海原县人民政府办公室印发《中部干旱带海原西安供水水源工程实施方案》,启动建设西安供水水源工程项目。工程设计灌溉面积12万亩,规划以高效经济作物为主。工程估算总投资13.59亿元。工程计划自2021年12月开工建设,2023年底全部竣工通水投入试运行,工期两年。

△ 据宁夏新闻网报道:截至目前,海原县肉牛养殖场(户)达到2.7万户以上,规模牛场、肉牛养殖合作社、家庭牛场达265家,肉牛饲养量达30.1万头,农民人均来自牛产业的收入占经营性收入的40%。

22—23日 中国农民丰收节暨宁夏(海原)第六届高端肉牛大赛在海兴开发区举办。

23日 中共海原县第十四届委员会第十一次全体会议在县政府礼堂召开。

△ 市委副书记、县委书记、海兴开发区党工委书记杨青龙主持召开县委第32次常委会会议。

△ 海原县在三河镇举办宁夏(海原)第六届高端肉牛大赛六盘山牛肉厨王邀请赛。

△ 海原县人民政府办公室印发《清水河城乡工程海原支线工程实施方案》,启动清水河城乡供水工程海原支线工程建设项目。该工程拟在清水河流域城乡供水工程二泵站设置高低口,高口向海原新区方向供水,沿线向高崖李旺受水区分水,低口沿石峡口、贺堡河方向扬水,经高崖、关桥、海城3个乡镇至海原连通工程2万立方米调蓄水池,管线沿线向关桥乡已建的供水管网分水。拟新建日处理能力1.4万立方米/日、0.3万立方米/日净水厂各一座、加压泵站3座、输配水管道97.11公里、8万立方米调蓄水池一座。该工程估算总投资为2.72亿元。

△ 县卫生健康局组织县人民医院、县中医医院、县妇计中心、县疾控中心、三河镇卫生院22名医务工作人员在宁夏(海原)第六届高端肉牛大赛现场开展“将健康融入所有政策,全面提升全民健康水平”“‘服务百姓健康行动’大型义诊活动”等健康宣传及义诊活动;尤其有幸邀请到4名对口帮扶厦门大学附属中山医院硕士研究生及2名闽宁协作漳州专技队专家现场开展义诊活动。

24—26日 中国共产党海原县第十五次代表大会在县政府礼堂召开。会议选举产生了中国共产党海原县第十五届委员会委员、候补委员、中国共产党海原县第十五届纪律检查委员会委员。

26日 中国共产党海原县第十五届委员会第一次全体会议在县政府礼堂召开。会议选举产生了中国共产党海原县第十五届委员会常务委员会委员、书记、副书记。杨青龙、张鹏、薛军勇、张晓华、李雪峰、于建涛、强斌、赵元学、田风明、刘文杰、丁芳当选十五届县委常委;杨青龙当选海原县委书记,张鹏、薛军勇当选副书记。

△ 中国共产党海原县第十五届纪律检查委员会第一次全体会议在县政府礼堂召开。会议选举产生了中国共产党海原县第十

五届纪律检查委员会常务委员会委员、书记、副书记。张晓华当选县纪委书记。

27日　市委副书记、县委书记、海兴开发区党工委书记杨青龙到海城镇督导包抓乡村振兴工作。

△　海原县人民政府办公室印发《海原县农业用水价格调整执行方案》，扬黄灌区及小型扬水灌区、水库自流灌区及小型扬水灌区、机井灌区、三塘灌区内所有农业、水产养殖业、生态、旅游、城镇和工矿企业等用水水价进行调整，促进农业产业结构调整和水资源优化配置，有效提高水资源利用效率和效益。

△　县政协副主席王建平带领县政协视察组，对全县畜禽养殖粪污和农业废弃物资源利用转化工作进行视察调研。

△　海原县红十字会参加中卫市第六届红十字应急救护技能大赛，两支志愿服务队伍分别取得团体第四、第六的成绩，县人民医院志愿服务队队员杨媛媛荣获心肺复苏救护操作第三名，县红十字会获优秀组织奖。

28日　市委副书记、县委书记、海兴开发区党工委书记杨青龙主持召开中共海原县委第十五届常务委员会2021年第1次（扩大）会议。

△　代县长张鹏主持召开县人民政府109次常务会议。

△　县委副书记、代县长张鹏调研督导十一前安全生产工作。

29日　杨青龙、张鹏、杨和、丁志爱等县主要领导带领县委、县人大常委会、县政府、县政协领导班子成员及有关部门负责人和乡镇党政负责人，分两组深入17个乡镇观摩产业发展、人居环境整治、移民致富提升等重点工作。

30日　自治区科技厅二级巡视员高建烨带领相关处室一行四人，到海原县调研乡村振兴科技成果引进示范项目。

△　市委副书记、海原县委书记杨青龙主持召开海原县全面促进乡村振兴暨城乡人居环境整治推进动员大会。会议组织观看了全县城乡人居环境暗访暗查问题专题片，通报了全县“四大行动”进展情况，安排部署下一步工作。

△　海原县组织机关干部、中小学生在牌路山烈士陵园举行烈士纪念日活动。杨青龙、张鹏、杨和、丁志爱等县领导和党员干部、少先队员一道，庄严地向人民英雄敬献花篮。

△　海原县召开全县2021年农田水利基本建设动员会，安排部署2021年农田水利基本建设工作。县委副书记、代县长张鹏参加会议。

△　海原县人民政府办公室印发《海原县全面推行涉企经营许可事项告知承诺制实施方案》，在各级行政机关或者法律法规授权的具有管理公共事务职能的组织（以下统称行政机关）办理涉企经营许可事项时推行告知承诺制，以行政机关清楚告知、企业和群众诚信守诺为重点，推动形成标准公开、规则公平、预期明确、各负其责、信用监管的治理模式，从制度层面进一步解决企业和群众办证多、办事难等问题。

△　海原县组织广大干部群众开展广场舞大赛、吃国庆长寿面比赛和“同升一面旗、同唱一首歌”等系列活动喜迎国庆。

△　海原县“永远跟党走·幸福生活舞起来”广场舞大赛在县南门广场火热开赛。来自全县各乡镇、社区的18支队伍800余人参赛。

是月 海原县教育体育局获评全国群众体育先进单位。

10月

4日 海原县开展了形式多样的国防教育宣传周系列活动。

8—9日 海原县举办学习贯彻习近平法治思想培训班。

9日 市委副书记、县委书记、海兴开发区党工委书记杨青龙主持召开中共海原县委第十五届常务委员会2021年第2次(扩大)会议。

11日 副县长冯磊主持召开海原县创建卫生县城工作协调会,县直各部门负责人、海城街道办负责人及县直各医疗卫生机构负责人参加会议。

△ 海原县召开创建自治区级卫生县城工作培训会。

12日 县委副书记、代县长张鹏调研县城集中供暖工作。

13日 海原县召开创建自治区及卫生县城推进会,通报创建卫生县城工作进展情况,安排部署下一步工作。县委副书记、代县长张鹏参加会议并做讲话。

△ 中国少年先锋队海原县第三次代表大会召开,来自全县的89名少先队员、辅导员及少年儿童工作者代表参加会议。

△ 自治区红十字会机关党委专职副书记赵景春到海原县史店苍湾村实地考察"博爱家园"项目实施情况。

14日 县委副书记、代县长张鹏主持召开中共海原县委第十五届常务委员会2021年第3次会议。

15日 市委副书记、县委书记、海兴开发区党工委书记杨青龙主持召开中共海原县委第十五届常务委员会2021年第3次(扩大)会议。

△ 县人大常委会主任杨和主持召开县第十七届人大常委会第四十四次会议。

15—16日 海原县组织开展2021年农田水利基本建设工作暨农村人居环境整治观摩评促活动。县委副书记、代县长张鹏参加活动。

16日 在第三届全国创业就业展示交流活动中,"海原司机"作为宁夏选送的"四大"劳务品牌之一,获得创新发展类劳务品牌奖,并与北京宏诚伟信人力资源服务有限公司达成每年输出2000名左右海原司机的合作意向。

18日 县政协主席丁志爱主持召开海原县政协第十一届三十二次常委会会议。

20日 副县长冯磊主持召开专题会议,研究审定《海原县文化旅游产业高质量发展实施方案(送审稿)》。

21日 县委副书记、代县长张鹏主持召开县人民政府第110次常务会议。

24日 县委副书记、代县长张鹏主持召开县人民政府第111次常务会议。

25日 中卫市委副书记、海原县委书记、海兴开发区党工委书记杨青龙主持召开中共海原县委第十五届常务委员会第4次常委会(扩大)会议。

△ 海原县开展2021年国家网络安全宣传周网络安全宣传系列活动。

26—28日 海原县第十八届人民代表大

会第一次会议在海原县城召开。中卫市委副书记、海原县委书记、海兴开发区党工委书记杨青龙主持会议。会议听取并审议了张鹏所作的政府工作报告、杨和所作的人大常委会工作报告、李明琮所作的法院工作报告、郭孟强所作的检察院工作报告等。会议选举产生海原县第十八届人民代表大会常务委员会主任、副主任:杨和当选主任,杨常林、马光智、薛鹏飞、冯帆当选副主任;选举产生海原县人民政府县长、副县长:张鹏当选县长,强斌、刘文杰、冯磊、刘福林、贾治林、王银军、马海燕当选为副县长;张晓华当选为海原县监察委员会主任,李明琮当选为海原县人民法院院长,郭孟强当选海原县人民检察院检察长。会议还选举产生新一届县人大常委会委员和出席中卫市第五届人民代表大会的代表。

26—27日 政协海原县第十二届委员会第一次会议在海原县城召开。中卫市委副书记、海原县委书记、海兴开发区党工委书记杨青龙出席会议并讲话。会议听取并审议通过了丁志爰所作的政协工作报告和田风梅所作的政协提案工作报告;全体委员列席了县十八届人代会第一次会议,听取、审议了有关工作报告。会议选举产生了政协海原县第十二届委员会主席、副主席和秘书长:丁志爰当选主席;田风梅、王建平、麻德明当选为副主席;包国成当选为秘书长。会议还选举产生政协海原县第十二届委员会常务委员和出席政协中卫市第五届委员会议的委员。

29日 海原县162名援助医疗队员在历经7天的日夜奋战,协助银川市西夏区、中卫市沙坡头区圆满完成全员核酸检测任务后,平安归来。

30日 海原县卫健局组织流行病学调查专业人员对疫情防控一线的20余名公安干警进行了新冠疫情防控流调溯源专业培训。

是月 海原县被第十七届中国(深圳)国际文化产业博览交易会主题活动全国生态旅游文化产业发展高峰论坛评为2021年中国最美县域。

△ 海原县重度残疾人马军、张旭在全国第十一届残疾人运动会暨第八届特殊奥林匹克运动会上取得二金二铜的优异成绩。

△ 海原县司法局三河镇司法所被司法部授予全国模范司法所称号。史店乡司法所所长金明被授予全国模范司法所长称号。

△ 2021年全区青少年羽毛球锦标赛在海原全民健身中心举行,来自全区各市县的350余名羽毛球选手参加了比赛。

△ 海原县国家二级裁判杨永生被自治区体育局评为2021年全区青少年羽毛球锦标赛优秀裁判员。

11月

1日 中卫市委副书记、海原县委书记、海兴开发区党工委书记杨青龙海原县委理论学习中心组举行2021年第15次集体学习会。

2日 海原县人民政府办公室印发《海原县"九小"场所、"多合一"场所和沿街门店消防安全专项整治工作方案》,决定即日起至2022年1月30日,对全县"九小"场所(小生产加工企业、小商店、小歌舞娱乐场所、小美容洗浴场所、小旅馆、小网吧、小诊所、小培训机构、小餐饮场所)、"多合一"场所(住宿与生产、储存、经营等一种或几种用途混合设置在同一连通空间内的商业店铺、作坊式生产加工场所)和沿街门店消防安全进行专项整治。

3日 海原县402名援助中宁核酸检测医疗队员在历经7天的艰苦奋战,协助中宁县圆满完成城乡人员三轮核酸检测任务后,载誉归来。海原县以最高的礼遇、最隆重的仪式,迎接英雄凯旋。中卫市委副书记,县委书记杨青龙,县委副书记、县长张鹏,县人大常委会主任杨和,县政协主席丁志爱,县委常委、副县长强斌,副县长冯磊出席欢迎仪式。县委副书记、县长张鹏主持,中卫市委副书记、县委书记杨青龙致辞。

4日 中卫市委副书记、海原县委书记、海兴开发区党工委书记杨青龙调研指导三河镇富陵村移民致富提升行动工作。

△ 海原县宣布提前高质量完成2021年向人民群众承诺的10件民生实事。

△ 海原县委副书记、县长张鹏主持召开县人民政府第1次常务会议。

△ 县委常委、常务副县长强斌主持召开了“2021—2022年海原县冬春季大气污染防治攻坚暨做好11月3—6日污染天气预警应对工作推进会议”。

5日 中卫市中级人民法院行政庭审理了一起海原县土地征收补偿案件,海原县委副书记、县长张鹏作为海原县人民政府第一行政负责人亲自参加庭审,为海原县行政机关负责人出庭应诉树立了典范。

△ 中卫市委副书记、海原县委书记、海兴开发区党工委书记杨青龙主持召开十五届海原县委第6次常委会(扩大)会议,传达学习习近平总书记在黄河流域生态保护和高质量发展座谈会上的重要讲话精神、全区深入实施“四大提升行动”、全面促进乡村振兴工作现场会议精神,研究贯彻落实意见;听取前三季度经济运行情况汇报,分析当前经济形势,研究部署下一步工作。

8日 中卫市委副书记、海原县委书记、海兴开发区党工委书记杨青龙在海兴开发区走访调研企业发展情况,协调解决企业发展难题。

8—9日 海原县召开疫情防控、农田水利基本建设、人居环境整治暨植绿增绿工作观摩评促会。

9日 中卫市委副书记、海原县委书记、海兴开发区党工委书记杨青龙调研海城街道办和海城镇工作。

10日 自治区政府副主席王和山一行到海原县调研产业发展和植绿增绿工作。市委副书记、县委书记、海兴开发区党工委书记杨青龙陪同调研。

11日 中卫市委副书记、海原县委书记、海兴开发区党工委书记杨青龙带领县委常委、组织部部长李雪峰、副县长冯磊及有关部门负责人到甘盐池种羊场调研工作。他在调研中指出,甘盐池种羊场要守土有责,保牌子,干主业,紧紧围绕“种羊”二字开展工作,扎实做好种羊繁殖、品种选育及羊产品开发等工作。

12日 宁夏艺桓农业发展有限公司通过海原县红十字会向全县部分高速公路卡口、乡镇卫生院及大转盘集中医学隔离点捐赠慰问物资。

14日 海原县委副书记、县人民政府县长张鹏主持召开县人民政府第2次常务会议。会议传达学习党的十九届六中全会精神和中共海原县委第十五届委员会2021年第6次常委会（扩大）会议精神，审议《海原县农村居民收入指标考核激励实施方案（送审稿）》等文件，研究部署有关工作。

15日　中卫市委副书记、海原县委书记、海兴开发区党工委书记杨青龙主持召开十五届县委第7次常委会（扩大）会议。

△　海原县人民政府办公室印发《海原县推进"四好农村路"高质量发展实施方案》，对2022年至2025年海原县"四好（建、管、养、运）农村路"建设进行安排部署。

16日　宁夏塞力斯医疗科技有限公司通过海原县红十字会向县中医医院捐赠抗疫物资。

17日　中卫市委副书记、市长马洪海先后深入海原县关桥乡、甘盐池管委会、西安镇、曹洼乡，调研城乡人居环境整治、植绿增绿、产业发展等工作。

18日　海原县市场监督管理局在海城镇垃圾填埋场，对开展农村假冒伪劣食品专项行动中收缴的3743公斤假冒伪劣食品进行了填埋销毁。

19日　海原县人民政府办公室印发《海原县创新开展新型农业保险试点产品保费补贴实施方案》，立足县域肉牛主导产业，开展肉牛（基础母牛）完全成本保险试点，为在全区复制推广新型农业保险试点产品总结经验。

22日　海原县烟草专卖局举行烟草零售点合理布局听证会，广泛听取社会各界代表的声音。

24日　中卫市委副书记、海原县委书记、海兴开发区党工委书记杨青龙主持召开海原县委农村工作领导小组第4次会议。

25日　海原县委常委、宣传部部长丁芳率观摩团赴贺兰县观摩学习新时代文明实践站所建设工作。

26日　海原县召开迎接全区安全生产、消防安全及防灾减灾考核工作推进会。

△　自治区审计厅对海原县巩固拓展脱贫攻坚成果同乡村振兴有效衔接相关政策和资金进行审计。

△　海原县人民医院启动　"三级乙等"综合医院创建工作。

27日　中卫市委副书记、海原县委书记、海兴开发区党工委书记杨青龙到三河、七营、李旺等乡镇调研扬黄灌区高效节水改造及产业谋划工作。

29日　海原县自然资源局组织召开地上附着物和青苗补偿标准听证会，广泛听取社会各界的意见和建议。县委政研室、县政府办、县发改局、县财政局、县交通局、县水务局、县住建局、县农业农村局、县司法局、县人力资源和社会保障局等部门负责人或业务人员及县人大代表、县政协委员、各乡镇人民政府及辖区内集体经济组织村民代表或个人共38人应邀参加了现场听证。

△　中卫市消防救援支队海城消防救援站接到救援命令后迅速赶赴贾塘乡后塘村，经1小时紧张有序的救援，成功解救一名不慎掉入化粪池（尚未投入使用）的妇女。

30日　以兰州大学教授张子龙为组长的自治区评估组对海原县巩固脱贫成果进行后评估考核。

△　据自治区党委办公厅、自治区人民政府办公厅通报，海原县在全区22个县（区）污染防治攻坚战成效考核中以99.6分的成绩与

泾源县(99.7分)0.1分之差位居第二。

30日至12月5日 2021年全区青少年排球锦标赛在海原举行,来自全区16个县区的36支代表队、450名运动员参赛。

12月

1日 海原县第三幼儿园拓展业务范围,增加了托育服务项目,成功通过了国家托育机构信息管理系统备案,也标志着海原县3岁以下婴幼儿照护服务在规模建设、规范管理和示范带动方面迈出了关键步伐。

△ 海原县红十字会开展“生命至上,终结艾滋,健康平等”宣传及志愿服务活动。

2日 厦门市滨城中学与海原县第二中学在网上签下了“结对帮扶协议”,成为“互联网+教育”结对共建校。

△ 海原县公安局交巡警大队在南门广场开展以“守法规知礼让　安全文明出行”为主题的“12·2”主题宣传活动。

△ 海原县西安镇和漳浦县赤湖镇代表结对乡镇签订乡镇对口协作协议。

3日 海原—漳浦党政领导干部互学互助座谈会福建漳浦县召开。中卫市委副书记、海原县委书记杨青龙、漳浦县委书记黄键鹏、海原县人大常委会主任杨和、漳浦县人大常委会主任刘达文等出席会议。

△ 据福建广播电视台报道:2016年以来,福建漳浦县累计向海原县投资1.71亿元,实施项目93个,为海原脱贫攻坚注入了强大动力。

4日 海原县全员参与,多措并举,通过启动仪式、分批集中宣传、“七进”活动等形式,积极开展丰富多彩的“12·4”国家宪法日暨“宪法宣传周”活动。

6日 市委副书记、县委书记、海兴开发区党工委书记杨青龙主持召开县委农村工作领导小组第5次会议召开。

7日 中卫市委副书记、海原县委书记、海兴开发区党工委书记杨青龙,县委常委、常务副县长强斌带领市生态环境局海原县分局、县住建局相关负责人及执法人员到宁夏水投中源水务有限公司海原污水处理厂核实总氮、总磷数据超标问题。

△ 县委副书记、县长张鹏主持召开海原县人民政府第4次常务会议,传达学习了中央生态环境保护工作领导小组会议精神、自治区党委十二届十四次全体会议精神;通报了2021年自治区污染防控攻坚战考核结果;听取2021年闽宁协作和华润定点帮扶工作进展情况汇报。

△ 由自治区体育局主办、海原县承办的2021年全区青少年摔跤锦标赛在海原县全民健身中心开赛。

9日 海原县疫情防控指挥部指示县卫健局组织县人民医院、县中医医院、县疾控中心、三河镇卫生院等医疗卫生单位专业人员30余人借助海原县森林防火灭火应急演练之际,开展海原县森林草原火灾应急演练疫情防控和核酸采集应急演练工作。演练期间,按照疫情防控相关要求对所有参与人员开展流调、测温验码、并进行核酸样本采集。

10日 市委副书记、县委书记、海兴开发区党工委书记杨青龙主持召开中共海原县委第十五届常务委员会2021年第9次(扩大)会议,传达学习11月18日中共中央政治局会议精神、习近平总书记在第三次“一带一路”建设座谈会上的重要讲话精神；自治区党委十二届十四次全会精神等内容，研究贯彻意见。县人大常委会主任杨和、县政协主席丁志爱列席会议。

△　市委副书记、县委书记、海兴开发区党工委书记杨青龙主持召开县委全面深化改革委员会第7次会议，传达学习中央和自治区党委全面深化改革委员会会议精神，研究审定相关方案细则，听取重点改革任务进展情况汇报。县委副书记、县长张鹏，县人大常委会主任杨和，县政协主席丁志爱参加会议。

△　市委副书记、县委书记、海兴开发区党工委书记杨青龙主持召开全面依法治县委员会第4次会议，研究审定《海原县行政复议体制改革实施方案(送审稿)》及相关行政复议制度，听取海原县2021年全面依法治县工作汇报。县委副书记、县长张鹏，县人大常委会主任杨和，县政协主席丁志爱参加会议。

△　海原县在全区“应急先锋2021”军地联合应急演练工作中被评为优秀组织单位。

11日　自治区第三方评估组到海原县开展2021年实施乡村振兴战略工作成效评估工作。

13日　自治区政协副主席郑震到海原县调研指导政协工作。

△　海原县召开党的十九届六中全会精神宣讲动员备课会，安排部署党的十九届六中全会精神宣讲工作。

14—16日　全县领导干部“学党史、强党性、提能力”专题培训班在县委党校举行。

15日　由海原县科学技术局主办，宁夏科技中介服务协会承办的“海原县企业家科技创新政策培训班”在海原县泰丰宾馆二楼大会议室开班。海原县33家企业代表、县科技局负责人、县科技服务中心工作人员参加了培训。

16日　海原县检察院与西吉县检察院联合在月亮山、南华山开展跨区域生态环境保护巡山活动暨主题党日活动。

△　据新华网报道：2021年，海原县开展职业教育“1+X”证书制度试点工作，预计12月底将完成937名学生的培训考核工作。

17日　中卫市委书记张利到海原县调研经济社会发展和生态环保工作。张利先后到关桥乡冯湾村压砂地退耕修复现场、牌路山森林公园、华润电力宁夏运维中心现场查看、听取汇报，他强调，要大力践行习近平生态文明思想，筑牢生态底色，壮大特色产业，巩固脱贫攻坚成果同乡村振兴有效衔接，奋力走好生态美、产业兴、百姓富的可持续发展之路。市委副书记、县委书记、海兴开发区党工委书记杨青龙，副市长马自忠，县委副书记、县长张鹏陪同调研。

△　市委副书记、县委书记、海兴开发区党工委书记杨青龙主持召开中共海原县委第十五届常务委员会2021年第10次(扩大)会议，传达学习中央经济工作会议精神和自治区党委常委会会议传达时自治区党委书记陈润儿讲话精神等内容，研究贯彻意见。县人大常委会主任杨和、县政协主席丁志爱列席会议。

△　市委副书记、县委书记、海兴开发区党工委书记杨青龙主持召开县委农村工作领导小组第6次会议，安排部署国家统筹开展2021年度巩固脱贫攻坚成果同乡村振兴相衔接考核评估工作。

18—19日 在中卫举办的2021“润夏杯”中卫市第三届诗词大会上，海原县第一小学学生焦子赫、穆清瑜、王彬玄分获小学组一等奖、三等奖和优秀奖；回民中学学生马博、尹淑芮获初中组二等奖，张雅茹获三等奖；海原一中学生徐国栋、李玉杰、杨佳蓉获高中组优秀奖；海兴开发区郑彬获成人组三等奖。

20日 县人大常委会主任杨和主持召开县第十八届人大常委会第一次会议。

22日 市委副书记、县委书记、海兴开发区党工委书记杨青龙主持召开全县“两节”期间暨市党代会“两会”期间重点工作安排部署会。

△ 县委副书记、县长张鹏主持召开县人民政府第5次常务会议，传达学习中央经济工作会议、中央全面深化改革委员会第23次会议、全国岁末年初安全工作视频会议等精神，安排部署贯彻落实意见。

22—23日 四川省凉山彝族自治州雷波县委副书记、县长陈嘉明率队到海原县开展招商引资考察工作，学习海原县肉牛养殖产业发展经验。

24日 海原县总工会在宁夏卡力方科技有限公司举行全县困难职工救助金发放仪式，40名受助职工代表参加了发放仪式。本次救助严格按照帮扶救助程序，对87名符合救助条件的困难职工发放救助金共74.65万元。

28日 海原县科技局组织召开海原县2022年科技计划项目评审会。宁夏大学、宁夏农林科学院和县农业农村局评审专家、项目申报负责人等20余人参加会议。

△ 县总工会在全县几所重点中学举行2021年“工会班”助学金发放仪式，给150名困难职工(农民工)子女发放助学金近40万元。

28—29日 国家2021年度巩固拓展脱贫攻坚成果同乡村振兴有效衔接考核评估综合核查组组长杨子强率队到海原县开展入户核查，并走访慰问脱贫群众。

29日 海原县医疗健康总院成立。该院在海原县县级公立医院管理委员会的领导下开展工作，实行党委领导下的院长负责制。

△ 宁夏科协党组书记陈红缨一行到甘盐池实地调研指导定点帮扶工作，并开展“两节”调研送慰问活动。

31日 甘肃翼鹏商贸有限公司通过海原县红十字会向县中医医院、县妇幼保健计划生育服务中心和县红十字会捐赠AED等医疗设备。

是月 在文化和旅游部组织的2021年度乡村文化和旅游能人评选活动中，乔亚茹被评选为全国文化和旅游能人；在自治区文化和旅游厅组织的2021年度全区非遗保护优秀实践案例等评选活动中，海原县剪纸刺绣扶贫就业工坊被评为年度优秀非遗就业工坊，妥燕被评为非遗年度人物；在自治区农业农村厅举办的2021年宁夏休闲农业创意精品大赛中，倪岩创作的《蛋雕》、吹画《沙漠之魂》分别获得文化创意类金奖和银奖；赵凤梅创作的手工刺绣《幕晨》、沙画《乡村变革》分别获得产品创意类银奖和优秀奖；乔亚茹创作的手工剁绣《时光空间》获得文化创意类银奖；卢惠琴创作的《脸谱刺绣》《中国传统刺绣旗袍》，买元花、马磊创作的刺绣《收获》，柳秀梅创作的刺绣《抗疫英雄钟南山》，买元花、田志花创作的剪纸《丰衣足食》等获得文化创意类优秀奖。

△ 海原县汽车站、全民健身中心与政务

大厅三所公共场所红十字应急救护站先后建设完成。

是年 海原县投入资金108万元，对全县257户贫困残疾人家庭进行配备护理床、电动移位机、电动轮椅、折叠移动坡道，门口坡化、院子硬化，安装门铃、卫生间坐便扶手等，有效改善了残疾人的生活环境。

△ 海原县社会保障覆盖范围持续扩大，年底全县基本养老保险参保人数达31.49万人，享受待遇人数4.48万人，发放42405万元，发放率100%。

△ 海原县共组建10支代表队、注册运动员115人参加全区青少年锦标赛，取得羽毛球项目男子乙组团体第2名、乙组男子双打第2名，跆拳道女子乙组42公斤级第2名，田径男子3000米第2名等优秀成绩。

△ 据《中卫日报》报道：2021年，海原县化解欠薪投诉373起，为1503名农民工追回劳动所得1385.8万元；审核备案劳动合同12476份；为222个项目（标段）办理了农民工工资保证金手续，收缴保证金1753.34万元，办理保函189份；审核和开具无拖欠农民工工资证明149份。

△ 2021年1—12月，在全自治区14个县（市、区）环境空气质量由好变差排名中，海原县位居第四。

组织机构和负责人名录

（2021年1月1日至12月31日）

中国共产党海原县委员会

书　记　徐海宁(6月调职)　杨青龙(回族,6月任职)

副书记　许正清(回族,8月调职)　张　鹏(8月任职)　郝振明(挂职至3月)
丁志爱(3月调职)　童　颢(3月任职,6月调职)　薛军勇(6月任职)

常　委　田玉宝(回族,任至9月)　白　旭(回族,1月调职)　蓝主保(挂职,任至7月)
张晓华　李雪峰　于建涛　赵元学(任至12月)　强　斌(回族,3月任职)
田风明(回族,3月任职)　刘文杰(7月任职)　曾小明(7月挂职)
丁　芳(女,回族,9月任职)　采澎涛(12月任职)

海原县人民代表大会常务委员会

主　任、党组书记　罗成玉(回族,1月调职)　杨　和(回族,1月任职)

副主任　但　升(任至3月)　段成宝(任至10月)　杨正福(回族,任至3月)
杨常林(回族,4月提名为候选人,10月当选)　米力芳(女,1月当选,任至10月)
马光智(回族,3月提名为候选人,10月当选)
薛鹏飞(7月提名为候选人,10月当选)　冯　帆(女,10月当选)

党组成员　杨文珂(回族,任至5月)　李金龙(回族,5月任职)

【办公室】

主　任　杨文珂(回族,任至5月)　李金龙(回族,5月任职)

副主任　李嘉明(回族)

【法制工作委员会】

主　任　杨正军（回族，任至4月）

　　　　田　埂（回族，4月任职）

【财政经济与农业和环境保护工作委员会】

主　任　陈富荣（回族，任至10月）

　　　　石彦才（回族，10月任职）

【教育科学文化卫生工作委员会】

主　任　马彦虎（回族）

代表联络选举与民族宗教外事侨务工作委员会

主　任　杨林学（回族，任至4月）

　　　　郑海明（4月任职）

海原县人民政府

县　长、党组书记　许正清（回族，8月调职）　张　鹏（8月代理，10月当选）

副县长、党组副书记　薛军勇（任至4月）　强　斌（回族，4月任职）

副县长　蓝主保（挂职至7月）　罗永珍（回族，任至1月）

　　　　刘文杰（4月至9月挂职，10月当选）　曾小明（8月挂职）

　　　　丁　芳（女，回族，任至10月）　金钟河（回族，4月调职）　孙占宏（4月调职）

　　　　张赞军（8月调职）　王永军（挂职至7月）　冯　磊（7月任职）

　　　　刘福林（8月任职）　贾治林（4月任职）　王银军（4月任职）

　　　　王金中（7月挂职）　马海燕（女，回族，10月当选）

县长助理　许坤煌（挂职至7月）

党组成员　石彦才（回族，10月调职）　马海军（回族，10月任职）

中国人民政治协商会议海原县委员会

主　席　张　斌（3月调职）　丁志爱（3月提名为候选人，10月当选）

党组书记　张　斌（3月调职）　丁志爱（3月任职）

党组副书记　白　旭（兼，1月调职）　田风明（兼，3月任职）

副主席　杨常林（回族，4月调职）　田风梅（女，回族，1月当选，10月再次当选）
屈文斌（1月当选，任至10月）　王建平（4月提名为候选人，10月当选）
麻德明（回族，6月提名为候选人，10月当选）
党组成员、秘书长　包国成（1月当选，10月再次当选）

【办公室】
主　任　包国成（兼）
副主任　闫　财（任至3月）　卢延春（回族，3月任职）

【提案与委员联络委员会】
主　任　田春宝（回族，任至6月）　李德军（回族，6月任职）
副主任　马应强（回族）

【经济法制与环境保护委员会】
主　任　马风槐（回族，任至6月）　宋海山（6月任职）
副主任　杨　华（回族，任至6月）　张继路（6月任职）

【科教文卫体与民族宗教委员会】
主　任　马仲明（回族）
副主任　马万生（回族，任至6月）　李德才（回族，6月任职）

【社会治理委员会】
主　任　李　云（回族）
副主任　金晓娟（女，回族）

中国共产党海原县纪律检查委员会

书　记　张晓华
副书记　马福俊（7月调职）　马　宁（回族，2月任职）　董治耀（7月任职）
马如龙（挂职，8月任职）
常　委　白云海（任至2月）　王国明　马亚军（回族，1月任职）　王　静（女，1月任职）
田　军（回族，7月任职）

海原县监察委员会

主　任　张晓华（1月当选）

副主任　马福俊（7月调职）　马　宁（回族，4月任职）　董治耀（7月任职）
马如龙（挂职，8月任职）

委　员　马亚军（回族）　王国明　白云海（任至10月）　王　静（女，4月任职）
田风贵（回族，10月任职）

海原县人民法院

党组书记、院长　李明琮（10月再次当选）

党组成员、副院长　贺小平（回族）　郭群杰（9月调职）　杨　红（女，回族）

党组成员　李文珍（回族）　马忠义（回族）

海原县人民检察院

党组书记、检察长　俞　敏（女，8月调职）　郭孟强（8月代理，10月当选）

党组成员、副检察长　田晓荣（回族）　王秉威　田风海（回族）

党组成员　李建保（回族）　马　宇（回族）

海原县委工作部门

【办公室】

主　任　田　平（回族，5月调职）　杨卫国（5月任职，10月调职）

副主任　秦　勇　常贤明（回族，任至5月）　李　静（5月任职，11月调职）
顾一凡（5月调职）　石洪国（5月任职）

【保密局(挂牌单位)】

局　长　田　平(兼,5月调职)　杨卫国(兼,5月任职,10月调职)

【督查室(挂牌单位)】

主　任　李　静(兼,11月调职)

【机要局(挂牌单位)】

局　长　顾一凡(兼,5月调职)　秦　勇(兼,5月任职)

副局长　马进龙(回族)

【档案局(挂牌单位)】

局　长　田　平(兼,5月调职)　杨卫国(兼,5月任职,10月调职)

【组织部】

部　长　李雪峰

常务副部长　王存栋(12月调职)　王　成(回族,12月任职)

副部长　周宏财(回族,4月调职)　王　成(回族,任至12月)　马建勋(回族,4月任职)
杨治平(12月任职)　张国慧(女,12月任职)

【县直机关工委(挂牌单位)】

书　记　李雪峰(兼)

副书记　王存栋(兼任至12月)　王　成(12月兼任)

【老干部局(挂牌单位)】

局　长　王存栋(兼任至12月)　马建勋(12月兼任)

【县非公经济组织和社会组织党工委】

书　记　周宏财(兼任至4月)　马建勋(4月兼任)

专职副书记　马建勋(回族,任至4月)　黄勤虎(4月任职)

【县离退休老干部党工委】

书　记　王存栋(兼任至12月)　马建勋(12月兼任)

专职副书记　徐　虎(任至10月)　马晓峰(回族,10月任职)

【宣传部】

部　长　于建涛(9月调职)　丁　芳(女,回族,9月任职)

常务副部长　刘风贵(回族,2月任职)

副部长　肖瑞清(2月任职)　周　琳(女,回族)

【县精神文明指导委员会办公室(挂牌单位)】

主　任　刘风贵(兼)

【县新闻出版局(挂牌单位)】

局　长　刘风贵(兼任至2月)　肖瑞清(2月兼任)

【统一战线工作部】

部　长　白　旭(回族,1月调职)　田风明(回族,3月任职)

常务副部长　王占福(回族)

副部长　马志福(回族,任至5月)　张东雄　王小平(回族,5月调职)
罗尚东(回族,5月任职)　杨　林(回族,4月任职)

【民族宗教事务管理局(挂牌单位)】

局　长　王占福(回族,兼)

【政法委员会】

书　记　童　颢(6月调职)　李雪峰(6—10月兼)　于建涛(10月任职)

第一副书记　张赞军(8月调职)　刘福林(8月任职)

常务副书记　高　勇(回族)

副书记　田成龙(回族,任至5月)　李小峰(回族,3月任职)　王占福(回族,兼)
黄　富(5月任职)

【政策研究室】

主　任　常贤明(回族)

副主任　田彦贵(回族)　马彦龙(回族,4月任职)

【网络安全和信息化领导小组办公室】

主　任　马海军(回族,10月调职)

副主任 马进堂(回族,5月调职) 田兴国(回族,3月任职)

【机构编制委员会办公室】

主　任 李成虎(回族,3月任职)

副主任 王彦宏(回族) 杨　梅(女、回族)

【巡查工作领导小组办公室】

主　任 王国强(回族,8月调职) 马亚军(回族,11月任职)

副主任 赵建华

【县委巡查组】

专职副组长 田向福(回族) 田亚鹏(回族)

海原县委直属事业单位

【党校(县行政学校)】

校　长 李雪峰(兼)

常务副校长 冯　帆(女,4—11月任职)

副校长 李　力(回族) 李小宝

【党史和地方志研究室(县志办)】

主　任 田玉龙(回族)

副主任 段玉梅(女) 秦卫民(3月任职)

【县融媒体中心(县广播电视台)】

主　任 田彦秀(女,回族)

副主任 马启峰(回族)

海原县人民政府工作部门

【办公室】

主　任　石彦才(回族,10月调职)　马海军(回族,10月任职)

副主任　李　瑛(回族,4月调职)　黎恩生(回族,2月调职)　王　刚
曹　瑾(2月任职)　陈结定(7月挂职)　李　煜(回族,10月任职)

【县外事办公室(挂牌单位)】

主　任　石彦才(兼任至10月)　马海军(10月兼任)

【县政务公开办公室(挂牌单位)】

主　任　石彦才(兼任至10月)　马海军(10月兼任)

【督查督办室(挂牌单位)】

主　任　冯彦茂(回族)

【信访局(挂牌单位)】

局　长　黎恩生(兼任至2月)　曹　瑾(2月兼任)

副局长　马彦贵(回族)

【发展和改革局】

局　长　魏克军(任至10月)　杨卫国(10月任职)

副局长　张信平　邓向鹏(回族)　马小明(回族)

【粮食与物资储备局(挂牌单位)】

局　长　魏克军(兼任至10月)　杨卫国(12月兼任)

【教育体育局(教育工委)】

局长、书　记　马天科(回族,任至12月)　王占福(回族,12月任职)

副书记　刘正权

副局长　刘正权(任至2月)　马得福(回族,任至4月)　马汉学(回族,任至2月)

岳海伟(2月任职) 杨 成(回族,2月任职) 孙晓红(4月任职)

【县人民政府教育督导室(挂牌单位)】

主 任 马天科(兼任至12月) 王占福(12月兼任)

副主任 马得福(兼任至4月) 岳海伟(4月兼任)

【科学技术局】

局 长 高启平

副局长 虎尚琦(回族,任至5月) 王晖敏(4月调职) 余卫东(4月任职) 马阳青(回族,5月任职) 陈明木(挂职至10月) 董立国(7月挂职)

【工业信息化和商务局(招商局)】

局 长 马正福(回族,任至11月) 田应鹏(回族,11月任职)

副局长 田海英(回族,任至4月) 周金平(回族,11月调职) 马小锋(回族,4月任职) 卢彦琦(回族,11月任职) 蔡 伟(挂职)

【公安局】

局长、党委书记 张赞军(7月调职) 刘福林(7月任职)

政委、党委副书记 安 云

常务副局长 马正科(回族)

副局长 李建伟 代志勇

党委委员 田志伟(回族) 田志龙(回族)

【民政局】

局 长 杨立廷(回族)

副局长 买玉珠(回族) 麦 荣

【司法局(社区矫正管理局)】

局 长 杨宝林

副局长 杨彦虎(回族) 马汉贵(回族) 武向霞(女,5月免职) 王 澎(11月任职)

【财政局】

局 长 田晓育(回族,4月调职) 罗发强(回族,4月任职)

副局长 单广义(回族) 马正当(回族) 黄晓萍(女,6月任职) 李 华(7月挂职)

【金融工作局(挂牌单位)】

局　长　田晓育(兼任至4月)　罗发强(4月兼任)

副局长　马正当(兼)

【人力资源和劳动保障局】

局　长　郑海明(任至4月)　张成静(4月任职)

副局长　马　琳(回族,任至3月)　王红霞(女)　仇建国(回族, 5月调职)
杨占海(回族,4月任职)　朱杰臣(5—12月任职)

【自然资源局】

党委书记　罗成礼(回族,11月调职)　李　静(12月任职)

局　长　罗成礼(兼任至11月)　田小武(回族,12月任职)

副局长　李　静(12月兼任)　田建彪(11月调职)　田小武(回族,任至12月)
杨彦宝(挂职,5月任职)　张文倩(女,挂职,7月任职)

【林业和草原局(挂牌单位)】

局　长　罗成礼(兼任至11月)　田小武(12月兼任)

副局长　田小武(兼任至12月)

【住房和城乡建设局】

党委书记　刘风武(回族,任至3月)

局　长　刘风武(回族,12月调职)

副局长　李玉龙(回族,任至2月)　赵旭辉　冯兴伟(回族,2月任职)
王兴杰(2月任职)　田智坤(回族,2月挂职)　马进锋(回族,5月挂职)

【城市管理综合执法局(挂牌单位)】

局　长　刘风武(兼任至5月)

副局长　赵旭辉(兼)

【县人民防空办公室(挂牌单位)】

主　任　刘风武(兼任至12月)

【交通运输局】

局　长　李铭臣(回族,9月免职)　罗成礼(回族,11月任职)

副局长　方成明　田彦虎(回族,6月调职)　冯克勇　买成伟(回族,5月挂职)

【水务局】

局　长　贾治林(4月调职)　张广平(4月任职)

副局长　田兴明(回族)　马应财(回族,4月调职)　陈学明　李伟宝(回族,7月任职)
田　涛(挂职)　蒲成龙(回族,5月挂职)

【农业农村局】

局　长　田风奇(回族)

副局长　张广平(4月调职)　刘一祖　马德友(回族,4月调职)　杨忠栋(回族,6月任职)
邹德强(7月任职)　高　强(回族,挂职)

【文化旅游广电局】

局　长　李德军(回族,5月调职)　周玉宁(回族,5月任职)

副局长　胡有武(任至5月)　田志鹏(回族,5月任职)　张　荣

【文物局(挂牌单位)】

局　长　李德军(兼任至5月)　周玉宁(12月兼任)

副局长　张　荣(兼)

【卫生健康局】

党委书记　屈文彬(兼任至6月)　郝新城(6—11月任职)　张志春(回族,12月任职)

局　长　屈文彬(任至4月)　郝新城(4—11月任职)　张志春(12月代理)

副局长　田兴贵(回族,任至2月)　田风总(回族,任至2月)　田进生(回族)
张志春(回族,2月任职)　马忠玉(回族,4月任职)

【退役军人事务局】

局　长　田　波(回族)

副局长　马月德(回族,任至4月)　张汉旭　马德友(回族,4月任职)
孙玉东(兼,7月任职)

【应急管理局】

局　长　马守玉(回族)

副局长　冯　智　田术吉(回族)　李忠荣(回族)

【审计局】

局　长　包兆武

副局长　杨平献(回族)　冯进寿

【市场监督管理局】

局　长　单进虎(回族)

副局长　杨进林　张汉祥(回族)　吴鹏江

【统计局】

局　长　田进虎(回族)

副局长　李学贵(回族,任至4月)　马会珍(女)　马凯崟(回族,4月任职)

【乡村振兴局(原扶贫办,7月成立)】

局　长　穆　华(回族,7月任职)

副局长　李万贵(回族,7月任职)　李文林(回族,7月任职)　蒙文瑞(女,7月任职)
高　敏(回族,挂职)　余振邦(回族,挂职)

党组成员　马吉才(回族)

【医疗保障局】

局　长　薛正东(回族)

副局长　樊　军　罗玉龑(回族)

【审批服务管理局】

局　长　马维国(回族,3月调职)　李忠国(回族,3月任职)

副局长　马进海(回族)　赵全国(回族)

海原县人民政府直属企事业单位

【机关事务服务中心】

主　任　李文平(回族,5月调职)

副主任　曹　瑾(2月调职)　马学文(回族,5月任职,主持工作)　郭亚斌(回族,5月任职)

【地震局】

局　长　刘　刚(回族,任至12月)　田建彪(12月任职)

副局长　马运选(回族,4月任职)　赵廷虎

【供销社】

主　任　肖东坡

【肉牛产业发展集团有限公司】

董事长　杨永生(回族)

总经理　杨永生(兼)

副总经理　王有海

监事会主席　刘启通

【文化融创旅游发展集团责任有限公司】

董事长　李志强(回族)

总经理　罗绍君(回族)

监事会主席　马德云(回族)

海原县群团组织

【总工会】

主　席　杨常林(兼)

常务副主席　田彦仓(回族,11月任职)

副主席　李颖宇(女,回族)　顾　娟(女,兼)　马治兰(女,回族,挂职)

女工委主任 李颖宇(兼)

经审会主任 李正庭(回族)

【共青团海原县委员会】

书　记 太耀坤(4月调职) 魏世英(4月任职)

副书记 魏世英(女,任至4月) 马生龙(回族) 郝　骞(10月任职)

【妇女联合会】

主　席 张晓霞(女)

副主席 李文霞(女,回族,4月调职) 邵淑霞(女) 马晓英(女,回族,4月任职)
刘　晶(女,挂职)

【工商业联合会】

党组书记 田　埂(回族,4月调职) 杨　林(回族,4月任职)

主　席 田　埂(回族,兼,4月调职) 杨　林(回族,兼,4月任职,任至5月)
任艳秀(女,5月任职)

副主席 田振国(回族) 田海英(回族,4月任职)

【文学艺术界联合会】

主　席 李存福(回族)

副主席 黄　勤(任至5月) 胡玉蓉(女) 仇建国(回族,5月任职)

【科学技术协会】

主　席 田应鹏(回族,11月调职)

副主席 马　彪(回族) 张怀东

【残疾人联合会】

理事长 郭维廉(女)

副理事长 马志强(回族) 田贵川(回族)

【伊斯兰教协会】

会　长 马宏吉(回族,不驻会)

常务副会长 金录岐(回族)

副会长 李江洋(回族,任至4月) 李玉海(回族) 田禧裕(回族,4月任职)

【红十字会】
会 长 刘文杰(7月兼任)
常务副会长 田兴贵(回族,1月任职)
副会长 李廷虎(回族,1月任职) 马忠玉(7月兼任)

自治区(市)属驻海原单位

【宁夏南华山国家级自然保护区管理处】
主 任 李 瑞(回族)
副主任 魏学理 马宏福(回族)

【国家税务总局海原县税务局】
局 长 邓小东(回族,2月调职) 王建新(2月任职)
副局长 夏志奎 刘宗河 周文礼(回族,4月任职)
纪检组长 张 鹏(4月任职)

【中卫市生态环境局海原分局】
局 长 张汉东(回族)
副局长 马新民(回族)

【海原县气象局】
局 长 杨文宝(回族)
副局长 慧 萍(女) 白志清(回族)

【海原县消防救援大队】
党委书记、教导员 纳鹏英
党委副书记、大队长 陈奇伟
党委委员 马明有 王 超 崔海鹏

【中国人民武装警察部队海原县中队】

指导员 冯 彬

中队长 申立涛

副中队长 赵伟杰

【海原县调查队队】

队 长 马晓亮(回族,任至11月) 李 楠(女,回族,12月任职)

副队长 李 楠(女,回族,任至12月)

纪检员 柳苗峰(女)

【国家电网海原县供电公司】

经 理 马国锋(回族)

【海原公路养护中心】

主 任 张永贵

【海原路政大队】

大队长 李国林

【海原县烟草专卖局(烟草公司)】

局长、经理 罗淑莉(女)

副局长 孙 平(回族)

【中国农业银行海原县支行】

党委书记、行长 王 伟

党委副书记、副行长 郑陇榕(挂职至7月)

党委委员、副行长 李志明(回族) 马 成(回族)

党委委员、纪委书记 于武奎

【宁夏海原农村商业银行股份有限公司】

党委书记、理事长 景海昆

党委副书记、行长 勉礼德(回族)

党委委员、监事长 曹永国

党委委员、副行长 许海顺
党委委员、纪委书记 马灵海(回族)

【中国邮政储蓄银行海原县支行】
行　长 刘　静
副行长 高永祖

【建设银行海原县支行】
行　长 王新国(12月调职) 李学艳(女,12月任职)
副行长 韩晓辉(女) 李丽艳(女) 徐晓强

【宁夏银行海原县支行】
行　长 李永刚
行长助理 李金亮 田跃川(4月任职)

【石嘴山银行海原县支行】
行　长 邹德晓(6月调职) 张　鹏(7月任职)

【中国人寿保险公司海原支公司】
总经理 白　冰
总经理助理 王　梅 黄　鹏

【中国财产保险公司海原支公司】
经　理 任　佳
副经理 田　军(回族,5月任职)
经理助理 田　军(回族,任至4月) 孙尚杰

【海原县邮政公司】
总经理 空缺
副经理 冯仲宝(回族,主持工作) 马博琛(回族) 田福全

【中卫市住房公积金管理中心海原分中心】
主　任 包兆文

副主任　田生智(回族)

【中国电信海原分公司】

总经理　严海军(10月调职)　李国梁(10月任职)

副总经理　段有柱　陆　青

【中国移动海原分公司】

经　理　沈治亮

经理助理　马兴国(回族)

【中国联通海原分公司】

总经理　訾少强

【中国广电网络海原分公司】

总经理　庞　成(回族)

副总经理　罗成文(回族)

【中国石油中卫销售公司海原片区】

经　理　冯学忠

副经理　徐占国　吴填魁

【海原新华书店】

经　理　殷大伟

副经理　麦　军(6月调职)

【海原县地震台】

台　长　程鹏图

学校医院

【海原县第一中学】

校　长　王宗龙

【海原县回民中学】
校　长　卢俊才(回族)

【海原县兴海中学】
校　长　岳海伟(2月调职)　李彦豹(2月任职)

【海原县职业教育中心】
校　长　郭志宏

【海原县人民医院】
院　长　殷　军(2月任职)

【海原县中医医院】
院　长　马尚钰(回族)

乡、镇、街道办

【海城镇】
党委书记　田玉宝(代理任至4月)　罗永平(回族,4月任职)
副书记、镇长　杨卫国(3月调职)　王珲敏(3月任职)
人大主席　妥成军(回族,3月调职)　顾一凡(4月任职)
副书记　卢延春(回族,4月调职)　李增明(回族,4月任职)　路　锋(5月挂职)
纪委书记　夏学鹏(4月调职)　马　青(女,回族,5月任职)
组织委员　马正伟(回族)
副镇长　李增明(回族,任至4月)　杨有贵(回族,5月调职)　任艳秀(女,5月调职)
马俊义(回族,5月任职)　田家碧(女,回族,5月任职)　田广科(回族,9月任职)

【三河镇】
党委书记　宋志鹏(回族,3月调职)　白向平(3月任职)
副书记、镇长　白向平(任至3月)　马月芳(女,回族,3月任职)
人大主席　田志鹏(回族,4月调职)　马宝虎(回族,4月任职)

副书记 刘　顺(4月调职) 魏克明(4月任职)

纪委书记、监察办主任 王有虎(回族,4月调职) 李小虎(回族,4月任职)

组织委员 孙晓红(女,4月调职) 单慧玲(女,回族,4月任职)

副镇长 李学虎(回族,4月调职) 马治锋(回族) 马瑞蓝(女,回族) 田治贵(回族,5月任职)

【李旺镇】

党委书记 马建荣(回族,5月调职) 李金星(女,回族,5月任职)

副书记、镇长 李成虎(回族,3月调职) 李广强(回族,3月任职)

人大主席 李德才(回族,4月调职) 马维虎(回族,4月任职)

副书记 马维虎(回族,任至4月) 李　波(4月任职)

纪委书记、监察办主任 兰生明(回族,4月调职) 王　芳(女,回族,4月任职)

组织委员 田　福(回族)

副镇长 张占生(回族,4月调职) 王　芳(女,回族,任至4月) 金　涛(回族,4月任职) 何相君(4月任职) 马国珍(回族,4月任职)

【西安镇】

党委书记 李　创(3月调职) 洪兴志(回族,3月任职)

副书记、镇长 洪兴志(回族,任至3月) 冯向辉(3月任职)

人大主席 李海军(回族,2月调职) 杨　辉(回族,4月任职)

副书记 曹国材(5月调职) 苟　明(5月任职)

纪委书记、监察办主任 苟　明(任至5月) 马建福(回族,5月任职)

副镇长 马永远(回族) 马建福(回族,任至5月) 马　丽(女,5月任职)

组织委员 田进权(回族)

【七营镇】

党委书记 马光智(回族,3月调职) 锁鹏珠(3月任职)

副书记、镇长 宋海山(3月调职) 杨万龙(回族,3月任职)

人大主席 杨　林(回族,3月调职) 王小平(回族,3月任职)

副书记 李金龙(回族,3月任职)

纪委书记 黄登明(3月调职) 郭维芳(女,3月任职)

组织委员 秦卫民(3月调职) 褚亚龙(3月任职)

副镇长 李金龙(回族,任至3月) 常贤亮(回族,3月任职) 马麒麟(回族,3月任职) 王振鹏(3月任职)

【高崖乡】

党委书记 王耀玺(3月调职) 田 璟(回族,5月任职)

副书记、乡长 田 璟(回族,任至4月) 姚治军(4月任职)

人大主席 姚治军(任至4月) 马进堂(回族,5月任职)

副书记 马月芳(女,回族,3月调职) 张黎明(回族,4月任职)

纪委书记、监察办主任 张德飞(4月调职) 丁良栋(回族,4月任职)

组织委员 丁良栋(回族,任至4月) 缑甜甜(女,4月任职)

副乡长 杨忠栋(回族,4月调职) 马小锋(回族,4月调职) 虎 平(回族,4月任职) 马百宝(回族,4月任职) 赵元宝(4月任职)

【甘城乡】

党委书记 张成静(4月调职) 妥成军(回族,4月任职)

副书记、乡长 李忠国(回族,3月调职) 李 军(3月任职)

人大主席 刘康林(4月调职) 卢建宏(4月任职)

党委副书记 卢建宏(任至4月) 张占生(回族,5月任职)

纪委书记、监察办主任 马学虎(回族)

组织委员 李青芳(女,回族,5月调职) 王钰琴(女,5月任职)

副乡长 马志忠(回族,5月调职) 蔺永平 蒙文瑞(女,5月调职) 罗 贵(回族,5月任职) 褚静瑞(5月任职)

【关桥乡】

党委书记 马海燕(女,回族,任至11月) 冯 磊(11月兼任)

副书记、乡长 郭建巍

人大主席 李金龙(回族,5月调职) 罗成玉(回族,5月任职)

副书记 李广强(回族,4月调职) 罗成玉(回族,挂职至5月) 杨忠信(5月任职) 王世博(挂职)

纪委书记、监察办主任 董治耀(5月调职) 田 龙(回族,5月任职)

组织委员 田 龙(回族,任至5月) 李 娟(女,回族,5月任职)

副乡长 朱德勇(任至5月) 马小明(回族,5月调职) 李 明(回族) 吴春江 陈万宁(女,5月任职)

【贾塘乡】

党委书记 金朝辉(任至5月) 田 平(回族,5月任职)

副书记、乡长 田 地(女，回族,5月调职) 王建勋(5月任职)

人大主席 杨 辉(回族,5月调职) 李永彬(5月任职)

副书记 马运选(回族,5月调职) 陈志峰(挂职) 朱德勇(5月任职)

纪委书记、监察办主任 李永彬(5月调职) 肖进民(5月任职)

组织委员 李世民(回族)

副乡长 蒲生荣(回族) 杨忠信(回族,5月调职) 雷 毓
马瑞智(女,回族,3月任职) 张斌兴 田国锋

【郑旗乡】

党委书记 罗发强(回族,4月调职) 马维国(回族,4月任职)

副书记、乡长 罗永平(回族,4月调职)

人大主席 李金龙(回族)

副书记 代明亮(挂职,12月任职)

纪委书记 马 杰(回族,5月调职)

副乡长 田智坤(回族) 金 强 卢泽萍(女)

人武部长 周 鹏(回族)

组织委员 马彦龙(回族,3月调职)

【史店乡】

党委书记 杨生礼(回族,任至2月) 丁 毓(3月任职)

副书记、乡长 祁国福(2月调职) 杨如海(回族,3月任职)

人大主席 李金星(女,回族,4月调职) 马进中(回族, 5月任职)

副书记 马进中(回族,任至5月) 罗建忠(回族,5月任职)

纪委书记 李 军(回族)

组织委员 马 青(女,回族)

副乡长 马海玉(回族) 李青芳(女,回族,5月任职)

【李俊乡】

党委书记 冯 帆(女,4月调职) 周宏财(回族,4月任职)

副书记、乡长 田应鹏(回族,3月调职) 李 云(回族,3月任职)

人大主席 马小虎(回族)

副书记 李进军(回族,5月调职) 王春梅(女,回族,5月任职) 董国成(挂职至11月)
褚忠诚(11月挂职)

纪委书记、监察办主任 马进虎(回族,5月调职) 周小燕(女,5月任职)
组织委员 白立忠
副乡长 马晓英(女,回族,4月调职) 魏月峰(4月调职) 兰生明(回族,4月任职) 张正宇(9月任职)

【九彩乡】
党委书记 李进渊(回族,3月调职) 陈冬子(回族,3月任职)
副书记、乡长 陈冬子(回族,任至3月) 李文霞(女,回族,3月任职)
人大主席 杨占海(回族,4月调职) 杨 立(4月任职)
副书记 郭天猛
纪委书记 马忠贵(回族)
组织委员 马 青(女,回族,5月调职) 王永丽(女,5月任职)
副乡长 罗建忠(回族,5月调职) 罗 贵(回族,5月调职) 杨有贵(回族,5月任职) 杨向阳(女,5月任职)

【曹洼乡】
党委书记 周玉宁(回族,6月调职) 田 地(女,回族,6月任职)
副书记、乡长 郝新城(4月调职) 张元彻(4月任职)
人大主席 罗尚东(回族,6月调职) 刘康林(6月任职)
副书记 罗成虎(回族,6月调职) 马志忠(回族,6月任职)
纪委书记 王春梅(女,回族,6月调职) 夏学鹏(6月任职)
组织委员 孙晓伟
副乡长 罗宗荣(回族) 蒲生荣(回族,9月调职) 罗彦平(回族,9月任职)

【树台乡】
党委书记 麻德明(回族,4月调职) 曹 昀(4月任职)
副书记、乡长 曹 昀(任至4月) 李 瑛(回族,4月任职)
人大主席 余卫东(5月调职) 田彦虎(回族,5月任职)
副书记 董燕彪(挂职,5月任职) 马全德(回族,5月任职)
纪委书记 张渊鹏(回族)
组织委员 李 兰(女,回族,5月调职) 张爱兄(女,5月任职,10月调职)
副乡长 马治琪(回族) 周 黎(回族) 赵 鹏(7月任职)

【红羊乡】

党委书记　段富强(4月调职)　杨永和(回族,4月任职)

副书记、乡长　杨永和(回族,任至4月)　太耀坤(4月任职)

人大主席　杨志福(回族,任至5月)　李文平(回族,5月任职)

副书记　杨万龙(回族,4月调职)　李进军(回族,4月任职)

纪委书记、监察办主任　杨彦福(回族,任至4月)　王有虎(回族,4月任职)

组织委员　黄晓萍(女,4月调职)　朱继文(5月任职)

副乡长　马忠玉(回族,5月调职)　尹雪峰(4月调职)　郭晓文
马小军(回族,5月任职)　李　兰(女,回族,5月任职)

【关庄乡】

党委书记　张信繁(4月调职)　祁国福(4月任职)

副书记、乡长　丁　毓(4月调职)　王　枭(6月任职)

人大主席　余卫东(4月调职)　曹国财(4月任职)

副书记　黄　富(4月调职)　尹雪峰(4月任职)

纪委书记、监察办主任　王建勋(5月调职)　李学虎(回族,5月任职)

组织委员　周小燕(5月调职)　马小龙(回族,5月任职)

副乡长　石洪国(3月调职)　冯向辉(3月调职)　张腾飞(5月任职)
张　敏(女,回族,5月任职)

人武部长　张腾飞(任至5月)　杨应明(回族,5月任职)

【海城街道办】

党工委书记　田风明(回族)

副书记、主任　杨　鑫(回族,2月调职)　黎恩生(回族,2月任职)

副书记、纪委书记　马宝虎(回族)

副主任　田文宝(回族)　田海梅(女,回族)　陈　伟　郭军红

海兴开发区党工委、管委会

书　记　徐海宁(兼,6月调职)　杨青龙(兼,6月任职)

副书记、主任　张振红(兼)

副书记、常务副主任　薛军勇(1月任职)

委员、副主任 李存斌(回族,4月调职) 糟会杰(回族) 杨宝银 孙占宏(4月任职)
委 员 李耀邦(回族,7月任职)

【办公室】
主 任 李小锋(回族,4月调职) 李海军(回族,4月任职)
副主任 余文华(女,回族) 马旭龙(回族,12月任职)

【市纪委派出纪检监察工作委员会】
书 记 李耀邦(回族,7月兼任)
副书记 陈俊鹏

【经济发展局(招商局、行政审批局)】
局 长 刘 顺(4月任职)
副局长 张继路(4月调职) 何振强(回族,4月任职)

【财政金融局(国有资产监督管理委员会)】
局 长 柳映祖
副局长 邹 敏

【规划建设局】
局 长 王光明
副局长 丁春江(回族) 李培刚

【社会事务局(法制办)】
局 长 田彦仓(回族,4月调职) 李成文(回族,4月任职)
副局长 马国玲(女,回族,12月任职)

【安全生产监督管理局】
局 长 杨 鑫(回族)

【市生态环境局海兴开发区分局】
局 长 张汉东(回族,兼)

甘盐池扶贫开发区管委会党工委、甘盐池种羊场

书记、场长　任进文

副书记、副场长　田风明(回族,任至4月)　邢连平(4月任职)

委员、副场长　邢连平(任至4月)　刘风武(回族,11月任职)

委员、社会事务科科长　贺　鹏(回族)

委员、党政办公室主任　李凯华(回族)

计财科科长　马应财(回族,4月任职)

综治科科长　赵志俊(回族)

海原综览

海原概貌

【地理位置】 海原县地处宁夏回族自治区中南部山区之六盘山西北麓，位于北纬36°06′～37°04′、东经105°09′～106°10′。东连吴忠市同心县、固原市原州区，南毗固原市西吉县、甘肃省会宁县，西邻甘肃省白银市平川区，北靠中卫市沙坡头区。东西长约108公里，南北宽约90公里。县人民政府驻地海城镇，北距中卫市157公里，东北距银川280公里。

【历史沿革】 海原历史悠久，早在距今2.2万年的旧石器时代，先民就在此地繁衍生息。在距今4000年左右，创造了辉煌的“菜园文化”。春秋时期，县境为戎人牧区。战国时期，为义渠国属地。秦属北地郡。西汉元鼎三年(前114年)，属安定郡之安定属国。魏晋时先后受屠各、鲜卑等控制。十六国时，先后属前赵、后赵、前秦、后秦。北魏太延二年(436年)属高平镇，正光五年(524年)属原州。隋大业元年(605年)在海原县境东部置他楼县，隶属平凉郡，为海原最早的县级建制。唐武德元年(618年)，他楼县隶属原州。贞观六年(632年)，唐在他楼县置缘州，领突厥降户。神龙元年(705年)，唐废他楼县，以其地置萧关县(县治在白草军城)，属原州。广德元年(763年)陷于吐蕃。大中三年(849年)，唐收复萧关；大中五年(851年)，以萧关置武州，领萧关县，隶属关内采访使。中和四年(884年)，武州侨治于潘原(在今平凉市)，萧关县废。五代时(907—960年)，境域属吐蕃、党项。宋夏时期，今海原县称天都，长期属西夏。西夏在天都设南牟会(亦名鼐摩会)。北宋元符元年(1098年)，宋夺取天都，次年筑南牟会新城，建西安州，属泾原路。大观二年(1108年)，置怀德军于平夏城，县境东部属之。靖康元年(1126年)，北宋灭亡，西夏复夺西安州。金天会八年(1130年)，金占领西安州，隶渭州路(治今甘肃平凉)。天眷元年(1138年)，金将西安州割隶南宋；天眷三年(1140年)，又被金占领，仍隶渭州路。皇统二年(1142年)，改隶临洮府路；皇统六年(1146年)，金以西安州等地赐西夏。南宋宝庆三年(1227年)，蒙古占领西安州，属中兴府。蒙古中统二年(1261年)，属西夏中兴等路行省(今银川市)。元世祖至元七年(1270年)，属新设立的亦集乃路(今内蒙古额济纳)；元至元十八年(1281年)，西夏中兴等路行省撤销，设立甘肃中书行省，西安州属之。蒙元时期，海原县境东部沿袭金制，属镇戎州。元至元七年(1270年)，属陕西行省巩昌府路镇原州(今甘肃镇原)；元至元十年(1273年)，归开成府路开成县管辖。明初，海原属陕西布政司平凉府管辖，被分赐楚、沐、韩、肃四藩王为牧场。洪武二十三年(1390年)置海喇都营。成化五年(1469年)置西安州守御千户所，成化十二年(1476年)置镇戎守御千户所，均属固原卫管辖。清初，海原县境归平凉府盐茶厅同知代管。乾隆十四年(1749年)盐茶厅同知由固原城移驻海喇都(海喇都城简称海城)。同治十三年(1874年)裁厅设海城县，属固原直隶州。1914年，海城县因与奉天省海城县同名，被更名为海原县，隶属甘肃省平凉专区。1949年8月11日，海原解放，属甘肃定西地区。1950年6月，复归平凉专区辖。1953年1月，改属甘肃省西海固回族自治区。1955年11月，归属固原回族自治州。1958年，划归宁夏回族自治区固原地区。2002年7月，归属固原市。2004年6月，海原划归新成立的中卫市管辖。

【行政区划】 2021年末，海原县总面积为4988.85平方公里。下辖海城、西安、李旺、七营、三河5个镇，高崖、甘城、关桥、史店、贾塘、郑旗、曹洼、九彩、李俊、红羊、树台、关庄12个乡，及海城街道办，代管甘盐池种羊场。撤销九彩乡马湾、新庄2个村委会；甘盐池种羊场管辖的盐池村整建制划归西安镇管辖；2021年末，全县有村委会148个、居委会11个。

表1 2021年海原县各乡镇行政区划一览表

乡镇	村(居)民委员会	数量(个)	区划面积(平方公里)
海城镇	山门、水洼、段塬、高台、堡子、武塬、王井、北海	8	241.40
三河镇	黑城、唐堡、四营、六窑、富陵、鹭海、苋麻、代店、辽坡、团庄、红城、坪路、小河村，兴业、凤凰社区	15	262.40
西安镇	菜园、薛套、胡湾、西安、小河、园河、范台、白吉、付套、盐池	10	518.80
李旺镇	李果园、团庄、李旺、马莲、红圈、杨山、北滩、罗川、杨堡、二道、韩府、七百户、新源、团结	14	346.30
七营镇	砖窖、张堡、五营、马莲、七营、南堡、马堡、下套、杨堡、八营、北嘴、盘河、柴梁、高崖	14	267.96
贾塘乡	南河、贾塘、后塘、黄坪、王塘、马营、双河、堡台、贾塘新村	9	301.02
关桥乡	王湾、麻春、罗山、冯湾、张湾、贺堡、方堡、关桥、脱场、马湾、八斗	11	584.41
高崖乡	香水、红古、红岸、联合、草场、三分湾、高崖、高湾、新民、振兴	10	127.21
甘城乡	甘城、吴渠、双井、乔畔、久坪、三台、武塘	7	228.29
郑旗乡	西沿、郑旗、吴湾、撒堡、南山、撒台、中坪	7	357.34
史店乡	米湾、史店、苍湾、徐坪、田拐、大川、前川	7	265.85
曹洼乡	曹洼、脱烈、白崖、冶套、硝沟	5	222.97
九彩乡	九彩、元套、马套、马圈	4	169.69
李俊乡	团结、李俊、蔡祥、红星、联合、蒿滩	6	210.55
红羊乡	杨明、张元、安堡、术川、红羊、红堡、前进、刘套、石塘	9	340.11
树台乡	大嘴、树台、二百户、浪塘、红井、相桐、新庄、龚湾、韩庄	9	387.48
关庄乡	高台、关庄、窑儿、庙湾、宋庄	5	125.60
海城街道办	东城、南苑、西湖、北坪、团结、文联、黎明、幸福、建设(社区)	9	31.47
合计		159	4988.85

【人口发展】 2021年末，全县户籍人口131586户454662人。其中，城镇户籍人口90209人，较上年增加89人；乡村户籍人口364453人，城镇人口比重为19.84%；男性人口235023人，女性219639人，男女性别比为102.3（以女性为100）；回族人口331415人（占总人口的72.90%），汉族人口122128人（占总人口的26.86%），东乡族等其他少数民族1119人（占总人口的0.24%，其中东乡族905人）。全县共出生人口5748人，较上年减少921人，人口出生率12.64‰；死亡人口2024人，较上年减少4人，人口死亡率4.45‰；户籍总人口较上年增加1100人，人口自然增长率8.19‰。

2021年末全县常住人口10.7万户33.7万人，年平均人口33.5万人。其中，城镇人口12.0万人，乡村人口21.7万人，城镇人口的比重（常住人口城镇化率）为35.61%。其中，回族25.82万人，占总常住人口的76.63%；汉族7.8万人，占总常住人口的23.15%；其他少数民族0.08万人，占总常住人口的0.24%。其中，男性17.2万人，女性16.5万人，平均家庭人口数3.14人/户。常住人口中，出生人口0.53万人，出生率15.82‰；死亡人口0.25万人，死亡率7.46‰；自然增长人口0.28万人，自然增长率8.36‰。

【文化遗存】 海原是陇山文化的重要发祥地之一，历史文化底蕴厚重，积淀了灿烂的历史文化遗存，并形成了具有鲜明特征的新石器时期菜园文化、丝绸之路文化、边塞文化、地震文化和红色文化等多元的地域文化。其中，新石器文化遗存主要有菜园文化遗存、水冲寺遗址、柴梁遗址等。丝绸之路文化遗存有唐代石门关、石峡关和萧关县址，以及天都山、金佛沟、元龙山、龙山凤岭、玉泉山石窟等。西夏时期边塞文化遗存主要有西安州古城址、萧关古城址、天都寨址、临羌寨址、荡羌寨址、通峡寨址、九羊寨址、胜羌寨址、绥戎寨址、定戎寨址等。元代边塞文化遗存有蒙古堡庙、塌城子、脱烈堡等。明代边塞文化遗存有明代固原内边墙、干盐池城、红古城等。1920年海原大地震遗存主要有哨马营震柳、李俊海子、唐家坡田埂错断、小山地堑等。红色革命遗址主要有关桥堡会议旧址、甘盐池红军总部旧址、贺家堡红二方面军总指挥部临时驻地旧址、祁家堡子西方野战红一军团临时指挥部等。

自然环境

【地形地貌】 海原县地处黄土高原西北部，属陇中山地与黄土丘陵区，群山连绵，沟壑纵横，地形破碎。地势由南西向北东倾斜，东部清水河河谷平原较平坦而开阔。县境山峰主要有南华山、西华山、月亮山、庙山、瓜瓜山、凤凰山等。境内最高峰为南部的南华山主峰马万山，海拔2955米，为六盘山脉第一高峰；最低点为东北部高崖乡红古村，海拔1330米。

【气　候】 海原气候属典型中温带大陆性季风气候，春暖迟、夏热短、秋凉早、冬寒长，气候特征明显，光能丰富。温度沿等高线分布，春季气温回升较快；降水量少且受地形影响，雨季集中，南北干湿不均；十年九旱，风大沙多；风向多为东南风，西、西北风次之，最少为东北风。2021年，海原县平均气温为9.0℃，较历年平均值偏高1.3℃，气温阶段性特征明显；年总降水量为380.4毫米，较历年平均值偏多21.4

毫米，降水时空分布不均，春、秋季明显偏多，夏季明显偏少；年日照时数为2401.7小时，较历年平均值偏少300.9小时。年内气象灾害发生频次相对偏少，霜冻、冰雹、洪涝等较往年发生频繁的气象灾害明显偏轻。夏季发生的严重干旱对海原县农业生产和植被生长产生了不利影响；春季沙尘天气、夏季高温造成空气质量较2020年同期偏差，秋、冬季冷空气多，空气质量优良天数较2020年偏多。

【水　文】 海原县境地表水系主要有清水河、祖厉河两大水系。其中清水河流域面积6291平方公里，占全县总流域面积的97.88%。主要河道有清水河、祖厉河、西河、中河、苋麻河、石景河等。河流多为间歇河，水量小，且季节性变化大。地下水主要分布在南华山和西华山山前洪积扇区，水量较丰沛，埋藏浅且水质好。

【自然资源】 海原县地处宁夏中部干旱带，土地资源丰富，土壤主要以黑垆土为主，土层深厚且质地均匀，有机质及其它养份含量较高。生产潜力大，且有分区发展农、林、牧业的有利条件。矿产储量少，但种类较多，主要有煤、油页岩、铜、金、铁、铅、石膏、耐火黏土、水泥用黏土、大理岩、花岗闪长岩、白云岩、硅石、砂砾石、硫铁矿、盐硝、磷、砖瓦黏土等18种。全县野生植物99科、415属、686种。其中，木本植物27科、48属、124种，草本植物72科、367属、612种，孢子类植物8种。野生动物主要有脊椎动物5类、163种，包括鱼类6种、两栖类3种、爬行类9种、鸟类107种、哺乳类38种，节肢、软体、环节动物5种，昆虫有548种。

县域经济

【概　况】 2021年，海原县实现地区生产总值88.97亿元，按不变价格计算，同比增长8.0%；其中，第一产业增加值15.51亿元，同比增长3.8%；第二产业增加值19.80亿元，同比增长15.9%；第三产业增加值53.66亿元，同比增长7.0%。从三次产业看，全年三次产业增加值占地区生产总值的比重分别为17.4%、22.2%和60.4%。

【农　业】 2021年，海原县实现农林牧渔业总产值31.63亿元，同比增长3.7%。其中，农业产值18.19亿元，同比下降5.9%；林业产值0.59亿元，同比增长382.2%；牧业产值11.80亿元，同比增长27.2%；农林牧渔服务业产值1.05亿元，同比增长4.2%。实现农林牧渔业增加值16.19亿元，同比增长3.8%。全年全县粮食作物播种面积109.83万亩，同比增长0.1%，粮食总产量20.67万吨，同比下降11.1%。油料播种面积8.02万亩，同比下降21.4%，总产量0.68万吨，同比下降43.4%。全年全县中草药材播种面积3.20万亩，同比下降55.1%，总产量0.51万吨，同比下降50.3%。全年全县瓜果类播种面积4.05万亩，同比下降26.3%，总产量7.80万吨，同比下降18.6%。全年全县蔬菜及食用菌播种面积8.82万亩，同比增长1.4%，总产量17.69万吨，同比下降6.5%。年末全县生猪存栏2.3万头，同比下降15.8%，出栏3.2万头，同比增长70.5%。肉牛存栏12.7万头，同比增长33.0%，出栏5.7万头，同比增长6.6%。肉羊存栏48.8万只，同比增长0.5%，出栏45.7万只，同比增长7.9%。蛋禽存栏21.5万只，同比下降15.1%，出栏25.8万只，同比增长25.2%，蛋产量2773吨，同比下降27.3%。

【工　业】 2021年，海原县工业增加值11.89亿元，同比增长33.4%，占地区生产总值比重13.4%。其中，规模以上工业增加值同比增长45.3%。规模以上工业企业利润6.38亿元，同比增长81.4%。制造业利润0.01亿元，电力、热力、燃气及水生产和供应业利润6.37亿元。全年全县规模以上工业企业营业收入16.38亿元，同比增长74.7%，营业收入利润率为39.0%，同比增加1.4个百分点。

【固定资产投资】 2021年，海原县固定资产投资(不含农户)同比增长26.3%。其中，县属固定资产投资同比增长4.0%，区属投资同比增长106.6%。分投资主体看，国有投资同比下降24.1%，民间投资同比增长178.6%。在县属固定资产投资(不含自治区属和农户)中，第一产业投资同比下降32.8%；第二产业投资同比下降14.2%；第三产业投资同比增长13.6%。基础设施投资同比下降11.0%。工业投资同比下降14.2%。新能源投资同比下降12.1%。生产性投资同比下降9.6%。全年全县房地产开发企业完成投资11.6亿元，同比增长52.6%。其中，住宅投资8.18亿元，同比增长94.7%；商业营业用房完成投资2.4亿元，同比下降13.2%。年末全县住宅待售面积18.65万平方米。

【服务业】 2021年，海原县服务业增加值53.64亿元，同比增长7.0%，占地区生产总值的60.4%，对经济增长的贡献率达到53.5%。其中，农林牧渔服务业增加值0.68亿元，同比增长3.6%；批发和零售业增加值7.97亿元，同比增长16.4%；交通运输、仓储和邮政业增加值8.74亿元，同比增长13.2%；住宿和餐饮业增加值1.16亿元，同比增长16.4%；金融业增加值3.44亿元，同比下降0.1%；房地产增加值3.44亿元，同比增长6.5%；营利性服务业增加值5.31亿元，同比增长9.9%；非营利性服务业增加值22.90亿元，同比增长2.2%。全年全县规模以上服务业企业营业收入0.74亿元，同比增长11.0%；限额以上批发零售企业完成销售额1.27亿元，同比下降9.3%；限额以上批发零售个体完成销售额0.31亿元，同比增长101.8%，限额以上住宿餐饮企业完成营业额0.23亿元，同比增长9.9%。全年全社会消费品零售总额完成销售额29.62亿元，同比增长3.1%。

【财政金融】 2021年，海原县地方一般公共预算收入2.38亿元，同比增长11.0%。其中：税收收入1.37亿元，同比增长16.5%；非税收入1.01亿元，同比增长4.4%。全县一般公共预算支出61.81亿元，同比下降2.4%。金融机构各项存款余额92.01亿元，同比增长4.7%。其中，住户存款52.78亿元，同比增长15.11%；非金融企业存款5.74亿元，同比增长5.14%；机关团体存款33.49亿元，同比下降8.45%。全年全县金融机构各项贷款余额69.07亿元，同比增长14.79%。其中，住户贷款56.07亿元，同比增长36.28%；非金融企业及机关团体贷款13.00亿元，同比下降31.69%。

社会民生

【人民生活】 2021年，海原县常住居民人均可支配收入14371元，同比增长9.1%。城镇常住居民人均可支配收入29478元，同比增长

7.2%。其中：工资性收入25478元，同比增长6.7%，占可支配收入的86.4%；经营净收入1704元，同比增长14.7%，占可支配收入的5.8%；财产净收入518元，同比增长12.3%，占可支配收入的1.8%；转移净收入1778元，同比增长7.5%，占可支配收入的6.0%。全年城镇居民人均消费支出17239元，同比增长13.1%。农村常住居民人均可支配收入11742元，同比增长10.3%。其中：工资性收入5479元，同比增长12.9%，占可支配收入的46.7%；经营净收入4031元，同比增长7.3%，占可支配收入的34.3%；转移净收入2124元，同比增长9.9%，占可支配收入的18.1%；财产净收入108元，同比增长11.6%，占可支配收入的0.9%。全年农村居民人均生活消费支出10765元，同比增长16.6%。

【社会保障】 2021年年末，海原县基本养老保险参保人数28.57万人。其中，城镇企业职工参保人数2.18万人，参保率100%；机关事业单位参保人数1.28万人，参保率100%；城乡居民养老保险参保人数25.11万人，参保率100%。失业保险参保人数0.99万人，参保率100%。工伤保险参保人数2.33万人，参保单位422个，参保项目122个。参加基本医疗保险人数39.12万人，同比下降0.8%。其中，参加职工医疗保险人数1.99万人，同比增长7.6%；参加城乡居民统筹医疗保险人数37.13万人，同比下降1.2%。参加失业保险人数0.99万人，同比增长2.1%。

【教育事业】 2020—2021学年，海原县共有学校276所。其中，小学193所（县城小学10所，乡镇中心小学13所，村级小学77所，教学点93所）；中学19所（高级中学2所，完全中学1所，初级中学11所，九年一贯制学校5所）；职业技术学校1所；特殊教育学校1所；幼儿园62所（其中普惠性民办幼儿园2所）。全县共有教学班2340个。其中，学前429个（幼儿园258个），小学1240个，初中402个，普通高中189个，职业高中74个，特教学校6个。全县有教职工4738人（在编教师4628人、特岗教师110人）。其中，女教职工2562人，专任教师4728人。按学校类别分：幼儿园教职工91人，小学教职工2355人，初中教职工1267人，高中学校教职工742人，特殊教育学校教职工13人，职业中学教职工159人，局机关等职工111人。全县共有在校学生86144人。其中，女生42209人，占49.0%；少数民族75154人，占87.2%。学前幼儿13125人（女生6364人，少数民族10983人），小学阶段39859人（女生19165人，少数民族35412人），初中阶段19378人（女生9452人，少数民族17110人），普通高中10232人（女生5564人、少数民族8668人），中等职业3492人（女生1639人，少数民族2934人），特殊教育学校58人（女生25人，少数民族47人）。全县共有寄宿制学校30所（小学10所，一贯制学校5所，初级中学11所，高级中学2所，完全中学1所，职业技术学校1所）。共有住校生29116人（小学2447人，初中14859人，高中8318人，职中3492人）。全县共有4～6周岁幼儿15174人。其中，在园幼儿13125人，学前三年毛入园率86.50%。共有7～12周岁适龄儿童49713人。其中，缓免入学11人，应入学49702人，实际入学49702人，入学率100%。共有13～15周岁初中适龄人口22651人。其中，缓免入学11人，应入学22640人，实际入学22405人，入学率

98.96%。共有15~17周岁高中适龄人口22009人。其中,在高中阶段学校就读20718人,高中阶段毛入学率为94.13%。

【卫生事业】 2021年末,海原县共有各级各类卫生健康机构217家(不含宁南医院)。其中,综合医院1家,中医医院1家,乡镇卫生院17家,社区卫生服务站6家,民营医院1家,标准化村卫生室157家,诊所(卫生所、医务室)30家,专业公共卫生机构3家,卫生行政部门1家。实有床位数1253张。卫生技术人员1490人(不含宁南医院)。全县在册执业(助理)医师总数635人。5岁以下儿童死亡率5.74‰。婴儿死亡率2.58‰。产妇住院分娩率100%。

【交通邮电】 2021年末,海原县公路通车里程达3528.8公里,公路密度为55.33公里/百平方公里。按行政等级分,国道265.7公里,省道480.0公里,乡道605.3公里,村道2073.8公里,专用公路104.0公里;按技术等级分,高速公路181.0公里,一级公路15.3公里,二级公路284.9公里,三级公路472.1公里,四级公路2575.5公里。全县客运企业7家,客运车辆共625辆,营运线路111条。其中,跨省班线客车2辆,营运线路2条;跨市班线车辆45辆,营运线路21条;跨县班线车辆13辆,营运线路7条;县内农村客运车辆146辆,营运线路65条,其中农村班线车辆101辆,农村公交45辆;城市公交62辆,营运线路16条;出租车辆357辆。普通货物运输企业82家,其中规模以上货运企业9家(50辆车以上),全县在册货运车8914辆,其中不含挂6007辆。邮政支所18处,邮政行业业务收入3142万元,同比增长17.7%,邮政业务总量2629万元,同比增长28.9%。快递业务总量77.86万件,同比增长39.8%;国内普通包裹0.63万件,同比下降25.0%;函件0.45万件,同比增长45.2%;报刊累计229.71万份,同比下降12.6%;杂志累计7.11万份,同比下降23.9%。

中国共产党海原县委员会

综 述

【概　况】 2021年，中共海原县委坚持以习近平新时代中国特色社会主义思想为指导，深入贯彻习近平总书记视察宁夏重要讲话精神，团结带领全县党员干部群众，全面贯彻落实中央和自治区、市各项决策部署，以建设黄河流域生态保护和高质量发展先行区先行市为时代使命，以巩固拓展脱贫攻坚成果同乡村振兴有效衔接为统揽，以高质量发展为主题，攻坚克难、勇毅前行，以实干展现新作为、靠实干交出新答卷，经济社会发展稳中向好，"十四五"实现良好开局。

【党史学习教育】 坚持把党史学习教育作为2021年首要政治任务和重大政治责任，聚焦学党史、悟思想、办实事、开新局，推动党史学习教育成效转化为锤炼党性、为民服务、推动发展的强大动力。

【学党史、悟思想】 把理论学习作为提高政治理论水平和领导能力的有效途径，将习近平新时代中国特色社会主义思想、党的十九届六中全会精神、习近平总书记在庆祝中国共产党成立100周年大会上的重要讲话精神作为县委理论学习中心组重要学习内容，纳入各级党组织和党员领导干部学习教育培训"必修课"，组建"领导小组+5个工作组+9个巡回指导组"的组织体系，通过学红书、走红路、建红村，挖掘红色资源，讲述三军会聚、关桥堡会议等红色故事，认真学习"必读篇"，跟进学习"最新篇"，深入学习"海原篇"，教育引导广大党员干部学史明理、学史增信、学史崇德、学史力行，衷心拥护"两个确立"，切实树牢"四个意识"、坚定"四个自信"、做到"两个维护"，更加满怀信心地听党话、跟党走，在新时代新征程建功立业。

【造氛围、树新风】 浓墨重彩庆祝中国共产党成立100周年，组织收看庆祝中国共产党成立100周年庆祝大会盛况，集中聆听习近平总书记重要讲话，召开庆祝中国共产党成立100周年座谈会，表彰宣传"两优一先"，集中颁发"光荣在党50年"纪念章，举办"永远跟党走"大型文艺晚会，广大党员干部充满了无比自豪、坚定了必胜信心、增强了使命意识。大力开展"推出一套网络党史竞赛、组织一场寻红色记忆文旅节、开展一次剪纸刺绣颂党恩活动、建设一个红色展馆、讲一系列英模党史故事、创编一台主题演出、建设一个红色村庄、展播一批红色电影、组织一次征文评选、策划一场体验式学习"等"十个一"系列活动，各族群众共同唱响了共产党好、社会主义好、改革开放好、伟大祖国好、各族人民好的时代主旋律，全县上下拼搏奋进的时代豪情进一步激发。

【办实事、开新局】 把捍卫“两个确立”、做到“两个维护”作为检验党史学习教育成果的重要标尺，围绕党中央和自治区党委、市委重大决策部署，聚焦群众和工作推进中的急难愁盼、短板弱项、堵点难点，扎实开展大走访、大调研、大排查，认真梳理、建立台账、逐项落实，确保政令畅通、执行有力。深入开展“我为群众办实事”实践活动，提炼金点子101条，落实民生实事1446件，解决了一大批现实利益问题。自觉扛起黄河流域生态保护和高质量发展先行区先行市建设时代重任，分领域召开乡村振兴、生态环保、项目建设、产业发展、深化改革等重点工作推进会，积极推动学习教育成果转化，引导全县上下勇担使命、奋发作为，奋斗“十四五”、奋进新征程。

【脱贫攻坚成果巩固】 坚决落实“四个不摘”要求，保持已有帮扶政策、帮扶力量、责任体系总体不变，平稳有序推动巩固拓展脱贫攻坚成果同乡村振兴有效衔接。持续巩固“两不愁三保障”和安全饮水成果，义务教育入学率100%，基本医疗、大病保险实现全覆盖，新建改建安全住房1717户，新增自来水入户537户。持续健全完善防止返贫动态监测和帮扶机制，常态化开展“四查四补”，纳入防止返贫动态监测人口435户1876人，坚决守住不发生规模性返贫底线。严格落实兜底保障政策，完成全县低收入人口信息数据库建设，做到“应保尽保、应兜尽兜、应救尽救”。

【产业转型升级】 主动融入自治区9个重点产业布局，不断调优一产、育强二产、做活三产。全面落实“四化四调”总要求，突出高端肉牛主导产业和小杂粮、马铃薯、枸杞、瓜菜特色产业，良种牛繁育中心和高端牛交易市场建成运营，创建国家级肉牛产业技术体系和自治区肉牛标准化养殖示范县迈出实质性步伐。大力发展新型工业，华润电力宁夏运维基地、华润五丰6万头肉牛全产业链精深加工一期项目、闽宁科技园二期项目相继建成，全年规上工业实现总产值16.3亿元，同比增长45.3%。用好用活海原货运车辆资源优势，推动交通物流业组织化、集团化发展，年产值达20亿元。启动实施关桥梨花谷风情区等项目建设，推动文化旅游集团实体化，促进文化旅游产业提档升级。

【城乡建设】 坚持改留拆并重和县区一体发展原则，完成县城棚户区改造1138套，建成运行一批重大基础设施和公共服务项目，县区一体化服务功能不断完善。大力开展城乡管理提升整治百日攻坚行动，县城面貌、管理水平、市民素质明显提升。全面开展乡村建设行动，集中开展集“厕所革命”、污水处理、拆违插绿、巷道硬化、危房改造等于一体的立体式综合整治，23个美丽村庄、5个乡村振兴示范村全面开工，“一村一年一事”行动及2500户厕所改造全部完成。坚持把项目建设作为融入新发展格局、推动高质量发展的硬支撑，谋划实施海原至平川高速公路、中部干旱带西安供水工程等战略性“八大工程”，一个项目、一套班子、一抓到底。全力抓进度，举办3次重大项目集中开工仪式，全年实施项目128个，完成固定资产投资60.8亿元，同比增长26.3%。

【深化改革】 坚持把改革作为激发活力的关键一招，强化系统集成、协同高效，召开县委深改委会议2次，研究出台重要改革方案60个，听取重要领域改革和专项小组工作情况，健全完善重要改革方案制定和重点改革任务落实机制，县委对改革工作的领导权、谋划力、统筹力进一步增强。全面启动“四权”改革，加快构建资源有价、使用有偿、交易有市、节约有效的制度体系，初步形成了一批创造性的改革成果。持续营造优质营商环境，不断深化“放管服”改革，全面推进“证照分离”“多证合一”，“网上办、就近办、一次办”占比不断提高。扎实推进基层整合审批服务执法力量改革，重构乡镇（街道）党政机构和事业单位，设置乡镇“五办四中心”和街道“四办三中心”，理顺机制，赋能放权，激发活力，提高效率，增加满意度。

【植绿增绿】 围绕山区林草化、城镇园林化、道路林荫化、庭院果园化目标，持续实施大规模国土绿化行动，抢抓春秋两季植绿播绿黄金期，累计完成植绿增绿18.2万亩，基本实现海同、黑海高速两侧可视范围内柠条种植全线贯通，全县6万多户常住户院落和房前屋后庭院经济林种植全覆盖，森林覆盖率从9.5%提高至10.24%。坚持建管并重，将植绿增绿工作纳入效能目标考核，压紧压实乡镇属地管理和行业部门主体责任，加大树木抚育管护力度，确保栽一片、活一片、绿一片。

【生态保护】 坚持山水林田路统一规划、梁峁沟坡塬一体治理，持续推进南部水源涵养林建设工程、中部防沙治沙工程，启动实施西华山国家级草原自然公园试点项目，治理恢复清水河海原段历史废弃矿山304公顷，生态系统稳定性进一步提升。严格落实“四禁”“四减”“四保”要求，利用自然恢复功能，运用人工修复措施，综合施策、综合治疗，实现系统性修复。大力推进小流域综合治理，实施坡耕地水土流失综合治理、淤地坝除险加固等工程，水土流失治理程度达64%，水土保持能力持续提升。坚定不移落实自治区党委、市委关于压砂地退出种植和生态修复工作决策部署，系统谋划、压茬推进，以强烈的政治担当、严明的责任体系、高效的工作机制，高质量完成3.8万亩压砂地退出种植工作。

【污染治理】 统筹推进扬尘、汽尘、烟尘、煤尘“四尘同治”，严格督促落实工地“6个100%”扬尘防控措施，累计建成15家清洁煤配送中心，空气质量明显改善，全年空气质量优良天数为316天，达标率88.5%。全面落实河湖长制，统筹推进饮用水源、黑臭水体、工业废水、城镇污水、农村排水“五水同治”，累计建成10个乡镇污水处理站，污水处理厂生态湿地建成投运，清水河海原段水质稳定达标。统筹推进建筑垃圾、生活垃圾、危险废物、畜禽粪污、工业固废、电子废弃物“六废联治”，建立运行农村垃圾“村收集、乡运转、县处理”机制，所有乡镇实现垃圾填埋场全覆盖。持续推进测土配方施肥与化肥农药减量控害增效，农药减量控害技术覆盖率、畜禽粪污及秸秆综合利用率均达到90%以上。全力抓好中央生态环保督察转办信访件办理工作，11件转办件已全部办结销号。

【移民致富提升行动】 聚焦产业、就业、社会融入3件大事，制定印发《海原县推进落实百万移民致富提升行动实施方案》和五年规划，明确年度推进计划，谋划实施项目33个。大力推行“出户入园”科学养殖模式，建成三河富陵、史店苍湾肉牛养殖园区，移民安置区牛存栏达5907头；因地制宜发展马铃薯、瓜菜等产业，逐步形成“一村一业、一村一品”发展格局；建成5个移民点扶贫车间，综合运用产业发展吸附、招引企业吸收、劳务协作转移、自主创业带动、技能培训促进等措施，解决移民就业7304人，兑付劳务奖补238.28万元；实现户户有增收项目、人人有致富门路。全面完成移民户籍、养老、医疗、低保等社会保障关系转接，引导移民群众实现从“我是移民”到“我是居民”的深刻转变。

【居民收入提升行动】 针对旱情影响，全力推动以工补农，全县务工就业10.08万人，劳务创收18.17亿元，超额完成年初制定的目标任务。加快培育农民合作社、家庭农场等新型农业经营主体，全力提高经营性收入，农林牧渔业完成增加值19亿元。狠抓改革促增收，以推进“四权”改革为契机，全力挖掘财产性收入，2021年村集体经济收入4438万元，新增602.1万元。全力筑牢转移性收入，积极筹措兑付抗旱救灾资金、产业补贴资金、农业灾害保险、困难救助资金2.49亿元，确保大旱之年稳增收。

【教育质量提升行动】 大力实施基础教育提升行动“五项工程”，加快推进“互联网+教育”示范县创建，用足用好专递课堂、名师课堂、名校网络课堂“三个课堂”，加大县城与乡镇教师双向交流力度，城乡之间教育资源不均衡和农村学校音体美教师短缺问题得到有效缓解。持续改善城乡办学条件，新建县第六幼儿园、第八小学，改扩建海原一中、树台九年一贯制等学校，有效化解“大校额”“大班额”，实现办学效益和质量双提升。持续深化教育改革，深入开展创新素养教育，先后组织学科骨干教师参加各级各类培训2200多人次，推动实现全员全程全方位育人。

【全民健康水平提升行动】 以健康海原建设为统领，启动县人民医院三级乙等综合医院创建，改扩建乡镇卫生院4座、标准化村卫生室6座、社区卫生服务站4座，增配先进医疗设备近1000台(件)，11家卫生院已通过国家基本标准。深化县域公立医院综合改革，大力推进“互联网+医疗健康”工程，启动医共体信息化平台建设，推进县乡两级诊疗信息互联互通、数据共享、业务协同，乡村医疗服务能力明显提升，基本形成“小病不出村、常见病不出乡、较大病不出县”的医疗服务格局。毫不放松抓好常态化疫情防控，坚决克服麻痹思想、厌战情绪、侥幸心理、松劲心态，严格落实“四早”要求、压紧压实“四方”责任，对来海原人员和车辆逢车必查、逢人必验，对隔离人员全链条、无缝隙、闭环式管理，不断加强“四场”“四区”等重点场所常态化管控工作，疫苗接种实现“应接尽接”，持续巩固零疑似、零确诊、零输入的重大战果。

【社会保障】 围绕事关群众利益的实事、急事、难事，织密网、兜底线、解难题。深化社会保障体制改革，提高城乡居民养老保险最低缴费档次，不断扩大社会保障覆盖面，城镇职工养老、失业、工伤、城乡居民养老保险参保人数持续增加。扎实做好特困供养兜底保障，完善临时救助、医疗救助、救灾救助机制，全面加强高龄老人、困境儿童、残疾群众生活保障工作，切实做到应纳尽纳、应保尽保、应兜尽兜，最大程度保障困难群众基本生活。全面加强退役军人服务保障工作，注重就业安置、优抚优待、褒扬纪念、权益维护，成功创建自治区“双拥模范县”。

【民主法治建设】 认真学习贯彻中央人大工作会议精神，支持县人大及其常委会依法履职，加大对"一府一委两院"监督力度，指导开展县乡人大换届选举。支持人民政协发挥专门协商机构作用，会同县政府、县政协制定年度协商计划制度，将政协重点协商活动纳入县委和县政府工作统一部署，党政主要负责人带头领办政协提案。建立四套班子沟通协作、协同推进机制，组织人大、政协班子成员参与督导重大项目建设、文明城市创建、疫情防控等重点工作。巩固和发展最广泛的爱国主义统一战线，深入推进群团改革，工会、共青团、妇联、残联、科协等群团组织作用进一步发挥。切实加强党管武装工作，国防动员和后备力量建设基础不断夯实。

【依法治县】 认真贯彻习近平法治思想，完善党领导全面依法治县工作机制，全面集中清理党内法规、地方性法规和规范性文件，及时纠正了与国家和自治区、市政策不相符、内容不协调、规范不衔接、表述不一致的文件，维护了国家法制统一，得到自治区党委肯定。加快法治政府建设，推行党政主要负责人年终述法制度、行政执法"三项制度"、部门综合执法改革，乡镇（街道）综治中心、村法律顾问实现全覆盖。持续加强法治宣传教育，"七五"普法圆满收官、"八五"普法全面启动，全面掀起学习《中华人民共和国民法典》热潮，全民法治观念不断加深，依法治县水平明显提升。

【平安海原建设】 认真落实基层治理"1+6+1"政策体系，扎实推进乡村、社区、宗教、校园、企业、社团6个重点领域和网络空间治理，全面推行基层网格化管理，形成了"共商、共建、共管、共治、共享"和"自治、法治、德治"相结合的基层治理模式，基层治理效能显著提升。扫黑除恶斗争常态化推进，政法队伍教育整顿动真碰硬，中央和自治区、市督导反馈问题整改率达100%，形成了一批针对性、操作性、实用性强的长效机制。完善社会治安防控体系，深入推进治理电信网络诈骗等专项行动，主要刑事案件立案数、命案发生数实现"双下降"。全面加强信访工作，创新发展新时代"枫桥经验"，持续加大矛盾纠纷化解，妥善解决了一批群众反映强烈的突出问题。深入开展自然灾害综合防治工程，持续推进安全生产专项整治三年行动，全年未发生较大生产安全事故和自然灾害亡人事故。

【民族团结】 1.构筑中华民族共有精神家园。深入学习贯彻习近平总书记关于加强和改进民族工作重要思想、中央民族工作会议精神，出台创建铸牢中华民族共同体意识示范县实施方案，推动新时代全县民族工作高质量发展。高举中华民族大团结旗帜，扎实开展"传承党的百年光辉史基因、铸牢中华民族共同体意识"教育，以社会主义核心价值观为引领，教育引导各族人民树牢休戚与共、荣辱与共、生死与共、命运与共的共同体理念，"三个离不开"思想深入人心。广泛讲好海原大地震、脱贫攻坚、关桥堡会议三个故事，积极引导群众算好"十二笔账"，从身边鲜活实例、今昔强烈对比中，看变化、寻根源，感受领袖的亲切关怀、党的恩重如山、制度的无比优越，坚定自觉做到"五个认同"。2.深化民族团结进步创建。围绕"花儿海原一家亲·团结奋斗共圆梦"主题，坚持人文化、大众化、实体化的要求，突出宣传教育、载体创新、示范带动、服务管理四大重点，扎实推进民族团结进步创建"八进"活动，成功创建全国民族团结进步示范县。牢牢把握发展是解决民族问题的“总钥匙”，把民族团结进步创建融入全县各项工作，推动形成了政治持续稳定、经济快速发展、社会和谐安定、各族群众共居共学共事共乐的生动局面。

【宗教事务管理】 全面贯彻党的宗教工作方针、全国宗教工作会议精神，积极“导”、依法“管”、主动“防”、综合“治”，切实减轻了群众负担。始终坚持宗教中国化方向，持续巩固宗教领域突出问题治理成果，开展“三化”治理“回头看”，健全宗教活动场所管理制度，对全县617座宗教活动场所统一建档、统一编号、统一挂牌。大力实施宗教界思想引导工程，深入推进“五进”宗教活动场所，举办宗教人士和宗教场所管理人员“牢固树立马克思主义民族观宗教观”专题培训班4期1500余人次，宗教界人士和信教群众国家意识、公民意识、法治意识进一步增强。

【换届选举】 把换届工作作为全面从严治党重要举措，围绕“绘出好蓝图、选出好干部、配出好班子、树立好导向、形成好气象”要求，高标准、高质量完成县乡村三级换届，村(社区)“两委”换届实现年龄、学历“一降一升”要求；乡镇领导班子大学学历干部、女干部比例明显上升。坚持正确用人导向，提拔重用脱贫攻坚一线干部30名，选配“五方面人员”22名，将31名政治素质高、工作能力强、热爱农村工作的优秀机关干部交流到乡镇领导岗位。

【干部人才队伍建设】 全面落实“四个特别”要求，对照“五个过硬”，树立“注重基层、崇尚实干”的选人用人导向，研究调整任用干部307人。严格落实“三个区分开来”要求，对7名处分期满的干部经考察后提拔任用，形成能上能下机制，勇担当善作为的干事创业氛围更加浓厚。坚持从严教育、从严管理，抓好干部专业化培训，实施干部交流“源泉工程”，培训干部26期7500余人次。注重引才育才用才并举，部署启动全县“人才+重点产业”行动计划方案制定工作；实施引育工程，引导各类人才矢志创新、拼搏创业、探索创造。

【基层组织建设】 大力开展“基层党建全面提升年”活动，扎实推进“一抓两整”示范创建和“六查六强”等行动，集中整顿软弱涣散农村党组织8个，选树致富带头人1025名、党组织带头人296人、村级后备力量397人，基层党组织的组织力凝聚力战斗力明显增强。实施“党建+产业、能人、项目”工程，148个行政村集体经济收入全部达到5万元以上，党的政治优势、组织优势不断转化为基层经济发展的强劲推力。

【正风肃纪】 始终保持反腐败斗争高压态势，紧盯涉农扶贫等重点领域和群众身边腐败问题，做到有案必查、违纪必究。2021年，全县纪检监察机关共处置问题线索301件，立案98人，处分96人，基层“微腐败”得到有效治理。严格落实中央八项规定精神及自治区“八条禁令”，制定海原实施细则，深化“两个年”活动，驰而不息纠治“四风”。扎实开展民生领域“中梗阻”问题、干部作风“中梗阻”“小鬼难缠”、工程建设和政府采购领域突出问题专项治理、粮食购销领域腐败问题专项整治，对“五不为”问题严查重处。发挥巡察利剑作用，2021年开展1轮巡察，实现十四届县委巡察全覆盖。全面落实为基层减负有关要求，大幅精减会议文件，规范督查检查考核，求真务实、清正廉洁的新风正气不断充盈。

【宣传思想】 坚持党管宣传、党管意识形态，大张旗鼓开展中国共产党成立100周年主题宣传、重大决策理论宣传、“四史”教育社会宣传等一系列有温度、有声势、有深度的宣传报道，党的思想理论和方针政策深入人心。全面落实意识形态工作责任制，推进“大排查、大起底、大检视”和各级各类巡视整改“回头看”，意识形态工作责任有效传导。扎实开展“清朗”“净网”行动，有效规范网络秩序，网络意识形态领域总体平稳。深入践行社会主义核心价值观，常态化开展理论宣讲、文化服务、义诊、爱心送考等志愿服务活动，探索推进文明实践积分制，新时代文明实践工作提质增效。

（县委办）

党员代表大会

【中共海原县第十五次党代会】 9月24—26日，中国共产党海原县第十五次代表大会在县政府礼堂召开。大会应到代表239名，实到代表230名。会议由大会主席团主持。大会执行主席杨青龙、张鹏、薛军勇、张晓华、李雪峰、于建涛、强斌、赵元学、田风明、刘文杰、曾小明、丁芳出席会议。中卫市委常委、纪委书记、监委主任刘凯华，中卫市委组织部副部长、市非公有制经济组织和社会组织党工委书记钱建平到会指导。不是代表的县级领导，不是代表的县委委员、县纪委委员，不是代表的乡镇和县直部门负责人，部分自治区、市驻海原各单位主要负责人列席会议。会上，杨青龙代表中共海原县第十四届委员会向大会作了题为《乘势而上启新程 接续奋斗谱新篇 为建设经济繁荣民族团结环境优美人民富裕美丽新宁夏贡献海原力量》的报告。与会代表分组对县委工作报告和书面提交的中国共产党海原县纪律检查委员会工作报告、海原县党费收缴、使用和管理情况报告进行讨论审议。大会选举产生中国共产党海原县第十五届委员会，丁芳（女、回族）、丁志爱、于建涛、马建荣（回族）、马海燕（女、回族）、王存栋、王银军、石彦才（回族）、田平（回族）、田风明（回族）、田风奇（回族）、白向平、冯帆（女）、冯磊、刘文杰、刘福林、李金星（女、回族）、李明琮、李雪峰、杨和（回族）、杨卫国、杨青龙（回族）、张鹏、张晓华、张晓霞（女）、罗发强（回族）、赵元学、郝新城、洪兴志（回族）、贾治林、郭孟强、董治耀、锁鹏珠、强斌（回族）、薛军勇当选第十五届县委委员；刘风武（回族）、祁国福、罗永平（回族）、周玉宁（回族）、曹昀、穆华（回族）、魏世英（女）当选第十五届县委候补委员。大会选举产生中国共产党海原县第十五届纪律检查委员会，马宁（回族）、马亚军（回族）、王成（回族）、王华、王静（女）、王国明、田军（回族）、田风海（回族）、冯进寿、刘风贵（回族）、杨红（女、回族）、张英霞（女）、张晓华、黄晓萍（女）、董治耀当选为第十五届纪委委员。大会选举出海原县出席中国共产党中卫市第五次代表大会代表，分别是：万学道、杨文生（回族）、杨青龙（回族）、赵红香（女）、秦发成、丁芳（女、回族）、丁志爱、于建涛、马宁（回族）、马天海（回族）、马志虎（回族）、马金娜（女、回族）、马建荣（回族）、马海军（回族）、马海燕（女、回族）、王丽（女）、王占福（回族）、王存栋、王银军、王新林（回族）、王慧英（女）、田地（女、回族）、田波（回族）、田风奇（回族）、田风国（回族）、田风明（回族）、田风宝(回族)、田进虎(回族)、田智梅(女、回族)、白向平、包兆武、冯磊、冯彦清(回族)、任进文、刘风贵(回族)、刘文杰、刘福林、祁国福、李大伟(回族)、李卫军(回族)、李长青(回族)、李进刚(回族)、李明琮、李雪峰、杨和(回族)、杨卫国、杨文雅(女、回族)、杨忠荣(回族)、杨素梅(女、回族)、杨敏霞(女、回族)、妥成君(回族)、张鹏、张成静、张晓华、罗伟(回族)、周玉宁(回族)、周进万(回族)、周宏财(回族)、单海霞(女、回族)、赵元学、袁晶妮(女、回族)、贾治林、顾敏(女)、殷振江、高启平、郭孟强、海恭剑(回族)、常贤明(回族)、锁鹏珠、谢德芳(女、回族)、强斌(回族)、摆晓霞(女、回族)、黎恩生(回族)、薛军勇、穆华(回族)、魏世英(女)、糟会杰(回族)。

(县委办)

县委全委会议

【中共海原县十四届九次全体会议】 1月13—14日,中国共产党海原县第十四届委员会第九次全体会议在县政府礼堂举行。出席这次全会的有县委委员26人、县委候补委员2人。徐海宁、许正清、郝振明、丁志爱、白旭、田玉宝、张晓华、薛军勇、李雪峰、于建涛出席会议。不是县委委员的县级领导、乡镇部门负责人和部分党代会代表、人大代表、政协委员和企业家代表列席会议。全会由县委常委会主持。会议深入学习贯彻党的十九届五中全会、中央经济工作会议和习近平总书记视察宁夏重要讲话精神,学习贯彻自治区党委十二届十二次全会、自治区党委经济工作会议和市委四届十次全会精神。市委常委、县委书记徐海宁受县委常委会委托,向全会报告了一年来的工作,就《中共海原县委员会关于制定国民经济和社会发展第十四个五年规划和二〇三五年远景目标的建议(讨论稿)》作了说明,对全县经济工作进行了部署。县委副书记、县长许正清对2021年经济工作进行了安排部署。全会听取和讨论了徐海宁所作的报告,审议通过了《中共海原县委员会关于制定国民经济和社会发展第十四个五年规划和二〇三五年远景目标的建议》,并对有关工作进行了评议测评。

【中共海原县十四届十一次全委会】 9月23日,中国共产党海原县第十四届委员会第十一次全体会议在县政府礼堂举行。会议由中卫市委副书记、海原县委书记、海兴开发区党工委书记杨青龙主持。张鹏、薛军勇、张晓华、李雪峰、于建涛、强斌、赵元学、田风明、刘文杰、丁芳出席会议。会议应到委员26名,实到委员24名。会上,县委副书记薛军勇就《中国共产党海原县第十五次代表大会的工作报告(审议稿)》作情况说明;县委常委、纪委书记、监委主任张晓华就《中共海原县纪律检查委员会向中国共产党海原县第十五次代表大会的工作报告(审议稿)》作情况说明;县委常委、组织部部长李雪峰就《关于全县党费收缴、使用和管理情况的报告(审议稿)》作情况说明;会议审议通过了中国共产党海原县第十五次党代会县委、纪委工作报告及关于全县党费收缴、使用和管理情况的报告,并审议通过中国共产党海原县第十五届委员会委员、候补委员、纪委委员候选人建议人选名单,圈选出了海原县出席中国共产党中卫市第五次代表大会代表候选人预备人选。

【中共海原县十五届一次全委会】 9月26日，中国共产党海原县第十五届委员会第一次全体会议在县政府礼堂举行。会议由中卫市委副书记、海原县委书记、海兴开发区党工委书记杨青龙主持。张鹏、薛军勇、张晓华、李雪峰、于建涛、强斌、赵元学、田风明、刘文杰、丁芳出席会议。会议应到会县委委员35名，候补委员7名；实到会县委委员35名，候补委员7名。会议选举产生了中国共产党海原县第十五届委员会常务委员会委员、书记、副书记。杨青龙、张鹏、薛军勇、张晓华、李雪峰、于建涛、强斌、赵元学、田风明、刘文杰、丁芳当选县委常委；杨青龙当选海原县委书记，张鹏、薛军勇当选副书记。会议通过中国共产党海原县第十五届纪律检查委员会第一次全体会议选举委员、书记、副书记结果的报告，张晓华当选为纪委书记。

（县委办）

县委常委会会议

【概　况】 2021年，海原县委先后召开43次常委会（扩大）会议，其中十四届县委召开33次常委会会议，十五届县委召开10次常委会会议，学习贯彻落实中央、自治区党委、市委决策部署，研究审定重大事项。

【十四届县委2021年第1次常委会会议】 1月4日，中卫市委常委、海原县委书记徐海宁主持召开十四届海原县委2021年第1次常委会会议。许正清、郝振明、丁志爱、白旭、田玉宝、张晓华、薛军勇、李雪峰、于建涛出席会议。县人大常委会主任罗成玉、县政协主席张斌全程列席会议。县人大、县政府、县政协全体领导，县法院院长、县检察院检察长，海兴开发区分管领导、甘盐池种羊场及县直各单位、自治区属相关单位负责人、各乡镇（街道）党（工）委书记列席了相关议题。会议传达学习了中央农村工作会议、全国扶贫开发工作会议、全国巩固拓展脱贫攻坚成果同乡村振兴有效衔接工作会议精神，自治区党委经济工作会议、自治区建设黄河流域生态保护和高质量发展先行区第三次推进会议精神，自治区党委常委会会议暨应对新冠疫情工作领导小组第16次会议精神，并研究贯彻落实意见。会议研究了县委十四届九次全会相关事宜；研究审定了县委组织部提交的《2020年度县委管理领导班子和领导干部考核工作方案（送审稿）》《关于给刘镇洁和高明华两名同志申报记三等功的请示》，县政府党组提交的《关于提请研究县公安局等单位申请解决历年拖欠工程款及重点项目缺口资金的请示》；听取了县委部门和群众团体2021年度工作汇报。

【十四届县委2021年第2次常委会会议】 1月15日，中卫市委常委、海原县委书记徐海宁主持召开十四届海原县委2021年第2次常委会会议。许正清、郝振明、丁志爱、田玉宝、张晓华、薛军勇、李雪峰、于建涛出席会议。县人大常委会主任杨和、县政协主席张斌全程列席会议。县人大、县政府、县政协全体领导，县法院院长、县检察院检察长，海兴开发区分管领导、甘盐池种羊场及县直各单位、自治区属相关单位负责人、各乡镇（街道）党（工）委书记列席了相关议题。会议传达学习了习近平总书记二〇二一年新年贺词、在中央全面深化改革委员会第十七次会议上的重要讲话精神、对政法工作和人民警察作出的重要指示批示精神，研究贯彻意见；传达学习自治区党委督查室《关于贯彻落实中央和自治区党委政协工作会议精神情况的督查通报》，研究审定县政协党组提交的《海原县关于〈关于贯彻落实中央和自治区党委政协工作会议精神情况的督查通报〉整改方案》。会议套开了县委应对新冠疫情工作领导小组会议议题，传达学习全国疫情防控工作电视电话会议、自治区党委常委会会议暨应对新冠疫情工作领导小组第16次会议、自治区应对新冠疫情工作指挥部《宁夏新冠疫情处置操作方案》、自治区应对新冠疫情工作指挥部办公室《全区农村地区新冠肺炎疫情防控工作方案》《关于进一步加强当前疫情防控工作的通知》《自治区应对新冠疫情工作指挥部专题会议纪要〈第17期〉》及市应对新冠疫情工作领导小组第14次会议暨市委应对新冠疫情工作第34次视频调度会、市长李晓波调研疫情防控时的讲话精神；研究审定《关于调整海原县委应对新型冠状病毒感染肺炎疫情工作领导小组和指挥部组成人员的请示》《海原县冬春季新冠肺炎疫情防控工作方案（送审稿）》《海原县农村地区新冠肺炎疫情防控工作方案（送审稿）》；听取了县卫生健康局、县公安局、县市场监管局、县应急管理局、县工信商务局、海城街道办、三河镇分别汇报各自领域疫情防控工作（主要汇报疫情防控工作中存在的问题和下一步工作打算）。会议还研究了县"两会"组织机构、选举办法等相关事宜，海原县第十七届人民代表大会第五次会议相关事宜，研究政协海原县第十一届委员会第六次会议相关事宜等事项。

【十四届县委2021年第3次常委会会议】 1月26日，中卫市委常委、海原县委书记徐海宁主持召开十四届海原县委2021年第3次常委会会议。许正清、郝振明、丁志爱、田玉宝、张晓华、薛军勇、李雪峰、于建涛出席会议。县人大常委会主任杨和、县政协主席张斌全程列席会议。县人大、县政府、县政协全体领导，县法院院长、县检察院检察长，海兴开发区分管领导、甘盐池种羊场及县直各单位、自治区属相关单位负责人、各乡镇（街道）党（工）委书记列席了相关议题。会议传达学习了习近平总书记在省部级主要领导干部学习贯彻党的十九届五中全会精神专题研讨班开班式上的重要讲话精神，自治区党委常委会传达学习时自治区党委书记陈润儿的讲话精神，研究贯彻意见和县委组织部提交的《海原县2021年干部教育培训计划（送审稿）》；传达学习了自治区党委农村工作会议精神、全区扶贫办主任会议精神，研究贯彻意见和县委农办提交的《海原县2021年农业农村工作会议筹备方案（送审稿）》；传达学习了自治区劳动模范和先进工作者表彰大会、全区双拥模范城（县）命名暨双拥模范单位和个人表彰大会精神，研究贯彻意见；传达学习自治区工程建设政府采购等重点领域突出问题专项治理工作动员部署会议精神自治区党委办公厅、自治区人民政府办公厅《关于开展工程建设政府采购等重点领域突出问题专项治理工作方案》，研究审定了县纪委监委提交的《海原县关于开展工程建设政府采购等重点领域突出问题专项治理工作方案（送审稿）》；传达学习了市四届人大五次会议精神、政协中卫市四届五次会议精神，研究贯彻意见。会议还研究审定了县人民政府党组提交的《海原县2021年"两节"走访慰问工作实施方案（送审稿）》《法治政府建设工作报告（送审稿）》《中国（宁夏）良种牛繁育中心建设项目实施方案（送审稿）》《海原县活牛交易市场建设项目实施方案（送审稿）》，县委办提交的《县委常委班子2019年度“不忘初心、牢记使命”专题民主生活会整改落实情况报告（送审稿）》《县委常委班子2020年度民主生活会征求意见建议情况通报（送审稿）》《县委常委班子2020年民主生活会对照检查材料（送审稿）》等事项。

【十四届县委2021年第4次常委会会议】 2月7日，中卫市委常委、海原县委书记徐海宁主持召开十四届海原县委2021年第4次常委会会议。许正清、郝振明、田玉宝、张晓华、李雪峰、于建涛、赵元学出席会议。县人大常委会主任杨和、县政协主席张斌全程列席会议。县人大、县政府、县政协全体领导，县法院院长、县检察院检察长，海兴开发区分管领导、甘盐池种羊场及县直各单位、自治区属相关单位负责人、各乡镇（街道）党（工）委书记列席了相关议题。会议传达学习了中共中央办公厅《印发〈关于2020年中央政治局贯彻执行中央八项规定精神情况的报告〉〈关于持续解决形式主义问题深化拓展基层减负工作情况的报告〉的通知》精神，听取全县2020年中央八项规定精神落实情况汇报、2020年为基层减负工作情况汇报；传达学习了习近平总书记在中共中央政治局第二十七次集体学习时的重要讲话精神，研究贯彻意见；传达学习了十九届中央纪委五次全会、自治区纪委十二届五次全会精神，研究审议县纪委提交的《关于召开县纪委第十四届六次全体会议的请示》《县纪委全会工作报告（送审稿）》；传达学习了自治区党委书记陈润儿批示精神和自治区党委办公厅、自治区人民政府办公厅《关于进一步做好人民群众就地过年服务保障工作的通知》，研究贯彻意见；传达学习了全国、全区组织和统战部长会议精神，研究贯彻落实意见。会议套开了县委意识形态工作领导小组会议议题，传达学习全国、全区宣传部长会议精神，研究贯彻落实意见；研究审定县委宣传部提交的《全县2021年意识形态工作要点（送审稿）》《党委（党组）落实意识形态工作责任制正面清单和负面清单（试行）》；安排部署2021年春节期间意识形态领域风险防范工作。会议还研究审定县委组织部提交的《海原县领导干部学习贯彻党的十九届五中全会精神专题学习研讨班实施方案（送审稿）》《海原县新任村（社区）干部培训班实施方案（送审稿）》《海原县关桥乡关桥村推动组织振兴建设红色美丽村庄试点工作方案（送审稿）》《海原县推进基层整合审批服务执法力量实施方案（送审稿）》，政府党组提交的《海原县政务服务大厅窗口工作人员管理办法（送审稿）的请示》和县委办提交的《县委常委会2021年工作要点（送审稿）》等事项。

【十四届县委2021年第5次常委会会议】 3月3日，中卫市委常委、海原县委书记徐海宁主持召开十四届海原县委2021年第5次常委会会议。许正清、丁志爱、薛军勇、田玉宝、张晓华、李雪峰、于建涛、强斌出席会议。县人大常委会主任杨和、县政协主席张斌全程列席会议。县人大、县政府、县政协全体领导，县法院院长、县检察院检察长，海兴开发区分管领导、甘盐池种羊场及县直各单位、自治区属相关单位负责人、各乡镇（街道）党（工）委书记列席了相关议题。会议传达学习了习近平总书记在党史学习教育动员大会上的重要讲话精神和《中共中央关于在全党开展党史学习教育的通知》《自治区党委印发〈关于在全区开展党史学习教育的实施方案〉的通知》精神，自治区党委书记陈润儿在全区党史学习教育动员大会上的讲话精神、市委书记何健在市委理论学习中心组集体学习会暨党史学习教育动员大会上的讲话精神，研究审定县委宣传部提交的《关于在全县开展党史学习教育的实施方案（送审稿）》；传达学习习近平总书记在全国脱贫攻坚总结表彰大会上的重要讲话精神、习近平总书记给河北省平山县西柏坡镇北庄村全体党员的回信，自治区党委常委会传达学习时自治区党委书记陈润儿的讲话精神、市委常委会传达学习时市委书记何健的讲话精神，研究贯彻意见；传达学习习近平总书记在中央全面深化改革委员会第十八次会议上的重要讲话精神、自治区党委常委会传达学习时自治区党委书记陈润儿的讲话精神、市委常委会传达学习时市委书记何健的讲话精神，研究贯彻意见；传达学习中央政法工作会议、自治区党委政法工作会议、全区政法队伍教育整顿动员部署会议、全区维护政治安全工作座谈会精神，研究审定县政府党组提交的《关于加强和改进全县公安工作的意见（送审稿）》、县委政法委提交的《2021年全县政法工作要点（送审稿）》《全县政法队伍教育整顿实施方案（送审稿）》；传达学习自治区党委书记陈润儿在全区领导干部学习贯彻党的十九届五中全会精神专题研讨班上的讲话精神，市委常委会传达学习时市委书记何健的讲话精神，研究贯彻意见。会议套开了海原县推进基层整合审批服务执法力量改革领导小组第3次会议议题，听取乡镇（街道）机构改革方案总体情况及机构编制人员调整方案汇报；研究审定机构改革组《海原县乡镇（街道）“五个清单”（送审稿）》《海原县条线辅助人员管理办法（送审稿）》，审批服务改革组《海原县推进基层审批服务便民化改革实施方案（送审稿）》《海原县加强基层便民服务队伍建设管理办法（送审稿）》，“两网”改革组《海原县城乡社区网格化管理服务工作实施方案（送审稿）》等。会议还研究审定了县委宣传部提交的《海原县庆祝中国共产党成立100周年活动宣传方案（送审稿）》等事项。

【十四届县委2021年第6次常委会会议】 3月8日，中卫市委常委、海原县委书记徐海宁主持召开十四届海原县委2021年第6次常委会会议。许正清、郝振明、丁志爱、薛军勇、田玉宝、张晓华、李雪峰、于建涛、强斌出席会议。县人大常委会主任杨和、县政协主席张斌全程列席会议。县人大、县政府、县政协全体领导，县法院院长、县检察院检察长，海兴开发区分管领导、甘盐池种羊场及县直各单位、区属相关单位负责人、各乡镇（街道）党（工）委书记列席了相关议题。会议传达学习了习近平总书记在中共中央政治局第二十八次集体学习会议上的重要讲话精神，研究贯彻落实意见；传达学习《中共中央关于加强巡视巡察上下联动的意见》、全区巡视指导督导工作专题培训会精神、十二届自治区党委第十一轮巡视动员部署会议精神，听取十四届县委前十一轮巡察反馈问题整改落实情况汇报，安排部署下一步工作；传达学习自治区党委办公厅《落实全面从严治党主体责任运用“四种形态”实施办法（试行）》《自治区政治生态分析研判评价办法（试行）》精神，研究贯彻落实意见；传达学习《关于国家文化公园建设工作领导小组有关会议精神的通报》，研究贯彻落实意见，并审定县委宣传部提交的《海原县创建自治区文明县城工作方案（送审稿）》《海原县创建自治区文明县城2021年度工作计划（送审稿）》。会议还审定了县委农办提交的《海原县2021年全面推进乡村振兴加快农业农村现代化实施方案（送审稿）》《2021年海原县廉政教育警示周活动方案（送审稿）》，县政府党组提交的《海原县"一主四特"产业高质量发展"十四五"规划（2021—2025）（送审稿）》《海原县2021年农业产业高质量发展实施方案（送审稿）》《海原县关于实现巩固拓展脱贫攻坚成果同乡村振兴有效衔接的实施意见（送审稿）》《海原县2021年项目计划任务（送审稿）》《海原县2021年县级领导包保重点项目"五定"方案（送审稿）》《海原县2021年第一季度计划复（开）工项目实施方案（送审稿）》，县绿化委员会办公室提交的《海原县2021年春季义务植树活动实施方案（送审稿）》，县纪委监委提交的《海原县"小鬼难缠""中梗阻"问题专项治理工作方案（送审稿）》《海原县民生保障领域"中梗阻"专项整治（送审稿）》等事项。

【十四届县委2021年第7次常委会会议】 3月17日，中卫市委常委、海原县委书记徐海宁主持召开十四届海原县委2021年第7次常委会会议。许正清、郝振明、丁志爱、张晓华、李雪峰、于建涛、强斌出席会议。县人大常委会主任杨和、县政协主席张斌全程列席会议。县人大、县政府、县政协全体领导，县法院院长、县检察院检察长，海兴开发区分管领导、甘盐池种羊场及县直各单位、自治区属相关单位负责人、各乡镇（街道）党（工）委书记列席了相关议题。会议传达学习了习近平总书记在中央党校（国家行政学院）中青年干部培训班开班式上的重要讲话精神，研究贯彻意见；传达学习了习近平总书记在中央财经委员会第九次会议上的重要讲话精神，听取全县第一季度经济运行情况汇报；传达学习了全区市县乡领导班子换届工作会议精神，研究贯彻意见；传达学习了陈润儿、咸辉同志对固原二林沟火情作出的批示精神，听取全县第一季度安全生产情况汇报；传达学习《赵永清同志在自治区党委保密委员会、密码和电子政务内网协调小组暨全区保密机要密码工作会议上的讲话》，研究贯彻意见；传达学习平安宁夏建设协调小组2021年第1次会议、全区命案防范打击工作座谈会议、全区维护政治安全和社会稳定工作专题会议精神，研究贯彻意见。会议还审定了县人民政府党组提交的《海原县2021年巩固拓展脱贫攻坚成果同乡村振兴有效衔接实施方案（送审稿）》《海原县加强未成年人思想道德建设实施方案（送审稿）》《海原县创建自治区园林县城实施方案（送审稿）》和县委办公室提交的《海原县2021年重点任务分工方案（送审稿）》等事项。

【十四届县委2021年第8次常委会会议】 4月1日，中卫市委常委、海原县委书记徐海宁主持召开十四届海原县委2021年第8次常委会会议。许正清、田玉宝、张晓华、李雪峰、强斌、赵元学、田风明出席会议。县人大常委会主任杨和、县政协主席丁志爱全程列席会议。县人大、县政府、县政协全体领导，县法院院长、县检察院检察长，海兴开发区分管领导、甘盐池种羊场及县直各单位、自治区属相关单位负责人、各乡镇（街道）党（工）委书记列席了相关议题。会议传达学习了习近平总书记在福建考察调研时的重要讲话精神，研究贯彻意见；传达学习自治区党委书记陈润儿在《关于全国森林草原防灭火工作电视电话会议精神的报告》《清明节期间我区森林防火草原形势严峻需要加强预警监测提早安排部署》上的批示，研究贯彻意见；传达学习自治区党委书记陈润儿在自治区党委常委会会议暨全面依法治区委员会会议上的讲话精神、自治区党委书记陈润儿调研灵武市政法队伍教育整顿工作时的讲话精神，听取全区政法队伍教育整顿第五驻点指导组反馈问题情况，研究贯彻意见；传达学习自治区党委2021年第10次常委会会议精神、自治区政府主席咸辉在调研生态修复和环境保护工作时的讲话精神，研究贯彻意见；传达学习全市深化民族团结进步创建暨基层社会治理工作现场会精神，研究贯彻意见。会议还研究审定了县纪委监委提交的《2021年海原县全面从严治党党风廉政建设和反腐败工作主要任务分工方案（送审稿）》，县委宣传部提交的《关于庆祝中国共产党成立100周年活动实施方案（送审稿）》《海原县委理论学习中心组2021年专题学习计划（送审稿）》；通报了2020年自治区效能目标管理考核情况，研究审定县委督检考办提交的海原县2020年效能目标管理考核结果。

【十四届县委2021年第9次常委会会议】 4月8日，中卫市委常委、海原县委书记徐海宁主持召开十四届海原县委2021年第9次常委会会议。许正清、薛军勇、田玉宝、张晓华、李雪峰、于建涛、强斌、赵元学、田风明出席会议。县人大常委会主任杨和、县政协主席丁志爱全程列席会议。县人大、县政府、县政协全体领导，县法院院长、县检察院检察长，海兴开发区分管领导、甘盐池种羊场及县直各单位、自治区属相关单位负责人、各乡镇（街道）党（工）委书记列席了相关议题。会议传达学习了习近平总书记参加义务植树活动时的重要讲话精神，自治区党委书记陈润儿、自治区政府主席咸辉参加义务植树活动时的讲话精神，研究贯彻意见；传达学习中共中央加强对“一把手”和领导班子监督的意见、中央第四督导组进驻宁夏督导政法队伍教育整顿工作见面汇报会和座谈会精神，研究贯彻意见。会议套开海原县扶贫开发领导小组2021年第1次会议，传达学习习近平总书记在全国脱贫攻坚总结表彰大会上的重要讲话精神、中央经济工作会议精神、中央农村工作会议精神、全国扶贫开发工作会议、全国巩固拓展脱贫攻坚成果同乡村振兴有效衔接工作会议精神；自治区党委农村工作会议精神、自治区扶贫开发领导小组第2次会议精神、全区扶贫办主任座谈会议、全区扶贫办主任会议精神、《中央财政衔接推进乡村振兴补助资金管理办法》，研究审定《海原县落实2020年国家脱贫攻坚成效考核反馈问题整改方案》《海原县防止返贫动态监测和帮扶工作方案》《海原县2021年巩固拓展安全饮水成果工作方案》《海原县2021年巩固拓展基本医疗成果工作方案》《海原县2021年巩固拓展安全住房成果工作方案》《海原县2021年巩固拓展兜底保障成果工作方案》《海原县2021年巩固拓展科技成果工作方案》《海原县2021年巩固拓展文化旅游成果工作方案》《海原县2021年巩固拓展稳岗就业提升行动工作方案》《海原县2021年巩固拓展金融服务提升行动工作方案》《海原县2021年巩固拓展消费帮扶提升行动工作方案》《海原县关于进一步规范和加强光伏扶贫工作方案》《关于安排2021年第一批中央财政衔接推进乡村振兴补助资金的请示》等。会议还研究审定了调整县委书记、副书记和常委工作分工事宜。

【十四届县委2021年第10次常委会会议】 4月18日，中卫市委常委、海原县委书记徐海宁主持召开十四届海原县委2021年第10次常委会会议。许正清、田玉宝、张晓华、李雪峰、于建涛、强斌、田风明出席会议。县政协主席张斌全程列席会议。县人大、县政府、县政协全体领导，县法院院长、县检察院检察长，海兴开发区分管领导、甘盐池种羊场及县直各单位、自治区属相关单位负责人、各乡镇（街道）党（工）委书记列席了相关议题。会议传达学习了习近平总书记对深化东西部协作和定点帮扶工作重要指示精神、全国东西部协作和中央单位定点帮扶工作推进会议精神，自治区党委常委会传达学习时自治区党委书记陈润儿的讲话精神，研究贯彻意见；传达学习《中共中央办公厅关于印发〈党委（党组）网络意识形态工作责任制实施细则〉的通知》研究贯彻意见；传达学习自治区党委书记陈润儿在吴忠市调研座谈时的讲话精神，市委书记何健调研督办海原县脱贫攻坚与乡村振兴有效衔接、植绿增绿、环境卫生整治和基层治理工作时的讲话精神，通报近期工作；传达学习自治区党委书记陈润儿在全区第一批政法队伍教育整顿工作第二次推进会上的讲话精神，市委书记何健在全市政法队伍教育整顿第二次推进会上的讲话精神，研究贯彻意见；会议研究审定了县委组织部提交的《关于巩固深化"不忘初心、牢记使命"主题教育成果具体措施任务分工方案（送审稿）》《落实2020年度地级市党委和自治区行业系统党（工）委书记抓基层党建工作述职评议考核点评意见整改方案（送审稿）》《关于推荐全区优秀共产党员、优秀党务工作者和先进基层党组织的请示》，县政府党组提交的《海原县2021年农村人居环境整治提升行动实施方案（送审稿）》《海原县农村人居环境整治提升五年行动（2021—2025年）实施方案（送审稿）》《海原县2021年扶持壮大村集体经济项目实施方案（送审稿）》，县脱贫攻坚领导小组办公室提交的《海原县拟推荐全区脱贫攻坚先进集体和先进个人建议名单的请示》，县妇联提交的《关于拟推荐全国最美家庭、全国维护妇儿权益先进个人的请示》及县乡领导班子换届相关事宜等事项。会议还套开了县委党史学习教育领导小组第一次会议，传达学习中央书记处书记王沪宁在党史学习教育用书出版座谈会暨专题宣讲动员会上的讲话精神、中宣部部长黄坤明在各省自治区市党委学习教育领导小组负责座谈会上的讲话精神、自治区党委党史学习教育领导小组第二次会议精神、市委书记何健在市委党史学习教育领导小组第一次会议上的讲话精神，研究贯彻意见；听取全县党史学习教育开展情况汇报，安排部署下一步工作；研究审定了《县党史学习教育领导小组及其下设机构组成人员调整方案（送审稿）》等。

【十四届县委2021年第11次常委会会议】 4月24日，中卫市委常委、海原县委书记徐海宁主持召开十四届海原县委2021年第11次常委会会议。许正清、李雪峰、于建涛、强斌、田风明出席会议。县人大常委会主任杨和全程列席会议。县人大、县政府、县政协全体领导，县法院院长、县检察院检察长，海兴开发区分管领导、甘盐池种羊场及县直各单位、自治区属相关单位负责人、各乡镇（街道）党（工）委书记列席了相关议题。会议传达学习了习近平总书记在清华大学考察时的重要讲话精神、习近平总书记对职业教育工作的重要指示精神研究贯彻意见；习近平总书记对打击治理电信网络诈骗犯罪工作的重要指示精神，自治区党委常委会传达学习时的讲话精神，研究贯彻意见；传达学习习近平总书记对革命文物作出的重要指示精神、自治区党委书记陈润儿在新华社通讯《国内动态清样》第1409期“宁夏海原唐代石窟及所属文物管理粗放”上的批示精神及市委书记何健批示精神，听取全县文物管理工作汇报，安排部署下一步工作；传达学习全国扫黑除恶专项斗争总结表彰大会精神、全区建设黄河流域生态保护和高质量发展先行区第4次推进会议精神，研究贯彻意见；传达学习全区当前经济形势分析通报会议精神、全市第一季度经济形势分析会议精神，通报全县一季度经济运行情况，安排部署下一步工作。会议套开了县委党史学习教育领导小组第2次会议，传达学习全区“传承党的百年光辉史基因 铸牢中华民族共同体意识”主题教育活动工作部署会议精神，研究审定县委党史学习教育领导小组办公室提交的《关于在党史学习教育中组织开展“传承党的百年光辉史基因 铸牢中华民族共同体意识”主题教育活动方案（送审稿）》，研究审定县委党史学习教育领导小组办公室提交的《“我为群众办实事”实践活动工作方案（送审稿）》。会议还研究审定了县人民政府党组提交的《海原县2021年度乡村振兴“一村一年一事”行动实施方案（送审稿）》，县委组织部提交的《全县新任职乡镇干部及新选派驻村干部能力素质提升专题培训班实施方案（送审稿）》，县委办公室提交的《关于调整海原县“一带两廊”发展规划实施领导小组组成人员的请示（送审稿）》《关于调整县级领导包抓重点特色产业工作机制的请示（送审稿）》《县级领导干部包保联系重点企业、学校、医疗单位、宗教场所的工作方案（送审稿）》；听取了2020年度县委管理领导班子和领导干部考核情况汇报。

【十四届县委2021年第12次常委会会议】 5月6日，中卫市委常委、海原县委书记徐海宁主持召开十四届海原县委2021年第12次常委会会议。许正清、薛军勇、田玉宝、张晓华、李雪峰、于建涛、强斌、赵元学、田风明出席会议。县人大常委会主任杨和、县政协主席丁志爱全程列席会议。县人大、县政府、县政协全体领导，县法院院长、县检察院检察长，海兴开发区分管领导、甘盐池种羊场及县直各单位、自治区属相关单位负责人、各乡镇（街道）党（工）委书记列席了相关议题。会议传达学习了中央政治局会议精神、习近平总书记在中央政治局第二十九次集体学习时的重要讲话精神，习近平总书记在广西考察调研时的重要讲话精神，研究贯彻意见；传达学习中央书记处书记杨晓渡在宁夏调研时的讲话精神，自治区党委常委会传达学习时的讲话精神，研究贯彻意见；传达学习《中共中央办公厅国务院办公厅 关于坚决遏制“两高”项目盲目发展的通知》，研究贯彻意见；传达学习《转发中共中央保密委员会〈关于2020年全国窃密泄密案件情况的通报〉的通知》，听取全县保密工作和安可替代工程开展情况，安排部署下一步工作。

会议套开了海原县扶贫开发领导小组2021年第2次会议，传达学习习近平总书记对深化东西部协作和定点帮扶工作重要指示精神、全国东西部协作和中央单位定点帮扶工作推进会议精神，自治区党委常委会传达学习时自治区党委书记陈润儿的讲话精神、深化闽宁协作交流座谈会精神，中央定点帮扶单位座谈会精神；传达学习《中华人民共和国乡村振兴促进法》《关于巩固拓展医疗保障脱贫攻坚成果有效衔接乡村振兴战略的实施意见》；传达学习全区脱贫攻坚表彰大会精神、全区百万移民致富提升行动会议精神、自治区政府主席咸辉调研固原市巩固拓展脱贫攻坚成果同乡村振兴有效衔接工作精神，研究贯彻落实意见；通报海原县落实2020年国家脱贫攻坚成效考核反馈问题整改进展情况；研究审定有关工作方案。会议套开了海原县委网络安全和信息化委员会第3次会议，传达学习全国网信办主任会议、自治区党委网信委第三次会议、全区网信办主任会议及市委网信委第三次会议精神，听取2020年全县网信工作汇报，研究审定《海原县2021年网信工作要点（送审稿）》。会议还研究审定了县委统战部提交的《海原县2021年开斋节慰问方案（送审稿）》事宜；听取了2020年度市委管理领导干部考核推荐情况汇报。

【十四届县委2021年第13次常委会会议】 5月17日，中卫市委常委、海原县委书记徐海宁主持召开十四届海原县委2021年第13次常委会会议。许正清、田玉宝、张晓华、李雪峰、于建涛、强斌、田风明出席会议。县人大常委会主任杨和、县政协主席丁志爱全程列席会议。县人大、县政府、县政协全体领导，县法院院长、县检察院检察长，海兴开发区分管领导、甘盐池种羊场及县直各单位、自治区属相关单位负责人、各乡镇（街道）党（工）委书记列席了相关议题。会议传达学习了《关于加强落实全国巡视工作会议暨十九届中央第七轮巡视动员部署会精神的通知》，研究贯彻落实意见；传达学习自治区党委书记陈润儿在自治区党委常委会会议上关于作风建设的讲话精神，通报全县落实中央八项规定精神定点监督检查情况；传达学习自治区党委《关于建立自治区级领导同志包抓“四大提升行动”“十大工程项目”工作机制的通知》，研究审定县委办公室提交的《海原县级领导包抓“四大提升行动”“八大工程项目”工作方案（送审稿）》；传达学习自治区评比达标表彰工作领导小组办公室《关于贺兰县违规开展评比达标表彰活动查处情况的通报》，研究贯彻意见；传达学习自治区党委办公厅《关于对习近平总书记视察宁夏重要讲话精神贯彻落实情况开展全面“回头看”的通知》，研究审定海原县委员会办公室提交的《关于做好习近平总书记视察宁夏重要讲话精神贯彻落实情况全面“回头看”准备工作的分工方案（送审稿）》。会议研究审定了县人民政府党组提交的《海原县双拥模范县创建实施方案（2021—2024年）（送审稿）》《海原县2021年拥军优属拥政爱民工作实施方案（送审稿）》《关于海原县进一步完善村级组织运转经费保障工作实施方案（送审稿）》《关于完善中小学校绩效工资有关问题的请示（送审稿）》，县委全面依法治县委员会提交的《法治海原建设实施意见（2021—2025年）（送审稿）》《海原法治社会建设实施方案（2021—2025年）（送审稿）》，县委办公室提交的《关于成立海原县未成年人保护工作委员会的请示》等事项。会议还套开了县委疫情防控领导小组第19次会议,研究疫情防控相关议题。

【十四届县委2021年第14次常委会会议】 5月23日,中卫市委常委、海原县委书记徐海宁主持召开十四届海原县委2021年第14次常委会会议。许正清、田玉宝、张晓华、李雪峰、于建涛、强斌、田风明出席会议。县人大常委会主任杨和、县政协主席丁志爱全程列席会议。县人大、县政府、县政协全体领导,县法院院长、县检察院检察长,海兴开发区分管领导、甘盐池种羊场及县直各单位、自治区属相关单位负责人、各乡镇(街道)党(工)委书记列席了相关议题。会议传达学习了习近平总书记在推进南水北调后续工程高质量发展座谈会上的重要讲话精神、全国政协主席汪洋在宁夏调研时的讲话精神,自治区党委书记陈润儿在自治区党委常委会传达学习时的讲话精神,研究贯彻意见;传达学习国家乡村振兴局正式挂牌、宁夏乡村振兴局挂牌成立有关精神及《自治区党委办公厅自治区人民政府办公厅关于调整全区扶贫工作机构设置的通知》(宁党厅字〔2021〕14号),研究贯彻意见;传达学习《自治区党委自治区人民政府 宁夏军区关于加强新时代党管武装工作的实施意见》,研究审定县人民武装部提交的《海原县落实〈自治区党委自治区人民政府 宁夏军区关于加强新时代党管武装工作的实施意见〉的实施方案(送审稿)》;传达学习自治区党委书记陈润儿在吴忠市红寺堡区调研督导百万移民致富提升行动时的讲话精神、自治区政府主席咸辉在吴忠市调研重点产业发展和黄河宁夏段保护治理工作时的讲话精神,研究贯彻意见;传达学习自治区党委常委、组织部部长石岱在海原县调研县乡换届、党史学习教育和基层党建工作时的讲话精神,研究贯彻意见。会议套开了开平安海原建设协调小组2021年第3次会议,研究审定了平安海原建设相关事宜;研究审定县委组织部提交的《关于成立中国共产党海原县第十五次代表大会筹备工作领导小组及下设办事机构的建议》《关于成立海原县乡镇领导班子换届工作监督检查组的建议》《关于乡镇党委召开党员代表大会有关事宜的请示》《海原县乡镇领导班子换届考察工作方案(送审稿)》等事项。

【十四届县委2021年第15次常委会会议】 5月27日,中卫市委常委、海原县委书记徐海宁主持召开十四届海原县委2021年第15次常委会会议。许正清、薛军勇、田玉宝、张晓华、李雪峰、强斌、田风明出席会议。县人大常委会主任杨和、县政协主席丁志爱全程列席会议。县人大、县政府、县政协全体领导,县法院院长、县检察院检察长,海兴开发区分管领导、甘盐池种羊场及县直各单位、自治区属相关单位负责人、各乡镇(街道)党(工)委书记列席了相关议题。会议传达学习了习近平总书记关于作风建设的重要论述、中央八项规定及其实施细则精神、《宁夏回族自治区党委 人民政府关于改进工作作风、密切联系群众的若干规定》《中共中卫市委 市人民政府〈关于改进工作作风、密切联系群众实施办法〉的通知》《中共海原县委 县人民政府〈关于改进工作作风、密切联系群众实施办法〉的通知》;传达学习中央纪律检查委员会书记赵乐际在广西调研时的讲话精神、中央书记处书记杨晓渡在宁夏调研时的讲话精神;传达学习自治区党委书记陈润儿在全区党委（党组）书记集体谈心会上的讲话精神、《宁夏回族自治区加强作风建设八条禁令》，研究贯彻意见；研究审定了县纪委监委提交的《关于自治区纪委监委调研反馈问题整改方案（送审稿）》；研究审定县纪委监委提交的《海原县政治生态分析研判评价实施方案（送审稿）》《关于开展巩固拓展脱贫攻坚成果同乡村振兴有效衔接专项监督实施方案（送审稿）》，听取海原县2021年1—5月份党风廉政建设工作情况汇报及县委第十一轮、第十二轮巡察反馈问题整改工作督查回访情况汇报。

【十四届县委2021年第16次常委会会议】 6月1日，中卫市委常委、海原县委书记徐海宁主持召开十四届海原县委2021年第16次常委会会议。许正清、田玉宝、张晓华、李雪峰、于建涛、赵元学、田风明出席会议。县人大常委会主任杨和、县政协主席丁志爱全程列席会议。县人大、县政府、县政协全体领导，县法院院长、县检察院检察长，海兴开发区分管领导、甘盐池种羊场及县直各单位、自治区属相关单位负责人、各乡镇（街道）党（工）委书记列席了相关议题。会议传达学习了《中国共产党机要密码工作条例》、习近平总书记在中央政治局常委会会议审议《中国共产党机要密码工作条例》时的重要讲话精神、《中央密码工作领导小组关于深入学习贯彻习近平总书记重要讲话全面贯彻实施〈中国共产党机要密码工作条例〉的通知》，研究贯彻意见；传达学习闽宁协作第二十五次联席会议、福建宁夏经贸合作交流恳谈会精神，研究贯彻落实意见；传达学习全区扫黑除恶专项斗争总结表彰大会精神、中央第四督导组与全区政法队伍教育整顿领导小组对接交流会议精神，自治区党委常委、政法委书记雷东生调研海原县政法队伍教育整顿时的讲话精神，研究贯彻意见；传达学习自治区人大常委会办公厅《关于印发〈全区县、乡人大换届选举工作实施方案〉的通知》精神，研究审定县人大常委会党组提交的《海原县县乡人大换届选举工作实施方案（送审稿）》《关于设立海原县选举委员会的请示（送审稿）》《关于新时代加强和改进人大工作的意见（送审稿）》；研究了县委编制委员会办公室提交的《关于调整县扶贫工作机构设置的请示》，县委组织部提交的《关于设立中国共产党海原县乡村振兴局党组的请示》《关于推荐全市优秀共产党员、优秀党务工作者和先进基层党组织的请示》等事项。

【十四届县委2021年第17次常委会会议】 6月21日，中卫市委常委、海原县委书记徐海宁主持召开十四届海原县委2021年第17次常委会会议。许正清、童颢、薛军勇、张晓华、李雪峰、于建涛、田风明出席会议。县人大常委会主任杨和、县政协主席丁志爱全程列席会议。县人大、县政府、县政协全体领导，县法院院长、县检察院检察长，海兴开发区分管领导、甘盐池种羊场及县直各单位、自治区属相关单位负责人、各乡镇（街道）党（工）委书记列席了相关议题。会议传达学习了传达学习习近平总书记在青海考察时的重要讲话精神，研究贯彻意见；传达学习自治区庆祝中国共产党成立100周年安保工作和矛盾纠纷排查化解专项行动第五督查组反馈会议精神，安排部署反馈问题整改落实工作。会议套开了县委党史学习教育领导小组第3次会议，传达学习习近平总书记参观"'不忘初心、牢记使命'中国共产党历史展馆"时的重要讲话精神，《求是》2021

年第10期文章《习近平：用好红色资源，传承好红色基因，把红色江山世世代代传下去》、2021年第11期文章《习近平：学好“四史”永葆初心、永担使命》，自治区党委书记、自治区党委党史学习教育领导小组组长陈润儿为全区党员干部作党史学习教育专题党课报告精神，研究贯彻意见；传达学习市委党史学习教育领导小组办公室《督办通知书》，听取全县党史学习教育进展情况，安排部署下一步工作。会议研究审定了县委组织部提交的《海原县庆祝中国共产党成立100周年系列会议活动安排（送审稿）》《关于全县优秀共产党员、优秀党务工作者和先进基层党组织拟表彰对象的请示》《关于全县“七一”前夕走访慰问活动方案的请示》《关于海原县庆祝中国共产党成立100周年表彰大会方案的请示》，听取了全县换届工作进展情况汇报，安排部署下一步工作；研究审定《中共海原县人大常委会党组关于确定乡镇新一届人民代表大会代表名额的建议》。

【十四届县委2021年第18次常委会会议】 6月30日，中卫市委副书记、海原县委书记杨青龙主持召开十四届海原县委2021年第18次常委会会议。许正清、薛军勇、田玉宝、张晓华、李雪峰、于建涛、强斌、田风明出席会议。县人大常委会主任杨和、县政协主席丁志爱全程列席会议。县人大、县政府、县政协全体领导，县法院院长、县检察院检察长，海兴开发区分管领导、甘盐池种羊场及县直各单位、自治区属相关单位负责人、各乡镇（街道）党（工）委书记列席了相关议题。会议传达学习了习近平总书记在“七一勋章”颁授仪式上的重要讲话精神，自治区党委书记陈润儿在全区优秀共产党员、优秀党务工作者和先进基层党组织表彰大会上的讲话精神，全市优秀共产党员、优秀党务工作者和先进基层党组织表彰大会精神，研究贯彻意见；研究审定县委组织部提交的《中国共产党海原县第十四届委员会第十次全体会议关于召开中国共产党海原县第十五次代表大会的决议（草案）（送审稿）》《关于召开中国共产党海原县第十五次代表大会决议（草案）的说明（送审稿）》《关于调整海原县县乡领导班子换届工作领导小组成员和中国共产党海原县第十五次代表大会筹备工作领导小组下设办事机构的请示》《关于乡镇领导班子换届考察情况及人事安排方案的请示》，及县委统战部提交的《海原县第七届工商联（民间商会）换届工作方案（送审稿）》等事项。会议还研究了干部事宜。

【十四届县委2021年第19次常委会会议】 7月7日，中卫市委副书记、海原县委书记杨青龙主持召开十四届海原县委2021年第19次常委会会议。薛军勇、田玉宝、张晓华、李雪峰、于建涛、赵元学、田风明出席会议。县人大常委会主任杨和全程列席会议。县人大、县政府、县政协全体领导，县法院院长、县检察院检察长，海兴开发区分管领导、甘盐池种羊场及县直各单位、自治区属相关单位负责人、各乡镇（街道）党（工）委书记列席了相关议题。会议传达学习了习近平总书记在十九届中共中央政治局第三十一次集体学习、参观“不忘初心、牢记使命”中国共产党历史展览时的重要讲话，同神舟十二号航天员的亲切通话、致金沙江白鹤滩水电站首批机组投产发电的贺信、向“一带一路”亚太区域国际合作高级别会议的致辞、给北京大学留学生们的回信；传达学习《中共中央关于印发〈中国共产党党徽党旗条例〉的通知》精神，研究贯彻落实意见；传达学习自治区政府主席咸辉在中卫调研时的讲话精神，研究贯彻落实意见。会议套开了县委党史学习教育领导小组第4次会议，研究了党史学习教育工作有关事项。会议还研究了县委组织部提交的《关于召开海原县红十字会第一次会员代表大会暨成立大会有关事项的请示》《海原县进一步完善村级（社区）组织运转经费保障工作实施方案（送审稿）的请示》《中国共产党海原县第十五次代表大会选举工作方案（送审稿）的请示》等。

【十四届县委2021年第21次常委会会议】 7月11日，中卫市委副书记、海原县委书记杨青龙主持召开十四届海原县委2021年第21次常委会会议。许正清、薛军勇、田玉宝、张晓华、李雪峰、于建涛、强斌、田风明、刘文杰出席会议。县人大常委会主任杨和全程列席会议。县人大、县政府、县政协全体领导，县法院院长、县检察院检察长，海兴开发区分管领导、甘盐池种羊场及县直各单位、自治区属相关单位负责人、各乡镇（街道）党（工）委书记列席了相关议题。会议传达学习了自治区党委书记陈润儿、自治区党委常委、政法委书记雷东生在自治区党委全面依法治区工作会议上的讲话精神，研究贯彻意见；传达学习《自治区党委办公厅关于认真学习贯彻习近平总书记在庆祝中国共产党成立100周年大会上的重要讲话精神的通知》《中共中卫市委员会办公室关于认真学习贯彻习近平总书记在庆祝中国共产党成立100周年大会上的重要讲话精神的通知》精神，研究审定《关于认真学习贯彻习近平总书记在庆祝中国共产党成立100周年大会上的重要讲话精神的通知（送审稿）》；研究审定了县委督查检查考核工作领导小组办公室提交的《2021年督查检查考核工作计划（送审稿）》《海原县2021年度效能目标管理考核办法（送审稿）》，县人民政府党组提交的《关于安排2021年新增地方债资金使用计划的请示》，县委组织部提交的《关于审定各乡镇提出的中共海原县第十五次代表大会代表候选人初步人选的请示》等事项。

【十四届县委2021年第22次常委会会议】 7月23日，中卫市委副书记、海原县委书记杨青龙主持召开十四届海原县委2021年第22次常委会会议。许正清、薛军勇、张晓华、李雪峰、于建涛、强斌、田风明、刘文杰、曾小明出席会议。县人大常委会主任杨和全程列席会议。县人大、县政府、县政协全体领导，县法院院长、县检察院检察长，海兴开发区分管领导、甘盐池种羊场及县直各单位、自治区属相关单位负责人、各乡镇（街道）党（工）委书记列席了相关议题。会议传达学习了《中共中央关于印发〈中国共产党成立100周年庆祝活动总结报告〉的通知》；传达学习了《中共中央办公厅印发〈关于加强中央和国家机关部门机关纪委建设的意见〉的通知》《中共宁夏回族自治区委员会关于印发〈加强对“一把手”和领导班子监督实施办法（试行）〉〈“一把手”和领导班子开展党内谈心谈话实施办法（试行）〉〈“一把手”述责述廉实施办法（试行）〉的通知》精神，研究贯彻意见；传达学习习近平总书记7月21日对防汛救灾工作作出的重要批示精神，自治区党委书记陈润儿、自治区政协主席咸辉批示清样，研究贯彻意见；传达学习全区上半年经济形势分析会议精神，通报全县上半年经济运行情况，安排部署下一步工作。会议套开了海原县生态环境保护领导小组2021年第1次会议，传达学习2021年全国生态环境保护工作会议、2021年全区生态环境保护工作电视电话会议、自治区党委常委会会议精神，中央生态环境保护督察最新通报的8个典型案例暨自治区党委第三生态环境保护督察组进组中卫督察情况通报，听取"十三五"期间及2020年生态环境保护工作目标任务完成情况和中央、自治区党委环保督察反馈问题整改情况的通报。海原还研究审定了县委政法委提交的《关于常态化开展扫黑除恶斗争巩固专项斗争成果的实施方案（送审稿）》，县人大常委会党组提交的《海原县第十八届人民代表大会代表名额分配及选区划分方案（送审稿）》等事项。

【十四届县委2021年第23次常委会会议】 7月28日，中卫市委副书记、海原县委书记杨青龙主持召开十四届海原县委2021年第23次常委会会议。薛军勇、张晓华、李雪峰、于建涛、强斌、赵元学、田风明出席会议。县人大、县政府、县政协全体领导，县法院院长、县检察院检察长，海兴开发区分管领导、甘盐池种羊场及县直各单位、自治区属相关单位负责人、各乡镇（街道）党（工）委书记列席了相关议题。会议传达学习了自治区党委2021年第25次常委会会议纪要，十二届自治区党委第十二轮巡视动员部署会议精神，自治区政府主席咸辉在海原调研时的讲话精神，分别研究了贯彻落实意见；传达学习全区乡村振兴系统建设和工作推进会精神，研究贯彻落实意见，通报并安排部署全县巩固拓展脱贫攻坚成果同乡村振兴有效衔接工作；研究了意识形态工作，通报近期需要重点防范的意识形态风险点；研究审定政府党组提交的《海原县推进落实百万移民致富提升行动实施方案（送审稿）》。

【十四届县委2021年第25次常委会会议】 7月31日，中卫市委副书记、海原县委书记杨青龙主持召开十四届海原县委2021年第25次常委会会议。张鹏、田玉宝、张晓华、李雪峰、于建涛、强斌、田风明出席会议。县人大、县政府、县政协全体领导，海兴开发区、甘盐池种羊场分管领导，县直有关部门负责人列席会议。各乡镇（街道、甘盐池种羊场）班子成员、"五班四中心"负责人、村（社区）支部书记、卫生院长、派出所所长、司法所长、学区校长在分会场列席了会议。会议传达学习了全国疫情防控电视电话会议精神、自治区应对新冠疫情防控工作指挥部第17次全体会议精神，通报全国、全自治区当前疫情形势；安排部署全县疫情防控工作；研究审定县委应对新冠疫情工作领导小组提交的《关于调整县委应对新冠肺炎疫情工作领导小组和指挥部组织架构的请示（送审稿）》。

【十四届县委2021年第26次常委会会议】 8月2日，中卫市委副书记、海原县委书记杨青龙主持召开十四届海原县委2021年第26次常委会会议。张鹏、薛军勇、田玉宝、张晓华、李雪峰、于建涛、强斌、田风明、刘文杰出席会议。县人大常委会主任杨和全程列席会议。县人大、县政府、县政协全体领导，县法院院长、县检察院检察长，海兴开发区分管领导、甘盐池种羊场及县直各单位、自治区属相关单位负责人、各乡镇（街道）党（工）委书记列席了相关议题。会议传达学习了习近平总书记在西藏考察时的重要讲话精神、自治区党委书记陈润儿到中卫调研县乡换届工作时的讲话精神、

《自治区党委办公厅印发关于加强巡视巡察上下联动的若干措施》精神、中卫市委四届十一次全体会议精神，并分别研究了贯彻落实意见。会议套开了县委农村工作领导小组第2次会议，研究审议县人民政府党组提交的《海原县基础教育质量提升行动工作方案(2021—2025年)的请示》《海原县全民健康水平提升行动实施方案(送审稿)》《海原县城乡居民收入提升行动实施方案(2021—2025年)的请示》等事项。会议还研究审定了县人民政府党组提交的《海原县用水权改革实施方案(送审稿)》《海原县关于深入推进土地权改革完善土地市场化配置工作方案(送审稿)》《海原县关于深入推进山林权改革加快植绿增绿护绿步伐实施方案(送审稿)》《海原县关于开展排污权有偿使用和交易改革实施方案(送审稿)》等事项。

【十四届县委2021年第27次常委会会议】 8月18日，中卫市委副书记、海原县委书记杨青龙主持召开十四届海原县委2021年第27次常委会会议。张鹏、薛军勇、田玉宝、张晓华、李雪峰、于建涛、强斌、赵元学、田风明、刘文杰出席会议。县人大常委会主任杨和全程列席会议。县人大、县政府、县政协分管领导，县法院院长、县检察院检察长，县直(自治区市属)有关部门负责人列席了相关议题。会议传达学习了《中共中央办公厅关于转发中央纪委国家监委等〈查办党员和公职人员涉嫌违纪职务违法职务犯罪案件协作配合工作机制〉的通知》精神，研究贯彻意见；传达学习中央组织部抓党建促乡村振兴电视电话会议精神，自治区深入实施“四大提升行动”、全面促进乡村振兴工作会议精神，研究贯彻落实意见；传达学习全区抗旱减灾工作座谈会议精神，研究贯彻意见；传达学习《自治区党委办公厅关于认真学习贯彻〈中国共产党领导国家安全工作条例〉的通知》精神；听取全县工程建设政府采购等重点领域突出问题专项治理工作汇报。会议套开了县委全面依法治县工作会议，传达学习了中央政法委书记郭声琨在省部级、厅局级政法干部学习贯彻习近平法治思想专题研讨班开班式上的讲话精神，自治区党委全面依法治区工作会议精神和中卫市委全面依法治市工作会议精神；听取全面依法治县工作汇报，安排部署下一步工作。会议还研究审定县人民政府党组提交的《海原县2021年统筹整合使用财政涉农资金实施方案(送审稿)》《政府购买公办幼儿园保教服务岗位实施工作方案(送审稿)》《海原县中小学、幼儿园专职保安招聘工作方案(送审稿)》，县委组织部提交的《关于审定县直各党(工)委出席中共海原县第十五次代表大会候选人初步人选的请示》，县纪委监委提交的《海原县关于落实〈宁夏回族自治区加强作风建设八条禁令〉实施细则》，县人大常委会党组提交的《关于提请审定县第十八届人民代表大会下派代表初步人选建议名单的请示》，县委组织部提交的《关于海原县领导班子换届人事安排的请示》等。

【十四届县委2021年第28次常委会会议】 9月1日，中卫市委副书记、海原县委书记杨青龙主持召开十四届海原县委2021年第28次常委会会议。薛军勇、田玉宝、张晓华、李雪峰、于建涛、强斌、赵元学、田风明、刘文杰、曾小明出席会议。县人大常委会主任杨和、县政协主席丁志爱全程列席会议。县人大、县政府、县政协全体领导，县法院院长、县检察院检察长，海兴开发区分管领导，甘盐池种羊场及县直各单位、自治区市属相关单位负责人、各乡镇（街道）党（工）委书记列席了相关议题。会议传达学习了习近平总书记在中央财经委员会第十次会议上的重要讲话精神，致第五届中国—阿拉伯国家博览会的贺信，向新冠疫苗合作国际论坛首次会议发表的书面致辞，给云南省沧源县边境村老支书们的回信；传达学习中央民族工作会议精神、全区黄河流域生态保护和高质量发展先行区建设（重大项目建设）第五次推进会精神、自治区党员管理工作协调小组会议暨排查整顿农村发展党员违规违纪问题工作会议精神，分别，研究贯彻意见；研究审定县人民政府党组提交的《海原县财政资金拨付审批管理暂行办法（送审稿）》《海原县2021年闽宁对口协作工作方案（送审稿）》《漳浦海原互学互助对口协作框架协议（2021—2022年）（送审稿）》《海原县财政全额供款单位职业年金单位缴费部分实账运行改革实施方案（送审稿）》等和县纪委监委相关议题。会议还套开县委退役军人事务工作领导小组2021年第1次会议，传达学习《中华人民共和国退役军人保障法》，中央政治局常委王沪宁在退役军人工作专题研讨班上的讲话精神，全国退役军人事务厅（局）长会议精神，退役军人事务部办公厅《关于表扬百名优秀退役军人服务中心（站）主任（站长）的通报》精神，全区退役军人事务厅（局）长会议、自治区党委退役军人事务工作领导小组第3次会议精神，自治区退役军人事务厅《关于表扬全国示范型、全区标杆型退役军人服务中心（站）及优秀退役军人服务中心（站）主任（站长）的通报》《关于印发〈自治区党委退役军人事务工作领导小组2021年工作要点〉的通知》《关于印发〈自治区党委退役军人事务工作领导小组2021年度军地合力做退役军人工作"任务清单"〉的通知》《关于印发〈宁夏退役军人事务考核督办实施细则〉的通知》《关于印发〈加强退役军人思想政治工作的实施意见〉的通知》，中卫市退役军人事务工作领导小组会议精神；传达学习《关于印发〈关于学习推广新时代"枫桥经验"进一步做好退役军人信访稳定工作的实施意见〉的通知》精神，研究贯彻意见；听取2020年全县退役军人事务工作汇报；研究审定《县委退役军人事务工作领导小组2021年工作要点（送审稿）》《县委退役军人事务工作领导小组2021年度军地合力做退役军人工作"任务清单"（送审稿）》《关于提名孙玉栋同志为县委退役军人事务工作领导小组办公室副主任的请示》等事项。

【十四届县委2021年第30次常委会会议】 9月10日，中卫市委副书记、海原县委书记杨青龙主持召开十四届海原县委2021年第28次常委会会议。张鹏、薛军勇、田玉宝、于建涛、强斌、田风明、刘文杰出席会议。县人大常委会主任杨和、县政协主席丁志爱全程列席会议。县人大、县政府、县政协全体领导，县法院院长、县检察院检察长，海兴开发区分管领导，甘盐池种羊场及县直各单位、自治区市属相关单位负责人、各乡镇（街道）党（工）委书记列席了相关议题。会议传达学习了习近平总书记在2021年秋季学期中央党校（国家行政学院）中青年干部培训班开班式上的重要讲话精神；传达学习陈润儿同志在固原、中卫市调研实施"四大提升行动"推进乡村全面振兴时的讲话精神，研究落实意见；传达学习自治区党委召开常委会会议暨生态环境保护督察工作领导小组会议精神，全区生态环境保护工作视频调度会议精神，研究审定县人民政府党组提交的《海原县贯彻落实自治区党委第三生态环境保护督察组督察反馈意见整改方案（送审稿）》。会议套开了县委国家安全委员会第3次会议，传达学习习近平总书记关于坚持总体国家安全观重要论述、在中央政治局第二十六次集体学习时的重要讲话精神、自治区党委国家安全委员会第三次会议精神、全区党委国安办主任会议精神，听取全县国家安全工作汇报并安排部署下一步工作。会议套开了海原县2021年总河长第1次会议，传达学习自治区总河长第5次会议精神，《宁夏回族自治区河湖长履职细则（试行）》《自治区河湖长制2021年工作要点》，中卫市2021年总河长第1次会议精神，《中卫市河湖长制2021年工作要点》《中卫市河湖长制暗访工作制度（试行）》，通报自治区2020年度河湖长制工作考核结果，听取2020年河湖长制工作及2021年重点工作情况汇报，研究审定《海原县2020年度河湖长制工作考核结果（送审稿）》《关于调整海原县河长制办公室组成人员的请示》《海原县2021年河长制工作要点（送审稿）》《海原县全面深化河湖长制助推黄河流域生态保护和高质量发展先行区建设实施方案（送审稿）》。会议套开了县委统一战线工作领导小组2021年第2次会议，传达学习《中共宁夏回族自治区委员会贯彻落实〈中国共产党统一战线工作条例〉实施办法》，研究贯彻落实意见，研究审定《海原县统一战线工作领导小组成员单位职责分工（送审稿）》《海原县2021年“民族团结进步月”活动实施方案（送审稿）》，听取近期民族团结进步创建工作、“三化”治理工作、基层宗教治理工作等统战重点工作情况汇报。会议研究审定了县委宣传部提交的《海原县进一步健全新时代文明实践中心建设试点工作机制实施方案（送审稿）》县人民政府党组提交的《海原县国有企业改革三年行动实施方案（送审稿）》《海原县开展全国信访工作示范县创建活动实施方案（送审稿）》《庆丰收感党恩2021年中国农民丰收节暨宁夏（海原）第六届高端肉牛大赛筹备方案（送审稿）》，县委组织部提交的《中共海原县委第十四届十一次全体会议筹备方案（送审稿）》《政协海原县第十二届委员会人事安排建议方案（送审稿）》，县人大常委会党组提交的《关于召开县第十七届人大常委会第43次常委会的请示》等事项。会议还研究了干部事宜。

【十四届县委2021年第33次常委会会议】 9月24日，中卫市委副书记、海原县委书记杨青龙主持召开十四届海原县委2021年第33次常委会会议。张鹏、薛军勇、田玉宝、张晓华、李雪峰、于建涛、强斌、赵元学、田风明、刘文杰出席会议。副县长冯磊、贾治林及县委办、县政府办、县发改局、县财政局、县科技局、县交通局、县农业农村局、县水务局、县自然资源局、县乡村振兴局、县人社局负责人及高崖、西安、关桥三乡镇党委书记、乡镇长列席会议。会议传达学习了自治区党委主要领导批示精神，研究全县压砂地退出种植事宜。

【十五届县委2021年第1次常委会会议】 9月28日，中卫市委副书记、海原县委书记杨青龙主持召开十五届海原县委2021年第28次常委会会议。张鹏、薛军勇、张晓华、李雪峰、于建涛、强斌、赵元学、田风明出席会议。县人大、县政府、县政协全体领导，县法院院长、县检察院检察长，海兴开发区分管领导，甘盐池种羊场负责人列席了相关议题。会议传达学习了毛泽东《党委会的工作方法》、习近平总书记关于加强党委领导班子建设重要论述、《宁夏回族自治区加强作风建设八条禁令》《海原县关于落实〈宁夏回族自治区加强作风建设八条禁令〉实施细则》等；研究了干部事宜。县委常委班子成员分别在会上作表态发言。

【十五届县委2021年第2次常委会会议】 10月9日，中卫市委副书记、海原县委书记杨青龙主持召开十五届海原县委2021年第2次常委会会议。张鹏、薛军勇、张晓华、李雪峰、于建涛、强斌、田风明、刘文杰、丁芳出席会议。县人大常委会主任杨和、县政协主席丁志爱全程列席会议。县人大、县政府、县政协全体领导，海兴开发区分管领导、县法院院长、县检察院检察长、甘盐池种羊场负责人，县直各单位、自治区市属相关单位负责人、各乡镇(街道)党(工)委书记列席了相关议题。会议传达学习了习近平总书记在中央人才工作会议上的重要讲话精神，自治区党委常委会传达学习时自治区党委书记陈润儿的讲话精神；传达学习全区违规吃喝隐形变异问题专项整治动员会议精神，市委常委会传达学习时市委书记何健的讲话精神，研究审定县纪委监委提交的《全县开展违规吃喝隐形变异问题专项整治工作方案(送审稿)》；传达学习全区粮食购销领域腐败问题专项整治工作动员部署会议精神，研究贯彻意见。会议研究审定了县委组织部提交的《关于政协海原县第十二届委员会委员候选人初步人选的请示》《关于海原县第十八届人民代表大会常务委员会组成人员的建议》《关于政协海原县第十二届委员会常务委员会组成人员的建议》《海原县第十八届人民代表大会第一次会议选举办法(草案)》《政协海原县第十二届委员会第一次会议选举办法(草案)》《关于成立海原县第十八届人民代表大会第一次会议及政协海原县第十二届委员会第一次会议临时党委和临时党支部的建议(送审稿)》《海原县干部人事调配工作若干规定(送审稿)》；研究审定海原县第十八届人民代表大会第一次会议相关文件；研究审定政协海原县第十二届委员会第一次会议相关文件；研究了干部事宜。

【十五届县委2021年第3次常委会会议】 10月14日，县委副书记、政府代县长张鹏主持召开十五届海原县委2021年第3次常委会会议。薛军勇、张晓华、李雪峰、于建涛、强斌、田风明、曾小明、丁芳出席会议。县人大常委会主任杨和、县政协主席丁志爱及县纪委监委、县委办、县人大办、县政府办、县政协办、县委组织部、县委宣传部、县委统战部、县委政法委、县委党史和地方志研究室、县卫健局等部门负责人列席会议。会议传达学习了自治区党委十二届十三次全会精神，研究贯彻意见；研究审定县委党史和地方志研究室提交的《关于拟推荐田玉龙同志为全国党史和文献部门先进个人候选人的请示》，县委组织部提交的《海原县出席中卫市第五届人民代表大会代表候选人初步人选的请示》《海原县出席政协中卫市第五届委员会委员推荐提名人选的请示》等事项。

【十五届县委2021年第4次常委会会议】 10月25日，中卫市委副书记、海原县委书记杨青龙主持召开十五届海原县委2021年第4次常委会会议。张鹏、薛军勇、张晓华、李雪峰、于建涛、强斌、田风明、曾小明、丁芳出席会议。县人大常委会主任杨和、县政协主席丁志爱全程列席会议。县人大、县政府、县政协全体领导，海兴开发区分管领导、县法院院长、县检察院检察长、甘盐池种羊场负责人，县直各单位、自治区市属相关单位负责人、各乡镇（街道）党（工）委书记列席了相关议题。会议传达学习了习近平总书记在纪念辛亥革命110周年大会、中共中央政治局会议、中共中央政治局第三十三次和第三十四次集体学习时的重要讲话、对老龄工作的重要指示、致2021年世界互联网大会乌镇峰会、2021中关村论坛、第32届国际航空科学大会的贺信精神，市委常委会传达学习时市委书记何健的讲话精神；传达学习习近平总书记在中央人大工作会议的重要讲话精神，自治区党委常委会传达学习时自治区党委书记陈润儿的讲话精神，市委常委会传达学习时市委书记何健的讲话精神；传达学习《关于转发〈中共中央组织部关于领导干部及时报告个人有关事项的通知〉的通知》。会议套开了县委应对新冠疫情工作领导小组第21次会议，传达学习全国新冠疫情防控工作电视电话会议精神，自治区党委应对新冠疫情工作领导小组第19次会议、自治区应对新冠疫情工作指挥部第18次全体会议精神，听取县新冠疫情防控工作指挥部工作汇报，研究部署当前疫情防控工作；套开县委农村工作领导小组第3次会议，传达学习自治区政府主席咸辉到中卫调研时的讲话精神并研究贯彻落实意见，听取迎接巩固拓展脱贫攻坚成果后评估准备工作汇报并安排部署下一步工作，研究审定县人民政府党组提交的《海原县人民政府工作报告（送审稿）》《海原县2021年国民经济和社会发展计划执行情况与2022年国民经济和社会发展计划（草案）的报告（送审稿）》《2021年全县财政预算执行情况与2022年全县财政预算（草案）的报告（送审稿）》。会议研究审定了县人民政府党组提交的《关于在全县开展第八个五年法治宣传教育的实施意见（送审稿）》《海原县2021年统筹整合使用财政涉农资金（调整）实施方案（送审稿）》《2021年海原县实施乡村振兴战略综合考评方案（送审稿）》《关于海原华润农业有限公司固定资产代管经营和生物性资产有偿转让的请示》，县政协党组提交的《政协海原县委员会2022年协商民主计划（送审稿）》，县人民法院党组提交的《海原县人民法院工作报告（送审稿）》，县人民检察院党组提交的《海原县人民检察院工作报告（送审稿）》，县委组织部提交的《关于海原县出席中卫市第五届人民代表大会代表候选人建议名单的请示》等事项。

【十五届县委2021年第6次常委会会议】 11月5日，中卫市委副书记、海原县委书记杨青龙主持召开十五届海原县委2021年第6次常委会会议。薛军勇、张晓华、李雪峰、于建涛、强斌、田风明、丁芳出席会议。县人大常委会主任杨和、县政协主席丁志爱全程列席会议。县人大、县政府、县政协全体领导，海兴开发区分管领导、县法院院长、县检察院检察长、甘盐池种羊场负责人，县直各单位、自治区市属相关单位负责人、各乡镇（街道）党（工）委书记列席了相关议题。会议传达学习了习近平总书记在深入推动黄河流域生态保护和高质量发展座谈会上、山东东营考察时的重要讲话精神，中共中央、国务院《黄河流域生态保护和高质量发展规划纲要》精神，安排部署贯彻落实工作；传达学习全区深入实施“四大提升行动”全面促进乡村振兴工作现场会精神，研究贯彻意见；研究粮食安全工作，传达学习习近平总书记关于粮食安全系列重要批示和重要讲话精神，市委常委会第37次会议精神及《关于开展涉粮问题专项巡察工作的通知》精神，听取县委和县政府落实粮食安全属地管理主体责任情况汇报；传达学习全国、全区第二批政法队伍教育整顿有关会议精神，研究贯彻意见，审定《平安海原建设领导责任制实施办法（审议稿）》；听取全县前三季度经济运行情况汇报，分析当前经济形势，研究部署下一步工作；研究审定了县委宣传部提交的《关于新时代加强和改进思想政治工作的实施方案（送审稿）》，县人民政府党组提交的《海原县2021今秋明春生态建设生态保护植绿增绿大会战实施方案（送审稿）》《中部干旱带海原西安供水水源工程PPP项目建设方案（送审稿）》。会议套开了县委应对新冠疫情工作领导小组第22次会议，传达学习自治区党委常委会会议暨应对新冠疫情工作领导小组第20次会议精神、10月27日自治区党委应对新冠疫情工作领导小组扩大会议精神、自治区党委书记陈润儿在银川市督导调研疫情防控工作现场办公会会议精神和《自治区党委办公厅　政府办公厅关于当前全区机关单位干部坚守岗位下沉一线做好疫情防控工作的紧急通知》，传达学习《自治区党委组织部关于充分发挥各级党组织和党员干部作用坚决打赢疫情防控阻击战的通知》，听取县新冠疫情防控工作指挥部工作汇报，研究部署当前疫情防控工作。会议套开了县委党史学习教育领导小组第5次会议，听取9个县委巡回指导组工作开展情况汇报，传达学习《转发〈关于充分发挥基层党组织战斗堡垒作用和党员先锋模范作用　进一步深化党史学习教育“我为群众办实事”实践活动的通知〉的通知》精神并研究贯彻意见，听取全县党史学习教育开展情况汇报。会议还研究了干部事宜。

【十五届县委2021年第7次常委会会议】　11月15日，中卫市委副书记、海原县委书记杨青龙主持召开十五届海原县委2021年第7次常委会会议。张鹏、薛军勇、张晓华、李雪峰、于建涛、强斌、田风明、曾小明、丁芳出席会议。县人大常委会主任杨和、县政协主席丁志爱全程列席会议。县人大、县政府、县政协全体领导，海兴开发区分管领导、县法院院长、县检察院检察长、甘盐池种羊场负责人，县直各单位、自治区市属相关单位负责人、各乡镇（街道）党（工）委书记列席了相关议题。会议传达学习了党的十九届六中全会精神，自治区党委书记陈润儿在自治区党委2021年第40次常委会（扩大）会议传达学习时的讲话精神，市委书记何健在市委2021年第47次常委会（扩大）会议传达学习时的讲话精神，安排部署学习宣传贯彻工作；传达学习习近平总书记关于巡视巡察工作重要论述，《中国共产党巡视工作条例》；传达学习《关于转发〈中共中央组织部关于查处四川省自贡市自流井区严重违反换届纪律问题的通报〉的通知》精神，研究贯彻意见；传达学习《宁夏回族自治区重大决策社会稳定风险评估实施办法》，研究审定《海原县重大决策社会稳定风险评估实施办法（审议稿）》；研究审定了县纪委监委提交的《自治区巡察指导督导反馈意见整改方案（送审稿）》，县人民政府党组提交的《海原县2021年度闽宁协作社会帮扶资金使用方案（送审稿）》《自治区专项治理抽查组抽查海原县专项治理工作反馈问题整改方案（送审稿）》《关于解决农业产业化项目缺口资金和压砂地退出种植生态修复奖励资金的请示》；研究审定了《海原县委常委工作分工（送审稿）》《县级领导联系包抓乡镇（街道、甘盐池种羊场）工作安排（送审稿）》及县纪委监委相关议题。会议还研究了干部事宜。

【十五届县委2021年第9次常委会会议】 12月10日，中卫市委副书记、海原县委书记杨青龙主持召开十五届海原县委2021年第9次常委会会议。张鹏、薛军勇、李雪峰、于建涛、强斌、田风明、曾小明、丁芳、采澎涛出席会议。县人大常委会主任杨和、县政协主席丁志爱全程列席会议。县人大、县政府、县政协全体领导，海兴开发区分管领导、县法院院长、县检察院检察长、甘盐池种羊场负责人，县直各单位、自治区市属相关单位负责人、各乡镇（街道）党（工）委书记列席了相关议题。会议传达学习了11月18日中央政治局会议精神、习近平总书记在第三次“一带一路”建设座谈会上的重要讲话精神；传达学习全国宗教工作会议精神和自治区党委常委会会议传达时自治区党委书记陈润儿的讲话精神，自治区贯彻落实习近平总书记在深入推动黄河流域生态保护和高质量发展座谈会上重要讲话精神暨先行区建设第六次推进会精神，传达学习自治区党委十二届十四次全会精神，十二届自治区党委2021年第40次常委会（扩大）会议精神，分别研究了贯彻意见。会议研究审定了县委组织部提交的《海原县排查整顿农村发展党员违规违纪问题认定标准和处理办法（试行）（送审稿）》，县委宣传部提交的《海原县拓展新时代文明实践中心建设实施方案（送审稿）》，县人民政府党组提交的《海原县创建全国未成年人保护示范县实施方案（送审稿）》《海原县医疗健康总院组建方案（送审稿）》，县委农村工作领导小组办公室提交的《海原县2021年巩固脱贫攻坚成果自治区后评估反馈问题整改方案（送审稿）》，县人大常委会党组提交的《关于召开十八届人大常委会第1次会议的请示》《海原县人大常委会2022年工作要点及2022年监督工作计划（送审稿）》。会议套开了县委全面深化改革委员会第7次会议，传达学习中央全面深化改革委员会第19、20、21、22次会议精神、自治区党委全面深化改革委员会第14、15会议精神，研究审定相关方案细则，听取重点改革任务进展情况汇报。会议套开了县委全面依法治县委员会第4次会议，传达学习习近平总书记在中共中央政治局第三十五次集体学习时的重要讲话精神，《自治区信联办关于做好治理重复信访、化解信访积案专项工作中省级领导签字汇报后再次信访事项化解工作的紧急通知》并研究贯彻意见，听取海原县2021年全面依法治县工作汇报。会议还审定了《关于成立调整规范更名撤销有关议事协调机构的请示》，研究了干部事宜。

【十五届县委2021年第10次常委会会议】 12月17日，中卫市委副书记、海原县委书记杨青龙主持召开十五届海原县委2021年第10次常委会会议。张鹏、薛军勇、张晓华、李雪峰、于建涛、强斌、田风明、曾小明、采澎涛出席会议。县人大常委会主任杨和、县政协主席丁志爱全程列席会议。县人大、县政府、县政协全体领导，海兴开发区分管领导、县法院院长、县检察院检察长、甘盐池种羊场负责人，县直各单位、自治区市属相关单位负责人、各乡镇（街道）党（工）委书记列席了相关议题。

会议传达学习了中央经济工作会议精神和自治区党委常委会会议传达时自治区党委书记陈润儿的讲话精神，研究贯彻意见；套开县委农村工作领导小组第6次会议，研究审定《海原县统筹开展2021年度巩固拓展脱贫攻坚成果同乡村振兴有效衔接国家考核评估工作方案(送审稿)》《海原县关于调整防止返贫动态监测纳入程序的报告》等事宜，听取自治区后评估反馈问题整改进展情况，传达自治区财政厅 乡村振兴局关于做好2021年度衔接推进乡村振兴补助资金绩效评价有关工作要求，安排部署国家统筹开展2021年度巩固拓展脱贫攻坚成果同乡村振兴有效衔接考核评估工作。会议还审定县人民政府党组提交的《关于解决全县压砂地退出清砂资金的请示》，研究了干部事宜。

(县委办)

县委办工作

【概　况】 中共海原县委办公室(简称县委办)是县委的重要办事机构和综合职能部门，管辖督查室、保密局、机要局、档案局，实施一个单位挂五个牌子，下辖档案馆、督查督办服务中心2个副科级事业单位。2021年，县委办核定行政编制22名(包括县委书记、副书记、专职常委3名)，事业编制5名。领导班子设1正4副，其中设主任1名、副主任3名、机要局专职副局长1名，县委督查督办服务中心主任1名(副科级事业编)。

【会务服务】 充分发挥办公室运转中枢作用，实行县委重大活动月安排、周调度制度，增强预见性，打好提前量，确保无缝衔接、高效运转。办会能力不断提升，对政府礼堂各会议室进行升级改造，安装LED屏2块、高清摄像头3个，新增可移动显示屏4块，对3个会议室的话筒进行了全面故障排除、换新，确保各类会议顺利举行，全年承办县委全会、县委常委会会议、专题会议等重要会议110余次。办事效率不断提升，协调开展重大项目开工、肉牛大赛、应急演练等重大活动30余项，先后接待部级以上领导考察调研13次、各级各类考察调研51次，树立了海原良好形象。

【文秘服务】 紧扣县委决策部署和主要领导思路，站位全局、结合实际，严把文稿思想性、针对性和实效性，力求初稿硬、校对细、打磨精、提炼准、出精品，切实增强以文辅政能力水平。全年高质量完成各类重要文稿100余篇，部分文稿得到县委领导的肯定和好评。完善公文处理流程，规范文件签发、传阅批办、发文办理工作，进一步把好文件发文关、政治关、政策关、格式关。全年县委发文29件，县委办公室发文104件，向自治区党委办公厅、市委办公室报备规范性文件7件，废止、失效、修改1958年至2021年规范性文件208件，基本实现“零差错”。

【信息调研】 起草印发《海原县2021年督查检查考核工作计划》，对年度计划中所列督查检查考核事项，按照确定的主题和范围，及时制定翔实工作方案进行督查，形成台账管理、专人盯办、调研督查、现场核查、跟踪督办的工作闭环，确保年度重点任务不折不扣落实到位。全年共开展督查检查90余次，其中联合(整合)督查15次，撰写《督查专报》39期，下发督办通知单83期，督办县委领导批示件109件次、书记信箱74件次。

【机要保密】 全力做好密码管理和电子政务内网建设、管理、维护工作,全年实现“无事故”目标。首次将保密办公室从县委办公室分离单独办公,完善保密规章制度,开展保密专项检查2次,保密工作逐步规范化、制度化运行;圆满完成年度涉密文件回收清退工作,涉密文件清退工作受到自治区党委办公厅通报表扬,全年实现“无泄密”目标。

【档案服务】 以档案工作规范化管理为重点,全面落实档案安全“八防”措施,提升档案利用服务质量,全年提供查阅服务2000余人次,复印档案资料6250页;举办脱贫攻坚档案资料整理培训2场次,实地指导各乡镇(街道办、甘盐池种羊场)整理脱贫攻坚档案资料18次,为真实、完整、全面、准确记录全县反贫困史取得的历史成就提供坚实基础,各部门(单位)、各乡镇(街道办、甘盐池种羊场)脱贫攻坚档案资料正在移交中。

【后勤保障】 细化公寓管理,制定《海原县处级领导干部公寓管理办法》,从申请条件、管理原则、调配及管理措施等方面对公寓管理作出详细规定,不断提升公寓管理能力和水平。加强环境整治,长期聘用2名卫生保洁员对县委大楼实行全天候卫生保洁,做到楼梯无垃圾、走廊无污迹,公共部位门窗干净,营造了干净卫生整洁的办公环境。同时,加快节约型机关创建工作,在楼内卫生间、走廊等公共区域粘贴节水节能标识,设置分类垃圾桶10个、可回收物回收箱20个,张贴节约粮食宣传海报2幅,不断营造创建氛围。

【驻村帮扶】 选派2名干部驻村扶贫,兑付脱贫户种植养殖产业补贴78.8万元、劳务奖补1.27万元,基础建设补贴3.6万元、低保金27.28万元,牢牢守住不发生规模性返贫底线。积极谋划筹办滴灌带生产小型企业,推动发展壮大蔬菜特色产业冷藏库项目建设,以产业谋划助推发展村集体经济。

【政治建设】 坚持从理论武装工作抓起,以党史学习教育为契机,不断深入建设学习型机关,依托办公室干部理论学习、党支部“三会一课”、支部主题党日、“学习强国”学习平台、微信平台等途径,采用个人自学、集体学习、研讨交流、体验式教学等方式,持续深入学习习近平新时代中国特色社会主义思想,原原本本学习《论中国共产党历史》《中国共产党简史》等“规定篇目”,及时跟进学习习近平总书记最新重要讲话精神、党的理论方针政策和区市县重大决策部署,始终在理论上先学一步、学深一层。全年召开集中学习46次、交流研讨18次,分批次多阶段开展习近平总书记在庆祝中国共产党成立100周年大会上的重要讲话精神和党的十九届六中全会精神学习,坚持不懈提高党员干部运用党的创新理论指导实践、推动工作的能力。

【机关党建】 严肃党内政治生活,全年召开党员大会6次、支委会27次,开展主题党日12次,党员干部讲党课6人次,开展党史学习教育专题组织生活会1次、巡察反馈问题整改专题民主生活会1次,党员的责任感、荣誉感和对党组织的认同感、归属感不断增强。认真做好党员发展和教育管理工作,接收预备党员1名,转正预备党员1名,按规定每月及时足额收缴党费,党的组织生活不断规范。

【队伍建设】 围绕打造高素质、专业化干部队伍,招录公务员1名,选调公务员2名,择优选调2名优秀年轻干部跟班学习，充实了骨干力量。向县委推荐提拔干部3名，不断调动干部干事创业的积极性。组织参加自治区内外举办的专题学习培训3批6人次，干部队伍综合素质得到全面提升。

【党风廉政】　坚持把党风廉政建设和业务工作同部署、同落实、同推进，每季度召开专题会议研究部署党建党风廉政建设工作，结合廉政警示教育周活动，及时学习党中央、自治区市党委、市委、县委全会精神和有关违纪违法案件警示通报，定期对党支部成员开展警示提醒谈话，全年累计提醒谈话16人次，及时组织党员干部观看学习《贪欲之祸》《党史中的清廉故事》等廉政警示教育片，切实增强党员干部学纪学法、执纪执法、守纪守法的自觉性。

（县委办）

组织工作

【概　况】　中共海原县委员会组织部是县委主管组织建设、干部工作、公务员工作、老干部工作和人才工作的职能部门，挂直属机关工作委员会、县老干部局、县公务员局牌子，非公有制经济组织和社会组织工作委员会、离退休干部工作委员会设在组织部。设办公室、干部一室、干部二室、干部人事档案室、组织一室、组织二室、人才与公务员管理室7个内设机构。

2021年，县委组织部有行政编制19名、事业编制2名、参公编制8名、工勤编制1名。设部长兼直属机关工委书记1名，由县委领导兼职，不占科级领导职数，副部长4名，其中1名常务副部长兼县直机关工委副书记（正科级），1名副部长兼非公有制经济组织和社会组织党工委书记（正科级），1名副部长兼离退休干部党工委书记、老干部局局长，1名副部长兼公务员局局长。2021年末，有在编在岗工作人员30名，其中中共党员30名，县处级副职1名，四级调研员1名，乡正科级正职1名，一级主任科员1名，二级主任科员2名，乡科级副职5名，四级主任科员4名，一级科员8名，试用期人员6名；研究生4名，大学21名，大专1名；35岁以下16名，36~40岁4名，41~45岁3名，46~55岁6名，56岁以上1名。

【干部选拔任用】　2021年，海原县提拔干部151名，其中脱贫一线干部64名。修订完善了领导班子和领导干部年度考核办法，先后对7个班子开展政治素质考察调研，对专项考核综合排名靠后的3名班子负责人进行了调整，推进干部“能上能下”成为常态。重新使用受处理处分影响期满后表现优秀的干部7名，营造干事创业氛围。公务员职级晋升120名，对表现优秀的8名干部推荐晋升四级调研员，激发了奋斗精神。择优选配22名长期在基层一线默默奉献、埋头苦干的“五方面人员”进入乡镇领导班子。为教体、卫健、农业农村、水务等业务部门调任7名专业人才担任部门副职。大力选拔年轻干部，提拔任用“85后”年轻干部76名，占总提拔人数的50%，切实激发年轻干部干事创业活力。

【干部教育培训】　2021年，海原县根据干部岗位职责和专业特长，加强双向挂职培养、信访部门锻炼、基层实践锤炼，择优安排7名干部挂职部门副职，选派2名干部赴漳浦县挂职，2名干部赴自治区直单位跟班学习，2名新任职科级干部到信访部门挂职半年，37名年轻干部参与巡察、驻村帮扶工作，在多岗位锻炼中丰富阅历、增长见识。开展专业训练，扎实推进"习近平新时代中国特色社会主义思想教育培训计划"、"一把手"政治能力提升工程，精准制订2021年度干部教育培训计划，在县委党校、福建漳州科技学院举办专题培训班26期，累计培训各类干部4500余人次；组织60名新任职科级干部、选调生等参加自治区、市各类主体班调训，干部网络培训参学率、结业率均达到100%。

【干部监督管理】 2021年，海原县紧盯"一把手"及关键岗位领导干部"关键少数"，推动权力集中、资金密集、资源富集的重点部门、重点岗位的干部依法履职，对47名职务调整干部开展经济责任审计。开展任前廉政谈话及廉政测试151人。抓预防教育。紧盯换届纪律风气预防教育，换届期间对领导干部、换届工作人员、参加推荐人员等印发了《严明十严禁纪律 确保换届风清气正》彩页1200余份，发放《严肃换届纪律提醒卡》1900册、《宁夏严肃换届纪律学习手册》650本，全覆盖观看《警钟长鸣》《贪欲之祸》等警示教育片。开展县乡两级开展谈心谈话260余人次，先后对15名干部开展提醒谈话，对2名干部开展函询，对6名干部开展诫勉谈话。制定《海原县委组织部巡视巡察整改日常监督暂行办法》，开展违规办理、持有因私出国(境)证件和身份证件专项整治。畅通监督渠道，充分利用"12380"监督平台，及时核查并反馈存在问题，共受理问题反映22件，其中取消干部任用资格1名。

【公务员管理】 2021年，海原县围绕"三强一高"工程，制定了《关于建设高素质专业化公务员队伍的实施方案》，进一步加强公务员队伍思想淬炼、政治历练、实践锻炼、专业训练。根据区、市公务员平时考核工作座谈会、推进会精神，制定下发了《关于进一步加强公务员平时考核工作的通知》。对照《宁夏回族自治区公务员考核办法》，制定了《公务员年度考核优秀等次比例核定办法》。

【庆祝中国共产党成立100周年活动】 2021年，海原县组织开展了"七一勋章"推荐和自治区市县"两优一先"选树工作，推荐表彰自治区市县优秀共产党员57名、优秀党务工作者31名、先进基层党组织46个，发放"光荣在党50年"纪念章544枚，利用"两微一端"对"两优一先"进行宣传报道。编印《学习身边榜样，让党旗在基层一线高高飘扬》书籍，以榜样力量引领带动广大党员干部积极担当作为。先后走访慰问1279名党内功勋荣誉表彰党员和生活困难党员。

【农村基层党建】 2021年，海原县深化"一抓两整""六查六强"和"百万移民致富提升"行动，采取县乡村"三级联动"，"一村一案"制定软弱涣散村、移民村党建提升方案，梳理问题981个，制定工作措施1354条。2021年创建110个三星级及以上示范村党组织、9个示范乡镇。严格落实"四个不摘"要求，从自治区市县选派430名驻村干部。选树农村致富带头人1025名、党组织带头人296人、村级后备力量397人。举办了新任村(社区)干部乡村振兴能力提升、驻村干部、致富带头人等专题培训班，实现全覆盖。组织85名村"两委"负责人参加学历提升。

【机关党建】 2021年，海原县在机关党组织深入实施"三强九严"工程，持续推进模范机关创建，开展机关党建结对“互观互检”活动，建立整改落实台账，逐个“挂号”，逐项“销号”，按照“一系统一品牌、一单位一特色”思路，开展“书记谈”模范机关创建活动，认定模范机关34个，营造了创先争优的浓厚氛围。

【城市党建】 2021年，海原县健全完善“三级联动”机制，理顺“社区党委（党总支）—网格（小区）党支部—院落（楼栋）党小组”三级网格管理，组建“联合党委”11个，划定社区网格108个，设立小区长48人、楼栋长560人、单元长1647人，优化了管理。建立社区治理“一书三单”，签订驻区单位共建协议书79份，组织600余名机关党员干部到社区报到认领服务岗位，4600余名党员干部及志愿者参与社区疫情防控，凝聚起强大合力。

【非公企业和社会组织党建】 2021年，海原县不断提升“两个覆盖”质量，大力实施“有形覆盖”和“有效覆盖”双提升行动计划，打造县级党建示范点3个，全面落实党组织书记任职补贴；建立非公有制经济组织和社会组织党组织20个，覆盖非公企业和社会组织36家，覆盖率均达到90%以上。

【人才工作机制】 2021年，海原县坚持党对人才工作的全面领导，发挥党委总揽全局、协调各方的领导优势，管方向、定政策、优环境。持续强化组织部门牵头抓总、行业主管部门分工协作的工作机制，重新修订《海原县选调生“导师制”帮带工作方案》，切实发挥好县领导抓人才工作带头引领作用。围绕海原县特色产业，研究起草《海原县“人才+重点产业”行动计划方案》，系统谋划布局了一批产业和行业人才项目，促进人才链与产业链深度融合。制定了《海原县行业柔性引才秘书处工作职责》《海原籍优秀人才回乡就业创业行动计划》，进一步完善人才工作机制。认真落实人才各项待遇，设置人才公寓40套，已安置26名高层次人才，解决了引进人才的后顾之忧。利用春节等重大节庆，组织慰问各类人才13人，增强了人才的荣誉感、归属感、获得感。

【人才引进】 2021年，海原县招录公务员47名（选调生8名），招聘事业人员72名、事业编制教师210名、定向医学生115名、高层次卫生专业技术人员2名、公费师范生37名。依托“青年高层次人才延揽”行动计划，围绕重点产业和重大项目需求，招聘急需紧缺高层次人才5人。依托“青年人才援助服务基层计划”平台，争取自治区向海原县选派两名青年人才到科技、自然资源等部门挂职指导开展工作。深入实施“情系中卫人才回归行动计划”，动员各单位、海原籍成功企业家、知名专家大力宣传区市县人才政策，对海原籍在外优秀人才进行摸底，建立在外优秀人才库，已入库人员62名。根据东西部科技合作、闽宁对口帮扶等平台，聘请5名农业、林业专家，对养殖技术、“瘦肉精”检测、兽药信息化监管、智慧动监平台、设施农用地政策、果树修剪嫁接和病虫害防治等进行培训，受训370人次。

【骨干人才培养】 2021年，海原县实施“行业骨干人才培养行动计划”，利用“西部之光”“基层之星”平台，推荐10名优秀专业技术人员赴外研修学习。依托自治区党校、闽宁镇宁夏东西协作干部培训中心和各级党校等，紧紧围绕全县重点工作和“一主四特”产业发展实际，先后举办产业转型升级、乡村振兴、生态环保、城乡规划等各类专题培训班18期，累计培训各类人才3800余人次，不断提升人才专业化素养。选派7名行业部门专业技术骨干到农业农村、住建、交通、自然资源等部门挂职锻炼，促其增长才干。积极对接福建漳州和自治区党委组织部，接收27名领导干部来海原县挂职，助推高质量发展。采取“上派下挂”等方式，将政治素质过硬、有发展潜力的年轻干部放到急难一线、吃劲岗位加强实践磨炼，选派2名年轻干部到区、市机关单位挂职锻炼，2名年轻干部到福建交流锻炼，76名年轻干部到贫困村担任第一书记和工作队队员，在实践锻炼中提升综合能力素质。

【乡土人才培养】 2021年，围绕“人才+重点产业”行动计划，先期对涉及肉牛、枸杞、文化旅游、交通物流、绿色食品、功能农业等重点产业领域的1.7万余名产业人才进行了盘点和分析，分类建立了信息库。紧盯全县农业产业化发展需求，聘请西北农林科技大学、宁夏大学、宁夏农林科学院专家教授，组建高端肉牛、草畜、马铃薯等8个农业产业专家服务团队，举办集中培训和现场技术指导18场，培训实用人才1100余人次。申请农村实用技术远程培训和现场培训需求18项，申报了海原县2021年肉牛产业发展培训和百万移民致富提升行动计划人才项目，依托人才项目培训乡土人才。

【老干部工作】 2021年，认真落实中央及区市县相关精神，切实抓好离退休干部党组织建设、“两项待遇”落实、教育服务管理等各项工作。在固原成立县域外第二个离退休干部“地缘型”党支部，推动老党员组织生活全覆盖。举办离退休支部书记培训班1期，培训人员60余人次。组织离退休干部参加各类座谈会、情况通报会、征求意见会等共13场次、80余人次，引导老干部为促进海原经济社会发展建言献策、发挥正能量。组织看望患病老干部13人次，丧事慰问2人次，报销医药费用20多万元。不断丰富老干部精神文化生活，以党史学习教育为契机、以提升文化养老水平为目标，大力组织开展文化娱乐活动，搭建老干部活动平台。先后举办网上“祭英烈”、“学党史、知党情，感党恩、跟党走”知识竞赛、中国共产党成立100周年主题宣讲、“我看建党百年新成就”畅谈建言及“不忘初心，我是老党员”先进典型评选等活动。

【组织队伍建设】 2021年，海原县委组织部不断强化组工干部思想教育，以党史学习教育为契机，坚持推行“一周一次集中学习、一期组工讲坛，一月一期专题党课、一次党性实践”学习教育机制。扎实开展“三会一课”“主题党日”活动，着力增强组工干部的党性意识、岗位意识、服务意识。结合不同岗位实际，采取“驻村培养”、重点帮带、以老带新等办法，引导组工干部练好学习积累功、调研总结功、思考创新功、实干宣传功、修养进取功等基本功，不断提升工作业务能力。着眼推进组织工作规范化、制度化、信息化，对照组织工作形势要求、短板问题以及部机关运行管理需求，细化规范档案管理、公文运转、办文办会、安全保密、卫生环境等机关事务办理原则、具体标准、工作职责和运行规程，推进部机关规范管理、高效运转。

（县委组织部）

宣传工作

【概　况】　海原县委宣传部下设海原县文明办、国防教育办公室、扫黄打非办公室、新闻出版局、新时代文明实践指导服务中心5个挂牌单位，设部长1名（由县委常委兼任）、副部长3名，其中常务副部长兼任文明办主任。2021年，有工作人员13名，其中行政编制8名，事业编制4名，工勤编制1人。

【理论武装】　2021年，海原县持续发挥县委理论学习中心组作用，将习近平新时代中国特色社会主义思想作为各级党委（党组）理论学习中心组学习的第一议题和常设议题，常态开展研讨交流、巡听旁听，县委理论学习中心组已开展学习11次。持续开展习近平新时代中国特色社会主义思想“七进”和学校“三进”活动，进企业122场次，进农村205场次，进机关149场次，进社区55场次，进网络35次，“三进”学校858场次。组建宣讲团，成立宣讲小分队，开展理论宣讲405场次，举办“学习强国”达人挑战赛、理论征文、微宣讲和演讲比赛、知识竞赛等。推进“学习强国”学习平台应用，筑牢广大干部群众思想基石。充分利用各乡村大喇叭转播宁夏旅游广播《乡村大喇叭唱响新时代》庆祝中国共产党成立100周年广播宣传专题栏目，启用农村大喇叭，全天候不同时段播出，在群众中掀起了学习的热潮，引导广大群众听党话、感党恩、跟党走。召开“庆祝中国共产党成立100周年理论研讨会”，召开2场庆祝中国共产党成立100周年座谈会，增强了坚定不移听党话、跟党走的信心和决心。组建多支宣讲小分队，深入各乡镇各村开展专题宣讲辅导246场次，推动党史学习教育横向延伸、纵向覆盖。充分发挥红色资源的教育滋养作用，利用关桥堡会议旧址、牌路山烈士陵园等开展英烈祭奠活动156场次、体验式学习2.5万人次，厚植爱国主义情怀，让红色基因融入血脉赓续传承。通过示范教学，聚集宣讲树形象方式高标准高质量推进党史学习教育宣讲工作，计划通过开展“下沉式”“开放式”“菜单式”“案例式”“文艺式”宣传阐释260余场次，实现全县83个基层党委（党组）理论宣讲全覆盖。已开展专题辅导70余场次，受众人数3300余人次。创新方式学。用活红色文化资源，开展主题党日、“重走红军长征路”徒步行、七日体验式学习等，提升学习教育质量。

【党史学习教育】　2021年，海原县紧紧围绕庆祝中国共产党成立100周年主题，扎实推进“传承党的百年光辉史基因、铸牢中华民族共同体意识”教育活动，丰富各类主题教育、体验式学习等内容，梯次推进红5月系列活动。开展主题为“寻红色印记、游百年梨园”的文化旅游系列活动，感受岁月隽永，依托红色历史底蕴，成功带动经济的发展。开展主题为“赓续红色百年·馥郁书香塞上”世界读书日系列活动，同时，采用线上线下的形式“传基因、育新人”。举办主题为“翰墨颂党情”的书画作品展，激发干部群众以热情昂扬的斗志，用心用情用力书画海原特色文艺作品，讴歌全县各族人民在中国共产党的带领下发生的翻天覆地的变化。开展“送戏下乡、文化大篷车”惠民文艺演出，让基层群众“富脑袋”“鼓钱袋”，让百姓生活“火”起来，为推进移风易俗、乡村振兴奠定坚实基础。

【新闻宣传】　2021年，海原县聚焦决胜全面建成小康社会、开启全面建设社会主义现代化国家新征程、中国共产党成立100周年等重大主题，统筹内宣外宣、线上线下，人民网、新华网等央媒对海原县好经验好做法进行了系统报道。融媒体中心开设了“奋斗百年路　启航新征程”“学百年党史　守初心使命”等专栏，深入挖掘、大力宣传各类先进典型，原创作品100余条，其中新华网、百家号等平台采用357条次，“学习强国”学习平台采用8条，自治区级媒体采用5条，市级媒体采用12条。在县城街道墙面、部门（单位）大楼、学校、医院、公交站点宣传栏等显著位置及各乡镇人员密集场所悬挂、张贴庆祝中国共产党成立100周年、党史学习教育、创建自治区文明县城等宣传海报2万余份。

【新时代文明实践】　2021年，海原县持续深化拓展新时代文明实践，进一步巩固2020年新时代文明实践中心（所站）建设成果，突出理论宣讲志愿服务，以“三个挖掘”带动红色宣讲走进群众。挖掘专家资源、战士资源，开展海原县红色战斗故事宣讲活动。挖掘基层资源。组织各部门各乡镇党员组成了海原县红色故事志愿宣讲服务队，开展红色故事宣讲服务。

【党史学习教育平台建设】　利用新时代文明实践中心和融媒体中心融合机制，开设“党史百年天天读”“学百年党史守初心使命”等专栏，每日推送党史百年天天读、海原县各单位开展党史学习教育等活动内容，已累计推送100多期。编辑了“观红剧、学党史、知党恩”红色片段推送活动，提升了党史学习教育的直观感受。对全县新时代文明实践管理员进行了新时代文明实践云平台系统培训，对全县新录用干部通过网络直播开展了精神文明培训。

【志愿服务】　扎实开展“我为群众办实事”实践活动。技能培训志愿队开展“春风行动”志愿服务，对接35家企业参会提供岗位8333个，为群众就业创业积极搭建平台；文明新风志愿队充分利用学雷锋活动纪念日、“3·15”消费者权益日、国防安全日、关桥梨花节、“4·23”全民阅读日、“4·26”世界知识产权日等开展社会主义核心价值观、志愿服务、消费诚信、护苗、版权维护等宣传。健康义诊志愿队结合海原县第四届梨花节等各类活动，走入乡村开展量血压、指导科学服药等志愿宣传活动；种植养殖技术志愿队充分整合技术、人才、资金力量，形成捆绑式发展，通过开展现场会、集中培训、田间指导、观摩学习等形式多样的科技培训，提高企业自主创新能力和全民科学素质；各单位纷纷组织植绿增绿志愿队，开展植绿增绿，完成种植110万余株。

【先进典型宣传】　深入开展选树宣传各类先进典型活动。在部分乡镇各街道、人群密集场所显著墙面刷写“幸福是奋斗出来的”等扶志标语30余块。召开了2021年文明委会议，命名表彰了54名道德模范、移风易俗模范户、文明家庭等，通过选树典型，示范带动身边人，形成正向激励。推荐上报了海原县文明办等2个单位为自治区精神文明建设工作先进集体，三河镇富陵村、史店乡徐坪村为自治区第二届移风易俗工作先进村镇，甘城乡甘城村红白理事会、西安镇小河村红白理事会为自治区先进红白理事会，关庄乡高台村村民臧金芳等3人为自治区移风易俗模范户。

【文明县城创建】　县委常委会会议研究审议了《海原县创建自治区文明县城工作方案》，4

月份召开了创建自治区文明县城动员大会，紧紧围绕人民群众关心关注的热点、难点问题和创建工作的短板弱项，建立“1+9”工作体系（即1个创城办，9个推进组），9个推进工作组列出三年工作计划清单，着眼于弱项达标，着眼于补齐短板，进一步加大创建工作推进力度，加快基础设施改造和建设，进一步优化公共环境、公共秩序、公共关系，推动我县创建工作向更宽领域、更深层次、更高水平迈进，努力建设崇德向善、文化厚重、和谐宜居、人民满意的文明城市。

【文明单位创建】 已创建文明村镇全国级2个，自治区级7个，市级31个，县级57个。文明单位全国级2个，自治区级16个，市级10个，县级31个。指导史店乡徐坪村、审计局等单位通过全国文明村镇、单位创建、复验工作。以“提升宣传教育引导实效，提升红白理事会工作成效，提升村规民约制度约束力”“三提升”为着力点，进一步巩固提升移风易俗工作成效，助推乡村治理工作取得新成效。启动试点建设新时代文明实践中心（所、站），构建“23486”文明实践模式，即建立“海原县志愿者网络管理”和“志愿者实践活动阵地”两大服务平台；构建“实践中心—实践所—实践站”三级组织体系；建立志愿服务活动运行、供需对接、奖励激励、督查考核四项机制，组建八支志愿服务队伍，落实六项主要工作。整合现有资源，试点建设1个新时代文明实践中心，围绕“文旅扶贫”“精神扶贫”等助力脱贫攻坚，建设8所、11个新时代文明实践所（站），创新打造“乡村发布会”“孝行张堡”“传承红色基因”等品牌，持续通过党的理论政策宣讲，移风易俗宣传，文化活动、志愿服务等，进一步培育和践行社会主义核心价值观。开展习近平新时代中国特色社会主义思想入脑入心学习宣讲宣传近千场，开展扶志扶智以文化人系列文化活动500余场，开展点对点、面对面志愿服务活动近2000场次。

【文明家庭创建】 县文明办、县妇联、县教体局等单位联动推进，海原县文明家庭创建氛围越来越浓，家庭文明带动了乡风文明，构建了社会文明。截至年底，推荐命名文明家庭自治区级2个，市级11个，县级20个，每年召开文明委会议，结合最美家庭、最美军人家庭、最美兵妈妈、最美军嫂等常态化开展“文明家庭”评选活动，侧重绿色家庭、和谐家庭、清廉家庭等的选树表彰，并通过融媒体中心、善行义举榜、宣传橱窗等线上线下平台，以树家庭文明风貌、做家庭文明成员、学家庭文明美德、搞家庭文明建设为内容，开展好“文明家庭”的宣传和普及，在机关、企业、村、社区开展“爱润万家·好家庭好家教好家风”宣讲，营造向上向善的社会氛围。通过典型示范，改善了家风、民风及社会风气，促进了家庭美德建设，营造了浓厚氛围，由小家及大家，最终实现家庭和睦美满，社会和谐稳定。

【文明校园创建】 全县有学校法人单位53个，截至2021年末，已创建文明校园共45个，占比85%，其中文明校园自治区级5个，市级10个，县级30个。持续深入推动习近平新时代中国特色社会主义思想进教材、进课堂、进头脑，把培育和践行社会主义核心价值观融入教育教学全过程。

【移风易俗】 起草了《海原县关于规范党和国家工作人员操办婚丧喜庆事宜的管理办法》。印发了《海原县推动移风易俗专项行动方案》

《海原县移风易俗助力脱贫攻坚系列活动方案》《海原县深入开展为民服务解难题“十个一”主题活动方案》《海原县扶志扶智行动方案》等，进一步健全红白理事会制度，让红白理事会真正“能理事”“理成事”。修订完善村规民约，合理划定红白喜事标准和规模，全面推行备案承诺制度。建立了文明委成员单位联系乡镇机制，举办县、乡、村移风易俗宣讲培训150余场次，发放倡议书、村规民约、宣传挂历、卫生健康包、围裙等20余万份，各乡镇落实“婚丧事简办承诺书”“婚嫁日记”制度等，细化明确彩礼、随礼、宴席桌数等标准。展示评选道德模范、身边好人、文明家庭、移风易俗示范户和好婆婆、好媳妇等先进典型。并印发移风易俗承诺书，要求党员、公职人员、村干部签订移风易俗承诺书达到100%。加大移风易俗工作年度考核分值，高价彩礼、高额人情、大操大办等不良风气得到基本遏制，教育引导群众主动践行和弘扬时代文明新风的社会风气基本形成。组织开展了海原县2021年“云约海原情”，理论政策“云讲堂”、文化科技卫生“云下乡”、志愿者“云培训”等6项活动。

（张丽萍）

统一战线和民族宗教

【概　况】 海原县委统一战线工作部（简称统战部）有行政编制13名，设部长1人，由县委常委兼任；副部长4名，其中常务副部长兼任民族宗教事务局局长。内设办公室、民族股、宗教事务股、综合股4个科室。2021年，实有工作人员19名，其中公务员17名，工勤人员2名。

【民族团结创建】 1.强化组织领导，高位推动抓创建。成立了以县委书记为组长，政府县长为第一副组长，县委、县人大、县政府、县政协分管联系领导任副组长，56个单位主要负责人为成员的创建工作领导小组，负责全国民族团结进步示范县创建工作的领导和统筹。在领导小组的统一安排部署下，成立了由5名县级领导为组长的督导组，指导督查乡镇（街道）和部门（单位）落实创建示范县的工作，抽调了相关部门骨干人员组建民族团结进步创建指导中心，高位推动创建工作稳步推进。建立健全了民族工作、宗教工作联席会议制度，先后召开6次专题会议研究部署创建工作，分析研判解决了创建过程中的重点难点，进一步压紧压实工作责任，确保创建工作取得成功取得实效。2.坚持规划引领，理清思路抓创建。坚持把创建工作放到全县经济社会发展大局中思考、谋划、研究，制定下发了《海原县创建全国民族团结进步示范县实施方案》《测评指标体系》等指导性文件，建立了创建任务清单，量化目标，强化措施，细化责任，推动创建工作由单体突破向整体协同转变，形成了“党委统一领导、党政齐抓共创、创建办综合协调、各单位共推共创、全社会积极参与”的创建工作格局，有力地推动了民族团结进步创建工作始终沿着正确方向前行。3.强化督查考核，狠抓落实抓创建。把创建工作纳入全县重点工作和效能目标管理考核，考核分值由原来的2分提高到了5分，建立健全保障机制，由县财政按照人均2元的标准保障工作经费列入年度财政预算，进一步夯实创建工作经费保障基础。建立完善了督查责任制、专项督查制等制度，定期不定期开展督查指导工作，确保创建工作常态化、制度化、规范化。在巩固现有创建成果基础上，成功打造了李旺镇、三河镇富陵村、海原县职业技术学校、海兴开发区税务局、李旺镇穆家团庄清真寺、街道办西关大寺、闽宁纺织园等各类示范点14个，形成了以点串线、以线连片、以片带面的示范创建格局。11月22日，海原县作为第九批全国民族团结进步示范县拟命名名单在国家民委网站公示，创建工作取得了实实在在的成效。

【宗教事务管理】 1.扎实推进合坊并寺。在全面摸清合法宗教活动场所底数的基础上，积极稳妥开展“合坊并寺、团结开寺”。2.深化治理“三化”问题。每季度开展1次宗教活动场所“三化”治理“回头看”，查漏补缺，防止反弹。3.深化治理佛道教“商业化”问题。按照自治区《关于开展佛道教商业化治理工作的意见》，及时研究制定了治理方案，全面摸排，边查边改。4.全面铺开宗教场所“三统一”工作。根据自治区党委统战部要求，宗教场所全部实行统一建档、统一编号、统一挂牌（简称“三统一”），由县乡两级宗教干事对全县617座宗教活动场统一进行了建档、编号，由第三方公司集中对所有宗教活动场所进行挂牌。5.依法开展基层宗教事务治理。坚持用法治思维和法治方式，依法依规对宗教场所、宗教活动、教职人员进行管理，着力解决宗教领域突出问题。深入开展“五进”宗教活动场所活动，增强宗教界人士和信教群众的宪法、法律意识，进一步激发了宗教界人士和信教群众的爱国热情，培养了爱国情操，树牢了国家意识、公民意识和中华民族共同体意识。研究制定了《海原县宗教活动场所民主管理制度》，将场所学习、人员、财务管理等10项制度上墙。督促指导宗教场所成立民主理财和财务监督小组，开设银行公户账号，逐渐规范场所管理，使宗教场所管理逐步制度化、规范化。坚持常态化开展“三学一做”（学习习近平新时代中国特色社会主义思想，学习法律法规，学习优秀传统文化，做合格的宗教教职人员），不断提升宗教教职人员的综合素质，增强了教职人员积极引导宗教与社会主义社会相适应的责任感和使命感。研究制定了《全县开展“五联五促”工作实施意见》《海原县领导干部联系宗教活动场所及走访宗教界人士办法》，对照“十不准”底线要求，推行综合评价和资格退出机制，打破教职人员资格“终身制”，严格落实教职人员选聘制度，推动教职人员管理法治化、规范化、制度化。

【统战宣传教育培训】 以铸牢中华民族共同体意识为主线，全面加强党的民族宗教政策宣传教育，牢固树立马克思主义“五观教育”，创新教育培训方式，分层分类实施，突出干部教育先导，突出宗教教职人员关键，突出宗教场所重点，全年举办全县副科级以上领导干部“牢固树立马克思主义‘五观教育’专题培训班”2期600余人次；举办全县村党支部书记、选派第一书记（工作队长）、工作队队员培训班3期1200余人次；分期举办了全县宗教人士和宗教场所管理人员培训班4期1500余人次；成立了5个宣讲组分赴所有单位宣讲“传承党的百年光辉史基因，铸牢中华民族共同体意识”和《中国共产党统一战线工作条例》。通过不同层次培训教育，实现了县乡村干部及宗教人士和宗教场所管理人员培训学习全覆盖。

【无党派人士和党外知识分子】 1.进一步加大党外代表人士政治安排力度。认真做好县人大、县政协换届中党外人选的酝酿、推荐、提名、协商等相关工作，县政协委员中党外人士99名，占比60%，新一届县政协常委共21人，其中党外人士14名，占66.7%，县人大代表中党外人士73名，占比30.3%，海原县拟出席中卫市第五届人民代表大会代表中党外人士35人，占比37.2%，海原县拟出席政协中卫市第五届委员会委员中党外人士22名，占比66.7%，保障了代表性更加广泛，人员组成更加合理。2.进一步巩固多党合作思想政治基础。指导县工商联圆满完成了换届工作，组织开展了无党派人士和党外知识分子深入开展“凝聚新力量　筑梦新时代”教育活动，制订下发了主题教育重点工作计划，组织部分党外人士5人赴江西井冈山参加了教育培训，进一步增进政治共识，提高履职尽责能力和水平。3.进一步创新新的社会阶层人士统战工作。围绕提高新的社会阶层人士统战工作规范化、制度化、长效化水平这一目标，探索形成了“组织协调、教育培训、联系交流、激励评价、政治安排”五项工作机制，开展网络人士、网络行业调查，不断完善新的阶层人士信息库，摸清掌握了底数。组织新的社会阶层人士开展了中国共产党成立100周年座谈会、法律援助服务、义务诊疗等活动。组织网络人士开展了中国共产党成立100周年网络文艺会演，进一步引导网络人士弘扬正能量。通过凝聚思想共识、增进感情友谊、激发工作热情，努力把广大新的社会阶层人士团结在党和政府周围。4.进一步深入开展非公有制经济领域统战工作。开展了非公经济人士理想信念教育实践活动和“大走访大调研”活动，组织非公经济人士进村入户，身体力行当好联络员、宣传员、指导员，全面了解农业农村实际情况和农民群众所期所盼。

（马启才）

政策研究

【概　况】 2021年，海原县政策研究室有工作人员7名，其中行政编制6名（主任1名，副主任2名），后勤服务事业编制1名。

【决策服务】 2021年，先后起草制定《海原县委常委会2021年工作要点》《海原县2021年调研活动方案》《海原县2021年效能目标管理考核办法》《海原县2021年效能目标管理考核细则》等指导性文件，积极发挥了参谋助手作用。搜集整理区内外先进典型做法60余篇，整理编印《领导参阅》7期，撰写典型材料、简报信息40余篇，其中典型文章2篇刊发在《中卫论坛》、1篇刊发在《宁夏工作研究》，为县委中心工作提供了优质高效的参谋服务。

【调查研究】 建立联合调研工作机制，聚焦制约经济社会发展的瓶颈短板和人民群众急难愁盼的突出问题等内容，精准制定《海原县2021年调研活动方案》，推动完成13项县级重点调研课题调研任务，为扎实推进重点工作、重点领域改革任务落实奠定了坚实基础。全年撰写完成《甘盐池种羊场管理运行现状及对策建议》《关于巡河员、护林员、网格员等政府购买服务人员作用发挥情况的调研》《海城街道办事处机构设置运行现状及对策建议》《关于金融支持肉牛产业发展情况的调研》《关于

"四权"改革的调研》《城乡居民收入提升行动调研》调研报告，得到县委主要领导的肯定批示，为县委科学决策提供了重要参考依据。

【深化改革】 制定县委深改委2021年工作要点，谋划重点改革任务33项，并全部完成；成功举办改革攻坚能力提升专题培训班；实行改革方案汇报会前审查制，先后对"四权"改革实施方案、改革任务"回头看"工作汇报等进行实质性审查5次，提出具体修改意见200余条，"四权"改革完成年度目标任务。将全面深化改革纳入全县效能目标管理范围，先后4次对各牵头部门推动落实情况进行调研督导，按月对改革任务进展情况跟踪问效，确保改一项成一项。"回头看"梳理改革事项4326项，完成率从81.5%提升至95.3%，165个改革问题中有141个已完成整改，整改完成率85.5%，有力地推动了改革任务落地见效。

【效能目标考核】 制定完成《海原县2021年效能目标管理考核办法》《海原县2021年效能目标管理考核细则》等考核文件，并以县委办、县政府办文件印发执行。召开2021年度效能目标管理考核工作推进会议，部署自治区市考核海原县效能目标管理任务自查工作，开展效能目标任务落实督查、对接汇报，推动全县上下查漏补缺，攻坚克难，有力推动了各项年度工作任务落实。

【帮扶共建】 始终把党史学习教育作为政治任务和第一需要，把学党史、悟思想、办实事、开新局贯穿服务全过程，筹措资金2.6万元，为柴梁村党员活动室安装LED宣传电子显示屏，解决了柴梁村日常宣传问题；向西安镇园河村捐赠生活帮扶物资1173件（个），有效缓解了爱心积分超市物品短缺问题。严格执行干部联系帮扶贫困户工作机制，定期走访32户困难群众，察民情、访民意、解难题。全面落实社区治理"一书三单"疫情防控责任，向北坪社区协调提供了亟须防疫物资，为社区疫情防控工作贡献力量。

（田进栋）

网络安全和信息化

【概　况】 海原县委网络安全和信息化委员会办公室（简称网信办），于2019年成立，为县委工作机关，对外加挂海原县互联网信息办公室牌子，下设海原县网络信息管理服务中心（副科级事业单位）。核定编制9名，其中行政编制5名，事业编制4名。

【工作机制】 2021年，海原县委网信办对标对表自治区党委、市委、县委决策部署，强化责任落实、紧盯目标不放松，对网络宣传、网络舆论引导、网络综合治理、网络安全保障等工作持续跟踪督办。重大事项、重点工作及时向县委请示报告，并组织召开了县委网信委第三次会议，制定下发《海原县2021年网信工作要点》等方案，牢牢掌握网络意识形态主动权。

【网络管理】 2021年，海原县委网信办持续深化习近平新时代中国特色社会主义思想、党的十九大和历次全会精神网上宣传活动，组织县政府网、党建网等网站和新媒体平台开设专题专栏，及时转载推送中央、自治区、市、县相关稿件800余篇。围绕特色产业、"三大会战"、乡村振兴、党史学习教育等重点工作大力开展网上宣传活动，深入开展"网络中国节""争做中国好网民工程""网络公益工程"等活动，弘扬网上正能量。

【网络生态治理】 2021年，海原县委网信办扎实推进《网络信息内容生态治理规定》贯彻落实工作，制定了《海原县健全完善网络综合治理体系提高治理能力实施方案》，形成了多主体的参与治网格局，持续开展“清朗”等专项行动，处置了一批违规网站、微信公众平台和短视频账号，有力遏制了网络信息乱象，营造了良好的网络环境。

【网络安全管理】 2021年，海原县委网信办强化网络平台监管，落实网络平台运营主体责任，严格信息发布审核。联合县公安局对全县党政机关单位网站、重要信息系统和关键信息基础设施进行网络安全执法检查，并对存在的安全隐患进行了全面整改。2021年，海原县未发生网络安全事件。

【干部作风建设】 2021年，海原县委网信办认真落实网络意识形态工作责任制和党风廉政建设规定，压紧压实政治责任、领导责任，建立和完善内控制度，以制度管人、管事、管物，从源头上抓好党风廉政建设工作。深入开展党史学习教育，扎实完成党建各项工作，将党建与业务同部署共谋划，有效推动网信工作迈上新台阶。

（王耀鹏）

机构编制

【概　况】 中共海原县委机构编制委员会，是海原县委的议事协调机构。县委机构编制委员会办公室为县委机构编制委员会的办事机构，承担县委机构编制委员会的日常工作，作为县委工作机关，归口县委组织部管理，挂海原县事业单位登记管理局牌子。核定行政编制8名、后勤服务事业编制3名，实有行政编制人员7名（主任1名，副主任2名）、后勤服务事业人员3名。

【基层整合审批服务执法力量改革】 2021年，海原县扎实推进基层整合审批服务执法力量改革。1.乡镇设置了“五办四中心”和街道设置了“四办三中心”。将原部门管理的农、林、水派驻工作站所职责及人员编制全部下放乡镇。整合下放部门派驻机构及财会人员编制256名，乡镇（街道）人员编制增幅达到39.6%。实行以乡镇管理为主、上级业务部门进行业务指导的管理体制。各乡镇“五办四中心”和海城街道办“四办三中心”全部挂牌运行，按照新的体制机制开展工作。2.包括派出所、市场监管和税务等政务服务事项已相应进驻各乡镇（街道）民生服务中心和村（社区）代办点，并且已基本正常开展工作。各乡镇（街道）按照下放的“五个清单”开始正常运行工作。3.全县社区105个网格、农村991个网格已形成，逐步完成网格内基础信息采集工作。4.建设以县级（综治）数据信息资源共享总平台为核心的数据信息资源的联网应用体系。

【部门权责清单梳理调整】 2021年，海原县为进一步夯实党政机构改革成效，推进简政放权，明确部门之间的事权、责权关系，规范权力运行，打造更加科学合理的清单制度体系。县委编办根据政府部门“三定”规定和《自治区政府部门权力清单指导目录》，按照“职权法定、应消必消、应合必合、能放则放”的原则，重新修订出《海原县政府部门权力清单》（2021年版），已通过县政府第101次常务会议审定，于2021年5月10日在政府门户网站正式公布实施。

【健全机构编制工作机制】 2021年，海原县举办《中国共产党机构编制工作条例》专题培训会，切实提高领导班子和领导干部运用《条例》做好机构编制工作的能力和水平，不断提升机构编制工作服务党和国家事业发展的能力。将机构编制政策法规列入全县党员领导干部培训课程，落实党管机构编制原则，推进机构编制法定化，有效提升机构编制法治意识。

【机构编制管理】 严格机构编制管理。按照"机构清、编制清、领导职数清、实有人员清""具体机构设置、人员编制、领导职数配置与按规定审批的机构、编制和领导职数相对应，实际配备人员与财政供养人员、参保人员相对应"等要求，切实开展第二次全国机构编制核查工作，对全县党政群机关及事业单位的机构设置与人员编制、领导职数配备、参保信息和预算信息等进行全面梳理核对，确保按照标准高质量完成核查工作各项任务。

【实名信息库更新】 全面梳理更新实名制信息库。按照"控住总量、盘活存量、动态调整"原则，对全县机构、总编制、实有人员、在编人员等进行全面梳理核对。实时更新实名制信息库，严把入编审核关，对每年新招考的行政、事业单位、高层次人才人员信息和特岗转正教师信息进行入库备案，进一步提高机构编制科学化和规范化水平。

【事业单位登记管理】 规范做好事业单位登记管理工作。1.按照法人事业单位网上公示信息工作要求，厘清全县法人事业单位底数，及时下发通知，明确年度报告工作具体要求，对拒报、虚报和瞒报的单位，讲明处罚措施，确保全县法人事业单位高质量完成年度报告网上信息公示工作。2.为全力做好疫情防控工作，减少人员聚集，采取"人员不见面，业务随时办"的服务方式，工作人员通过电话指导、微信视频、远程协助等多种形式，有问必答、有疑必释，指导事业单位高标准完成年度报告网上信息公示工作。

【教育部门机构编制争取】 积极对接自治区党委编办争取周转池编制297名，有效缓解中小学教职工编制结构性矛盾。县委机构编办、县人社局、县教体局、县财政局等有关部门积极配合，做好公开自主招聘补充中小学教师工作，尽可能补齐补足基础教育编制缺口，优化保障教师队伍结构。

（杨　阳）

巡察工作

【概　况】 海原县委巡察办核定行政编制7名，事业编5名，设主任1名、副主任1名、巡察组专职副组长2名。2021年，有在编人员9名，空缺工作人员3名。

【压实巡察主体责任】 2021年，海原县委先后召开9次县委常委会会议和巡察工作领导小组会，县委书记认真履行第一责任人的职责，先后支持召开4次巡察工作领导小组会暨书记专题会议，坚持县委书记听取报告点人点事制度，全年共点人点事点问题29件，对巡察发现典型问题提出具体要求并亲自抓整改。针对中央第七指导督导组反馈的5个方面12个问题及自治区巡察指导督导组反馈的4个方面15个问题，县委主动认领，积极制定了整改措施，明确责任领导、责任人、责任单位、配合单位和完成时限。县委书记先后2次审定汇报材料，专题召开领导小组会议研究专项检查整改工作。年末，中央第七指导督导组反馈5方面12个问题，已完成整改10个，正在整改的2个；自治区党委指导督导组反馈问题已于11月15日下发文件，正在整改。

【巡察全覆盖】 2021年，海原县共开展2轮巡察(含正在开展的涉粮问题专项巡察)，其中常规巡察部门(单位)党组织6个，延伸巡察村(社区)党组织6个，延伸巡察"回头看"村(社区)党组织10个，巡察反馈问题188条，十四届县委完成巡察全覆盖。

【聚焦主责主业巡察】 2021年，海原县围绕"三个聚焦"开展巡察，把巡察与疫情防控、扫黑除恶、防范风险、整治形式主义官僚主义、污染防治，以及惠农利民政策落实有机结合，将"一把手"监督纳入巡察内容，精准发现问题，为县委科学决策提供依据。在巡察过程中对意识形态工作责任制进行专项检查，使巡察内容更全面、重点更聚焦、成效更明显。

【聚焦民生热点巡察】 2021年，海原县每轮巡察结束后对事关民生领域的突出问题向相关职能部门发放整改建议函，推动解决群众关切的热点难点痛点问题。全年共发放整改意见建议13份，结合前十二轮反馈问题，组织人员实地查看水毁路修缮、公交通车等反馈问题整改情况，累计为群众办实事70件。

【对口联动巡察】 2021年，海原县贯彻落实区、市巡视巡察工作方案精神，与自治区市巡察办联动，对县委机构编制办公室进行"对口式"巡察。结合县委编办工作实际，全面细化巡察工作方案，做到与自治区市有效衔接、同频共振，在思想认识、巡察对象、时间安排、监督重点等方面与上级巡视巡察机构保持一致，同时积极对接自治区党委第一巡视组，确保巡视巡察上下联动工作顺利开展。

【涉粮问题专项巡察】 2021年，海原县按照自治区市党委一体部署、一体进驻有关要求，聚焦被巡察党组织职能责任和权力腐败问题，开展涉粮问题专项巡察。2021年10月15日完成进驻，形成了上借下力、下借上势的工作格局，有效补齐了"专业知识不足、巡不透"的短板。

【巡察监督】 2021年，海原县发挥巡察综合监督作用，推动巡察与纪律、监察、派驻、组织等监督统筹衔接，与审计、财会、司法、舆论等监督协作配合，形成监督合力。1.探索建立了"巡察+N"监督方式，推动巡察监督与纪律监督、监察监督、派驻监督有效贯通，把组织、审计等部门联动协同贯穿巡察全过程，推动形成了系统集成、协同高效的巡察监督格局，做到了同向发力、精准监督。巡察前突出信息情况沟通，用好已有监督成果；巡察中突出监督手段支持，加强对问题的深入了解；巡察后突出整改日常监督，综合用好巡察成果。2.制定了《关于规范巡察沟通工作的意见(试行)》《海原县委巡察工作协作配合规程》《关于建立巡察与审计工作协调机制》等制度，巡前对纪检监察、组织、审计、信访等部门掌握的信访举报、问题线索、重要情况等信息进行互通共享。2021年，又增加了向县委督查室、县政府督查室征求意见内容，全面精准制定作战图，奔着问题去，冲着问题巡，下好先手棋，打好主动仗。

【巡察整改落实机制】 2021年，海原县健全完善整改落实机制，推行"双反馈"、"双报告"和"双公开"的"三双"机制，深入推进巡察整改常态化、长效化，建立了整改问题清单和台账，让被巡察党组织真认账、真反思、真整改，用好巡察成果，深化标本兼治。明确主体责任，要求被巡察党组织严格履行整改的主体责任，党委（党组）书记切实担负第一责任人责任，定期上报整改进展情况报告，建立反馈问题整改情况销号清单，确保反馈问题件件有落实，条条有回音。依托被巡察单位问题整改台账，建立交账、对账、查账、销账闭环管理机制，对整改进展情况，全程留痕备查。建立健全巡察情况通报机制，全年向党委、政府有关分管领导抄送抄告书24份、提醒函27份，进一步倒逼被巡察单位抓实抓细整改。落实纪检监察机关、组织部门负责巡视巡察整改日常监督的部署和要求，采取"听、查、看、谈"等方式，坚持日常化、动态化监督。2020年以来，共开展专项检查3次，督促解决难点问题35个，对整改不力的2个党组织进行了提醒谈话。县委巡察办联合县纪委监委、组织部、宣传部成立督查组深入67个乡镇（部门）党组织及159个村（社区）党支部开展"压茬式"回访以及十四届县委巡察整改收尾"见底清零"行动，对未整改到位的20个问题向县委进行专报。对教体局及下属45个学校开展巡察"回头看"，通过县委书记集体约谈督促改、分管领导跟进指导改、纪委监委和组织部门日常检查监督改等形式，先后3次召开整改情况推进会，5次深入县教体局及各中小学督查整改情况，调研解决突出问题。调整正职校长12人，副职校长17人，收回违规违纪资金15.25万元。

【巡察队伍建设】 选派年轻干部参与巡察工作，有43人进入巡察组组长库，138人进入巡察工作人才库。选派4名干部（含2名科级干部）参加自治区第十一、十二轮巡视。派出3名巡察干部到纪委监委进行跟班学习，1名纪委监委干部到巡察办学习。新招聘工作人员1名。组织"四套"班子全体领导、抽调参加第十三轮巡察工作人员、巡察机构人员等共计140人参加了为期1周的中央指导督导组成员及区巡视办统一安排的视频培训学习。

（县委巡察办）

党校工作

【概　况】 2020年3月，中共海原县委党校（海原县行政学院）更名为中共海原县委党校（海原县行政学校），简称县委党校，是海原县委所属正科级事业单位，由组织部代管。学校校址在海兴开发区，东距海原县城60公里。2021年末，海原县委党校设办公室、财务室、教务教研培训室、总务室4个科室。有教职工17人（不含校长），其中参公管理人员15人，事业人员2人。设校长1人，由县委分管领导兼职；设常务副校长1人，副校长2人。教职工中，兼职教师5人，专职教师1人；研究生2人，本科14人、大专1人；中共党员11人。

【党史学习教育】 2021年，海原县委党校以"教育者先受教育、培训者先受培训"的原则组织开展党史学习教育读书班和"传承党的百年光辉史基因，铸牢中华民族共同体意识"读书班，创新学习形式，到海原红色革命遗址、海原县博物馆、六盘山红军长征革命纪念园、将台堡红军长征会师纪念馆、单家集等地开展体验式活动4次；组织集中学习63次，交流研讨16次，班子成员讲党课9次，观看红色电影、电教片10次，撰写心得体会120余篇。注重将学习效果转化为干事创业的实绩，发挥理论优势为群众“办实事”10件，在学习中增强了全体党员干部立足岗位建功立业的精气神。

【干部教育培训】 作为干部教育培训的主渠道、主阵地和主力军，2021年，海原县委党校担负着培养高素质干部队伍的重要任务，突出党的理论教育和党性教育，力争在教学内容和形式两个方面实现新突破。以学习贯彻落实习近平新时代中国特色社会主义思想，党的十九届四中、五中、六中全会精神，习近平总书记视察宁夏重要讲话精神，党史学习教育等为主要内容，承办县委组织部、县委统战部、县委政法委、县教体局等举办各类专题培训班共24期，培训人数4609人次，培训内容丰富、形式多样、成效明显。

【理论宣讲】 2021年，结合党史学习教育，海原县委党校积极承担全县理论宣讲任务，认真落实理论宣讲各项工作要求。课前压实意识形态风险防控责任，组织教师开展集体备课，统一宣讲口径。课后严格落实宣讲质量反馈制度，收集整理宣讲单位的意见建议，确保宣讲有高度、接地气、受欢迎。县委党校5名宣讲团成员深入全县各乡镇、村（社区）、部门（单位）开展党的十九届四中、五中、六中全会精神，全国“两会”精神，习近平总书记视察宁夏重要讲话精神，党史学习教育，“四史”、“传承党的百年光辉史基因 铸牢中华民族共同体意识”主题教育，中央民族工作会议精神等专题理论下基层宣讲95场次，受众5709人次，充分发挥了党校理论宣讲主力军作用。

【教学科研】 2021年，海原县委党校坚持“用

表2 2021年海原县委党校（行政学校）承办干部教育培训一览表

日期		举办单位	培训内容	期数（期）	人次（人）
月	日				
1	5	海原县应急管理局	海原县森林草原防火管理人员及火灾应急救援队能力提升暨实战应急演练培训班	1	194
2	19—25	海原县委	全县领导干部学习贯彻党的十九届五中全会精神专题学习研讨班	2	584
2	27—3月1日	海原县组织部	全县新任职村（社区）干部培训班	3	664
3	10—12	海原县妇联	全县妇联干部能力素质提升培训班	1	185
3	30—31	海原县教体局	全县中小学教科研人员党史学习教育暨业务能力提升培训班	1	178
4	1—2	海原县司法局	海原县乡镇（街道办）综合行政执法培训班	1	155
5	28	海原县乡村振兴局	全县健全防止返贫动态监测和帮扶机制培训会	1	250
6	22—24	海原县应急管理局	全县应急管理行政执法能力培训班	1	169
7	6—11	海原县委组织部	全县驻村干部和新提拔乡镇干部能力素质提升班	1	293
7	25—30	中卫市委组织部	全市驻村干部能力提升培训班	1	316
9	9—10	海原县委政研室	全县改革攻坚专题能力提升培训班	1	135
9	11—14	海原县委组织部	全县入党积极分子和发展对象培训班	1	221
9	16	中卫市农业农村局	全市城乡人居环境整治百日攻坚行动培训	1	145
9	16—11月12日	中卫市委组织部	中卫市中青年干部培训班	1	60
9	28—30	海原县委统战部	海原县2021年第二期宗教人士培训班	1	100
10	7—9	海原县委政法委	全县贯彻习近平法治思想专题培训班	1	120
12	6—18	中卫市委组织部	中卫市党务工作者乡村振兴能力提升班	1	40
12	8—10	海原县教体局	全县教育系统党组织书记和党务干部培训班	1	87
12	14—19	海原县委	全县领导干部“学党史强党性提能力”培训班	2	583
12	19—22	海原县委组织部	全县党务工作者能力提升培训班	1	130

学术讲政治”，着力在教学、科研、资政服务一体化上下功夫，督促引导教科研人员及时跟进时政，掌握前沿理论，提升政治敏锐性，站稳政治立场，推动教科研水平整体提升。全年开展教师集体备课会5次。实施“师资素质提升工程”。“送出去”培训进修教学人员7人次，参加自治区党校系统理论研讨会2次，赴自治区党校挂职进修1人次。选派2名年轻干部到县专项治理小组工作，通过双向挂职历练和实践锻炼，进一步增强了干部专业本领和履职能力。组织党员干部积极参加市、县各类评比活动，在全市党校系统“提高执行力、党员做表率”微党课比赛活动中获得一等奖，在全市党校系统优质课比赛活动中获得二等奖和三等奖。围绕中心、服务大局，深入开展调查研究，组织教师围绕“人才强县”“乡村振兴战略”“全面依法治县”“振兴农村教育”“伟大建党精神”等主题，撰写调查研究报告5篇，其中《建立领导干部到党校研修学习和党校教师挂职锻炼双向交流机制的几点建议》得到县委领导的肯定性批示。

【教育资源拓展】 2021年，海原县委党校依托现有教育教学资源，不断拓展师资培训渠道，办学质量迈上新台阶。1.结合党史学习教育，改造校体育馆为展览馆，将党校打造成为党史学习教育的重要阵地。举办红色中国——革命历史文物图片展，安排专人进行讲解阐释，共接待外单位主题党日或观摩活动3批次700余人，结合红军西征在海原的历史，开发“传承红色基因，赓续奋进力量”新教学专题课程1个。2.拓宽师资渠道，邀请能力素质过硬的县级领导和部门领导、理论水平高超的区市专家学者、实践经验丰富的基层干部授课，既有专业的理论教育和政策解读，又有通俗易懂接地气的实践经验和工作方法，全年累计邀请县级领导授课13人次、部门领导授课25人次、自治区市专家学者授课26人次，进一步增强了干部教育的实效性。

【助力乡村振兴】 自脱贫攻坚工作开展以来，海原县委党校先后派出3批驻村工作人员共5人次。2021年7月，第二批驻村人员出色完成任务，其中耿强被评为“全县优秀共产党员”。9月，县委党校一班人在深入调研的基础上，划拨2万元资金用于维修对口帮扶村（三河镇坪路村）水渠，有效解决了困扰农户的灌溉问题。发挥理论优势进行移风易俗宣传教育。动员党员干部积极参与消费扶贫，帮助脱贫户销售蜂蜜20公斤1200元，采购贫困地区农副产品6360元。

【党风廉政专项治理】 2021年，海原县委党校深入自查自纠，认真开展专项治理工作。1.工程建设政府采购专项治理工作有序开展。县委党校领导班子主动扛起主体责任，扎实开展工程建设和政府采购专项治理，成立领导小组，副校长任组长，安排专人负责，对2017年以来县委党校工程建设和政府采购项目进行全面调查摸底，经过三次全面自查自纠共梳理排查出问题1项，县专治办督查检查未发现问题。针对前期自查出的问题，认真与上级沟通协调，积极筹措项目资金，截至年底，共解决2号公寓楼政府采购项目资金85.93万元，剩余63.688万元因无专项资金还未支付。2.违规吃喝隐形变异问题专项整治有序推进。校党支部高度重视，制定实施方案，成立领导小组，对照文件要求，逐项开展自查。经自查，不存在违反中央八项规定精神和自治区党委“八条禁令”及海原县实施细则的问题。

【文明单位创建】 2021年，海原县委党校加强文化建设，争创区级精神文明单位。将廉政文化建设融入党的建设和党校事业发展全过程，将精神文明建设与廉政文化建设有机结合，制作并悬挂社会主义核心价值观、中国梦、铸牢中华民族共同体意识、伟大建党精神等标牌，制作中国共产党成立100周年大型标识，布置花卉景观，在办公楼张贴廉洁文化、传统文化等海报，在餐厅、报告厅张贴“勤俭节约”“无烟区”文明提示牌，在学员公寓楼张贴剪纸、名人字画等，营造了浓厚文化氛围。将党史学习教育与廉洁教育融会贯通，观看红色影片，从红色基因中感悟为民初心，引导党员干部坚定理想信念、强化不想腐的思想自觉，树立正确的权力观、事业观、荣誉观，使廉洁理念更加深入人心。依托新时代文明实践中心政策理论宣讲分中心，积极开展志愿服务活动，组织党员干部在南门广场开展新时代文明实践政策讲习志愿服务活动，发放宣传手册200本，宣传品200件；副校长李力在三河镇坪路村开展党的十九届六中全会及移风易俗宣讲活动，为创建区级精神文明单位营造了风清气正的良好氛围。在校内掀起学习身边榜样的热潮，通过制作宣传展架，集中学习先进事迹，大力宣传全县优秀共产党员耿强爱岗敬业、无私奉献的优秀品质，进一步提升了全校干部职工见贤思齐的思想自觉和行动自觉。

（梅　涛）

海原县人民代表大会

综　述

【概　况】 2021年，海原县人大常委会认真履行宪法和法律赋予的职责，先后召开人民代表大会2次、党组会议32次、常委会会议8次，开展视察检查和专题调研13次，听取和审议"一府两院"专项工作报告17项，提出审议意见35条，依法作出决议决定16项、任免国家机关工作人员71人次，圆满完成了十七届人大五次会议确定的各项任务，为全县经济社会高质量发展贡献了人大力量。

【政治建设】 2021年，海原县人大常委会始终把讲政治作为人大工作的生命线，牢牢把握坚持党的领导这一最高政治原则，旗帜鲜明讲政治，增强"四个意识"，坚定"四个自信"，做到"两个维护"，确保人大工作始终沿着正确政治方向前进。

【理论武装】 深入学习习近平新时代中国特色社会主义思想、习近平法治思想、习近平总书记关于坚持和完善人民代表大会制度的重要思想，把习近平总书记系列重要讲话作为党组会议第一议题和理论学习中心组必学内容，先后组织党组理论学习中心组学习24次、常委会组成人员例会学习7次、干部职工集中学习32次，开展讨论交流18次，坚持领导干部带头学、常委会组成人员例会学、人大代表履职学、机关党员干部集中学，实现人大常委会组成人员、人大代表和机关干部全覆盖，深入学习原文原著，深刻领会精神实质，坚持用党的创新理论武装头脑、指导实践、推动人大工作。

【党史学习教育】 把党史学习教育作为贯穿人大工作的重大政治任务，按照县委统一部署，成立了人大常委会党组党史学习教育领导小组，召开领导小组会议7次，举办为期一周的专题读书班，开展集中学习交流15次，撰写心得体会20余篇，开展专题党课辅导5次，通过组织人大代表座谈交流、赴关桥等红色革命基地体验式教学等多种方式，切实做到学用结合，学以致用，将"我为群众办实事"贯穿视察检查、专题调研、县级领导包抓乡镇、人大代表建议意见办理等全过程，努力把学习成果转化为学史力行的思想动力和依法履职、担当作为的实际成效。

【贯彻落实党委决策部署】 坚持把人大工作放在县委总体工作布局和全县改革发展大局中谋划，全面贯彻落实县委重大决策部署，认真落实县委关于加强和改进新时代人大工作的意见，坚持人大工作守正创新、与时俱进。

始终围绕县委中心工作制定并实施年度重点工作及监督计划，向县委请示报告工作16次，县委常委会研究人大相关工作14次，切实做到县委有号召、人大有行动。

【从严治党】 坚决扛起全面从严治党主体责任，切实加强党组对常委会工作的领导，强化守土有责、守土担责、守土尽责的政治担当，以党的政治建设为统领，全面加强人大及其常委会思想建设、组织建设、作风建设、纪律建设、制度建设和党风廉政建设。扎实推进机关党建“三强九严”工程，党组会议研究党建工作12次，听取机关党组党建、党风廉政、意识形态工作汇报3次。扎实开展领导干部廉政警示教育周活动，严守政治纪律和政治规矩，严明纪律作风，严格落实中央八项规定和自治区“八条禁令”，驰而不息纠“四风”树新风，积极创建“让党中央放心、让人民群众满意”的模范机关。

（李晓梅）

人大监督

【概　况】 2021年，海原县人大常委会聚焦全县改革发展大局，聚焦产业发展、项目建设、民生保障、生态建设等中心工作，突出监督重点、创新监督方式、增强监督实效，助推全县经济社会高质量发展。

【重点产业监督】 围绕“一主四特”产业布局，开展了高端肉牛主导产业和小杂粮、马铃薯、枸杞等特色产业发展情况专题视察检查，组织人大代表深入红羊马铃薯种植基地、海城武塬小杂粮基地、三河富陵肉牛“出户入园”标准化养殖园区、七营高崖优质枸杞示范点等9个产业发展基地开展实地检查，听取审议县人民政府工作汇报，以监督实效推进重点产业发展、促进农业高质高效、乡村宜居宜业、农民富裕富足。

【重大项目监督】 组织人大代表对重点项目和新型城镇化工作进行了专题视察检查，深入平川高速公路、三塘灌区配水工程、清水河综合治理、东城市政道路、北苑小区棚改安置住房等10个重点项目现场督查检查，听取和审议县人民政府专项工作报告，反馈意见建议12条，加快推进重大项目建设落地见效，城乡基础设施日益完善，乡村建设加快推进，新型城镇化水平明显提升。

【民生保障监督】 围绕巩固脱贫攻坚成果，促进乡村全面振兴，聚焦“四大提升行动”，先后深入贾塘等6个乡镇、县农业农村局等5个部门开展了3轮实地督导调研，反馈问题45个。在李旺镇召开巩固脱贫攻坚成果后评估和百万移民致富提升行动现场推进会，采取“解剖麻雀”的方式，对巩固脱贫攻坚成果存在的短板弱项，集思广益、深入分析，研究解决方案。围绕疫情防控，先后对西安等5个乡镇、县应急管理局等7个部门开展督查5次，形成督查专报5份，反馈问题48个，确保各项防控措施落实落细落地。围绕增进民生福祉，组织代表对10件民生实事办理情况开展监督检查，办结率、满意度均为100%，人民群众获得感幸福感不断增强。

【生态建设监督】 深入学习贯彻习近平生态文明思想，组织代表对全县植绿增绿大会战开展专项检查，深入西安园河村乡村绿化、环境综合整治，李俊南部水源涵养林工程，史店田拐红梅杏基地和中部防沙治沙工程等8个项目建设现场督导督办，专题听取和审议县人民政府专项工作报告，反馈意见建议21条。人大班子成员结合包抓乡镇工作，先后开展压砂地退出种植督导检查16次，有效促进了压砂地全部退出种植。配合自治区市人大开展了《中华人民共和国环保法》《宁夏回族自治区环境保护条例》贯彻落实情况和中央环保督察反馈问题整改的检查，全年空气优良天数比例达到95%以上，森林覆盖率提高至10.2%，助推生态文明建设再上新台阶。

（李晓梅）

表3　2021年海原县人大常委会检查视察内容一览表

时间		内容	地点	意见建议（条）
月	日			
5	7—8	全县植绿增绿大会战情况	海城镇安桥堡义务植树点、武塬村，西安镇园河村，红羊乡石塘村，李俊乡蒿滩村	4
7	14	全县重点项目建设及新型城镇化工作	向阳绿地、市政道路、东城公园、海原至平川高速公路建设点、三塘灌区配水工程（贾塘片区）、北苑小区、城市生活垃圾第二填埋场、海原（海兴）中核汇能光伏产业基地、清水河综合治理工程七营段等项目建设现场	6
8	20	全县“一主四特”产业发展工作	海原县智通肉牛养殖专业合作社、西安镇付套村内蔬菜种植基地、树台乡马铃薯新品种引进及标准化种植基地、曹洼乡冶套村海华养殖合作社、贾塘乡后塘村普天瑞农蔬菜种植基地、三河镇富陵村肉牛“出户入园”标准化养殖区、三河镇四营村优质枸杞基地等	3
	26—27	县十七届人大五次会议代表建议意见及民生实事办理情况	关桥乡脱场村文化活动广场、李旺镇韩府村泄洪沟清淤疏通修缮项目点和三河镇“互联网+城乡供水”示范点等，及教育、卫生、文化、就业等重点民生工作情况	3
	26—27	全县“四大提升行动”推进情况	三河镇富陵村移民点、闽宁科技园、海原一小、县人民医院	4

依法履责

【概　况】 2021年，海原县人大常委会全面依法履行职责，严格规范行使权力，科学民主依法决策，努力营造尊法、学法、守法、用法的良好氛围，为法治海原建设作出了积极的贡献。

【依法监督法律实施】 围绕“科学立法、严格执法、公正司法、全民守法”，将《中华人民共和国宪法》《中华人民共和国民法典》等法律法规列入人大例会第一议题，组织人大常委会组成人员和代表认真学习法律法规。听取了县人民政府“七五”普法工作情况汇报，依法作出《关于深入开展第八个五年法治宣传教育的决议》。认真执行备案审查制度，依法开展县人民政府规范性文件和乡镇人大决议决定备案审查工作40余次。积极配合区市人大常委会开展立法调研和执法检查7次，先后对《中华人民共和国人民调解法》《中华人民共和国防震减灾法》《中华人民共和国畜牧法》《中卫市农作物秸秆处置条例》等法律法规贯彻实施情况进行了专项检查，反馈意见建议15条，加快推进法治政府和法治海原建设。

【依法审议“一府两院”工作】 围绕全县经济社会发展目标，听取和审议县人民政府国民经济和社会发展计划执行情况、财政、预算执行和2020年财政决算情况、财政收支审计情况的报告，提出意见建议8条，及时跟踪督办，实现了全口径审查、全过程监管。专题听取县法院、县检察院工作汇报，组织常委会组成人员和人大代表参加检察开放日和旁听庭审活动32人次，支持和推动县法院、县检察院深化司法体制改革，开展政法队伍教育整顿，加强政法队伍建设，强化基层社会治理，依法维护社会公共利益，法治海原建设扎实推进。

【依法决定重大事项】 围绕县委决策部署和人民群众普遍关心的热点难点问题，加强调查研究，集中民意民智，对经济社会发展中具有根本性、全局性、长远性的重大事项依法作出决议决定。审查批准了《海原县国民经济和社会发展第十四个五年规划纲要》和2020年县级财政预算调整方案，确保县委决策部署与人民意愿有机统一。

【依法决定人事任免】 始终坚持党管干部原则，依法任免国家机关工作人员71人次，严格规范供职承诺、会议审议、投票表决、宪法宣誓等法律程序，确保县委的人事意图通过法定程序顺利实现。

（李晓梅）

代表工作

【概　况】 2021年，海原县人大常委会始终坚持人民主体地位，密切人大代表与人民群众的联系，健全完善代表工作机制，不断提升服务保障水平，积极支持代表依法履职，代表履职水平明显提升，代表作用进一步发挥。

【保障代表履职】 创新运用线上线下多种方式，组织代表参加理论学习和专业培训，提高政治站位和履职能力水平。不断拓宽代表知情渠道，邀请和组织人大代表列席人大常委会会议、政府常务会议，参加视察检查、专题调研、交流座谈、经济观摩、媒体问政等135人次。常态化向代表寄送人大工作简报、《宁夏人大》杂志等相关资料，帮助代表更好知情知政、积极参政议政，不断提高代表履职水平。

【跟踪办理代表意见建议】 把办理代表建议意见作为监督工作的重要抓手和保障代表权利、促进工作落实的重要途径，不断完善转办督办工作机制，通过开展专题视察检查，加大现场督办力度，切实增强代表建议意见办理实效。县十七届人大五次会议确定的24条代表建议意见全部办结，答复率、满意度均为100%。

【密切代表与群众联系】 完善常委会组成人员同人大代表联系、人大代表同人民群众联系的“双联”制度，深化代表履职“四个一”工作机制。发挥17个乡镇人大“代表之家”，116个村级“代表工作室”作用，切实加强代表与群众的联系，规范乡镇人代会和主席团会议，推动乡镇人大工作规范有序开展。严格执行换届“十严禁”纪律规定，依法选举产生新一届县级人大代表241名，乡镇人大代表1037名，圆满完成了县乡人大换届选举。

（李晓梅）

人民代表大会

【第十七届人民代表大会第五次会议】 1月23—25日，海原县第十七届人民代表大会第五次会议在县城召开。会议应到人大代表212人，实到代表194人。会议由中卫市委常委、县委书记、海兴开发区党工委书记徐海宁主持。会议审议通过了县长许正清所作的《海原县人民政府工作报告》、县人大常委会副主任但升所作的《海原县人大常委会工作报告》、县人民法院院长李明琮所作的《海原县人民法院工作报告》、县人民检察院副检察长田晓荣所作的《海原县人民检察院工作报告》;审查和批准海原县2020年国民经济和社会发展计划执行情况与2021年国民经济和社会发展计划草案的报告;批准2021年海原县国民经济和社会发展计划;审查和批准2020年全县财政预算执行情况与2021年全县财政预算草案的报告;批准2021年全县财政预算。会议选举杨和为海原县人大常委会主任,米力芳为海原县人大常委会副主任,杨文珂为海原县第十七届人民代表大会常务委员会委员,张晓华为海原县监察委员会主任。

【第十八届人民代表大会第一次会议】 10月23—25日,海原县第十八届人民代表大会第五次会议在县城召开。会议应到人大代表241人,实到代表219人。会议由中卫市委副书记、县委书记、海兴开发区党工委书记杨青龙主持。会议审议通过了代县长张鹏所作的《海原县人民政府工作报告》、县人大常委会主任杨和所作的《海原县人大常委会工作报告》、县人民法院院长李明琮所作的《海原县人民法院工作报告》、县人民检察院代检察长郭孟强所作的《海原县人民检察院工作报告》;审查和批准海原县2021年国民经济和社会发展计划执行情况与2022年国民经济和社会发展计划草案的报告;批准2022年海原县国民经济和社会发展计划;审查和批准2021年全县财政预算执行情况与2022年全县财政预算草案的报告;批准2022年全县财政预算。会议选举杨和为海原县人大常委会主任,杨常林、马光智、薛鹏飞、冯帆为海原县人大常委会副主任,李金龙等28人为海原县第十八届人民代表大会常务委员会委员;张鹏为海原县人民政府县长,强斌、刘文杰、冯磊、刘福林、贾治林、王银军、马海燕为副县长;张晓华为海原县监察委员会主任,李明琮为海原县人民法院院长,郭孟强为海原县检察院检察长;马小花等94人出席中卫市第五届人民代表大会代表。

(李晓梅)

人大常委会会议

【第十七届人大常委会第35次会议】 1月7日,海原县第十七届人大常委会第35次会议在县人大常委会会议室召开,会议由县人大常委会副主任但升主持。会议审议通过了县人民政府关于2020年财政预算调整方案(第二次)的议案;审议了辞职和人事任免议案,接受姜守清、冯玉森辞去中卫市第四届人民代表大会代表职务的请求,并报中卫市第四届人民代表大会常务委员会备案;接受马彩红辞去海原县第十七届人民代表大会常务委员会委员职务的请求,并报海原县第十七届人民代表大会第五次会议备案;决定任命杨宝林为海原县司法局局长;审议了县十七届人大五次会议时间、地点及建议议程事宜。

【第十七届人大常委会第36次会议】 1月13日,海原县第十七届人大常委会第36次会议在县人大常委会会议室召开,会议由县人大常委会副主任但升主持。会议审议了人事任免议案，同意免去杨彦礼海原县人民法院西安镇法庭庭长职务；审议了中卫第四届人大代表补选名单、海原县第十七届人大代表补选名单、常委会委员补选名单，补选刘宏阳、陈玉茂、张冠华、丁志爱、李雪峰、张晓华、李明琮当选为中卫市第四届人民代表大会代表，报请市四届人大常委会代表资格审查委员会审查确认；同意杨和为海原县第十七届人民代表大会代表候选人，杨文珂为海原县第十七届人大常委会委员候选人，报海原县第十七届人民代表大会第五次会议依法选举并进行备案。审议了县十七届人大五次会议会务手册和县人大常委会工作报告。

【第十七届人大常委会第37次会议】 1月20日，海原县第十七届人大常委会第37次会议在县人大常委会会议室召开。会议由县人大常委会副主任但升主持。会议审议了辞职议案，同意辞去罗成玉海原县第十七届人大常委会主任职务；审议了县第十七届人大代表资格审查报告。

【第十七届人大常委会第38次会议】 4月15日，海原县第十七届人大常委会第38次会议在政府礼堂一楼会议室召开。会议由县人大常委会主任杨和主持。会议审议通过了审议县人大常委会2021年工作要点（草案）、县人大常委会2021年监督工作计划（草案）；审议了人事任免议案，同意免去薛军勇、金钟河、孙占宏海原县人民政府副县长职务；同意免去杨林学海原县人大常委会代表联络选举与民族宗教外事侨务工作委员会主任职务、杨正军海原县人大常委会法制工作委员会主任职务、屈文彬海原县卫生健康局局长职务、贾治林海原县水务局局长职务、田晓育海原县财政局局长职务、马维国海原县审批服务管理局局长职务、郑海明海原县人力资源和社会保障局局长职务、白云海海原县监察委员会委员职务；决定任命强斌、刘文杰、贾治林、王银军为海原县人民政府副县长；任命郑海明为海原县人大常委会代表联络选举与民族宗教外事侨务工作委员会主任，田埂为海原县人大常委会法制工作委员会主任；决定任命罗发强为海原县财政局局长，郝新城为海原县卫生健康局局长，李忠国为海原县审批服务管理局局长，张广平为海原县水务局局长，张成静为海原县人力资源和社会保障局局长；任命马宁为海原县监察委员会副主任，王静为海原县监察委员会委员，白山丹为海原县人民检察院检察委员会委员；马进文等70人为海原县人民法院人民陪审员。

【第十七届人大常委会第39次会议】 5月24日，海原县第十七届人大常委会第39次会议在县人大常委会会议室召开。会议由县人大常委会主任杨和主持。会议听取和审议了县人民政府关于植绿增绿大会战工作报告和县人大常委会视察报告；审议关于县第十七届人大常委会部分委员辞职议案，同意田志鹏、余卫东、杨占海辞去海原县第十七届人大常委会委员职务；补选马洪海为中卫市第四届人民代表大会代表。

【第十七届人大常委会第40次会议】 6月25日，海原县第十七届人大常委会第40次会议在政府礼堂二楼会议室召开。会议由县人大常委会主任杨和主持。会议审议了关于设立海原县选举委员会和各乡镇选举委员会的议案，关于海原县县、乡人民代表大会换届选举时间的决定（草案），关于海原县乡镇新一届人大代表名额的决定(草案);审议了代表和委员辞职议案,同意周宗杰辞去中卫市第四届人民代表大会代表职务,同意姚治军辞去海原县第十七届人大常委会委员职务;审议了人事任免议案,同意免去杨文珂海原县人大常委会办公室主任职务、马彦虎海原县人大常委会教育科学文化卫生工作委员会主任职务、李德军海原文化旅游广电局局长职务,任命李金龙为海原县人大常委会办公室主任、杨文珂为海原县人大常委会教育科学文化卫生工作委员会主任,决定任命周玉宁为海原县文化旅游广电局局长。

【第十七届人大常委会第41次会议】 7月16日,海原县第十七届人大常委会第41次会议在政府礼堂一楼会议室召开。会议由县人大常委会主任杨和主持。会议听取和审议了县人民政府关于2021年国民经济和社会发展计划上半年执行情况报告、关于2020年财政决算和2021年上半年财政预算执行情况报告、关于新型城镇化工作进展情况报告和县人大常委会视察组关于重点项目建设及新型城镇化工作视察报告;审议了人事任免议案,同意免去蓝主保海原县人民政府副县长(挂职)职务、许坤煌海原县人民政府县长助理(挂职)职务、马福俊海原县监察委员会副主任职务,决定任命冯磊、王金中为县人民政府副县长、穆华为海原县乡村振兴局局长,任命董治耀为海原县监察委员会副主任。

【第十七届人大常委会第42次会议】 8月2日,海原县第十七届人大常委会第42次会议在政府礼堂一楼会议室召开。会议由县人大常委会主任杨和主持。会议听取和审议了县人民法院、县人民检察院工作报告;审议了关于调整海原县选举委员会组成人员的决定(草案);审议了人事任免议案,同意免去张赞军海原县人民政府副县长、县公安局局长职务,决定任命张鹏为县人民政府副县长,曾小明为县人民政府副县长(挂职),刘福林为县人民政府副县长、县公安局局长,任命郭孟强为县人民检察院检察员、检察委员会委员、副检察长。

【第十七届人大常委会第43次会议】 9月18日,海原县第十七届人大常委会第43次会议在政府礼堂一楼会议室召开。会议由县人大常委会主任杨和主持。会议听取和审议了县人民政府关于“一主四特”产业发展情况的报告和县人大常委会视察报告,关于县十七届人大五次会议代表建议意见及2021年民事实事办理情况的报告、“四大提升行动”进展情况和县人大常委会视察报告,关于“七五”普法决议执行情况的报告,审议通过了深入开展第八个五年法治宣传教育的决议(草案),审议了关于接受县、乡选举委员会组成人员辞职的决定(草案)、关于调整县第十七届人大常委会代表资格审查委员会组成人员的决定(草案)、海原县第十八届人民代表大会代表资格的审查报告(草案);审议了人事任免议案,同意免去刘文杰县人民政府副县长(挂职)职务、李铭臣县交通局局长职务、郭群杰县人民法院副院长职务,任命马如龙为县监察委员会副主任(挂职)。

【第十八届人大常委会第1次会议】 12月20日,海原县第十八届人大常委会第1次会议在县政府礼堂一楼会议室召开。会议由县人大常委会主任杨和主持。会议审议通过了《县人大常委会2022年工作要点》《县人大常委会2022年监督工作计划》;审议了县人民政府关于2021年财政预算调整方案的议案及县人大常委会财经农环工委审查报告;会议审议了人事任免议案,同意免去马天科县教育体育局局长职务、刘风武县住房和城乡建设局局长职务、马正福县工业信息化和商务局局长职务、罗成礼县自然资源局局长职务、郝新城县卫生健康局局长职务;决定任命马海军为县政府办公室主任、杨卫国为县发展和改革局局长、王占福为县教育体育局局长、马建荣为县住房和城乡建设局局长、高启平为县科学技术局局长、田应鹏为县工业信息化和商务局局长、刘福林为县公安局局长、杨立廷为县民政局局长、杨宝林为县司法局局长、罗发强为县财政局局长、张成静为县人力资源和社会保障局局长、田小武为县自然资源局局长、罗成礼为县交通运输局局长、张广平为县水务局局长、田风奇为县农业农村局局长、周玉宁为县文化旅游广电局局长、田波为县退役军人事务局局长、马守玉为县应急管理局局长、包兆武为县审计局局长、单进虎为县市场监督管理局局长、田进虎为县统计局局长、薛正东为县医疗保障局局长、李忠国为县审批服务管理局局长。

(李晓梅)

海原县人民政府

综　述

【概　况】 2021年,海原县实现全县地区生产总值95亿元,比2016年增加34亿元,年均增长6.8%;一般公共财政预算收入2.24亿元,年均增长2.2%;社会消费品零售总额31.32亿元,年均增长6%;城乡居民人均可支配收入分别达到29825元、11812元,年均增长7.7%和11.4%;累计完成固定资产投资252亿元。三次产业结构比重由2016年的18.9∶26.6∶54.5调整到2021年的20∶19∶61,经济发展质量效益不断提升。

【精准脱贫】 2016年以来海原县累计投入资金34.36亿元,实施扶贫项目8215个。完成安全住房改造24996户,自来水入户77650户,搬迁安置移民3639户1.52万人,"两不愁三保障"全面实现,农村危房改造入选全国农村公共服务典型案例。建成村级光伏电站17座,每年为125个贫困村增加村集体经济收入3000万元。争取闽宁资金2.4亿元,建设闽宁科技园等项目117个。为10003户贫困户赊销西门塔尔基础母牛3.29万头,"基础母牛银行"扶贫模式入选全国典型案例,华润希望小镇如期建成投用。全县11.2万名农村贫困人口全部脱贫,125个贫困村全部出列,历史性地解决了困扰千年的绝对贫困问题,与全国全区全市同步建成全面小康社会,获全国脱贫攻坚先进集体称号。

【产业结构优化】 2016年以来,海原县加快农业产业化进程,培育形成"一主四特"产业布局。大力发展肉牛主导产业,成立肉牛产业集团,建立完善"6+1"高端肉牛产业体系,中国(宁夏)良种牛繁育中心、活牛交易市场项目相继建成,华润五丰6万头肉牛全产业链精深加工一期项目投产运营。成功举办6届高端肉牛大赛,海原肉牛品牌影响力不断提升,牛饲养量突破30万头。突出抓好特色产业,发展富硒功能农业5万亩,马铃薯、小杂粮、瓜菜、枸杞种植面积分别达到45万亩、35万亩、15万亩和3.8万亩,累计实现农牧业总产值128亿元。加快工业转型升级,建成闽宁科技园、华润电力运维基地,完成中车风机装备制造等项目,引进闽宁纺织、卡立方等闽籍企业,新能源装备制造、农产品深加工、轻纺"三大特色"产业初具规模。培育规模以上企业5家,累计实现规模以上工业总产值95.48亿元。促进服务业繁荣发展,建成汽贸物流园区2个,培育货运企业96家,货运车辆达到1万余辆,交通运输行业从业人员2.5万余人。增设银行机构3家,成立政府性融资担保机构1家,布设乡镇金融服务网点12个,实现金融服务全覆盖。成立县文化旅游产业发展集团有限公司,创建天都山国家AAA级旅游景区,成功举办4届“关桥梨花节”等乡村文化旅游活动,旅游产业初显成效。服务业增加值达到58亿元。

【基础设施建设】 2016年以来,海原县坚持规划引领、建管并重,城乡基础设施、公共服务不断完善,全县城镇化率由21.9%提高到35.2%。建成东城等3个安置小区和闽宁华府等6个商住小区,改造老旧小区2.1万平方米。南门广场、东城生态园等一批市政项目建成投用,县城绿化覆盖率由20%提高到35%,集中供热覆盖率达到99%。建设市政道路41公里,县城路网框架结构基本形成。海同、黑海高速公路建成通车,海平高速、银昆高速海原段建设加快推进,新建国、省干线公路284公里,新改建农村公路650公里,全县公路通车总里程达到3328公里。高标准打造7个美丽小城镇、38个美丽村庄,改造农村户厕1.44万户,拆除危旧房屋3.9万余间。农村客运、动力电、4G信号实现全覆盖,5G基站建设全面铺开,乡村面貌发生了天翻地覆的变化,成功入选2021年中国最美县域榜。

【生态环境】 2016年以来,海原县坚定不移地践行习近平生态文明思想,深入开展生态保护、污染治理、植绿增绿“三个大会战”。坚持“节引调补蓄管”并重,治理河道、沟道155公里,完成小流域综合治理项目34个、淤地坝除险加固30座,三塘水库建成通水。实施水土流失综合治理720.7平方公里,治理程度达到63.3%。全力打好蓝天、碧水、净土“三大保卫战”,建成李旺等9家清洁煤配送中心,持续推进“散乱污”企业综合整治,空气质量优良天数达到95%以上。严格落实“河长制”,整治河道“四乱”问题79个,高崖等10个乡镇污水处理站建成投运。大力推行测土配方施肥与化肥减量增效技术推广项目,实现化肥、农药使用量零增长。累计完成营造林71.34万亩,全县森林覆盖率由7.2%提高至10.24%。

【民生保障】 2016年以来,海原县将75%以上的财力用于保障和改善民生。开展各类技能培训2.37万人次,为1.1万名群众发放创业担保贷款7.4亿元,转移就业45.6万人次,创收70.38亿元。累计投入资金5.24亿元,新建、改扩建中小学及幼儿园223所。扎实推进“互联网+教育”示范县建设,数字教学资源实现全覆盖,义务教育基本均衡发展,顺利通过国家验收。迁建县人民医院、中医院、妇幼保健和计划生育服务中心,改扩建8家乡镇卫生院,新建44个社区卫生服务站和标准化村卫生室,李旺镇中心卫生院“优质服务基层行”达到国家推荐标准。加快“互联网+医疗健康”信息化建设,建立中医医疗信息共享平台,获评“全国基层中医药先进单位”。城乡居民基本医疗保险参保扩面稳定在95%以上,二级医疗机构报销比例达到85%,健康促进县建设顺利通过国家级评估验收。建成非遗基地、文化馆,实现乡镇综合文化站、村综合文化服务中心全覆盖。社会保障面持续扩大,建成残疾人康复服务中心,发放各类救助资金15.45亿元,年均救助8.3万人。成功创建14家全国示范性退役军人服务中心,获全区双拥模范县称号。坚持人民至上、生命至上,慎终如始抓好常态化疫情防控工作,新冠肺炎疫情防控取得零疑似、零输入、零感染重大战果，获全区抗击疫情先进集体称号。不断完善县域社会治理“1+6+1”体系，基层治理能力不断提升，连续两年获得全国信访“三无”县称号。全面贯彻党的民族政策和宗教工作基本方针，成功创建自治区民族团结进步示范县。健全应急管理体系，安全生产形势持续稳定，食品药品安全得到有效保障，获评自治区食品安全县。顺利完成第七次全国人口普查工作，获国家级先进集体称号。国防动员、地震、气象、红十字、工会、青年、妇女儿童等工作取得了新成效。

【深化改革】 2016年以来，海原县政府机构设置和职能配置进一步优化，“放管服”改革全面提速，重点领域和关键环节改革取得重要进展。扎实推进基层整合审批服务执法力量改革，标准化建设乡镇民生服务中心、村(社区)民生服务代办点，下沉乡镇便民服务事项161项，县、乡、村三级累计办结事项104万余件。将34个部门1345项政务服务事项全部整合到县政务大厅，建成一体化在线政务服务平台，推动政务服务从“线下跑”“分头办”向“网上办”“协同办”转变。持续优化营商环境，企业开办、注销时间压缩至1个工作日，县、乡、村三级“不见面”网上办件13.4万余件。政府债务风险防范化解机制进一步完善，债务风险总体可控。农村土地承包经营权确权实现全覆盖，“四权”改革全面铺开，“路长制”“地长制”等改革稳步推进，以科技创新为主的县域创新能力不断提升，全国基层政务公开标准化规范化试点县工作通过国家验收。

【政府效能】 2016年以来，海原县坚持把党的领导贯穿政府工作全过程，坚决贯彻党中央、国务院和自治区党委、自治区政府及市委、市政府各项决策部署，全面落实县委工作安排。扎实开展“两学一做”学习教育、“不忘初心、牢记使命”主题教育、党史学习教育，自觉把增强“四个意识”、坚定“四个自信”、做到“两个维护”落实到具体行动上。深入推进领导干部学法、行政执法制度改革，全面完成“七五”普法。认真办理人大代表建议意见112件，政协提案建议199件。坚决落实党风廉政建设责任制，从严执行中央八项规定精神，持续深化“党政机关作风建设年、干部队伍素质提升年”活动，从严惩治侵害群众利益的不正之风，良好政治生态逐步形成。

【经验总结】 海原县通过五年发展实践总结出做好政府工作“七个必须”的宝贵经验：必须旗帜鲜明讲政治，深学笃行习近平新时代中国特色社会主义思想和习近平总书记视察宁夏重要讲话精神，把党的全面领导贯穿经济社会发展各方面、全过程；必须完整、准确、全面贯彻新发展理念，坚定不移走生态优先、绿色发展之路，加快推动高质量发展；必须坚持以人民为中心的发展思想，把人民利益放在最高位置，全心全意为海原人民谋福祉；必须加强法治政府建设，严格依法行政、依规办事，使各项工作在法治轨道上规范运行；必须牢固树立正确的政绩观，多做打基础利长远的工作，努力提升产业发展、基础设施和公共服务水平；必须强化作风建设，真抓实干，善作善成，一张蓝图绘到底，一以贯之抓落实；必须全面推进政府治理能力现代化，不断提高执政能力和服务水平。

(冯彦茂)

政府全体会议

【第十七届县人民政府第五次全体(扩大)会议暨2021年廉政会议】 2月23日，第十七届海原县人民政府召开第五次全体(扩大)会议暨2021年廉政会议。会议由县委常委、副县长强斌主持。县委副书记、县长许正清出席会议。县政府领导班子成员，县人大、县政协相关领导，县纪委监委负责人，县政府组成部门主要负责人，县政府各直属事业单位主要负责人，政府办各副主任，各乡镇政府主要负责人，海城街道办主任，甘盐池种羊场负责人及自治区、市驻海原各单位主要负责人参加会议。会议传达学习自治区和中卫市“两会”、政府全体(扩大)会议精神和中央、自治区、市、县纪委全会精神；分解2021年政府工作报告、民生计划任务。副县长强斌、丁芳、金钟河、刘文杰、张赞军分别在会上安排部署了分管领域工作。县长许正清就2021年政府工作和政府廉政工作做了讲话。

(冯彦茂)

政府常务会议

【十七届政府第93次常务会议】 1月12日，县长许正清主持召开十七届县人民政府第93次常务会议。副县长薛军勇、丁芳、金钟河、孙占宏、张赞军出席会议。县人大常委会副主任段成宝、县人大代表马自良、县政协委员马海文应邀列席会议。县委有关部门、县法院、县检察院、工青妇、县政府各部门、自治区(市)驻海原各单位和各乡镇政府负责人列席会议。会议传达学习了《政府督查工作条例》、自治区党委经济工作会议精神、中卫市委第四届委员会第十次全体会议精神；传达学习了《自治区应对新冠疫情工作指挥部专题会议纪要(第17期)》、《自治区应对新冠疫情工作指挥部办公室关于进一步加强当前疫情防控工作的通知》和中卫市应对新冠疫情工作指挥部第37次会商会议精神；审议了县政府办提交的《政府工作报告(送审稿)》，县发改局和财政局提交的《关于2020年民生计划执行情况和2021年民生计划(草案)的报告(送审稿)》《海原县2020年国民经济和社会发展计划执行情况与2021年国民经济和社会发展计划(草案)的报告(送审稿)》《海原县2020年全县及县本级财政预算执行情况与2021年全县及县本级财政预算(草案)的报告(送审稿)》，县司法局提交的《海原县2020年法治政府建设工作报告(送审稿)》《海原县人民政府常务会议学法制度(送审稿)》，县教育体育局提交的《海原县推进义务教育优质均衡发展工作实施方案(送审稿)》，县住建局提交的《海原县农村房屋安全隐患及自然灾害风险普查试点工作排查整治方案(送审稿)》，县自然资源局提交的《海原县城乡绿化检查考核细则(送审稿)》和《海原县城乡绿化管理办法(暂行)(送审稿)》等事项。会议还传达学习了自治区根治拖欠农民工工资工作领导小组办公室督查海原县根治欠薪冬季专项行动等有关工作会议及中卫市根治拖欠农民工工资工作领导小组2021年第一次会议精神；听取全县2021年春节前根治欠薪工作汇报；研究了关于通过政府购买服务方式加强劳动保障监察执法队伍建设事宜。

【十七届政府第94次常务会议】 1月21日，县长许正清主持召开十七届县人民政府第94次常务会议。副县长薛军勇、金钟河、王永军、孙占宏，县长助理许坤煌出席会议。县人大常委会副主任杨正福、县政协副主席屈文彬、县人大代表苏卫民、县政协委员许海军应邀列席会议。县委有关部门、县法院、县检察院、工、青、妇、县政府各部门、自治区(市)驻海原各单位和各乡镇政府负责人列席会议。会议传达学习了习近平总书记在省部级主要领导干部学习贯彻党的十九届五中全会精神专题研讨班开班式上的重要讲话精神；传达学习全国应急管理工作会议、自治区人民政府安全生产专题会议、全区应急管理系统安全防范工作视频调度会议和全区应急管理工作会议精神及海原县贯彻落实意见；学习了《国有土地上房屋征收与补偿条例(节选)》；审议了县应急局提交的《海原县烟花爆竹安全管理办法(送审稿)》，县审批局提交的《海原县政务服务改革联席会议制度(送审稿)》《海原县本级行政审批及公共服务事项授权和委托审批管理办法(送审稿)》《海原县政务服务大厅窗口工作人员管理办法(送审稿)》，县民政局提交的《海原县2021年“两节”走访慰问困难群众实施方案(送审稿)》，县水务局提交的《海原县2021年旱作节水农业技术推广项目春季覆膜保墒实施方案(送审稿)》，县农业农村局提交的《海原县活牛交易市场建设项目实施方案(送审稿)》《中国(宁夏)良种牛繁育中心建设项目实施方案(送审稿)》等；研究了关于下拨2020年中央自然灾害救灾资金事宜、关于公布海原县政务服务“四级四同”事项目录清单事宜、关于提高困难残疾人生活补贴和重度残疾人护理补贴事宜、海原县科技馆装修工程等项目招标控制价审查意见事宜、关于整合枸杞等专项资金用于兑付其他生态经济林种植补助资金事宜等。

【十七届政府第95次常务会议】 2月22日，县长许正清主持召开县人民政府第95次常务会议。副县长强斌、丁芳、金钟河、张赞军、刘文杰出席会议。县人大常委会副主任但升、政协副主席田风梅、县人大代表苏卫民、县政协委员刘正忠应邀列席会议。县委有关部门、县法院、县检察院、工、青、妇、县政府各部门、自治区(市)驻海原各单位和各乡镇政府负责人列席会议。会议学习了《宁夏回族自治区重大行政决策规定(节选)》；传达学习了全国、全区审计工作会议精神并研究了海原县审计工作贯彻落实措施；审议了县审计局提交的《2021年度审计项目计划(送审稿)》，县政府办公室提交的《2021年政府工作报告任务分工“五定”方案(送审稿)》《2021年民生计划10件实事办理工作“五定”方案(送审稿)》，县扶贫办提交的《海原县关于实现巩固拓展脱贫攻坚成果同乡村振兴有效衔接的实施意见(送审稿)》，县农业农村局提交的《海原县“一主四特”产业高质量发展“十四五”规划(2021—2025年)(送审稿)》《海原县2021年度乡村振兴“一村一年一事”行动实施方案(送审稿)》《海原县2021年农业产业高质量发展实施方案(送审稿)》《海原县2021年高标准农田建设项目实施方案(送审稿)》，县司法局提交的《废止、宣布失效和修订一批行政规范性文件的决定(送审稿)》，县民政局提交的《海原县城乡困难群众临时救助实施办法(送审稿)》，县工信局提交的《海原县2020年电子商务进农村综合示范项目(升级版)实施方案(送审稿)》,县发改局提交的《海原县2021年"一带两廊"项目计划任务(送审稿)》《海原县2021年县级领导包保重点项目"五定"方案(送审稿)》《海原县2021年第一季度计划复(开)工项目实施方案(送审稿)》等。会议还研究了海原县郑旗乡吴湾、撒台坡耕地水土流失综合治理等项目招标控制价审查意见的请示等事宜。

【十七届政府第96次常务会议】 3月3日,县长许正清主持召开县人民政府第96次常务会议。副县长强斌、丁芳、孙占宏、张赞军、刘文杰、贾治林出席会议。县人大常委会副主任米力芳、县政协副主席屈文彬、县人大代表王宏富、县政协委员马永胜应邀列席会议。县委有关部门、县法院、县检察院、工、青、妇、县政府各部门、自治区(市)驻海原各单位和各乡镇政府负责人列席会议。会议学习了《宁夏回族自治区重大行政决策规定(节选)》;传达学习了全国脱贫攻坚总结表彰大会会议精神以及自治区党委政法委书记雷东生、自治区党委政法委副书记杨东在自治区信访工作联席会议2021年第一次全体会议上的讲话精神;传达学习了全区隐性债务变动核查审计工作会议精神,安排部署全县隐性债务核查工作;审议了县委组织部、县财政局提交的《海原县进一步完善村级组织运转经费保障工作实施方案(送审稿)》,县自然资源局提交的《海原县2021年自然资源统一确权登记重点工作实施方案(送审稿)》,县扶贫办提交的《海原县村级光伏扶贫电站运维服务绩效考核管理办法(送审稿)》,县地震局提交的《海原县地震易发区房屋设施加固工作方案(送审稿)》,农业农村局提交的《海原县2021年农村户用厕所改造项目实施方案(送审稿)》,县公安局提交的《关于加强和改进全县公安工作意见(送审稿)》等。会议研究审定了配备乡镇综合行政执法装备事宜、整合使用2019—2020年退耕还林资金事宜、关于农业农村局报废车辆事宜、七营镇五营村废弃矿山生态修复项目等项目招标控制价审查意见事宜、新建海原县第八小学事宜、解决非物质文化遗产传承基地运行管理人员事宜等事项。

【十七届政府第97次常务会议】 3月15日,县长许正清主持召开县人民政府第97次常务会议。副县长强斌、丁芳、孙占宏、张赞军、刘文杰、贾治林出席会议。县人大常委会副主任杨正福、县政协副主席王建平、县人大代表王义祖、县政协委员田兴盛应邀列席会议。县委有关部门、县法院、县检察院、工、青、妇、县政府各部门、自治区、(市)驻海原各单位和各乡镇政府负责人列席会议。会议学习了《最高人民法院关于行政机关负责人出庭应诉若干问题的规定》;传达学习了《自治区森林草原防灭火指挥部办公室关于进一步加强森林草原防灭火工作的紧急通知》、自治区迎接国务院2020年度保障农民工工资支付考核视频会议精神,听取海原县迎接国务院2020年度保障农民工工资支付考核进展情况汇报;审议了县政府办提交的《县十七届人大五次会议代表建议办理工作"五定"方案(送审稿)》《县政协十一届六次会议提案办理工作"五定"方案(送审稿)》,县扶贫办提交的《海原县2021年巩固拓展脱贫攻坚成果同乡村振兴有效衔接实施方案(送审稿)》,财政局提交的《海原县2021年巩固拓展金融脱贫攻坚成果行动工作方案(送审稿)》,县应急局提交的《2021年全县安全生产暨应急管理工作要点(送审稿)》《海原县应急管理局2021年度安全生产和应急管理监管监察行政执法工作计划(送审稿)》,县教体局提交的《海原县关于加强未成年人思想道德建设实施方案(送审稿)》,县审批局提交的《海原县和海兴区一体化政务服务实施方案(送审稿)》,县住建局提交的《海原县创建自治区园林县城实施方案(送审稿)》等;研究了海原县2020年(电商物流综合园1#、2#)公租房购买事宜、研究海原县活牛交易市场建设(一期)等项目招标控制价审查意见事宜等事项。

【十七届政府第98次常务会议】 3月24日,县长许正清主持召开县人民政府第98次常务会议。副县长强斌、丁芳、孙占宏、张赞军、刘文杰、贾治林出席会议。县人大常委会副主任马光智、县政协副主席王建平、县人大代表李小梅、县政协委员李文霞应邀列席会议。县委有关部门、县法院、县检察院、工、青、妇、县政府各部门、自治区(市)驻海原各单位和各乡镇政府负责人列席会议。会议传达学习了中央和自治区市关于森林草原防灭火工作相关会议精神;审议了县农业农村局提交的《海原县2021年农村人居环境整治提升行动实施方案(送审稿)》《海原县农村人居环境整治提升五年行动(2021—2025年)实施方案(送审稿)》,县扶贫办提交的《海原县2021年政策性移民致富提升行动方案(送审稿)》《海原县防止返贫动态监测和帮扶工作提升方案(送审稿)》《海原县2021年巩固拓展光伏扶贫提升行动工作方案(送审稿)》,县委宣传部提交的《海原县2021年内生动力提升行动工作方案(送审稿)》,民政局提交的《海原县2021年巩固拓展兜底保障提升行动工作方案(送审稿)》,县人社局提交的《海原县2021年巩固拓展稳岗就业提升行动工作方案(送审稿)》,县水务局提交的《海原县2021年巩固拓展安全饮水提升行动工作方案(送审稿)》,县教体局提交的《海原县2021年基础教育质量提升行动工作方案(送审稿)》,县工信局提交的《海原县2021年巩固拓展消费帮扶提升行动工作方案(送审稿)》,县卫健局提交的《海原县2021年全民健康保障提升行动工作方案(送审稿)》,县住建局提交的《海原县2021年巩固拓展安全住房提升行动工作方案(送审稿)》《海原县公共租赁住房分配入住管理暂行办法(送审稿)》《海原县房屋建筑和市政基础设施工程竣工联合验收实施方案(送审稿)》,县司法局提交的《海原县海城街道办责任清单(送审稿)》《海原县乡镇责任清单(送审稿)》,县文广局提交的《海原县第四届文化旅游节系列活动暨2021年“关桥梨花节”实施方案(送审稿)》等;研究审定了郑旗乡撒堡村、吴湾村老旧梯田提升改造项目招标控制价审查意见事宜。

【十七届政府第99次常务会议】 4月8日,县长许正清主持召开县人民政府第99次常务会议。副县长强斌、丁芳、刘文杰、贾治林、王银军出席会议。县人大常委会副主任段成宝、县政协副主席田风梅、县人大代表田学武、县政协委员刘正忠应邀列席会议。县委有关部门、县法院、县检察院、工、青、妇、县政府各部门、自治区(市)驻海原各单位和各乡镇政府负责人列席会议。会议学习了《国有土地上房屋征收与补偿条例(节选)》;审议了县政府办提交的《海原县巩固深化基层政务公开标准化规范化试点成果实施方案(送审稿)》,县农业农村局提交的《海原县2021年全面深化农村产权制度改革实施方案(送审稿)》《海原县2021年扶持壮大村集体经济项目实施方案(送审稿)》,县科技局提交的《海原县科技人才助力乡村振兴实施方案(送审稿)》《海原县2021年巩固拓展科技成果提升行动实施方案(送审稿)》,县自然资源局提交的《海原县全面推行林(草)长制实施方案(送审稿)》《海原县国有建设用地使用权出让实施方案(送审稿)》,县教体局提交的《海原县深化改革推进基础教育高质量发展实施方案(送审稿)》《"中国体育彩票杯"宁夏第四届农民篮球争霸赛决赛保障工作方案(送审稿)》,县文化旅游和广电局提交的《海原县2021年巩固拓展文化旅游成果工作方案(送审稿)》,县公安局提交的《海原县关于推进街道社区居民户籍"人房户一体化"管理改革实施意见(送审稿)》《海原县公安局李俊派出所等7个项目建设集体土地征收补偿安置方案(送审稿)》,中卫市生态环境局海原分局提交的《海原县落实自治区生态环境厅监察专员办公室核查反馈问题整改方案(送审稿)》,县卫生健康局提交的《海原县2021年城乡居民基本医疗保险门诊统筹工作方案(送审稿)》等;研究了收回部分国有建设用地使用权和有偿收回海城街道办闽宁华府北侧一宗国有土地使用权事宜、海地(挂)字〔2017〕-2号宗地补缴土地出让金事宜、海原县2020年度城乡居民基本医疗保险按病种分值付费年度决算医疗机构住院医疗费用事宜、2020年度城乡居民基本医疗保险门诊统筹医疗费用结算事宜等事项。

【十七届政府第100次常务会议】 4月14日,县长许正清主持召开县人民政府第100次常务会议。副县长强斌、丁芳、张赞军、刘文杰、王银军出席会议。县人大常委会副主任米力芳、县政协副主席屈文彬、县人大代表李小梅、县政协委员马永胜应邀列席会议。县委有关部门、县法院、县检察院、工、青、妇、县政府各部门、自治区(市)驻海原各单位和各乡镇政府负责人列席会议。会议学习了《中华人民共和国环境保护法(节选)》;传达学习了全国东西部协作和中央单位定点帮扶工作推进会精神、《中央财政衔接推进乡村振兴补助资金管理办法》和《关于继续支持脱贫县统筹整合使用财政涉农资金工作的通知》;审议了县财政局提交的《海原县深化国有企业改革实施方案(送审稿)》《海原县行政事业单位国有资产出租实施办法(试行)(送审稿)》《海原县行政事业单位国有资产进场交易实施细则(送审稿)》《海原县2021年深化金融体制改革实施方案(送审稿)》,县自然资源局提交的《海原县2021年"多规合一"实用性村庄规划编制工作方案(送审稿)》,县气象局提交的《海原县农业农村气象防灾减灾工作管理办法(送审稿)》《海原县气象灾害应急预案(送审稿)》,县消防救援大队提交的《海原县农村消防工作实施意见(送审稿)》,县水务局提交的《海原县小型水利工程维修管理暂行办法(送审稿)》,县委宣传部提交的《海原县获国家级和自治区级奖项文艺作品奖励办法(试行)(送审稿)》《海原县重点文艺项目活动扶持办法(试行)(送审稿)》等;研究了公布征收农用地区片综合地价及调整海城街道办城市规划区内农用地区片综合地价执行标准事宜、对海原县中心城区土地级别与基准地价更新项目进行政府采购事宜、海原县农村饮水安全工程运营管理合作补充协议事宜、海原县第一中学综合楼项目等项目招标控制价审查意见事宜等事项。

【十七届政府第101次常务会议】 5月7日，县长许正清主持召开县人民政府第101次常务会议。副县长强斌、丁芳、张赞军、刘文杰、王银军出席会议。县人大常委会副主任杨常林、县政协副主席王建平、县人大代表王义祖、县政协委员田兴盛应邀列席会议。县委有关部门、县法院、县检察院、工青妇、县政府各部门、自治区（市）驻海原各单位和各乡镇政府负责人列席会议。会议学习了《习近平法治思想的核心要义》；传达学习了全国、全区、全市廉政工作会议精神；传达学习了国务院总理李克强对防汛抗旱工作作出的重要批示及全国、全区防汛抗旱工作电视电话会议精神和全区脱贫攻坚总结表彰大会精神及全区实施百万移民致富提升行动推进会议精神；审议了县应急局提交的《2021年海原县防汛抗旱工作要点（送审稿）》《2021年海原县防灾减灾日活动方案（送审稿）》，县司法局提交的《海原县政府部门权力清单（2021年版）（送审稿）》《海原县政府部门责任清单（2021年版）（送审稿）》，县住建局提交的《海原县物业管理暂行办法（送审稿）》，县审批局提交的《海原县深化"放管服"改革优化营商环境重点任务分工方案（送审稿）》，县市场监管局提交的《海原县联富汽车商贸城划行归市集中入园经营实施方案（送审稿）》，县农业农村局提交的《海原县创建肉牛标准化养殖示范县实施方案（送审稿）》，县财政局提交的《海原县进一步完善村级（社区）组织运转经费保障工作实施方案（送审稿）》，县财政局、水务局提交的《海原县"互联网+城乡供水"特许经营项目实施方案（送审稿）》等；研究了县农业农村局等单位国有资产调配及搬迁入驻海兴开发区干部职工就餐费、交通费补贴事宜、关桥乡农村生活污水处理等项目招标控制价审查意见事宜、关于宁夏清水河综合治理项目海原段2020年建设工程设计变更事宜、完善中小学校绩效工资有关问题事宜等。会议还套开了2021年海原县双拥工作领导小组会议，传达学习了《中华人民共和国退役军人保障法》、自治区双拥工作领导小组会议、自治区双拥模范城（县）命名暨双拥模范单位和个人表彰大会精神，听取2020年全县双拥工作情况汇报；审议了《海原县2021年拥军优属拥政爱民工作方案（送审稿）》和《海原县创建双拥模范县实施方案（2021—2024年）（送审稿）》。

【十七届政府第102次常务会议】 5月26日，县长许正清主持召开县人民政府第102次常务会议。副县长强斌、丁芳、张赞军、贾治林出席会议。县人大常委会副主任马光智、海兴开发区管委会副主任杨宝银、县政协副主席田风梅、县人大代表王宏富、县政协委员孙霞应邀列席会议。县委有关部门、县法院、县检察院、工青妇、县政府各部门、自治区（市）驻海原各单位和各乡镇政府负责人列席会议。会议学习了《解读行政复议制度之纠错和履行》；传达学习国务院总理李克强对保护知识产权、打击侵权假冒工作重要批示暨2021年全国打击侵权假冒工作电视电话会议精神、全国食品安全工作先进集体和先进个人表彰电视电话会议精神和自治区党委书记陈润儿与全区党委（党组）书记集体谈心时的讲话精神、《中卫市重大决策社会稳定风险评估暂行办法》；审议了县扶贫办提交的《海原县实施移民致富提升行动工作方案（送审稿）》，县农业农村局提交的《海原县城乡居民收入提升行动工作方案（送审稿)》《海原县创建肉牛标准化养殖示范县2021年(第一期)试点建设方案(送审稿)》《中国(宁夏)良种牛繁育中心项目建设运营合作协议(送审稿)》,县教体局提交的《海原县基础教育质量提升行动工作方案(2021—2025年)(送审稿)》,县卫健局提交的《海原县全民健康水平提升行动实施方案(送审稿)》,县交通局提交的《海原县农村公路"路长制"管理办法(试行)(送审稿)》《海原县深化农村公路管理养护体制改革实施方案(送审稿)》;研究了县农业农村局采购业务用车事宜、县农业农村局等单位申请财政资金有关事项事宜、变更海原县树台乡2020年美丽小城镇项目建设内容事宜、2021年海原县贾塘乡和郑旗乡村组硬化路等项目招标控制价审查意见的事宜、变更县妇幼保健计划生育服务中心和县人民医院妇儿综合楼项目事宜、解决海兴开发区购买市政环卫车辆资金的事宜等事项。

【十七届政府第103次常务会议】 6月8日,县长许正清主持召开县人民政府第103次常务会议。副县长强斌、丁芳、张赞军、王银军出席会议。县人大常委会副主任杨常林、海兴开发区管委会副主任杨宝银、县政协副主席王建平、县人大代表马富有、县政协委员吕鸿团应邀列席会议。县委有关部门、县法院、县检察院、工青妇、县政府各部门、自治区(市)驻海原各单位和各乡镇政府负责人列席会议。会议学习了《新修订〈行政处罚法〉亮点解读(一)》;传达学习了全国及全区深化"放管服"电视电话会议精神;审议了县应急局提交的《海原县落实国务院安委会2020年度安全生产和消防工作考核巡查反馈意见整改方案(送审稿)》和《海原县落实2021年第一季度自治区安全生产专项整治三年行动督查反馈意见整改方案(送审稿)》,市生态环境局海原县分局提交的《海原县开展排污权有偿使用和交易改革实施方案(送审稿)》;研究了建设关桥、李旺等乡镇加油站事宜、建设关桥、李旺等乡镇加油站事宜、收回部分国有建设用地使用权事宜、有偿收回海城街道办文昌路北侧一宗国有土地使用权事宜、收回并划拨部分国有存量建设用地使用权事宜、海原县国有建设用地(4、5、6、9号)使用权出让实施方案事宜、购置森林消防专用车事宜、安排2021年新增地方债资金使用计划事宜、海原县2021年老建行小区等五个老旧小区配套基础设施等项目招标控制价审核意见事宜、海原县2018年及以前年度项目存量资金变更为搬迁至海原县畜牧局办公楼维修改造费用事宜、海原县文旅集团资产划拨有关事宜等事项。

【十七届政府第104次常务会议】 6月25日,县长许正清主持召开县人民政府第104次常务会议。副县长强斌、丁芳、张赞军、刘文杰、贾治林、王银军出席会议。海兴开发区管委会副主任杨宝银、县政协副主席屈文彬、县人大代表马辉真、县政协委员张国芳应邀列席会议。县委有关部门、县法院、县检察院、工青妇、县政府各部门、自治区(市)驻海原各单位和各乡镇政府负责人列席会议。会议学习了《新修订〈行政处罚法〉亮点解读(二)》;传达学习习近平总书记对湖北十堰市张湾区艳湖社区集贸市场燃气爆炸事故重要指示和国务院总理李克强批示精神及6月17日全国、全区、全市安全生产电视电话会议精神,观看《生命重于泰山——学习习近平总书记关于安全生产重要论述》(2021版)专题片,安排部署全县建党节期间安全生产工作；传达学习国务院总理李克强对防灾减灾救灾、防震减灾和自然灾害综合风险普查工作重要批示、第一次全国、全区自然灾害综合风险普查工作电视电话会议及全区煤矿安全工作会议精神，安排部署全县自然灾害综合风险普查工作；传达学习了自治区党委全面依法治区工作会议精神、国家乡村振兴重点帮扶县工作会议精神及贯彻落实意见；审议了县自然资源局提交的《海原县关于深入推进土地权改革完善土地要素市场配置工作方案（送审稿）》《海原县关于深入推进山林权改革加快植绿增绿护绿步伐实施方案（送审稿）》《海原县用水权改革实施方案（送审稿）》，县发改局提交的《海原县2021年社会信用体系建设工作要点（送审稿）》，县农业农村局提交的《海原县2021年肉牛产业高质量发展政策支撑方案（送审稿）》，县乡村振兴局提交的《2021年中央专项彩票公益金支持欠发达革命老区乡村振兴项目推选申报方案（送审稿）》，县住建局提交的《海原县供热承包管理经营方案（送审稿）》等；研究了安排2021年第二批中央财政衔接推进乡村振兴补助资金事宜、长城国家文化公园西安州城、盐池城遗址保护设施等项目招标控制价审查意见事宜、购置粮油配送车辆及报废原有车辆事宜、关于政府购买服务事宜、划转李俊乡闲置校舍事宜、拆除李俊司法所与乡政府部分房屋建筑物事宜、县融媒体中心购置新闻采访专用车事宜、报废县农业农村局业务用车和农业机械事宜、三塘灌区水价补贴事宜等事项。

【十七届政府第105次常务会议】 7月9日，县长许正清主持召开县人民政府第105次常务会议。副县长强斌、刘文杰、冯磊、刘福林、贾治林、王金中出席会议。县人大常委会副主任马光智、海兴开发区管委会副主任杨宝银、县政协副主席麻德明、县人大代表田秀玲、县政协委员刘正忠应邀列席会议。县委有关部门、县法院、县检察院、工青妇、县政府各部门、自治区（市）驻海原各单位和各乡镇政府负责人列席会议。会议学习了《中华人民共和国乡村振兴促进法》；传达学习了习近平总书记在庆祝中国共产党成立100周年大会上的重要讲话精神；传达学习自治区党委书记陈润儿检查督导安全生产应急管理工作和安全防范视频调度会议精神及海原县贯彻落实意见；研究了调整海原县应急管理指挥部等议事协调机构组成人员事宜；听取了海原县2021年上半年经济形势情况汇报；研究审定了提交的《海原县2021年建设黄河流域生态保护和高质量发展先行区（先行市）任务分工方案（送审稿）》《2021年海原县能源消费总量和强度双控目标任务及重点工作方案（送审稿）》；审议了县政府办提交的《海原县2021年政务公开工作要点（送审稿）》，县司法局提交的《海原县拟实行证明事项告知承诺制清单第一批（送审稿）》，提交的《海原县取水工程专项整治行动实施方案（送审稿）》，市生态环境局海原县分局提交的《海原县“十四五”生态环境保护发展规划（2021—2025年）（送审稿）》等；研究了海原县贾塘乡黄坪村美丽宜居村庄等项目招标控制价审查意见事宜、收回部分国有建设用地使用权事宜、变更海地（挂）字〔2015〕-32、33、34号宗地土地用途处理意见事宜、海原县凯通机动车辆检测项目用地处理意见事宜、海原县国有建设用地使用权出让实施方案事宜、水务局旧机动车报废处理事宜等事项。

【十七届政府第106次常务会议】 8月17日，代县长张鹏主持召开县人民政府第106次常务会议。副县长强斌、刘文杰、丁芳、冯磊、王银军出席会议。县人大常委会副主任杨常林、海兴开发区管委会副主任糟会杰、县政协副主席麻德明、县人大代表田秀玲、县政协委员杨敏霞应邀列席会议。县委有关部门、县法院、县检察院、工青妇、县政府各部门、自治区（市）驻海原各单位和各乡镇政府负责人列席会议。会议学习了《中华人民共和国乡村振兴促进法》第三、第四、第五章；传达学习全区深入实施“四大提升行动”全面促进乡村振兴工作会议精神、自治区信访工作联席会议表扬信；听取了县司法局关于海原县法治政府建设工作进展情况汇报、海原县“七五”普法决议执行情况汇报，审议《关于深入开展第八个五年法治宣传教育的决议（草案）》；研究了县公安局关于调整全县村级警务力量、申请更新报废车辆、城区安装隔离护栏等事宜；审议了县乡村振兴局提交的《海原县2021年统筹整合使用财政涉农资金实施方案（送审稿）》，县水务局提交的《中部干旱带海原西安供水水源工程方案（送审稿）》，县教体局提交的《政府购买公办幼儿园保教服务岗位实施工作方案（送审稿）》《海原县中小学、幼儿园专职保安招聘工作方案（送审稿）》，县自然资源局提交的《宁夏中卫市海原县甘盐池邵庄1号建筑用大理岩矿采矿权网上挂牌出让方案（送审稿）》等；研究了县教体局关于撤并海原县西安中学等13所学校事宜、批复新建海原县海兴开发区第二中学和海原县第八小学事宜等事项。

【十七届政府第107次常务会议】 8月31日，代县长张鹏主持召开县人民政府第107次常务会议。副县长强斌、刘文杰、曾小明、冯磊、刘福林、王银军出席会议。县人大常委会副主任薛鹏飞、海兴开发区管委会副主任孙占宏、县政协副主席田风梅、县人大代表马辉真、县政协委员马永胜应邀列席会议。县委有关部门、县法院、县检察院、工青妇、县政府各部门、自治区（市）驻海原各单位和各乡镇政府负责人列席会议。会议学习了《政府投资条例》和《宁夏回族自治区政府投资管理办法》；传达学习了全区黄河流域生态保护和高质量发展先行区建设第五次推进会精神、全区法治政府建设工作会议精神；通报了海原县工程建设政府采购等重点领域行政处罚决定；审议了县信访局提交的《海原县关于开展全国信访工作示范县创建活动实施方案（送审稿）》，县财政局提交的《海原县财政资金拨付审批管理暂行办法（送审稿）》，县市场监管局提交的《海原县深化“证照分离”改革进一步激发市场主体发展活力实施方案（送审稿）》，县乡村振兴局提交的《海原县2021年闽宁对口协作工作方案（送审稿）》《漳浦县海原县闽宁协作协议（2021—2022年）（送审稿）》，县水务局提交的中部干旱带海原西安供水水源工程项目实施方案（送审稿）》《清水河城乡供水工程海原支线工程实施方案（送审稿）》，县应急管理局提交的《海原县2021年度民生救助公众责任保险实施方案（送审稿）》，县人社局提交的《海原县财政全额供款单位职业年金单位缴费部分实账运行改革实施方案（送审稿）》等；研究了县财政局关于完善部门预算公用经费定额标准、化解相关单位隐性债务、县地震局等单位申请财政资金有关事项事宜，县水务局关于海原县地下水资源管理提升工程资金事宜，县应急管理局关于分配2021年自治区本级自然灾害救助资金事宜，县公安局关于采购国道G341、G344线交通安全设施事、增设交通标识标线标牌事宜，县人社局关于追加机关事业单位退休职工丧葬费和抚恤金预算事宜、县纪委监委关于申请报废和购置车辆事宜等事项。

【十七届政府第108次常务会议】 9月8日，代县长张鹏主持召开县人民政府第108次常务会议。副县长强斌、刘文杰、冯磊、刘福林、王银军出席会议。县人大常委会副主任米力芳、海兴开发区管委会副主任孙占宏、县政协副主席屈文彬、县人大代表苏卫民、县政协委员李玉贵应邀列席会议。县委有关部门、县法院、县检察院、工青妇、县政府各部门、自治区(市)驻海原各单位和各乡镇政府负责人列席会议。会议学习了《中华人民共和国乡村振兴促进法》第六、七、八、九、十章；传达学习中卫市全面促进乡村振兴暨城乡人居环境整治推进动员大会精神；审议了消防救援大队提交的《全县“九小”场所、“多合一”场所和沿街门店消防安全专项整治工作方案(送审稿)》，县农业农村局提交的《庆丰收感党恩2021年中国农民丰收节暨宁夏(海原)第六届高端肉牛大赛筹备方案(送审稿)》《海原县2022年扬黄灌区高效节水灌溉项目实施方案(送审稿)》，县交通局提交的《海原县推进“四好农村路”高质量发展实施方案(送审稿)》，县水务局提交的《海原县用水权确权工作方案(送审稿)》《海原县农业用水价格调整执行方案(送审稿)》《海原县扬黄灌区高崖乡、李旺镇高效节灌高标准示范项目实施方案(送审稿)》，县财政局提交的《海原县国有企业改革三年行动实施方案(送审稿)》等；研究了县水务局关于小河预制厂处置、关于对2021年用水权改革和节水型社会建设项目招标采购事宜，县自然资源局关于土地权和山林权改革确权登记等项目招标采购事宜，县交通运输局关于解决城市公交车运营亏损补贴、关于解决新能源(纯电动)城市公交车购置补贴资金事宜等事项。

【十七届政府第109次常务会议】 9月28日，代县长张鹏主持召开县人民政府第109次常务会议。副县长强斌、冯磊、贾治林、王银军出席会议。县人大常委会副主任马光智、海兴开发区管委会副主任杨宝银、县政协副主席王建平、县人大代表李小梅、县政协委员田玉龙应邀列席会议。县委有关部门、县法院、县检察院、工青妇、县政府各部门、自治区(市)驻海原各单位和各乡镇政府负责人列席会议。会议学习了《中华人民共和国河道管理条例》；传达学习全国秋冬季森林草原防灭火工作电视电话会议精神、自治区党委和中卫市委研究“双碳”“双控”工作会议精神、市委常委、纪委书记、监委主任刘凯华在海原成功追究一起串标案刑事责任为全区专项治理首例上的批示精神、中共海原十五届县委第一次常委会会议精神；审议了县农业农村局提交的《海原县2021年农田水利基本建设实施方案(送审稿)》《海原县2021年扶持发展壮大村集体经济项目变更方案(送审稿)》，研究了县自然资源局关于收回并划拨部分国有存量建设用地使用权、关于划拨部分国有建设用地、关于划拨宁夏海原京能二期20MWp光伏复合项目等2宗建设用地、关于划拨高崖乡大中型货运停车场用地、关于中国石油天然气股份有限公司宁夏中卫销售分公司延续海原黑城、七营加油站国有土地使用权等事宜，县发改局关于报废拆除县发改局(原海原县人民检察院)办公楼附属设施事宜,县乡村振兴局关于关桥乡脱场移民安置区拖欠施工企业工程款事宜,县水务局关于西河中型灌区续建配套与节水改造工程开工建设事宜等事项。

【十七届政府第110次常务会议】 10月21日,代县长张鹏主持召开县人民政府第110次常务会议。副县长强斌、冯磊、贾治林、王银军出席会议。县人大常委会副主任薛鹏飞、海兴开发区管委会副主任糟会杰、县政协副主席麻德明、县人大代表齐显玉、县政协委员杨应旭应邀列席会议。县委有关部门、县法院、县检察院、工青妇、县政府各部门、自治区(市)驻海原各单位和各乡镇政府负责人列席会议。会议学习了《农用薄膜管理办法》;传达学习了中国共产党宁夏回族自治区第十二届委员会第十三次全体会议精神;传达学习了自治区改善农村人居环境工作领导小组办公室关于对海原县农村人居环境整治及改厕情况暗访的通报,并研究了贯彻落实意见;通报全县前三季度经济运行情况;审议了县司法局提交的《海原县行政复议体制改革实施方案(送审稿)》《海原县人民政府行政复议委员会组成人员名单(送审稿)》《海原县人民政府行政复议委员会工作规则(送审稿)》《海原县人民政府行政复议委员会案件审理程序规定(送审稿)》《海原县人民政府行政复议委员会行政复议案件审理会议议事规则(送审稿)》《海原县人民政府行政复议委员会经费管理办法(送审稿)》《关于在全县开展第八个五年法治宣传教育的实施意见(送审稿)》;传达学习了全区防止返贫动态监测和信息采集培训班视频会议精神,听取县乡村振兴局关于将海原县脱贫县脱贫村定点观测汇报;通报2021年度衔接资金使用和项目库建设情况;审议了县乡村振兴局提交的《2021年海原县实施乡村振兴战略综合考评方案(送审稿)》《海原县2021年统筹整合使用财政涉农资金(调整)实施方案(送审稿)》,县文广局提交的《海原县文化旅游产业高质量发展实施方案(送审稿)》,县农业农村局提交的《海原县创新开展新型农业保险试点产品保费补贴实施方案(送审稿)》,县自然资源局提交的《华润海原范台60MWp光伏复合项目建设收回国有土地使用权的补偿方案(送审稿)》《华润海原尖尖山30MWp光伏复合项目建设收回国有土地使用权的补偿方案(送审稿)》等;研究了县卫健局关于清理涉及计划生育内容的规范性文件事宜,县乡村振兴局关于海原县村级光伏扶贫电站所属公司人事任免事宜,县委宣传部等单位申请财政资金事宜,县自然资源局关于国有建设用地使用权出让实施方案事宜等事项。

【十八届政府第1次常务会议】 11月4日,县长张鹏主持召开县人民政府第1次常务会议。副县长强斌、曾小明、冯磊、刘福林、贾治林、马海燕出席会议。县人大常委会副主任马光智、海兴开发区管委会副主任杨宝银、县政协副主席马天科、县人大代表罗成、县政协委员任艳秀应邀列席会议。县委有关部门、县法院、县检察院、工青妇、县政府各部门、自治区(市)驻海原各单位和各乡镇政府负责人列席会议。会议传达学习习近平总书记关于粮食安全系列重要讲话和重要指示批示精神;学习了《宁夏回族自治区行政规范性文件制定和备案办法》;审议了水务局提交的《中部干旱带海原西安供水水源工程PPP项目建设方案(送审稿)》,自然资源局提交的《海原县2021年今秋明春生态建设生态保护植绿增绿大会战实施方案(送审稿)》;研究了县自然资源局关于海地(挂)字〔2015〕-32、33、34号宗地补缴土地出让金的请示,县财政局关于县水务局等单位申请财政资金有关事项的请示,县审计局关于退出与审计无关的议事协调机构的请示,县司法局关于申请购买专职人民调解员所需经费的请示等事项。

【十八届政府第2次常务会议】 11月14日,县长张鹏主持召开县人民政府第2次常务会议。副县长强斌、曾小明、冯磊、刘福林、贾治林、王银军、马海燕出席会议。县政协副主席马天科、县人大代表马永梅、县政协委员田旭应邀列席会议。县委有关部门、县法院、县检察院、工青妇、县政府各部门、自治区(市)驻海原各单位和各乡镇政府负责人列席会议。会议传达学习党的十九届六中全会精神和自治区党委2021年第40次常委会(扩大)会议精神、十五届县委2021年第6次常委会(扩大)会议精神、《宁夏回族自治区重大决策社会稳定风险评估实施办法》;学习了《中华人民共和国安全生产法》(第一章);审议了县发改局提交的《海原县农村居民收入指标考核激励实施方案(送审稿)》,县乡村振兴局提交的《海原县2021年度闽宁协作社会帮扶资金使用方案(送审稿)》,县政府办提交的《自治区专项治理抽查组抽查海原县专项治理工作反馈问题整改方案(送审稿)》;研究了县住建局关于调整施工图设计文件免审范围有关事宜的请示,县财政局关于县教体局等单位申请财政资金有关事项的请示、关于进一步加强学校公用经费管理的请示。会议还就近期重点工作进行了安排部署。

【十八届政府第3次常务会议】 11月19日,县长张鹏主持召开县人民政府第3次常务会议。副县长曾小明、冯磊、刘福林、贾治林、王银军、马海燕出席会议。县发改、司法、财政、自然资源、水务、农业农村、审计、生态环境等部门及海城、西安、关桥、高崖等乡镇负责人列席会议。会议传达学习习近平总书记关于《中共中央关于党的百年奋斗重大成就和历史经验的决议》的说明,学习《中共中央关于党的百年奋斗重大成就和历史经验的决议》;研究了水务局提交的《宁夏中部干旱带海原西安供水水源工程PPP项目实施方案(送审稿)》。

【十八届政府第4次常务会议】 12月7日,县长张鹏主持召开县人民政府第4次常务会议。副县长强斌、曾小明、冯磊、刘福林、贾治林、王银军、马海燕出席会议。县人大常委会副主任冯帆、县政协副主席马天科、县人大代表黎盛生、县政协委员杜海平应邀列席会议。县委有关部门、县法院、县检察院、工青妇、县政府各部门、自治区(市)驻海原各单位和各乡镇政府负责人列席会议。会议传达学习中央生态环境保护督察工作领导小组会议、中央第四生态环境保护督察组督察宁夏回族自治区动员会、中央和自治区生态环境保护督察反馈问题整改暨冬春季大气污染防治攻坚工作视频调度会议精神,通报2020年度自治区污染防治攻坚战成效考核结果;传达学习全区惠民惠农财政补贴资金“一卡通”专项治理座谈会精神并研究海原县贯彻落实意见;传达学习自治区工程建设政府采购等重点领域突出问题专项治理工作推进会暨问题线索交办会议精神并研究贯彻落实意见;学习了《中华人民共和国安全生产法》(第二章);传达学习中国共产党宁夏回族自治区第十二届委员会第十四次全体会议精神、自治区贯彻落实习近平总书记在深入推动黄河流域生态保护和高质量发展座谈会上重要讲话精神暨先行区建设第六次推进会精神;传达学习了国家乡村振兴局西部地区乡村振兴局局长座谈会议精神,听取2021年闽宁协作和华润定点帮扶工作进展情况汇报;传达学习市长马洪海在海原县人民政府检查书上的批示精神和十五届县委2021年第7次常委会(扩大)会议精神;审议了县委编办提交的《海原县政府工作部门职责边界清单(送审稿)》,县市管局提交的《海原县强化知识产权保护工作实施方案(送审稿)》,县民政局提交的《关于开展全国未成年人保护示范县工作实施方案(送审稿)》,县卫健局提交的《海原县健康海原建设考核办法(送审稿)》《海原县医疗健康总院组建方案(送审稿)》,县自然资源局提交的《海原县第八小学项目建设收回国有土地使用权的补偿方案(送审稿)》《海兴开发区第二中学项目建设收回国有土地使用权的补偿方案(送审稿)》等;研究了县文广局关于公布第四批县级非物质文化遗产代表性项目第五批传承人及部分传承点的请示、县卫健局关于划拨原海城国家级鼠疫监测点业务用房及固定资产的请示、县财政局关于李旺镇等单位申请财政资金有关事项的请示等事项。

【十八届政府第5次常务会议】 12月31日,县长张鹏主持召开县人民政府第5次常务会议。副县长强斌、曾小明、冯磊、刘福林、贾治林、马海燕出席会议。县人大常委会副主任薛鹏飞、县政协副主席王建平应邀列席会议。县委有关部门、县法院、县检察院、工青妇、县政府各部门、自治区(市)驻海原各单位和各乡镇政府负责人列席会议。会议传达学习中央经济工作会议精神和自治区党委常委会会议传达学习时自治区党委书记陈润儿讲话精神;传达学习中央全面深化改革委员会第二十三次会议精神;传达学习全国宗教工作会议精神和自治区党委常委会会议传达学习时自治区党委书记陈润儿讲话精神;传达学习全区冬春火灾防控工作会议精神;传达学习全国岁末年初安全防范视频会议精神,研究贯彻落实意见;审议了县财政局提交的《海原县设立乡村振兴基金实施方案(送审稿)》,县水务局提交的《中部干旱带海原西安供水水源工程PPP项目实施方案(送审稿)》等;研究了县应急管理局关于分配2021年中央自然灾害救灾资金的请示,县财政局关于对全县脱贫(扶贫)小额信贷逾期农户进行“风险补偿金”代偿的请示、关于县住建局等单位申请使用财政资金有关事项的请示、关于安排2021年新增地方债资金使用计划的请示,县乡村振兴局关于安排2021年中卫市乡村振兴暨城乡人居环境整治剩余资金的请示等事项。

(冯彦茂)

县长办公会议

【第1次县长办公会议】 5月7日,县长许正清带领副县长刘文杰、王银军和县政府办、县发改局、县财政局、县审批服务管理局主要负责人,对县政务服务大厅进行了调研,并现场召开办公会议,研究解决县政务服务大厅运行中存在的问题。会议决定:1.依据市人代会人大代表建议办理需要和县政务服务大厅现状，原则同意争取新建县政务服务大厅，由强斌、王银军牵头，县审批服务管理局会同县自然资源局，按照标准化政务服务大厅建设要求，尽快做好项目选址、规划等前期工作。2.由强斌、王银军牵头，县发改局、县财政局负责，主动对接自治区相关厅局，积极争取县政务服务大厅建设项目资金支持。3.针对县政务服务大厅部分电脑老旧影响办公的问题，由审批服务管理局负责，对使用年限达到10年以上的电脑进行排查并拿出购置替换预算，报县政府审核同意后按程序购置，所需资金由县财政局筹措解决。4.由县审批服务管理局负责，在确定窗口人员基本固定的前提下，按标准核算县政务服务大厅工作人员工作制服配备费用，报县政府审核同意后按程序购置，所需资金由县财政局筹措解决。5.为缓解县政务大厅服务窗口拥挤问题，县审批服务管理局于5月30日前搬迁到县人社局办公大楼三楼办公（原就创局办公用房），县审批服务管理局二楼原有办公用房改造作为群众办事窗口，由县审批服务管理局负责拿出窗口优化调整方案和预算资金，报县政府审核同意后按程序调整，所需资金由县财政局筹措解决。

【第2次县长办公会议】 5月17日，县长许正清带领县委常委、常务副县长强斌和副县长王银军及县政府办、县财政局、县住建局、县卫健局、县公安局、县市管局、县交通运输局、县农业农村局、县机关事务服务中心、县中医院负责人对原中医院固定资产盘活使用和四季鲜农贸市场专项整治工作进行了调研，并召开办公会议，就有关问题进行了专题研究。

关于原中医院固定资产盘活使用，会议决定：1.原则同意将原中医院门诊楼一楼调剂作为信访大厅、二楼作为县信访局办公用房、三楼作为县机关事务服务中心办公用房。由强斌牵头，县住建局负责，对原中医院门诊楼进行评估，根据评估结果，会同县信访局、县机关事务服务中心，按照信访大厅和办公用房建设相关标准，拿出改造规划设计和预算，报县政府审定后实施。2.原则同意将原中医院住院部调剂县公安局城关派出所改造使用。3.由县住建局负责，将原中医院危旧附属用房全部拆除，在院内规划停车位，作为县机关事务服务中心平台车辆停放使用，缓解县委、县政府院内停车拥挤和县机关事务服务中心平台车辆停车难问题。4.由县财政局负责，一是按照以上调剂方案，按程序做好原中医院固定资产划拨和核销相关工作；二是积极筹措解决原中医院门诊楼改造、附属用房拆除等相关费用。

关于四季鲜农贸市场专项整治，会议决定：1.成立四季鲜农贸市场专项整治领导小组，王银军任组长，县市管局、县住建局、县公安局、县交通运输局、县农业农村局、海原四季鲜市场开发有限公司主要负责人为成员，领导小组下设办公室在县市管局，单进虎任办公室主任，负责整治工作的督促、指导、协调、检查等。2.由县市管局负责，尽快制定专项整治方案，督促各成员单位抽调工作人员，组织开展集中专项整治，确保6月中旬前完成整治。3.由县市管局负责，对四季鲜市场内沿街占道经营户数、经营范围和市场内全部商户数、经营范围、闲置房屋等底数全面摸排，并逐户宣传市场区域划分和专项整治等相关政策，争取商户理解支持，为后续整治奠定基础。4.原则同意将四季鲜市场旁边停车场划拨由交通运输局管理,停车场实行社会化运营管理,作为县城公交车首末站和市场内商户及流动人员停车使用。5.由强斌牵头,县住建局负责,一是在四季鲜农贸市场周边选址建设垃圾中转站和公厕,确保年底前建成投入使用;二是对四季鲜市场内违章建筑进行依法拆除;三是为四季鲜市场适量配备垃圾箱,提高市场垃圾处理能力;四是会同县市管局,合理核定市场内每个摊位卫生保洁费用标准,保障市场卫生管理。6.由海原四季鲜市场开发有限公司负责,一是根据市场分区管理和沿街经营商户安置需要,5月23日前组织二手车市场搬离,并按照摊点设置标准做好场地划线等,确保沿街商户安置到位;二是根据市场卫生管理需要,配置一定数量保洁人员,切实加强市场卫生保洁力量;三是建立健全市场管理长效机制,成立四季鲜农贸市场业主委员会,通过定期召开业主委员会会议和评优表彰等活动,鼓励商户积极参与市场管理。7.由县市管局负责,按照醒目、美观的原则,规划设计市场内功能区分、交通指示等各类标识牌,报县政府领导审定后尽快设置。

【第3次县长办公会议】 6月7日,县长许正清带领县委常委、常务副县长强斌和副县长王银军及县政府办、县财政局、县农业农村局、县住建局、县乡村振兴局负责人,深入李旺镇、七营镇就巩固拓展脱贫攻坚成果、美丽村庄建设等工作进行了实地调研,并分别在李旺镇、七营镇召开现场办公会议,研究解决工作推进中存在的困难和问题。

在李旺镇调研重点工作时,会议研究决定:1.关于杨堡村美丽村庄建设。一是由县住建局、县农业农村局负责,加强对杨堡村美丽村庄规划、基础设施建设和产业发展调研指导,帮助指导建设产业兴旺、生态宜居的美丽乡村。二是由李旺镇负责,进一步优化规划设计,因地制宜,合理配置道路路灯、公园节点等,持续抓好乡村环境整治和移风易俗,积极培育文明乡风、良好家风和淳朴民风。三是由李旺镇负责,加快前期工作进度,尽快组织开工建设,倒排工期、挂图作战,确保8月15日前完成美丽村庄建设任务。2.关于李旺镇中心镇建设。一是由李旺镇负责,进一步优化项目规划,梳理项目建设问题清单,结合李旺实际,科学制定项目拆迁安置方案和派出所等基础设施建设选址方案,报县政府专题会议研究。二是由李旺镇负责,会同县自然资源局加快汽车物流产业园项目土地出让进度,督促企业尽快开工建设,确保项目早建成、早达效。3.关于新源村生态移民点。一是原则同意在新源小学北侧新建新源村幼儿园,由李旺镇负责,做好项目土地征收,保障项目顺利开工;由县教体局负责,调整新源村幼儿园规划,加快项目建设进度,确保秋季建成投入使用;由县乡村振兴局负责,筹措项目建设所需资金。二是由县水务局负责,对新源村等村6个蓄水池进行现场勘察并组织维修蓄水。

在七营镇调研重点工作时,经会议研究决定:1.关于七营镇美丽集镇建设。一是原则同意七营镇政府路、文化街街道两侧房屋改造,由七营镇负责,组织召开沿街群众座谈会,征求群众意见,明确沿街建筑红线,统一建筑风格、统一商户牌匾,动员群众自拆自建。二是原则同意实施七营镇政府路、文化街改造工程,由交通局负责,全力加快项目建设进度,确保10月1日前建成投入使用;由七营镇负责，按程序评估征收项目涉及的5户房屋土地，征收所需费用由县财政局筹措解决，保障项目顺利建设。三是原则同意实施七营镇市场改造，由七营镇负责，拆除市场内违建，在现有空置大棚改造建设熟食区；由县财政局负责，筹措30万元用于解决七营镇市场改造经费。四是由县交通局负责，为七营镇公交站北侧停车场铺设砂石，规范群众停车。五是由县交通局负责，实施七营镇服装街改造提升工程，并于10月1日前建成投入使用，方便群众出行。六是由七营镇负责，加快美丽村庄建设进度，确保8月15日前完成全部建设任务。2.关于张堡村生态移民点。一是由县乡村振兴局负责，就移民点住户居住环境提升改造补贴标准拿出意见，报县人民政府研究。二是由县乡村振兴局负责，将苹果林基地道路硬化列入移民致富提升行动，给予项目支持。三是由县七营镇、县乡村振兴局负责，严格张堡村苹果树基地成活率验收，督促企业补植补造，确保实现预期效益。四是由七营镇负责，督促指导景绣田园种植养殖专业合作社积极建立园区托管代养、移民户入园务工等机制，带动移民群众增收致富。

【第4次县长办公会议】 7月12日，县长许正清主持召开会议，就联富汽车商贸物流园运营存在的问题进行了专题研究，县委常委、常务副县长强斌，副县长王银军和县财政局、县市管局、县工信商务局、县自然资源局、县住建局、县税务局等部门相关负责人参加会议。会议决定：1.关于项目验收工作。一是由联富汽车商贸物流园负责，尽快收集项目验收所需资料，按程序报送县住建局组织验收。二是由县住建局牵头，工信商务局、交通局配合，适时召开项目验收协调会，研究解决存在的问题，推动项目尽快完成验收。2.为妥善解决汽贸园东侧运昌路沿街绿化带影响大车销售区经营问题，由县住建局负责，待2021年秋季绿化时将绿化带内三排松树予以移植，企业硬化后合理规划大车销售经营。3.由副县长王银军牵头，县市场监管局、县工信商务局、县交通局负责，尽快组织成立园区管理办公室，服务园区发展。园区管理办公室用房由联富汽车商贸物流园负责提供。4.由县住建局牵头，就企业对棚改商户优惠部分的税费缴纳和税票开具问题拿出解决意见，报强斌、王银军审定后实施。5.由县市场监管局负责，加大划行规市工作力度，依法取缔无证经营等违法行为，切实规范县城汽贸物流行业市场秩序。6.由县财政局负责，积极搭建银企对接合作平台，协调各金融单位加大汽贸园金融扶持力度，扶持园区发展壮大。

【第6次县长办公会议】 10月20日，代县长张鹏主持召开会议，研究部分行政诉讼案件协调化解工作，县委常委、常务副县长强斌，副县长刘福林和县政府办、县财政局、县自然资源局、县司法局等部门负责人参加会议。1.关于海原县三河镇永兴机砖厂等六家企业起诉县人民政府、县自然资源局行政处理等案件，会议决定：由强斌牵头，县自然资源局负责，李旺镇、三河镇配合，聘请专业第三方公司对6家砖厂残值进行评估，作为案件调解依据。同时，全权委托中卫市中级人民法院，以评估残值为基数，同6名原告协商，争取妥善处理。2.关于苑华红诉县人民政府、县自然资源局请求解除《国有建设用地使用权出让合同》并支付所退还出让金的利息案，会议决定：由强斌牵头，县自然资源局、县司法局负责，以县自然资源局核算的191.4381万元利息为准，与原告进行协商调解，待双方协商一致且原告撤诉后，按程序将191.4381万元利息一次性支付原告，所需资金由县财政局负责筹措。3.关于潘震城诉县人民政府等要求确认征地行为违法并要求承担损失案，会议决定：由强斌牵头，商刘福林，协调县纪委监委对当事人林权证办理、承包合同签订等手续合法合纪合规情况进行调查。待查清有关事实和土地权属后，若林权证办理等存在问题，一律依法按程序撤销，若合法合纪合规，严格依法保护当事人合法权益。对于调查发现的违法违纪违规问题，严肃追责。4.关于海波建材有限公司诉县人民政府行政确认和补偿案，会议决定：由县司法局、县自然资源局负责做好应诉准备，县政府领导和县自然资源局主要负责人按时出庭应诉。

【第7次县长办公会议】 10月21日，代县长张鹏主持召开会议，就自治区改善农村人居环境工作领导小组办公室通报海原县农村人居环境整治及改厕情况暗访发现问题整改工作进行了专题研究，副县长贾治林和县政府办、县财政局、县农业农村局、县住建局、市生态环境局海原县分局、三河镇、高崖乡负责人参加会议。会议决定：1.由副县长贾治林牵头，县农业农村局负责，成立整改工作领导小组，进一步细化整改方案，针对存在的问题，逐项逐条提出整改措施、明确整改时限、压实整改责任，确保10月底前全面整改到位，并及时将整改落实情况上报自治区改善农村人居环境工作领导小组办公室。2.由县财政筹措资金，县农业农村局、三河镇负责，尽快将三河镇富陵村厕所改造成水冲式厕所，将高崖等乡镇垃圾死角进行彻底清理，确保人居环境整治取得实效。3.由县农业农村局负责，指导并督促各乡镇科学统筹推进各项工作，加大厕所摸排等培训，建立长效机制，不断巩固整改成效，严防问题反弹，坚决杜绝类似问题再次发生。同时，要加强和上级部门汇报沟通，对好的做法及时上报。4.由县政府督查室、县农业农村局负责，对农村人居环境整治和厕所革命整改落实情况加大督查力度，及时进行通报。同时，要力戒形式主义、官僚主义，坚决杜绝虚假整改、表面整改，一经发现将严肃处理。

【第8次县长办公会议】 12月10日，县长张鹏主持召开海原县人民政府县长办公会议，研究近期部分行政诉讼案件化解、举证、应诉等工作。县人民政府常务副县长强斌、县人民法院院长李明琮和县司法局、县自然资源局、街道办负责人及政府法律顾问参加会议。会议决定：1.关于“田增荣、李应花诉县人民政府、县住房和城乡建设局、海城街道办事处行政赔偿案”，由强斌牵头，海城街道办和县住建局负责，对原告田增荣、李应花涉案房屋及财产依法依规进行评估，并根据评估结果提出意见，提交12月12日县长办公会议研究。2.关于“潘震城诉县人民政府、县自然资源局确认行政行为违法案”，由强斌牵头，县司法局负责，县自然资源局配合，对原告潘震城相关情况调查并形成报告，提交12月12日县长办公会议研究。3.关于“三河镇永兴机砖厂等六个砖厂诉县人民政府和县自然资源局行政行为违法案件”，由强斌牵头，王银军商李明琮，尽快拿出处理意见，经政府主要领导审核后，于12月13日向县委主要领导汇报。4.关于“李进元诉县人民政府案”，由刘福林牵头，王银军配合，县住建局、县自然资源局、街道办联合成立工作专班，共同做好相关证据收集，统筹兼顾国家利益和当事人合法权益，依法依规与当事人进行协商化解。会议要求，各乡镇（街道办、甘盐池种羊场）、各部门（单位）要从全面推进依法治国、建设法治政府的高度，充分认识做好行政机关负责人行政诉讼出庭应诉工作的重要性，行政机关负责人要依法参加行政诉讼，认真履行应诉义务。一要完善和坚持行政机关负责人出庭应诉机制。二要做好诉前准备工作。三要做好案件督办工作。由强斌牵头，县政府督查室和县司法局负责，对行政诉讼案件办理过程进行跟踪督办，对消极懈怠、推诿扯皮，不按时完成任务的单位和工作人员提出具体问责意见，严肃处理。

【第9次县长办公会议】 12月12日，县长张鹏主持召开县长办公会议，研究近期部分行政诉讼案件化解、举证、应诉等工作。县委常委、常务副县长强斌，副县长刘福林、王银军，县人民法院院长李明琮和相关乡镇、部门主要负责人及政府法律顾问参加会议。会议决定：1.关于“田增荣诉县人民政府、县住房和城乡建设局、海城街道办事处行政赔偿案”。由县司法局负责，按照会议讨论意见进一步修改完善《海原县人民政府行政赔偿决定书》，经县政府法律顾问审核后，按程序签发。县住建局、街道办负责，按规定程序向当事人送达《海原县人民政府行政赔偿决定书》。县司法局负责按程序向市中级人民法院报送《海原县人民政府关于对田增荣行政赔偿决定的告知函》。2.关于“李应花诉县人民政府、县住房和城乡建设局、海城街道办事处行政赔偿案”。由县司法局负责，按照会议讨论意见进一步修改完善《海原县人民政府行政赔偿决定书》，经县政府法律顾问审核后，按程序签发。县住建局、街道办负责，按规定程序向当事人送达《海原县人民政府行政赔偿决定书》。县司法局负责按程序向市中级人民法院报送《海原县人民政府关于对李应花行政赔偿决定的告知函》。3.原则同意依法撤销潘震城林权证。由县司法局负责，根据调查结果依法依规起草《海原县人民政府关于撤销潘震城〈林权证〉的决定》，经政府法律顾问审核后，按程序签发。由自然资源局负责，依法依规按程序撤销潘震城林权证。4.关于“李进元诉县人民政府案”。鉴于当事人已撤诉的实际，由街道办、县农业农村局负责，继续做好涉案证据收集整理等后续相关工作。5.关于“三河镇永兴机砖厂等六个砖厂诉县人民政府和自然资源局行政行为违法案件”。由王银军牵头，县自然资源局负责，会同税务等部门，对6家砖厂占用土地、开采矿权、缴纳税收等行为，依法依规按程序调查取证，并及时锁定证据，严厉打击查实的各类违法违规行为；要加强与当事人沟通协商，争取协调当事人主动撤诉；要尽快梳理完善案件调查情况，并形成报告，于12月13日由县政府主要领导和相关分管领导向县委主要领导作专题汇报；要依法依规履职尽责，按照法院裁定，对于之前存在的违法违规行政行为，正视问题不足，主动承担责任，并举一反三，形成规范管理、依法形成长效机制。6.关于“中银绒业闲置土地处置事宜”。同意无偿收回2013年8月20日出让给宁夏中银绒业股份有限公司海地（挂）字〔2013〕-18号160.266亩国有建设用地使用权及地上附着物。由王银军牵头，县自然资源局完善相关手续后，按程序提交县政府常务会议研究。

【第10次县长办公会议】 12月16日，县长张鹏主持召开县长办公会议，研究中央环保督察曹洼砂场信访转办件办理工作等事宜。县委常委、常务副县长强斌，副县长冯磊、王银军和相关部门（乡镇）主要负责，政府法律顾问参加会议。会议决定：1.关于环保督察曹洼砂场信访转办件办理工作。一是同意县自然资源局与海原县脱烈森瑞建材有限公司签订砂场拆除协议。县自然资源局根据会议讨论意见修改完善拆除协议，经县司法局审核把关后，依法依规按程序签订。二是及时向第二轮中央生态环境保护督察到中卫督察服务保障工作领导小组综合组答复信访件办理情况，由王银军牵头，县自然资源局根据会议讨论意见修改完善，对处理处罚等缺项、漏项再调查、再补充，并严格按照规定格式答复，确保内容清楚、逻辑关系清晰、证据翔实，坚决杜绝瞒报、谎报、漏报现象。三是王银军牵头，县自然资源局负责，起草印发信访转办件整改方案，明确责任领导、责任单位、责任人、完成时限等内容。各责任单位要严格按照整改方案任务分工，高质量按时完成设备拆除、地上附着物清运、遗留沙坑闭坑和修复、信访件销号等整改工作。要做好工作过程中关键部位、重点环节影像资料留存。四是县自然资源局要依法依规按程序核查海原县脱烈森瑞建材有限公司注册、法人代表变更、股份构成、开采经营等情况，于12月31日之前形成报告送王银军审阅。2.关于宁夏黄河流域生态保护修复监管疑似农田侵占湿地事宜。由强斌牵头，市生态环境局海原县分局负责，县水务局、县自然资源局、关桥乡配合，本着实事求是的原则，尽快核查清楚涉案地块的土地性质、承包关系、种植作物等情况，根据实际情况和相关规定提出可行性建议，并形成报告，以政府文件专题向自治区生态环境厅汇报。同时，积极邀请生态环境厅领导到海原实地核查指导，根据指导意见依法依规开展后期工作，争取尽快销号。

（冯彦茂）

政府办工作

【概　况】 海原县人民政府办公室（简称政府办），挂县信访局、县政府督查室、县政府外事办公室、县政务公开办公室牌子。内设文电室、秘书室、行政事务室、信访督办室、督查室、外事办公室、政务公开办公室7个科室。设主任1名，副主任3名（其中1名兼任信访局局长）。

【综合协调】 2021年，海原县政府办强化合作，合理分工，常态化将政府办公室各项工作的开展作为主力军来示范、做表率。认真协调处理好部门与部门、部门与乡镇、乡镇与乡镇之间的关系，主动与自治区、市上级部门、单位沟通联系，有效衔接各项工作。充分发挥办公室桥梁纽带作用，从制度和机制上保证各级、各部门紧紧围绕全县工作大局和县委中心工作，各负其责、各尽其职、密切配合、形成合力，确保办公室与各级各部门关系融洽，联系紧密、高效运行，各项工作顺利推进与圆满完成。

【文秘工作】 2021年，海原县政府办坚持精心办文、节俭办会、高效办事，把文字工作作为办公室的“第一要务”来抓，牢固树立精品意识和效率意识。在公文处理上，维护OA办公系统正常运行，及时注册、注销OA办公系统部门管理账号，坚持“压缩数量、提高质量”的原则，不断强化公文收发、印制、传阅、清退、归档、销毁等各个环节的管理。共处理各类来文来电2521份，确保公文流转及时、准确、安全和保密。在材料起草上，紧紧围绕文秘服务基本要求，集思广益，以讨论出作品，争论出精品，坚持把握工作要点、难点和重点，准确领悟领导意图，严把政策关、时效关、格式关、文字关和校核关，强化集体撰写制度，集中集体智慧，2021年，共制发各类重要报告、领导讲话材料272篇。在会务工作上，持续推动基层减负，严格执行会议审批制度，认真审查会议议题，压缩会议规模和时间，充分利用视频会议系统，有效节省人力、物力和时间。始终坚持做到会前周密准备，会中细致服务，会后狠抓落实，认真做好县政府全体会议、廉政工作会议、常务会议、县长办公会议和专题会议等重要会议的承办工作，积极配合县委办、人大办高质量完成了党代会、人代会等全县重大会议，全年共承办、组织各类重要会议67场，会务质量不断提高。在参谋职能上，针对新冠疫情带来的风险挑战、影响经济社会发展的重大问题、社会热点难点，主动开展调查研究，提出对策建议。完善工作预判与统筹机制，对重点工作早谋划、早介入。运用科学、系统、规范的评估方法，对重大行政决策风险进行综合评估和预警，充分发挥参谋助手作用，为领导决策提供参考。始终坚持把信息作为服务领导、沟通交流、促进工作的重要渠道抓紧、抓好，准确反映领导关注的重点、群众关心的热点和改革过程中的难点问题，及时总结上报重点工作、重点项目进展完成情况。累计编发政务信息204期，为各级领导了解和指导海原县各项工作起到了非常重要的作用。

【督察督办】 2021年，海原县政府办按照交必办、办必果、果必报的基本工作要求，采取全面督查与专项督查相结合等方式，对县委、县政府中心工作进行督查督办。对县政府常务会议、县长办公会议、专题会议议定的各项决议决定、领导交办事项、县长信箱、人大代表建议意见、政协提案办理情况进行专项督办。全年组织开展重点项目建设、乡村振兴、生态建设等督查活动35次，编发督查通报19期，形成督查专报13期。强化跟踪督办，高质量办结人大代表建议25件，政协提案41件，民生实事10件。

【政务公开】 2021年，海原县政府办持续拓展公开领域，加强社会关注度高、关系群众切身利益的重点领域信息公开，发布各类信息12000余条，公开的针对性、实效性不断提升。加强政策解读，发布图画、视频政策解读25篇。全县多元化政策解读比例达90%以上。拓展参与渠道，通过政府网站公开征集民生实事、新能源汽车充换电服务收费标准等，邀请群众代表参加政府常务会议、南门广场改造座谈会议等，充分听取并采纳群众意见建议。在全区率先开展“政府开放月”活动，让公众走进政府、了解政府，增进群众对政府工作的认同和支持。推行“零距离”服务，打造政务公开专区3处，为群众提供政府信息查询等服务，打通服务群众“最后一公里”。持续强化公开督导，制定印发《海原县2021年政务公开工作要点》，细化任务分工，明确工作责任，形成推进合力。强化教育培训，将《政府信息公开条例》纳入"八五"普法范围，列入政府常务会议学法内容，举办政务公开专题培训班和业务交流研讨会，全县政务公开工作标准化规范化水平进一步提高。

【依法行政】 2021年，海原县政府办坚持把领导干部带头学法、模范守法作为树立法治意识的关键，不断完善办公室学法用法制度，认真抓好干部职工普法教育，狠抓干部法治观念培养，切实提高党员干部运用法治思维和法治方式深化改革、推动发展、化解矛盾的能力。自觉接受人大法律监督、工作监督和政协民主监督、社会各界的群众监督和新闻媒体的舆论监督。每次在召开重要会议前，及时征求各部门、分管领导意见，确定会议议题，坚持对意见不成熟的不上会、会前酝酿不充分的不上会。凡重大决策事项，在深入调查研究、广泛征求意见、充分研究论证的基础上，依法集体研究决定。

【信访工作】 2021年，海原县政府办牢固树立以人民为中心的发展思想，始终将信访工作作为了解民情、集中民智、维护民利、凝聚民心的一项重要工作，坚守人民情怀，千方百计为群众排忧解难。将"随投随访和办结回访机制"作为提升群众满意度的重要抓手，形成了受理办理更加透明规范，回复回访更加快速友好，问题解决更加及时高效的网上信访工作新格局。每月开展矛盾纠纷大排查，全县上下形成了信访工作"一盘棋"思想，加强协作配合，整合资源力量，打通信息壁垒，形成矛盾纠纷排查化解大格局。全年信访总量444件611人次，同比批次人次分别下降10.84%、18.32%，信访形势整体平稳向好，努力实现"小事不出村、大事不出镇、矛盾不上交"。

【政治建设】 2021年，海原县政府办着力强化学习意识，不断提高理论素养。坚持以党的政治建设为统领，引导办公室全体干部不断增强"四个意识"，坚定"四个自信"，坚决做到"两个维护"。扎实开展党史学习教育，按照"学史明理、学史增信、学史崇德、学史力行"的目标任务，围绕感悟思想伟力等六个重点，坚持党组书记带头，以上率下，深刻学习贯彻党的十九届五中、六中全会精神、习近平总书记在庆祝中国共产党成立100周年大会上的重要讲话精神和视察宁夏重要讲话精神，组织集中学习研讨，深刻感悟党的百年奋斗历程，真正学深悟透，确保办公室全体干部筑牢信仰之基、补足精神之钙、把稳思想之舵。全年组织召开干部集中学习42次，集中开展交流研讨7次，邀请宣讲团开展"四史""传承党的百年光辉史基因 铸牢中华民族共同体意识"等专题宣讲4次、专题党课3次，解决"我为群众办实事"5项，建立为民办实事长效机制4项。

【内部管理】 2021年，海原县政府办强化内部管理，不断提高运行效率。严格执行民主集中制与重大事项请示报告制度，落实"三重一大"集体决策，对重要事项、大额资金的使用等始终坚持集体研究、民主决策。根据违规吃喝隐形变异问题专项整治工作要求，深入开展办公室违反中央八项规定精神及隐形变异"四风"问题自查，党员干部全部自觉接受党组织和人民群众的监督。办公室党组书记、主任履行党风廉政建设第一责任人责任，其他班子成员按照"一岗双责"，各负其责，做到把党风廉政建设工作纳入办公室日常工作，一同部署、一同落实。组织全体干部学习《县纪委典型案例警示教育读本》和县纪委关于"中梗阻""小鬼难缠”等案例通报，观看《贪欲之祸》警示教育片，用身边的事教育身边的人，做到以案明纪、以案促改、警钟长鸣，促使党员干部自觉筑牢思想道德防线，形成不敢腐、不能腐、不想腐的良好局面。

（冯彦茂）

政务信息公开

【概　况】 2021年，海原县政务公开工作以全国基层政务公开标准化规范化试点工作为基础，全面贯彻落实自治区、市政务公开决策部署，始终坚持标准引领、需求导向、改革创新，有序增加公开深度，着力提升公开精度，持续加大公开力度，推动政府决策和管理服务更加透明规范，切实保障了人民群众知情权、表达权、参与权和监督权，为加快法治政府、服务型政府建设奠定了坚实基础。海原县“三篇文章助推试点升级”典型经验做法被国家级新媒体“信息公开”在全国范围推广。

【组织保障】 及时调整了全县各级政务公开工作领导机构，为县政务公开领导小组办公室配备1名专职和2名兼职工作人员，具体指导全县政务公开工作，建立起了上下联动、协同推进、高效运行的工作格局。

【经费保障】 县政府将政务公开工作经费列入年度财政预算，为做好各项工作提供了有力保障。创新推行“零距离”政务服务，在县城政务大厅及乡镇民生服务中心统一打造政务公开专区，设置了政府信息查阅室、政策超市，为群众提供政府信息查询、信息公开申请、办事咨询答复等优质高效的政务服务，打通了服务群众“最后一公里”。

【监督考核】 根据自治区、市要求，及时制定下发《海原县2021年政务公开工作要点》，明确任务、压实责任，督促各项任务落到实处。组织各乡镇、各部门分管领导及业务骨干共97人参加政务公开研讨会及培训班，并邀请自治区、市领导授课，全县政务公开业务能力水平不断提升。同时，充分发挥考核“指挥棒”作用，将政务公开纳入效能目标考核，推动各乡镇、各部门履职尽责、担当作为，确保高质量完成全年目标任务。

【监督信息公开】 梳理编制政务公开事项清单和标准目录，建立“双随机、一公开”抽查事项清单，做到审批信息、抽检数据、处罚案件等重要信息一律公开，倒逼监管人员规范执法，已公开执法基本信息和结果信息1232条，监管领域更加透明规范。

【财政信息公开】 深化财政事权信息公开，依法扩大预、决算公开范围，各乡镇、各部门已全面完成财政预算公开。同时，加大惠民惠农政策资金发放信息公开力度，已在政府网站公开涉农补贴信息1341条、征地补偿信息231条、社会救助信息714条、扶贫救灾信息1305条，做到了让财政资金在阳光下运行。

【教育信息公开】 在政府网站开设义务教育、招生考试、公务员招考3个专栏，优化细化招生考试信息公开，及时主动公开群众关注度高的义务教育招生方案、片区划分、学校情况、招生结果等信息242条，全面接受社会监督，让教育更加公平、公正。

【防疫信息公开】 围绕突发公共卫生事件应对，开设“疫情防控”专栏，加强疫情防控常态化下疫情信息发布工作，确保群众第一时间充分知晓疫情防控要求。集中公开医疗服务、药品监管、医保监管、疫苗监管、公立医疗卫生机构绩效考核结果等信息247条，群众就医满意度不断提升。

【政府网站建设】 对政府门户网站进行了改版优化，强化信息搜索、办事服务等功能，充分发挥政府网站信息发布主阵地、为民服务主窗口、政民互动主平台作用。同时，加强政府门户网站和41家政务新媒体信息管理，严格落实"三审三校"制度，确保发布信息的准确性、及时性、有效性和权威性。

【政策解读】 创新政策解读方式，通过图表图解、动漫视频、"局长谈公开"电视节目等群众喜闻乐见、易于接受的方式组织政策解读，并做到及时发布、主动推送，已发布政策解读36篇，其中视频及图示解读32篇，发放宣传品1000余份，群众了解政策更加准确方便。

【规范公开办理程序】 完善依申请公开工作规范，确立了受理登记、内部审批、保密审查、办理答复、归档备案5项流程的标准格式文本。2021年以来，已受理政府信息依申请公开12件并全部办结，未发生行政复议和行政诉讼情况。将县政府、县政府办公室公文公开属性贯穿于公文全流程，做到签文稿纸、审查登记、正式发文、网上公开全统一。邀请人大代表、政协委员、群众代表列席政府常务会议，参加县政府办、县住建局、县工信商务局等部门"政府开放日"活动15场，让公众走进政府、了解政府，群众对政府工作更加认同和支持。

（冯彦茂）

中国人民政治协商会议海原县委员会

综述

【概况】 2021年，海原县政协党组团结带领广大政协委员和政协工作者，以习近平新时代中国特色社会主义思想为指导，深入贯彻落实中共十九大和十九届历次全会及自治区市县党委全会精神，认真贯彻落实中央和自治区市县党委政协工作会议精神，坚持发扬民主和增进团结相互贯通、建言资政和凝聚共识双向发力，主动肩负起“落实下去、凝聚起来”的政治责任，充分发挥专门协商机构作用，为推动全县经济社会高质量发展作出了积极贡献。

【政治建设】 1.筑牢思想政治根基。按照县委统一部署，扎实开展党史学习教育，坚持把学党史、悟思想、办实事、开新局统筹推进、一体落实，先后深入学习了习近平总书记在党史学习教育动员大会上的重要讲话、在庆祝中国共产党成立100周年大会上的重要讲话精神和“四史”系列丛书等规定内容，党员干部和政协委员更加深刻认识了党的初心使命、伟大成就和历史经验，更加深刻把握了以史为鉴、开创未来的重要要求，更加深刻感悟了“两个确立”的决定性意义。班子成员政治判断力、政治领悟力、政治执行力逐步提高，坚定不移捍卫“两个确立”，“四个意识”更加牢固、“四个自信”更加坚定、落实“两个维护”更加坚决。全年共组织开展学习型会议42次、讨论15次、读书班2期、政协委员培训班2期。2.保持高度政治自觉。自始至终在县委的坚强领导下，主动负责、协调一致地开展工作，做到一切重要工作在县委领导下开展、一切重要活动围绕县委中心任务进行、一切重要安排在县委审批后实施，认真学习贯彻县第十五次党代会精神，对标对表抓好落实，圆满完成政协换届选举任务；党组一班人认真落实县委部署要求，积极参与到乡村振兴、四大提升行动、生态建设和包保乡镇等工作；紧扣县委中心工作和阶段性任务，谋划开展政协工作，做到与县委同心同向、同频共振。3.切实担负政治职责。政协党组积极发挥把方向、管大局、保落实的领导作用，及时研究阶段性重点工作，定期听取各委（室）工作汇报，确保党中央和自治区市县党委决策部署落地见效；认真落实党对政协工作领导的制度机制和组织体系，在重要会议和重大活动中设立临时党组织，确保党的领导落实到工作谋划、职能履行、自身建设全过程各方面；严肃党内政治生活，按照规定召开民主生活会，党组成员自觉以普通党员身份参加机关支部有关活动。持续强化政协机关党的建设，扎实开展“三强九严”工程，稳步推进模范机关创建工作。

【协商建言】 1. 紧扣重点工作建净言。在县政协十一届六次和十二届一次全会期间，积极引导政协委员着重围绕“1355”奋斗目标、政府工作报告和政协常委会工作报告、人民群众关心的热点焦点问题等，通过大会发言、分组讨论、与党政领导面对面沟通交流等形式协商讨论、建言献策。围绕建设黄河流域生态保护和高质量发展先行区先行市和生态产业建设目标，就“三大会战”开展专题调研协商。2. 聚焦经济社会发展献计出力。围绕产教融合发展、全域旅游示范县创建、老旧小区改造和社区治理等群众生产生活的难点、基层社会治理的焦点开展专题调研4次。广大政协委员充分发挥自身优势，紧紧围绕全县中心工作和人民群众期盼，累计提交提案227件。3. 积极开展民主监督。充分发挥协商式监督特色优势，通过听取经济运行、提案和民生实事办理情况通报；选派80多名委员担任特约监督员、行风评议员，积极参与依法行政监督、检查评议活动。聚焦巩固拓展脱贫攻坚成果同乡村振兴有效衔接、畜禽养殖粪污及农业废弃物资源化利用开展监督性视察，助推县委、县政府决策部署落实。

【提案办理】 坚持把提案办理作为为民办实事的主要内容，采取县领导领衔督办重点提案，联合两办督查室跟踪问效，加强与提案者、提案承办单位沟通联系和协商等方式，不断提升办理实效。县政协十一届六次会议审查立案提案43件，已办结41件，一批事关发展、事关民生的提案得到有效落实；县政协十二届一次全会期间审查立案提案37件，已转交县政府办理落实。

【社情民意】 充分发挥社情民意信息“直通车”优势，注重把调研视察、大会发言、政协会议和委员基层联系点活动作为挖掘高质量社情民意信息的重要渠道，梳理反映社情民意信息26期，及时把人民群众“急难愁盼”问题报送县委、县政府和业务部门。“关于对四季鲜市场经营秩序进行整治”等社情民意信息得到县委采纳，批转相关部门办理落实。

【为民办实事】 结合“我为群众办实事”实践活动，积极组织机关干部、政协委员深入基层联系点和帮扶村（户）开展结对帮扶，研究增收办法，落实巩固措施，培育内生动力。党组班子成员聚焦包保乡镇“一主四特”产业发展、环境治理等工作，及时帮助解决实际困难，协调资金为贾塘乡南河村委会安装了供暖设施，筹措资金解决了贾塘新村监测户危房改造资金短缺问题。引导政协委员积极参与扶贫济困，为关庄学区和曹洼乡生活困难户捐赠烤火费13万元。

【思想政治引领】 1. 加强思想政治引领。坚持以铸牢中华民族共同体意识为主线，积极发挥政协常委“关键少数”作用，示范引领广大政协委员深入学习习近平新时代中国特色社会主义思想，并同学习中国共产党党史、统一战线史、人民政协史结合起来，组织召开了党外人士“矢志不渝跟党走、同心奋进新征程”庆祝中国共产党成立100周年座谈会，教育引导广大政协委员从建党百年的艰辛奋斗和伟大成就中，深刻认识中国共产党为什么能，不断增进政治认同、思想认同、理论认同、情感认同，更好地将思想和行动统一到坚定不移捍卫“两个确立”上来。2. 凝聚各方发展合力。切实发挥人民政协作为最广泛的统一战线组织作用，健全完善“县政协班子成员联系常委、常委联系委员、党员委员联系非党员委员”的三联系制度,加强沟通交流,在互学互帮中启发思想、深化认识,不断增进思想共识、增强合作共事能力。密切与党外知识分子、非公有制经济人士、新的社会阶层人士以及民族宗教等各界的联系和交流,并邀请参加政协活动,尽力把各界群众的智慧和力量凝聚起来,为全县高质量发展增添动力、增强合力。3.积极做好宣传联谊工作。充分发挥政协宣传作用,拓展传播共识渠道,通过微信公众号、“履职通”App等平台,加大对县第十五次党代会精神和县委重要决策、重大活动的宣传,切实把县委、县政府的决策部署及时传播出去、宣传开来。主动接受自治区市政协工作指导,积极参加区市政协组织的有关会议和活动,配合完成调研视察16次;接待兄弟县(区)政协到海原考察学习4批次,形成了互学互鉴、联动协作的良好局面。

【政协履职效能】 1.加强制度机制建设。修订完善机关制度11项,制定了《关于加强和促进人民政协凝聚共识工作的实施意见》《政协海原县委员会协商工作规则》《海原县政协党组重大事项请示报告制度》,推进各项工作有规可依、有章可循、有效开展。严格落实政协委员产生和退出机制,与组织、统战等部门协商,对候选和提名的委员进行严格审查把关,并对4名因工作岗位变化的委员及时进行了调整。2.强化委员责任担当。严格落实“懂政协、会协商、善议政,守纪律、讲规矩、重品行”要求,进一步强化政协委员政策理论学习,制定了《关于强化政协委员责任担当的实施意见》,对履职优秀委员进行了表彰,并督促政协委员所在单位支持其参加政协活动,充分调动了委员履职的积极性和主动性。3.持续改善工作作风。党组一班人认真履行党风廉政建设主体责任和“一岗双责”,严格执行中央八项规定及自治区“八条”禁令;以创建“让党中央放心、让人民群众满意”模范机关为抓手,结合整改落实县委巡察反馈意见,坚持从严教育、从严管理干部,完善效能考核、优化职责分工,机关工作效能有了新提升。

【县政协重要活动】 全年县政协共围绕社区治理、巩固拓展脱贫攻坚成果促进后续产业发展与乡村振兴有效衔接、老旧小区改造等内容开展调研视察协商活动7次,其中调研5次、视察2次、赴外考察学习1次,共形成调研视察报告7篇。

(罗成祚)

表4 2021年海原县政协调研视察协商活动一览表

时间		内容	地点	成果
月	日			
5	18	调研全县社区治理体系建设情况	三河镇兴业社区、凤凰社区,海城街道办东城社区、西湖社区。	形成《社区治理体系建设情况的调研报告》
5	24—25	视察全县特色种植业、养殖业以及“十一五”“十二五”“十三五”移民搬迁村后续产业发展与乡村振兴有效衔接情况	深入各乡镇、村和移民村	形成《巩固拓展脱贫攻坚成果促进后续产业发展与乡村振兴有效衔接视察情况的报告》
5	28	调研全县生态环境保护情况	深入5个乡镇8个调研点;并于7月10—16日赴甘肃、四川、陕西有关县(区)进行考察学习	形成《生态环境保护情况的调研报告》
6	2—3	调研海原县健全公共就业服务体系,创新职业教育,促进产教融合发展情况	深入各学校、医疗卫生机构调研点	形成《创业就业产教融合发展情况的调研报告》
7	13—14	调研全县全域旅游发展情况	深入各个文化旅游调研点	形成《全域旅游发展情况调研报告》

续表4

时间		内容	地点	成果
月	日			
9	16	调研全县老旧小区改造情况	邮政局小区、电信小区、中医院小区、建行小区、县委县政府小区	形成《老旧小区改造情况调研报告》
9	27	调研全县畜禽养殖粪污和农业废弃物资源利用转化工作情况	深入各乡镇调研点	形成《畜禽养殖粪污和农业废弃物资源利用转化工作视察情况的报告》

县政协全委会议

【县政协十一届六次会议】 1月22—24日，中国人民政治协商会议海原县第十一届委员会第六次会议在海原县举行，会议应出席委员137名，实到125名。会议由县政协党组成员、副主席杨常林主持，中卫市委常委、海原县委书记、海兴开发区党工委书记徐海宁作了讲话，会议审议通过了县政协党组书记、主席张斌代表县政协十一届委员会常务委员会所作的工作报告和县政协党组成员、副主席田风梅代表县政协十一届委员会常务委员会所作的提案工作情况的报告。会议期间，与会委员们列席海原县人大十七届五次会议第一次全体会议，听取并讨论了政府工作报告等；听取并审议通过了《县政协十一届六次会议政治决议》和《县政协十一届六次会议关于提案审查情况的报告》。会议收到提案99件，经提案委员会审查立案的40件，作为意见建议处理的3件。

【县政协十二届一次会议】 10月25—28日，中国人民政治协商会议海原县第十二届委员会第一次会议在海原县举行，会议应出席委员162名，实到150名。会议由县政协党组成员、副主席候选人麻德明主持，中卫市委副书记、海原县委书记（正厅级）、海兴开发区党工委书记杨青龙作了讲话，会议审议通过了县政协党组书记、主席候选人丁志爱代表县政协十一届委员会常务委员会所作的工作报告和县政协党组成员、副主席候选人田风梅代表县政协十一届委员会常务委员会所作的提案工作情况的报告。会议期间，与会委员们列席海原县人大十八届一次会议第一次全体会议，听取并讨论了《政府工作报告》等；听取并审议通过了《县政协十二届一次会议政治决议》和《县政协十二届一次会议关于提案审查情况的报告》。会议收到提案128件，经提案委员会审查立案的31件，作为意见建议处理的6件。

（罗成祚）

县政协常委会会议

【县政协十一届二十八次常委会会议】 1月12日，县政协十一届二十八次常委会会议在政协会议室召开。会议审议通过了《县政协十一届二十八次常委会会议议题（草案）》；通过了有关人事（任命李云同志为社会治理委员会主任）；审议通过了《关于贺小军同志辞去政协海原县第十一届委员会委员的辞呈》《关于增补政协海原县第十一届委员会委员名单》（增补李云、田大奇同志为县政协十一届委员会委员）；审议《关于召开政协海原县第十一届委员会第六次会议的决定》《县政协十一届六次全会会务文件》《政协海原县第十一届委员会常务委员会工作报告(审议稿)》《政协海原县第十一届委员会常务委员会关于十一届五次会议以来提案工作情况报告(审议稿)》《政协海原县委员会2021年协商计划(草案)》《县政协十一届委员会第六次会议关于优秀政协委员、优秀提案、优秀社情民意和提案办理先进单位的表彰决定》;听取了各专委会2020年工作汇报。

【县政协十一届二十九次常委会会议】 1月23日,县政协十一届二十九次常委会会议在政协会议室召开。会议听取了各组讨论情况的汇报;审议通过《海原县政协2021年协商民主计划(草案)》;审议了《海原县政协第十一届委员会第六次会议政治决议(草案)》;听取了《县委组织部关于补选海原县政协第十一届委员会副主席候选人,选举海原县政协第十一届委员会秘书长候选人人选情况的说明》;审议了《关于补选海原县政协第十一届委员会副主席候选人、选举海原县政协第十一届委员会秘书长候选人建议名单》《海原县政协第十一届六次会议选举办法(草案)》。

【县政协十一届三十次常委会会议】 1月24日,县政协十一届三十次常委会会议在政协会议室召开。会议听取了各组讨论情况的汇报;审议通过了《海原县政协提案委员会关于政协第十一届六次会议提案审查情况的报告(草案)》《海原县政协第十一届委员会第六次会议政治决议(草案)》《关于补选海原县政协第十一届委员会副主席候选人、选举海原县政协第十一届委员会秘书长候选人建议名单》《海原县政协第十一届六次会议选举办法(草案)》《总监票人、监票人名单(草案)》。

【县政协十一届三十一次常委会会议】 6月3日,县政协十一届三十一次常委会会议在政协会议室召开。会议审议通过了《县政协十一届三十一次常委会会议议题(草案)》;传达学习了全国“两会”精神、自治区“两会”精神、全国政协主席汪洋在宁夏调研时的讲话精神、副主席卢展工到宁夏调研座谈讲话要点;审议通过了《关于张斌同志辞去政协海原县第十一届委员会委员、主席职务的辞呈》《关于杨常林同志辞去政协海原县第十一届委员会委员、副主席职务的辞呈》《关于马风槐同志辞去政协海原县第十一届委员会委员的辞呈》《关于增补政协海原县第十一届委员会委员名单》(增补丁志爱、王建平、宋海山三人为县政协十一届委员会委员);通过了有关人事事宜:任命李德军为提案和委员联络委员会主任、宋海山为经济委员会主任、卢延春为办公室副主任、张继路为经济委员会副主任、李德才为教科文卫体委员会副主任;审议通过了《县政协常委会2021年工作要点》《关于加强和促进人民政协凝聚共识工作的实施意见》《关于强化政协委员责任担当的实施意见》。

【县政协十一届三十二次常委会会议】 10月18日,县政协十一届三十二次常委会会议在政协会议室召开。会议传达学习了习近平总书记关于加强和改进人民政协工作的重要思想;审议通过了《县政协十一届三十二次常委会会议议题(草案)》《县政协十二届委员名单》;审议了《县政协十二届一次会议提案审查委员会组成人员建议名单》《县政协十二届一次会议手册》;审议通过了《县政协十一届委员会常务委员会工作报告(审议稿)》《县政协十一届委员会常务委员会关于十一届提案工作情况的报告(审议稿)》。

(罗成祚)

纪检 监察

综 述

【概 况】 海原县纪委、监委是党统一领导下的反腐败工作机构，履行纪检、监察两项职责，实行一套工作机构、两个机关名称，共同设立内设机构。2021年，设立副科级内设机构11个，分别是办公室、宣教政研室、党风政风监督室、信访室、案件监督管理室、案件审理室和第一、第二、第三、第四、第五纪检监察室；设立副科级事业单位1个（纪检巡察服务中心）；设立派驻纪检监察组8个[综合派驻5个、单独派驻3个（县公安局、县检察院、县法院）]，每组设组长1名、组员1名，负责监督全县51个部门（单位）。海原县纪委、监委共核定人员编制59名（行政编47名、事业编12名），实有人员57名，空缺2名行政编；巡察办共核定人员编制12名（行政编7名、事业编5名）；核定领导班子成员9名；全县17个乡镇和1个街道均设立了纪（工）委（监察办公室），并设立书记（监察办公室主任）1名、纪检干事（监察员）1名；全县159个村（社区）均设立村（社区）务监督委员会，并设主任1名、委员2名。2021年末，乡村两级纪检人员已全部配备到位。海原县纪委监委党支部共有在职正式党员54名，预备党员8名。

【政治建设】 2021年，海原县纪委监委始终把学习贯彻习近平新时代中国特色社会主义思想和习近平总书记视察宁夏重要讲话精神作为首要政治任务，扎实开展党史学习教育，深入学习贯彻习近平总书记在党史学习教育动员大会、庆祝中国共产党成立100周年大会、党的十九届六中全会上的重要讲话精神，深刻认识党百年奋斗重大成就和历史经验，切实把学习成果转化为自我提高和自我改造的实际成效，增强“四个意识”、坚定“四个自信”、做到“两个维护”。

【政治监督】 始终把“两个维护”作为最根本政治责任，紧紧围绕习近平总书记视察宁夏重要讲话和重要指示批示精神落实，建设黄河流域生态保护和高质量发展先行区先行市、巩固拓展脱贫攻坚成果同乡村振兴有效衔接、统筹疫情防控和经济社会发展、铸牢中华民族共同体意识、严肃换届纪律等重大决策部署跟进监督、精准监督、全程监督，共下发纪律检查建议书21份、推动整改问题46个。加强对“一把手”和领导班子的监督，向县处级领导和各级党组织“一把手”及班子成员400余人发出工作提示，推动构建“一把手”带动“一班人”、“一班人”监督“一把手”的责任落实体系和监督格局。

【监督责任落实】 认真履行全面从严治党协助职责和监督责任，协助县委制定《全面从严治党“两个责任”工作要点及分解方案》，加强党风廉政建设和反腐败斗争形势、政治生态分析研判，为县委主体作用发挥当好参谋助手，推动“两个责任”一体落实。全年共向县委报告工作和请示重要事项28次、提请研究党风廉政建设和反腐败工作13次，下发落实党风廉政建设责任制抄告单23份，约谈党委（党组）书记22人、纪委书记（纪检组长）7人。

【纪检监察体制改革】 进一步明确派驻机构与被监督单位党组织监督与被监督的关系，推动被监督单位党组织主体责任、派驻机构监督责任贯通协同。派驻机构全年围绕“三个大会战”、疫情防控等重点任务开展监督检查184次，发现问题并提出整改建议121条，提醒谈话845人次，“派”的权威和“驻”的优势进一步增强。健全完善县乡一体化协作机制，统筹整合监督检查力量，同向发力、同频共振，更加精准快速有力。

【纪检监察队伍建设】 扎实开展案件质量提升年活动，坚持举办周二夜读班、季度大讲堂，先后组织33名干部参加中央纪委和自治区纪委举办的纪检监察业务培训，选派9名干部到区纪委监委、自治区党委组织部以案代训、跟班学习，不断磨砺担当本领、增强干事之能。持续开展“制度规范建设年”活动，制定出台《海原县纪检监察系统案件主办人工作办法》《海原县纪检监察组织办案保密工作规定》《海原县纪委监委定期听取派驻机构工作汇报制度》等11项制度，建立信访举报和问题线索核查调度通报机制，防止拖着、掖着、跑风漏气“玩线索”的“灯下黑”现象发生，让监督执纪执法权受监督有约束。

（马丽娅）

作风监督

【保障脱贫攻坚成果巩固同乡村振兴有效衔接】 聚焦脱贫攻坚胜利后出现的松口气、歇歇脚、等待观望思想，以保持工作连续性和稳定性为目标，制发《关于开展巩固拓展脱贫攻坚成果同乡村振兴有效衔接专项监督实施方案》，统筹县乡两级监督力量，围绕“四个不摘”要求、建立健全返贫监测和帮扶机制、常态化开展“四查四补”、扶贫项目资产移交监管等内容跟进到乡村、深入农户监督检查26次，问责处理18人，不断压紧压实巩固拓展脱贫攻坚成果政治责任。扎实推进重点村“提级监督”试点工作，整合“村廉通”和“廉情诊所”功能，探索建立智慧监督平台。全年“廉情诊所”共协调解决问题1593个，“村廉通”共发送资金收支信息7.6万余条，监督支出896笔8700余万元。

【作风问题专项治理】 开展民生保障领域“中梗阻”专项治理，通过“信息共享、数据碰撞、问题研判、现场答疑、反馈整改”的工作方式，督促主责部门完善相关制度6项，动态调整救助对象5331人。这项工作自治区纪委监委以信息形式上报中央纪委国家监委。开展“小鬼难缠”“中梗阻”专项治理，紧盯漠视群众利益等18类问题强化治理，严肃查处了关桥乡政府会计马某某吃拿卡要、西安镇胡湾村村干部违规发包山荒地及镇政府、有关部门层层审核不负责等典型问题，全年共查处作风问题线索32件，问责处理52人。

【中央八项规定问题专项整治】 对6个乡镇(部门)开展定点监督检查，发现问题31个，下发纪律检查建议书6份，问责处理11人。制发《关于进一步严明会风会纪的通知》《关于对全县机关事业单位工作纪律进行集中整治的通知》，紧盯会风会纪、上下班工作纪律等常态化开展监督检查，通报约谈94人次。协助制定落实自治区"八条禁令"实施细则，开展违规吃喝隐形变异问题专项整治，印发资料10000份，既严明纪律、又防止走偏影响经济发展。全年各类会议，发文数量较上年分别压减14%、16%。

（马丽娅）

纪律监督

【案件审查】 全年共处置问题线索301件，给予党纪政务处分96人，通报曝光典型案例4件，查处一案、警示一批、教育一片。工程建设政府采购等重点领域突出问题专项治理，纪委监委查处问题线索24件，给予党纪政务处分6人，公安机关查处问题线索17件、移送司法机关追究刑事责任6人，行业监管部门行政处罚企业(单位)11家、评标专家4人。政法队伍教育整顿，给予党纪政务处分15人、组织处理47人。粮食购销领域问题专项治理，立案查处5人。

【"四种形态"运用】 严格落实监督执纪工作规则、监督执法工作规定，依规依纪依法监督，精准严肃审慎问责，全年运用"四种形态"处理374人次，其中第一种形态处理278人次、占74.3%，第二种形态处理80人次、占21.4%，第三种形态处理8人次、占2.14%，第四种形态开除党籍8人次、占2.14%，对实名举报的逐案见人答复、匿名举报的在一定范围内答复，让监督执纪执法既有"力度"也有"温度"，实现政治效果、纪法效果、社会效果有机统一。按照区、市纪委监委要求有序推进监委向县人大常委会报告专项工作，邀请特约监察员列席重要会议、参与监督检查，主动接受监督。

【制度建设】 认真落实"三会两书两报告"制度，做深做实查办案件"后半篇文章"，全年共围绕加强队伍管理、强化村级资产监管、医疗耗材采购、会计等关键岗位人员管理等事项向39个部门(单位)下发建议书88份，督促卫健局、树台乡等单位召开以案促改专题民主生活会6场，深刻剖析、深入挖掘案件暴露出的制度监管漏洞，建制度、打补丁，用制度管权管事管人，切实提升反腐治理效能。

【廉政教育】 协助县委开展"廉政警示教育周"活动，分层分级开展警示教育，组织权力集中和资金密集的200名关键岗位人员现场旁听县纪委监委查处的职务犯罪案件庭审，以查处的挪用公款典型案例拍摄制作警示教育片《贪欲之祸》，用"身边案"警示教育"身边人"。对151名新任职领导干部和745名新一届村"两委"班子成员进行廉政谈话，打好预防针、上好廉政课，教育引导他们知责于心、担责于身、履责于行。

（马丽娅）

巡察监督

【政治巡察】　始终坚守政治巡察定位，县委巡察工作领导小组暨书记专题会、县委常委会传达学习巡视巡察会议精神、研究贯彻落实意见、听取巡察工作汇报、反馈问题整改13次。年内常规巡察6个乡镇(部门)党组织、延伸巡察6个村(社区)党组织，实现十四届县委巡察全覆盖。开展粮食领域专项巡察，紧盯粮食领域内部管理的“薄弱点”、权力运行的“关键点”、问题易发的“要害点”，发现3个方面8个问题，移交问题线索2件。

【巡察整改】　全年对67个乡镇(部门)党组织和159个村(社区)党组织进行督查回访，下发督办通知单102份，十四届县委巡察反馈问题整改率达99.48%。特别是针对巡察县教体局党组发现的3个方面19个突出问题，压责任、督进度、促整改，推动县教体局切实解决临聘教师多财政负担重、城乡学校教师资源配置不合理、绩效分配吃大锅饭等群众和一线教师反映强烈的突出问题，制定完善制度机制52项。这一做法在中央巡视指导组下沉海原时得到充分肯定。

（马丽娅）

群众团体

总工会

【概　况】 2021年，海原县总工会有干部职工23名（其中女11人）。人员中有主席1人，常务副主席1人，副主席1人，挂职副主席1人，兼职副主席1人，经审主任1人，二级主任科员1人，四级主任科员2人，事业编1人，社会化工会干部13人。下辖困难职工帮扶中心，配备4名工作人员（其中社会化工会干部3人）。设有职工文化活动中心，活动中心面积1240平方米，设有健身房、乒乓球室、多功能室、职工书屋等，有工作人员3名（其中社会化工会干部2人）。

【思想政治引领】 把学习贯彻习近平新时代中国特色社会主义思想、党的十九大和十九届二中、三中、四中、五中、六中全会精神，自治区十二届十三次全委会精神以及习近平总书记视察宁夏重要讲话精神作为首要政治任务，跟进传达学习党中央和自治区、市、县党委最新部署要求，汇聚了广大职工团结奋进的强大正能量。严格落实意识形态工作责任制，认真践行社会主义核心价值观，扎实有效地开展单位职工精神文明创建活动。扎实开展党史学习教育，采取自学、集中学习、党组理论学习中心组学习、专题学习、读书班、专题研讨、专题宣讲形式深入开展学习教育。举办"党史知识测试"2场次、"四史教育""党史学习教育"宣讲会3场次、"读百年党史 诵红色经典"诵读会，并将每个人的作品音频推送到海原县总工会公众号播放。组织参加了庆祝中国共产党成立100周年"颂歌献给党——全区劳动者之歌"合唱大赛、"声音里的经典——奋斗百年路 启航新征程"职工故事演说大赛、"牢记嘱托跟党走 巾帼奋斗新征程"中卫市演讲比赛，均获优秀奖，自治区、市总工会组织演出团深入海原县乡镇、企业、学校开展以"永远跟党走 奋进新征程"为主题的慰问演出活动。举办了建党100周年"永远跟党走"暨庆祝五一国际劳动节全县干部职工"重走红军长征路"徒步行新时代文明实践活动、海原县"学党史、知党情、跟党走"党史学习教育知识竞赛、海原县"学习强国"学习平台达人挑战赛、"学党史、感党恩、跟党走"暨"党在我心中"全民阅读主题演讲比赛、"书香三八——百年圆梦·幸福启航"读书征文活动、"浓浓粽香端午情 红心向党庆百年"节日民俗文化主题教育。开展党史学习教育宣讲、健康知识讲座、法律宣传进企业活动，受众人数300余人，发放宣传资料

1000余份。教育引导广大职工群众切实增强“四个意识”，坚定“四个自信”，坚决做到“两个维护”，坚定不移听党话、跟党走。

【疫情防控】 认真做好疫情防控常态化工作。要求干部职工认真贯彻落实县委、县政府疫情防控工作部署要求，坚决克服麻痹思想和侥幸心理，增强政治意识、大局意识。通过微信群、微信公众号定向推送新冠预防知识、疫情防控情况通报等，制定疫情期间值班安排，每天安排专人对来访人员进行测温登记，及时采购口罩、酒精、消毒液等防控物资，用于日常防控需要，实行日健康监测制度。对办公、生活、门房等重点区域每天进行消毒处理并做好通风工作。

【劳模工作】 春节前夕慰问省部级劳模4名4000元，为64名全国、省部级、市级劳模发放春节慰问金56000元，对符合条件的19名全国和省部级劳模上报专项补助资金，为40名全国、省部级劳模发放中国共产党成立100周年慰问品。帮助协调解决无法自理劳模丁玉兰之子马长生工作调动。开展了五一劳动奖推荐评选上报工作，评选上报全国工人先锋号1个（宁夏海原闽宁纺织制品有限公司生产车间）。推荐上报自治区五一巾帼标兵岗1个（宁夏阅海老年服务中心海原分院护理部）。举办了全县劳模事迹报告会9场次。组织12名劳模参加了自治区内外疗休养活动（10名市级劳模赴县医院健康体检，体检费用每人1000元，2名全国劳模赴自治区人民医院体检）。为倪岩、丁晓龙两名劳模配备劳模书架2副。起草传达了全国、自治区劳动模范和先进工作者表彰大会精神提纲，并提出海原县贯彻落实意见，在全社会开展尊重劳模、爱护劳模、学习劳模、争当劳模的良好风尚。

【劳动竞赛】 组织参加中卫市“水投杯”第二届职业技能大赛、全区新能源企业风电运检技能竞赛，其中宁夏昊源建筑安装有限公司职工杨彦涛获全市电工组二级能手。联合县应急管理局举办安全生产有奖知识竞赛1场次。开展“安康杯”职工安全应急技能知识竞赛答题1场次。开展了“安全隐患随手拍”安全生产监督活动，收到安全生产合理化金点子40余条，安全生产有奖征文35篇，上报市总工会。开展全县职工技能大赛7场次，“5·12”联合县人民医院开展穿脱防护服技能大赛1场次，其间联合中医院开展“咽拭子采集”技能大赛1场次，联合县住建局开展建筑工人技能大赛1场次，联合县教体局开展全县教职工安全生产有奖知识竞赛1场次，联合宁夏亨通肉食品有限公司包装等技能大赛1场次，联合海原县闽宁纺织制品有限公司开展服装制作技能大赛1场次，联合宁夏海原国华农机制造有限公司开展电焊工技能大赛1场次，投入资金5.6万元。征集2项职工技术创新成果，上报中卫市。

【帮扶工作】 1.“两节”期间慰问帮扶村贾塘乡黄坪村困难群众10人1万元。2.拨付县总工会干部所驻村史店乡苍湾村2万元帮扶资金、1万元工作经费；拨付帮扶村贾塘乡黄坪村帮扶资金2万元。3.深入帮扶村进行调研，了解掌握帮扶村村集体经济发展、产业发展、脱贫措施等情况。4.鼓励基层工会在发放节日福利时以采购农产品为主，各级工会采购农产品近百万元。

【送温暖活动】 1.开展“两节”送温暖慰问活动。“两节”期间，自治区总工会慰问困难企业1家（海原县残疾人文化就业创业托养服务基地)5万元。慰问在档困难职工53人,发放慰问金10.68万元。县总工会慰问困难企业3家(卡立方、钢窗厂、宁夏聚腾)9万元。慰问疫情卡点执勤民警、疫情防控一线的医务人员、各乡镇(管委会)作出突出贡献和节日期间服务一线岗位的干部职工等困难职工243人,发放慰问金24.3万元。2.开展就地过年农民工慰问工作,慰问就地过年农民工40人,发放慰问金8000元。3.开展"夏送清凉"慰问活动,慰问疫情点执勤人员、美团外卖、快递员、环卫工人、机关事务中心司机、公安综合卡点、建筑工地一线工人等人员630人73930元。4.开展农民丰收节慰问农民工活动,慰问农民工100人,发放慰问金30000元。

【困难救助】 1.开展"工会班"救助,共计向150名"工会班"学生发放救助金39万元。2.开展困难农民工子女六一特别关爱活动,向30名困难农民工子女送去慰问金9000元。3.开展困难职工精准帮扶工作,对2020年上报的41户省级档案,27户全国级档案进行档案的整理、装订、资金的录入,合计录入资金44.695万元。通过"大调研、大走访、大排查"深入基层调查摸底上报深度困难职工7人,相对困难职工为80人。4.开展困难职工解困脱困工作,对2020年度252户困难职工进行解困脱困工作,解困27户(2021年继续纳入救助),脱困30户。5.开展职工医疗互助活动,召开政府与工会联席会议研究审议通过《海原县在职职工医疗互助保障管理办法(试行)》,并印发管理办法和方案,机关事业单位全覆盖,职工人数9287人,缴费金额75万余元。

【结对共建】 海原县总工会党支部同县消防救援大队党支部开展"手拉手"结对共建主题党日活动,为消防指战员们送去月饼、矿泉水、能量饮品等慰问品139件,共计慰问资金15240元。

【健康体检】 开展了"学史力行、惠泽职工"健康体检活动,为全县79名快递员进行了健康体检。

【"三下乡"集中示范活动】 开展"三下乡"集中示范活动,为贾塘乡黄坪小学、史店乡苍湾小学100名困难儿童送去了书包、笔记本等学习用品,共计1万元。

【推进工资集体协商】 举办全县工资集体协商工作培训班2期,培训人数100人,发放四季要约书55份。共签订2份行业合同(快递行业企业8家、物业服务行业企业7家),2份区域合同(装修业企业8家、李旺镇区域性企业6家),26份单独企业合同,以上共涵盖企业55家。

【推行民主管理】 持续深化厂务公开民主管理,推动民主管理建制扩面。海原县企事业单位建立工会组织118家,有95家企事业单位开展了民主管理工作,其中国有及其控股企业2家,推行面100%;事业单位81家,推行面95%;非公有制企业29家。全县召开职代会单位106家,县直属企业工会25家,推行行业建立职代会制度,召开行业性职代会2家,分别是快递行业和物业服务行业。有98家企事业单位实行了厂(校、院)务公开,其中,国有及其控股企业2家,推行面100%;事业单位84家,推行面100%;非公有制企业25家,推行面85%。

【信访维权】 利用"12351"平台,共计接待线上线下困难职工信访案件14件,讨要农民工工资一起,讨回农民工工资1.95万元。

【工会组织规范化建设】 为解决当前非公有制经济组织和社会组织工会组建难、规范难、履职难的突出问题，推进工会组织规范化建设，打通联系服务职工“最后一公里”问题，海原县总工会下派编内干部到非公企业工会挂职，挂职时间为2年，进一步壮大了非公企业工会组织的力量，更好地服务职工群众。

【基层工会建设】 截至2021年末，新建立基层工会组织29家，发展会员1633人（农民工443人），并将新组建工会组织及会员信息录入宁夏工会工作服务平台工会组织及会员管理系统。全县工会组织累计达到193家，会员29918人（农民工15983人）。指导15家基层工会组织进行换届。新建工会办理法人资格证书29份，更换新法人资格证书124份。

【“工会之家”创建】 以“六有”为基准，深入开展“职工之家（小家）”创建评选活动，年内，指导创建3家县级合格职工之家（海原县中医医院、宁夏亨通肉食品有限公司、海原县消防救援大队），申报2家市级先进职工之家（海原县中医医院、海兴区税务局）。申报自治区职工之家建设项目1家（宁夏国华农机制造有限责任公司）。

【“劳模创新工作室”建设】 打造县级“劳模创新工作室”1家（柳映冬劳模创新工作室），巩固提升市级劳模创新工作室3家（王建国劳模创新工作室、倪岩劳模创新工作室、丁晓龙劳模创新工作室），共投入资金5万元，上报自治区劳模创新工作室2家（王建国劳模创新工作室、丁晓龙劳模创新工作室）。

【“爱心驿站”建设】 新建户外劳动者“爱心驿站”4家（中静路爱心驿站，南门爱心驿站、体育中心爱心驿站、泰丰大厦爱心驿站），巩固提升爱心驿站2家（政府服务中心爱心驿站、出租车爱心驿站），投入资金13万元，真正解决了海原县广大从事户外工作的劳动者和环卫工人等就近喝水、避暑、取暖、临时避雨等实际困难。

【工会机关党建】 认真履行全面从严治党的政治责任，进一步完善全面从严治党“三个清单”，认真履行“一岗双责”。深入实施“三强九严”工程，严格落实“三会一课”制度，认真落实党支部主体责任，扎实开展“双学双强”活动，认真巩固“党政机关作风建设年，干部队伍素质提升年”活动，持续深化形式主义官僚主义突出问题专项整治，着力为基层减负，党组织的凝聚力、战斗力不断提升。严格遵守中央八项规定精神，积极组织开展“小鬼难缠”“中梗阻”问题专项治理、违规吃喝隐形变异问题专项整治工作，及时纠正工会干部中存在的“四风”问题。深入开展警示教育活动，开展廉政教育工作问卷调查17份，健全完善领导干部廉政档案，参观红色教育基地1次，举办廉政警示教育讲座1次，观看教育警示片2次，每月按规定扎实开展主题党日活动。举办了全县工资集体协商工作培训班2期，培训人数100人，健全完善规章制度，定期召开党组理论学习中心组学习会、党组会、主席办公会议，实行民主决策、科学管理，班子团结和谐、单位风清气正。

【财务经审】 严格执行财务管理规定，建立完善内控机制，规范财务运行管理，优化工会经费支出结构，强化会计核算和财务管理，健全完善经费预算、内部控制、资金管理等规章制度，严格执行中央八项规定和自治区、市、县相关规定，控制行政性、“三公”经费支出。下拨行政事业单位工会经费783.1万元，补助下级工会131万元。切实加强工会资产监管，完成了对县总工会本级2020年经费预算执行、专项资金及固定资产管理使用情况的审计，对49家基层工会经费收支、管理、使用情况进行了抽查审计。充分发挥审计审查监督职能，促进工会经济活动规范运作和党风廉政建设，使工会资金能够在服务工会工作全局中发挥重要作用。组织基层工会会计参加了自治区总工会基层工会财务核算业务模块操作培训班1期、新工会会计制度培训班1期，培训人数100人。

（李　军）

共青团

【概　况】　共青团海原县委员会（简称团县委）位于海原县总工会五楼，核定行政编制4名，2021年有正式在编人员4名。

【党史学习教育】　印发了《海原县共青团党史学习教育实施方案》，召开全县共青团系统党史学习教育部署会，指导全县314个团支部开展党史学习教育，参加人次2万余人。组织开展“童心向党”主题绘画、手抄报比赛、“青春向党”主题征文比赛、“学党史　强信念　跟党走”主题演讲比赛和“铸牢中华民族共同体意识”手抄报征集活动，开展了“请党放心　强国有我”主题团队课，依托“青春海原”微信公众号持续推送“党史故事100讲”“海原青年学党史”等专题，累计发布177篇，教育引导全县青少年认真学习党史，组织“青年大学习”网上团课学习33期，累计参与青年7万人次。先后组织共青团员、少先队员到海原县红色遗迹、烈士陵园开展沉浸式体验教育，活动参与人数3.2万人次，引发了青少年的深层次体验和共鸣，增强了传承先烈革命精神、厚植红色革命基因的行动自觉，引导全县广大青少年传承红色基因、坚定理想信念、发扬革命精神。

【“网上共青团”建设】　持续推进“网上共青团”建设。改进微信、微博平台建设，共发布微信图文529条，累计阅读量近15万人次，成为海原青年中阅读量最高的微信平台，切实做到引领凝聚青年、组织动员青年、联系服务青年。

【希望工程】　积极对接宁夏青基会，组织实施了黄河银行公益助学项目和“中国茅台·国之栋梁”希望工程圆梦行动共计128万元，共资助学生270名。进一步加强自筹力度，争取中国科学技术大学、中国银行（合肥）分行、华润集团等199.51万元，资助学生达790人。

【投身乡村振兴】　积极发挥广泛联系青年的作用，深入推动“百千万”工程，带动农村青年致富带头人、产业发展带头人和返乡创业青年等青年人才，全面投身乡村振兴。组织开展海原县2021年大中专学生“返家乡”社会实践活动，从事课业辅导、心理疏导和政务实习等工作；在县城9个社区、海兴开发区以及部分乡镇（村）开展了“爱在社区　情系海原”防控宣传、春运暖冬和关爱保护志愿服务活动。围绕青年投身基层治理，由蒲公英社会工作服务中心承接易地扶贫搬迁安置社区示范项目，着力开展政策宣传、青年社群、邻里互助等活动，进一步提高移民青少年的法律意识，增进和谐互助的邻里关系。

【投身疫情防控】　动员广大青年助力疫情防控，招募110名志愿者前往海同、海原东高速等处开展疫情防控志愿服务，为疫情防控贡献青年力量。

【服务中心工作】 组织志愿者积极服务海原县2021年乡村文化旅游节系列活动和2021年中国农民丰收节暨宁夏（海原）第六届高端肉牛大赛，累计组织200余名青年志愿者参与到会场礼仪、维持秩序、引导游客参观和就餐等活动，圆满完成会场志愿服务。

【服务青年成长成才】 组织志愿服务队在“6·26”“12·4”等时间节点，通过线上线下相结合的方式，开展了禁毒、普法的知识宣传，开展现场宣传活动5次，进一步加强了法治教育的宣传力度。牵头举办了“健康人生 绿色无毒”禁毒公益彩虹跑等活动，引导青少年养成积极向上的生活习惯，营造全民禁毒的良好氛围，覆盖人数达500人次。

【开展青少年服务】 筹资20万元聘任海原县蒲公英社会工作服务中心在西湖社区、海原回中根据未成年人情况开展法治宣传教育和个案服务，共入户走访260户，开展普法宣传讲座12场次，组织小组活动6个，开展个案服务20人，有效促进青少年健康成长。定期对14～25周岁“失学失业失管”青少年进行摸底，联合有关部门开展心理疏导、帮助就业上学等活动。

【维护青年合法权益】 召开海原县“共青团与人大代表、政协委员面对面”活动，倾听青年诉求，切实服务青年。举办了海原县2021年“怦然心动 遇见团缘”线上青年联谊活动，通过搭建交流平台，引导广大青年树立健康的婚恋观。

【基层团组织建设】 召开团县委十四届三次全体（扩大）会议，指导开展标准化入队仪式、退队入团仪式和成人礼仪式，切实推动基层组织建设，夯实组织基础。全面完成海原县村（社区）团组织换届选举工作，全县159个村（社区）团支部全部完成换届工作，选举产生的团支部书记中，大专及以上学历占46.5%，村“两委”班子成员占68%，平均年龄27.9岁，基层团组织工作力量明显增强。

【团员工作】 严格落实“三会两制一课”制度，按照团章规定的标准和程序办理发展团员，年内发展团员948人，积极完善“智慧团建”系统管理，安排专人负责，做好团员的管理和转接，学社衔接率达到99.5%，升学衔接率99%，新建社会组织团支部3家，全面成立中学团校，建立完善团代表联络站。在“10·13”中国少年先锋队建队日当天召开中国少年先锋队海原县第三次代表大会，开展庆祝中国少年先锋队建队72周年活动100余场次，引导少先队员听党话、跟党走，认真落实少先队阶梯式成长激励制度，扎实推进“红领巾奖章”争章工作，颁发个人二星章2370个、集体二星章157个，“全团带队”工作取得明显成效。

（马晓霞）

妇 联

【概 况】 海原县妇女联合会内设办公室和妇儿工委办，办公室有编制6个，其中行政编制5个，事业编制1个，正式在编职工6人（主席1名、副主席2名，干部3名），其中党员干部4名。2018年换届后，配备挂职副主席1名，兼职副主席3名。

【思想政治引领】 开展思想政治引领工程，引导妇女坚决听党话跟党走。1.开展形式多样的理论学习。在"海原妇女之声"公众号转载习近平新时代中国特色社会主义思想及禁毒、婚姻家庭、普法、卫生健康、家庭教育等知识，设置"巾帼学党史"专栏，转发党史篇目30余篇，极大地提高了广大妇女群众学党史的积极性。2.开展形式多样的家风家教宣讲。在机关、企业、村、社区开展9场次"爱润万家·好家庭好家教好家风"宣讲，家庭教育宣讲2场次，营造向上向善的社会氛围。3.开展党史学习教育，举办"感党恩、听党话、跟党走"亲子诵读比赛，组织党员干部开展"重温红色记忆 汲取奋斗力量"党史学习教育体验式活动，"追寻红色足迹 传承革命精神"暨"庆祝中国共产党成立100周年"红色教育实践活动，教育引导广大党员干部立足本职、勇担使命，扎扎实实服务妇女群众。4.慰问离任优秀村妇联主席。三八期间召开了离任村(社区)妇联主席座谈会，并对18名离任村(社区)妇联主席进行了慰问；重阳节期间，对全县55岁以上担任过村妇联主席10年以上的离任村妇联主席23人，每人慰问金为1000元，合计2.3万元。

【基层妇联换届】 2021年，圆满完成基层妇联换届工作。以村"两委"换届为契机，全县村(社区)妇联同步进行了换届，选举产生159个村(社区)妇联主席，100%进入村(社区)两委，其中高中以上学历101人，占63.5%；平均年龄为35岁。

【乡镇妇联换届】 2021年，联合组织部下发《海原县关于开展乡镇妇联换届工作的实施方案》，成立了以县委常委、组织部部长李雪峰为组长的工作领导小组，夯实组织基础。9月底全县17个乡镇完成换届工作，选举产生妇联主席17人(其中党政班子主要负责人2人、班子副职15人)、专职副主席17人(均为乡镇在编在岗干部)、兼职副主席55人、执委396人。

【双培双带项目】 争取双培双带资金30万元，扶持6名优秀村妇联主席、副主席、农村女致富带头人发展种植养殖产业。

【素质能力提升】 1.举办素质能力提升培训班。由县委组织部、县委党校、县妇联联合在县党校举办了为期3天的"海原县妇联干部素质能力提升培训班"，提升县、乡、村三级妇联干部、执委的综合素质能力。2.在街道办南苑社区和三河镇代店村实施组织力提升项目，进一步提高基层妇女参政议政能力。3.各级妇联积极组织广大妇女群众参加文化素质提升班，已完成了7000余人的培训任务。并在全县举办了"妇女文化素质大比拼"竞赛活动，进一步巩固了妇女文化素质学习成果。

【妇女发展项目】 1.加大妇女创业担保贷款发放力度。实施农村妇女创业小额担保贷款，截至11月底，发放贷款6364.55万元，扶持485户，贴息1255.6万元，扶持了一批发展剪纸刺绣特色产业、种植养殖业及建档立卡户妇女。2.申请母亲小额循环项目70万元，扶持发展受益35户。3.举办职业技能培训保育员2期，培训200人；举办刺绣技能提升培训1期，培训16人。4.上报3个创业创新基地。5.提高"爱妮保"参保率。2021年全县共购买"爱妮保"21098人210.98万元，理赔58人92.5万元。此项工作在全区巾帼健康行动推进视频会议上作了经验交流发言。6.联合县卫健局常态化开展"两癌"免费筛查工作，截至年底已筛查23045人，救助"两癌"患者20人、20万元。7.积极对接自治区妇基会，为树台乡卫生院申请母亲健康快车1辆，价值16.5万元。

【家庭建设工作】 1.将寻找“最美家庭”活动始终贯彻在日常工作中，紧扣不同节日、时间节点寻找绿色家庭、学习家庭、廉洁家庭、抗疫最美家庭等典型家庭。并推荐1户全国最美家庭。2.开展最美庭院创建工作。紧扣文明城市创建工作，充分发挥广大妇女群众作用，结合全县美丽乡村建设，联合农业农村局在全县开展最美庭院创建评比工作，选树市县级最美庭院400户。开展了健康家庭创建活动，共选树出县级健康家庭50户，推荐自治区级健康家庭10户。3.在三河镇富陵村打造家风长廊1个。

【关爱帮扶工作】 1.开展“恒爱行动——百万家庭亲情一线牵”公益活动。连续2年申请毛线500公斤，招募爱心妈妈们免费为新疆、河南及本县困境儿童编织捐赠毛衣近700件。为贫困妇女购置价值100元的“爱心礼包”，慰问了87户贫困妇女。2.开展春节送温暖活动。争取市妇联、县财政资金、爱心人士善款4.1万元，慰问贫困妇女、困境儿童41人，每人1000元。六一期间为贾塘乡双河村九年一贯制学校、海原回小、特殊教育学校120名学生送学价值1.3万元书包、学习用品等。3.积极争取自治区妇联“春蕾女童”救助金54万元，连续救助海原县150名女童三年，每人每年1200元。4.争取市妇联178个孕产包，救助我县移民村困境母亲178人。5.开展“爱在行走”家庭亲子实践暨童心永向党“红船精神永流传”主题活动，争取自治区、市妇联项目，在树台乡树台中心小学和相桐村中心小学开展了宁夏妇联“爱在行走”家庭亲子实践暨童心永向党“红船精神永流传”主题活动，为树台乡树台中心小学的孩子们送去尤克里里10把，为树台乡13户贫困妇女儿童送去价值9500元的米、面、油等生活物资。为海原县50户贫困妇女送来了米、面油等爱心物资，价值3万元。6.争取市妇联价值4万元的抗疫物资，捐赠给各执勤卡点。7.开展庆祝重阳节系列活动。与县民政局、中卫爱尔眼科医院一道慰问了县阅海养老中心全体老年人及护理人员。县妇联为老年人们精心准备了洗漱用品爱心包裹，为护理人员赠送了宣传礼包。同时还慰问了中心养老院所有老年人，两所养老院爱心包裹共计300余份，价值1万余元；对全县29户家庭经济困难的“最美兵妈妈”进行了慰问，每户500元，合计14500元。8.开展“建设健康家庭·共享健康生活”宁夏免费健康评估项目。2021年6月项目启动仪式在海原县举行，项目价值400万元，为海原县免费提供5台健康评估设备，技术培训、健康风险评估等内容，惠及5万名以上群众，目前已全面完成。九是实施加油木兰项目，连续2年实施该项目，累计理赔563.5万元，涉及6573人次(2021年理赔285.8万元，3645人次。其中大病理赔38万元，19人；教育247.8万元，3626人次)。

【维权关爱工程】 1.开展法治宣传活动。利用“3·8”维权周、“11·25”、“12·4”等节点，联合县检察院等成员单位集中开展维权宣传，通过悬挂横幅、发放宣传彩页及宣传品，进一步提高广大妇女的法律意识。积极转发儿童防性侵法治公益微电影《唤醒》、反家暴典型案例等，切实维护妇女儿童合法权益。2.开展百千万巾帼大宣讲，举办“和谐婚姻大讲堂”、抵制高额彩礼反对家庭暴力、未成年人保护等宣讲9场次1100人次。3.开展校园安全专项检查活动。联合县检察院、县教体局对全县48所中小学、教学点及幼儿园进行了校园安全专项检查活动。进一步加强了校园安全工作机制的建设与落实。4.畅通“12338”妇女维权热线。联合司法局，在每个乡、村（社区）设“12338”维权热线宣传专栏，畅通“12338”热线。完善三级妇联接访制度，及时处理信访案件，调处率100%。5.集中开展“大走访大排查大调研+关爱帮扶”，预防和化解婚姻家庭矛盾纠纷，进一步营造和谐稳定的社会环境。共走访了50359户，共排查出471户存在生活困难，县妇联积极协调各乡镇对471户生活困难给予低保、临时救助、公益性岗位等相关救助。共排查37户存在婚姻家庭问题，针对37户的实际情况，积极发挥县、乡、村妇联组织力量，积极对接各乡镇司法所，对存在37户婚姻家庭问题的37户进行调解，通过多方努力，其中36户全部调解成功，1户通过司法程序解决。

【自治区级“两规划”达标】 2021年，全面通过自治区级“两规划”验收。截至2020年底，海原县妇女规划可量化监测指标54项，已完成50项（女性青壮年文盲率、公有经济企事业单位高级专业技术人员中女性所占比例、县政协委员中女性人数、孕产妇死亡率指标未完成），达标率为92.6%（其中2021年换届后县政协委员中女性人数占比完成）；儿童规划可量化监测指标45项，已完成45项，达标率为100%。

【女性参政比例达标】 2021年，着力做好村（社区）两委班子及县政协委员中女性比例达标。积极向县委组织部汇报，争取村、社区“两委”班子中女性比例达标，换届后全县148个村“两委”班子中女性干部达186名，占25%，“两委”女性成员比例明显高于上届（其中女性村党支部书记12名，占8.1%；女性村委会委员166名，占35.4%，女性村委会主任20名，占13.5%）；县女政协委员比例明显提高。

【科学制定规划】 参照两规划（2011—2020年）中各领域的目标设置、策略措施及监测结果的基础上再充分调研、科学论证，准确把握当前和今后十年妇女儿童发展各领域的主要问题，精准制定2021—2030年妇女儿童发展的目标、任务、措施，使规划体现战略性、全局性和长远性。多次召开新两规联席会议，确保新“两规划”各项监测指标科学合理，已形成规划初稿。

（田智梅）

科 协

【概　况】 2021年海原县科学技术协会（简称科协）充分发挥科协桥梁纽带作用，巩固拓展脱贫攻坚成果同乡村振兴有效衔接，高质高效推进党史学习教育，稳步提升全民科学素质，巩固科普信息化建设。发挥科协系统技术、人才、资金等资源优势，在全县“一主四特”产业培育、品种改良、技术服务和社会事业、卫生健康等领域方面破瓶颈、补短板、强弱项、解难题，圆满完成自治区科协各项考核任务。

【科普宣传】 2021年，海原县科协全年共编写《海原科普》通俗读物读本39期、8.5万册；与县融媒体中心合作，共播发《海原科普》100期，扩大科普宣传工作的覆盖面；在《宁夏日报》《海原新闻》等主流媒体大力宣传海原县在科技、教育等领域作出突出贡献的先进集体、先进人物的事迹；利用科技活动周、“5·30”全国科技工作者日、全国科普日及其他特殊节日，广泛开展各种形式多样的科普宣传活动，发放各类科普资料13万多份，举办科普画展6期次，编出科普宣传栏280期次，举办实用技术培训78期，科普知识讲座176场，组织科普进社区（校园、机关、企业、乡村）36场，科协设立“科学技术普及咨询台”、展出了科普知识展板、发放了3500余份宣传资料，接受并解答疑难问题近600人，受益公众达5.6万人次。

【基层科普行动计划项目】 1.海原县科技馆项目进入布展阶段。2.投资110万元建设的13所农村中学科技馆项目已投入使用。3.打造乡村（社区）科普长廊，营造良好科普氛围。海原县关庄乡宏鑫马铃薯产销协会荣获自治区科协“科普惠农兴村计划”农村专业技术协会以奖代补单位，项目资金20万元。

【基层科协组织建设】 规范建设了“中卫市海原县兴农草畜产业协会”等13家农技协，关桥中学农村科技馆已投入使用，并举行了中国流动科技馆启动仪式。海原回民中学青少年科技工作室续建项目圆满完成弥补了青少年课外生活。海城团结社区、建设社区、郑旗撒台科普E站项目落地生根。建成了县科协办公室“互联网+海原科协”微信平台，更换了办公设备等。健全科协组织机构，打造纵向到底、横向到边的科技科普服务体系。依托“三长”人才和引领优势，走“1+3”的“科普+科技”路子，带动农业农村经济、教育科技和健康服务向纵深发展。

【“党建+科建”新模式】 2021年，共组织开展党史学习教育34次，交流研讨6次，开展活动32次，专题党课2次，撰写调研文章3篇，落实整改3次，县科协党组领导班子深入帮扶村开展走访调研1次，完成“办好实事惠民”方面4件、“推动发展增福祉”2件、“文明创建补短板”1件，9月份在“推动发展增福祉”方面增加1件，完成“创新治理保平安”1件。共落实各类项目资金500多万元。

（科　协）

工商联

【概　况】 海原县工商业联合会（简称工商联）核定行政编制4名。2021年，实有工作人员5人，其中党组书记1名（兼县委统战部副部长）、主席1名（无党派人士）、专职副主席2名、工作人员1名（占县委工勤岗编制）。全县有工商联会员625人，执委34人，兼职企业家副主席13人。

【班子建设】 结合工商联换届和工商联支部换届，选举产生了新一届工商联（民间商会）班子及工商联支部书记，将13名优秀民营经济人士选进工作班子。先后召开党组（扩大）会议8次，研究贯彻落实中央、自治区、市、县党委关于基层党建工作的重要会议和重要指示精神，按照党组履行抓基层党建工作主体责任、班子成员履行抓分管领域基层党建工作第一责任要求开展了模范机关创建工作和支部换届工作。

【理论武装】 加强政策理论学习，把准把牢政治方向。以党史学习教育为契机，坚持每周开展1次集中学习、每月开展1次党组中心组学习和支部党员主题党日活动、每季度开展1次讲党课，组织全体党员干部先后认真学习了习近平总书记及自治区、市、县主要领导在各级党史学习教育动员会上的讲话精神，将学习与提高党员干部政策理论水平相结合，与增强廉洁自律意识相结合，与推动工商联工作相结合。全年累计开展党员干部理论学习59次、党组中心组学习23次、党员主题党日活动12次、专题研讨16次，组织全体党员干部赴六盘山、将台堡等红色教育基地开展体验式教学6次。通过学习教育、交流研讨，工商联全体党员干部政策理论水平明显提高，进一步增强了“四个意识”，坚定了“四个自信”，做到了“两个维护”。

【培训引导】 采取走进企业搞宣传和举办专题培训班等灵活多样的方式开展民营经济人士理想信念培训和法律法规培训，先后聘请县党校老师向广大民营经济人士详细解读了习近平总书记在庆祝中国共产党成立100周年大会上重要讲话精神，聘请县律师讲解了《中华人民共和国宪法》《中华人民共和国民法典》等相关法律法规，组织工商联全体干部和5名民营经济人士代表参加了县政协组织开展的“坚定不移听党话、矢志不渝跟党走”专题座谈会。通过培训学习，广大民营经济人士理想信念更加坚定，爱党爱国爱人民的中华民族共同体意识更加增强，依法诚信经营水平更加提升，主动回报社会服务群众的信心更加强烈，工商联统战性、经济性、民间性特性得到了更加彰显。开展了铸牢中华民族共同体意识宣传，教育引导广大干部职工、民营经济人士牢固树立“中华民族一家亲，同心共筑中国梦”思想，促进各民族交往交流交融。

【大走访大调研】 开展了党史学习教育为民办实事活动，组织工商联全体党员干部联合税务局等相关单位深入建材行业商会、圣特保温、农机修造、联富汽车城等会员企业开展大走访大调研大排查活动，宣传减税降费政策，指导帮助民营企业开展常态化疫情防控工作，并与县人民检察院联合组织开展服务“六稳”“六保”护航 民企发展活动，落实“六稳”“六保”措施。

【服务民营企业】 以打造“五好”县级工商联和“四好”商会为契机，开展了“春雨润苗”送政策、入民企活动，广泛宣传了习近平总书记视察宁夏重要讲话精神、习近平总书记在民营企业座谈会上的重要讲话精神及自治区市县有关扶助小微企业发展相关政策；联合县司法局打造了海原县民营企业法律咨询平台，护航民营企业健康发展；协调农行、农商行等金融部门创建民营企业征信体系，解决企业融资难问题。12月27日，海原县工商联被全国工商联评为全国县级“五好”工商联。

【帮扶工作】 认真履行巩固拓展脱贫攻坚同乡村振兴有效衔接责任，启动新一轮“万企兴万村”工作。深入李俊乡联合村、七营镇五营村开展低收入家庭调查，先后为联合村、五营村各解决帮扶经费5000元，指导帮助帮扶村建立低收入家庭监测台账，呼吁海原建材行业商会会员企业捐资10000元慰问五营村特殊低收入家庭，确保帮扶村不出现返贫现象。同时，积极对接自治区、市工商联业务指导，联合县乡村振兴局、县农业农村局、县农行等相关单位启动新一轮“万企兴万村”工作，完成了县委、县政府和自治区、市工商联部署的各项任务。

【干部能力提升】 先后组织党组书记参加了全国工商联在山东淄博举办的业务培训班，主席参加了自治区党校在银川、江西瑞金等地举办的无党派人士培训班，1名副主席和1名干部参加了县委组织部在福建漳州举办的巩固脱贫攻坚同乡村振兴战略培训班;组织22名会员代表参加了中卫市工商联换届会议,推荐18名民营经济人士遴选为政协海原县十二届委员,推荐8名民营经济人士遴选为政协中卫市第五届委员,其中工商联主席顺利当选为市、县两级政协常委。健全完善素质提升培训正向激励机制、拓宽议政知情渠道,增强了为民营企业服务本领。

(田振国)

文 联

【概 况】 海原县文学艺术界联合会(简称文联)实行参公管理,核定编制6个。2021年,实有干部4名,其中驻村扶贫1名。下辖作家协会、书法家协会、摄影家协会、美术家协会、民间文艺家协会、旗袍文化艺术协会6个协会,共有会员322人。其中作协会员46人,书协会员60人,美协会员23人,摄协会员55人,民协会员82人,旗袍协会会员56人;自治区级会员30人(作协10人,书协7人,美协2人,摄协3人,民协8人);市级会员共114人(作协24人,书协8人,美协3人,摄协55人,民协24人)。

【书画展活动】 开展了庆祝中国共产党成立100周年"筑同心、感党恩,翰墨颂党情"书画展,共展出各类作品100余幅,参观人数达千人。

【摄影绘画大赛评奖活动】 组织美术家、摄影家协会参加了海原县第四届关桥梨花节系列采风活动"笔墨丹青抒情怀"精彩瞬间——摄影绘画大赛活动,并组织评奖,评出一等奖1名,二等奖2名,三等奖3名。

【抗疫文艺创作活动】 组织各协会文艺家们用艺术创作激发抗疫正能量,助力抗疫,共创作出文艺作品21篇、书法作品26幅、美术作品34幅、摄影作品17张,制作美篇3篇。

【参加区市活动】 组织书法协会、美术协会和摄影协会参加自治区市文联庆祝中国共产党成立100周年"永远跟党走·庆祝中国共产党成立100周年"书法美术摄影作品展活动,共选送优秀文艺作品10余幅。

【人才培养】 选派作家协会优秀青年人才前往鲁迅文学院培训学习。

【《南华山》期刊】 在《南华山》期刊中增设新开了部分新栏目,同时,严把质量审核关,好中选优,进一步提升了期刊质量。共刊发各类文学作品近二百篇(首)、书法、美术、摄影等作品近百幅。其中刊发庆祝中国共产党成立100周年专刊2期,开展了庆祝中国共产党成立100周年、"用文艺讲好脱贫攻坚故事、凝聚乡村振兴的磅礴力量"征文活动等。

【协会换届】 认真组织、指导各协会圆满完成换届工作,选举产生了各协会新一届理事会及主席团,使各协会实现了"有机构、有阵地、有人员、有活动、有档案、有成效"的目标。

【平台搭建】 成立了海原县作家协会创作基地,搭建文学创作平台,吸引更多优秀的文学爱好者聚焦海原建设,齐心协力为海原发展贡献文艺力量。

【"我为群众办实事"活动】 开展了"塞上书香节暨'4·23'世界读书日"宣传等志愿服务活动,为群众发放本土作家书籍50册,接受群众咨询近百次;开展了新时代文明实践"雷锋日"志愿服务活动,免费为群众拍摄全家福30余张,发放拍摄技能宣传彩页500余张,发放《南华山》期刊100本;开展了七一慰问困难党员和困难文艺工作者活动，慰问困难党员和困难文艺工作者12名，发放慰问金3600元。

【文艺“四进”活动】 组织美术家协会、摄影家协会、书法家协会开展了海原县文联新时代文明实践“文艺进基层——走进红门（消防队）”志愿服务活动，共创作消防题材书法作品创作、美术作品创作、摄影作品20余幅；配合区、市文联在关桥中学开展了“优秀传统民间文艺进校园志愿服务活动”，开展了7项传统文艺培训和文艺演出；在幸福花园社区开展了志愿服务岗位认领，发放《南华山》期刊百余份。

【文艺激励制度】 结合文艺工作实际，拟定了《海原县重点文艺项目活动扶持办法（试行）》和《海原县获国家级和自治区级奖项文艺作品奖励办法（试行）》，已经县政府常务会议审议通过。

（李　萍）

残　联

【概　况】 2021年，海原县残联在县委、县政府的正确领导下，在上级残联的精心指导下，在相关部门的大力支持下，聚焦脱贫攻坚，围绕残疾人的基本需求，一心一意为残疾人做好事、办实事、解难事，圆满完成了全年各项工作任务。

【残疾人入户访视】 2021年，海原县残联为了高质量打赢残疾人脱贫攻坚战严格落实“四个不摘”要求，巩固“两不愁三保障”成果，深入17个乡（镇）161个村（社区），对全县12953名持证残疾人进行了入户走访，了解掌握他们的急难愁盼，积极地宣传党的政策法规和各项惠残政策。加强与相关单位和部门数据共享机制，及时推送新增残疾人数据。通过与县乡村振兴局进行数据比对，对全县48户脱贫不稳定、边缘易致贫和突发严重困难残疾户采取“人盯人”“一对一”的工作机制，逐村逐户逐人进行入户走访，开展定期核查、动态管理，分层分类及时纳入帮扶政策范围，做到不落一户、不漏一人。

【残疾人社会保障】 2021年，海原县残联与民政部门沟通协调，通过信息比对、摸底调查，将符合条件的贫困残疾人全部纳入农村低保，做到应保尽保。全县享受低保9115人。

【残疾人“两项补贴”落实】 2021年，海原县残联落实残疾人“两项补贴”（生活补贴和重度残疾人护理补贴）政策，完善困难残疾人“两项补贴”制度，建立动态调整机制，确保符合条件的残疾人“两项补贴”全覆盖，保障了残疾人基本生活权益。年末，全县有9494名困难残疾人每月发放110元生活补贴，有5995名重度残疾人每月发放120元护理补贴。

【残疾人居家托养服务】 2021年，海原县残联采取政府购买社会服务形式，认真贯彻落实残疾人康复和托养服务政策规定，通过探索服务模式，建立了以机构托养为补充、居家托养为基础的托养服务机制，对符合托养条件、有意愿的残疾人全部纳入海原县阅海养老中心和新区敬老院进行托养，委托宁夏爱以德养老服务有限公司，为200名重度肢体、智力、精神残疾人提供居家托养服务，同时实现了“托养一个人，解放一群人，幸福一家人”的工作目标。

【残疾人医疗救助】 2021年，海原县残联与固原原州区精神病医院签订海原县贫困精神病患者医疗救助协议书，聘请专家对有服药需求的精神病患者免费发放药品。免费为228名精神病患者发放8.9万元药品,解决了精神病患者取药难的问题。

【"阳光助残小康计划"扶贫项目】 2021年,海原县残联开展"阳光助残小康计划"扶贫项目工作。与扶贫、农业部门配合,整合项目资金,因地制宜,开展帮扶工作。以有产业的脱贫户为重点,总投资10万元,为50户极易致贫返贫、不稳定检测残疾户在扶贫、农业部门发放各类补贴资金超过2000元的基础上,再发放"残疾人阳光小康计划"项目扶贫资金2000元,帮助他们发展种植业、养殖业。

【残疾人家庭无障碍改造项目】 2021年,海原县残联开展贫困残疾人家庭无障碍改造项目工作,共投入资金108万元,为257户残疾人家庭实施了铺设轮椅坡道、安装移动坐便器、配置轮椅(助行器)以及有语音提醒功能的生活用品、改装电器遥控开关、发放电动护理床等为内容的无障碍改造。

【残疾人康复服务】 2021年,海原县残联紧紧围绕残疾人"人人享有康复服务"的目标,加强残疾人康复服务工作。1.委托固原市爱心园对全县35名脑瘫、智障、孤独症、听力等0~6岁残疾儿童进行集中康复训练,并对参加训练的残疾儿童及陪护家长全部免食宿费、训练费,调动残疾儿童家庭的积极性,确保残疾儿童身体功能通过康复训练得到最大的恢复效果。2.组织各乡镇残联干事对残疾人进行了入户"一对一"评估筛查和分类统计。共为24名残疾人装配假肢;为35名残疾人提供电动站立式轮椅。3.对全县0~6岁残疾儿童进行了摸底统计,共有220名残疾儿童,截至年底与12个定点康复机构签订协议,对符合条件的残疾儿童及时转介至定点康复机构,并同步录入至中国残疾人服务平台残疾儿童康复救助数据库,全县向户籍地转介70名残疾儿童到定点机构。4.对2021年度内有基本康复需求的633名残疾人进行信息采集录入,已采集服务了633人,接受康复服务的残疾儿童和持证残疾人服务率为7.9%。对有辅具需求的困难残疾人通过定点机构评估,共发放辅具1324件。

【残疾人教育就业】 2021年,海原县残联扎实开展残疾人教育就业工作。1.督促适龄残疾儿童接受义务教育。对能够随班就读的尽量随班就读,符合特教条件的进入特教学校学习,需要送教上门的联合教育部门实行送教上门,确保残疾儿童教育不留死角。对31名新录入大中专院校的残疾大学生发放助学补贴10万元。2.开展技能培训。对383名残疾人开展牛肉拉面、烩小吃、养老护理、电商等技能培训。对200名在就业年龄段的农村贫困残疾人进行基础母牛养殖、饲草种植等实用技术培训,提高自我发展的能力和增收能力。3.安排公益性岗位。主动与劳动就业局沟通,对266名建档立卡贫困残疾人安排农村公益性岗位。4.为自主创业的残疾人发放补贴。对44名自主创业残疾人每人发放2000元补贴资金,共发放8.8万元。

【开展"上门办证"服务】 2021年,海原县残联聘请县医院、固原市原州区精神病医院专家采取上门办证的形式,为重度肢体、精神、智力残疾人上门办证6次,共办理残疾人证368人。

【残疾人文化生活】 2021年,海原县残联持续开展残疾人文化进社区、残疾人家庭"五个一"活动,组织好残疾人各类节目和群众性文化活动,加强残疾人运动员选拔、培养、管理和保障,提高残疾人体育科学化水平。组织6名残疾人运动员参加全国第十一届残疾人运动会暨第八届特殊奥林匹克运动会,关桥乡的马军在男子400米T52级竞速轮椅比赛项目中荣获金牌,在男子F52级标枪比赛项目中荣获铜牌;七营镇的张旭在男子200米T51级竞速轮椅比赛项目中获得金牌,在男子铅球比赛项目中获得铜牌。开展“全国助残疾日”“国际残疾人日”等主题宣传活动,充分发挥门户网站、微信公众号等作用,全面展示残疾人自强不息风采,大力弘扬人道主义精神,完善社会助残机制,广泛开展志愿助残和群众性扶残助残活动。

(单慧霞)

伊　协

【概　况】 2021年,海原县伊斯兰教协会(简称海原县伊协)以“爱国爱教、维护稳定、服务社会”为宗旨,坚持“团结、教育、引导、服务”的方针,充分发挥伊协的桥梁纽带作用,促进全县民族和睦、宗教和顺、社会和谐。

【教务管理】 1.按照新修订的《宁夏回族自治区伊斯兰教活动场所主要教职聘任实施办法》规定,加强聘任管理,严格聘任程序,办理教职人员聘任书240多份,并全部进行了登记备案。2.严格教职人员管理,对全县在册教职人员和开学阿訇1297人进行全面调查摸底,共摸排出优秀教职人员235名,称职教职人员1013名。3.积极指导各乡镇强化伊斯兰教教职人员考核工作,组织人员到清真寺督促检查“三学一做”和《宁夏回族自治区阿訇日常行为守则》等制度的落实情况,切实提高了伊斯兰教教职人员的规范化管理水平。

【教育培训】 2021年,海原县伊斯兰教协会积极推荐教职人员参加自治区、市、县举办的各类培训班28人次,推荐年轻教职人员深造本科班12人,到关桥、树台、西安等乡镇宣讲培训教职人员和寺管会主任约300人次,举办教职人员培训班1期50人,努力提高他们的综合素质。

【解经水平提升】 2021年,海原县伊协以社会主义核心价值观为统领,经常性地组织全县伊斯兰教界人士撰写爱国爱教、民族团结、依法办教等方面的“卧尔兹”演讲稿和心得体会文章。全年共征集“卧尔兹”演讲稿19篇,推荐优秀“卧尔兹”演讲稿4篇,进一步提高宗教人士解经水平;推荐2名选手参加全区“卧尔兹”演讲比赛;6月27日,成功举办以“听党话、感党恩、跟党走”为主题的中卫市第八届、海原县第十六届“卧尔兹”演讲比赛;发放《新编“卧尔兹”演讲集》《宁夏穆斯林》等书籍1000多册,供教职人员和穆斯林群众学习参考。

【自身建设】 2021年,中共海原县伊协党支部认真学习贯彻习近平新时代中国特色社会主义思想,以党的政治建设为统领,以提升组织能力为重点,全面推进伊协党支部建设,按照党章及各项规定的要求,坚持“三会一课”制度和“两学一做”学习教育常态化,全年累计集中学习87次,召开党建和党风廉政建设专题会议4次,开展主题党日12次,支部书记讲党课4次。严格落实民主生活会、领导干部双重组织生活、民主评议党员、谈心谈话等制度。提升党员的政治素质,切实加强自身建设。

【巡察整改】 2021年,海原县伊协对县委第十二轮巡察反馈的三个方面的7个问题，通过制定问题清单、责任人、整改期限等全面进行了整改。持续推进党员管理，制定责任清单，建立党员领导干部全面从严治党主体责任清单，建立健全各项规章制度5项。以“党政机关作风建设年 干部队伍素质提升年”活动为契机，严格执行中央八项规定，全面落实“主体责任”，持之以恒纠正“四风”，严格执行“五谈两会一报告”、主要领导“五个不直接分管”“三重一大”工作制度。

（金录岐）

红十字会

【概　况】 海原县红十字会成立于2021年1月，核定编制3人，实有8人（其中三支一扶、西部计划、大学实习生、公益性岗位等5人）。2021年7月，海原县红十字会成立大会暨第一次全县会员代表大会召开，选举产生了县红十字会第一届理事会、监事会，红十字会管理体制和组织机构基本建立、健全和完善。全县现有基层红十字会组织31个（乡镇17个，街道办、甘盐池种羊场各1个，卫健系统6个、教育系统2个、村级红十字会3个、非公企业1个），有红十字应急救护师资36名，应急救护员1992人。

【机构设立】 2020年8月26日，中共海原县委机构编制委员会下发《关于设立海原县红十字会的通知》（海编发〔2020〕12号），设立海原县红十字会，列入机构编制管理的群团机关序列，核定编制3人。2021年5月8日，海原县委员会办公室 海原县人民政府办公室印发《海原县红十字会改革实施方案》，明确改革任务及完成时限；2021年7月23日，召开海原县红十字会成立大会暨第一次全县会员代表大会，选举产生了红十字会第一届理事会、监事会，进一步完善了红十字会管理体制和组织机构建设。

【志愿者队伍建设】 通过多方协调、积极争取，逐步完善培训、激励、管理、服务等措施，实现全县红十字会员及志愿者队伍不断壮大，通过开展各类公益宣传活动，全县注册红十字会志愿者45名，建立了志愿者服务队3支，队员22人，为推动“无偿献血、造血干细胞捐献、遗体和人体器官捐献”和赈灾救援工作奠定了基础。

【基层组织建设】 根据海原县委组织关于印发《海原县进一步加强红十字会基层组织建设的实施方案》（海党组发〔2021〕93号）要求，海原县红十字会在全县乡镇（街道）、县教体局、县卫健局、学校、医院、村（社区）、企业等单位发展红十字会基层组织30个，逐步形成全县红十字会基层组织网络，构建以党的基层组织为主体、群团基层组织为补充，更为完善的基层治理组织体系，以“五有”（即有热心红十字事业的带头人，有稳定的会员和志愿者队伍，有规范的管理制度，有稳固的服务平台，有红十字特色的活动）标准建设要求，大力发展基层组织，坚持以服务群众、服务社会、服务发展为切入点，进一步完善全县红十字会基层组织机构。

【防灾减灾救援体系建设】 根据《宁夏回族自治区红十字会自然灾害应急预案》《宁夏回族自治区红十字会应对公共卫生事件应急预案》，进一步明确紧急事件启动的程序和职责任务，提高了紧急状况下的快速反应能力。与邮政物流、顺丰快递、誉通物流签署战略合作协议，建立救灾物资快速转运机制，切实提高救灾物资的转运效率。

【群众性防灾减灾救援活动】 以博爱家园项目为主要平台，依托“5·8”世界红十字日、“5·12”防灾减灾日等时间节点，以社区宣传培训为主要手段，在群众中广泛开展防灾减灾宣传及应急演练活动，受益人数5200余人。

【博爱家园项目】 实施三河镇坪路村博爱家园项目，落实项目资金40万元并完成生计金二轮发放，5月份，对关桥乡中学校医室进行了建设，规范了校医室设施，已建设完成，进一步确保了学生在校期间的健康安全保障；10月份又申报博爱家园项目，为史店乡苍湾村养殖业发展申请项目资金50万元。

【应急救护培训】 海原县红十字会在全县推进红十字救护培训“五进”活动（进社区、进农村、进学校、进企业、进机关），推动应急救护培训向纵深发展。提高广大群众在自然灾害和突发事件中的自救互救和防灾避险能力，最大程度降低自然灾害、突发事故对广大群众造成的伤害，提升全县应急救护知识和技能的普及率。全县共开展红十字应急救护培训24期，救护员培训人数1084人次，其中医院培训412人、学校培训260人、社区培训70人、村培训48人、机关培训61人、企业培训233人，完成全年培训任务的100%，开展普及性应急救护培训，培训3078人，保质保量完成全年培训任务。海原县红十字会积极联络县委、县政府主要领导在全县3所公共场所打造红十字救护站，确保红十字救护站能够在突发事件区域内对受伤群众予以及时救治，保障了人民群众的安全。

【人道救助】 1.持续开展“红十字博爱送万家”活动。在元旦春节期间，按照中国红十字会的总体部署，坚持自治区级统筹、市县落实的总要求，集中组织开展救助慰问活动，让困难群众感受到党和政府的温暖，进一步提升“红十字博爱送万家”品牌影响力。先后争取博爱送万家救助慰问物资慰问箱50箱、大米366袋、运动鞋146双、棉被50床，总价值5.1118万元，春节期间深入海城镇堡子村、西安镇北吉村、李旺镇罗川村、曹洼白崖村等村开展“红十字博爱送万家”活动，发放慰问品612件，受益群众756人。县红十字会工作人员深入乡镇、村的困难家庭、孤寡老人和白血病人家中，把党和政府的温暖送给人民群众，扩大了县红十字会的影响。2.严格把控救助审核关口、简化优化救助流程、加快审批效率，切实让困难群众少跑腿、少花钱，用实际行动服务党和政府中心工作，服务困难群众。3.积极开展“99”公益日，为困难群众解决实际问题。按照区、市红十字会要求，在全县开展“99”公益日活动，为确保此次活动能及时有效地开展，海原县红十字会积极做动员部署，在全县发放倡议书并要求全县各红十字会基层组织积极参与，为“关爱老人我在行动”活动进行了募捐，在全县爱心人士的共同努力中，为“关爱老人我在行动”活动募捐资金13545.11元，进一步体现了全县各界爱心人士对红十字会公益事业的支持与肯定。4.博爱助学帮助失学儿童。为帮助贫困儿童完成学业，县红十字积极申请自治区红十字基金会对全县9名困难学生进行了助学资金资助，资助2名困难学生，资助资金1000元。5.积极开展贫困病人救助。为缓解白血病儿童的经济负担，积极开展救助工作，扩大“天使阳光”14岁以下心脏病儿童救助基金及“小天使”0~18岁以下白血病儿童救助基金网络宣传，促使海原县5人完成初步登记申请。

【“三献”工作】 1.充分利用微信、媒体。积极打造“网上红十字会”，开设了海原县红十字会微信公众号，利用微信公众平台、微博等网络媒体，定期推送发布大病救助、急救知识普及等信息、原创视频，全面提升广大群众应急救护知识知晓率。2.开展多种形式的志愿服务活动。会同中卫市血站，积极组织宁夏水投中源有限公司海原分公司、县水务局、县义工联合会、县人民医院等单位集中开展无偿献血活动；“3·5”学雷锋日、“5·8”世界红十字日、“6·14”世界献血者日”、“9·8”海原县新时代文明实践“雷锋日”志愿服务启动仪式、“9·18”纪念第七个世界骨髓捐献者日等活动在海原县南门广场、泰丰时代广场、县中医医院等场地开展“无偿献血”“造血干细胞捐献”及“遗体器官捐献”志愿者服务活动。通过广泛宣传动员，全县已累计采集入库造血干细胞115人份；5月份，海原县第1例造血干细胞无偿捐献完成，成功挽救了一名白血病患者的生命，造血干细胞成功捐献在海原县实现了“零”的突破。积极组织全县广大干部职工和群众开展献血5场次934人，共献血373600毫升，与2020年同期相比增长25.9%，全县共有3人获全国无偿献血奉献奖。

【疫情防控】 1.把握时间节点，快速应急反应。10月27日制定应急预案，29日向全县党政机关、企事业单位、各界爱心人士发出疫情防控募捐倡议书，30日组织红十字志愿者在海同高速出口参加疫情防控卡点检查，共同抗击疫情。2.依法有序募捐，高效拨付资金。按照县防控领导组的统一安排，海原县红十字会会依法有序接受各类组织、企业以及个人捐款捐物。截至年末，累计接受捐款4.9258万元，联系接受捐物7批次(价值)25.8865万元，捐赠物资全部用于疫情防控一线(其中通过红十字会向银川市联系捐赠物资2批，定向捐赠于银川市疫情防控一线，捐赠物资价值13.1680万元)。3.主动公开信息。对每次接受捐赠物资都进行公告公示，公开接受捐款捐物单位和个人，衷心感谢爱心人士及社会各界的信任与支持；明确所有通过红十字会的爱心捐赠款物，按照捐赠者意愿原原本本转达防疫一线。同时，通过海原县电视台、海原县红十字会微信公众号等新媒体发布接受、支出、发放情况。截至年末，已公示捐赠款物接受和使用情况3期，实现了款物调拨与信息公开同步。4.自觉接受监督。在自觉接受各位捐赠人、有关部门、新闻媒体、社会各界监督的同时，定期主动向县纪委监委、纪检监察派驻组、审计部门汇报捐赠工作进展，诚恳邀请审计部门开展事前事中审计指导，听取意见，紧盯公开募捐资格、接受捐赠、分配使用、内部控制、公示公告五个环节，做到规范高效、公开透明。5.积极组织干部职工无偿献血。根据自治区、市、县文件及主要领导要求，在疫情期间全区大面积缺血，县红十字会积极领会精神，在全县发动倡议书并组织全县干部职工参与到献血热潮中，疫情期间无偿献血97人次，共献血37500毫升，解全区疫情期间医务用血的燃眉之急，也为全县广大群众点起无偿献血的星星之火。

（杨彦强）

法治 军事

政法综治

【政治建设】 海原县委政法委有内设综合办公室、队伍建设和执法监督室、综治和基层平安建设室、维护稳定指导室、扫黑除恶斗争领导小组办公室。共有编制14人，其中行政编制13人（领导职数一正三副，一般干部9人），工勤编1人。有行政人员9人，政法委书记1人，常务副书记1人，副书记2人。

【七大提升行动】 2021年，海原县政法工作以“七大提升行动”为指引，全力推动政法工作高质量发展。县委始终把政法工作摆到全县工作大局中来谋划部署、高位推动，树牢系统观念、法治思维、强基导向，深刻领会“七大提升行动”重大意义，坚决抓好贯彻落实。召开全县政法工作会议，把“七大提升行动”作为政法工作的主题主线，作出详细安排部署，切实把思想和行动统一到中央和自治区、市党委决策部署及中央、自治区、市党委政法工作会议要求上来。先后召开县委常委会会议12次、专题会议4次，平安建设协调小组会议暨基层社会治理推进会3次，研究解决政法工作和队伍建设重大问题，推动建设更高水平的平安海原、法治海原。县委主要领导切实担负起第一责任人职责，先后8次深入政法各单位和基层调研指导，现场推动问题解决。全县政法各单位党委（党组）严格落实直接责任，立足全局、统筹兼顾，一体推进、齐抓共建，结合教育整顿“六项教育”，进一步强化培训，利用政治轮训、政法大讲堂、专题辅导讲座、理论学习中心组学习等形式，全方位提升政法干警能力素质，确保了“七大提升行动”落地落实落细。

【法治理论武装】 1.把学习贯彻习近平新时代中国特色社会主义思想作为首要政治任务，持续深入学习习近平法治思想、习近平总书记视察宁夏重要讲话精神、习近平对政法工作重要指示精神、重要训词精神，强化政治建设，提高政治判断力、政治领悟力、政治执行力。各级党委（党组）把习近平法治思想列入理论学习中心组学习重点内容，县委常委会会议、县委理论中心组专题学习2次，政府常务会议学习2次，开展专题培训、专题学习、会前学习等200余次，教育引导广大干部牢固树立法治理念，不断提升依法履职、依法行政、依法办事的能力水平。广泛开展习近平法治思想和《中华人民共和国民法典》普法宣传工作，开展法治讲座16次，发放法律宣传资料3万余份，开展普法宣传20余次，“法律八进”40余场次。2.举办了全县深入学习贯彻习近平法治思想专题培训班，邀请自治区专家学者和实践经验丰富的领导干部围绕习近平法治思想和完善基层治理体系提高基层治理能力，建设更高水平平安宁夏，深入践行总体国家安全观，守好维护政治安全生命线等进行了专题辅导讲座，组织赴石嘴山市委党校自治区国家安全宣传教育培训基地和保密培训基地观摩学习。

【依法治县与法治政府建设】 认真谋划和推动全面依法治县和法治政府建设，先后召开全面依法治县工作会议、2次县委全面依法治县委员会办公室会议和守法普法协调小组会议，研究制定《法治海原建设实施意见（2021—2025年）》《海原县“八五”普法实施意见》等，将依法治县工作纳入县委效能目标管理考核，健全完善党政主要负责人年终述法报告制度，推进述法工作常态化。持续深化“放管服”改革，权力清单减少506项，压缩17.5%。实现全县“证照分离”改革全覆盖，全力推进“减证便民”行动，加快政府职能转变。探索“互联网+监管”，建立全县统一的监管事项清单，涉及监管事项主项595项，监管事项覆盖率49.24%。完善行政权力隐性监督机制，制定重大行政决策目录清单及标准，截至年底，法律顾问团出具法律意见5份、审查合同65份、回复征求意见及合法性审查事务23件、办理涉法性事务141件，加强行政规范性文件合法性审核，全面集中清理规范性文件，废止29件，宣布失效13件。高质量办复人大建议25件、政协提案41件。持续推进行政执法“三项制度”，举办2期行政执法培训班，基本实现了基层执法人员持证上岗。加强和改进行政复议行政诉讼，共受理行政复议案件6件，办结4件；受理行政应诉案件50件，审结32件。

【政治建设】 全面贯彻落实《中国共产党政法工作条例》及自治区党委实施细则，把党对政法工作的绝对领导贯穿到政法工作的全过程、各方面。1.全县政法机关把学习宣传贯彻条例、自治区党委实施细则作为重大政治任务，利用党委（党组）理论学习中心组、专题学习会、干部职工集中学习研讨等形式，深入学习领会精神实质，全面精准掌握内容，将学习宣传条例纳入全县政法工作会议、县委常委会会议、政法联席会议、政法委员会议等重要会议议程，利用微信、公众号等新媒体扩大宣传，持续加强对条例的宣传解读，确保党管政法原则落到实处。2.修订完善了县委政法委员会工作规则，建立健全政治督察、纪律作风督查巡查等制度机制，开展政法队伍建设督查巡查，反馈问题42个，政法各单位立行立改，全部整改到位。严格落实重大事项请示报告制度，报送重大事项42件，政法委参加政法部门民主生活会4次。严格落实《县委政法委协助县纪委监委做好监督检查审查调查工作暂行办法》，及时向县纪委监委移送线索。3.配齐配强乡镇政法委员18名，下发《海原县乡镇政法委员述职制度（试行）》《乡镇（街道）政法委员职责任务规定》，落实政法系统政治轮训制度，建立政法委员经常性培训机制，利用全县深入学习贯彻习近平法治思想专题培训班，深入解读条例，进一步提升政法干警、政法委员履职能力。

【国家安全】 紧密结合“四大工程”“六项专

项工作”，全力做好依法管控、打击处置等工作，确保国家政治安全和社会大局和谐稳定。坚定不移捍卫国家政治安全。把维护国家安全、落实安全责任纳入县委工作总体规划，召开县委国家安全委员会工作会议，县委常委会5次研究部署涉政治安全隐患排查、分析研判和防范工作。

【风险隐患源头防控】 深入开展矛盾纠纷排查化解专项行动，强化打击整治震慑，从源头上预防命案发生。截至年末，全县共排查矛盾纠纷5153件，调解成功5129件，成功率99.5%，达成人民调解协议申请仲裁裁决案件39起。完成1个县级、18个乡镇级、37个村级一站式矛盾纠纷调解中心建设。圆满完成庆祝中国共产党成立100周年等重大节点安保任务。落实领导干部特别是县级领导定期下基层接访和包案制度，截至12月13日，信访总量384批534人次，同比分别下降16.88%、23.82%。2019年、2020年连续两年荣获全国信访工作“三无”县称号。

【打击违法犯罪】 全县共受理各类案件6813件，审(执)结5328件，结案率为78.2%。其中各类执行案件2321件，执结率69.2%，实际执行到位标的5193.2万元。共办理审查逮捕、审查起诉等各类刑事犯罪案件172件243人，起诉抢劫、故意伤害、强奸等严重暴力犯罪19件19人，起诉盗窃、电信诈骗等多发性侵财犯罪19件28人。依法严厉打击各类违法犯罪活动，深入开展“断卡”“云剑”“昆仑”等严打专项行动，保持命案现案必破、严重暴力事件全破。截至年底，共立各类刑事案件970起，同比2020年639起上升51.8%；破477起，同比2020年220起上升116.8%；立八类刑事案件7起，破7起，同比2020年8起下降12.5%。破获毒品刑事案件2起，抓获犯罪嫌疑人4人，查获吸毒人员4人，抓获吸毒逃犯2人，开展易制毒化学品和物流寄递检查20余次，办理备案证明7份。立电信网络诈骗案件451起，破202起，抓获电诈犯罪嫌疑人57名，追回损失117.14万元。立涉众型经济案3起，移送起诉3起，最大程度追赃挽损，全力维护金融安全和正常市场经济秩序。

【常态化扫黑除恶】 加大重点行业领域专项整治，推动健全完善日常监管、源头治理机制。发现处置违法违规用地行为33起，立案查处非法采矿2起，占用河道及生态红线范围内78家采砂采矿企业已关闭退出并完成恢复治理54家、停产20家；处罚擅自开工2起金额10.8万元。针对落实安全生产主体责任不到位等扣除企业诚信分值15家。通报项目关键岗位人员到岗履职情况4次，扣除个人诚信分值75人；关闭解散从事非法营运活动微信群2个，查处非法营运“黑车”43辆、超限超载货车38辆、路政赔偿案4起；清理变更经营范围含“金融”字样企业和个体4家。摸排收集涉黑涉恶问题线索，已核查办结13条。破获涉黑涉恶类罪名案件1起，抓获嫌疑人3名，扫黑除恶常态化稳步推进。

【社会治安防控】 实施“科技应用”提升行动，建设县乡村三级视频联网会议系统181套，实现了自治区、市、县、乡、村五级政法综治视频会议互联互通。截至年底，已全部完成调试工作并接入智能图控平台。强化人防物防技防建设，全面推进农村“天翼看家”“智能安防”工作，加强统筹规划，推动数据汇聚共享，实现社会治安防控工作由“被动应对”到

“实时掌控”、“事后追溯查找”到“事前预警预防”的转变。积极探索新形势下义务警员、治安志愿者等“警保联控”群防群治工作新机制，村(社区)建立一支不少于5到10人的群防群治队伍，打造数字乡村治理示范点2个，夯实群众身边平安工程。

【社会安全与隐患防范】 定期不定期对烟花爆竹、枪支弹药、散装汽油、易制爆化学品等开展清查整治，发现并整改安全隐患100余处。加大智慧交通建设力度，查处各类交通违法行为6.58万起，其中醉驾、酒驾88起，超载835起，无证驾驶378起。建立危爆物品购买、运输、储存、使用全封闭管理模式，最大限度消除隐患。加强消防安全管理，严格落实大型活动安全管理主体责任，抽调警力300余人次，圆满完成“双节两会一赛”等各项安保任务。摸排肇事肇祸精神病人74人，逐人落实安全监管责任措施，严防发生恶性案件。深入铁路沿线乡镇、车站派出所、护路联防队，加强涉铁路矛盾纠纷排查，依托“雪亮工程”在铁路沿线重点部位、关键处所安装视频监控设施32处并扩展喊话功能，提升了铁路安全隐患防控能力。

【司法救助与见义勇为】 健全刑事被害人困难救助专项资金审批委员会，进一步明确职责任务、规范了救助程序，全面有效保障司法救助工作落地见效。全年共救助4起5人31.7万元。将见义勇为工作纳入效能目标管理考核内容，县财政拨付100万元见义勇为基金。充分发挥见义勇为保护激励机制，解决见义勇为人员实际困难，缴纳见义勇为人员意外伤害保险费48720.12元，先后为5名见义勇为人员发放慰问金1万元，发放解困帮扶救助金3万元，推荐杨震为全国见义勇为英雄模范候选人。广泛开展见义勇为宣传活动，让见义勇为精神内化于心、外化于行，营造全社会关心支持参与见义勇为的良好氛围。

【法治海原建设】 1.积极落实下调增值税税率、增值税期末增量留抵退税、小微企业普惠性税收和下调企业养老保险费率等减税降费政策，累计新增减税降费1212万元，涉及1353户纳税人。优化信贷结构，全县银行业金融机构各项存款余额98.77亿元，较年初增长8.64%；贷款余额74.64亿元，较年初增长5.05%，贷存比75.57%，信贷结构进一步优化。加强对担保业务的协调指导，对受疫情影响的中小微企业、新型经营主体全部免除担保费用。截至年底，共免除担保费约138万元。2.实施“一企一策”，全力保障企业正常生产秩序、减轻企业负担。为10家“散乱污”砖瓦制造企业拨付专项整治资金65万元；拨付海原县各扶贫车间物流、机台补贴82.382万元；拨付5家企业2020年申请自治区技术改造综合奖补资金262.26万元，推动实现总量扩张和质量提高的新突破。3.严格落实“河长+检察长+警长”工作机制，对侵占、污染河道问题制发检察建议2份，持续推进涉民营企业刑事“挂案”清理工作以及涉民营企业行政非诉执行监督专项活动，监督撤案1件，纠正侦查活动违法1件。打击整治涉企类违法犯罪，共立侵财类案件620起，破135起，缴获财物66.78万元。

【社会治理现代化提升】 以提升社会治理现代化为目标，全力推动“1+6+1”工作落实。坚持高位推动，召开3次平安建设协调小组会议暨基层社会治理推进会，专题研究部署基层社会治理工作，纵深推进社会治理“1+6+1”工作落实落地。1.突出党建引领。完善党领导基层治理制度，建立健全派驻机构纳入乡镇统一指挥工作机制，赋予乡镇党委对派驻机构的统一指挥权、干部管理考核权和主要负责人任免建议权等，充分发挥了乡镇（街道）党（工）委领导核心作用。高质量完成村（社区）“两委”换届，“两委”班子成员年龄、学历实现了“一降一升”，统筹协调基层治理工作能力不断提升。2.完善制度机制。实施“基层基础”提升行动，加强基层政权治理能力建设，扎实推进基层整合审批服务执法力量改革，建立乡镇与县级部门联动机制，开展联合执法，实现“一支队伍管执法”，提升了执法效能。全面推行行政执法“三项制度”，严格落实执法人员持证上岗，持证上岗人员达到259人。健全完善基层群众自治制度，统筹推进基层法治和德治建设，不断深化网格化服务管理体制和运行机制，将159个村（居）科学划分为1096个网格，配备专职网格员707名，村（居）“两委”兼任网格员389个，其中11个城市社区共划分网格105个，招聘专职网格员62人，薪酬标准从每月400元提升到2960元，提升网格员队伍职业化、专业化水平。开展社区“万能章”治理专项行动暨基层减负工作，进一步完善社区工作清单化管理机制，实现社区减负、治理增效。理顺社区居委会与业主委员会、物业管理公司等社区各类组织的关系，制定《海原县物业管理暂行办法》，小区物业服务管理由住建部门移交街道办社区管理，由社区对物业公司进行监督指导，有效发挥业主委员会监督作用。制定了《海原县物业服务企业信用等级评定暂行办法》，进一步规范了物业服务企业考核评优管理。3.提升服务质量。印发《乡镇（街道）权力清单》《乡镇（街道）政务服务事项清单》等5项清单，为基层减负增权赋能。优化整合县政务大厅“一站式”功能，全面推行一窗受理，同步推进一件事一次办，通过开展“四级四同”城乡一体化政务服务事项梳理工作，不见面办理率达到80%。民生服务中心按照“三规范、七统一”要求进行标准化建设，下放乡镇办理事项最多161项、最少48项。按照“十个一”标准设立村（社区）为民办事全程代办点，代办48项服务事项。推进县区一体化政务服务体系建设，海兴开发区政务大厅为周边8个乡镇及招商企业提供优质高效政务服务，与县政务大厅平行办理各项行政审批事项，实现就近可办，服务效能不断提升。搭建社区共商共建共治机制，开展协商活动265次，调处矛盾纠纷174起，解决问题162起。

【政法领域改革】 围绕党的领导监督、内部制度监督及服务群众等，以解决执法司法领域在扫黑除恶专项斗争和政法队伍教育整顿中暴露出的突出问题为重点，全力推进政法领域改革。认真开展全面深化改革“回头看”工作，建立了“回头看”工作问题清单整改问题53个，已整改完成34个，完成率64.2%。人民法院设立24小时自助诉讼服务站，实现诉讼服务、查阅卷宗、诉状生成、风险评估智能化。开通移动微法院，推行网上立案、跨域立案、电子送达、在线调解，共网上立案942件、跨域立案90件、线上调解521次、电子送达6802次。探索建立“法官+网格员”调解模式，推动从源头减少诉讼增量。全年共委派诉前调解案件1619件，成功734件。推行案件繁简分流、轻重分离、快慢分道，适用小额诉讼和简易程序审结民事案件2209件，简易程序适用率为88.25%；适用速裁程序审理简单刑事案件44件，平均办案周期7天；速裁团队法官人均结案245件，办案效率显著提升。人民检察院发挥捕诉一体化优势，加大提前介入力度，推动监督关口前移，成立检察官业绩考评委员会，建立健全各类人员权力清单，进一步完善检察官业绩评价体系，落实司法责任制，激励履职尽责。开通农民工维权“绿色通道”，与5个部门挂牌成立“根治农民工欠薪工作站”，为206名农民工讨薪160万余元。公安局不断加强派出所改革，在全县10个乡镇派出所实行“一警多能”警务运行机制，警务运行效能不断提升。深化“放管服”改革，落实公安窗口“365×24”小时全天候不打烊服务，22个实体窗口为企业群众提供公安政务服务10.33万件次，其中，周末及节假日受理公安政务服务2113件次。健全完善执法制度体系，建立健全全链条、闭环式、可查询、可追溯的执法办案机制，加强对侦办案件的监督管理。司法局全力推动行政执法“三项制度”落实落地，健全行政规范性文件合法性审核机制，充分发挥“互联网+”优势，建成县、乡、村三级全覆盖的公共法律服务网络体系，引导参与乡村振兴，为群众提供便捷、普惠的法律服务。为159个村（社区）安装了桌面可视电话，实现人民调解纵横网格化，法律咨询纵深及时化，行政执法移动高效化，推动法治政府建设再上新台阶。

【政法队伍建设】 1.持续深化学习教育。以党史学习教育为牵引，坚持学习教育贯穿始终，持续深化“六项”教育，深入学习习近平新时代中国特色社会主义思想和习近平法治思想，建立常态化学习教育机制，持续跟进学习习近平总书记在庆祝中国共产党成立100周年大会上的重要讲话等，深化警示教育，大力营造学习英模、崇尚英模、争当英模的良好风尚，教育引导广大政法干警进一步增强“四个意识”、坚定“四个自信”、做到“两个维护”，夯实对党绝对忠诚根基。2.深入开展查纠整改。坚持问题导向，综合运用推动自查的“十项措施”，有力有序推动查纠整改。全县政法干警主动向组织说明问题156人，占在职在编政法干警总数的31.1%，落实从宽处理政策150人，占比96.2%。对全县529名干警及其家属1780人经商办企业、参保缴费等情况进行筛查，从中发现干警违纪违法线索166条，实现了全覆盖无遗漏。3.始终紧盯线索核查。第一批政法队伍教育整顿期间，共受理问题线索113条，已全部核结。第二批政法队伍教育整顿期间，共受理转办问题线索22条，已办结19条。结合“问题线索清仓”百日攻坚行动，集中对131条政法干警违纪违法信访举报和问题线索进行了核查，立案11起15人，问责处理46人，其中，给予党纪政务处分14人、组织处理32人。4.扎实推进顽疾整治。聚焦找准找实“6+4+N”顽瘴痼疾，通过自查自纠、重点案件评查、“减假暂”案件排查、警情筛查等手段发现认定7个方面189条顽瘴痼疾，已全部整改到位。对中央第四督导组“点穴式”督导反馈的3个具体问题、自治区第五驻点指导组反馈的7个问题和全市政法队伍教育整顿总结大会安排重点任务及中央第四督导组“回头看”反馈意见已整改到位并长期坚持。5.推动实现常治长效。坚持“当下治”与“长久立”相结合，找准问题症结根源所在，建立健全制度机制，共建立完善制度240项。加快推进政法单位领导干部轮岗交流，以制度优化提升工作效能、推动工作落实。坚持把人民群众满意作为教育整顿的出发点和落脚点，深化“我为群众办实事”实践活动，对标办好政法系统10大类55项实事，截至年底，共为群众办实事566件，推动政法队伍教育整顿实现常治长效，广大政法干警对党绝对忠诚思想根基进一步筑牢，纪律作风建设进一步强化，干部队伍素质能力进一步增强，工作质效进一步提升，群众对政法各单位满意率均超97%。

（政法委）

法治政府建设

【概　况】 2021年，海原县深入学习宣传贯彻习近平法治思想，先后召开县委全面依法治县委员会第三、四次会议、全面依法治县工作会议、县委全面依法治县委员会办公室第三次会议、法治政府建设推进会、守法普法协调小组会议，深入学习宣传贯彻习近平法治思想和中央全面依法治国工作会议精神，研究审议法治建设方面各项工作，认真谋划和推动2021年法治建设重点任务落实。全县各级各部门把学习贯彻落实习近平法治思想和中央全面依法治国工作会议精神作为一项重要政治任务，县委常委会会议、县委理论学习中心组专题学习2次，县政府常务会议学习2次，举办全县深入学习贯彻习近平法治思想专题培训班一期。政法各单位以政法队伍教育整顿为契机，深入开展习近平法治思想大学习大宣讲大实践活动。各级党委（党组）把习近平法治思想列入理论学习中心组重点内容，开展专题培训、专题学习、会前学习200余次。县委党校结合实际开展专题研究和宣传解读，教育引导广大干部牢固树立法治理念和法治意识，不断提升依法履职、依法行政、依法办事的能力和水平。

【科学谋划】 研究制定《法治海原建设实施意见（2021—2025年）》《海原法治社会建设实施方案（2021—2025年）》《海原县“八五”普法实施意见》，并不断推动落实。将法治建设纳入全县“十四五”规划和《2021年国民经济和社会发展计划》，做到法治建设与经济社会发展同安排、同部署、同落实、同考核。

【考核评价和督促检查】 2021年，海原县健全完善党政主要负责人年终述法报告制度，研究制定了《党政主要负责人履行推进法治建设第一责任人职责情况列入年终述职内容的实施方案》，推进述法工作常态化。严格落实法治政府建设年度报告制度，向县委、县人大报告上年度法治政府建设工作情况，主动接受监督，加快构建职责明确、依法行政的政府治理体系。2021年，分管县领导先后2次通过看资料、听汇报等方式，围绕深入学习宣传贯彻习近平法治思想、落实行政执法“三项制度”情况等内容开展督查，推动法治政府建设各项任务落地见效。顺利通过各级各类法治政府建设督察及自治区第三方评估验收，全面完成自治区党委依法治区办对海原县法治政府建设专项督察反馈问题整改工作。将法治政府建设纳入县委效能目标管理考核指标体系中，针对各乡镇、各部门（单位）承担的法治政府建设职责任务，制定考核细则和办法，突出重点，分类考核评价，强化考核的针对性和实效性，确保法治政府建设各项工作部署落实落地。

【行政审批制度改革】　2021年，海原县持续深化行政审批制度改革，梳理行政许可、行政处罚等10类行政职权事项3391项，其中行政许可事项163项，及时动态调整各乡镇（街道办）和23个政府部门行政职权事项，权力清单压缩减少506项，压缩率达17.5%，其中行政许可事项减少22项，精减率达11.9%。公布县级“四级四同”政务服务事项1421项。印发《乡镇（街道）权力清单》《乡镇（街道）政务服务事项清单》等五项清单，为基层减负增权赋能。

【商事制度改革】　2021年，海原县持续推进商事制度改革，深化“证照分离”改革，实现全县“证照分离”全覆盖；实行企业登记全程电子化，全流程“一网通办”，实现企业开办常态化1日办结；优化药店开设审批，取消药品零售企业筹建审批；大力推行网上办税，扩大“全程网上办”，网报率达到99.93%。

【政务服务效能提升】　2021年，海原县持续提升政务服务便捷度，梳理编制11个主体的21项“一件事一次办”目录清单，设置“一件事一次办”窗口1个；持续推进“我的宁夏”政务App宣传应用，注册人数占全县常住人口的70%以上；优化提升民生服务中心“一站式”功能，将民政、社保、公安、市管等部门161项业务纳入民生服务中心办理；加强政企沟通力度，落实“一企一策”，降低企业运营成本。

【“双随机、一公开”部门协同监管模式】　2021年，海原县持续推行“双随机、一公开”部门协同监管模式，探索“互联网+监管”，建立全县统一的监管事项清单，涉及监管事项主项595项，实现执法人员信息完善率和清单修正率100%。在“互联网+监管”系统发布监管信息3000余条，录入监管记录362条。

【证明事项告知承诺制】　2021年，海原县开展证明事项告知承诺制。大力推进“减证便民”行动，加快政府职能转变，将39个证明事项纳入告知承诺制范围，切实实现让数据多跑路，让群众少跑腿。

【重大行政决策程序规范】　2021年，海原县制定并向社会公布海原县重大行政决策目录清单及标准，积极推动重大行政决策按照公众参与、专家论证、风险评估决定等法定程序进行。民生实事、“十四五”规划等重大行政决策面向社会各界公开征集意见建议，广泛听取人大代表、政协委员、人民团体和社会组织的意见，不断提升公众参与重大行政决策的实效。充分发挥县委、县政府法律顾问的决策咨询论证作用，提升法律顾问服务水平。全年为县政府及各部门重大决策事项出具法律意见5份；办理涉法性事务141件，其中审查各部门（单位）合同65份，办理征求意见及合法性审查事务23件（行政规范性文件合法性审查11件）。建立县政府常务会前学法制度，县政府常务会前学法20余次。

【行政规范性文件的制定和监督管理】　2021年，海原县坚持立改废释并举，严格落实党内法规和行政规范性文件备案审查制度和定期清理制度。全年制定的11件行政规范性文件全部进行了合法性审核，并及时向县人大常委会及市人民政府进行了备案，自觉接受监督，做到规范性文件“有件必审、有件必备”。通过全面集中清理规范性文件，废止29件，宣布失效13件，有效维护了国家法治统一和政令畅通。

【规范行使行政权力】 2021年，海原县自觉接受党内监督、人大监督和民主监督，县政府主动向县委、县人大常委会报告国民经济和社会发展执行情况、财政预算执行情况、法治政府建设情况等重大事项；高质量办复人大建议25件、政协提案41件。自觉接受司法监督，依法执行人民法院生效判决，及时反馈回复人民法院司法建议和人民检察院检察建议。自觉接受社会监督，县检察院、县工信商务局等14个部门积极开展“政府开放日”活动，邀请人大代表、政协委员及社会各界代表参与，切实保障人民群众的知情权、表达权、参与权和监督权。

【基层整合审批服务执法力量改革】 2021年，海原县深入推进基层整合审批服务执法力量改革。制定《海原县乡镇（街道）综合行政执法实施方案》《海原县乡镇（街道）和县直部门行政执法衔接配合和案件移送工作制度（试行）》等改革配套制度3个。严格落实基层行政执法人员持证上岗和资格管理制度，先后组织3次行政执法综合法律知识考试，通过274人，其中乡镇通过125人，乡镇持证总人数259人。举办3期行政执法培训班，基层执法人员参训达到全覆盖，编制印发行政执法文书范本、执法流程图和乡镇（街道办）72项执法事项清单。全力保障基层硬件设施建设，执法车辆、执法记录仪、执法制式服装等装备全部配备到位。

【综合行政执法改革】 2021年，海原县深化综合行政执法改革，完成市场监督等5个综合执法领域执法制式服装和标志配发的初审工作以及208本国家统一的行政执法证件换发工作，综合执法领域做到全部持证上岗，跨领域跨部门综合执法不断推进。

【行政执法协调监督】 2021年，海原县加强行政执法协调监督。行政执法与刑事司法衔接平台接入宁夏行政执法监督平台，检察院顺利完成平台对接工作。开展全县行政执法案卷评查工作，39个行政执法单位和乡镇、228本执法卷宗现场参加评查工作，经市委全面依法治市委员会执法协调小组进一步评审，推荐5本优秀卷宗参加全区行政执法案卷评查，其中，县农业农村局执法案卷入选全区行政执法优秀案卷。

【行政复议行政诉讼】 2021年，海原县加强和改进行政复议行政诉讼工作。全面开展行政复议体制改革，研究制定《海原县行政复议体制改革实施方案》及5个配套方案，成立行政复议委员会及其办公室，安排2名持国家法律职业资格证的人员专职办理行政复议案件。2021年共受理行政复议案件7件，其中已审理办结6件，对行政机关行政执法中存在的不当行政行为下发行政复议建议书1份，1件在办理中。县长带头出庭应诉，全县行政机关负责人行政诉讼案件出庭应诉率明显上升，效果逐步显现，全年办理行政应诉案件共50件，已审结32件（裁定撤回12件），其余正在审理中。

【法治宣传教育】 2021年，海原县“七五”普法工作顺利通过各级验收。推荐全国普法依法治理先进个人1名，自治区级先进个人3名、先进集体2个。县人大常委会依法作出《关于深入开展第八个五年法治宣传教育的决议》，县委、县政府印发《关于在全县开展第八个五年法治宣传教育的实施意见》，全面启动“八五”普法。加强社会主义法治文化建设，编排以民法典为主题的法治文艺节目13个，巡回演出10余场次，打造法治文化阵地3个。扎实推进普法责任制落实，54个部门、单位重新修订普法责任“四清单一办法”，深化“法律八进”活动，大力开展“美好生活　民法典相伴”主题法治宣传教育实践活动。不断提升“法律明白人”覆盖面，发挥“一村一法律顾问”作用，全力助力法治乡村建设。

【基层依法治理】　2021年，海原县持续推进基层依法治理工作。坚持高位推动，召开平安建设协调小组会议暨基层社会治理推进会3次，专题研究部署基层社会治理工作，纵深推进社会治理“1+6+1”工作落实落地。

【公共法律服务体系建设】　2021年，海原县完善公共法律服务体系建设。进一步加强对公共法律服务体系建设的统筹协调，建立公共法律服务联席会议制度，强化公共法律服务实体平台建设，建成县级公共法律服务中心、18个乡镇公共法律服务工作站和159个村（居）工作室，配备19台智能终端机、177个法律明白栏、163部可视电话，实现了群众远程在线咨询律师，较大程度便利了群众。全年共办理各类法律援助案件622件，其中民事法律援助案件384件、刑事法律援助案件86件、法律帮助案件77件、行政法律援助案件8件、公证援助案件67件，有效维护了当事人的合法权益，取得了较好的法律效果和社会效果。建立健全律师值班制度。推行公共法律服务体系建设“1335”工作模式，实现公共法律服务“一网通办”，完善投诉和举报通道，发挥“互联网+公共法律服务”优势，依托司法局信息指挥中心开展远程视频法律服务，保障边远地区群众法律服务需求。

【矛盾纠纷排查化解】　2021年，海原县打造矛盾纠纷多元化解“塞上枫桥”工作品牌。全面构建多元化矛盾纠纷化解机制，推进“一站式”矛盾纠纷多元调解中心建设，成立1个县级、18个乡镇级、37个村（居）级矛盾纠纷调解中心。2021年全县各级人民调解组织共参与排查化解各类矛盾纠纷2556起，其中，各乡镇、村（居）人民调解组织共受理408起，调解成功387起，成功率94.9%；各级人民调解组织共受理法院转办诉前调解案件1758起，调解成功477起，成功率27.1%；各专业性行业性调委会共受理调处矛盾纠纷390起，成功326起，成功率83.6%。已达成人民调解协议申请仲裁裁决案件39起。

（刘鹏万）

公　安

【概　况】　2021年，海原县公安局下辖正科级建制派出机构20个（其中史店、关庄派出所未运行），副科级建制内设机构12个，监管场所2个。有政法专项编制245人（核定政法专项编制265人）；事业编制警务人员62人（核定68人），工勤38人（核定后勤服务编制3人，实际占编2人），实有辅警292人（核定辅警编制305人）。干警队伍中二级高级警长1人，四级高级警长5人，一级警长50人，二级警长51人，三级警长28人，四级警长25人，一级警员59人，一级主管2人，四级主管2人，技术员4人。党员民警180人，本科以上文化程度民警195人；41岁以上民警141人。全局现有警力704人，其中，基层派出所警力

328人(民警105人、事业编和工勤56人,辅警100人,禁毒专干67人),占总警力的46.6%。

【政治安全维护】 以庆祝中国共产党成立100周年安保为主线,针对年初相继发生的3起民转刑案件暴露出的管理漏洞,深入开展矛盾纠纷"大排查、大起底、大调解",建立"六位一体"化解机制,排查化解矛盾纠纷4889起,化解率达到100%。

【案件侦破】 全年受理行政案件1429起,办结846起,行政处罚1154人,罚款17.09万元,其中查处黄赌案件36起,行政处罚180人。常态化推进扫黑除恶专项斗争,核查涉黑涉恶线索9条,破获涉黑涉恶类案件1起,抓获嫌疑人3名;强化行业领域综合整治,破获盗抢骗等侵财类案件366起,缴获财物180.52万元;深化命案积案攻坚,侦破现行命案3起,破获一起25年命案积案,保持了5月份以来重大刑事案件"零发生"。全年立刑事案件1044起,破311起,其中9起八类主要刑事案件全部侦破,深入开展工程建设和政府采购领域治理,破获串通招投标案件6起;集中打击新业态犯罪,破电信诈骗案件213起,其中现行案件63起,打掉黑灰产业链团伙2个,抓获电诈类嫌疑人61名,追回损失122.14万元;抓获逃犯23人,超额完成任务;"拔钉子"专项行动抓获逃犯2人,"净边2021"专项行动破获毒品刑事案件2起,抓获犯罪嫌疑人4人。

【安全管理】 严格落实三个"100%"制度,检查旅馆、加油站等场所2831次,责令停业整改7家,发现并整改危爆单位安全隐患100余处,督促47家企业落实安全生产主体责任制;吸取"6·22"事故教训,深入开展"减量控大"专项工作,全年交通事故死亡人数39人,较2020年死亡人数同比下降22%;强化道路交通隐患治理,启动全县21个劝导站开展交通安全"大劝导",深入排查道路交通安全隐患248处,逐项推进整改;强化城市道路综合治理,投资千万元对城区主要道路设施配套改造,专门成立城区交巡警中队集中整治交通乱象,查处各类交通违法行为79176起,工程车违法1207起,注销黄标车、老旧车1043辆,城市交通乱象得到有效遏制;摸排肇事肇祸精神病人74人,逐人落实安全监管措施;为273所学校落实"护学岗",招聘和配备专职保安245名,安装校园监控6043处,一键式紧急报警设备覆盖村级完全小学;深入开展"净网、护网2021"专项行动,核查网络非法传教人员线索93条,处置落地查人143人。先后两次支援中宁县,第一时间驰援银川市,获得了充分肯定和高度赞扬。

【警务改革】 加强和改革派出所工作,将改革和加强派出所工作纳入全县总体规划,以县委文件明晰工作目标和要求,在政策、编制、经费等方面全力保障和支持;研究制定三年规划,挂图作战,在全县规划设置一类警务室11个、二类警务室88个、三类警务室60个;推行"一室两队""一警多能"警务运行机制,创新"五多""铁脚板"等工作法,"两个不办理"工作在全区改革和加强派出所工作会议上作经验交流;严格落实"365×24"小时服务,提供公安政务服务103299件次。

【设施建设】 全面推进"天翼看家""沃家神眼""智能安防"工作进农家;加强基层基础保障,编制"十四五"重大项目18个,规划新建派出所9个,其中李俊派出所已建成并投入使用,贾塘派出所主体完工。为基层安排转移支付资金650万元，落实“社区警务战略”工作经费168万元，更新补充执法执勤车辆11台、警用电瓶车7辆、新能源汽车5辆。

【政治建设】 突出政治建设这一根本，毫不动摇地坚持党对公安工作的绝对领导，增强“四个意识”、坚定“四个自信”、做到“两个维护”，始终在旗帜鲜明讲政治上走前头、作表率。健全“第一议题”制度，落实“一岗双责”“四责协同”、抓党建“四个清单”、党委议事决策规则、双重组织生活等制度，构建了以上率下、从严从实的良好政治生态。召开党委会议27次，研究解决重大事项150件。采取“五学一研三讲”模式，组织中心组、研讨交流等195场次，深学悟透践行习近平新时代中国特色社会主义思想、习近平法治思想。结合党史学习教育，搭建多元载体，开展“传承党的百年光辉史基因、铸牢中华民族共同体意识”等主题党日活动，深入推进“三强九严”工程，发展5名党员，承诺践诺，为群众办实事78件。

【从严治警】 紧紧对照“6+4+N”顽瘴痼疾整治体系，严格落实全面从严管党治警主体责任，对122名民警给予党纪政纪处分及组织处理；建立健全全链条、闭环式、可查询、可追溯的执法办案机制，巡查监督纠正执法问题12500余条，移送起诉149案201人；落实从优待警措施，完成105人警务职级套改工作，提拔正副科级干部56名。自治区、县表彰“先进基层党组织”各1个、县级表彰“优秀共产党员”1名，1名民警立个人三等功，6名民警被评选为自治区级先进个人，为禁毒专干、辅警及看守所羁押人员购买人身意外保险426人次。

（县公安局）

检　察

【概　况】 2021年，海原县人民检察院核定专项编制38名，工勤编制5名。实有干警39人，其中员额检察官12人，司法辅助人员12人，司法行政人员5人，工勤人员5人。内设办公室、第一监察部、第二监察部、第三监察部、政治部5个部室。年内先后有6名干警获上级表彰，县人民检察院获全国“节约型机关”称号。

【助力乡村振兴】 出台《海原县人民检察院助力乡村振兴“检察+54544”行动实施方案》，从5个方面提出23项措施。联合帮扶村开展主题党日活动2次，常态深入联系村开展工作，落实帮扶资金3万元。用足国家司法救助政策，对17人兑付司法救助金15万元。

【常态化疫情防控】 联合有关部门专项检查医用废弃物处置等情况，磋商解决问题、封堵盲区漏洞。全面推行“非接触”业务办理，启动网上受案、远程提讯等办案方式，确保疫情期间检察工作“不掉线”。出台“六严六禁”疫情防控措施，从严从实从细构建“八化”疫情防控体系。

【扫黑除恶专项斗争】 制定重点行业领域整治工作实施方案，健全完善检察机关常态化开展扫黑除恶斗争工作机制，与县法院、县公安局、县司法局、县自然资源局等职能部门联合开展工作，有效推动长效常治。向县扫黑办移送案件线索1条。

【优化营商环境】 全面落实民营企业平等保护司法政策，主动送法进企业，促进组织共建、发展共赢。探索与中铁十八局集团建安公司等企业开展“检企共建”活动，签署“共建协议”，构建“亲”“清”新型检企关系。

【安保工作】 落实基层治理“1+6”政策文件，构建检察长接访和预约接访、带案下访等信访化解体系，对受理的73件信访案件7日内程序性回复、3个月内实体性答复100%。深化“海原县根治农民工欠薪工作站”工作，与县信访、人社等部门联动，为206名农民工促兑拖欠工资306万余元，在全区形成了品牌效应。充分发挥社会治理职能作用，全力做好安保工作。

【刑事诉讼检察监督】 受理审查批捕案件50件81人，批准逮捕43件88人，不批捕7件68人；受理审查起诉案件154件217人，提起公诉126件182人，不起诉28件35人。监督立案13人、撤案35人；纠正漏捕5人、遗漏同案犯2人、遗漏罪行3起；提出抗诉3件，公开听证不起诉案3件。办理的杨某某非法持有枪支案入选最高人民检察院典型案例选编。

【民事行政检察监督】 办理民事生效裁判、审判执行活动监督案50件。提出再审检察建议4件，制发检察建议46份。建议回复率、采纳率100%。办理民事支持起诉案21件，提出支持起诉书21份；办理支持农民工起诉讨薪案13件。不断强化切实的举措和效果，依法规范行政审判执行，努力催生“案结、事了、政和”的法律监督效果。办理行政监督案32件。其中行政(非诉)执行监督案15件、行政审判活动违法监督案9件，制发检察建议24份；紧盯防治污染、环境保护、公共秩序等领域社会治理类问题，制发检察建议8份，有效保障行政机关及相对人的合法权益。

【公益诉讼检察监督】 聚焦生态环保、资源保护，探索与西吉县检察院建立南华山月亮山跨区域生态环境公益诉讼协作机制，合力保护“碧水、蓝天、净土”。办理重点领域行政公益诉讼案件55件，制发诉前检察建议51份，启动诉前磋商4件。依托“河长 + 检察长 + 警长”工作机制，制发行政公益诉讼检察建议13份。积极探索新领域公益诉讼检察工作，办理红色资源、个人信息、文物保护等案件24件。

【未成年人检察】 扎实开展关爱服务未成年人公益诉讼专项监督行动和“法治进校园”等活动，办理变更抚养权纠纷等未成年人民事支持起诉案7件，司法救助14人，监督撤案4人；开展一般性预防51次、特殊预防2件，制发社会治理类检察建议5份、公益诉讼诉前检察建议4份，发出督促“监护令”3份。

【政法队伍教育整顿】 把开展政法队伍教育整顿、巩固教育成果作为重要政治任务和打造过硬检察队伍的重要举措，统筹安排、精心谋划、明确措施、一体推进。坚持把群众满意作为教育整顿的出发点和落脚点，聚焦“四项任务”、聚力“三个环节”，坚持问题导向，抓住“关键少数”，压实主体责任，坚持将学习教育贯彻始终，主动走访“两代表一委员”和各界群众，选树全区百名政法英模1名、身边榜样2名，按期核结交办案件线索36件，17名干部主动说明问题，作出谈话提醒15人，建章立制36项。

【党史学习教育】 实施领导带头示范学、理论课堂加强学、支部组织深入学、红色教育体验学、云端打卡随时学“五学联动”，搭建思想交流、争先创优、舆论引导“三个平台”，采取

"10×1"系列举措，教育引导全体检察人员筑牢政治忠诚、坚定理想信念、明确前进方向、凝聚奋进力量。创新"1234"工作模式，扎实开展和进一步深化"我为群众办实事"实践活动，开展活动29件次，切实解决人民群众的操心事、烦心事、揪心事。

【检察队伍建设】　全面加强机关党的建设。对标"三强九严"工程，严格党员教育管理，实行党建工作"双月"督查机制，开展互评互查互比，提升"三会一课"质量。启动以"六比两星""六亮两诺""六学两争""六抓两创"为内容的"(6+2)×4"机关党建新模式，坚持"走出去"开展主题党日活动，做实送党课下基层活动，促进党建和业务工作深度融合。加强和改进机关支部班子建设，强化支部班子素能，加强党员活动阵地规范化建设，强化党群团共建，积极创建"让党中央放心，让人民群众满意"的模范机关。持续加强业务能力建设，通过岗位练兵、业务竞赛、实务研讨、全员轮训等多种方式，分系统、分层次培养专业人才。

（王　华）

法　院

【概　况】　海原县人民法院设政治部、法警大队、综合办公室、刑事审判庭、审管办、执行局、立案庭、综合审判庭8个内设机构和海兴开发区人民法庭、海城人民法庭、西安人民法庭、李旺人民法庭4个派出法庭。政法专项编制核定70人，占编干警63人，核定事业工勤编制4人，占编干警4人。海原县人民法院综合审判楼于2003年建成，建筑面积3081平方米，占地面积17亩。2021年受理各类案件7265件。

【政治建设】　深刻把握人民法院政治属性，始终坚持党对司法工作的绝对领导，坚决贯彻《中国共产党政法工作条例》，切实增强"四个意识"、坚定"四个自信"、做到"两个维护"。坚决贯彻县委各项决策部署，严格执行请示报告制度，共向县委报告重大事项、重要工作15次。

【助力脱贫攻坚和乡村振兴】　聚焦脱贫攻坚任务，选优配强驻村工作队，组织69名干警结对帮扶，投入帮扶资金6万余元。强化司法救助，为困难当事人减免缓诉讼费案件268件85万余元，发放司法救助金140万元，坚决防止因案致贫返贫。依法妥善审理农村土地流转、农村房屋建设、扶贫小额贷款等案件218件，为实施乡村振兴战略提供优质司法服务。

【扫黑除恶】　始终将开展扫黑除恶专项斗争作为重大政治任务常抓不懈，持续保持对黑恶势力违法犯罪的高压态势，审结恶势力犯罪案件3件，判处五年以上有期徒刑7人。坚持"打伞破网"，依法审结公职人员涉黑涉恶保护伞犯罪案件1件。坚持"打财断血"，加大财产刑执行力度，执行到位金额59万元。坚持源头治理，向有关部门发出司法建议14份，助推"行业清源"。

【营造法治化营商环境】　坚持平等保护理念，依法保障和服务民营企业健康发展，审结涉企案件1643件。严厉打击破坏营商环境犯罪行为，审结集资诈骗和非法吸收公众存款犯罪案件5件。着力营造公平公正的市场环境，保护诚实守信，依法审理各类合同纠纷

9901件。积极推动构建和谐劳动关系，妥善审理劳动争议案件53件。加大涉企案件执行力度，依法保障企业胜诉权益，执结各类涉民营企业案件1166件。

【服务保障生态文明建设】 全面贯彻习近平生态文明思想，坚定践行“绿水青山就是金山银山”理念，严格落实自治区高级法院《关于服务保障黄河流域生态保护和高质量发展先行区建设的意见》，坚持从严惩治与注重修复的司法理念，依法审结非法采矿、非法占用农用地、放火等犯罪案件9件及环境资源民刑案件247件，全力保障县域自然资源和生态环境安全。

【刑事审判】 共受理刑事案件611件835人，审结597件816人，结案率为97.71%。严厉打击暴力和多发性侵财犯罪，审结故意伤害、“两抢一盗”等案件125件185人，依法保障群众生命财产安全。严厉打击危害公共安全犯罪，审结危险驾驶、交通肇事等案件213件215人，切实维护群众出行安全。严厉打击涉“黄赌毒”犯罪，审结赌博、贩卖毒品、组织卖淫等案件26件41人，努力净化社会环境。严惩电信网络诈骗犯罪，审结帮助信息网络犯罪活动案件4件30人。始终保持惩治腐败高压态势，审结贪污贿赂、渎职犯罪案件15件22人。坚持宽严相济刑事政策，审结认罪认罚案件188件，依法适用缓刑317人。

【民商事审判】 共受理民商事案件17114件，审结16063件，结案率为93.86%，调解撤诉率为58.81%。依法保障民生权益，审结土地承包、房屋买卖、民间借贷、拖欠农民工工资、医疗、教育等涉民生案件6377件。注重弘扬家庭美德，妥善审理婚姻家庭、赡养、抚养、继承等案件4345件，签发人身安全保护令9份，促进家庭和谐。加强人身财产权益保护，审结侵权责任纠纷872件。

【行政审判】 坚持监督与支持并重，积极推进行政争议实质性化解，共受理行政诉讼案件243件，审结200件，其中和解84件。依法维护行政机关执法权威，审查行政非诉执行案件305件，裁定准予执行291件。

【案件执行】 共受理执行案件8869件，执结7954件，执结率为89.68%，执行到位金额4.18亿元。深入开展服务保障“六稳”“六保”专项执行行动，执结涉民生、涉金融等案件2273件。强化司法惩戒，司法拘留278人次，公布失信被执行人759人次，限制高消费1751人次，移送拒执犯罪线索5人次。加强执行规范化管理，健全《执行案件流程管理规定》《执行案款管理规定》等制度，切实把权力关进制度的笼子。

【诉讼服务】 坚持以构建现代化诉讼服务体系为目标，不断完善诉讼服务功能，实现诉讼引导、诉前调解、立案登记、诉讼收费、司法救助、保全鉴定等“一站式”办理。加强智慧法院建设，设立24小时自助诉讼服务站，实现诉讼服务智能化、查阅卷宗智能化、诉状生成智能化、风险评估智能化。深化文书送达改革，实现邮政集约化送达，进一步提升了送达效率。开通移动微法院，推行网上立案、跨域立案、电子送达、在线调解、远程庭审，实现“让数据多跑路、群众少跑腿”，共网上立案1020件、跨域立案151件、线上调解521次、电子送达8623次、远程开庭58件。

【诉源治理】 坚持和发展新时代“枫桥经验”，制定《海原县人民法院调裁对接工作规范》,建立诉前调解中心,为人民群众提供便捷高效的解决矛盾纠纷新方式。积极争取县委、县政府对诉源治理工作的支持,通过政府购买服务的方式选聘12名人民调解员进驻调解中心,不断充实调解力量。探索建立“法官+网格员”调解模式,推动从源头减少诉讼增量。2021年共委派诉前调解案件2289件,调解成功1080件,诉前化解率达47.2%。

【司法公开】　充分利用审判流程、庭审直播、裁判文书、执行信息四大公开平台,及时公布案件信息,确保办案全程留痕、庭审全程录音录像,共公开直播案件1057件、公布执行信息566条、公开裁判文书7273份。弘扬司法民主,认真落实《中华人民共和国人民陪审员法》,扩大参审范围,人民陪审员参审案件3219件。坚持开门纳谏,通过举行公众开放日活动、召开座谈会、邀请旁听庭审等方式,主动听取人民群众对法院工作的意见建议,不断提升法院工作水平。

【司法体制改革】　推进法官员额制改革,落实人员分类管理,组建审判团队,最大限度提高案件审判质量和效率。完善审判权运行机制,制定《司法责任制实施细则》《违法审判责任追究实施细则》《裁判文书签署规定》等制度,明确人员权责清单,压实法官办案终身责任,实现“让审理者裁判、由裁判者负责”。深入推进内设机构改革,将原有10个内设机构整合为8个,实现精简、务实、高效目标。全面推进院、庭长办案常态化,院、庭长办案11218件,占全院办案数的45%。

【案件繁简分流】　积极破解案多人少困境,推行案件繁简分流、轻重分离、快慢分道,通过立案分流、诉前调解、小额速裁、轻刑快审等方式,力争做到小额速裁、简案快审、繁案精审。适用小额诉讼和简易程序审结民事案件12695件,简易程序适用率为79%,平均办案周期46天;适用速裁程序审理简单刑事案件116件,平均办案周期7天;速裁团队法官人均结案324件,办案效率显著提升。

【审判监督管理】　严格落实院庭长权责清单,强化院庭长对“四类案件”监督管理,着力解决不敢管、不愿管、不善管等问题,确保审判权依法高效规范运行。加强审判态势分析,科学谋划审判执行工作,不断增强审判管理的针对性、有效性。严格落实案件评查机制,制定《案件评查、回访工作实施方案》,评查案件23825件,开展案件回访503件865人次。完善考核机制,注重发挥绩效考评“指挥棒”作用,激励法官多办案、办好案。

【思想政治建设】　扎实开展“两学一做”学习教育、“不忘初心、牢记使命”主题教育、党史学习教育,深入学习习近平新时代中国特色社会主义思想、习近平法治思想和习近平总书记视察宁夏重要讲话精神,教育引导干警入脑入心、学思践悟、知行合一,自觉在思想上、政治上、行动上同以习近平同志为核心的党中央保持高度一致。

【教育整顿】　严格落实党中央和自治区市县政法队伍教育整顿部署要求,扎实开展政治教育、党史学习教育、英模教育、警示教育、问题教育、群众教育,引导干警不断提高政治判断力、政治领悟力、政治执行力。全面开展查纠整改,通过填报个人自查事项报告表、开展谈心谈话、召开家属恳谈会等方式,引导干警精准查摆问题;聚焦司法领域多发性、顽固性问题,找准病灶、深挖病根,分类施策、靶向治疗，顽瘴痼疾得到有效整治。强化长效机制建设，先后制定涉及政务、审务等方面工作制度55项，有效巩固整改成果，堵塞管理漏洞。

【司法能力建设】 坚持开展岗位练兵、技能竞赛等活动，不断提高干警准确适用法律、驾驭庭审、制作文书等业务能力，共组织干警培训214人次、举办辅导讲座9次、开展案件评比6次，组织干警到其他法院学习26次。建立年轻法官培养机制，发挥资深法官的“传、帮、带”作用，使青年干警更快地适应审判实践的需要。

【党风廉政建设】 全面落实党风廉政建设责任制，认真落实中央八项规定及其实施细则精神。严格执行防止干预司法“三个规定”，扎实开展“两个坚持”专题教育、“四个以案”警示教育、作风专项整治，常态化开展司法巡查，着力解决突出问题，共开展审务督察58次、作风专项检查86次、通报批评61人次、责令17人作出检查。

【司法监督】 坚持自觉接受监督，奋力推进审判工作高质量发展。主动接受人大法律监督，认真贯彻县人大及其常委会的决议、决定，向人大常委会报告解决执行难、扫黑除恶等工作9次。真心接受政协民主监督，办理政协提案8件。邀请人大代表、政协委员参加观摩、旁听庭审、座谈等活动186人次。认真贯彻监察法，自觉接受监察机关对法院工作人员进行监督。依法接受检察机关司法监督，邀请检察长列席审委会23次。支持律师依法履职，推进律师化解信访案件制度，签发律师调查令15份。广泛接受社会监督，满足人民群众知情权、参与权、监督权。

（县法院办）

司 法

【概 况】 海原县司法局下设18个司法所、2个事业单位，法律援助中心（公共法律服务中心）和公证处。局机关设办公室、法治股、基层股、社区矫正股、普法宣传办公室。2021年实有工作人员120人，其中政法专项编制66人，工勤编制2人，事业编制15人，政府购买社区矫正社会服务工作者37人。海原县司法局核定领导职数1正3副，现实配科级领导职数1正3副。下属17个司法所核定副科级领导职数17名，实配副科级所长17名。

【人民调解】 坚持和发展新时代“枫桥经验”，推行人民调解“四张网”经验做法，大力推行“人民调解+仲裁+信访”纠纷治理模式。通过县政府办下发全县《关于坚持发展“枫桥经验”大力推行“人民调解+仲裁+信访”纠纷治理模式的实施方案》，2021年又聘任12名专职人民调解员充实到四个法庭诉前调解室。打造矛盾纠纷多元化解“塞上枫桥”工作品牌，全面构建多元化矛盾纠纷化解机制，推进“一站式”矛盾纠纷多元调解中心建设，成立1个县级、18个乡镇级、37个村（居）级矛盾纠纷调解中心。2021年全县各级人民调解组织共参与排查化解各类矛盾纠纷2556起，其中，各乡镇、村（居）人民调解组织共受理408起，调解成功387起，成功率94.9%；各级人民调解组织共受理法院转办诉前调解案件1758起，调解成功477起，成功率27.1%；各专业性行业性调委会共受理调处矛盾纠纷390起，成功326起，成功率83.6%。已达成人民调解协议申请仲裁裁决案件39起。

【普法工作】 2021年，海原县“七五”普法工作顺利通过各级验收。推荐全国普法依法治理先进个人1名，自治区级先进个人3名、先进集体2个。县人大常委会依法作出《关于深入开展第八个五年法治宣传教育的决议》，县委、县政府印发《关于在全县开展第八个五年法治宣传教育的实施意见》，全面启动“八五”普法。

【法治文化建设】 加强社会主义法治文化建设，编排以民法典为主题的法治文艺节目13个，巡回演出10余场次，打造法治文化阵地3个。

【普法责任落实】 扎实推进普法责任制落实，54个部门单位重新修订普法责任“四清单一办法”，深化“法律八进”活动，大力开展“美好生活　民法典相伴”主题法治宣传教育实践活动。不断提升“法律明白人”覆盖面，发挥“一村一法律顾问”作用，助力法治乡村建设。

【普法宣传】 充分发挥法治宣传教育在应对疫情防控中的法治保障作用，深入宣传《中华人民共和国传染病防治法》《中华人民共和国野生动物保护法》等法律法规，将法治宣传贯穿在疫情防控全过程，为全县依法、有序、科学防控提供坚强法治保障；开展普法宣传助力乡村振兴，持续推进基层依法治理工作，将法治宣传与美丽乡村建设、民主法治村（社区）创建相结合，有规划、有步骤地开展各级“民主法治村（社区）”创建活动。切实保障村级组织换届选举依法有序进行，充分发挥基层司法行政职能作用，主动当好换届选举工作的政策参谋和法律助手；以“农民丰收节”等重大活动节点为契机，深入开展法治宣传活动，充分发挥了法治宣传教育在实施乡村振兴战略中的服务和保障作用。

【社区矫正】 2021年，海原县有在矫服刑人员121人。海原县以“两个中心”（信息指挥中心和社区矫正中心）建设为引领，严格按照《中华人民共和国社区矫正法》加强管理，严格刑罚执行过程，不断提高工作实效。1.按照《中华人民共和国社区矫正法》和《宁夏社区矫正实施细则》统一整理、制定海原县社区矫正日常工作档案样板，在18个司法所开展档案规范工作，依法加强监督管理，推进社区矫正规范化执法。制定下发了《海原县社区矫正“执法规范年”活动实施方案》《海原县社区矫正安全隐患预警研判制度》，并严格按照研判制度开展工作。根据日常社区矫正工作规定，印发《海原县社区矫正工作手册》，进一步规范社区矫正执法规范化。2021年，未发现社区矫正对象参与重特大案件、参与涉访涉诉案件和扫黑除恶案件等重大事件行为。2.结合政法队伍教育整顿的查纠整改环节，对全县解除社区矫正的工作档案进行自查、梳理、归档，并组织参加市、县两级社区矫正案件的自查、评查工作。共查阅历年“假释、暂予监外执行”和2018年以来所有的社区矫正案件，发现问题案卷数为227份。坚持问题导向，研究制定全县社区矫正案卷整改方案，明确整改措施，建立整改台账，确保整改到位。制定下发了《进一步压实责任提升社区矫正工作质效实施方案》，作为海原县社区矫正日常监管帮教工作的指导和标准。切实加强中国共产党成立100周年节前安全工作。3.增强监督管理和帮扶救助力度，从根本上抓社区矫正工作。在日常工作中，严格落实疫情防控常态化工作部署，精准落实监管措施。

2021年,慰问困难社区矫正对象122人次,共计救助资金38800元。配合市司法局开展全县社区矫正对象警示教育和集体心理辅导两场次,参与受教矫正对象80人。4.信息引领,融合管理,打造社区矫正工作纵横模式。建成信息指挥中心1个,社区矫正中心和安置帮教基地1个,数字化矫正室18个,配备移动4G执法记录仪94个,移动执法指挥车辆3台,并实现网络互联互通,构建起了“上下到底、纵横到边”的信息化社区矫正工作的模式。

（刘鹏万）

军　事

【概　况】 2021年,海原县人武部认真贯彻落实宁夏军区党委、中卫军分区党委扩大会议精神,紧紧围绕党在新形势下的强军目标,坚持抓班子建队伍、抓基层打基础,突出铸牢军魂、聚焦练兵备战、扭住主责主业、注重夯实基础、持续正风肃纪,加强科学统筹,狠抓督导落实,国防动员和后备力量建设取得新的发展进步。一年来,县人武部坚持把学习贯彻习近平新时代中国特色社会主义思想和习近平强军思想作为首要政治任务紧抓不放,围绕举旗铸魂抓学习,筑牢思想根基。认真贯彻军委军事训练会议精神,按照“全时待战、随时能战”要求,筹划部署年度练兵备战工作,聚焦应对强敌,全面加强战备训练,有效提升实战化打赢能力。围绕军事需求抓建设、勇创新,统筹推进潜力调查、民兵组织整顿、基层武装部规范化建设和优质兵员征集,不断深化国防动员质效。积极响应党中央和习主席号召,助力巩固拓展脱贫攻坚成果同乡村振兴有效衔接,深入开展共建、创建、援建系列活动,持续浓厚军民鱼水情深。

【队伍建设】 严格落实民主集中制,班子成员把讲政治、顾大局、谋发展作为共同追求,把按法规、严程序、尽职责作为必守规矩,把增强党内生活的政治性原则性战斗性作为重要手段,借助经常性学习教育抓引导,借助个别谈心常提醒,借助民主生活会搞交锋,做到团结、心齐、气顺。突出党委班子和领导干部这个重点,不断提升组织生活制度落实质量,深入抓好《中国共产党军队委员会(支部)工作规定》《军队政治工作条例》等法规学习培训,加强政治能力训练,锻造与领导干部职责相匹配的过硬本领。扎实开展党的纪律教育,组织全体党员观看《铁纪强军》专题片,引导党员干部知敬畏、存戒惧、守底线,确保绝对忠诚、绝对纯洁、绝对可靠。

【理论学习】 发扬“三如”(如履薄冰、如临深渊、如坐针毡)精神,学习习主席系列重要讲话、论述,按照学懂弄通做实要求,读原著、学原文、悟原理,认真落实党委理论学习中心组学习制度,配发学习书籍、研读指定书目、开展讨论交流、进行心得展评,推动理论武装入心入脑,不断提高政治判断力、政治领悟力、政治执行力,让信仰值满格,让忠诚度满仓。围绕中国共产党成立100周年,扎实开展深化“传承红色基因、担当强军重任”主题教育和党史学习教育,拓宽教育手段、灵活方式方法,采取参加专题辅导、收看电视实况、落实主题党日、组织参观见学、见证荣誉激励方式,凝心聚力,铸魂育人。紧盯人员思想波动点,采取微课讲、主官疏、骨干导的方式,把教育鼓点敲在所属人员的心坎上。着力打造强军文化，在营区设置“习言习语”、宣传“微言妙语”、布展“廉政警语”，高标准建成多功能荣誉室、军综网学习室和党史军史长廊，营造学习强军浓厚氛围，使大家在潜移默化、耳濡目染中铸灵魂、砺血性、塑品德。县人武部军地融合打造新时代国防文化新格局经验做法在军区党史军史工作会议上做了经验介绍。

【练兵备战】 深入贯彻中央军委军事工作和军事训练会议精神，始终把备战打仗作为党委的第一要务。严格落实党委议战议训制度，着眼破解“五个不会”问题，强化领导领训、主官抓训思想，积极参加军区三级首长机关组织指挥能力集训，认真开展指挥演练、交流研讨，围绕识图用图、要图标绘、动员计算、动员想定等内容，扎实抓好基础业务训练。严格规范战备秩序，紧盯重大节日敏感时期，常态维护指挥系统正常运行，严密组织日常战备值班，始终保持良好战备状态。

【民兵工作】 结合地方机构调整，及时健全国动委机构设置和人员编成。认真组织潜力统计调查，针对民兵编组难、施训难的问题，联合地方纪委、督导机构积极推动编兵单位落实，完成全县基干民兵、普通民兵的编建任务，其中各项比例均达到要求，民兵队伍结构持续优化。利用点验拉动时机，规范组织整顿各类硬性要求和软件资料，确保“三率”达标。

【基层建设】 紧紧抓住“四个秩序”规范化建设，贯彻 “细致、精致、极致”要求，大力推动单位正规化建设，改建作战室、值班室、保密档案室、军事职业教育学习室等场所，达到规范化统一、精细化落实、常态化运行。采取上门调研、例会推动、集中办公等形式，协调基层武装部办公场所落实，补充器材装备，完善软件资料，达到设施配套、功能完备、规范有序标准，全面提升基层阵地建设水平。宁夏军区抽考三河镇武装部规范化建设达到优秀。

【兵员征集】 严格落实征兵政策和标准，围绕首次“一年两征”新要求，紧盯大学生征集这个重点，利用广播、电视、微信等形式搞好宣传发动，借助融合云信系统平台向适龄应征青年、家长发送征兵宣传短信，做到征兵信息人人皆知、优惠政策家喻户晓。采取“点对点+面对面”“线上+线下”方式进行应征青年精准发动，超额完成全年征集任务。

【国防教育】 8月至10月底，联合党政机关、宣传部门组织开展“强军思想进百连”“强军有我、使命在肩”等活动，邀请国防大学教授开展国防教育形势报告会，完成5场专题国防教育讲座，提升全民国防意识。突出抓住文化广场、共建学校、帮扶乡村宣传阵地，构建先进军事文化体系，增大国防教育宣传覆盖面，营造爱党爱国爱军浓厚氛围。

【党管武装】 坚持把加强党管武装作为一项严肃政治任务，认真落实双重领导、党委议军、现场办公等制度。合力攻坚抓好民兵编组、兵员征集、双拥共建等重点工作，形成了军地协调互动、统筹推进的良好局面。2021年，先后协调海原县落实民兵事业经费、演练保障经费、兵员征集经费71.8万元。积极推动基层人武部正规化建设，完成6个乡镇武装阵地标准化建设，实现全县基层武装阵地标准化建设全覆盖。

【双拥共建】 持续弘扬双拥传统，巩固深化“宁夏经验”，举办“担当新使命、奋进新征程”国防专场宣讲和双拥慰问演出活动，整合社会资源融入地方开展军烈属、退伍军人走访慰问活动，慰问驻地部队、优抚对象、复退军人等。联合地方相关部门为31名立功受奖现役军人家庭送喜报、发放慰问金，在全县营造拥政爱民、拥军优属的良好社会风尚。海原县被自治区命名为全区双拥模范城(县)。

【乡村振兴】 落实“四个不摘”要求，对定点帮扶的窑儿村围绕党建、产业、教育、文化、消费、医疗等方面，精心制定帮扶措施，投入经费30万元，加强基层组织建设、助推产业融合发展。创新推动制定《乡村文明实践暨人居环境整治奖励积分管理办法》，“以表现换积分，以积分兑物品”，充分发挥新时代精神文明实践站作用，使帮扶村呈现农业更强、农民更富、农村更美的美好景象。《中国国防报》二版头条刊登了县人武部帮扶窑儿村集体产业助力乡村振兴的做法。

（李　涛）

经济管理

发展与改革

【概　况】 海原县发展和改革局(简称发改局),下辖粮食和应急物资储备局(挂牌单位),内设党办、办公室、投资股、农经股、社会股、造价办、信访办、价格认证中心8个股室。2021年,有干部职工44人,其中行政编制18人,事业编制26人;设局长兼粮食和物资储备局局长1名,副局长3名(其中1名兼粮食和物资储备局副局长)。干部职工50岁以上干部24人,40~50岁干部14人,40岁以下干部6人%;大中专学历19人,大学本科学历22人,研究生学历3人;初级职称33人,中级职称8人,副高职称3人。局党委下辖7个党支部(局机关党支部1个,粮食和应急物资储备局党支部1个,离退休党支部1个,国有企业党支部1个,非公企业党支部3个),共有党员110名。

【各项经济指标】 2021年全县预计完成地区生产总值95.04亿元,同比增长13.8%。其中,第一产业增加值18.63亿元,同比增长19%,占地区生产总值的20%,第二产业增加值18.18亿元,同比增长8.2%,占地区生产总值的19%,第三产业增加值58.23亿元,同比增长13.9%,占地区生产总值的61%。预计全年完成固定资产投资54.39亿元,同比增长13%以上。完成一般公共财政预算收入2.24亿元,同比增长4.5%。社会消费品零售总额31.32亿元,同比增长9%。城乡居民人均可支配收入分别为29825元、11812元,同比增长8.5%、12%。城镇调查失业率控制在4.5%以内,单位GDP能耗降幅和主要污染物消减量均完成上级下达目标,亿元GDP生产安全事故死亡率控制在自治区市下达指标内。

【脱贫攻坚成果巩固】 全面总结脱贫攻坚经验,保持延续脱贫攻坚责任体系不变。整合资金6.5亿元,持续巩固“两不愁三保障”及饮水安全成果。建立健全农村低收入人口监测帮扶机制,对纳入防止返贫动态监测人口398户1710人建立工作台账,强化帮扶工作。把产业作为巩固拓展脱贫攻坚的关键、乡村振兴的重点,突出高端肉牛产业,不断完善肉牛产业“6+1”体系建设,合理布局马铃薯、小杂粮、瓜菜、枸杞经果林种植面积,预计实现农牧业总产值38.16亿元,完成增加值12.5亿元。农民人均农牧业纯收入5785元。狠抓务工就业,全县务工就业9.74万人,“点对点”输送1460人,开展各类培训6753人,劳务创收14.1亿元。大力推进乡村建设行动,建成23个美丽宜居村庄。

【工业经济转型升级】 聚焦新能源装备制造、农产品深加工、轻纺“三大特色”产业，依托海兴开发区和县城产业功能区，盘活资产、用好资源、优化服务、强化招商，打造西北地区新能源装备制造及智慧运维基地、绿色农副产品精深加工基地、绿色轻工纺织生产基地，预计全年实现工业增加值10.89亿元，同比增长30.5%，规模以上工业增加值同比增长12%。依托中车、华润、中核汇能等大型央企，建成华润电力宁夏运维基地、中核新能源装备产业园等重点项目，推动中核汇能盘活江苏振发新能源闲置资产，引进四川川高电器、江苏火蓝电气两家新能源装备生产企业，打造新能源装备产业园。推动华润高端肉牛精深加工项目达产达效。完成自治区市下达的能源消费总量增加1万吨标准煤、单位GDP能耗下降2%的目标任务。

【服务业发展】 完成“晒文旅·晒优品·促消费”大型文旅推介活动；成功在今日头条推介非物质文化遗产传承基地等红色记忆研学游线路。预计全年金融机构各项存款余额98.77亿元，较年初增长8.64%；贷款余额74.64亿元，较年初增长5.05%，贷存比75.57%。其中："三农"和中小微企业贷款余额55.35亿元，占贷款余额的74.16%，对受疫情影响的中小微企业、新型经营主体全部免除担保费用，共免除担保费约138万元。孵化电商企业22家，8家企业入驻电子商务公共服务中心；全县快件进港量313.6万件，出港量18.2万件，完成下乡物流配送152.9万单。举办了年货节、关桥梨花节和“嗨购海原”家电家装等活动，实现消费扶贫销售额1.29亿元。预计全年实现社会消费品零售总额31.32亿元，同比增长9%。

【项目建设】 牢牢把握项目建设“牛鼻子”，续建、新开工重点建设项目141个，计划总投资151亿元，预计全年完成固定资产投资54.39亿元，同比增长13%以上。谋划储备争取项目113个，计划总投资153亿元。全年共开(复)工建设各类项目128个，重点实施了中国(宁夏)良种牛繁育中心、活牛交易市场、高标准农田等17个农业项目，中部防沙治沙、南部水源涵养林等7个林业项目，清水河综合治理工程海原段、三塘灌区配水工程(贾塘片区)等19个水利项目，寨科至海原高速公路(S50)海原至平川段、银川至昆明高速公路(G85)太阳山至彭阳段等8个交通项目，老旧小区改造、城市供热等24个市政项目，第一中学扩建、新建第八小学等15个教育项目，非物质文化遗产传承基地、地震博物馆升级改造等5个文化旅游项目，新能源智慧运维基地、中核汇能光伏产业基地等13个工业商贸及电力基础设施项目。

【生态改善】 深入开展蓝天、碧水、净土“三大行动”，紧盯PM2.5、PM10和优良天数等指标，扎实开展扬尘、煤尘、烟尘、汽尘污染4项整治。强化散煤污染管控，清理整治非法销售散煤摊点18处，完成李旺、树台等9个乡镇清洁煤配送中心建设，报废(拆解)注销各类老旧车293辆。水质均达到III类标准，达标率为100%。强化饮用水源地保护管理，完成对水源地18座建筑物的拆除和土地复垦。按照国家产业结构调整指导目录和行业准入条件要求，有效遏制“两高”项目。

【教育发展】 实施薄改、普通高中改造等项目，新建、改扩建校舍面积4.7万平方米，维修校舍3465平方米。新建2所“互联网+教育”标杆学校，骨干教师参加各级各类培训2200余人次。全县学前三年毛入园率85.1%，7～

15岁小学适龄儿童、少年入学率100%,高中阶段毛入学率93.72%。

【文体惠民】 建成县儿童福利院流动图书室,开工建设田拐村乡村振兴旅游提升项目,科技馆装修项目即将完工;建成村(社区)文化室2间,“送戏下乡”文化演出116场次,广场文化演出11场次,开展理论宣讲、征文比赛等各类活动100余次,启动海原县创建自治区级全域旅游验收工作。

【卫生服务】 县人民医院救治能力提升项目完成、创伤和新生儿急救等五大中心建设通过自治区和国家卫健委评估验收。海城镇国家级鼠疫监测点、郑旗乡卫生院迁建项目开工建设;七营、三河等12家乡镇卫生院和南苑、黎明等6家社区卫生服务站纳入医共体范畴。产妇系统管理和高危孕产妇管理妇幼健康项目规范实施,加强出生缺陷预防与干预。

【社会保障】 全县城镇企业职工参保3.43万人,城乡居民参保25.04万人,失业保险参保0.99万人,工伤保险参保2.3万人,全年参保任务已基本完成。安置城镇公益性岗位150名,乡村公益性岗位563名;培育创业实体452个,带动就业1966人;新增城镇就业1000人,城镇调查失业率3.8%;全县务工就业9.74万人,劳务创收14.1亿元。

【深化改革】 梳理出21项“一件事一次办”事项清单,压缩办理时限50%,精减审批环节32%,减少申请材料30%。政务服务“12345”热线受理群众诉求2127件,办结2042件,办结率达96%。梳理县级政务服务事项1431项,办理时限整体压缩63%,办理环节压缩50%。优化乡镇机构设置,完成基层整合审批服务执法力量改革任务。营改增减负1061万元,惠企减税1102万元。“四权”改革全面推开。

(县发改局)

财 政

【概 况】 海原县财政局为政府工作部门(正科级),挂县金融工作局牌子。2021年有内设机构9个:办公室、预算综合股、国库股、经济建设股、农业农村股、社会保障股、行政事业股、采购办、监督评价股。二级事业单位4个:金融服务中心(副科级)、会计核算中心(不定级)、国库支付中心(不定级)、国资国企监督管理服务中心(不定级)。核定公务员(参公管理人员)编制18个,事业编制68个,有在编干部83人,其中中共党员37人。

【荣 誉】 2021年,海原县财政局被国管局、中直管理局、国家发改委、财政部四部门授予国家级节约型机关称号;被自治区金融改革专项小组办公室授予年度金融支持地方经济社会发展先进单位称号;被中卫市委授予先进党组织称号。

【财政收入】 2021年,海原县紧盯县十七届人民代表大会第五次会议确定的全年收入目标,进一步细化分解任务,压实征管责任,依法依规组织收入。加强对房地产、新能源等重点项目及重点税源的跟踪监控,适时跟进征管措施,优化纳税服务环境。严格落实自治区行政事业性收费目录清单,主动公开收费项目和标准,规范非税收入征缴行为。组织开展整治地方财政收入虚假问题专项行动,确保财政收入质量。全年地方一般公共预算收入完成2.38亿元,增长11%。其中,税收收入完成1.36亿元，增长16%，税收占比达57%。严格落实减税降费，2021年以来为市场主体减负3589万元。紧盯国家和自治区财政投资政策动向，积极捕捉资金信息，加大对接联系力度，强化项目资金争取。在多方共同努力下，全县共争取到位上级财政补助资金56亿元，可比增长5%。

【财政支出】 2021年，海原县一般公共预算支出完成61.8亿元，其中民生类投入占财政总支出的75%以上。牢固树立过“紧日子”思想，组织开展违规建设楼堂馆所专项清查，大力压减非急需、非刚性支出预算，盘活部门存量资金1.16亿元，兜牢“三保”底线，助力“四大提升行动”，落实“六稳”“六保”任务。统筹整合财政涉农资金6.71亿元，用于巩固脱贫攻坚成果同乡村振兴有效衔接。安排资金2.52亿元，支持实施海原一中扩建、“互联网+教育”示范县创建、政府购买学前教育服务等项目。投入资金0.53亿元，用于常态化疫情防控、基本公共服务、创建自治区卫生县城等；支持实施七营北嘴及柳州城址保护、地震博物馆升级改造等项目。筹措资金5.01亿元，全力保障困难群众救助、医疗救助、就业创业、义务兵优待、村（社区）干部报酬提标等民生政策落实。安排资金6.26亿元，用于“三大会战”、中国（宁夏）良种牛繁育中心、高标准基本农田建设、扬黄灌区高效节水灌溉试点、“互联网+城乡供水”、农村人居环境整治、农业产业化以及“四权”改革等项目，扶持实施40个村集体经济发展壮大项目，培育发展以高端肉牛为主导的特色优势产业。积极支持基层整合审批服务执法力量改革、民族团结进步、普法、禁毒、消防等重点工作，完善社会治理体系，确保社会大局和谐稳定。

【政府债务】 2021年，海原县坚持底线思维，筑牢政府债务风险防范意识。积极开好“前门”，限额内申请自治区新增地方政府债券资金6.2亿元，用于市政建设、棚户区改造、城市第二生活垃圾填埋场、海兴区供热系统提升改造等重点项目。筹措安排政府债务化解资金5.13亿元，其中县财政预算安排3.31亿元、自治区再融资债券资金1.82亿元，用于偿还到期政府债务本息，优化债务结构，缓释债务风险。2021年末，全县限额内政府性债务余额33.17亿元，其中一般债务余额27.11亿元，专项债务余额6.06亿元，均控制在法定限额内。自治区2021年通报海原县政府综合债务率为72%。强化政府隐性债务统计监测和风险管控，严格按期落实化债责任。加强政府投资项目立项资金来源审核，严控建设项目工程增量变更，消除隐性债务隐患。积极组织清收脱贫人口小额信贷逾期贷款，建立群众举报、广告监测、监管排查、平台预警等多途径的金融风险监测预警体系，全方位、多角度、拉网式开展非法集资风险排查，金融信用环境持续优化。

【政府采购】 2021年，海原县坚持依法行政、依法采购。扎实推进政府采购领域突出问题专项治理工作，受理问题线索22条，作出行政处罚决定12件。开展政府采购代理机构项目监督评价20个，作出监督检查处理决定11件。2021年，全县组织实施政府采购项目50批次，完成政府采购规模3.16亿元，资金节约率5.8%。

【深化改革】 2021年，海原县完善财政直达资金监控机制，加强直达资金分配、下达、支付数据导入以及预警信息核实等工作。积极推进全过程预算绩效管理工作，抽取20个全县重点项目开展绩效评价，对2022年县本级283个项目支出绩效目标进行了审核，增强预算绩效约束力。出台了行政事业单位国有资产出租出借、进场交易等办法。加强县属国有企业重组整合，清理"僵尸企业"和无主营业务企业9户。加快建立现代企业制度。推进海原华润农业有限公司股权架构调整，强化国有资本监管。

（田风宝）

税 务

【概 况】 国家税务总局海原县税务局（简称税务局）于2018年7月20日正式挂牌成立，实行以国家税务总局为主与省（区、市）人民政府双重领导管理体制。内设办公室（党委办）、法制股、税政股、社会保险与非税收入股、党建工作股、征收管理股、收入核算股、人事教育股、纳税服务股、风险管理股、纪检组11个职能股室，下辖海城税务分局、李旺税务分局、西安税务所三个派出机构和信息中心一个事业单位。2021年末，海原县税务局有在职干部职工71人，其中中共党员33人。在编在岗干部职工中研究生以上学历1名，占比1.41%；本科学历62名，占比87.32%；专科学历7名，占比9.9%；中专及以下1名，占比1.41%。

【荣 誉】 2021年，海原县税务局先后获县级2020年支持地方经济发展先进单位、自治区无烟单位、自治区健康促进机关等称号。3人分别获得自治区税务局优秀共产党员、优秀党务工作者和"向上向善好青年"称号；4人获得市税务局优秀共产党员称号，3人获得优秀党务工作者称号，第二党支部被市税务局评为先进基层党组织。

【组织收入】 截至2021年11月30日，海原县税务局共完成组织收入77302万元，其中税收收入28753万元，完成年度计划33600万元的85.6%，慢于序时进度6个百分点，短缺2025万元。其中，中央级税收收入完成12845万元，完成年度计划16600万元的77.4%，慢于序时进度14.2个百分点，短缺2361万元；地方级完成15908万元，完成年度计划17000万元的93.6%，快于序时进度2个百分点，超收336万元。其中县级收入11418万元，完成年度计划11800万元的96.8%，快于序时进度5.2个百分点，超收609万元。社保费收入40707万元，同比2020年下降16.7%；其他收入6931万元，同比2020年增长125%；非税收入1504万元，同比2020年增长67.3%。预测2021年12月份完成税收任务2010万元，其中，中央级952万元，地方级1058万元。预测2021年全年完成税收任务30823万元，完成年度计划33600万元的91.7%，短缺2777万元。其中，中央级税收收入完成13822万元，完成年度计划16600万元的83.2%，短缺2778万元；地方级税收完成17001万元，完成年度计划17000万元的100%，超收1万元。其中县级收入11983万元，完成年度计划11800万元的101.3%，超收183万元。

【税源管理】 积极与发改局等部门联系协调，梳理辖区内续建新建项目共有140个，共投资79.54亿元，含涉税投资额29.10亿元，强化日常管理，为完成2021年税收任务提供坚实的税源。主动加强新能源企业税收管理，深入辖区7个乡镇核查耕地占用税等缴纳情况，截至年底共缴纳耕地占用税2700多万元，还有近3500亩草牧地尚在资源管理部门认定中，为完成县级收入提供了坚实保障。

【税源挖掘】 把税收分析与纳税评估结合起来,以评促管、以评促税,化解税收管理风险,进一步整顿和规范税收秩序,年末共评估纳税入库1355.64万元税款。加强高收入者个税监管,进一步与有关部门联系沟通,加强涉税信息的获取和应用,通过对比分析、锁定重点人群、纳税评估等措施,2020年度个税汇算清缴共补缴个人所得税200余万元。加强房地产业的日常监管,建立房地产项目完成季度工作台账,主动分析企业申报表,提醒12户房地产公司更正申报补缴土地增值税300多万元、企业所得税100万元。

【"两税"管理】 制定房土"两税"管理的责任目标,将每月房土两税增加户数和补缴税款责任到每一名专管员,纳入日常工作考核目标。在征期内通过打电话、上门服务等方式对辖区纳税人进行房土两税征收管理相关政策的辅导,并及时提醒房土两税正确的报缴时间。截至11月底,共补缴房土两税482.66万元,同比增长55.46%。

【企业所得税管理】 实行由主要领导亲自抓、分管领导具体抓、全局人员积极抓,结合纳税人集中反映的热点、难点问题,量身定制辅导课件,采取"线上+线下"的方式对相关政策进行详细讲授,辅导纳税人解决填表难题,及时申报,1120户企业已全部完成汇算清缴,补缴企业所得税231万元,滞纳金59万元,调增应纳税所得额1071万元,且有87户企业享受到小微企业税收优惠政策,累计减免近184万元。实现汇算清缴率和税收优惠政策享受面双100%的良好成效。

【个人所得税管理】 成立个人所得税网格化管理服务团队,压实网格化管理服务责任,将辖区内应汇算的扣缴义务人分配至每个志愿者,逐户进入扣缴单位,开展"一对一"精准培训,发放咨询辅导卡1000余份,解答疑难问题600余个,手把手教会纳税人操作App,共辅导7215人完成汇算清缴,补缴个人所得税200多万元。

【内控建设管理】 制定了内控建设质量提升行动方案,细分全局各环节风险点,制定相应制度加强风险防范。设置税收票证管理岗,严格落实税收票证管理制度,发票代开每日自查、每周检查,并制定发票作废清册和退税清册,每周由办税服务厅负责人签字。契税岗建立"一岗双人"制度,设立业务办理岗和审核岗,降低业务风险,严格落实契税征收环节。

【增值税管理】 紧紧盯住增值税管理关键点,坚持事前严格防范、事中核查监控、事后风险处置、内部督察监督,以部门联动和"四级联防"为有力抓手,搭建起齐管共治的组织架构,有效遏制增值税发票虚开等行为,规范增值税征收管理,提升增值税管理质效。

【非税收入管理】 对内加强税务人员业务培训,对外与财政、残联、工会、自然资源等部门适时通报和交流,强化非税收入征管。2021年申报入库率达100%,核定入库率达99%,核定申报率达99%,新增登记匹配率达100%,按要求准时确保社保"四率"达标。通过"统筹安排、准备工作、强化培训、协调部署、委托代征"五个到位措施,平稳有序推进土地闲置费、城镇垃圾处理费职责划转工作。

【税收服务】 始终将高质量优化营商环境放在突出位置,注重服务细节、关注服务效果,扎实落实"我为群众办实事"暨便民办税春风行动,不断提升纳税人缴费人税法遵从度和满意度。

【税收征管改革】 为推动《关于进一步深化税

收征管改革的意见》深入落实，紧密部署安排，成立落实意见领导小组，制定了详细任务清单，确保各项工作“件件有着落、事事有人干”。举办党史暨意见知识竞赛活动，增强学习实效、进一步营造学习意见的浓厚氛围。并从抓实学习贯彻提“能”、抓实精确执法提“质”、抓实精细服务提“速”、抓实精准监管提“效”五个方面发力，扎实推进意见贯彻落实。

【办税培训】 积极推行办税服务厅晨会制度，做到“四个一”（每日一查、每日一梳、每日一学、每日一诺），实现纳税服务标准化。强化窗口人员的思想教育，重点抓好税收业务和岗位技能的培训，对服务礼仪和工作用语做出细致规定，着力补齐税务人员态度不端正、政策业务不熟知、办税缴费系统不熟悉、实际操作不熟练的短板。

【创新服务方式】 全面落实预审服务，对办税资料先行“把脉”，在预审环节精准分流引导，将办税业务分为自助业务网上办、简单业务预审岗直接办、复杂业务窗口审后办，帮助缴税费人找到高效办税的“最优解”。对办税窗口出现的各类“疑难杂症”全部移交至预审岗，提供“一对一”服务，减少其他缴税费人等候时间。多方筹措资金，建成了24小时智慧办税服务大厅并拓展服务功能。精心打造“迎上敬语热心、局长带班关心、中层到岗贴心、预审叫号精心、咨询辅导耐心、流动服务细心”的“六心”金牌导税团队，提供更加方便、快捷、精准的服务。创新设立管理员服务岗，分局每天派一名管理员值班，为缴税费人提供“一站式”服务，解决“两头跑”问题。开启“八小时之外电话、微信咨询服务”模式，实现了纳税服务不断档。坚持问题导向，开展“学党史　送春风办实事”大调研、大走访活动，精心制作“便民办税春风行动”政策礼包，向缴税费人全覆盖赠送业务办理咨询辅导卡、2021年延续执行和新出台税收优惠政策汇编，精准宣传政策。

【落实减税降费】 2021年1—10月，在税收任务紧张的情况下，海原县税务局累计新增减税降费3589万元，涉及2042户纳税人。其中减税2891万元，涉及1157户纳税人，占1—10月完成税收任务的11.5%；降费698万元，涉及885户纳税人，占1—10月完成社保费的2.3%。1—10月留抵退税1500万元，其中，及时退库1180万元，有1家企业申请免于退税320万元。对符合条件的4户中型制造业、222户小微制造业企业进行“点对点”辅导，顶格落实制造业中小微企业延缓缴纳税费政策，很大程度上缓解了企业融资难问题，为企业发展增添“活水”。

【队伍建设】 1.抓实干部思想政治教育。充分利用“每周四晚课堂”“主题党日”活动和党史学习教育，强化意识形态教育，坚持弘扬主旋律、传播正能量，教育引导干部职工牢记初心使命，增强政治敏锐性和政治鉴别力，厚植家国、单位、个人三种情怀，大力践行社会主义核心价值观和中国税务精神，立足为民服务岗位，埋头苦干、勇毅前行，凝聚起砥砺奋进的磅礴力量。2.建立业务学习长效机制。制定干部业务素质提升行动工作方案和培训计划表，为全体干部职工购发《税法一》《税法二》，针对干部的知识弱项、能力短板，组织业务骨干每月对税收业务重难点进行讲解评析；建立了每日一题、每周一测、每月一讲、每季一评、每年一赛的“五个一”常态化业务学习机制，举办《中华人民共和国税收征收管理法》培训班，推动干部专业素质稳步提升。所有参学人员根据学习情况必出一份试卷、必开展一次考试，将培训考试成绩与职务职级挂钩，激励干部职工主动学习，提升业务能力素质。3.严管厚爱激发队伍活力。严在纪律上，建立“八小时之外”动态管理台账，明确专人负责，时刻掌握干部职工的生活圈、朋友圈、活动圈。严在管理上，针对住宿年轻干部多的特点，实行“楼长制度”管理住宿人员，工作日每晚归宿报告。爱在职务职级上，坚持党管干部原则和好干部标准，为11名干部顺利晋升职级。爱在关心关爱上，对职工宿舍进行装修改造、定制衣柜、安装热水器、电视机等，让干部居住安心；推行智慧食堂，丰富菜品质量，购买消毒柜、更换餐具，让干部饮食放心；举办“五四”青年节等团队活动，丰富干部职工的业余文化生活，积极改善健身房、图书室等硬件设施，建立职工健康档案和“爱心药箱”，让干部生活开心。

【机关创建】 以创建文明单位和“让党中央放心、让人民群众满意”的模范机关为抓手，严格落实《全国税务系统党建工作规范》，着力推进党支部规范化标准化建设，凝聚起广大党员干部干事创业的强大合力。打造“三心”连“三度”党建服务品牌，通过“砥砺初心+服务力度”“锻造匠心+服务精度”“聚焦贴心+服务温度”，把“以纳税人缴费人为中心”的服务理念干在实处、落在实处。改选2名党支部书记、选优配齐3名党务工作者，努力把各党支部建设成全面过硬的一线战斗堡垒，让各党支部书记成为政治坚定、能力突出的一线带兵人。积极协调组织部，增加党员名额，共有7名信念坚定、作风优良的青年干部光荣加入中国共产党。结合“道德讲堂”“学雷锋纪念日”等活动，持续开展全国民族团结进步示范单位创建，并作为海原县创建民族团结进步示范单位观摩点，接受自治区民族事务委员会验收。9月16日，自治区委常委、宣传部部长李金科一行对税务局深化民族团结进步创建工作进行了观摩调研并给予充分肯定。为促进档案管理规范化、科学化、制度化，结合实际情况，对所有档案资料进行了一次集中清查整理和分类归档，切实从源头上夯实档案基础。紧盯绩效管理，形成人人抓绩效的浓厚氛围，绩效考核目前暂列全市税务系统第一，全区并列第四。

【综合监督】 全面压实管党治党政治责任，党委与纪检组共同研究全面从严治党、党风廉政建设和反腐败工作1次；纪检组长与其他班子成员谈话4人次；主动向地方党委汇报党建工作2次。深入贯彻落实税务系统全面从严治党主体责任和监督责任实施办法，党委书记、党委委员、党支部和各职能部门认真落实主体责任工作任务，“一把手”落实管党治党第一责任人责任，班子成员履行“一岗双责”。各部门负责人党建、业务一起抓，将全面从严治党贯穿税收业务全过程、各方面。认真开展“一案双查”工作自查，督促各部门梳理自查风险点，督促自查规范执法行为。紧盯与资产、项目、资金打交道的重点岗位，定期进行廉政提醒，教育引导廉洁从税，筑牢“不敢腐、不能腐、不想腐”的思想防线。坚定不移地贯彻落实党中央全面从严治党战略部署，持续深入推进税务系统一体化综合监督体系建设，落实“1+1+5+N”总体框架，强化对权力运行的制约和监督。

【作风建设】 开展“323”纪律作风工作提升行动。教育全局干部职工认清三个形势，即认清局党委全面从严治党的形势、认清局党委驰而不息抓作风的形势、认清局党委敢于同不良风气作斗争的形势；做到两个转变，即转变思想观念，转变工作作风；开展三项行动，即一是开展会风整治行动，逢会必做到：每会必查、每会必督、每会必通报。二是开展纪风整治行动，由纪检组牵头，办公室和组织人事股配合，每周不定期进行纪律检查，无故缺岗的一律视为旷工；根据督查情况开展家访活动，实现家庭和单位共同管理；开展每日签到情况抽查，进一步严肃纪律。三是开展作风整治行动，由纪检组牵头、办公室和组织人事股配合，梳理现有工作，对自治区市税务局工作部署和要求进行督察督办，不断提升执行力，确保各项工作落实落地。每次通报情况严格同职务职级、绩效考核、评先选优严格挂钩。通过“323”抓作风工作行动，全局会风、纪风、作风为之一振，一种严肃活泼、敬业爱岗的新风逐步形成。扎实推动开展纪律作风及违规吃喝隐形变异问题专项整治自查工作，坚持以上率下，发挥“头雁效应”，组织全体干部职工填报自查报告表和专项整治承诺书各70份，自查问题142个，严肃查处各种隐形变异之风。召开警示教育大会3次，结合王树辉案件开展案例剖析1次，召开家属助廉恳谈会1次，签订家庭助廉承诺书、干部职工“八小时”之外承诺书等，充分发挥家庭助廉作用。通过“用一堂廉政党课警醒干部、用一部党纪法规教育干部、用一场廉政宣讲塑清正之风”三项举措开展“廉政警示教育月”活动。提出“三个必讲，五个营造”抓日常思想建设的工作思路，做到逢会必讲作风纪律、中心组学习必讲“以案明纪”、主题党日活动必讲警示教育案例，营造浓厚的学习氛围、进取的工作氛围、清爽的廉洁氛围、务实的干事氛围、高尚的生活氛围。

【疫情防控】 从防疫物资储备，干部职工注射疫苗、健康情况统计，办税服务厅、办公场所每日进行消杀和通风换气等工作做起，切实做好疫情防控各项工作。积极推行“非接触式”办税，充分发挥电子税务局、宁夏税务App等作用，大力实施“线上办、掌上办、自助办”。切实加强人员管理，严格落实人员出省报备制度。严格值班管理，外来人员进入单位均按要求做到佩戴口罩、详细登记、扫行程码、体温无异常后方可进入。

（王　瑛）

审　计

【概　况】 海原县审计局核定人员编制17名，均为公务员编；核定领导职数3名（局长1名，副局长2名）。2021年末，实有人数16名（含借调农业农村局1名），其中副科级以上领导干部3名，四级调研员2人，主任科员1名，副主任科员1名，科员9名，工勤1名（不占编制）。

【审计监督】 2021年，海原县以“审计质量提升年”活动为抓手，不断强化审计监督职能，加强审计监督力度，扩大审计覆盖面，提升审计效率。强化对中央、自治区及市、县重大政策措施落实情况的跟踪审计，着力推进对公共资金、国有资产、国有资源和领导干部履行经济责任情况的审计全覆盖，年内安排预算执行审计、经济责任审计、投资审计以及专项审计项目共40个，其中法定项目1个，署定项目7个（含配合开展项目3个），自治区定项目2个，自定项目30个。审计过程中发现问题80个，其中督促被审计单位已整改76个，正在整改的4个；审计移送处理2件;收缴财政资金472.49万元;提出审计建议48条,被审计单位采纳48条。

【政策落实跟踪审计】 2021年,海原县以推动中央和自治区重大政策措施贯彻落实,促进经济持续健康发展为目标,按照“六稳”要求,密切关注重大投资项目落地、“放管服”改革举措落实、供给侧结构性改革推进、创新驱动战略实施等情况。全年完成重大政策跟踪审计等项目3个。对审计发现的结余基本公共卫生服务项目补助资金和医疗服务与保障能力提升补助资金等4个问题,向被审单位提出了审计建议。为推动中央和自治区重大政策措施贯彻落实,促进经济持续健康发展,解决关系群众切身利益为出发点,促进政令畅通,发挥了审计监督作用。

【预算执行审计】 2021年,海原县组织开展了2020年度县本级预算执行和其他财政收支情况审计。根据大数据审计分析结果和疑点,先后抽查了23个部门(单位),海城镇、史店乡等11个乡镇,重点对预算执行情况、项目资金使用效率及“三公”经费政策执行等方面进行了关注。审计发现海原县财政资金滞留或结余30446万元(其中:一般公共预算上年结转5221万元、基金预算结转3884万元、挂网资金21341万元),针对存在的突出问题,向被审计单位提出了有针对性的意见和建议,促进财政政策落实,切实提高预算管理绩效。

【经济责任审计】 2021年,海原县严格落实《党政主要领导干部和国有企事业单位主要领导人员经济责任审计规定》,同步深入推进自然资源资产离任审计,已完成领导干部任期经济责任审计项目28个,自然资源资产离任审计1个。审计过程中,重点关注领导干部贯彻执行重大决策部署、遵守法律法规、目标完成、履行监督职责、执行廉洁从政及“三公”经费使用等内容,对审计发现的资金和项目管理不规范等72个问题提出了审计建议并督促相关单位进行整改。

【政府投资项目审计】 2021年,海原县加强政府投资项目审计,促进投资项目规范管理。重点关注第三方决算的真实性、合法性的审计,注重揭露招投标、工程量变更、超概算等情况。通过审计发现存在部分房屋等级不符、院落面积和地坪面积评估有误等7个问题,提出了审计建议并督促相关单位进行整改。

【审计整改落实】 2021年,海原县严格落实审计整改督促检查责任,加强跟踪检查,促进问题整改到位。按照“谁审计、谁督促整改”的原则,由各审计组督促被审计单位抓好整改落实。对整改进度缓慢的问题,遵照县委审计委员会第五次会议精神,积极与纪委协调联动,下发督办通知单,限期进行整改。

(白云峰)

统　计

【概　况】 海原县统计局是主管全县经济社会发展信息和国民经济核算的县政府工作部门。核定编制14名(其中行政编制7名、事业编制6名、工勤编制1名),2021年末,在编工作人员共13人,其中行政编制7人、事业编制5人、工勤编制1人。在编人员中,研究生学历1人,本科学历10人,大专学历2人。下辖1个事业单位(海原县统计普查中心)。

【全国人口普查后续工作】 2021年,海原县第七次全国人口普查主要开展了全县人口普查工作考核、数据保密,数据发布等工作。海原县第七次全国人口普查常住人口为333518人,其中:汉族人口为77252人,占23.16%;回族人口为255575人,占76.63%;城镇人口为117462人,占35.22%;乡村人口为216056人,占64.78%。县第七次全国人口普查领导小组办公室荣获全国第七次全国人口普查先进集体荣誉称号。

【统计年报和定期报表】 2021年,海原县统计局以提高统计数据质量为中心,以地区生产总值核算为龙头,通过采取强化组织实施、明确目标责任、落实规范标准、加强沟通协调、完善评估机制五项措施,加强统计工作,强化审核评估,准确、及时地完成了2020年年报和2021年定期报表任务,数据质量得到明显提高。

3月下旬,海原县统计局开展生态移民监测入户调查

【专项调查和统计监测】 2021年,海原县统计局有序开展了对规模以下工业、规模以下服务业、限额以下商贸业、劳动工资、建筑业小微企业、小微企业固定资产投资、规模以下企业创新等行业及人口变动抽样等统计专项调查;开展了妇女儿童发展规划、生态移民等统计监测工作,并配合做好高质量发展和优化营商环境统计监测工作,为上级部门提供了真实可信的数据。编写印发了《海原县2020年妇女发展规划统计监测报告》《海原县2020年儿童发展规划统计监测报告》。

【统计基层基础】 2021年,海原县统计局围绕2021年目标,每月每季度对主要经济指标进行分析研判,关注走势,有效引导预期。严把"四上"企业数据质量关,坚持即报即审制度,确保一套表上报数据质量。组织对全县联网直报企业组织开展了星级统计诚信单位评选工作。华润风电(海原)有限公司等4家单位被评定为海原县2021年"三星级统计诚信单位"。组织对全县3499家法人单位、480家产业单位进行了维护更新,并根据市场监管部门反馈的新增、变更、注销单位名录进行跟踪维护。完成了对宁夏中车新能源有限公司的纳规入统;对宁夏深拓新能源有限公司、海原振原光伏发电有限公司、海原县振兴光伏发电有限公司3家单位进行了纳规前的申报,并先后通过了县、市、自治区、国家统计局的审核;对海原县村级光伏扶贫电站有限公司、海原县星海源商贸有限公司2家企业开展资料收集和申报等前期工作。

【统计服务】 2021年,海原县统计局加强对全县社会经济运行全过程的统计监测,深入开展各行业领域的分析研判,形成一批高质量的

开展统计培训

调研分析报告。2021年以来，共发布统计公报9篇、统计分析信息57篇、统计动态信息68篇；编写并发布了《海原县2020年国民经济和社会发展统计公报》《2020年海原县经济要情手册》。

【统计宣传】 2021年，海原县统计局开展了2021年统计部门“政府开放月”活动和以“赓续红色血脉 奋进统计未来”为主题的第十二届“中国统计开放日”宣传活动，使广大人民群众与统计“零距离”接触，提高了社会对统计工作的知晓度、关注度、参与度，进一步扩大了“中国统计开放日”在社会公众中的影响。

【统计培训】 2021年，海原县统计局先后举办了全面建成小康社会统计监测培训班、农业统计与县域社会经济统计培训班等5期培训班，传达学习中央意见办法规定精神，培训统计法律法规相关知识，并就全面建成小康社会统计监测指标及各类调查统计报表制度进行了讲解。并举办了2021年全县人口变动情况抽样调查工作培训班，主要对全县2021年人口变动抽样调查工作进行了安排部署。

（虎正国）

社会经济调查

【概　况】 国家统计局海原调查队(简称海原调查队)是国家统计局的派出机构，为正科级单位，既是政府统计调查机构，也是执行统计法规和统计制度的机关，在国家统计局委托宁夏调查总队的管理下，依法独立行使统计调查、统计监督的职权，独立向国家统计局上报调查结果，并对上报的调查资料的真实性负责。同时，承担地方政府委托的各项统计调查任务。

【统计调查】 2021年，海原调查队完成了居民收支调查、农业调查、主要畜禽监测调查、劳动力调查、居民消费价格调查和小微企业跟踪调查的月度、季度和年度调查任务。完成了海原县政府委托的分乡镇收入调查。

【统计基层基础建设】 2021年，海原调查队将基础工作建设作为工作重点持续不断狠抓落实。1.打造素质过硬的统计干部队伍。海原调查队将业务制度学习作为提升全队干部业务水平的主要抓手。领导班子发挥带头作用，先后带领全体干部学习了《中华人民共和国统计法》《统计法实施条例》等重要法律法规及总队下发的各项调查业务制度，不断夯实业务理论水平。2.不断完善各项制度，规范工作流程。编印了《海原调查队制度汇编》，并不断地修订完善，针对不断变化的形势，新增相关管理制度，确保管理制度有效规范工作流程，不断提升统计调查水平。3.加强培训，不断提升业务水平。根据总队各处室举办的相关业务培训安排和要求，海原调查队积极组织相关人员参加培训，学习相关内容和业务知识。4.以老带新，共同进步。针对新录用公务员和业务轮岗后对新接手专业不熟悉的情况，队内采取“以老带新，设立AB岗”的模式，由原来有经验的业务人员带领新接手的业务人员采取“理论+实际”的形式，进行业务学习，快速融入熟悉。5.住户调查建立了辅助调查员评价体系并持续完善。由住户主搞人员对包点人进行考核评价，包点人对各点的辅调员进行打分测评。有效加强了辅调员的管理，实现了制度化管理和规范化运行，使具体工作紧跟统计法治进程。

【统计调查审批备案】 2021年，海原调查队严格执行审批备案制度。根据《国家统计局宁夏调查总队关于加强地方统计调查项目管理工作的通知》（宁调字〔2020〕34号）精神，海原调查队在开展地方政府委托的分乡镇农民收入调查时，严格按照国家统计局宁夏调查总队统计调查项目审批工作规程，根据相关要求进行项目申报，并报总队制度方法处和相关处室进行审核、审批、备案，待批准后严格按照方案制度开展调查。经全面梳理排查，未发现有未经审批开展统计调查的项目及相关问题。

【统计法治执行】 1.坚持学法知法，全面提升统计法律素养。根据统计调查工作实际，年初制定2021年普法学习安排，全年共组织干部职工学法20余次，内容涵盖党规党纪、统计法律法规、国家安全、网络安全、突发应急条例、疾病防治等各个方面，通过深入学习，使干部职工能够更加系统地了解相关法律知识，让法治理念走进职工心里，落实在行动中，展现统计调查人知法守法的良好形象。同时，为提高工作透明度，在业务培训和统计宣传中公布总队统计违规违法行为举报电话及海原调查队举报电话和邮箱，自觉接受群众监督，切实增强干部职工依法统计、依法治统的意识，筑牢为国调查、为民服务的理念，夯实统计调查工作基础，提高统计调查数据质量。2.着眼基层一线，持续增强统计法律意识。在实际调查工作中，海原调查队坚持普法为先，要求调查人员在开展调查工作之前始终牢记向调查对象亮明身份、讲清来意，特别是注意携带调查证件，耐心向调查对象说明统计工作保密规定以及《中华人民共和国统计法》规定的“13个不得”等相关规定，要求调查对象积极履行调查义务，如实提供调查数据，不得瞒报虚报。同时，将普及统计法律知识贯穿于辅助调查员业务培训之中，不断提高基层调查员法律知识水平，保证调查数据真实可靠。3.认真开展自查，稳固统计调查基础工作。2021年以来，海原调查队按照宁夏调查总队要求，先后对农作物产量、主要畜禽监测、农产品生产者价格调查、主要农产品中间消耗调查、居民消费价格和住户调查等专业开展自查。自查内容主要包括基础工作、规章制度的建立和执行、样本管理、数据采集方法、工作现场数据采集操作流程规范化、基础台账建设、数据处理和数据上报、数据审核评估等方面。基础工作自查及时发现了调查工作中的薄弱环节并加以改进。

【统计业务创新】 2021年，海原调查队立足实际，不断推进统计工作改革创新，继续夯实基础工作。住户收支数据以原始数据为基础，对数据进行纵横对比评估，结合海原县社会经济发展进行综合分析，确保数据科学严谨、公正透明、统一规范。劳动力调查狠抓宣传工作落实，实行“微笑访谈”，提升调查对象配合度。农产量调查强化沟通，坚持点面结合，全面掌握全县农业生产情况。

【统计信息服务】 2021年，海原调查队在平时的业务调查中注重情况分析，不断加强调查研究，对经济运行中的新情况、新问题，深入调研。各业务人员密切关注经济形势和相关政策措施变化，加强对重点领域、重点行业的统计监测，对变动异常的数据及时查询核实，确保数据质量，提高统计公信力。截至11月底，完成重大信息调研21期、分析49篇、动态39篇。县领导批示3篇，被县人民政府网站采用19篇，被国家局内网采用1篇。1篇征文获国家统计局"新时代统计调查人"一等奖。

【统计法治宣传】 2021年，海原调查队以国家统计局直属调查队管理体制改革15周年、第十二届"中国统计开放日"等活动为主要契机，组织开展统计法治宣传活动，发放彩页、单页等1000余份，切实提高民众对统计工作的支持和认可。通过完善展板内容，制作精美横幅，增发宣传手册，印发居民人均可支配收入、劳动力等调查知识手册，向各调查样本点发送宣传信息累计10万条，多样化互动提高民众积极性。大力推广和使用微信公众号，利用公众号推送党的知识、党的政策，统计法律法规及开展调查统计调查的目的、意义等，通过网络技术来推广统计，提升海原调查队的品牌影响力。

【居民收支调查】 1.严格落实住户调查制度。按照要求全面落实样本管理、数据审核、评估、访户等基础工作制度，确保住户调查数据真实、准确、完整、及时；落实"日审、周清、月结"工作要求，通过记账概览查看记账户记账情况，对记账笔数较少或连续多天未记账督促包点人及时联系记账户记账；设立城乡记账户电子基本情况台账、核查记录台账、2021年政策台账和访户记录等台账。2.加强住户调查培训力度。一是5月下旬召开了海原县城乡居民收支调查工作业务培训会。培训会上鼓励记账户提高思想认识，严格按照记账要求、确保工作上要有新起色、落实要见新成效，减少错误记法，针对电子记账户，采用现场教学演示，促进记账户快速掌握、熟练操作。二是定期召开业务例会。组织队内包点业务人员开展业务培训，从方案制度、程序操作、数据处理等方面进行全方位培训指导，确保调查人员业务水平持续提升。三是队内业务人员学习常态化。参与学习9月下旬国家统计局住户处举办关于做好基础数据审核的视频会、11月中旬全国住户调查年报工作布置会议、11月下旬全区住户调查年报工作布置会议，会后再进行巩固学习，将会议内容熟练掌握，通过再学习严把基础数据质量关。四是利用微信、电话进行线上指导，及时解答记账户提出的疑问，及时跟进指导。五是通过传帮带增加新录用人员对国家调查方案、宁夏住户收支与生活状况调查业务规范化操作流程、住户调查实施过程数据质量管理工作规范(试行)要求的了解，熟练掌握数据录入、账页审核、数据汇总等调查工作流程，将基础工作做扎实。3.入户指导做好记账服务工作。一是辅助调查员每月入户两次，逐户审核，重点审查数据的真实性、准确性、完整性。二是包点人员与业务主搞人员坚持按月访户，带着问题深入调查户家中，对存在混记、漏记等不规范现象进行耐心解释，给予准确指导。11月中旬，海原调查队提前梳理点上住户较2020年同期收支差异，了解当地政策发放情况，住户业务人员带着问题进行分组入户核查数据，为做好住户收支年报工作打好基础。4."三审"提高数据质量。一是自审，调查员对其负责调查网点全部调查户账页真实性、编码准确性、录入账机一致性、数据逻辑关系进行审核。二是互审，调查员进行交叉审核，总结易出现问题，记录到调查员"错题本"避免问题再次出现。三是复审，业务主摘人重点复核编码、大额收支和常规性收支有无异常，发现问题及时反馈进行核实修正。

【常规调查报表】 2021年，海原调查队及时、全面、高质量地完成各专业常规报表工作。月度失业率调查工作根据要求完成了新样本轮换工作，人员、经费等保障工作落实到位；主要畜禽监测顺利完成前三季度常规季报工作，即主要畜禽（牛、羊、猪、禽）的存出栏统计调查，并完成年度样本摸底工作；农作物播种面积和产量调查进一步筑牢工作基础，完成夏粮、秋粮实地测产调查，及时上报粮食产量相关数据；居民消费价格新旧基期数据衔接工作有序进行，及时跟踪采集CPI（居民消费价格指数）数据；农产品价格及中间消耗调查顺利完成季度、半年报，并按要求开展样本轮换工作；顺利完成分乡镇农民收入调查方案的申请报备和分乡镇农民收入激励考核方案的起草等其他调查工作。

（王　瑛）

工 业

工业企业

【概　况】 2021年，海原县老城区、海兴开发区共有工业企业35家，其中规模以上工业企业5家（华电风电、华润风电、振发光伏、圣特保温、中车新能源）；全县批发零售、住宿餐饮共10628户，其中企业262家，个体户10366家；入统的大个体户24家，限额以上批发零售企业5家，餐饮住宿3家；加油站39家，其中中石油10家，中石化5家，宝塔石化2家，社会加油站22家；全县建成县域电子商务公共服务中心1个、县级物流仓储配送中心1个、村级服务站135个，其中扶贫村电商服务站111个，已形成较为完整的农村电商体系。

【指标完成情况】 2021年，海原县全年共实施招商引资项目29个，完成到位资金29.06亿元，同比下降22.36%（其中自治区外项目16个，认定到位资金14亿元，同比下降51%）；全县规模以上工业增加值同比增长41%；全县社会消费品零售总额预计完成31.33亿元，完成目标任务31.20亿元的100.42%；全县实现消费帮扶销售额30704.76万元，完成目标任务3亿元的102.35%。

【企业治理】 2021年，海原县梳理2021年企业治理工作台账，将企业治理工作纳入议事日程，积极对接自治区工信厅政策法规处及中卫市工信局，上报《海原县2021年度企业治理工作总结》及《海原县企业治理典型材料》。

【落实扶持政策】 2020年，海原县申请自治区技术改造综合奖补资金529万元，委托第三方财务审计公司对申报企业的项目做出评估、审计。2021年4月，拨付宁夏海原国华农机制造有限责任公司、宁夏圣特保温材料有限公司、宁夏亨通肉食品有限公司、宁夏海原县鑫兴海钢结构建材有限公司、海原县卡立方智能科技有限公司5家企业工业技术改造奖补资金262.26万元，2021年为13家“散乱污”砖瓦制造企业拨付专项整治资金84.5万元；拨付海

海原县闽宁纺织有限公司生产车间

原县各扶贫车间物流、机台补贴82.382万元；拨付振发新能集团有限公司融资租赁补贴97.9万元；根据《海原县进一步加大民营经济发展支持力度若干政策的通知》（海党发〔2019〕19号）精神，2021年摸底排查符合享受扶持政策条件的民营企业15家，奖励资金合计140.1999万元。

【培育壮大企业】 自治区工信厅已于7月下发文件将宁夏中原塑业有限公司确定为2021年"专精特新"企业；10月底宁夏中车新能源有限公司纳入规上企业统计。

（黎飞飞）

招商引资

【优化工作领导小组】 2021年，海原县根据自治区九大产业，结合本县重点产业发展规划，调整了县招商引资工作领导小组成员并成立了7个专题招商小组，明确职责分工，为全县招商引资工作提供了坚强的组织保障。

【招商任务化解】 2021年，海原县自定招商引资目标任务46亿元（含自治区内外项目），任务量化分解至16个经济部门。建立各乡镇和各要素保障部门招商线索提供和要素保障服务考核机制，督促各乡镇、各要素保障部门增强主动服务意识，少说慎说"不行"，多围绕"行"来谋划工作，推动土地、环境、资金等生产要素向产业项目集聚，压实工作责任，为招商引资项目建设提供可靠保障。

【专题招商】 2021年，海原县组织专题小组招商。分行业领域，各小组针对性地开展招商引资工作。截至年末，赴北京、江苏、内蒙古、福建等省（自治区、直辖市）开展专题招商工作14次100人次，其中主要领导外出招商8次，共考察企业68家，就棉纱生产加工、物流冷链一体化等项目进行深入细致的交流洽谈，部分企业负责人已到海原做了进一步考察交流，并签订了福建白汇绿海万亩蔬菜生产基地建设、深圳赤湾东方网络货运平台建设、福建棋耀鞋服生产加工、天津津通新能源配套产业开发建设4个项目的合作协议，计划总投资7.2亿元。

【强化项目跟踪服务】 2021年，海原县印发《海原县招商引资项目行政审批代办制度》《海原县招商引资项目回访制度》等文件，配备专职人员，积极协助投资商对接办理各项手续，用真诚热情、细致周到的服务联络感情、增进了解、促进合作；进一步加大已落地企业的跟踪服务力度，3月、4月中旬两次回访了华润集团、深圳卡立方集团，通过交流座谈，帮助企业解决项目推进方面的实际困难，并深度挖掘产业链项目，深化以商招商，争取关联企业、关联项目落户海原县；梳理汇编国家、自治区、市、县招商引资和产业发展扶持政策，实施送政策进企业专项行动，为企业用好用活用足各类政策提供服务保障；对全县生产运营招商企业协

宁夏鑫兴海钢结构建材有限公司

议兑现及政策落实情况进行了全面排查。对未兑现落实内容及时督办落实,营造诚信营商环境,让投资商放心投资,安心置业。

【打造发展平台】 2021年,海原县筹资4789.7万元建设了海原县闽宁产业园二期项目,建成3栋16200平方米的标准化厂房,为劳动密集型企业提供发展平台。截至年末,3栋厂房均已完成主体建设,具备入驻条件。

【精准项目统计报送】 2021年,海原县印发《关于进一步做好全县招商引资项目统计及档案建立工作的通知》,推进招商引资统计工作更加全面、真实、客观地反映全县招商引资总量指标和考核指标的完成情况,为精准高效开展招商引资工作提供分析、研究和决策依据;按月对全县各乡镇(街道、管委会)、各部门(单位),尤其是各产业专题小组牵头单位外出招商,项目落实等开展督查检查,及时掌握招商信息动态,迅速部署下一步工作,高效推进招商引资工作。

【农业综合项目招商洽谈会】 9月22日,宁夏(海原)农业综合项目招商洽谈会在海兴开发区红宝宾馆三楼会议室隆重召开。海原县委、县政府、海兴开发区管委会主要领导,固原市、中卫市商务局负责人,海原县及海兴开发区有关部门、各乡镇负责人,海原县招商引资落户企业负责人,中宁县、沙坡头区和海原县涉农企业及合作社负责人等共计180余人参加了会议。会上,与会人员集中观看了海原县招商引资宣传片和肉牛产业发展专题片,专题推介海原县农业产业重点项目。县委副书记、代县长张鹏参加会议,并与部分企业代表作交流发言。此次会议,成功签约了年产5万锭棉纱加工、肉牛养殖技术升级合作、香水梨产品采购、

9月22日,农业综合项目招商洽谈会签约成功

海原县新能源配套产业开发建设、西芹产品采购、肉牛交易中心建设运营合作、新能源+产业投资开发等共计7个农业综合项目,签约金额达16.26亿元。

【"政府开放日"活动】 10月15日,海原县工信商务局举办"政府开放日"活动。活动邀请企业家代表、群众代表、记者等30余人参观闽宁科技园纺织、卡立方、刺绣三家企业的生产车间,介绍运营生产情况、招工条件等。在活动现场,由企业工作人员分别向参观人员展示衣物填充、芯片制作、刺绣生产等过程,并观看企业宣传片。现场参观结束后,由县工信商务局主持召开"政府开放日"座谈会。会上,详细介绍了海原县招商引资优惠政策和措施、工业企业现状、闽宁科技园的基本情况及海原县商贸流通领域情况和部分优惠补贴政策。

（黎飞飞）

海兴开发区

【地理位置】 海兴开发区位于中卫市南部、海原县东部三河镇境内,距离中卫市170公里、海

原县55公里、固原市50公里。海兴开发区地处西安、兰州、银川三个省会城市的几何中心，距离三大城市均在300公里左右。总体布局为“一山(凤凰山)、三水(苋麻河、清水河、中河)、五区域(行政办公区、生活服务区、工业发展区、商贸物流区和生态休闲区)”，北靠凤凰山，东傍清水河，苋麻河横跨城区，中河蜿蜒南流。区内福银高速、黑海高速、银平公路穿境而过，周边有固原六盘山机场、中卫香山机场和银川河东机场，其中距离最近的固原六盘山机场只需25分钟车程，海兴火车站规划建设前期工作正在积极推进当中，交通区位优势明显。

(马旭龙)

【历史沿革】 2008年3月，海原县在三河镇开始新区建设的规划。同年4月，自治区党委、自治区政府在三河镇正式启动海原新区建设，规划总面积30.6平方公里。2011年5月，自治区批准设立海原县工业物流园区(为自治区级工业园区)。2012年，按照自治区“黄河善谷”战略部署，规划建设厚德慈善产业园区。2013年12月，在原海原县新区、工业物流园区的基础上，经自治区党委、自治区政府研究设立海兴开发区，由中卫市直管。党工委、管委会为正处级单位，实行一个机构、两块牌子的管理体制。2020年12月，中卫市委调整海兴开发区管理体制，海兴开发区党工委、管委会仍作为市委、市政府正处级派出机构，交由海原县代管，主要负责招商引资、产业发展和开发区建设管理等职能。历经10年左右建设，建成行政办公、生活居住、物流商贸、工业园区、生态休闲五个功能区，建成面积16平方公里，实现了水、电、路、气、热、电信、电视等“九通一平”，工业体系逐步完善，发展基础不断夯实，发展后劲不断增强。绿化覆盖率50%，高氧低碳。城区内有常住人口3.1万人。

(马旭龙)

【基础设施】 海兴开发区历经10年左右建设，基础设施日臻完善，实现了水、电、路、气、热、电信、电视等“九通一平”。公共服务显著提升，建成了行政办公楼46栋，党校、农行、联社、税务、供电、电信、移动等单位入驻办公；社会事业稳步发展，先后建成了行政中心、红宝宾馆、宁南医院(三甲医院)、职教中心、兴海中学、汽车站、敬老院等公用设施；建成了格兰美景、红宝花园、凤凰园、天洁上上城等12个住宅小区；建成保障性住房4439套共计22.3万平方米。李旺物流中心二期、特色餐饮一条街等物流、商贸服务保障项目已建成，发挥效益。

(马旭龙)

【资源禀赋】 海兴开发区周边县区是马铃薯、草畜、枸杞、中药材、瓜菜和小茴香、葱韭蒜、小杂粮等特色农产品的主产区。各类可利用的土地资源近万亩，劳动力资源达10万余人。周边有须弥山、天都山、红军长征遗址祁家堡子等旅游景点。开发区生态湿地、苋麻河森林湿地、凤凰山景色宜人，绿化率达到52%以上，原生态环境好，温差大、日照足的气候特征成就了海兴开发区“天然氧吧”的美誉，也为发展健康养老和文化旅游、休闲避暑等产业提供了得天独厚的条件。

(马旭龙)

【工业服务保障】 海兴开发区重点聚焦“新能源装备制造、农副产品精深加工及仓储物流、轻工纺织”三大主导产业，先后引进华润、中车、中核集团等央企落户，入驻企业29家，建成小微企业孵化园3个标准化厂房25栋，初步形成了“一园三区”工业发展板块，实现了工业经济从无到有、从弱到强、从单一到多元、从优到特的飞跃，成为海原县工业经济快速发展的强大引擎。

（马旭龙）

【经济发展】 2021年，海兴开发区完成工业总产值7.77亿元，工业增加值2.62亿元，第三产业增加值4.01亿元，固定资产投资3.81亿元，工业投资1.57亿元，招商引资到位资金4.17亿元，实现税收0.51亿元。加大招商力度，坚持“走出去、请进来”招商思路，外出专题招商10次，接待华润燃气、上海能耀、华友钴业等公司17次，洽谈实施招商项目22个（洽谈18个、实施4个）。聘请第三方机构编制了“西北地区新能源装备制造、智慧运维和绿色农副产品精深加工基地”3个行动方案。积极参加第十五届国际太阳能与智慧能源大会等重要展会3次，随自治区招商小组赴湖南开展重点产业招商活动1次，肉牛大赛期间配合海原县举办农业综合项目招商洽谈会1次，并邀请相关企业到海原海兴实地考察。优化营商环境，强化行政审批功能，设置政务大厅企业综合服务窗口，为宁夏中车新能源有限公司等8家落地企业提供全程代办服务。深化落地企业服务，推行一对一“保姆式”服务和包保责任机制，召开企业交流会和政银企座谈会2次，协调企业贷款90万元，为企业兑现各类补贴94万元，协助企业招工100余人，协助亿达利服饰、食来运转2家企业申报扶贫车间挂牌，协调化解麦勒电器公司债务纠纷并协助企业举办产品展销会1场，协助华盛工贸、岳氏服装等停产企业实现转型盘活，组织辖区企业参加中国—阿拉伯国家博览会等大型展会5场次。修订《小微企业孵化园管理办法》，制定小微企业考核评价指标及评分细则，完成对11家入园企业2021年度考核，进一步加强对入驻企业的管理。加强项目建设管理，实施重点项目9个（生态湿地泵房、春季植绿增绿大会战、亿达利服装加工、华润电力宁夏运维基地4个续建项目，中核新能源装备产业园、金谷源小杂粮加工、格兰美景商住小区、海盛商业广场、活牛交易市场项目5个新建项目）总投资2.98亿元。强化项目事前事中事后监管，完成政府和社会投资项目备案审批17个、工程控制价审核15项。

（石文武）

【财政金融】 2021年，海兴开发区严格财政资金管理，资金使用中按照“保、控、管”优化支出结构，确保开发区机构运转正常和社会稳定。收入基本运行经费2700万元，专项资金4907.21万元，支出资金4558万元。严格政府采购，对政府采购项目，按公开招标采购批复，在政府采购范围的限额以上项目全部进入中卫公共交易中心交易，限额以下的通过政府采购平台网上竞价交易，完成调研公务用车、市政管理工具车、职工餐厅空调、办公电脑及复印机等采购活动。严格非税收入管理，开发区现有保障性住房4439套，安排收费员审核把关，做好公共租赁住房租金、保证金的收缴管理工作。严格政府债务管理，全年化解1800余万元。严格资产管理，强化固定资产管理，对新购入资产资料上传到资产管理系统中，登记到使用人的名下，进行动态管理。进一步理清闲置办公楼资产，对35家47栋行政办公楼资产进行登记备案，盘活3家闲置办公楼，有力地促进了开发区招商、社会服务等各项经济社会事业发展。

（余　静）

【规划建设】 2021年，海兴开发区坚持规划引领，将海兴开发区总规纳入海原县国土空间总体规划，有力保证了规划的合法延续。提升城市综合承载力，实施了苋麻河湿地提升泵房、供热系统提升改造等5个项目，开发了海兴格兰美景、海盛商业广场2个房地产项目。持续开展植绿增绿大会战，栽植苗木3.5万株，绿篱、花灌木等6.9万平方米，建成配套泵房和滴灌绿化设施，落实树木养护措施，加强中水灌溉利用，绿化景观效果有效提升。坚持问题导向，开展工程建设政府采购重点领域突出问题治理等专项整治行动，各问题均整改到位。推行城市精细化管理模式，结合城区百日环境集中整治活动，治理各类违规违法行为1160起，清除破旧广告527处，维修照明亮化设施6580处、绿化设施111处、破损路面321处、公厕15座，更换雨水箅子、下水井盖108个。积极探索公共服务设施市场化运营模式，将污水处理厂、集中供热、照明亮化、垃圾填埋场、固废处置场全部委托给专业机构进行规范化标准化管理，同时对接引入共享单车企业，投放共享单车2000辆，城市功能得到进一步完善。完成保障房配租3530套、清退65套、维修276套，建立并使用租金线上缴费系统，保障性住房管理更加规范。

（马 轩）

【社会事务】 2021年，海兴开发区落实防疫措施，切实扛起疫情防控的政治责任。成立了“六组一办三个专班”，将辖区划分为16个网格片区，先后召开疫情防控专题会议9次。及时摸排中高风险地区返海兴人员，累计摸排出返海兴人员81人，采取健康监测66人，全力阻断疫情输入。持续推进法治海兴建设，启动海兴开发区“八五”普法工作，以《中华人民共和国民法典》颁布一周年、“12·4”国家宪法日暨“宪法宣传周”等节点为契机，开展线上线下宣传活动，共计发放宣传彩页6000余份，开展宣讲活动2次。聘请法律顾问1名，累计梳理规范性文件5份，审查规范性文件、合同等3份。加强基层社会治理，巩固深化扫黑除恶专项斗争成果，重点推进社会治安、工程建设、交通运输、民族宗教等行业领域整治切实取得实效，持续营造严打整治的高压态势和浓厚氛围。妥善处理拖欠农民工工资等矛盾纠纷，化解各类矛盾纠纷，确保全国和自治区、市“两会”、中国共产党成立100周年庆祝活动等重大会议、重要节事、重点节假日社会大局稳定。协调为辖区企业招工65人次。优化农贸市场布局，对470个摊位按照经营类别合理划分摆卖区和停车区域。

（马国玲）

【安全生产】 2021年，海兴开发区提升安全生产管理能力，以海兴开发区安全生产专项整治三年行动为抓手，强化安全隐患排查整治，坚决防范和遏制较大及以上事故发生，切实维护人民群众生命财产安全，开展重点时段安全检查督查，检查建筑施工、工商贸、特种设备、烟花爆竹、消防、危险化学品等重点行业领域，集中开展“5·12”防灾减灾日、“6·16”安全生产咨询日和“11·9”消防安全日培训。联合举办应急救援演练2次，增强应急救援能力，辖区全年未发生安全生产事故，安全形势总体平稳。

（张 文）

【生态环境】 2021年，海兴开发区认真贯彻落实习近平生态文明思想，坚持“绿水青山就是金山银山”理念，全力打好“生态保护”“污染治理”“植绿增绿”三大会战。坚守改善生态环境的生命线，聚焦生态环境质量改善，深入打好蓝天、碧水、净土保卫战，坚决落实整改各级环保督察反馈问题，建立长效机制，巩固良好工作基础，提升环境质量内涵。坚持“四尘”同治、“五水”共治、“六废”联治，开展污染防治检查70余次，检查企业200余家次，优良天数比例达88.5%。利用“6·5”环境日、“低碳日”等节点加大生态环境保护工作宣传，倡导绿色低碳生产生活方式，共同防范应对气候变化风险，助力实现碳达峰、碳中和，营造环境保护良好氛围。

（崔　晶）

园区企业

【宁夏中车新能源有限公司】　宁夏中车新能源有限公司于2021年注册成立，是湖南中车株洲研究所在宁夏设立的独立核算子公司。公司在海兴开发区投资建设风电整机装备制造项目，占地面积55.2亩，由政府代建完成了标准化厂房6554平方米、办公楼及其他附属设施2006平方米，已具备年产500台风电总装能力。2021年组装2.5~4.8兆瓦风电机组158台，完成产值5.73亿元，上缴税收300万元

“十四”五期间，公司将加大能源及装备制造产业投入，充分利用中卫市丰富的风、光资源和独特的区位优势，整合自身新能源产业链和供应链资源，以现有制造业产业为基础，引入上游叶片、塔筒、发电机、电缆线束、控制柜、结构件等配套产业落地海兴开发区，全力“延链补链强链”，形成“一园三中心”产业布局（新能源装备制造示范区、新能源产业集群服务中心、总部经济及新能源智能运维服务中心和智慧风电场管理中心），将海兴开发区打造成西部地区风电整机及零部件制造产业基地和智能运维基地，助力海原县和海兴开发区经济高质量发展。

【宁夏亨通肉食品有限公司】　宁夏亨通肉食品有限公司始创于2010年10月，注册资金500万元，是一家集产品研发、加工生产、销售于一体的现代化综合型肉食品加工企业。总投资3000余万元，占地面积35亩，有生产线4条，员工35人，拥有先进的生产工艺流程、专业的产品研发和销售团队，主要生产“伊昊”“散臻香”和“六盘古里”三个系列的营养早餐、卤蛋、火腿肠、豆干等共85个品种的熟肉系列产品，形成了集“产品研发—生产加工—销售”为一体的经营模式。

【宁夏亿达利服饰有限公司】　宁夏亿达利服饰有限公司由铜陵东达服饰有限公司注册成立，总投资500万元，利用开发区原银海纺织产业园1栋厂房，建成服装生产流水线3条，机台设备70台（套），员工70余人。该公司是一家集研发、设计、生产、营销、信息化于一体的现代化服装生产企业，主要经营服装生产、服饰设计、销售等，产品有校服、工装、睡衣等，主要销往西北地区、西南地区，并出口欧洲地区。

【宁夏麦勒电器有限公司】　宁夏麦勒电器有限公司是一家集研发、生产、销售、售后于一体的大型现代化家用电器生产制造企业，成立于2017年8月，注册资本1000万元，主要的产品有洗衣机、冷柜、展示柜、商用冷链、小家电等各类家用电器。公司有厂房车间7栋、洗衣机生产线2条、大型注塑机6台及辅助设备多台，

员工50余人，主要依托宁夏家电行业协会，围绕西北地区这一产品营销核心，建立以宁夏地区企业直营，陕西、甘肃、青海、新疆、西藏、内蒙古等地区代理经销的销售模式，发展批发代理商30余家。

【宁夏食来运转有限公司】 宁夏食来运转有限公司由宁夏食之家食品有限公司注册成立，是一家以生产面叶、面条、半干面等为主的食品加工企业，致力于营养面的改良、生产和营销，已形成集产品研发、生产加工、营销服务、品牌专营于一体的发展体系，产品深受固原、同心及周边地区广大消费者的喜爱，远销陕甘宁和内蒙古地区。有面叶、半干面生产线各1条，员工30余人，年可生产各类营养面1500吨。

【宁夏嘉通卫生用品有限公司】 宁夏嘉通卫生用品有限公司是一家从事集生活用纸、一次性卫生用品加工、分包、销售及行业技术于一体的科技型民营企业。公司拥有自动化生产线6条，压花机、卷纸机、包装机、分切机等设备一应俱全，主要生产适合市场的高档压花卷纸、手帕纸、面纸巾等系列产品，共计80多个单品，产品远销青海、甘肃、陕西等地以及宁夏全境，与上百家大小供货商建立了长期稳定的业务关系。年可生产各类卫生纸产品2500吨，带动就业20余人。

【宁夏大河源中药饮片有限公司】 宁夏大河源中药饮片有限公司是一家中药饮片生产企业，主要依托当地及周边地区道地中药材资源，通过净制、切制、煅制、燀制等中药炮制方法生产各类中药饮片，于2020年5月份投产运营，有职工24人，其中大中专毕业生11人，中初级职称6人，执业药师3人，主要生产黄芪、三七等中药饮片，具备年产中药饮片800吨能力，至年底产值达500万元。厂区设有饮片生产车间、化验室、综合仓库、行政办公区及生活区。生产车间细分出净制、洗润、蒸煮、切制、炮炙、煅制、内包、外包等操作间，通风、防尘、捕尘、除烟等设施配备齐全；化验室拥有高效液相色谱仪、气相色谱仪、生物显微镜等50多台套检验仪器，能够满足原辅料、中间产品、成品的性状鉴别、水分检测、总灰分检测、含量检测、二氧化硫残留量检测等需求。

（马旭龙）

农业农村

综　述

【概　况】 2021年，海原县农业农村局内设党政办公室，下辖海原县农业综合执法大队、海原县农业综合开发服务中心、海原县农村能源工作站、海原县农业技术推广服务中心、海原县农业机械化推广服务中心、海原县农村合作经济经营管理站、海原县畜牧产业发展服务中心、海原县动物卫生监督所8个事业单位，和17个基层农业科技服务中心。核定编制419个，其中局机关13个（包括行政机关后勤2个），事业编制395个。实有干部职工377人。

【农业产业结构调整】 2021年，海原县实施重要农副产品保障战略，确保粮食和重要农副产品供给安全。1.稳定种粮农民补贴。向74765户发放耕地地力保护补贴219.42万亩9241.75万元；向53322户发放一次性种粮补贴106.08万亩1106.39万元。2.推进农业结构调整。推动品种培优、品质提升、品牌打造，加大种植节水高效、增产增收作物力度，巩固提升粮食储备和应急能力，确保粮食播种面积和产量保持稳定。完成农作物种植160.325万亩，其中夏粮7.105万亩、秋粮103.57万亩、经济作物49.65万亩。粮食产量达到22万吨，蔬菜17.8万吨，青饲料29万吨，实现农业产值17亿元。

【高端肉牛产业标准化建设】 海原县是宁夏“六盘山牛肉”产区之一，自古有“畜牧为天下饶”之说，空气清洁、水源洁净，气候凉爽，光照充足，得天独厚的气候条件，为海原肉牛产业发展创造了优越的资源禀赋，已成为如今海原县的“主导”产业。海原牛肉外在特征突出，肌肉红润、有光泽，组织结构细密；脂肪呈乳白色，大理石花纹均匀丰富；瘦肉多、脂肪少，肉中带筋、筋中带肉，肉质鲜嫩，富有弹性，受到了广大消费者的喜爱。与普通牛肉相比，海原牛肉更具营养价值，蛋白质含量高，富含人体所需的7种必需氨基酸及微量元素，均为平均水平的3倍。2021年，海原县按照自治区肉牛标准化示范县“发展规模化、品种良种化、生产标准化、设施规范化、管理智能化、防疫法治化、粪污处理无害化、服务社会化、营销品牌化”九化为目标，以深化创建全国肉牛产业技术体系“一县一业”示范县为依托，构建现代肉牛产业“三大体系”，健全“四项机制”，加快“四个转型”，在“七大体系”上持续不断发力，积极开展“二十一项”行动。高质量创建自治区级肉牛标准化养殖示范县，为推动全区肉牛标准化养殖走在前、作示范。50头以上养殖户存栏牛达6.5万头，占全县牛存栏量的42%，标准化示范点建成3个养殖园区、7个养殖合作社、6个养殖场、300户示范户，培育各类经营主体265个，其中家庭牧场231个、合作社28个、养牛企业6个，良种牛繁育中心1个，规模化肉牛交易市场2个，屠宰加工厂2个、肉牛销售门店5个，养殖示范村2个，人才培训1850人，社会化服务组织21个(疫病防控、冷配18个、饲草配送3个)、星级牧场9个，全县肉牛饲养量达32万头。

海原牛杂是海原肉牛宰割后的牛头、牛蹄、牛尾、牛心、牛肝、牛肺、牛肚、牛肠的统称，在海原本地经分割、修整，采用“一燎二刮三冲四翻五洗”的加工方式，并加入食用碱、白醋多次揉搓，去除了牛杂的异味，又保留了食材原有的营养成分和风味。老百姓通过“炖、熬，用牛骨汤进行烩制，加入海原小茴香等调味料，使牛杂充分吸收了汤汁的精华，出锅时再加点牛油辣椒，增加了汤汁的层次感，突出了“鲜、香、醇、弹”的特点。因海原牛杂含有丰富的氨基酸和蛋白质，容易被肠胃吸收，有助于养肝、养胃、明目、健脾、补肾、强筋，成为了当地的特色小吃和非遗项目。

【农业基础设施建设】 2021年，海原县强化农业基础设施建设，夯实乡村产业发展基础。1.实施高标准农田建设。建设高标农田10.95万亩(其中高效节水1万亩)，完成旱作7万亩，预计到封冻前完成85%以上。2.推进乡村振兴“一村一年一事”行动。以建设美丽宜居乡村为抓手，整合各类21964.24万元，围绕148个行政村基础设施短板、“两不愁三保障”弱项、民生实事等亟须办理事项，梳理出148件办理事项，已全部完成，切实解决老百姓的操心事、烦心事，提升群众的获得感、幸福感。3.推进机械转型升级行动，为进一步推进农业机械转型升级，海原县制定了农业机械购置补贴政策，对购置农机具的均按购机价格的40%减去享受国家和自治区补贴进行补贴，共补贴各类农机具1290台(套)，受益补贴农户950户，新培育农机作业公司1家，大力提升了主要农作物综合机械化水平，全县农作物耕种收综合机械化水平81.04%。

【农村人居环境整治】 2021年，海原县突出开展“五清一改一绿化”，农村人居环境不断改善。持续以“五清一改一绿化”为重要行动内容，重点对非正规垃圾堆放点、积存死角垃圾、垃圾设备周边环境卫生、厕所粪污无害化处理等进行了集中整治，共清理生产生活垃圾35.4万余吨、河道沟渠315公里、农业生产废弃物11万吨，拆除危旧院落、残垣断壁2500处，拆除乱搭乱建违章建筑7925处，投入各类机械10200辆(台)次，群众参与环境整治3.5万人次。全面打响植绿增绿大会战，春秋造林及村庄清洁行动共植树100万株。建成23个美丽宜居村庄(示范村)，100个农村人居环境整治提升村和25个推进村整治工作有序开展，实现了农村人居环境整治提升全覆盖；建成“积分超市”36个，创建市级“美丽庭院”33个、县级273个，整村推进农村户厕改造2500户，摸排出问题厕所6075座，整改1171座，建立整改台账，逐年整改。

(李玉成)

农业种植业

【概　况】 2021年，海原县农业围绕增值增效抓调整,完成农作物种植160.3万亩,其中夏粮7.105万亩(小麦5.08万亩,豆类2.025万亩),秋粮103.57万亩(籽粒玉米34万亩,马铃薯33.9万亩,糜子7.7万亩,谷子10.67万亩,荞麦17.3万亩),经济作物49.65万亩(油料8.02万亩,小茴香2.28万亩,硒砂瓜4.05万亩,蔬菜8.8万亩,青贮玉米15.5万亩,禾草11万亩)。2021年粮食产量完成22万吨,蔬菜17.8万吨,青饲料29万吨。

【马铃薯产业】 全县完成马铃薯种植面积33.9万亩。重点建设马铃薯"四位一体"标准化示范基地10万亩,采购马铃薯原原种300万粒、一级种薯3000吨,免费发放给脱贫户和马铃薯种植大户;建成马铃薯脱毒种薯原种繁育基地1000亩、一级种繁育基地4000亩;引进希森6号原原种、原种,建设希森6号和后旗红等新品种引进示范基地2500亩,马铃薯品种进一步优化。

【小杂粮产业】 重点打造北部海城(西安)、中部贾塘(关桥、郑旗)、东部七营(李旺、甘城)三个小杂粮种植核心区,以谷子、糜子、荞麦等为主的小杂粮种植35.67万亩,打造谷子标准化示范基地5万亩;品种以张杂谷13、宁糜14号为主。打造标准化示范基地18个;建成自治区稳粮保供科技创新综合示范区,核心示范面积2300亩,带动周边小杂粮种植5700亩,积极创建自治区级小杂粮绿色高质高效示范县。

【瓜菜产业】 在瓜菜主产区西安、关桥、高崖等库井灌区和扬黄灌区乡镇以硒砂瓜、红葱、芹菜、辣椒等为主的瓜菜种植面积12.87万亩,其中硒砂瓜4.05万亩、蔬菜8.82万亩;建设标准化冷凉蔬菜生产基地4万亩,新建高标准蔬菜基地0.5万亩;在关桥、郑旗、三河等乡镇建成标准化西芹生产基地0.68万亩,在海城、李旺、史店等乡镇建成红葱示范基地0.72万亩,在西安建成菜心标准化基地0.265万亩,在贾塘建设辣椒示范基地0.5万亩,全县"菜篮子"供应量足。

【旱作节水农业】 2021年,在海城、关桥、高崖、李旺、七营、郑旗、贾塘、曹洼等乡镇建设谷子、马铃薯等作物高标准旱作农业示范区6个,面积4.6万亩,布设田间试验示范区5个,水分利用率提高10%以上。

【测土配方施肥与化肥减量增效】 在海城镇武塬村开展小杂粮测土配方施肥与化肥减量增效技术示范推广面积500亩,开展基础土样监测95个,试验土样13个,茎秆、籽粒取样各10个,主要粮食作物测土配方施肥覆盖率96%,肥料利用率40.53%,实现化肥使用量零增长。

【有机肥替代化肥】 围绕马铃薯、小杂粮、玉米、蔬菜等特色产业,建设有机肥替代化肥示范园区6个,示范区面积为2.4万亩,示范区化肥施用量减少10%以上,土壤理化性状改善明显,耕地地力明显提升。在海城镇武塬村建设1个化肥、减量增效核心示范区500亩,推进有机肥替代化肥行动,促进化肥减量增效,示范应用面积2.4万亩,建设有机肥替代化肥核心示范园区6个;开展有机肥应用试验3个,累计宣传培训技术人员及农户300余人次。

【农业生产救灾】 以农药减量增效、大力推广农作物病虫害统防统治及绿色防控为目标,分别在海城镇堡子洼村建立油菜地下害虫绿色防控(黄蓝板诱芯)示范区1个,面积2000亩;海城镇武原村建立统防统治核心示范园区1个,面积5700亩;关桥乡羊峰湾村建立硒砂瓜绿色防控示范区1个，面积2000亩；推进生物农药、植物源农药替代化学农药行动。2021年开展小麦病虫，小杂粮、玉米粘虫应急防控面积131500亩，其中无人机飞防面积88331亩；开展马铃薯防病减灾行动，其中晚疫病防控面积36000亩，叶面肥喷施抗旱面积120000亩；开展小杂粮药剂试验3个，小麦拌种示范1个，累计宣传培训技术人员及农户3800余人次，发放宣传材料25000份。

【植保植检】 开展检疫性有害生物监测检测工作，共完成苹果蠹蛾定点定时监测点9个，监测面积6000亩；完成瓜类果斑病监测点10个，监测面积10亩。瓜类黄瓜绿斑驳花叶病毒病监测点10个，监测面积50亩。完成西瓜种子种苗检测样品510个，实施监测普查面积达4.05万亩；完成玉米退绿斑驳病毒病调查取样20个，涉及5个乡镇。对全县2个农产品固定监测点、超市、农贸市场，乡镇中心学区监督抽检，完成农产品检测600个样品，合格率达100%。开展农田土壤墒情监测。对全县6个点的土壤墒情进行监测，分别监测0~80厘米的土壤含水量，结合气象因素，准确分析土壤墒情，及时发布农情信息来指导农业生产。

（李玉成）

草畜产业

【概　况】 2021年，海原县牛、羊、猪、鸡饲养量分别为32万头、156.67万只、11.54万头、188万只；存栏分别为16.25万头、68.52万只、5.14万头、90万只，同比分别增长7.5%、-1.2%、5.5%、1.7%；出栏分别达到15.75万头、88.15万只、6.4万头、98万只。肉类总产量42330吨，同比增长7.6%，鸡蛋产量6105吨，同比增长2%，奶牛7500头，同比增长36、4%，牛奶产量19917吨，同比增长36.4%。实现畜牧业产值26.44亿元，同比增长12%，人均牧业纯收入1175元。

【养殖专业示范村建设】 2021年，海原县累计建成万头养牛乡镇4个、高端肉牛养殖示范村57个[其中千头以上养牛示范村20个、自治区级示范村4个、自治区级滩羊养殖示范村4个、肉牛改良点47处(其中“五位一体”畜牧科技服务点24个)]、饲草配送中心3个；登记备案规模养殖场89个(其中牛场41个、羊场36个、猪场8个、鸡场4个)；培育50头以上规模牛场、肉牛养殖合作社、家庭牛场265家；20头以上养牛户1926户，20头以上规模养殖牛存栏4.2万头，占全县总存栏的28%。

【基础母牛稳群扩繁】 1.实施“保母扩群”行动。为稳定基础母牛群，扩大养殖规模，在全县实施见犊补母政策全覆盖，全年繁殖成活犊牛5万头以上，基础母牛补栏1.4万头，培育5~20头养殖户466个，20头以上养牛大户1926个，扩大基础母牛群基本盘，实现家庭养殖方式向规模化养殖转型。2.实施“出户入场(园)”行动。按照“统一建设、统一管理、统一经营”的原则，通过托管代养、股份合作等方式，引导散养大户出户入园。投资6657万元，在关桥脱场、李旺新源、三河鹭海、七营南堡、七营马堡建设5个出户入园养殖园区，5个养殖园区已全部批复，其中关桥脱场村由企业施工为主，前期基础建设已展开，其他4个养殖园区，进入挂网招标阶段。3.实施“50模式”推广行动。巩固提升贾塘乡王塘村和七营镇南堡村2个肉牛养殖示范村，引导养殖主体扩群增量、提质增效。培育肉牛“50”养殖模式50家，新建饲草料综合加工点2个。

【肉牛品种改良】 抢抓国家“打好种业翻身仗”机遇，以中国(宁夏)良种牛繁育中心为引领，健全完善县、乡、村三级冷配改良服务网络；生产和引进西门塔尔、安格斯良种牛冻精12万支，冷配近6万头，产犊5万余头，牛群品种结构进一步优化。加强肉牛品种改良选育，持续扩大良种母牛群体数量。中国(宁夏)良种牛繁育中心完成基础设施建设，已遴选第一批种子母牛进场进行适应性饲养，为后期运营积累经验，同步推进与北京首农畜牧发展有限公司合作进程，签订合作运营协议，成立项目运营合资公司，确保2022年3月底前全面启动运营。

【饲草料生产加工体系建设】 按照种养结合、草畜配套、循环利用、绿色发展的要求，扩大紫花苜蓿、青贮玉米等优质饲草料种植面积，推广全株玉米青贮等饲草加工调制技术，保障优质饲草料供给。不断优化饲草种植结构，扩大青贮玉米、紫花苜蓿和一年生禾本科牧草种植面积，建成万亩优质牧草示范基地9个，5000亩以上集中连片种植点11个；“粮改饲”实现全覆盖，种植青贮玉米20万亩，收贮30万吨以上；更新复种紫花苜蓿1.2万亩，苜蓿留床面积达到50万亩以上，收贮10.5万吨；一年生牧草种植面积13万亩，建成玉米压片饲料厂1个、饲草料配送中心3个。为应对旱情对养殖业的影响，鼓励群众刈割野草，在九彩乡和曹洼乡建设2个饲草加工厂，开展柠条平茬试点，丰富饲草资源开发利用，确保全县养殖规模不减，效益不降，收集野草0.26万吨、外调饲草6.37万吨。

【动物疾病防治】 加强先进设备和高效养殖、信息化管理等技术推广应用，严格生产主体管理、养殖过程管控、饲料兽药监测监管，提高标准化生产水平和质量安全水平。严格执行《中华人民共和国动物防疫法》等法律法规，完善肉牛疫病防治规程，指导养殖主体落实动物疫病防控制度，从严规范防疫消毒、程序化免疫、病死畜无害化处理等措施。健全养殖、免疫、用药、用料等记录。严格落实自治区外调动物及动物产品指定通道制度，进行隔离、检疫，实现全县外引动物“有引必报、引外必检、落地必隔、违法必罚”的防疫机制。全县免疫密度、带标率均达100%，已圆满完成全年动物防疫工作任务。尤其对肉牛炭疽病进行全覆盖强制免疫，针对牛结节性皮肤病、布病、小反刍兽疫、非洲猪瘟、高致病性禽流感等加强流行性病学调查及排查，累计排查完成养殖场(户)30520个，排查牛24.4万头次，消毒圈舍238万平方米；开展肉牛常见病调查防治工作，成立肉牛常见病调查与治疗工作小组，在全县范围内入场(户)采血样5.6万头份，涉及6种肉牛常见病，区市送检各类样品8600份。

【牛产业社会化服务】 按照“县有集团、乡有工作站、村有合作社”的思路，成立肉牛产业发展集团，组建乡级工作站17个、村级专业合作社50个，形成了“集团跑市场、乡村抓种养”的产业发展格局，不断改进饲草配送、村级防疫、冷配改良等制度。以饲草料配送中心为核心，根据肉牛饲养分布状况，合理布局，构建乡、村、组三级饲草料加工配送服务体系，建成县级饲草料配送点3个，乡级饲草收贮中心17个，村级配送点50个。自治区农业农村厅指导三河镇富陵村集体经济合作社，凡是养殖园区内及周边小农户从合作社购买饲草和配方饲料的，均按照10%给予农户补贴。在大田新天地生物科技发展有限公司开展向全县配送饲草料服务，在农户运输环节给予市场价格的20%补贴。配送青贮饲料8650吨、小麦等农作物秸秆1620吨、配方精饲料1056吨。支持肉牛规模养殖场配套完善粪污处理设施装备，严格落实养殖场环评审批和备案管理制度。推行“三改两分三防再利用”，全县规模养殖场均配套建设了堆粪场，设施配套率达到100%。与隆德县农村洁能科技有限公司签订海原县畜禽养殖废弃物（粪污）资源化利用招商引资框架协议，投资1500万元，新建年加工处理畜禽养殖粪污6万~7万立方米、年产微生物发酵有机肥2.3万吨、配方肥6000吨的有机肥场1个，并在贾塘、李旺、九彩等肉牛养殖重点乡镇建设标准化粪污无害化处理营运点8个，开展肉牛粪污收购与运营。建成2个集中养殖园区粪污集中处理点，提升了畜禽粪污的资源化利用率，全县畜禽粪污提倡干清粪，使用堆肥腐熟还田模式，粪污资源化利用达92%以上。建立规模养殖场联农带农机制，采取“一场一策”，将养殖场和农户通过牛产业发展各环节的利益进行捆绑，充分发挥各自优势，将农户带起来，使农户动起来。

【牛产业人才培养】 强化技术推广服务机制，重新规范整理现有技术服务团队，将华润“530”研究院、乡村牛医、乡镇畜牧兽医站、农村兽医进行整合，形成了一套管理服务机制，围绕标准化养殖，开展技术服务。强化技术培训，依托“西海固”牛产业研究院，围绕县乡专业技术人员、乡村牛医、乡土专家、新时代养殖能人制定培训方案，以饲草加工调制、基础母牛标准化饲养管理、疾病治疗、屠宰加工等关键技术进行培训，列出培训清单，分层次分批次进行培训，全年培训1850人次。

【品牌营销】 建设海原活牛交易市场，激发华润五丰精深加工活力，引进现代冷鲜加工工艺、设备，提高屠宰加工能力和精深加工水平。大力实施品牌战略，精细制定产品策略、价格策略、分销策略、市场营销策略、品牌推广策略，提升品牌竞争力。按照自治区调研组提出的要建设现代化、电子化、智能化以及期货交易的方向，前期开展了考察调研，建成活牛交易市场，发布《海原县活牛交易市场启动交易公告》，开始交易。县委主要领导带队前往深圳与华润五丰进行对接，制定运营方案，“吃干榨尽”式全产业链发展，扭转活牛大进大出现象，增加农民收益，提升产业附加值。实施品牌营销行动。由县肉牛产业集团牵头，联合华润五丰肉类食品有限公司、海原县回乡屠宰有限公司，构建“规模养殖+精深加工+品牌营销+综合服务”一体化经营模式。2次参加宁夏品质中国行“遇宁湘约”长沙站活动，推介“六盘山牛肉”海原产区牛肉产品；成功举办宁夏（海原）第六届高端肉牛大赛，有力提升六盘山肉牛海原产区品牌知名度、美誉度和影响力。

【金融服务】 海原县将肉牛产业作为全县实现巩固脱贫攻坚成果衔接推进乡村振兴、推进农业产业高质量发展的主导产业，调整优化政策，创新扶持方式，多渠道筹措发展资金。2021年财政投入支持肉牛产业发展资金2.2亿元，其中统筹自治区肉牛养殖大县资金2500万元，肉牛特色产业集群资金1500万元，肉牛标准化养殖示范县资金3705万元，出户入园示范点建设资金410万元，养殖社会化服务试点资金200万元，闽宁资金2545万元，一、二、三产融合发展资金667.5万元，整合使用财政涉农资金10451万元。通过在母牛品种改良、保母扩群，优质饲草种植、饲草料加工配送，标准化养殖示范村、示范乡（镇）、标准化养殖示范场、合作社，标准化圈棚建设改造，粪便无害化处理，专业技术人才培养，信息化管理等方面持续加大财政投入，为肉牛标准化示范县建设提供强力支撑。积极发挥国有担保公司作用，充分利用金融支持乡村振兴战略机遇，加强与黄河农村商业银行合作，签订三年授信30亿元合作协议，用于扶持全县肉牛产业发展。截至年底，已向种植养殖大户、家庭农场等新型经营主体发放贷款2.6万户20.8亿元。落实小额信贷贴息金融帮扶政策，为稳定脱贫户和监测户补栏基础母牛贷款贴息700万元。做好政策性农业保险保障，动员养殖户应保尽保，保险理赔收入399.7万元，有效降低了肉牛养殖风险。

【滩羊产业】　根据自治区滩羊产业相关政策精神，组织畜牧技术专家编制完成《海原县2020—2025年滩羊产业规划》《海原县2021年滩羊产业高质量发展实施方案》《海原县2021年滩羊养殖示范村建设项目实施方案》等。打造西安镇范台村、海城镇高台村2个滩羊养殖示范村，支持养殖示范村养殖大户、规模户，建立滩羊基础母羊核心群1600只，提升滩羊品质，配套公共服务配套设施，培育养羊户“300”模式5户、100~299只15户、50~99只28户，选育滩羊基础母羊1600只，完成计划任务的100%；引导滩羊规模化养殖，推广家庭经营“300”模式羊场15家。

【草产业】　根据自治区草产业相关政策文件，编制了《海原县2021年高产优质苜蓿示范基地建设项目实施方案》《海原县2021年粮改饲项目实施方案》等，继续加强对青贮玉米、紫花苜蓿等优质牧草种植、收获、加工收储及利用环节的政策支持和技术指导。1.高产优质苜蓿。计划建设高产优质苜蓿示范点4个9400亩，受旱情影响，实际完成5700亩。2.粮改饲。推广种植青贮玉米26万亩，向1217户养殖户（场）推广收贮优质全株玉米青贮25万吨，有效缓解了全县饲草不足、草畜区域性不平衡的问题。3.饲草料配送。为加大全县基础母牛保栏力度，保障饲草供给，巩固拓展脱贫攻坚成果同乡村振兴有效衔接，县政府筹措资金，为全县6700户养牛脱贫户提供饲草料物化补贴，每户按照1000元的补助标准配送等价值青贮饲草或干草，共配送8800吨。4.抗旱救灾。针对旱情，及时制定畜牧业抗旱救灾工作方案，成立饲草调运领导小组，统筹推进全县饲草调运工作。一是加强县内饲草管控，防止饲草外流。二是支持饲草经纪人组织外调饲草，鼓励养殖场（户）及早储备饲草。三是动员群众对中度受旱玉米，提前收贮青贮。四是鼓励群众刈割野草，开展柠条平茬试点，丰富饲草资源开发利用，确保全县肉牛羊养殖规模不减，效益不降。共收集野草0.26万吨、外调饲草6.37万吨。

【畜禽粪污资源化利用】　1.成立畜禽粪污资源化利用工作专班，对全县畜禽养殖场（户）进行了详细的摸底排查，对没有配套建设粪污堆积场及尿液贮存池的或没有达标的下发了专项整改通知，督促整改，力求完善达标。2.结合2021年新建规模养殖场（户）及粪污资源化利用项目建设，严格执行畜禽粪污资源化设施配套建设要求，全部配套建设粪污处理设施，并依法进行环境评价备案。3.对全县录入备案的89家“直联直报”规模养殖场中的85家配套建设粪污处理设施，粪污设施配套率达95.51%，大型规模养殖场配套率达100%。4.加强粪污处理中心建设，按照《海原县六盘山地区肉牛优势特色产业集群续建项目2021年资金使用方案》，计划在郑旗乡吴湾村蒲家山建设年加工处理畜禽养殖粪便6万~7万立方米、年产微生物发酵有机肥2.3万吨、配方肥6000吨的有机肥场1个，并在李旺、高崖等5个乡镇配套建设粪便收集无害化处理点7个，引进以生物发酵技术为主的有机肥生产线，对区域内无处理设施的规模养殖场和部分养殖户养殖固体废弃物统一回收到有机肥场进行集中发酵处理，生产有机肥。截至年底，县政府与隆德县农村洁能科技有限公司已完成合同签订，蒲家山建设用地报自然资源厅批复，畜禽粪污集中处理点在三河镇、李旺镇已建成2个2000平方米，其余5个有关乡镇协调落实建设用地。

【农牧民补奖】 全面完成2021年农牧民补助奖励政策管理信息系统建立，补奖信息数据集采、录入和审核，共整理录入全县102613户禁牧户家庭基本情况，包括草原承包信息、禁牧面积、家畜存栏、牧草种植、补贴资金等各项内容，涉及17个乡镇、甘盐池管委会、海城街道办和南华山管理处，涉及148个行政村、11个社区和1个甘盐池种羊场的421125口人，禁牧总面积366.2792万亩，补助标准7.6元/亩，补助资金2783.8万元，奖补资金已全部兑付到户，资金兑付率100%。

【动物疫病防控】 2021年，海原县据统计应免数牛、羊、猪、鸡、犬分别为11.2万头、46.9万只、3.5万头、49.2万只、2.2万条，实免牛、羊、猪、鸡、犬分别为10.46头、46.64只、3.42头、48.9只、2.22条，免疫密度、带标率均达100%。针对牛结节性皮肤病、炭疽病、布病、小反刍兽疫、非洲猪瘟、高致病性禽流感等开展流行性病学调查及排查工作，累计排查完成养殖场(户)30520个，排查牛24.4万头次，消毒圈舍238万平方米；开展肉牛常见病调查防治工作，成立肉牛常见病调查与治疗工作小组，在全县范围内入场(户)采血样5.6万头份，涉及6种肉牛常见病，向自治区、市送检各类样品8600份；完善购买服务的评价和考核机制，鼓励兽医社会化服务组织拓展服务内容和服务范围，进一步提高服务质量；加快推进规模养殖场“先打后补”政策全覆盖；加快提升兽医实验室管理水平和能力，强化人员培训，补齐短板、做好兽医实验室质量认证工作加强畜禽补免补带，确保不发生重大动物疫病。

【畜牧技术培训】 海原县畜牧中心成立了畜牧技术培训工作专班，在西安镇菜园村和范台村、曹洼乡硝沟村、树台乡红井村、三河镇富陵村、海城镇王井村及县畜牧中心定点帮扶的李旺镇韩府村、七营镇砖窖村等，主要围绕肉牛、滩羊产业培训32场次，累计培训农户1850人次，发放技术宣传资料5000余份、牛羊营养舔砖20吨；配合县委组织部针对全县村干部及妇联干部代表进行了4次视频培训；对150名畜牧社会化服务组织人员进行春秋2次集中免疫培训，切实提高技术水平，提升服务能力。

(李玉成)

农业机械化

【概　况】 海原县农业机械化推广服务中心现有干部职工31人，其中专业技术人员28人，高级职称8人，中级职称及以下19人，驻村2人。2021年，全县拥有农机总动力43万千瓦，拖拉机（联合收割机）13999台，其中大中型拖拉机1294台，小型拖拉机12449台，联合收割机256台，履带式拖拉机343台。拖拉机驾驶员15346人。配套各类农机具31723台（套），农机从业人员7.2679万人。完成机耕地128.65万亩，机深翻29.3万亩，机播119.6万亩（玉米28.56万亩，马铃薯34.62万亩），机收75.9万亩（玉米21.52万亩，马铃薯29.37万亩），小麦、玉米、马铃薯机械化水平达到了96.9%、85.8%、66.2%。全县综合机械化水平63.08%。

【农业机械化服务公司建设】 2021年，新建海原县生俊农业机械化作业服务有限公司，完成公司注册、机库机棚建设及机具购置，制定了公司章程、制度等。建设机库、机棚、修理车间分别为975平方米、200平方米、60平方米。已通过了自治区和县级验收。

【农机购置补贴】 2021年，海原县认真落实农机购置补贴政策，加快技术先进农机产品推广和农机装备转型升级，推进补贴范围内机具敞开补贴。实行“自主购机、定额补贴、先购后补、县级结算、直补到卡”的补贴方式，全面使用2021—2023年宁夏农机购置补贴申请办理服务系统，严格规范操作程序，强化补贴机具核实，确保农机补贴工作规范廉洁实施，促进农业机械化全程全面高质高效发展。2021年全县可用农机购置补贴资金规模为1257.169万元（中央补贴资金1225.202万元，自治区补贴资金31.967万元），全年共补贴各类新购农机具1054台，报废农机具3台，使用农机补贴资金1159.312万元，其中中央补贴资金1152.335万元，自治区补贴资金6.977万元，带动农民投入购机资金3641.47万元，受益农机补贴农户749户。年末预留了中央农机补贴资金63.527万元，用于保障24.99万元自治区补贴资金的配套使用。

【农机监理】 2021年，海原县利用“3·15”消费者权益日、中国农民丰收节等活动，通过多种形式大力开展农机产品消费警示、农业机械质量投诉监督管理、购机者的权利义务等知识宣传和各类农机具现场展示，印发宣传资料1.2万余份，编发信息2期，提高了广大群众的维权意识，维护了农民合法权益。开展了设施种植及农产品初加工机械化技术装备需求发展情况调查并完成调查报告。共出动农机质量监督检查70人次，检查农机经营企业及农机作业公司12家。受理农机产品质量投诉2起，及时协调经销商和购机户，保障购机户权益。

【覆膜和残膜回收】 2021年，海原县春季保墒覆膜计划覆膜面积20万亩，实际完成20.4068万亩，完成下达任务的102%。分两批招标采购地膜1920吨（白膜1250吨，黑膜670吨），实际发放地膜1899.1吨（白膜1450吨含2020年结余101.29吨，黑膜449.1吨），白膜超供98.71吨，黑膜结余220.9吨，按照白膜黑膜招标价格差价，220.9吨－98.71吨=122.19吨，加上白膜、黑膜差价500元，折合黑膜（98.71吨×500元÷12450元/吨）=3.964吨，实际结余126.154吨（黑膜），剩余地膜2022年继续使用。地膜采购资金2331.1万元。2021年，为确保残膜回收工作顺利开展，县政府与各乡镇签订了海原县2021年农用残膜污染专项整治责任书，县农业农村局安排工作人员包乡包片进行督导检查，督促乡镇组织作业公司、种植合作社及农户开展了残膜回收工作。年末，全县有残膜回收网点21个，残膜加工企业2家。全县基本实现了县有加工企业，乡有回收网点，村有回收人员的残膜回收再利用体系。共回收残膜1766.95吨，加工颗粒162.16吨，残膜回收率93.88%；兑付补助资金263.1586万元。共出动检查指导技术人员96人次，下发整改意见书10份，印发宣传材料1.5万多份，投入残膜回收机械247台次。

【秸秆综合利用机械化捡拾打捆】 2021年安排海原县农作物秸秆综合利用项目资金1016万元（中央补贴资金660万元，自治区补贴资金344万元，2020年结转12万元），全部用于玉米秸秆机械化捡拾打捆，计划打捆10.16万吨，每吨补助100元。通过实施玉米秸秆机械化捡拾打捆，消除玉米秸秆"站岗"现象，建立农作物秸秆综合利用长效机制，全面实现玉米秸秆资源化利用，促进资源节约、环境友好、农民增收和农业可持续发展，全县2021年农作物秸秆利用率达到90%。

（李玉成）

农村经济管理

【农民专业合作组织建设】 培育农民合作社33家，注销农民合作社6家，累计342家；培育家庭农场135家，累计555家；培育农业综合服务中心2家，农民专业合作社联合社2家；创建县级农民合作社示范社36家、二星级示范家庭农场29家；创建市级农民合作社示范社5家、三星级示范家庭农场5家。结合新型农业经营主体高质量发展培育项目和农民合作社质量提升整县推进试点工作，扶持县级及县级以上农民合作社示范社30家，兑付补贴资金133.4万元；扶持县级及县级以上示范家庭农场10家，兑付资金52.6万元；扶持农业综合服务中心2家，兑付补贴资金50万元。全县52%的农民专业合作社进一步完善章程制度、健全组织机构、规范财务管理，围绕"一主四特"产业基础和资源禀赋，进行有机种植、绿色养殖，发展循环农业，带动农户连片种植，开展规模经营，实现规范化建设，推动高质量发展。

【农村土地承包管理】 1.农村承包确权变更登记工作。完成农村承包地确权变更登记1091户，累计变更登记23783户。全县17个乡镇、148个行政村、84881户的540724块、2185439.29亩农村承包地确权登记颁证全部颁发到位。为乡镇配备了农村土地承包经营权登记颁证成果数字化档案查询系统，方便农民查询、变更指导和纠纷调处工作。2.农村承包地"三权"分置工作。按照"巩固所有权，稳定承包权，放活经营权"原则，进一步推动农村土地经营权规范有序流转，强化土地经营权流转合同管理，防范和化解土地经营权流转中的矛盾和纠纷，积极引导流出方和流入方使用农业农村部制定规范统一的土地出租合同，与当事人签订书面流转合同，保护流转当事人合法权益，提供了更明确的依据。全县累计流转土地承包经营权面积18.5万亩。其中，流入农户1.3万亩，流入家庭农场2.1万亩，流入农民合作社8.5万亩，流入企业6.6万亩。

【农业生产托管服务】 按照围绕"主导产业、突出重点环节、扩大覆盖范围、集中连片推进"原则，聚焦玉米、马铃薯、小杂粮、小茴香、苜蓿、硒砂瓜等农作物，遴选51家服务组织，充分利用先进适用的农业技术、农业机械和农机农艺相结合的方式，从耕、种、防、收薄弱环节和关键环节实施全程托管或菜单式托管，完成农业生产托管服务面积35.52万亩次（包括耕19.38万亩次，种3.36万亩次，防7.2万亩次，收5.58万亩次），完成总面积68.19万亩次的52%，兑付补助资金135.46万元，占兑付总资金1010万元的13.4%。

【农村集体财务及资产管理】 1.规范村集体资产台账管理。清查登记全县148个行政村货币资产54836260.12元，固定资产226650043.27元，负债5602460.58元，资本4011414.47元，未分配收益82828823.08元。集体土地总面积709.8万亩，其中，农用地690.2万亩，建设用地19.6万亩。四荒地27.4万亩，待界定土地46.9万亩。圆满完成农村产权制度改革信息报送和清查“三资”数据录入平台管理系统工作。2.规范村级财务指导管理。指导全县148个行政村和集体经济组织完成启用财务新账套，逐步实行“政经”分离；对《海原县农村集体“三资”管理暂行办法》《海原县村集体经济组织资金使用管理办法》《海原县关于进一步规范和加强光伏扶贫工作方案》进行汇编，送达各行政村，指导乡镇规范村级财务收支，健全“村廉通”监督运行机制，保障村级各类资金安全使用。3.做好农村经济运行态势监测。完成全年70户农户家庭可支配收入监测分析，完成全县农村集体经济运行监测和三河镇六窑村、树台乡树台村、高崖乡香水村村级债务动态监测任务，按照时限要求，及时上报监测数据和分析报告，为各级领导掌握海原县农村经济发展情况，提供了准确的第一手资料。

【壮大村级集体经济】 持续扶持壮大村级集体经济。按照“提升富裕村、壮大一般村、扶持薄弱村、消除空壳村”的发展思路，依托资源禀赋，通过盘活存量资产，挖掘资源性收入、提高经营性收入、增加服务性收入，开展招商引资、整合村级资金、引导村企合作等多种形式，把农村集体产权用活，进一步发展壮大村级集体经济。2021年实施中央自治区扶持壮大村集体经济项目40个。已完成村集体经济项目建设任务的有23个村，取得村集体经济收益的4个村，17个村集体经济项目正在实施。

【农村产权流转交易服务中心建设】 2021年5月，启动建设海原县农村产权流转交易中心，通过积极对接县不动产事务中心、申请县人民政府，项目建设办公场所资产划拨到位；6月完成办公场所装修设计预算，并聘请宁夏正通工程有限公司进行了预算控制价；7月底完成办公楼装修，由县农业农村局和农经站组织人员进行了验收，邀请第三方做了结算报告。正在积极对接人员划转。

【农村宅基地改革与管理】 提交县委、县政府研究印发了海原县宅基地工作实施方案，明确了各部门职责。按照权力下放、权责一致、精简高效的原则，将县自然资源局原宅基地管理岗位连人带编5人划拨至农业农村局进行宅基地管理。正在对接划转工作人员事宜。村级宅基地摸底工作正在进行中。

（李玉成）

水　务

【概　况】 海原县水务局作为县人民政府的工作部门，负责全县水利工程的建设和管理，水旱灾害防御，农村饮水安全工程的建设管理并指导运行管理，水土保持、水资源的合理开发利用和管理，水库移民后扶项目的实施；负责编制全县水利发展的中长期规划和年度建设计划，承担县河长办的日常工作，组织水政监察、水行政执法和水土保持预防监督等工作。海原县水务局所属全额预算事业单位6个，分别是海原县农村供水管理中心、海原县河湖管理事务中心、海原县水土保持工作站、海原县水利工作站、海原县水政监察大队、海原县水务局树台水保试验站。2021年末，有人员编制数136个，实有干部职工127人，其中研究生学历8人，大学学历56人，大专学历57人，其他6人；公务员5人，事业编制人员122人（高级职称32人，中级职称66人，初级职称15人，技术员1人，其他8人）。

【指标完成情况】 2021年，海原县实施水利水保项目41项（其中续建项目9项、新建项目32项），完成固定资产投资3.8亿元。治理河道29.21公里，疏浚河道18.85公里，治理沟道4.9公里，完成坡改梯6.8万亩，新增水土流失治理面积99平方公里。全县常住户自来水入户率达99%，集中供水率99.6%，供水保证率90%以上，水质符合生活饮用水卫生标准。

【供水工程】 2021年，海原县在巩固维护好现有的供水工程成果的基础上，持续跟进新增户安全饮水保障。实施2021年农村供水配水管网改造工程，完成铺设管道43公里，补入自来水506户；加快推进“互联网+城乡供水”工程，提升农村供水智能化管理水平，加快补齐城乡供水基础设施短板，稳步推进乡村振兴，促进县域经济快速发展。依托清水河城乡供水工程，加快推进海原支线水源工程，以清水河产业带供水工程“大水源”推进县域内“大管网”建设，提标改造城乡供水管网，保障种草养畜（肉牛）产业用水需求。2021年末，全县自来水入户累计达到77650户，建548座蓄水池，铺设管道1.2万公里，建成集中供水点49个，分散式供水337户，解决36.6万名农村人口的饮水安全问题，常住户自来水普及率达99.3%，供水保证率达90%以上，集中供水率达99.6%，水质符合国家饮用水标准，确保全县群众用上稳定、安全、方便的饮用水。全县已形成了以中南部连通工程为骨架，以南部、八斗、七营–李旺、后塘等23处供水工程为支撑的供水管网体系，实现了农村居民饮水安全全覆盖。

【水保生态建设】 2021年，海原县按照“山水林田湖草”综合治理的思路，以小流域综合治理、坡耕地水土流失综合治理项目为重点全力打造稳产、高产的高标准基本农田。实施关桥乡贺堡、树台乡大岘等4项小流域水土流失综合治理项目和郑旗乡吴湾撒台、西安镇白吉等6项坡耕地水土流失综合治理项目，完成绿化植树2020亩，栽植山桃13万株，云杉1.4万株，封禁治理5300公顷，建封禁保护宣传牌7块，新建水平梯田6.8万亩，治理水土流失面积99平方公里。完成大路沟淤地坝、树台乡红井村东川淤地坝除险加固改造工程；维修淤地坝39座。扎实开展海原县黄河流域生产建设项目水土保持专项整治行动，完成整改项目33个，完成水土保持方案编报审批工作61个，共计收缴水土保持补偿费593万元。全县水土流失治理程度达64%，全县水生态水环境建设进一步提升。2021年末，全县水土流失面积4406.8平方公里，占全县遥感面积的88%，多年平均侵蚀模数1000~7600吨/平方公里，属强度侵蚀区。全县总耕地面积231万亩，其中坡耕地200万亩，占耕地总面积的86.6%。累计治理水土流失面积2820.8平方公里，建成旱作基本农田112.04万亩，造林126.2万亩，种草66.8万亩，封禁治理120.1万亩，治理程度达63.3%。

【农田水利】 2021年，海原县加大"引水、供水、节水"三大水利工程建设力度，实施海原县三塘灌区贾塘片区配水工程（一期），立项西河中型灌区续建配套节水改造项目。农田灌溉设施维修，实施海原县高崖乡张家树北沟建筑物抢险维修工程、2021年农村水利设施维修工程，确保项目区产业供水。开工建设高崖乡、李旺镇高效节灌高标准试点项目，全力推进中部干旱带海原西安供水工程前期工作，力争年内实施。2021年末，全县共建成水库51座[中型水库7座，小（一）型水库23座，小（二）型水库21座]。水保治沟骨干坝32座，中型淤地坝26座，小型淤地坝6座，完成病险淤地坝除险加固30座；全县机井1406眼，小高抽24处，发展灌溉面积44.9万亩，其中扬黄灌区26.8万亩，井灌区15.8万亩、库灌区2.27万亩，发展高效节水灌溉面积23.3万亩。

【河道治理】 2021年，海原县列入河湖长制的河流有58条，总长度988.41公里。11条县级河流，长度481.49公里。海原县坚持以水生态保护、水环境改善为目标，对标"一河一策"综合治理方案，积极争取项目资金，以清水河综合治理为重点。续建清水河综合治理工程海原县段2020年建设项目，完成护坡砌筑11公里，过水路面5座；实施完成西河与贺堡河交汇处、杨明河2处农村水系综合治理工程，关桥乡张湾村、马湾村农田灌溉首部工程。治理河道29.21公里，疏浚河道18.85公里，新建液压坝6座、溢流堰4座，翻建过水路面2座，新建截墙14座，防汛道路9.43公里，过水路面3座，新建砂砾石道路7.75公里；实施三百户水库库区防护工程和史店水库除险加固工程；落实人大议案、政协提案和"一村一年一事"山洪沟沟道治理工程10处，治理山洪沟道4.9公里。2021年末，已对7条河道进行治理，累计治理长度159.55公里；对28条乡级沟道进行治理，累计治理长度22.52公里。

【河长制工作】 2021年，海原县压实河湖长责任，全面落实河湖长主体责任，督促各级河湖长履职尽责，进一步压实乡、村级河长及巡护保洁员责任，落实日常工作职责。根据自治区、市关于开展全区河湖"清四乱"专项行动的通知精神及要求，在全县范围内对乱占、乱堆、乱建等河库管理保护突出问题开展专项清理整治行动，进一步巩固"清河专项行动"成效。开展辖区河湖管理范围内"四乱"问题的自查自纠。共排查整治河湖"四乱"问题140个，累计投入机械169个台班，人工374个工日，清理转运垃圾2309吨。积极探索，建立"河长+检察长+警长"工作机制，"三长"联合督查巡查了清水河主河道，对执法中发现的柴梁村非法乱采砂石料、乱堆砂石料行为按照相关法律法规要求，启动了相应法律程序。通过对典型案例实施处置，健全完善了检察机关、公安机关和河长办之间的协作机制，对涉河违法行为形成了有力震慑，进一步整顿和规范了河湖水事秩序，极大推动了全县河湖"清四乱"常态化规范化。

【防汛减灾】 2021年，海原县严格执行防汛抗旱行政首长负责制，逐级落实各乡镇水库、河道重要地段、山洪沟、地质灾害隐患点防汛责任人89人。修订完善"海原县防汛抢险、防洪应急及各库（坝）防洪抢险应急预案"50多个。全面落实专业抢险队伍和群众抢险队伍，组建防汛专业抢险队伍5支，落实抢险队员

100余人；组建群众抢险队伍50支，落实抢险队员5000余人。汛前开展安全大检查，对60余座库坝进行了维修，及时消除库坝、在建工程等各类安全隐患12处。汛期严格执行24小时防汛值班和领导带班制度，不断强化监测管理，确保了各类库坝安全度汛，全年无重大灾情险情发生。

【抗旱减灾】 2021年，海原县面对今年全县遭遇60年的大旱，灌区供水紧张、供用水矛盾突出的局面，采取积极有效措施，全力以赴保障人饮供水、抗旱减灾。1.全力做好水源保障，满负荷启用海兴水厂及中南部连通各泵站机组，累计供水492.17万立方米；2.开启八斗、前川等11处工程的14眼备用水源机井向供水区供水，日供水能力增加9000立方米左右，累计增加供水量90万立方米左右；3.积极筹措资金维修人饮工程1580处，新建16处养殖场供水工程，助推肉牛产业发展；4.针对337户分散式供水户采取拉水解决饮水问题，拉水19车次500多立方米；5.与固海扬水管理处对接，多次对灌区用水指标进行统筹调度，精准调剂，先后调剂水指标15次，比上年同期增加718万立方米，精准解决了扬黄灌区旱情造成的灌水不均和灌区用水冲突，有力地保障了扬黄灌区26.8万亩水浇地的农业灌溉用水；6.紧盯重点，启动备用水源保障供水。对西安镇蔬菜基地、枸杞基地、段塬马铃薯基地、后塘辣椒基地、关桥金银花基地、曹洼马铃薯基地，旱情期间科学调蓄水库蓄水130万立方米，充分利用雨洪水资源。对1232眼灌溉机井开足马力，及时启动了35眼水源机井满负荷运转，比上年同期增加800万立方米，全力保障库井灌区18万亩水浇地和产业供水，有效缓解了旱情。

【安全生产】 2021年，海原县有序开展安全生产专项整治三年行动，严格落实安全生产责任制，重点抓好"水域、水库、供水设施、在建水利工程"等领域的日常监管工作。积极督促各乡镇抓好辖区内涉水工程的低温雨雪冰冻天气应对、汛期水利安全生产及暑期青少年防溺水安全等工作。同时，针对年初岁末、汛期、节假日等关键时期、重点时段，相继组织开展了水利工程建设安全生产专项整治行动、电气火灾综合治理、危险化学品专项整治行动、"安全生产月"、全县水域专项治理行动等系列安全检查，共计检查各类库坝114座、抗旱应急及节灌蓄水池67座、泵站15座、在建水利工程21处，排查整改各类安全隐患231处，确保了水利行业安全生产无事故。

【水资源管理】 2021年，海原县全面贯彻"节水优先"战略，落实最严格水资源管理，持续推进节水型社会建设，促进水资源高效可持续利用，把水资源作为最大的刚性约束，坚持以水定城、以水定地、以水定人、以水定产，实施深度节水控水行动，坚持向观念要水、向机制要水、向科技要水，把天上水蓄起来，把地上水管起来，把地下水控起来，把再生水用起来。全力推进用水权改革，在全县开展专项整治行动，对1426个取水口进行整治，安装计量设施1305套，停机井121眼。全面摸清取水工程现状，建立县域取用水总量管控台账，严格水资源论证和取水许可管理，规范办理取水许可证15套。完成全县生活、生产、生态现状用水调查摸底，对44.9万亩农业灌溉和747个规模化畜禽养殖业开展初步确权。积极开展县域节水型社会达标创建工作，完成节水型行政机关单位123家，创建节水型小区15家。建立健全水行政执法"三项制度"，累计拆除非法采砂点25个，查处水事违法案件6起，立案4起(涉及违法取水1起，非法采砂2起，违法涉河建设1起），已结案3起。

【精神文明创建】 2021年，海原县水务局精神文明创建成果丰硕：2月3日，被自治区水利厅授予全区农村安全饮水脱贫攻坚先进集体称号；4月25日，在全区脱贫攻坚表彰大会上，被自治区党委、自治区政府授予全区脱贫攻坚先进集体称号；5月11日，在全国水利工作会议上，被水利部授予全国农村饮水安全脱贫攻坚先进集体称号；被自治区精神文明指导委员会授予自治区级文明单位称号；有两名干部被表彰为全区农村饮水安全脱贫攻坚先进个人。其中1名还被评为全区脱贫攻坚先进个人。

【政治建设】 2021年，海原县水务局扎实开展党史学习教育。结合党史学习教育，把学懂弄通做实习近平新时代中国特色社会主义思想、习近平总书记视察宁夏重要讲话精神作为创建模范机关的首要任务和根本方法，做到深入学习“必读篇”，跟进学习“最新篇”，理解贯通“宁夏篇”，抓实抓好“水利篇”常态化规范化。共开展专题宣讲5场次、讲专题党课5场次。党委中心组专题学习10场次，开展交流发言10场次。党员干部集中学习34场次，完成各类交流发言及心得体会400余篇。引领党员干部不断增强“四个意识”、坚定“四个自信”、践行“两个维护”，确保自治区市县各项重大决策部署贯彻落实到位。

【机关党建】 2021年，海原县水务局党委制定部党组落实全面从严治党主体责任清单，全面推进各级党组织标准化规范化建设，推行“党建+”工作模式，把党建工作同推进全县生态保护大会战重点工程建设相结合，把党建工作做到干部职工关心的热点上、放到作风改进上、体现在各项业务工作的落实上。坚持“一月一主题”，在实践中锤炼党员党性修养，切实增强主题党日的吸引力、感染力。

【党风廉政建设】 2021年，海原县水务局扎实开展廉政警示教育活动，紧盯元旦、春节等重大节日期间隐形“四风”问题，通报违反中央八项规定精神的典型案例，开展廉政提醒谈话3场57人次。以持续深化“党政机关作风建设年、干部队伍素质提升年”活动为契机，坚决破除工作不落实、担当不主动、服务不到位等作风顽疾，修订完善了干部考勤及绩效考核制度，实现考核结果与绩效奖励挂钩。围绕重点难点工作任务，紧盯不落实的事，严惩不落实的人，对中卫市交叉检查作风建设专项监督检查反馈问题中涉及的8名相关责任人依规依据进行了处理，促进党员干部作风进一步转变。

（马鹏飞）

乡村振兴

【概　况】 2021年6月8日，经海原县委常委会2021年第16次会议研究审定：不再保留海原县扶贫开发领导小组，将其职能并入海原县委农村工作领导小组；将海原县扶贫开发办公室重组为海原县乡村振兴局，为县政府工作部门，规格为正科级，由县农业农村局统一领导和管理，主要职责是巩固拓展脱贫攻坚成果、统筹推进实施乡村振兴战略有关具体工作。不再保留海原县扶贫开发办公室；重组后的海原县乡村振兴局，原有人员编制、领导职数、内设机构暂保持不变，核定行政编制10名，设局长1名、副局长3名，机构职责待自治区、市乡村振兴局调整后再对应进行调整优化。同时，将海原县扶贫开发办公室所属副科级事业单位海原县扶贫开发服务中心更名为海原县乡村振兴服务中心。更名后，编制、人员和领导职数维持不变。

【巩固脱贫攻坚成果】 党的十八大以来，海原县把脱贫攻坚作为头等大事和第一民生工程，聚焦“两不愁三保障”，举全县之力战贫魔、拔穷根，11.2万名农村贫困人口全部脱贫，123个贫困村全部出列，顺利退出贫困县序列，历史性解决了困扰千年的绝对贫困问题。2021年2月，海原县委获评全国脱贫攻坚先进集体；海原县“基础母牛银行”扶贫模式入选全国典型案例。2021年，海原县以巩固拓展脱贫攻坚成果同乡村振兴有效衔接为统揽，严格落实“四个不摘”要求，保持标准不降、力度不减、尺度不松，紧盯农村低收入人口等特殊困难群体，切实筑牢巩固“防线”，严守返贫“红线”，兜住民生“底线”，巩固拓展脱贫攻坚成果同乡村振兴有效衔接工作起步良好、成效明显。全年实现地区生产总值88.97亿元，同比增长8.0%；一般公共预算收入2.38亿元，同比增长11.0%；固定资产投资完成60.8亿元，同比增长26.3%；城乡居民人均可支配收入分别完成29478元、11742元，增长7.2%、10.3%，经济发展保持平稳向好态势。

县委农村工作领导小组召开第5次会议，专题研究乡村振兴工作

【压实责任】 2021年，海原县先后召开11次县委常委会会议、18次县政府常务会、2次扶贫开发领导小组会、6次县委农村工作领导小组会、4次工作推进会和7次专题会，学习贯彻中央和自治区市决策部署，研究部署巩固拓展脱贫攻坚成果同乡村振兴有效衔接各项事宜。继续实行书记县长“双组长”负责制，保持县级领导包抓乡镇和重点脱贫村、148名第一书记（工作队队长）驻村帮扶、6983名干部结对帮扶、1500余名乡村干部扎根一线的责任体系不变，层层压实责任、逐级传导压力，确保思想不乱、工作不断、队伍不散、干劲不减。抢抓国家乡村振兴重点帮扶县重大机遇，研究制定《巩固拓展脱贫攻坚成果同乡村振兴有效衔接“十四五”规划》、年度实施意见和14个专项方案，列出任务清单、项目清单、责任清单，明确包抓领导、推进计划、任务节点，有力有序推动落实。

【健全保障体系】 2021年，海原县完善资金保障机制，2021年共整合各类资金6.71亿元（其中中央衔接资金44163万元，自治区衔接资金17762万元，整合其他资金5174.67万元），实施项目1399个。持续完善扶贫资产管理、监督和使用机制，完成扶贫资产清查登记6973个，总资产41.12亿元，已全部移交和确权。

【发展致富产业】 2021年，海原县紧盯自治区九个重点产业发展规划，全面落实“四调四化”总要求，围绕“一主四特”产业，加快扩量增量、提质增效，走现代农业发展之路。以创建国家级肉牛产业技术体系“一县一业”示范县和自治区级肉牛标准化养殖示范县为契机，不断完善肉牛产业“6+1”体系，培育标准化养殖园区示范点3个、养殖示范合作社7个、养殖示范场6个、养殖示范户300户。全面推广家庭经营“50”模式，累计建成高端肉牛养殖示范村

57个，打造万头养殖乡镇5个，培育规模养牛企业5家，50头以上养牛合作社、家庭牧场265家，肉牛养殖场(户)达到2.7万户以上，肉牛饲养量达32万头。狠抓“三带两园六基地”建设，建成马铃薯“四位一体”标准化示范基地10万亩、标准化冷凉蔬菜生产基地4万亩、小杂粮种植核心区3个，全县马铃薯、小杂粮、瓜菜、枸杞种植面积分别达到45万亩、35.67万亩、12.87万亩、5万亩。积极打品牌、闯市场，与华润集团建立合作机制，推动优质特色农产品进入华润五丰、华润万家等高端市场销售。

【创业就业】 2021年，海原县坚持把稳就业作为群众增收的关键，充分发挥劳务经纪人作用，大力开展“春风行动”和“点对点”输送，加大转移就业力度，发布用工岗位1.4万余个，“点对点”输送2629人(脱贫劳动力563人)。积极开展汽车驾驶员、“两后生”、帮扶车间以工代训等各类培训8420人(脱贫人口3437人)。培育创业实体471个，创造新岗位1038个，全民创业带动就业2393人。安置公益性岗位713名。全县务工就业10.01万人(脱贫劳动力3.56万人)，完成全年目标任务8.6万人的116%，劳务创收18.1亿元。同时，全面抓好扶贫领域“两清欠”工作，有效保障了农民工合法权益。

海原县2021年政策巩固拓展脱贫攻坚成果同乡村振兴有效衔接政策培训班召开

【综合兜底保障】 2021年，海原县严格落实兜底保障政策，完成全县低收入人口信息数据库建设，做到“应保尽保、应兜尽兜、应救尽救”。截至2021年底，发放各类困难群众补助资金33515万元、残疾人“两项补贴”2121万元、临时救助资金1982.18万元，累计救助困难群众77429人，其中因旱情和疫情影响造成生活困难群众4820人，坚决守住不发生规模性返贫底线。

【金融帮扶】 2021年，海原县创新完善金融服务体制机制和政策措施，坚持金融政策和扶贫政策相协调，以服务实体经济、扩大普惠金融受益面、防范金融风险为重点，以提高金融服务能力为目标，细化服务措施，创新服务方式，有力推动了脱贫攻坚成果巩固和乡村全面振兴。先后召开5次“政银企”暨“金融+”工作会议，助力乡村振兴发展。截至12月底，全县小额信贷余额19517户95308万元，覆盖率71.1%，其中当年新增投放19734户95951万元，完成2021年任务4亿元的239.88%。全年已兑付贴息资金2945.05万元，涉及69927户次，资金兑付率为95.13%；兑付扶贫龙头企业、示范合作社和致富带头人贴息资金423.26万元。投入资金1941.37万元，完成脱贫人口和重点防返贫监测人口大病医疗补充险、人身意外伤害险及农业产业化承保工作，理赔4941.66万元，理赔率255%，为巩固脱贫攻坚成果同乡村振兴有效衔接提供了坚强金融保障。

【生态、消费、光伏帮扶】 2021年，海原县实施生态帮扶，全面落实退耕还林、退牧还草等政策，续聘生态公益林护林员1270名，每人年工资1万元。实施消费帮扶，采取“电商平台推销、城市设馆分销、龙头企业助销、劳务输出带销、机关单位直销”等方式，拓宽消费帮扶渠道，大力推介马铃薯、秋杂粮、牛羊肉等特色农产品，实现销售额3.03亿元。实施光伏帮扶，严格光伏电站运维管理和收益分配管理，全县17座村级光伏电站全部确权到村，累计拨付光伏收益资金7662万元，为脱贫村年均分红20万元以上。

【农村低收入人口监测帮扶】 2021年，海原县紧盯“两不愁三保障”，制定《关于开展防止返贫动态监测和帮扶大排查工作方案》《海原县防止返贫动态监测和帮扶工作方案》，对全县148个行政村和36个移民安置点开展拉网式大排查，建立工作台账，完善监测信息，共纳入防止返贫动态监测人口424户1846人（其中脱贫不稳定户140户639人，边缘易致贫户103户444人，突发严重困难户181户763人）。健全完善农户自主申报、基层干部排查、部门筛查预警互为补充、相互协同的监测机制，进一步规范监测对象与风险消除工作程序，完善预防性措施和事后帮扶相结合的帮扶措施，农户通过防返贫监测App自主申报61户，办结61户。健全完善县级领导包乡、部门包村、帮扶责任人包户的工作机制，坚持村组日常监测、乡镇研判预警、县级调度帮扶，常态化开展“四查四补”，持续对“三类人员”（脱贫不稳定户、边缘易致贫户、严重困难户）开展动态监测、动态帮扶、动态清零，坚决守住防止规模性返贫底线。

【移民致富提升行动】 2021年，海原县聚焦全县“十一五”以来36个移民点、7071户29387人移民群众，围绕产业、就业、社会融入3件大事，制定印发《海原县推进落实百万移民致富提升行动实施方案》和五年规划，明确年度推进计划，共谋划储备项目127个，2021年实施项目33个。围绕产业发展，重点在高崖新民等安置区发展高端肉牛产业，牛存栏达5907头；积极引导“出户入园”，建成三河富陵、史店苍湾养殖园区，着力打造全县移民安置区“出户入园”样板；因地制宜在其他安置区发展马铃薯、瓜菜等产业，逐步形成“一村一业、一村一品”发展格局。围绕移民就业，完成移民群众劳务技能培训550人，组织劳务输出9902人，兑付劳务奖补368.44万元；建成5个移民点帮扶车间，带动5181名移民群众实现就近就业创收。围绕社会融入，认真落实基层治理“1+6+1”政策措施，全面完成移民户籍、养老、医疗、低保等社会保障关系转接，大力开展“传承党的百年光辉史基因铸牢中华民族共同体意识”教育活动，引导移民群众实现从“我是移民”到“我是居民”的深刻转变。

【教育质量提升行动】 2021年，海原县聚焦义务教育均衡发展和城乡一体化目标，大力实施基础教育提升行动“五项工程”（立德树人工程、资源增量达标工程、规范化管理工程、新时代强师工程、改革创新工程），加快推进“互联网+教育”示范县创建，用足用好专递课堂、名师课堂、名校网络课堂“三个课堂”，加大县城与乡镇教师双向交流力度，有效缓解了城乡之间教育资源不均衡和农村学校音体美教师短缺问题；持续改善城乡办学条件，新建县第六幼儿园、第八小学，改扩建海原一中、树台九年一贯制等学校，有效化解“大班额”，实现办学效益和质量双提升。

【健康水平提升行动】 2021年，海原县持续加大医疗卫生基础设施建设，启动县人民医院三级乙等综合医院创建，改扩建乡镇卫生院4座、标准化村卫生室6座、社区卫生服务站4座，增配先进医疗设备近1000台（件），李旺镇中心卫生院达到国家推荐标准，树台、西安等8家乡镇卫生院达到国家基本标准。深化县域公立医院综合改革，大力推进“互联网+医疗健康”工程，启动医共体信息化平台建设，推进县乡两级诊疗信息互联互通、数据共享、业务协同，乡村医疗服务能力明显提升，基本形成“小病不出村、常见病不出乡、较大病不出县”的医疗服务格局。

【基础设施建设】 2021年，海原县实施路网改造升级工程，加快推进银昆高速（海原段）、海平高速（海原段）、G344线李旺至同心段、S205线西安至关庄段公路建设，改造三级公路18.5公里，建设村组硬化路58.5公里、生产砂砾路70公里。实施电力改造提升工程，投资4535.68万元，实施项目49个，着力解决西安、关桥等乡镇养殖户动力电需求。实施网络信息建设工程，新建4G基站85个、5G基站208个，不断提升宽带覆盖面。

【乡村建设行动】 2021年，海原县聚焦村庄美、庭院美、生态美、乡风美“四美”目标，加快“多规合一”村庄规划编制，全面提标改造水电路气信等基础设施，增加教育、医疗、养老、文化等服务供给，加快李旺、七营、西安、贾塘4个特色小镇建设，着力提升乡村服务功能。深入实施农村人居环境整治提升五年行动，集中开展“厕所革命”、污水处理、拆违插绿、巷道硬化、抗震房改造等为一体的立体式综合整治，23个美丽村庄、5个乡村振兴示范村全面开工，148个村“一村一年一事”行动及2500户厕所改造全部完成，创建垃圾分类示范村18个，美丽庭院创建率达到50%。大力弘扬社会主义核心价值观，深入推进移风易俗，积极倡导文明新风，乡村群众内生动力极大增强，精神面貌焕然一新。

【乡村治理】 2021年，海原县不断完善乡村治理体系。实行村干部报酬与评星定级挂钩，有效激发村级干部投身乡村治理的积极性，村级党组织的组织力、凝聚力、战斗力不断加强。全面完成基层审批执法力量改革，设置乡镇“五办四中心”和街道“四办三中心”，整合下放编制256名，乡镇工作活力、效率显著增强。标准化建设19个乡镇（街道办、种羊场）民生服务中心，设立159个村（社区）民生服务代办点，建成105个社区网格和991个农村网格，实现“人在格中走、事在格中办”，基层管理更精准、服务更便捷、运行更高效。持续加大平安乡村建设，深化“枫桥式公安派出所”创建活动和人民调解“四张网”经验做法，大力推进“人民调解+仲裁+信访”纠纷治理模式，全年排查矛盾纠纷4199件，调解成功4179件，成功率99.5%，全县信访总量下降25.8%，连续两年获评全国信访“三无”县。

【各级各类反馈问题整改】 2021年，海原县坚决彻底整改各级各类反馈问题。对各级各类巡视考核反馈的问题，全盘认领、真改实改、彻底整改，以高质量问题整改体现“两个维护”。截至年底，2020年国家脱贫攻坚成效考核反馈的11个问题、自治区纪委监委调研反馈的3个问题、自治区乡村振兴局调研督导反馈的23个问题已整改完成。排查存在返贫致贫风险问题542条（查损补失62条，查漏补缺222条，查短补齐176条，查弱补强82条），已全部整改完成。同时，对中办和国家乡村振兴局等单位通报的数据质量问题，有则改之无则加勉，举一反三抓好自查，确保数据客观真实精准。

【城乡居民收入提升行动】 2021年，海原县狠抓城乡居民收入提升行动。稳步提升工资性收入,坚持就业优先政策,群众务工收入人均达到5800元,比2020年同期增加946元。全力提高经营性收入,持续提升农业效益,前三季度农林牧渔业实现总产值37.16亿元,完成增加值12.5亿元。全力挖掘财产性收入,大力推进"四权"改革,深化农村产权、农村集体产权制度改革,流转土地16.83万亩,为农户创收3370万元。全县村集体经济总收益9951.8万元,每村每年村集体收入在5万元以上。全力筑牢转移性收入,兑付耕地地力保护、牧民奖补等补贴资金14239.46万元。全面落实社会保险政策,按期发放基本养老等资金4.24亿元,统筹支出医疗保险基金累计达到3.1亿元,有力分担了群众因病就医支出。

【"三保障"和安全饮水成果巩固】 2021年,海原县义务教育方面,继续落实"七长负责制""双线控辍制"和"四包责任制",采取送学上门、送教上门等方式,全县义务教育阶段适龄儿童(少年)入学率、小学六年和初中三年巩固率稳定在100%。基本医疗方面,继续落实"先诊疗后付费"政策和"三个一批"机制,完善脱贫人口就医保障体系,集中救治37种大病患者1144名、规范管理慢病患者11043名、兜底保障重病患者40名,全县脱贫户医生签约率、大病、重病患者季度履约率均为100%。安全住房方面,紧盯返乡无房户、因灾受损房等特殊困难群众,坚持"及时摸排、及时监测、逐户鉴定、即增即改、动态清零"。2021年实施新建住房629户、抗震房改造1088户。饮水安全方面,实施农村供水配水管网改造工程,完成自来水补入户537户,维修整改用水隐患1.2万处,饮水安全成果进一步巩固。

【抗旱减灾】 2021年,海原县面对严重旱情,严格按照自治区党委和自治区政府"一减三保"工作要求,精准打好农业抗旱减灾组合拳。因区域、因作物制定精准抗旱方案,通过加强田间管理、病虫害防控、籽粒玉米转畜用饲草、秋季作物补种等措施,切实减少旱情损失。通过"调、引、提、蓄、运"等手段增加供水量近800万立方米,有效保障人畜饮水,多方增加农业灌溉用水。充分发挥劳务产业"铁杆庄稼"作用,对受灾农户逐户逐人摸底排查,全面组织动员劳务输出,通过向青海格尔木、浙江利时集团等一对一、点对点输送,举办专场招聘会,鼓励扶贫车间吸纳和县内重点项目用工四项措施,确保受灾群众应输出尽输出。积极筹措兑付抗旱救灾资金、产业补贴资金、农业灾害保险、困难救助资金2.49亿元,确保困难群众基本生活不因旱情受影响。

【闽宁协作】 2021年,海原县立足实际和"十四五"闽宁协作发展规划,确立"22106"发展思路(即建好"闽宁科技园"和"闽宁菌菇园"两个园区,培育做大闽宁加工业和闽宁现代农业两个产业,共建10个闽宁乡村振兴示范乡村,健全完善联席推进机制、细化实化结对帮扶机

漳浦县海原县2021年闽宁协作互学互助联席会议

制、强化产业带动机制、健全互学互帮机制、建立企业联系帮扶机制、建立协会社会组织联系帮扶机制等6项工作机制），争取闽宁协作资金7000万元，实施闽宁产业园建设、闽宁示范村建设、特色产业培育及配套、消费帮扶、劳务协作、干部人才培训等6大类24个项目。不断创新对口协作机制，推动两地优势互补，发展经验互鉴，产业深度融合，走出一条先富帮后富、实现共同富裕的道路。

【央企定点帮扶】 2021年，海原县全面落实《华润集团定点帮扶海原五年规划》，持续深化产业、投资、公益、人才四项帮扶合作项目。持续深化“基础母牛银行”模式，捐赠3000万元用于肉牛深加工项目建设和运营，捐资300万元建设曹洼村千头肉牛养殖基地项目，推进海原县肉牛产业链条不断完善、规模持续壮大。围绕乡村美、生态美、庭院美、乡风美，投资88万元巩固提升关桥华润希望小镇，力争打造乡村振兴典型示范村。落实第四期和第五期帮扶海原县300名贫困大学生的助学项目资金166.4万元，助力贫困大学生顺利完成学业。

【部门和企业帮扶】 2021年，自治区市县共安排121个部门结对帮扶148个脱贫村和3个社区，累计投入社会帮扶资金4706.74万元，2021年新增帮扶资金1696.1514万元（其中自治区级帮扶536.481万元，中卫市帮扶101.692万元，县级帮扶1057.9784万元）；企业帮扶56.19万元，全部用于基础设施建设和产业发展。

【基层组织建设】 2021年，海原县树立大抓基层的鲜明导向，深入推进基层党建“六项行动”、“三大三强”行动和“两个带头人”工程，选树农村致富带头人1029名、党组织带头人296名、村级后备力量397名，集中整顿软弱涣散农村党组织和薄弱村8个。高质量完成村（社区）“两委”换届，实现了村（社区）“两委”成员年龄、学历“一降一升”目标。完善乡村干部激励机制，严格实行村干部报酬与村党组织评星定级挂钩制度，广大农村干部投身乡村治理的积极性不断增强。

【干部队伍建设】 2021年，海原县围绕“绘出好蓝图、选出好干部、配出好班子、树立好导向、形成好气象”要求，对照“五个过硬”，突出“四个特别”，以“四严”为主要抓手，高质量完成县乡两级换届，乡镇领导班子大学学历干部、女干部比例明显上升，平均年龄较上届下降3岁；县党政领导班子各配备2名“80后”干部。坚持正确用人导向，提拔重用脱贫攻坚一线干部30名，选配“五方面人员”22名，将31名政治素质高、工作能力强、热爱农村工作的优秀机关干部交流到乡镇领导岗位。通过换届，县乡领导班子结构进一步优化、活力进一步增强，为乡村振兴提供了坚强保障。

【作风建设】 2021年，海原县始终保持反腐败斗争高压态势，紧盯涉农扶贫等重点领域和群众身边的腐败问题，做到有案必查、违纪必究。2021年以来，全县纪检监察机关共处置问题线索310件、立案98人、处分96人，基层“微腐败”得到有效治理。严格落实中央八项规定精神及自治区“八条禁令”，制定海原实施细则，深化“两个年”活动建设，驰而不息纠治“四风”，扎实开展民生领域“中梗阻”问题和干部作风“中梗阻”“小鬼难缠”专项治理，对“五不为”问题严查重处，问责处理69人。

（孙晓鹏）

住房和城乡建设

综　述

【概　况】 2021年，海原县住房和城乡建设局内设10个股室（综合办公室、城市公用事业管理所、城市管理综合执法大队、工程质量监督站、村镇建设管理站、住房保障和交易服务中心、建设工程招投标管理中心、城建办、水暖办、园林办），下设供暖公司和污水处理厂，挂海原县人民防空办公室牌子。全系统在编在岗155人，控编人员3人。

【重点项目建设】 2021年，海原县共组织实施城乡建设项目36个，其中续建项目10个，新建项目26个，工程概算总投资33亿元。计划年内完成固定资产投资10亿元。截至年底，完成固定资产投资10.6亿元，完成总额的106%。

【工改工作】 按照自治区工改工作要求，海原县工改服务系统已完成新开发系统置入，部分专网和工改网建尚在对接并网阶段。截至年底，平台共计受理工程建设项目审批事项352件，办理完结347项。全县工程建设项目审批制度改革工作稳步推进。

【建议议案办理】 2021年海原县住建局承办县人大代表建议6件（其中重点建议3件，一般建议3件），政协委员提案（建议）15件，民生实事1件，共计22件。人大代表建议、政协委员提案和民生实事已全部办结。

【机关党建】 2021年，以创建“让党中央放心，让人民群众满意模范机关”为抓手，学习、对照《中国共产党支部工作条例》要求，落实“三强九严”责任，成立党建工作领导小组，制定工作计划，建立责任清单，形成了“一把手”主抓党建谋划、部署和落实，党委委员各司其职，党务专人负责的工作格局。严格落实“三重一大”制度，对重大事项全部经党委集体研究决定。全年，召开党委会议24次，切实做到了党建业务同谋划同部署同落实。完成局机关、执法局、离退休3个支部换届选举、党员信息系统维护等工作；开展专题研讨12次，主题党日24场次，组织关系转接6人次，收缴党费2.41万元；班子成员、党支部书记上党课15次；班子成员开展调研20余次，形成调研报告5篇，提出推进工作的合理化意见建议36个、解决难点工作20个、办理惠民实事15件。扎实做好疫情防控。先后召开专题会议6次，明确工作任务，压实工作责任；通过音像、小喇叭在局机关、小区、建筑工地等人员密集区大力宣传疫情防控要求和知识，着力营造全民防疫氛围；及时储备防疫物资，着力增强防疫能力。紧扣“学党史、悟思想、办实事、开新局”目标要求，制定工作方案、学习计划，及时组织集中学习、研讨交流，上党课，利用“学习强国”学习平台、网络、两微一端等渠道，构建线上线下学习联动机制，丰富学习形式，在理论学习的及时性和深入性上下功夫，确保党的百年光辉史和党的十九届六中全会以及习近平总书记系列重要讲话精神深入人心、落地见效。全年，举办读书班7场次；各党支部集中学习46次，开展理论宣讲10余次，专题党课10余次，撰写心得体会8次500余篇，观看视频8次。扎实开展廉政警示教育。开展“廉政警示教育周”“小鬼难缠中梗阻”专项治理和群众身边腐败和不正之风专项整治活动，着力转变作风并取得明显提升；开展以案促改学习1场次，观看警示教育片3次，廉政谈话3场36人次，上廉政党课2次，寄送廉政家书20余份，着力提高干部职工拒腐防变免疫力。

（李鸿鹏）

城乡建设

【棚户区改造建设】 2021年，自治区下达海原县棚改任务为500户1000套，实际完成1138套，完成任务量的113.8%。投资4.5亿元建设的北苑小区和投资4200万元建设的闽宁科技园公租房3、4号楼已完工；投资6100万元实施北苑小区基础设施和产业园公租房基础设施工程，北苑小区基础设施项目地下给水、排水、采暖管道已全部完成，进行道路硬化及铺装工程施工，完成工程形象进度的85%；产业园公租房基础设施工程基础设施项目基础设施地下给水、排水、采暖管道已全部完成，进行道路硬化及铺装工程施工，完成工程形象进度85%；计划投资3.5亿元实施南苑安置小区项目，总建筑面积13万平方米。进行4栋楼基坑工程施工。

【城市基础设施建设】 2021年，实施4条2.7公里新、续建市政道路，续建的东城路、富民街、兴盛街已全部完工，新建的南庄北巷市政道路已完成主道路施工；投资7400余万元实施了南门停车场、城市供水管网及水表改造工程、牌路山路口转盘、城市生活垃圾第二填埋场、老旧小区改造、集中供热项目、海原县机关服务中心基础设施工程和机关职工餐厅等工程，已全部完工并投入使用。

【广场绿地建设】 2021年，投资7600余万元续建的南门广场、东城生态园和地震遗址一期3个项目和投资3300余万元新建的北入口绿地、产业园绿地、纬八路与华山路交叉口绿地、海同低速改线段入口绿化、广电巷东西侧绿化、新增街道绿化、向阳绿地、惠民绿地及县城街道零星植绿增绿等9个项目已全部完工。投资1200万元实施的地震遗址（二期）项目，已完成停车场部分地下管道安装及土方工程施工；计划投资5400万元实施的污水处理厂尾水深度进化人工湿地项目，已完成土地性质调规，在办理初步设计批复和规划“两证”。

【社会投资项目建设】 2021年，投资4.4亿元实施的海盛富城住宅项目，已完成工程形象进度90%；投资15亿元实施的格兰丽都住宅小区，已完成工程形象进度65%。

【村镇建设】 2021年，计划开工建设美丽宜居村庄23个（其中关桥乡方堡村属自治区住建厅下达任务），截至年底，23个美丽宜居村庄建设项目已全部完工。实施抗震宜居农房改造1717户，其中全县危房改造已开工建设629户，开工率100%，竣工629户，竣工率100%；抗震宜居农房开工建设1088户，开工率100%，竣工1088户，竣工率100%。

（李 博）

城市治理

【城市管理】 2021年，巩固深化“以克论净”深度保洁模式，道路机械化清扫率达到65%以上。按照“城乡管理提升整治百日攻坚”行动要求，以“网格化”管理为基础，围绕“城市十乱”加大巡查处置力度。累计清理各类小广告5000余条，拆除条幅800余条，规范户外广告和门头牌匾100余块；配合交警部门清理违停车辆540余辆次，依法拆除私设停车锁50余套、锥形筒300余个；清理违规占道经营摊贩3000余人次、暂扣工具200余件，下达整改通知书320份，行政处罚90起；查处工程车辆抛洒漏行为80余起，提醒教育60余起，行政处罚4起；拆除四季鲜市场、利民小区等处搭建的违法建筑物1500余平方米；累计检查加气站7家36次，发现问题130余项，下发限期整改通知单40份，已全部整改完毕。

【环境整治】 1.按照农村人居环境整治“五清”要求，对村庄、河道、集镇、市场等重点区域的垃圾进行全面清理，累计清理农村生活垃圾8万余吨，清理河道沟渠320余公里，农村92%以上行政村生活垃圾基本得到了治理。2.推行第三方机构承包运营模式，将关桥、高崖、李旺等12个乡镇辖区主干道路沿线村庄的垃圾收集清运处理委托第三方外包公司运营，竭力推进全县环卫保洁和垃圾处理规范化、现代化。3.对已采购的40辆垃圾清运车、1辆摆臂车、1辆垃圾收集车、40个垃圾收集箱及时调拨七营、李俊等乡镇投入使用，有效提升了农村生活垃圾收集转运处理率，降低了垃圾二次污染风险。大力推广城市生活垃圾分类收运体系建设，2021年，新配置全封闭垃圾压缩车2辆、逐步撤除主街道敞开式垃圾箱，更换为两分类果皮箱，实行收集车辆定时定点上门收集，日收集清运生活垃圾110余吨，城市生活垃圾无害化处理率达99%左右。

【扬尘治理】 1.严格落实建筑工地扬尘污染“6个100%”控制措施，按照“谁建设、谁负责，谁施工、谁负责，谁监理、谁负责”的原则，派监督人员对施工现场扬尘治理措施落实不到位的施工企业，下发建设工程质量安全隐患责令停工整改通知书84份，下发停工令5份，责令相关责任单位停工限期整改。2.对各建筑企业渣土运输车辆进行统一备案登记，发放运输渣土通行证（一车一证）。3.有效利用喷雾式抑尘车，重点对施工工地周边街道、拆迁现场及政府东、西街、文联路、建设路、黎明路、中静路等人口密集的主街道进行巡回洒水喷雾，减少路面扬尘。

（李 博）

行业监管

【质量安全监管】 2021年，针对全县建设工程先后开展了春季开复工、建筑起重机械、扬尘治理、危大工程、消防安全、农民工实名制管理等专项、综合执法检查12次，行政处罚9起，共计11万余元；对不落实企业主体责任的5家企业诚信扣分处理，对不到岗履职的10名项目经理、5名监理、1名安全员进行了个人诚信记分处理；印发各执法检查通报6份及监理月报、自查自纠上报通报6份。实现农民工工资保证金收缴率达到100%，工伤保险参保率达到了100%的目标。通过一系列检查整治，全县施工项目被评为自治区级安全标准化工地的项目2个，市级安全标准化工地的项目15个、质量标准化工地6个。

【工程招标管理】 2021年，累计完成房屋建筑和市政基础设施工程招投标活动监管37项（包括勘察、设计、施工、监理），其中参与投标企业共359家，中标总额36441.47万元，全部进入市公共资源交易中心进行招投标活动，采取不见面开评标。应招标工程的招标率均达到100%，实现重大工程项目应招尽招目标。认真开展招投标领域突出问题专项治理工作，先后对代理机在招标文件中踏勘现场内容存在排他行为的2家代理机构进行通报，同时扣除1家代理机构诚信分值500分；对招标文件中资质要求高于项目实质资质标准的3家代理机构进行通报，对1家代理机构处以2万元罚款；向代理机构下发整改通知书14份。

【工程质量安全】 以打造标准化工地为目标，狠抓施工质量样板化、操作过程规范化。先后开展在建项目专项检查256项次，下发检查通报3份、整改通知书84份、停工整改通知书5份；行政处罚1家，罚款1万元；扣除企业诚信分值11起，关键岗位人员违法违规记分72人次；大力推进“1116”制度建设，严格落实农民工工资保证金制度，农民工工资保证金缴库存率达到100%，共清欠农民工工资近452万元。

【房地产市场调控】 2021年，在建商品房面积60.68万平方米，同比增长38.32%；完成投资约6.62亿元，同比增长46.33%；销售商品房16.82万平方米，同比增长29.38%，其中住宅14.65万平方米，商品住宅的平均销售价格为每平方米3987元，同比增长10.44%；累计可售面积41.47万平方米，同比增长64.3%；完成商品房网签备案1274例，面积16.82万平方米；存量房交易84例，面积1.06万平方米，无中介全部自行成交。新商品房网签备案及存量房交易系统运行稳定，因与不动产登记数据未实现共享，存量房网签备案仍然在旧系统备案；积极推进对企业预售资金实行监管和执行预售金提取审批制度，有力促进了海原县商品房预售向规范化迈进。

【公租房管理】 2021年共排查手续过期、拖欠费用、私自转租等问题住户310户，已完成整改310户，收缴欠费8万元。同时，及时将空余房屋按程序分配到符合入住条件的人员办理入住手续，有效保障公租房入住率。

【供水、供热服务保障】 2021年对锅炉及附属设备进行检修，对供暖效果反映不好的文昌小区、中医院小区、邮政局小区、政府小区、老建行小区、荣锦苑小区和县第四中学部分管网进行彻底改造，对全县供水管网进行全面排查，供水水质达标供给；接待来电、来访、来信350人次，所有信访事项全部妥善解决。

【民生服务】 全年共排查手续过期、拖欠费用、私自转租等问题住户310户，已完成整改310户，收缴欠费8万元。及时将空余房屋按程序分配到符合入住条件的人员办理入住手续，有效保障公租房入住率。

（李　博）

住房公积金管理

【概　况】 中卫市住房公积金管理中心海原分中心（简称公积金管理中心），按照中卫市住房公积金管理中心的授权负责管理全县住房公积金的管理运作。分中心的机构规格为正科级，经费形式为全额预算，与中卫市公积金管理中心实行统一的规章制度，进行统一核算。2021年末，海原分中心核定事业编制5名，科级领导职数2名（一正一副）。现有在职人员6人，其中，在编4人，非在编2人。分中心下设办公室、业务厅、归集股、信贷股4个内设机构。

【公积金缴存】 2021年，海原县缴存住房公积金2.85亿元，完成年度任务2.4亿元的118.75%；缴存总额21.61亿元，比上年增加2.85亿元，增长15.19%。缴存余额8.28亿元，同比增加0.25亿元，增长3.11%。

【公积金制度扩面】 2021年，海原县新增建制单位51家，新增缴存职工670人，完成全年扩面计划的335%。

【公积金贷款】 2021年，海原县发放个人住房贷款243笔9974.6万元，完成年度任务7000万元的142.49%；住房贷款笔数同比增加16%，贷款金额同比提高27%。截至2022年12月底，累计发放个人住房贷款2495笔、金额69580.2万元，同比分别增长10.79%、16.73%。贷款余额31195.38万元，同比增加4.25%。个贷率38.42%，同比增加1.1个百分点。贷款逾期率为零。

【公积金提取】 2021年，海原县提取住房公积金2.61亿元，同比增加0.77亿元，增长41.85%，其中还贷提取1.43亿元；提取总额达到13.39亿元。

【公积金制度覆盖】 2021年，海原县公积金制度覆盖面不断扩大。1.突出宣传催建，线上与线下相结合。在做好疫情防控的前提下，充分运用电话、微信公众号、手机App和中心门户网站等媒介，深入开展宣传引导和建制工作，全力以赴为企业建制提供便捷服务。2.依托联动机制，发挥行业优势。充分利用各受托银行服务网点多、客户资源多、营销能力强等行业优势，积极宣传公积金制度，开展非公企业住房公积金建制扩面、催收催缴工作。

【公积金政策落实】 2021年，海原县紧扣“房子是用来住的，不是用来炒的”定位，充分发挥住房公积金在“住有所居、住有宜居”中的保障作用，积极落实住房公积金贷款、提取使用政策，大力支持职工购买保障性首套住房和改善型二套住房，保障不同群体、不同需求的贷款需要，积极推动房地产市场健康发展。

【公积金风险防范】 2021年，海原县坚持底线思维，风险隐患防控水平不断增强。1.加大账目核查力度，做到业务当天办结，资金及时到账，资金安全运行。2.建立风险防控系统，结合住建部电子稽查风险点和中心业务管理实际，对风险隐患精准识别、预警排查、实时监控、逐一整改，切实提高业务办理的准确性和防范风险的严密性。

【信息化建设】 2021年，海原县公积金中心加强信息化建设，积极拓宽服务渠道。1.提取业务不见面。解除劳动合同和退休的缴存职工通过网上业务厅点击提取申请，办结后资金实时到账，无需跑腿、省时省力。2.查询渠道多样化。通过公积金门户网站、网厅、微信公众号、我的宁夏App等缴存职工可查询个人账户信息、缴存明细、提取明细、贷款信息等，缴存单位可查询单位基本信息、职工信息、业务办理情况。3.咨询建议畅通化。职工可通过"12329"热线与客服一对一交流，还可通过门户网站、手机App、微信公众号等咨询公积金相关政策、提出意见和建议。4.推进归集业务在线办。全县所有单位签约网厅服务实施网上业务办理。

（县公积金管理中心）

交通运输

综　述

【概　况】 海原县交通运输局(简称交通局)下辖公路管理段、交通运输综合执法大队2个副科级事业单位和1个不定级别事业单位(公路建设管理中心),局机关内设综合办公室、党建办公室、疫情防控办公室、建管中心、工程项目管理办公室、项目审计办公室、运输和审批服务中心办公室、综合治理办公室、工程建设协调办公室、工会等10个股室。局党委下设5个党支部,分别是中共海原县交通运输局机关支部委员会、中共海原县公路管理段支部委员会、中共海原县交通运输综合执法大队支部委员会、中共海原县交通运输局离退休干部支部委员会、中共海原县汽车运输公司与利民公交客运有限责任公司联合党支部。2021年,有正式在编干部职工共250人,其中局公务员10人、行政工勤编2人,公路段在编108人、聘用临时工18人,交通运输综合执法大队在编93人,公路建设管理中心19人。2021年,海原县交通局被中卫市委、市人民政府、市军分区授予全市"交通公路运输连先进集体"称号。

【交通运输产业发展】 2021年,海原县交通运输部门探索创新,推动交通运输产业发展。1.科学编制了《海原县交通运输产业(公路货运)"十四五"发展专项规划》,努力构建安全、便捷、高效、绿色、经济的现代化综合交通体系。2.建成海原县联富国际汽车商贸物流园,项目总投资4.2亿元,已投入运营。3.积极落实货车交通事故风险救助工作。2021年共实施货车交通事故风险救助1人,发放救助金15.6万元。4.认真实施货运驾驶员培训补贴政策。全年共计划实施货运驾驶员培训补贴2000名,计划资金1300万元(每人补贴标准6500元),报名参加培训人数为1128人,已取得驾驶证411人。

【安全生产】 2021年,海原县交通运输部门以安全生产专项整治三年行动为抓手,结合安全隐患大排查大整治大执法等行动,重点围绕道路运输、公路建设等重点企业,认真组织开展了安全风险防控、安全隐患排查整治等工作。共深入企业安全检查135家次,排查安全隐患48条,下发整改通知书24份,已全部整改到位。全年共发放宣传资料3000余份、宣传物品200余份,接受群众咨询300余人次。

【信访工作】 2021年,海原县交通部门共办理各类信访投诉案件共260件,其中"12345"

民生服务65件,“12328”投诉184件,市委书记信箱、市长信箱和县长信箱3件,县信访局转办8件,已全部办结。

【疫情防控】 2021年,海原县交通部门聚焦疫情,防控措施科学精准落实。1.迅速行动,及时调整了局疫情防控领导小组及办公室人员,先后召开党委专题会议6次,对系统疫情防控进行了详细安排部署。2.严格落实“外防输入”策略。督促客运企业和汽车站严格落实实名制售票、人员登记、体温监测、佩戴口罩、消毒防疫等制度;要求项目施工企业特殊时期严禁从疫情发生地区招工,并严格落实晨检制度;安排专人通过货车动态监控平台排查、电话联系跟踪等线上线下方式强化大货车管控。先后开展企业检查43次,检查企业124家次,排查货车6万余辆次。3.严格干部职工管控。严格落实办公场所定期消毒、通风和人员佩戴口罩办公、外出报备等制度。

【“小鬼难缠”“中梗阻”专项治理】 2021年,海原县交通部门聘请第三方专业公司协助交通局对2017年以来的所有建设项目进行了审计自查。共排查工程建设项目122个,发现问题16个,涉及项目48个。年末所有问题均已整改销号。

【创城工作】 2021年,海原县交通部门全力做好创城工作。及时成立了创卫工作领导小组和专项办公室,为高质量完成交通方面创城工作任务提供了坚强组织保障。充分利用每周五创卫日,对单位办公环境、卫生死角、“门前六包”区域进行定期清扫。加大宣传力度,通过悬挂横幅、制作展板、电子屏滚动播放、微信群转发等方式,大力宣传创城工作。先后在单位悬挂横幅5条,电子屏滚动播放宣传标语5条,在全县公交站台制作宣传横幅54条,制作健康教育宣传栏8个。

公路建设和养护

【外联主干通道建设】 2021年,海原县全力推进外联主干通道建设工作。银昆高速(海原段)完成路基48%、桥涵67%、隧道38%,累计完成投资10.55亿元;海平高速完成路基挖方52%、填方29%、桥梁桩基95%、梁板预制48%,累计完成投资8.4亿元。

【干线公路升级改造】 2021年,海原县积极推动干线公路升级改造。G344线李旺至同心段公路完成路基89%、路面68%、桥涵90%,累计完成投资1.69亿元;G344线头营至李旺段公路进行初步设计;S205线西安至关庄段公路进行征地拆迁工作。

【农村公路和村组道路建设】 2021年,海原县扎实推进农村公路和村组道路项目建设。海原县红古至香水桥四级公路18.5公里进行路缘石栽设;村组硬化路58.5公里已完成建设,剩余59.5公里项目进行附属工程设施建设;生产砂砾路70公里已基本完成;安全生命防护工程114公里,已完成标志标牌安装工程,进行波形钢护栏安装,工程量完成90%。

【公路养护】 2021年,海原县出台《海原县深化农村公路管理养护体制改革实施方案》和《海原县农村公路“路长制”管理办法(试行)》,建立县、乡、村三级路长体系,以解决村道养护“最后一公里”问题。全年共清扫路(桥)面3437万平方米,整修路肩221万米,疏通清理边沟流槽18万米,处置沉陷63900平方米,清理塌方12790立方米，路树刷白85000株，疏通涵洞1610道，修复沥青路面4660平方米，处置坑槽495平方米，更换护栏324米，更换边沟盖板110米，安装减速带12米，安装桥梁信息公示牌202块，维修屋顶530平方米，修剪路树12500株，储备融雪剂100吨、防滑沙1800方。农村公路列养率达到100%，优良中等率达到76.5%。

道路运输

【客运保障】 2021年，海原县积极落实客运保障工作。全年共发出客运班次13762班次，安排加班车172车次，办理包车123车次，累计运送旅客18.39万人次。没有发生旅客投诉、滞留、伤亡事件。

【公共交通服务】 2021年，海原县补齐公共交通服务短板。对县城所有公交线路进行了调整优化，同时新开通公交线路3条，开通海原至新区快速客运班线1条，新购置新能源公交车44辆，建设充电桩13座。亮化净化公交站牌，投资4万余元，对全县公交站牌进行了维修，提升了群众候车环境。

【运输管理】 2021年，海原县完成机动车驾驶员培训6405人、从业资格证培训2394人、从业资格证诚信考核13840件、货车年度审验4886辆；办理货运行政许可678件（企业15家，个体户663个），办理车辆过户及营运证换发994件，办理资格证换发补发3731人。

交通运输执法

【运政执法】 2021年，海原县强化运政执法，净化客运市场。共出动执法人员3610人次、执法车辆600余车次，检查客运车辆5453车次，排查社会车辆5493车次，查扣非法营运车辆60辆次，查处违章经营行为57起。

【路政巡查】 2021年，海原县加强涉路施工活动监管，及时制止占道经营、乱搭乱建等违法行为，先后拆除非公路标牌标识14块，清理摆摊设点276处，处置路面坑槽2处407.8平方米，整修便道1公里，查处履带车辆违规行驶路面2起，查处违法埋设电线杆、栽植树木10处，处置路面结冰3处，拆除限高架2处。查处路政赔补偿案5起（赔补偿费4.1538万元）。

【超限治理】 2021年，海原县对超限、绕行、污染公路等行为进行专项整治，全年检查货运车辆2180辆，查处超限超载49辆，卸货1495.08吨。

【大货车乱停乱放集中整治】 2021年，海原县交通执法大队与公安交警、城管执法大队和乡镇执法队伍形成合力，对全县大货车在道路两旁乱停乱放现象进行了集中整治，有效改善了路域环境。共清理随意停放大货车4200余车次、其他机动车4400余车次，设立大货车停车场82个。

（县交通局）

邮电通信

邮　政

【概　况】 中国邮政公司海原分公司(简称海原邮政公司)内设综合部、市场部、揽投部3个职能部门,下辖建设路营业所、北街营业所2个综合网点、邮政普服网点16个(其中自办网点2个,代办网点14个)。2021年公司有各类用工人员51人。

【经营发展】 2021年,海原县邮政公司集中精力加快金融、特快等高效业务发展,企业发展呈现快速增长之势。金融收入呈两位数增长;寄递业务突破两百万大关,收入结构进一步优化,金融收入占比60%,寄递收入占比20%。县分公司综合排名较2020年从第23名上升到第21名。

【金融业务】 2021年,海原县邮政公司金融业务聚焦优化业务、客户结构、加快构建全产品链体系,形成储蓄存款、代理保险、理财、电子支付多元化增收格局,全县邮政代理金融累计实现收入700.27万元,增长12.83%,完成自治区分公司预算进度的99.47%。分公司始终坚持以"比学赶帮超"作为促进金融发展的有力抓手,储蓄余额、代理保险实现突破性发展。

【寄投业务】 2021年,海原县邮政公司实现寄递收入230.43万元,绝对值增加60万元,增幅33.95%,增幅位居全市第一。海原揽投部荣获"寄递发展20强"称号。特快业务围绕生鲜、消费、政务、商企等市场及综合便民服务站建设五个维度,持续保持高速发展,全市三个县均实现两位数增长,其中分公司增速达到71.7%,收入增幅均高于全区平均水平,同时进入全区特快业务收入增幅8强县。

【邮务业务】 2021年,海原县邮政公司依托"项目+活动+产品+数据+融合"模式,转变营销方式、拓展营销渠道,推进项目规模提升,全年实现收入189.77万元。其中报刊业务实现收入116.86万元,同比增长31.55%,全市增幅排名第一,分销业务完成进度全市第一,图书销售38万元,完成目标的511%,全区排名第三。

【营销能力提升】 2021年,海原县邮政公司强化金融营销力量,将专兼职理财经理队伍由原来的1人增加至5人。阶段性组建营销专班,集中发展商户收单业务,搭建网点"衣食住行游娱乐购"高频生活场景。持续推进线上营销，上线邮乐网绿豆与关庄土豆分别销售1224单、333单，全年实现收入1.6万元。

【协同项目】 2021年，海原县邮政公司、邮政储蓄银行双方共同做好协同考核激励机制，惠农项目累计走访对接农民合作社78户，协同发放融资E贷款310万元，全面完成计划目标。认真落实“放管服”政策，抓实警邮、法邮等合作，累计实现收入75.85万元，增幅111.85%。

【放权赋能】 2021年，海原县邮政公司将营销费使用充分授权给经营一线，让“听得见炮火的人呼唤炮火”，根据时间节点及网点余额规模按照收入的4.5%~6%核发网点营销费用；持续推进揽投部销售化转型，按照经营单位实际标快收入的4%、快包收入的2%核算营销费用，充分调动揽投部获客动力。

【比学赶帮】 2021年，海原县邮政公司积极参与全市“跨赛争霸县”“六强网点”争先进位竞争机制，持续推进金融、寄递“比学赶帮超”，大力营造“后进赶先进，中间争先进，先进更先进”的发展氛围，各网点、揽投部对标对表补短板、你追我赶争进位，发展士气空前高涨，全面打造“创新转型、提速增效”新队伍。

【普遍服务】 2021年，海原县邮政公司严格落实“三升三降、六个100%”目标要求，狠抓普服“回头看”专项整治，普服重点指标在五市排名第一。对4个营业所进行局部形象改造，优化了综合网点服务形象、提升网点人员服务的能力。北街营业所获评自治区级文明示范窗口，服务质量提升季活动效果明显，受到自治区分公司奖励。

【助力乡村振兴】 2021年，海原县邮政公司积极对接当地政府，海原县分公司成功中标政府电子商务进农村综合示范三级物流体系建设项目，总计中标金额486万元。加快推进快邮合作下乡及客货邮商融合发展。全县已开展“快邮合作”的建制村有62个，覆盖率为45.6%，开通海原至盐池“交邮合作”1处。

【疫情防控】 2021年，海原县邮政公司贯彻落实集团公司党组、自治区、市分公司党委、海原县委疫情防控总体要求，闻令而动、主动作为。全体金融网点、揽投人员“逆行”奋战，主动做好民生保障工作，免费为社区居民配送蔬菜、水果等物资500余单。县分公司深入基层实地检查防疫工作，同时建立日报告制及值班制度，实时监控员工防疫工作开展进度及思想动态。同时积极采购疫情防护用品用具1000元左右，共计配发各类口罩8200个、体温计12个、泡腾消毒片2000片、医用手套700个，有效保证各基层单位防疫工作的开展。同时疫情期间，县分公司积极发扬“人民邮政为人民”初心与使命。

【企业党建】 2021年，海原县邮政公司党支部严格履行党支部主体责任、支部书记第一责任人职责和班子成员“一岗双责”，形成齐抓共管、上下联动的工作格局，切实提高党支部的政治性；认真落实“三会一课”“主题党日”、民主评议党员等党内生活制度，重点围绕党的作风建设、道德修养等方面内容，开展党支部理论学习，引导全体党员自觉讲党性、重品行、做表率，树立干事创业、创先争优的进取意识；持续巩固深化“不忘初心、牢记使命”主题教育成果，全面推进“三强九严”工程，组织开展党支部“三亮三比三评”活动，积极创建“让党中央放心，让人民群众满意”的模范机关；深化党支部规范化建设，不断强化党员干部教育管理，进一步促进党员先锋模范作用发挥，提升支部战斗堡垒作用。

【企业工会】 1. 抓好“夏送清凉，冬送温暖”慰问活动，做好生病住院、生小孩员工慰问等相关暖心活动。2. 在业务发展的旺季、节假日，对网点、揽投部进行慰问，感谢员工的辛苦付出，鼓励员工努力拼搏，奋勇争先。3. 员工生日当天为员工准备了生日蛋糕和生日贺卡，为金融一线员工的家属在生日当天由网点负责人亲自送去蛋糕和生日祝福，把组织关怀送到员工心坎上，上级的关心和爱护会使员工精神上、心灵上受到触动、感染、使他们心怀感恩，从而增强员工投身工作的积极性和主动性。4. 开展形式多样的文体活动，释放员工工作压力。

（陈 波）

电 信

【概 况】 中国电信海原分公司（简称海原电信公司）有正式职工37人，外包岗位人员57人。2021年，中国电信海原分公司以“让客户尽情享受信息新生活”为使命，始终致力于满足海原经济社会发展和广大人民群众日益丰富的通信信息服务需求，追求企业价值与客户价值共同成长，在推进全县信息化进程中积极发挥主力军作用，为全县电子政务、行业信息化建设提供了良好服务。在农村通信建设中主动履行央企义务，积极落实县委、县政府关于加快农村信息化建设的部署，大力推进信息化新农村建设。

【经营发展】 1. 城市以“网络调优”进社区，开展常态化小区营销。2. 农村支局借助百万农民数字化培训，在做好百万农民数字化培训的同时，向西安镇、树台乡、贾塘乡等45个行政村宣传电信各项业务。3. 与县公安局达成协议，为西安乡搭建公共区域视频监控平台。4. 加强实体渠道的门店建设，加快实体店面装修进度，整体提升了实体渠道的店面形象，加强了实体渠道功能建设，增强厅店服务能力，使已有64家实体渠道门店产能得到较大提升。5. 营业厅、商圈全部搭建5G云业务体验环境，进厅用户能有效直观地体验云业务，通过对用户现场讲解演示有效地拉动了云业务的发展。6. 完成151处点位组网专线电路和视频监控的业务开通。7. 强化以客户为中心的服务意识，落实落细服务工作。支委班子和公司领导多次深入厅店，就加强中心厅规范化、全流程化服务能力进行培训、指导，真正实现交付式服务，闭环式服务。8. 完善装维实训基地场景，做好服务规范、施工技能、施工规范、交付规范的实景培训，有效提升装维服务能力。

【履行央企社会责任】 1. 在1月2日召开的海原县综合社会治理联席会议中，中国电信“天翼看家”产品被写入海原县综合社会治理联席会议纪要中，要求全县推广。2. 7月阶段性疫情防控期间安装居家隔离视频监控57路，发送疫苗接种提醒短信5.1万条。3. 积极做好宁夏（海原）第六届高端肉牛大赛全程做好大赛的通信保障。4. 县第十五次党代会和“两会”期间提供人脸识别考勤一体机协助做好参会代表的防疫考勤工作。5.打造康园养殖场“智慧畜牧”信息化试点牧场。

【光网质量提升】 在2021年光网质量提升活动中，对2台OLT双上联进行下沉，对盐池等8个模块机房、17个城域网光交、20个小区光交进行标准化整治整改。

【资源及工程建设】 2021年建成19个点位的FTTH建设，交付端口2800个，建成关庄街道改扩建入地管道420米，优化建设中继光缆3段79公里。

【基础维护】 1.完成海原干线隐患整治，扶正标石268块，更换、缺失补载153块，干线标准化整治1920余块，管道入井抽水、清理淤泥、杂物，管孔封堵、接头盒固定共计67孔，完成海原县城、关庄街道、贾塘模块局出局光缆上改下割接共计3.1公里268条。2.根据项目制工作安排，完成38个C网基站老旧设备退网割接及马万山等8台S380安装、2台1662设备退网下电工作。3.根据分公司“百日安全攻坚行动”专项工作，对存在的杆路隐患整改更换电杆78根，收紧拉线108条。

【企业工会】 1.配合上级工会及办公室添置更新职工餐厅座椅、后厨应配置电气设施（如电饭锅、煤气灶头、电磁炉、高压锅、电饼铛、微波炉、汤勺、汤盆），开展各项员工关心关爱活动，凝聚员工活力，提升员工之家活动场所环境及设施。2.积极对接驻村帮扶乡村振兴驻点人员帮扶资金落实，单位对接帮扶村的帮扶落实。

【安全管理】 层层压实安全责任，组织落实责任书的签订及安全培训21场次，培训人数450人次，对施工建设等日常安全检查45场次，有力保障了七一安保及防疫防汛工作，严格执行落实了“百日安全攻坚行动”的自查整改及攻坚行动落实及上报工作。

【驻村帮扶】 1.海原分公司在2021年新的帮扶工作地点更换为西安镇园河村张刘湾十三五移民村。在接到政府相关安排文件后，总经理严海军带领党建纪检专干、行政及工会人员进行对接调研，调查了解该移民村实际情况，争取扶贫专项资金，为该移民村购置户外健身器材，为该村五户残疾户给予煤炭捐赠，让残疾户温暖越冬。2.乡村振兴驻村帮扶组人员积极对接海原县高崖政府及联合村部的工作部署，认真开展工作，积极调整工作方式方法，走访边缘户，协调乡村绿化、卫生整治、扶贫国库数据筛查修订、乡村道路修整等事项，并联系扶贫专项资金建设信息化方案实施，并对边缘户进行走访慰问及过冬煤炭的捐赠工作。

（摆玉军）

移　动

【概　况】 中国移动通信集团宁夏有限公司海原分公司（简称海原移动公司），下设集团客户班、网络班、营业班、海城西网格、海城东网格、海兴网格、李旺网格7个班组，党、政、工、团组织健全。公司有员工37人，党员7人，团员5人。

【通信保障】 海原移动公司对外落实“六大硬核”举措，全力保障通信畅通。1.专线业务保障。要求装维人员服务形象严格按照“代维人员服务工作准则”管理办法执行，故障处理时限严格根据《中国移动集团客户网络服务等级协议（SLA）规范》执行，对党政机关、教育行业、医疗行业、公检司法等行业重保专线开展巡检工作，确保重保专线故障2小时内完成修复。2.家庭宽带业务保障。协同铁通公司对宽带和智能组网压单量梳理和消化，设立“7×24”小时通信保障服务台席，及时响应客户各类故障报修；严格执行480服务标准，保证客户在最短时限享受网络维护人员的上门服务体验；并积极为居家隔离用户提供网络服务，安装智能安防设备。3.重点区域、重点行业“7×24”小时无线通信保障。接入云视讯的乡镇，通过云视讯会议进行工作部署，传达疫情防控相关精神。4.空中课堂保障。为响应疫情期间“停课不停学”号召，海原移动公司迅速启动应急响应机制，给全县教师宽带免费升级至500兆，学生家长宽带免费升级300兆，免费更换老旧设备，给宽带客户免费提供网速检测服务。

【网络强国】 2021年海原移动公司新建4G基站25个，解决李俊乡、郑旗乡、史店乡、关庄乡等25个自然村4G信号弱覆盖问题以及黑海高速隧道等4G信号盲点问题；通过拉远扇区开通的4G基站有曹洼肉牛繁育中心，久坪拌合站，盐池光伏电厂，西山洼海平高速项目部，小河桥福星宾馆等；建设开通5G基站107个，其中2.6G基站36个，700兆基站71个，实现了城区5G网络全覆盖，所有乡镇街道的试点覆盖；建成开通了九彩乡新庄古城等43个自然村光纤宽带，解决了5000多户农户宽带上网问题。完成了全县数百个小区、商铺、农村地区的光纤覆盖工作，已覆盖海原县城小区、街道、商铺等聚类地区共计770处，覆盖用户数达到9.6万户，各乡镇自然村已覆盖525个，覆盖用户数5万户。同时为原有的老用户统一免费升级为300兆光纤宽带，已将移动光宽带打造为以300兆起步、千兆极速的家庭宽带服务。

【提速降费】 中国移动流量资费不断下调，5G手机终端的品种也不断丰富，机型已达千余款，价位分布更加广泛，仅需要千余元便可购得一台5G手机，还将陆续推出买手机承诺在网直降、买手机承诺消费直降等多项活动可满足不同客户的需求，真正做到让老百姓“用得起，用得好”。在宽带方面，为客户提供千兆、500兆、300兆等不同网速满足客户需求，在资费方面也推出了“包月套餐”“畅享套餐”“5G套餐”等产品线。在广大农村地区，还组织公司业务人员进行“平安乡村”宣传，走进用户家中做好“宽带+摄像头”的服务工作，让广大农民用户朋友们也能尽早地享受到国家信息网络宽带补贴优惠。

【智慧海原】 致力于为海原县盲区、视频监控弱覆盖区增加视频监控，实现重点场所、重点区域无死角覆盖，打造县、乡、村三级综治中心为指挥平台、以综治信息化为支撑、以网格化管理为基础、以公共安全视频监控联网应用为重点的“群众性治安防控工程”，为提升社会治理社会化、法治化、智能化、专业化水平，提升人民群众的安全感和满意度作出贡献。在“互联网+安全”方面，海原移动公司，为有效落实“互联网+安全”工作，海原县教育体育局按照上级指示批示和安排部署、进一步加强学校安全管理，为实现全县中小学幼儿园要全部实现“4个100%”安全防范建设，其中视频监控系统与公安机关联网率达到100%为此次项目的重点，共涉及学校156所，中国移动承建81所，并按期交付。在“数字化乡村建设”方面，为强化农村数字化建设，提升农村治理现代化水平，加快推广5G、云计算、大数据、物联网、人工智能等新一代信息技术，建立集信息化、智能化、管理化、服务化于一体的新的管理形态，打通社会治理“最后一公里”，助力乡村产业振兴。

【社会责任】 海原移动公司积极投入地方经济发展、积极投身社会公益事业。积极开展“平安乡村”大数据平台建设推进乡村振兴、开展“扶贫帮困，助力爱心传递”活动、开展“中国移动爱心行动，先心病儿童救助计划资助”活动、开展“节能减耗，倡导绿色环保中国”活动等；圆满完成重大活动及重大节日的通信保障工作；在“3·5”雷锋日、“5·4”青年节等系列活动中，青年团员们以饱满的状态展示了移动人良好的精神风貌；在建军节、春节前夕拥军慰问，旨在践行企业公民责任，引领社会文明风尚。海原移动公司将不断努力，力争为广大用户提供更加亲情化、个性化的服务，以诚信塑造良好的品牌形象，以诚信来营造良好的市场环境，共同铸就和谐美丽海原。

（沈治亮）

联　通

【概　况】 中国联通海原分公司（简称联通公司）下设2个网格区，即海原城区网格和海原乡镇网格。海原城区网格内设支撑中心、渠道中心、政企中心、公众客户中心、营业厅6个业务单位，有工作人员23人；海原乡镇网格内设渠道中心和公众客户中心2个业务单位，有工作人员12人。

【营业收入】 2021年，海原联通公司全年收入指标3200万元，移网业务收入3000万元，固网业务收入200万元，实际完成2980万元。存量移网用户9.82万户，存量固网用户2万户。

【客户发展】 2021年，海原县集团客户工程（不含技改）投资规划500多万元，其中大客户接入海原县投资400多万元。主要规模建设海原县政务网（包括海原县事业单位及18个乡镇办公网）互联网专线130条，学校互联网+教育业务100多条，卫生室20多所。宽带接入投资60多万元。新建智慧社区2个，数字乡镇1个，数字乡村26个。

【基站建设】 2021年海原县共新建FDD LTE基站42处，规划投资236.88万元，海原县新建主干管道7.85孔公里，规划投资56.8万元；接入主干光缆5.55皮长公里，建设芯公里为799.2芯公里，投资约200万元。

【助力地方经济发展】 为贯彻落实中央、自治区、海原县关于统筹推进新冠疫情防控和经济增长各项决策部署，帮助海原县各类企业、经营市场、中小商户渡过难关，海原县联通公司自筹资金200万元发放补贴券，刺激和带动消费，增强经济发展活力。

【提速降费】 1.推出免费提速活动，具备200兆接入条件的区域内用户免费提速到200兆；2.为鼓励用户办理高速率产品，推出各种优惠政策，如对于办理100兆、200兆单宽带的用户赠送沃家电视业务，趸交包年费用的用户续约免费提速等活动，通过优惠促销活动开展惠及广大用户。通过各种举措，100兆宽带业务价格同比降低59.2%、50兆宽带价格同比下降38.9%；3.组织阶段性5G双千兆免费体验活动；4.沃TV免费升级至IPTV；5.办理沃家组网，百兆宽带，免费提，全屋Wi-Fi信号满格。

【空中课堂】 为贯彻落实新冠疫情防控期间"离校不离教，停课不停学"的工作要求，为了保证中小学家庭困难学生有效接入空中课堂，宁夏联通公司向全区中小学家庭困难学生教师每月免费提供100G流量空中课堂网络流量，家庭宽带免费提到500兆，共计约5000名学生和300名教师享受到了此项优惠。

（李彩蓉）

自然资源和生态环境

自然资源

【概　况】 海原县自然资源局是海原县机构改革新组建的政府工作部门。成立于2019年1月。通过机构改革,2021年设有6个局属单位(海原国土资源执法监察执法大队、海原县土地储备中心、海原县不动产登记中心、海原县林业技术推广服务中心、海原县规划服务中心、海原县国有林场和草原中心)及6个国有林场(拐洼林场、月亮山林场、西华山林场、牌路山林场、瓜瓜山林场、凤凰山林场)。核定行政编14人,2021年实有在岗人员11人(其中正科级领导1人、副科级领导2人)。核定事业编制175个,2021年实有在岗人员169人。在职研究生1人、大学本科79人、大专及以下89人。

【县城绿化】 1.完成县城及周边绿化3823亩,包括县城2823亩、海兴开发区1000亩。2.完成牌路山森林延伸绿化提升改造1000亩。3.完成主干道路两侧绿化3305亩(黑海高速两侧960亩、福银高速两侧1161亩、同海高速两侧539亩、补植补造645亩)。

【经济林产业】 2021年,海原县以发展绿色富民产业为导向,以经济林产业提质扩规为重点,按照"因地制宜、适地适树"的原则,重点围绕苹果、枸杞、香水梨等特色优势产业,完成枸杞种植4440亩(三河镇1671亩、高崖乡1067亩、李旺镇455.7亩、七营镇1179.1亩、贾塘乡67.2亩);完成关桥乡金银花种植30万株、1000亩。

【生态修复】 2021年,海原县生态修复成效凸显,环境治理效果明显。1.积极主动争取项目。2021年自治区自然资源厅下达海原县生态修复项目资金3000万元,按照分步实施、有序推进原则,完成清水河海原段历史遗留废弃矿山生态修复项目304.56公顷。2.全力整治矿山环境。针对西华山境内4家石料矿,经与企业法人协商,聘请第三方公司评估后已拆除2家,并对周边土地进行恢复治理。剩余2家在协商处理,计划年底前完成拆除复垦。3.对金鑫建材等6家砖厂诉讼案件,经调查核实,初步判定6家砖厂均存在疑似违法占地、越界开采问题,督促3家砖瓦用黏土矿企业加快编制绿色矿山方案,要求严格按照自治区建设绿色矿山标准进行生产。

【土地报批】 2021年,海原县严格按照时限要求,主动收集用地报件资料,积极搭建项目建设单位与自治区自然资源厅之间的桥梁纽带，加快土地报批。1. 已完成银昆高速（宁夏境）太阳山开发区至彭阳（宁甘界）段、S50 海原至平川公路报批工作。2. 完成华润海原范台 60MWp 光伏复合项目、华润海原尖尖山 30MWp 光伏复合项目单独选址项目资料收集工作，组件报批。3. 完成第二批次集体建设用地转用、第三批次城镇建设用地资料收集，积极对接自治区自然资源厅组件上报，完成报批程序。

【地质灾害防治】 联合自治区自然资源厅工程院排查分队对全县地质灾害隐患点进行"拉网式"排查，对拟保留 57 处隐患点指派专人监测，进一步压实地质灾害防治责任，完善地质灾害防治措施，全县无地质灾害发生，消除了受威胁群众的后顾之忧。

【综合执法】 加大自然资源执法监察力度，有效遏制了耕地"非农化"现象，对违法占地行为形成了强大震慑。1. 及时查办违法案件。通过动态巡查、群众举报、来电接访共发现违法占地、非法开采等违法行为 5 起，对发现的 1 起违法占地建房问题，责令乡镇完成地上附着物拆除并恢复土地原貌；对发现的 4 起矿产资源违法案件，现场制止 1 起，其余 3 次分别移交属地乡镇和县河长办进行依法处理。2. 有序开展卫片执法检查。自然资源部通过国家自然资源执法综合监管平台下发海原县土地卫片图斑 466 个，农村乱占耕地图斑 2437 个。经外业核查举证，已完成处置土地卫片图斑 455 个，农村乱占耕地图斑 2364 个。对剩余的 84 个违法图斑（土地卫片图斑 11 个、农村乱占耕地图斑 73 个），按照属地管理原则，全部移交乡镇进行违法处理。同时，对涉及宅基地图斑，按照职责分工，移交县农业农村局进行处置。

【森林草原安全】 1. 编制完成《海原县关于全面推行林（草）长制实施方案》，按照方案建立县（乡镇）各级林长进行森林防护，建立森林草原防火和封山禁牧常态化巡查机制，全年无重大森林草原火灾发生。2. 完成 2020 年森林资源管理林地"一张图"年度更新和国家级公益林及天然林资源管护区域划分工作。3. 在全县范围内开展了一轮护林员防火集中培训，完成培训 10 场次，培训人员 1500 名。4. 全年累计开展防火宣传 12 次，发放各类宣传资料 70000 余份。通过中国联通短信平台，群发与森林防火相关手机短信息 10 余万条。

【土地权改革】 按照自治区推进"四权"改革要求，制定印发了《海原县关于深入推进土地权改革完善土地市场化配置工作方案》，积极开展确权登记等基础工作。1. 完成 48 条河流（道）、50 座水库、72 处淤地坝、47 处水源地及未列入水普名录的 9 条沟道划界与界桩埋设。开展李俊乡草原确权承包登记试点工作和 6 个国有林场确权登记。2. 完成"房地一体"外业测量 88945 宗，一、二轮公示 81007 宗，初步审核符合发证 69200 宗，完成登簿 68398 宗，完成证书发放 60879 本，占总任务量的 88%。完成农村集体经营性建设用地全部地籍调查，共调查 1646 宗，经审核符合发证 323 宗。3. 积极探索林权抵押贷款。完成林权抵押贷款金额 365 万元（海原县众鑫苗木培育专业合作社 200 万元、宁夏天都红种植专业合作社 165 万元），抵押林地面积 693.5 亩（海原县众鑫苗木培育专业合作社 355.1 亩、宁夏天都红种植专业合作社 338.4 亩）。

【林权制度改革】 1. 山林地确权登记全面开启。完成南华山自然保护区和 6 个国有林场山林地确权登记发证，面积96.1万亩，发证7本；完成集体山林地确权登记发证，面积102.5万亩，涉及农户3.5万户、发证3.7万本。2.开展山林权流转试点先行工作。建立林下经济示范基地3家。分别为海原县三河镇坪路行政村林下养殖基地：经营企业海原县种植养殖专业合作社，经营利用林地面积202.7亩，发展林下养殖生态鸡4000只，产值20万元；海原县红羊乡杨明老庄林下经济（生态旅游）示范基地：经营企业为宁夏老庄福源农牧旅游开发有限公司，经营利用林地面积5000亩，产值60万元，参与农户12户；海原县关桥乡贺堡行政村梨花小镇林下经济（林下种植、生态旅游）示范基地：经营企业为宁夏老庄稼农业科技有限公司，经营利用林地面积2300亩（林下种植蔬菜500亩、生态旅游1800亩），发展林下蔬菜种植（芹菜、韭菜等）和生态旅游产业，产值180万元，参与农户70户。3.积极探索林权抵押贷款。完成林权抵押贷款金额365万元（海原县众鑫苗木培育专业合作社200万元、宁夏天都红种植专业合作社165万元），抵押林地面积693.5亩（海原县众鑫苗木培育专业合作社355.1亩、宁夏天都红种植专业合作社338.4亩）。

（蒲彦珍）

生态环境

【概　况】 中卫市生态环境局海原县分局（简称生态环境局）于2019年9月挂牌成立。2021年，核定行政编制5名，事业编制19名，设局长1名（正科级），副局长2名（副科级），综合执法大队副队长1名（副科级），环境监测站站长1名（正科级），副站长1名（副科级）。生态环境综合执法大队核定事业编制9名，生态环境监测站核定事业编制10名。2021年，实有在编人员21人，其中行政编制4人，事业编制17人，空编3名（行政编制1名，事业编制2名）。海原县生态环境保护综合执法大队在编在岗9人，海原县生态环境监测站在编在岗8人。全局人员平均年龄43岁，其中年龄50~59岁5名，40~49岁10名，30~39岁2名，25~30岁4名。

【荣　誉】 2021年11月30日中共宁夏回族自治区委员会办公厅、自治区人民政府办公厅通报，海原县在全区22个县（区）污染防治攻坚战成效考核中以99.6分的成绩与泾源县（99.7分）0.1分之差位居第二；2021年6月，中卫市生态环境局海原县分局在全区打赢蓝天保卫战先进典型表彰活动中被评为先进集体，1人获评先进个人。2021年12月10日，中卫市生态环境局海原县分局在全区“应急先锋2021”军地联合应急演练工作中被评为优秀组织单位。2021年1—12月，在全区14个县（市、区）环境空气质量由好变差排名中海原县位居第四。

【环境空气质量】 2021年，海原县优良天数达标率88.5%；与2020年同期相比下降了8.6%，PM10平均浓度45微克/立方米，与2020年同期相比下降了11.8%；PM2.5平均浓度19微克/立方米，与2020同期相比下降了20.8%；空气质量达到国家二级标准，在全区打赢蓝天保卫战先进典型表彰活动中被评为先进集体。

【水环境质量】 2021年，海原县委托第三方水质监测机构每月对老城区、南坪水库水源地水质进行检测，水质均达到III类标准，达标率为100%。县污水处理厂出水水质均达到一级

A标准，四项污染物达标排放为化学需氧量消减量922吨，氨氮削减量206吨，二氧化硫、氮氧化物消减量均为零。

【土壤环境质量】 2021年，海原县土壤环境质量总体保持稳定，农用地和建设用地土壤环境安全得到基本保障，土壤环境风险得到基本管控。经土壤污染状况调查和评估，未发现疑似污染地块。

【污染防治攻坚战】 2021年，海原县围绕污染物总量减排、生态环境质量提高、生态环境风险管控三类目标，突出大气、水、土壤污染防治三大领域，坚决打好污染防治“三大战役”。

【蓝天保卫战】 制定了《2021年海原县大气污染防治重点工作安排》等文件，紧盯PM2.5、PM10和优良天数等指标，扎实开展扬尘、煤尘、烟尘、汽尘污染四项整治。全面落实建筑工地“六个100%”的扬尘防控措施，加强散煤煤质监管，累计建成高崖乡、七营镇、郑旗乡、贾塘乡、关庄乡等15家清洁煤配送中心，按照“属地管理，分级负责”的原则，强化散煤污染管控，组织相关部门及乡镇成立了联合执法组，印制并发放《大气污染防治法规资料》和《生态环境保护应知应会手册》1000余册。加大散煤加工、储运、销售、使用监管巡查力度，清理整治（取缔）非法销售散煤摊点16处。持续推进清洁取暖项目建设，先后完成树台乡人民政府办公楼清洁取暖项目和海原县空气自动站周边58户城中村居民清洁取暖项目并投入运行，减少了大气污染物的排放，有效防治烟尘污染。制定《海原县重污染天气应急预案》，研究大气污染防治年度计划任务、重大措施，解决实际问题，提高全县空气质量精准预测预报能力，完善环境保护与气象部门信息共享、空气质量会商及重污染天气联合研判预警机制。

【碧水保卫战】 扎实推进《水污染防治行动计划》，制定了《2021年海原县水污染防治重点工作安排》，加强清水河（海原段）保护治理，改善了全县水环境质量，保障水生态环境安全。严格落实《宁夏回族自治区城镇污水处理提质增效三年行动实施方案（2019—2021年）》，积极争取资金，扎实推进污水处理“提质增效”行动，累计完成高崖乡、李旺镇、七营镇、郑旗乡、贾塘乡、西安镇、曹洼乡、树台乡、红羊乡、李俊乡农村污水处理站建设任务并投入运行。2021年8月开工建设的关桥乡和史店乡农村污水处理站项目。持续推进城镇集中式饮用水水源地环境保护专项行动，进一步整治保护区内环境违法问题，按照“划、立、治”总要求，完成了老城区、南坪水库及树台乡相桐（千吨万人）水源地规范化建设工程。按照《自治区生态环境厅办公室关于印发〈黄河流域宁夏段入河排污口排查整治专项行动工作方案〉的通知》（宁环办〔2021〕37号）和《关于进一步规范处置现有排污口的通知》要求，围绕辖区内11条河流和沟道，组织相关部门及所属乡镇执法人员按照各部门、乡镇职责对非法排污口予以取缔，确保无新增入河直排口。

【净土保卫战】 按照《海原县土壤污染防治重点工作安排》，完成耕地土壤环境质量类别划定工作，委托第三方进行土壤监测，分别在19个乡镇选取23个点位，53项检测因子的检测结果均达标，完成土壤污染状况调查及评估工作，未发现疑似污染地块。按照《危险废物安全专项整治三年行动目标任务及工业固体废物贮存场所环境综合整治工作方案》要求，扎实开展“清废行动”，摸底登记固定污染物各类企业167家，结合疫情防控累计排查集中隔离点和医疗机构63家次，规范处置11.64吨医疗废物，所有医疗废物分别由中卫市新洁垃圾处理有限公司和固原市惠众综合处理有限公司分别转运集中处理。杜绝医疗废物产生二次污染，提升危险废物环境监管能力和环境风险防范能力，及时消除土壤污染隐患，确保土壤利用安全。

【生态环境保护执法巡查】 采取“双随机、一公开”方式强化对重点企业、重点领域的执法检查，健全行政执法与刑事司法衔接配合机制，始终保持环保执法的高压态势。2021年以来，先后监察污染源535家次，出动执法人员1464人次，立案查处各类环境违法行为7起，罚款156万元，责令改正环境违法行为决定书6份，下达行政处罚决定书7份，督办函31份。受理环境信访投诉举报29件，办结率100%。

【环境监管检查】 对老城区机关餐厨油烟净化设施情况、县城周边环境和双墩汽修厂回收废机油情况进行了检查。对西湖小区一垃圾桶违规燃烧现象，执法人员依法进行处置。对医疗机构医疗废弃物处置情况进行定期检查，先后对海原县全县医院、县妇幼计生中心、乡镇卫生院等进行检查，各医院将医疗废弃物均能做到按日转运并有台账记录，污水处理设施均正常运行。对出现问题的医院、卫生院等进行即刻整改措施，以达到医疗卫生废弃物的规范处置。

【项目建设管理】 严格按照《建设项目环境管理条例(2021年版)》《建设项目环境影响评价分类管理名录》和生态环境部《关于统筹做好疫情防控和经济社会发展生态环保工作的指导意见》，认真落实环评审批正面清单要求，切实加强建设项目环境影响评价审批。坚决杜绝高耗能、高污染、不符合国家产业政策的企业来海原落户。2021年共审批各类建设项目229个。

【督察反馈问题整改】 2016年中央生态环保督察反馈问题涉及海原县5项，已全部完成整改。2018年中央生态环保督察“回头看”及水环境问题专项督察反馈问题涉及海原县5项10类和20个信访投诉转办件，已全部完成整改。2019年自治区党委第三生态环保督察反馈问题涉及海原县16个和3个信访投诉转办件已全部完成整改。2021年3月，自治区生态环境厅监察专员办公室对海原县历年各级生态环境保护督察反馈问题整改情况逐个进行了督察，反馈问题涉及海原县8个，其中，“两县一区”共性问题3个，个性问题5个，已全部完成整改。6月，自治区党委第三生态环境保护督察组专项督察反馈问题12个，其中，个性问题7个，“两县一区”共性问题5个，已全部完成整改。

【排污权有偿使用和交易改革】 按照《海原县关于开展排污权有偿使用和交易改革实施方案》要求，全面落实排污权有偿使用和交易改革，组织第三方及专业技术人员从严核定排污单位所属行业主要污染物绩效值核定的排放量与环境影响评价批复排放量。年末，全县18家重点管理和简化管理企业初步核定排污权总量为二氧化硫517.97吨/年、氮氧化物564.35吨/年、化学需要量298.78吨/年、氨氮30.02吨/年。对已关停(淘汰)的33家企业作为政府排污权储备量进行了核定，总量为二氧化硫586.13吨/年、氮氧化物171.52吨/年、化学需要量43吨/年、氨氮7.7吨/年。

【疫情防控】 继续做好新型冠状病毒感染的肺炎疫情防控驻点工作和医疗废水监督检查工作。海原县分局工作人员按照要求继续对海原县人民医院、大转盘集中隔离点、海兴污水处理厂和海原污水处理厂的消毒后的污水余氯进行监测,经监测均达标。每日进行定点废水检测,余氯值均在正常范围内。

【环境日宣传活动】 6月4日,围绕"人与自然和谐共生"主题举办了"6·5"环境日环境教育宣传活动。此次教育宣传活动与党史学习教育紧密结合,为切实做到学党史、悟思想、办实事、开新局,在海原县政务服务大厅广场内设立了环保咨询宣传台、环保投诉受理台,现场向居民发放环保宣传手册和环保宣传品,接受公众咨询并受理环保投诉;设立了海原县重点排污企业宣传栏,海原县污水处理厂、海原县东西南北供热站分别制作了主题宣传展板及横幅进行宣传;设立了LED移动视频广告车开展为期三天的流动宣传播报;举办了"人与自然和谐共生"承诺签名活动,共有上百人积极参与了此项活动。

(*杨万成*)

南华山国家级自然保护区

【概　况】 南华山国家级自然保护区现为自治区林业和草原局所属正处级事业单位,内设3个科室4个管理站。核定全额预算事业编制59名(含聘用控编2名),处级领导职数一正二副,科级领导职数七正七副。2021年有在编在岗人员55人(含2名聘用编制人员),在编在岗人员中干部23名,工人32名(包括2名聘用编制人员);大学及以上学历23名;正高级林业工程师1名,高级林业工程师10名。

【南华山自然保护区】 南华山自然保护区位于海原县县城的西南部,距县城7千米,曾供给着周边四乡二镇27个村组10多万人的饮水,是海原人民的"母亲山"。平均海拔2600米左右,主峰马万山海拔2954.6米。年平均降雨量在400毫米以上,年蒸发量2100毫米左右。保护区呈西北—东南走向,长约26.4千米,宽约19.2千米,总面积为20121公顷,(核心区6182.78公顷,缓冲区5236.87公顷,实验区8701.35公顷),保护类型为森林—草原草甸生态系统。森林面积91654亩,森林覆盖率为30.37%。据科考有维管束植物58科203属426种,有国家重点保护植物蒙古扁桃、发菜、短芒披碱草,野生脊椎动物57科126属173种,其中国家重点保护野生动物有金雕等22种。

【安全生产和草原防火】 2021年,南华山自然保护区实现了2020—2021年度无安全事故和森林草原火灾发生的目标任务。1.狠抓安全生产和森林草原防火责任落实。严格按照"党政同责一岗双责齐抓共管失职追责"要求,全面落实"领导包片、站长包辖区、职工包地块"的责任体系,保护区划定安全生产责任区28个,层层签订了安全生产和森林草原防火管理目标责任书44份,形成安全生产和森林草原防火工作地块到人、任务到人、责任到人的网格化管理。坚持领导带队常态化检查和基层护林人员全天候巡查,在高火险期先后召开6次安全生产及森林草原防灭火工作例会,解决20处安全风险隐患,确保了安全生产和森林草原防火责任落实到位。2.全面开展安全生产和森林草原防灭火宣传工作。2021年,管理处多渠道多形式开展了内容丰富多彩的宣教活动。通过日常宣传、“森林防火宣传月”、“安全生产月”和“安全生产万里行”活动,共悬挂横幅70条,电子屏滚动播出宣传标语张贴通告500份,发放宣传材料20000余份、围裙6000余条、软包纸5000余包,入户走访500余户,受教群众6000余人次,使安全生产和森林草原防火知识家喻户晓、人人皆知。3.设卡立站,加强值守,全面加强野外火源管控工作。在高火险期特别是清明节前后,设立临时防火检查站4处,建立了183座坟地的信息台账,实行预约祭祀制度,预约上坟人数300余人。严管门禁系统,严禁社会车辆和人员进入重点林区,加强重点人群的监管,加大对农民春耕备耕监管,有效管控了野外用火,确保了森林草原资源安全。发挥视频监控功能,提升技防力量。充分利用已建成视频监控系统,对85%以上的重点林区进行视频监控,为保护区开展安全生产、森林草原防火、资源管护等工作提供了强有力的技术支撑。

【禁牧封育】 2021年,全面推行落实禁牧封育和人类活动排查监测工作目标责任制,进一步强化措施,细化责任,明确任务,切实做到责任到位、措施到位、工作到位。形成了管理处、管理站、自然村三级网格化管理体系,共打击偷牧行为13次,打击非法捕猎行为4次,制止非法采砂11次。

【生态修复】 2020—2021年度,投资950万元,完成生态修复0.63万亩;2021年投资4050万元,实施生态修复工程4万亩,其中乔木林建设2万亩、灌木林建设1万亩、退化林改造1万亩。

【“智慧南华山”建设】 2018年以来,将信息化建设作为重点,加大“智慧南华山”平台建设力度,保护区资源管护逐步迈向科技化、智能化。先后投资2100余万元建成五桥沟、华山、关门山和马万山管理站视频监控系统,主要设备有16个重载云台、10个道路卡口、36个球形探头和4个分控中心。通过“智慧南华山”建设,将实现重点林区和主要路口视频监控全覆盖,森林草原火灾预警、扑救指挥、科研监测、人类活动监管等能力得到全面提升。保护区视频监控覆盖度已达85%以上。

【资源管护】 1.坚持“三分造七分管”。在狠抓生态修复的同时,注重后期管护,严格落实辖区管护责任,做到“栽一棵活一棵,植一片绿一片”。2.坚持“预防为主,积极消灭,科学防治,以人为本”的总方针,切实做好南华山森林草原防火工作。通过实施网格化管理,层层签订责任书,采取领导包片、职工包山头地块的森林草原防火责任制,确保了南华山自然资源安全。3.持续加大禁牧封育力度,坚持“谁的片区出了问题谁负责”的原则,层层压实责任。采用日常巡护与集中整治相结合的措施,实行相邻管理站协调配合,联防联治,确保禁牧封育工作封得住、禁得严、不反弹。4.坚持常态化人类活动排查整治工作,做到横向到边,纵向到底。严厉打击非法侵占、乱采滥挖等非法行为,充分营造“不敢、不能、不想”违规侵占保护区资源的社会环境和政治氛围,巩固保护区生态保护建设成果。

【项目争取】 2021年在自治区林草局的大力支持下,经自治区发展改革委批复建设宁夏南华山国家级自然保护区基础设施建设项目,总投资共2558万元。其中中央预算投资2046万元,地方配套资金512万元。项目建设年限为2年,建设内容主要包括管护工程、巡护工程、科研监测工程和防灾减灾工程。

【设施建设】 2021年新建管理站1处499平方米,综合服务用房、信息机房和科研监测中心共1884平方米,防火物资储备库、车库和有害生物防治检疫站共600平方米,新建围栏12.5公里。综合服务用房(包括综合服务用房、科研监测中心和信息机房)、防灾减灾辅助用房(包括有害生物防疫检查站、防火物资库、车库)和灵光寺管理站已经全部封顶,主体工程完成80%,完成投资784万元。

【中央财政补助资金项目】 宁夏南华山国家级自然保护区2021年中央财政国家级自然保护区补助资金项目全面完成。建设完成了4套远程视频监控系统,15套主要道路及沟口人、车数据采集系统,22公里光缆,1套指挥调度系统等,投资860万元。

【中央林业改革发展资金项目】 2020年中央林业改革发展资金南华山国家级自然保护区能力建设提升项目全面完成。完成了五桥沟护林防火管理用房建设和视频设备、防火物资采购,投资280万元。

【天保资金项目】 2020年天保资金南华山基础设施建设项目全面完成。建设完成了五桥沟管理站、关门山管理站视频监控室和香黄沟护林点,投资125万元。

【林长制工作】 1.强化组织领导,精心安排部署。为全面推行宁夏南华山国家级自然保护区林长制实施,保护区召开了专题会议,成立了全面推行林长制工作领导小组,设立了林长办公室,明确了保护区各科室、各管理站推行林长制工作分工,为全面推行林长制工作奠定了坚实的基础。2.及时制定方案,明确目标任务。为有效推进保护区林长制工作,管理处研究制定了《宁夏南华山国家级自然保护区林长制实施方案》,确立了"三保四增五防六强化"的林长制总体目标任务,建立了管理处主任(总林长)、管理处副主任(副总林长)、管理站站长(林长)两级林长制,划分了31个责任区,实行了地块到人、任务到人、责任到人的林长制网格化管理体制,提出了维护南华山森林草原生态系统功能稳定、保护和发展生物遗传基因多样性、维持自然生态系统和自然景观资源完整、保持生态环境系统平衡的总体发展目标。3.配套各项制度,确保有序推进。为进一步规范强化和有序推进保护区林长制工作,管理处制定了《宁夏南华山国家级自然保护区管理站林长制工作职责(试行)》等"一责五制"的工作制度,明确了管理处各级林长的工作职责和要求,为推动各级林长履职尽责,促进保护区林长制工作得到有效落实提供了制度保障。

【机构改革】 2021年,机构上划后南华山自然保护区管理处积极与上级单位对接,办理完成了人事档案专审、工资移交、岗位聘任等工作。机构改革工作进展顺利,依据《关于宁夏南华山国家级自然保护区管理处内设机构等事项的通知》(宁编办发〔2021〕37号)精神,将原6个基层管理站撤并设为4个管理站。

【疫情防控】 2021年,南华山自然保护区管理处高度重视疫情防控和有害生物监测防治工作,疫情期间坚持每天"零"报告制度,7名志愿者下沉到海原县建设社区参加疫情防控工作。筹措3万元采购口罩、防护服等防疫物资,全力做好常态化疫情防控工作。

【有害生物监控】 持续加强鼢鼠的防治工作，完成中幼林鼢鼠防治1万亩，人工扑杀鼢鼠5000只，完成投资5万元；针对松材线虫等有害生物对保护区森林资源的威胁、南华山对6万亩针叶林持续进行监测，同时要求在南华山境内在建项目所用松木必须提供检疫证明，切实从源头上切断有害生物传入南华山。

【帮扶工作】 2021年，南华山管理处51名干部职工共联系贾塘乡、海城镇、关桥乡、西安镇、甘盐池管委会9个行政村24个自然村的243户脱贫户788人，单位定点帮扶曹洼乡曹洼村。管理处将“我为群众办实事”贯穿党史学习教育全过程，派驻驻村第一书记和工作人员共4人，全体帮扶责任人定期进村入户，扎实开展脱贫攻坚成果巩固，有效助推乡村振兴。筹措资金3万元，春节前慰问了曹洼村脱贫边缘户群众12户，并为该村群众和村部购置了地膜和办公设备，解决了部分种植农户的燃眉之急，改善了村部办公条件，进一步密切了干群关系，助力乡村振兴。同时为南华山周边5个乡镇的501户农户及时兑现了生态公益林个人补助资11.025万元，解决驻村工作人员经费1.2万元。

（刘　智）

市场监管和商贸流通

市场监管

【概 况】 2021年,海原县市场监管局内设局机关股室5个(办公室、市场规范管理股、食品安全管理股、药品化妆品医疗器械安全管理股、特种设备安全监察股),下辖海原县市场监管综合执法大队和城关、城郊、西安、李旺、七营、李俊6个派出监督管理所;在海兴开发区派驻有办公室1个;挂靠管理海原县个体私营企业协会和消费者协会2个社团组织。局内设市管局党委1个,有基层党支部9个、中共党员58名,占干部职工总数的61%。县编办核定编制86名(行政60名、事业26名)。2021年有在职人员80名(行政编54名、事业编25名、控编人员1名)。2021年9月被评为自治区"七五"普法工作先进集体。"七一"前夕局党委作为全县先进基层党组织受到县委表彰,8月份县市场监管局被国家机关事务管理局、财政部等四部局命名为"节约型机关"。2014年7月以来海原县连续七年保持食品、药品、特种设备安全"零事故"态势。县市场监管局连续六年保持"自治区文明单位"称号。

【全域"食品药品安全区"创建】 2021年,海原县将食品药品安全工作纳入全县工作重点,纳入乡镇年度目标责任制考核,层层落实责任。县财政先后拨款123.3万元,保障了食品抽样检测、食品药品智慧监管平台建设、执法服装采购等工作开展。县食安办发挥牵头抓总作用,各成员单位坚持"四个最严"要求和问题导向,突出重点区域、产品、环节和场所,强化组织领导、教育引导、监管执法、经费投入、舆论宣传"五个到位",党政同责和属地管理责任得到落实。县食安办会同县政府督查室、县检察院督导5次,各成员单位对照自治区、市创建工作考核细则分工协作,确保了任务落细落实。

【全域创建宣传】 2021年,海原县制定印发《海原县全域创建"食品药品安全区"宣传工作方案》。印制食品药品安全宣传页8000余份,印制宣传手提袋500个、笔记本1000本,张贴及发放全域创建"食品药品安全区"倡议书5000余份,在县城打造设置"食品药品安全示范街"2条,在县城和各乡镇悬挂路灯宣传牌480个。

【安全科普教育基地建设】 2021年,海原县依托县食品检验检测中心场址,投入资金142万元,高起点规划打造全区首家食品药品安全科普教育基地。年底基地设计方案已完成,进行项目审批和招标。

【安全知识线上竞赛活动】 11月24日至12月15日，海原县食安办、县市管局、县消费者协会、县个私协会联合举办全域创建“食品药品安全区”知识竞赛，通过网上竞答，扩大公众及学生等群体参与度，进一步加强食品药品安全科普宣传力度，引导各生产经营单位和广大群众参与和关注支持全域创建工作，增强公众安全饮食用药意识。

【食品药品风险管控】 2021年，海原县强化食品药品监管力度，日常检查与节假日集中排查检查相结合、专项检查与重点抽查相结合，对食品药品检查中存在的问题及时处置整改。排查全县涉及生产经营肉品、冷藏冷冻肉品及海产品经营户709家，从业人员920余人，组织核酸检测696批次，做到货物来源正规可查，去向清晰能追。打造“阳光药店”105家，检查企业73家，医疗器械方面检查经营单位55家、使用单位245家。

【食品药品抽样调查】 2021年，海原县完成食品抽检任务1335批次，完成率100%，抽检合格率98.28%，对经营23个不合格批次食品经营户进行了后处置。完成食品快速检测任务2225批次，抽检合格率100%；药品抽检任务95批次，完成率100%，抽检合格率100%。

【食品药品智慧监管】 2021年，海原县强化智慧监管，进一步提升食品药品监管科技含量。全县校园食堂“互联网+明厨亮灶”等智慧监管平台系统建设覆盖率达100%。133家零售药店按标准创建“阳光药店”105家。大中型餐饮单位“互联网+明厨亮灶”智慧监管系统覆盖率达到90%以上。利用网络技术手段建设海原县食品药品安全监管指挥中心，对大中型餐饮单位、学校食堂、药品经营单位等进行线上线下监督，提升了“互联网+监管”水平。

【“互联网+”智慧监管服务中心建设】 2021年，海原县投入资金28万元在市场监管局综合执法大队办公区域建设“互联网+”智慧监管服务指挥中心，推进“互联网+明厨亮灶”、药品智慧监管平台建设与应用。年底全县205家学校食堂和5家大型餐饮单位、政府机关食堂全部纳入“互联网+明厨亮灶”智慧监管平台并与中卫智慧食安监管系统完成对接，132家“阳光药店”均纳入药品智慧监管平台系统。

【食品药品安全示范街建设】 2021年，海原县在县城四季鲜农贸市场、育才路打造“食品药品安全示范街”两条，在人流车流量大的文联路、中靖路、运财南路、海盛国际西门道路、育才路5条道路和李旺、七营2个乡镇街区打造全域创建“食品药品安全区”宣传大道，设置灯杆广告500个，设置宣传牌200余个，提高社会公众对创建工作知晓率、参与度、满意度，营造“人人参与、人人受益”的浓厚氛围。

【六盘山牛肉厨王邀请赛】 9月下旬，海原县以2021年中国农民丰收节暨宁夏（海原）第六届高端肉牛大赛为平台和契机，牵头组织了六盘山牛肉厨王邀请赛，邀请北京市、山东省、四川省、陕西省、广东省等省市15名专家和32名名厨及自治区内部分专家名厨，参与个人赛和团体赛角逐。评出个人赛金勺奖6名、银勺奖6名，团体赛特等奖1个、金奖5个、银奖4个。

【营商环境优化】 2021年，海原县全面深化“放管服”改革，进一步优化营商环境。1.降低投资创业成本。推行落实涉企经营许可事项告知承诺制，企业开办注销均实现税务、社保、市场监管等环节一日内办结，实现零成本开办和“一窗一网通办”，激发了市场活力。截至12月20日，全县注册登记各类市场主体19972户（家），其中企业2351家、农民专业合作社598家、个体工商户17023户。2021年新注册企业288家、个体工商户3289户、农民专业合作社42家。与2020年同期相比企业增加208家，增幅13.4%，个体工商户增加718户，增幅4.4%，农民专业合作社持平。2.推进“证照分离”改革。落实直接取消审批、审批改为备案、实行告知承诺、优化准入服务四种措施，推进了68个事项证照分离改革，其中审批改为备案3项、减少审批材料12项、取消审批9项、优化审批服务44项。

【“双随机、一公开”监管】 2021年，海原县市场监管领域成员单位使用“宁夏‘双随机、一公开’综合监管平台”做到全覆盖。全县市场监管领域共有21个部门使用宁夏“双随机、一公开”综合监管平台，共录入更新事项清单290项，执法人员401个，公示检查结果1176条，制定年度计划41个，完成方案制定40个，完成双随机抽取计划40个，完成结果录入计划、结果审核计划、结果公示计划30个；启动任务50个，完成任务38个，抽取执法人员98人次，检查对象514个。深入推行“互联网+监管”，录入执法人员信息64条，监管行为2592条，其中行政检查2531条、行政处罚61条，注销经营主体2776家，“互联网+监管”系统监管行为覆盖率为69.63%。通过推行“双随机、一公开”综合监管，监管执法效能大幅提升，优化了营商环境，营造了公平竞争的市场环境。

【落实质量工作联席会议制度】 2021年，海原县充分发挥县质量发展工作领导小组办公室协调作用，召开联席会议1次，组织督导3次，推动产品、工程、服务等领域任务落实，2021年重点消费品质量合格率完成99.37%。

【服务业质量提升行动】 2021年，海原县贯彻落实《关于推进宁夏服务业改革开放发展的若干措施》，在县内各机动车检验检测中心、眼镜店等场所开展诚信计量自我承诺活动，登记网店6家。

【知识产权保护】 2021年，海原县推进商标战略实施，2021年新增注册商标175件，同比增长26.16%，注册商标拥有量844件。全年拥有发明专利1件，每万人（全县33.35万人）发明专利拥有量0.03件。

【标准计量管理】 2021年，海原县强化标准计量管理，定期检定加油站39个加油枪318支，检定压力表437个、计量器具1712台。筹措资金30万元采购出租车计价器检测及计量检定砝码等设备，健全完善了计量鉴定机构资质认证资料。

【特种设备专项整治】 2021年，海原县探索推行“三落实、两有证、一检验、一预案”特种设备监管模式，先后组织开展气瓶安全专项整治、特种设备和商贸领域安全风险防控和隐患排查治理等工作。检查单位116家次、特种设备数589台，下发特种设备安全监察指令书13份，查出安全隐患132处，均全部整改完毕。持续深入开展气瓶三年专项整治。对全县8家气瓶充装单位和54家气瓶使用单位进行专项检查，检查气瓶等设备6510台，发现安全隐患21处，均已整改到位。对县液化气公司的5280个报废气瓶做了集中销毁。

【特种设备登记】 2021年，海原县配合区特检院中卫分院进行定期检验和安装检验，检验特种设备109台，检验合格率100%。办理特种设备施工告知237个，注册登记101台，注销移装8台，办理车载气瓶新安装387个，办理车载气瓶过户62个，补发电子标签116个。对18个在建项目施工现场使用的106台特种设备进行安全监督检查。

【建立全气瓶追溯系统】 2021年，全县CNG8家单位气瓶追溯系统均全部完成，6家单位LNG气瓶追溯系统已建立，完成12249个液化气瓶产权、检验周期、气体种类等信息录入工作。

【信用体系建设】 2021年，海原县列入经营异常名录112家，对全县65家企业、11家专业合作社、116家个体户进行2020年度年报和即时公示信息抽查，列入经营异常或标示为经营异常状态14家，占7.3%。对4229家企业和个体工商户进行信用修复。开展信用信息"双公示"，公示行政许可信息3200条，清理吊销个体工商户401家，2020年度企业年报率达到96%。配合县委组织部、县民政局等部门开展信用信息联审43次，审查人员1100余人次。以"守护安全，畅通消费"为主题，开展"3·15"等消费维权宣传活动。受理解决消费投诉135件，为消费者挽回经济损失5.25万元，受理解答消费者咨询162件次，销毁涉案假冒伪劣物品3.76万元。

【市场专项整治】 2021年，海原县开展市场专项整治。1.加强清洁煤配送中心煤质抽检和散煤治理。对海城镇、西安镇、树台乡等9家清洁煤配送中心开展指导，督促其落实主体责任。加强煤炭经营户煤质监管，组织煤炭抽检33个批次，合格率100%。2.督导全县8个农贸市场开办方履行主体责任，实施划行规市集中经营，深入整治县城四季鲜等市场占道经营、秩序混乱等问题。清理取缔占道经营摊点600余个，规范固定经营户门外占道经营449户，清理乱搭乱建堆放杂物210户375处。整治乱堆乱放、环境脏乱差废品收购点7家。

【疫情常态化防控】 2021年，海原县持续做好市场监管疫情常态化防控工作，统筹推进疫情防控和监管服务工作，制定印发《持续加强常态化疫情防控和市场监管工作实施方案》等文件，落实网格化管理制度，层层压紧压实防控责任。检查市场8个40余次、生产经营主体17200余家次。

【市场监管应急防控】 2021年，海原县扎实做好应急期间市场监管防控工作。排查全县市场监管领域企业及个体工商户11953家次，纠正防控措施落实不到位357家720余人次，未严格落实防控要求责令停业整改经营户169家。密切关注检测粮油蔬菜等群众生活必需品供销储运及价格动态，督导相关企业商户及时购运储备粮油蔬菜等物资，组织供应销售蔬菜3200吨、食用油580吨、牛羊肉等肉类240吨，有效保障了市场供应和群众生活需求，未出现断供抢购、哄抬物价、囤积居奇等现象。

【市场环境秩序整治】 2021年，海原县整治市场环境秩序，市场规范治理水平显著提升。1.点面结合，治理环境卫生脏的问题。督导市场开办方宁夏四季鲜公司落实主体责任，新增市场管理人员10人，配置保洁人员15人，动员督促商户落实门前"五包"制度，签订"门前五包"责任书220份。制定并上墙公示环境卫生、食品安全等市场管理制度10项。增设果皮箱、垃圾桶27个，清运场内各类杂物及生活垃圾7车38吨。2.疏堵结合，治理场容场貌乱的问题。以占道经营、乱停乱放、乱搭乱建等为重点集中治理。清理占道经营摊点192个，安置流动摊点212个，规范店外占道经营商户81户。清理“牛皮癣”广告380余个，拆除违章乱搭乱建水果棚等设施188处，规范乱停车辆430余车次。清理规范破损彩旗、模糊门牌和不规范户外广告33处。3.规范引导，治理市场秩序差的问题。市管、住建、公安局等成员单位抽调40余人参与集中整治，加大执法巡查频次和力度。组织搬离安置二手车市场1处。科学划分功能区域，推行划行规市集中经营。将四季鲜蔬菜大棚及周边区域划分为五金、鞋帽、服装、日杂用品、瓜果批发、蔬菜零售、蔬菜批发、餐饮、瓜果蔬菜车辆停放、小吃和水产品肉类11个集中交易区，安置摊位256个。搭建蔬菜瓜果零售摊点用房84间疏导安置固定商户84户。设置管理及卫生健康教育制度8块，张贴宣传标语19处，协调交通部门设立临时停车区1块。设置商品交易、交通指示等各类标识牌18块，设置违停抓拍监控设备3处。经过整治，四季鲜农贸市场场容场貌明显改观，功能分区日趋合理、商品摆放有序，交易环境得到改善；环境卫生明显改善，通行秩序井然、车辆出入顺畅；商户退路进店、摊贩退路进场，经营行为进一步规范。

【市场监管队伍建设】 2021年，海原县强化党建引领，市场监管队伍建设水平显著提升。1.落实党委从严治党主体责任。坚持“围绕监管抓党建，抓好党建促监管”思路，结合深入开展“让党中央放心、让人民群众满意的模范机关”创建工作，抓班子带队伍、抓党员带群众，持续推进深化“不忘初心、牢记使命”主题教育、党史学习教育、“三强九严”工程，圆满完成新冠疫情常态化防控、商事制度改革、食品药品安全保障等任务，认真执行落实自治区市场监督厅党组和海原县委决策部署要求，七一前夕局党委作为全县先进基层党组织受到县委表彰，县市场监管局连续六年保持“自治区文明单位”称号。2.扎实开展党史学习教育。通过加强组织领导、开展“四学活动”、抓好成果转化，扎实推进了党史学习教育。聚焦市场监管领域群众反映强烈的热点、难点问题，开展“我为群众办实事”实践活动。协调落实“六保六稳”减税降费、补贴兑现等优惠政策涉及商户2823户次、资金473.48万元，落实贷款4361户1.71亿元。推进基层审批服务执法力量整合，为群众就近提供注册登记等服务，充分发挥市管系统党组织战斗堡垒作用，展示了党史学习教育成效。县市场监管局代表队在全市“永远跟党走”主题合唱大赛决赛中获三等奖，获全市党史学习教育知识竞赛三等奖、全县党史学习教育知识竞赛第一名。3.改进加强法治政府建设。加强规范性文件备案审查，审核规范性文件11件。审查退回并指导完善不规范文件3份。制定完善海原县公平竞争审查投诉举报和回应机制相关长效机制。坚持以推进依法行政为主线强化监管执法、规范执法行为，依法查办各类经济违法违章案件142件，结案116件，收缴罚没款28.02万元。2021年9月，海原县市场监管局被评为自治区“七五”普法工作先进集体。

（马建江）

商贸流通

【商贸领域疫情防控】 2021年，海原县持续统筹做好商贸领域疫情防控工作，有序推进商贸流通领域正常运行。按照新冠疫情动态，督促企业依据疫情防控相关要求，做到疫情防控工作常态化、规范化、科学化。

【消费扶贫】 2021年，海原县制定并印发《海原县2021年巩固拓展消费帮扶提升行动工作方案》；全县实现消费帮扶销售额30704.76万元，完成目标任务3亿元的102.35%。

【家政服务】 2021年，海原县委托海原县恒丰家政有限公司在海城镇团结、建设、幸福等9个社区，为孤残、高龄老人、建档立卡户、困难孕产妇女等100户家庭开展了家政服务活动，进一步保障民生、培育家政服务业这一新兴产业，充分发挥家政服务业稳增长、惠民生的促进作用。

【家电促销】 2021年，海原县在文体广场举办了2021年“嗨购海原”家电家装促销活动，以“嗨购海原促消费惠民生工厂让利8%~10%让利让民”为主题亮相家博会，为业主带来悦居、享居的品质生活，竭诚回馈海原百姓，15家品牌活动期间签单229单，签单总值达到400万元。

【加油站建设】 2021年，海原县按照《中卫市成品油零售体系“十四五”发展规划（2021—2025年）》文件要求，依据相关企业申请建设加油站情况，提请县政府常务会议研究，已同意在关桥、甘城、李旺高速路口和海原县城环城路境内新建四座加油站。

【安全生产监管】 2021年，海原县对全县注册登记的87家废品收购站（企业5家，个体82家）开展拉网式检查，正常营业54家（2家企业），已关闭37家（企业3家），未营业二手车拆除企业1家（未办理手续）。

（黎飞飞）

电商物流

【电商产业基础建设】 2021年，海原县依托国家电子商务进农村综合示范县项目，围绕“强基础、补短板、扩规模、提质量、增效益”的升级工程，全力打造电子商务综合示范县升级版。完成电子商务公共服务中心及品牌宣传推广项目、农村电子商务人才培训项目及农村电子商务三级物流及同城配送项目三个标段的招投标工作。

【电商助农销售】 2021年，海原县电商发展注入新活力。春节期间，为全力“防疫情、保供应、促消费”，举办“居家嗨购·网上过年——2021年海原县网上年货节”活动，此次活动共召集商家和个人34家参与，提供牛羊肉、干果干货、香水梨、马铃薯特色传统手工制品等200余款年货产品，线上线下累计完成交易量8600余单，完成交易额461万元；以“关桥梨花节”为平台，以“互联网+乡村振兴”及农文旅商融合发展为着力点，举办直播助农带货活动，促进农民增收，助推乡村振兴，梨花节开幕当日共计县域内农业企业16家、合作社13家，特色小吃摊位30余家参加了活动，展示各自产品。同时，邀请10名网红进行现场直播带货，此次直播带货时间共计4小时，宣传推介海原县秋杂粮、清水河碱性枸杞、关桥香水梨、海原牛羊肉4大系列16款特色农产品，当天销售额共计16万余元，进一步提高了“西海固”区域公用品牌的影响力和知名度。

家政服务培训。

【电商公共服务】 2021年，海原县持续做好农特产品展示、电商企业人才培训孵化、商务接待洽谈、村级电商服务管理、电商活动策划、农产品质量追溯、创客空间、直播助农带货等公共服务。截至12月底，共孵化电商企业20余家；开展电子商务创业就业知识培训班8期，共计培训402人，其中建档立卡贫困户102人；开展电商应用知识宣讲活动6场，参学210人，其中建档立卡贫困户110人，有效地提升了农村电商知识普及率；检查指导村级电商服务站6次，技术指导员为村站点点对点辅导405场次，开通代买代卖、代缴代取、小额金融服务、农资采购等便民服务。截至年底全县村级服务站累计服务村民60万人次，其中建档立卡户贫困2.4万人次，完成年初目标任务的54%。

【电商扶贫】 2021年，海原县电商扶贫销售多渠道发展。培育传统合作社转型升级，开展电商营销业务，深入贫困村开展产销对接，走“电商平台推销、城市设馆分销、推介会带销、新媒体助销”多渠道销售模式，与农户签订购销协议，通过产前订单认购、产中技术指导、产后打包销售等措施，解决了农户“难买难卖”问题，实现企业发展、农户增收“双赢”。另外，抢抓闽宁合作机遇，通过国扶“832”电商平台，全县内牛羊肉、马铃薯、小杂粮、甜瓜、大红葱、牛羊肉等农村产品网络销售2641万元。

【乡村物流服务】 2021年，海原县乡村物流配送日趋成熟。持续发挥组建的县乡村三级物流配送体系作用，优化县内物流快递企业资源配置，截至12月底，全县快件进港量700余万件，快件出港量40万件，已完成下乡物流配送170万单。

（黎飞飞）

粮食和物资储备

【概 况】 海原县粮食和物资储备局前身为海原县粮食局，在2019年机构改革中并入海原县发改局，加挂海原县粮食和物资储备局牌子。根据《中共海原县委机构编制委员会办公室关于成立事业单位的通知》（海编办发〔2019〕7号）精神，成立了海原县应急物资储备中心，为县发改局不定级别事业单位，主要承担全县应急物资储备职责，核定全额预算事业编制11名。海原县粮油应急保障中心（有限公司），企业性质为国有企业。主要承担粮油及农副产品购销、储存、代销、代储、装卸、应急成品粮储备及全县中小学生营养午餐配送。公司有工作人员5名，其中：经理、监事及财务人员由原粮食局聘任，其余人员由公司负责聘用。公司实行自负盈亏，人员工资及费用在粮油配送费用中列支。

【粮食安全宣传】 2021年，海原县建立健全各项规章制度，做好粮食科技周及世界粮食日的宣传工作。1.高度重视安全生产工作，认真落实“一岗双责”制度，分解工作措施和目标任务，开展春季粮油安全大检查工作，及时排查整治储粮安全隐患，重点防治火灾、粉尘爆炸等事故。2.常抓宣传教育，联合县科技局，积极举办粮食科技周和世界粮食日等宣传活动，采用多种形式，向干部群众宣传粮食安全、爱粮节粮等相关知识。

【粮油市场监督检查】 定期不定期单独或会同县市场监督管理局等部门，联合开展监督检查和日常巡查，对粮食收购企业开展检查，严禁在粮食销售活动中囤积居奇、欺行霸市、掺杂使假、以次充好等违法违规行为和涉黑涉恶行为。

【粮食流通统计】 对纳入统计范围的加工企业和粮油经营企业进行粮食流通经营情况统计。

【粮油供需平衡调查】 对县城14户城镇居民和城关、树台、李俊、高崖4个乡镇141户农户进行了粮油供需平衡调查。

【粮油应急供应网点监管】 加强对粮食应急供应网点的管理，每年与全县19家粮食应急供应网点签订协议，确保在应急状态下，各网点能服从调度、履行承诺，切实做好粮食应急供应工作，并给予应急网点一定补贴。

【粮食库存清查】 加强规范性管理，确保国家粮食安全，每年开展清仓查库工作，查清全县政策性粮食库存实底和粮食质量安全，确保不发生严重霉粮坏粮事故和重特大安全生产事故，不发生粮食质量安全事故等系统性安全问题。

【应急物资储备管理】 2021年，全县原粮储备由中卫市粮食和物资储备局、海原县发改局(粮食和物资储备局)负责监管，中卫市地方储备粮有限公司代储，储备矿泉水2万件，方便面1万件。

【救灾物资储备管理】 海原县救灾物资储备库占地5亩，建筑面积800平方米，其中库区建筑面积630平方米，办公区建筑面积170平方米。救灾物资储备库人员有13人，其中库管员2人，门卫1人。人员均由海原县发展和改革局党委会议研究聘用，工资由海原县发改局发放。截至年底，县级储备救灾物资24个品种19463件(套)。

【粮食安全省长责任制考核工作】 成立了以县长为组长，分管粮食副县长、县政府办公室主任、县发改局局长为副组长，县发改局副局长(分管粮食和应急储备)为办公室主任，各相关单位一把手为成员的粮食安全省长责任制考核领导小组。下设粮食安全省长责任制考核领导小组办公室于县粮食和物资储备局，负责日常工作。

(范向阳)

供销合作

【概　况】 2021年，海原县供销社有机关工作人员9名，其中公务员1名，事业人员3人，政府购买服务人员5人。设有党支部、理事会、监事会、系统工会。县社机关内设办公室、财务统计股、综治办。有基层供销社19个(其中原基层社7个，新型基层社12个)，综合服务社6个，庄稼医院4个，领办农民专业合作社14个。

【主要经济指标】 2021年，海原县供销系统实现销售总额10691万元，同比增长6.2%。其中：消费品零售额1109万元，同比增长10.9%；售给农户的农业生产资料3076万元，同比增长6.5%；农副产品销售额6506万元，同比增长5.7%。

【综合改革】 制定了《海原县供销社2021年

深化供销合作社综合改革工作方案》，建设为农综合服务社1家（三河镇孙源供销合作社）；改造基层薄弱社1家（高崖乡小平供销合作社）；落实示范社章程基层社1家（郑旗乡供销合作社）；新增基层社社员2000人；新增土地全托管面积1万亩；新增农业社会化服务面积4万亩次。

【“数字供销”全国示范区创建】 实施“数字供销”全国示范区建设，做实做特用好用活“832平台”，有效带动“宁货出塞”、“海品入闽”（海原特色农产品入闽南下）。根据自治区供销社联合考察组赴闽调研洽谈思路，结合工作实际，开展永泰县供销社与海原县供销社对口帮扶协作，制定实施方案。坚持“政府推动、市场主导、企业主体、社会参与、对口协作、互利共赢”原则，以拓宽农产品销售渠道为对口帮扶重点，以做好两地产业合作为支点，以“数字供销”全国示范县建设为引领，结合永泰县与海原县两地优势互补，调动两地社会各界参与消费对接的积极性，形成可持续长效帮扶机制，通过政策引导、市场主体参与等方式，发展新产业、新业态、新模式，培育特色农产品品牌，开展农产品产销对接活动，实现“宁货出塞”“海品入闽”，构建长期稳定的农产品产销对接机制。

【扶贫832平台销售】 依托扶贫832平台促进海原县农副产品销售，海原县永鑫特色农产品供销有限公司在福建漳州销售宁夏特色农产品3100万元。扶贫832平台销售700万元；海原县砂甜宝硒砂瓜供销合作社2021年销售硒砂瓜8600吨，完成销售额1300万元。

【安全生产】 坚持24小时值班，加强巡视巡察，及时掌握安全保卫工作动态，并实行零报告制度，有事报情况、无事报平安，确保信息畅通，安保工作落实到位。组织人员定期不定期开展安全大检查，排除安全隐患。配合县应急管理、公安、市管等部门，对烟花爆竹市场进行专项整治活动，净化烟花爆竹市场。对没有自治区供销社标识的伪劣产品没收销毁，及时消除了安全隐患，为完成全年各项目标任务营造良好环境。建立健全普法教育工作长效机制，落实普法教育工作责任制，教育引导干部职工坚持干什么学什么、缺什么补什么，有针对性地加强相关法律知识的学习，提高了干部职工的法治意识和依法办事能力。

（马凌州）

石油销售

【概　况】 2021年，宁夏石油公司海原片区（简称石油公司）共有11座加油加气站，其中10座加油站，1座加气站。

【成品油销售】 2021年全年成品油销售任务53100吨，1—10月，海原片区累计销售成品油41428吨，任务完成率78%，较2020年同期增长1768.9吨，增幅为4.5%，其中汽油销售18084.4吨，较2020年同期增长1211.3吨，增幅为7.2%，柴油销售23344.2吨，较2020年同期增长557.7吨，增幅为2.4%。

【非品油销售】 2021年全年非油任务846万元，1—10月纯店销金额完成854.73万元，较2020年同期增长146万元，增幅达到40.54%；全年毛利任务172万元，1—10月完成非油毛利132万元，任务完成率达到76.76%，较2020年同期增长2.67%。

【利润完成情况】 2021年全年利润目标任务2080万元,截至10月完成利润698万元。

【加油站客户排摸】 2021年根据加油站的分布情况,对各加油站制定了客户分布责任区域,由各加油站将区域进行分解,责任落实到个人,组织人员对周边村落、学校、单位和私人单位进行摸排调查,经过三轮筛选统计,得到加油站的客户分布,根据不同的客户类型和消费情况,完成精准营销。

【客户分布图绘制】 加油站根据客户摸排统计得到的结果绘制出客户分布图,在分布图中根据客户对加油站的忠诚度,将客户分为四个等级,用不同的颜色进行了区分,同时定制客户开发维护责任人。

【车辆识别系统安装】 在海原南门、东环和中心加油站安装了车牌号识别系统,形成了车辆进站信息数据库,精准找出不在油站加油的客户,定责任人对客户进行精准维系,并定期对责任人进行量化考核,将加油站排查出来的客户信息和员工手抄录来的车牌信息进行比对建立客户档案、组建客户微信群,不定时在群里抢红包发福利,增加客户黏性,截至10月底,三座油站已成功拉回客户108个。

【第一座充电桩上线】 在东环加油站上线了第一座充电桩。根据海原县政府部门的规划,海原片区与海原县交通局多次协商后,决定在海原东环站设立新能源充电桩,并签订了合作合同。海原县县城新开通公交线路3条,新增6.6米规格纯电动公交车44辆。经统计,每辆车充满电约要4个小时,充电单价为1.1251元。利用海原东环加油站的闲置区域设立新能源公交车充电桩7个,每消耗一千瓦时电,有0.45元的服务费。

【数码产品销售】 与第三方合作商开展了数码产品合作事宜。在海原南门、东环和中心加油站设立数码产品销售柜台,增加便利店的多元化陈列,让顾客进店后产生购买欲望。

【开口营销大赛】 开展了开口营销技能大比武,活动以提升员工开口营销能力为目的,挖掘员工销售潜力与服务技能为落脚点,大力开拓服务型新零售局面,打造强大服务现场。活动中累计销售特仑苏牛奶200多件,加油站单日销售金额达到50000余元。

【大礼包销售】 以非油大礼包为契机,经过与中国电信和中国联通的多次沟通,通过通信公司的卡业务将大礼包和电话业务充分结合,保证加油站的大礼包销售取得了优异成绩。

【百万元便利店销售】 海原中心加油站全年任务61万元,截至10月完成便利店销售90.51万元,任务完成率达到148%,预计在年底完成百万元便利店销售。

【支出控制】 2021年1—10月海原片区的广告促消费28276元,较2020年同期减少了5.5万元,五项费用支出1.19万元,较2020年同期减少0.32万元。

【成本控制】 严格执行公司的提质增效政策,2021年片区的人员由92人调整到79人。

【安全管理】 1.片区每月以六型基层检查标准对加油站进行一次加油站基础管理检查;2.片区每周对加油站进行一次全方位视频检查;3.严格要求加油站认真对待神秘顾客接待工作;4.开口营销服务常态化,避免发生投诉工单;5.严格稽查加油站的各项违规违纪情况。

【客户维护】 1.定期组织人员对客户进行拜访;2.对加油站开发困难的客户由片区组织人员进行专业开发;3.成立了客户开发小组,对竞争对手的客户进行开发维护。

【困难员工帮扶】 通过站内评选、支部走访摸排，最终确定困难职工3人，困难退休职工1人，遗属5人。慰问金由片区慰问小组发放到帮扶对象手里，并致以节日的问候。

【员工跨区轮岗学习】 2021年总共开展了2次员工跨片区轮岗学习工作，跨片区轮岗学习由员工自己主动报名，交流学习到期后回到原岗位继续发光发热。

（李东林）

烟草销售

【概　况】 海原县烟草专卖局（挂中卫市烟草公司海原县分公司牌子），隶属中卫市烟草专卖局，下设综合办公室、专卖科、市场部3个部门。2021年，有在岗职工27人，内退职工1人。在岗职工全部为大专及以上学历，男职工16人，女职工11人，回族职工18人，汉族职工9人，平均年龄42岁。

【经营指标完成情况】 截至2021年10月末，共销售卷烟6868.1箱，同比提升0.03%；实现销售收入21775.5万元，同比增长3.01%；实现销售毛利5723.2万元，同比增长3.22%；卷烟条均价为126.8元/条，同比增长3.7元/条。单箱销售额为31708.3元/箱；重点品牌二类以上销量比重为38.82%，同比增长1.01%；重点品牌销售额为99.56万元，同比增长0.79%；建成现代终端301户，占总客户数量的23.8%；安装云POS零售客户206户，占总客户数量的16.3%。共打造4条卷烟品牌示范街，28户示范店和5户特色终端，零包主导陈列改造比重达81.6%（其中6个乡镇改造全覆盖）。10月末存销比0.95，户均库存143.9条/户。

【营销调控】 增强季节性变化与工程项目对消费需求影响的研究分析，夯实调控措施，积极应对消费需求变化。主抓新品及主销规格消费引导，强化中一类、高一类中支卷烟培育力度，利用市场需求预测、主题陈列、专题营销、季节性客户策略调整等措施应用，实现调控与需求无缝对接。

【终端基础】 结合“我与客户共成长”主题营销活动，立足区域实际，以特色终端引领为目标，着力建设乡情终端、社区终端、红色终端，倾情打造“示范店”“品牌示范街”“诚信互助小组”，狠抓终端收银台改造与店堂环境改善提升。

【队伍建设】 开展“三知六会、一口清”业务知识测试，并进行情景模拟实操演练、技能评比等活动，以营销人员小组为单位，通过小组讨论、头脑风暴等方式自主开发了市场分析与客户分析、客户经理自我管理等课程，加强营销人员业务技能培训。一人在2021年全区营销人员技能大赛中，获个人三等奖。

【客户服务】 通过细化各级终端服务标准和加强拜访频次，采取电话拜访、微信拜访、线上拜访等方式，有效解决客户经理人均服务户数多，实地拜访不到位等问题。针对双访客户卷烟订货资金紧缺及货源无法满足的问题，按照客户需求，将原实行双周访销部分客户恢复为单周访销。通过“帮扶捐赠”的办法，向困难零售户提供推烟器，切实解决乡村客户卷烟陈列条件差、无法出样陈列的问题。

【规范经营主体责任】 适时下发工作信息反馈单、规范经营建议书和整改通知书，及时建立完善客户负面清单档案、卖烟大户（重点户）

档案和职工近亲属档案。定期抽取货源投放及订单采集掌握市场动态，召开专销联席会议畅通信息渠道。截至11月15日，共下发规范经营建议书8份，工作信息反馈单3份，整改通知书1份。建立违规客户负面清单档案8户、卖烟大户（重点户）档案16户、职工近亲属店档案5户，抽查货源投放及订单采集250余户次，取消违法违规卖烟大户经营资格1户。

【案件查处】 按照“建机制、堵源头、打团伙、管市场”的总体方针和“向打假要市场、要销量、要效益”的工作要求，开展物流寄递“断流”行动，强化与公安部门联合执法，加强对非法卷烟“包运”的揽件站、物流货运场站等区域监管，严厉打击物流、寄递环节涉烟违法行为，严格落实县级局打假主体责任。截至11月底，共查获各类涉烟违法案件153起，涉案卷烟24.382万支。其中，假私烟案件81起（包括1起线索立案的假烟案件，无卷烟实物），实物数量5.16万支；真烟案件71起（包括工商立案案件2起，其中，向未成年人售烟案件1起，无证经营案件1起，实物数量0.65万支），实物数量19.222万支；5万元假烟案件1起，5万元真烟案件1起。市场净化率始终保持在98.5%以上。

【优化市场环境】 以“保护未成年人免受烟侵害”专项整治行动为抓手，开展“法治进校园专题宣讲会”、联合执法专项检查等活动，切实维护未成年人身心健康，全面履行社会主体责任。已顺利召开海原县烟草制品零售点合理布局规定听证会。

【廉政教育】 以岗位大练兵、专卖大讲堂、专卖队伍教育整顿、专卖执法人员述职述廉暨冬季整训活动为抓手，年度先后开展了行政执法突发事件演练、现场庭审教育、行政执法文书实操、真假烟识别等培训，有效提升了专卖队伍整体素能。

【便民服务】 紧跟“放管服”节奏和法治建设要求，创建便民窗口，通过行政审批系统，大力推行“一事一评”“一次一评”，确保“好差评”制度稳步运行。截至11月15日，评价808条，满意率达100%，辖区共有持证零售户1276户，同期相比增加了138户，增幅为10.8%；停业11户，正常经营户为1265户。

【基础管理】 1.严抓卷烟中转衔接配送工作。加强人员、资金货款和车辆安全管理，及时优化调整线路，提升物流工作效率。全年单车日均送货量达到3887.42条，单车日均送货户数达到102.17户，与2020年相比增加13户。2.严抓内部管理。结合单位实际，废除原有工作管理考核制度和规定，制定了“夺旗争先”工作实施方案和考核细则，激发了全员工作热情。3.严抓精神文明建设。积极申报创建自治区级精神文明单位，开展了“健步行”、读书分享、学先进榜样、争创工人先锋岗、巾帼文明岗等活动，进一步提升全体干部职工的精神面貌。4.严抓精益管理。注重激发全员创新活力，加大QC课题研究，积极开展精益改善。截至11月底，精益改善全员参与率达到84%，开展QC课题研究2个，其中1个“提升行政许可网上办结率”，获全市烟草系统QC成果发布二等奖。5.严抓安全生产管理。严格落实全员安全生产责任制，层层签订安全目标责任书，定期召开驾驶员安全警示教育，加强对职工食堂宿舍、出租房等重点部位安全巡查。截至11月底，共开展定期安全检查11次，专项检查5次，驾驶员警示教育11次，应急演练2次，全员交通安全警示教育4次。6.严抓疫情防控。及时成立应对疫情防控领导小组，制定了今冬明春疫情防控卷烟生产经营工作应急预案，严格执行疫情防控工作规定和工作纪律。截至11月底，共召开应对疫情防控领导小组会议7次，疫情防控物资配发及时、台账翔实，坚持上下班体温检测不少于2次、每周对全员近期行程开展1次排查登记。

【企业党建】 1.着力加强政治建设。认真履行党建工作主体责任，严格落实"第一议题"制度，主持召开17次班子扩大会议，研究制定全面从严治党、党建工作等5个计划，全年共召开2次意识形态专题会议，提前分析研判，精准安排部署。2.着力加强党支部标准化规范化建设。坚持用好"三会一课"、"谈心谈话"、民主评议党员、组织生活会等制度，严格规范会议记录。截至年底，召开党员大会11次、支委会议16次、党小组会议29次，组织党课辅导4次主题党日活动11次，公开专题组织生活会2次，开展谈心谈话26人次。严格按照发展党员规范，将1名预备党员发展为正式党员，1—11月份共缴纳党费8205.786元。3.着力加强党风廉政建设。认真履行党风廉政建设"一岗双责"，严格执行中央八项规定精神，多措并举一体推进"三不"理念，贯通运用监督执纪"四种形态"。经常性地开展"专题警示教育""廉政警示教育"等活动，截至年底，每月不定期开展劳动纪律、工作纪律等监督检查36次。4.着力加强党建工作创新。成立了青年理论学习小组、"震柳"党员突击队，打造了独具海原地域特色的"震柳"党建品牌，采用"12155"工作新模式，设定"五好"目标，把党建工作与专卖管理、营销服务、队伍建设、党员管理等工作有机融合，努力实现"五个提升"，精心制作海原县烟草专卖局(分公司)党业融合工作纪实宣传片1个。5.着力加强党员队伍教育管理。制定《党员"评星定格"管理积分制实施办法》，坚持与民主评议党员、评先评优、月度绩效考核深度结合，切实加强党员日常教育管理。制定《"夺旗争先"月流动红旗实施办法》，通过对党员在思想、学习、工作等多维度、全方位的综合考评，设置"党员先锋岗"流动红旗，激发了党员工作活力，逐步形成你追我赶、创先争优的良好工作局面。6.着力加强党史学习教育成效。第一时间成立海原县局(分公司)党史学习教育领导小组，共召开7次领导小组会议，总结发现问题，安排部署下一步重点工作。每季度开展领导班子集中学习研讨共4次，有效发挥支委班子带头示范作用。创新开展"五个一"党史学习教育活动，"线上"推送每日学习内容、网络答题、网上红色展馆等293次，开展"三牛"精神大讨论交流研讨3次，党史知识测验4次。同时，开展"向党送祝福，感恩新时代"主题党日活动、"学雷锋"系列志愿服务、红色阵地教育等各类活动。通过发放调查问卷，开展市场调研等方式，主动征求职工群众、零售客户、社会大众的意见建议，制定了两批"我为群众办实事"清单，共纳入需办理事项29项，已解决28项。坚持利用内外媒体进行正面宣传，共编发上报党史简报20期，撰写党史学习教育政务信息53篇。

（张占锋）

金融　保险

金融管理

【农村支付环境建设】 2021年，海原县通过在乡村加大金融设备投入布设力度、创新信贷产品、开通网上银行等方式，打通了金融服务“最后一公里”。全县原有8个物理网点空白乡镇，在人民银行的支持下，由农商行布设物理网点。2021年，红羊、关桥两个乡银行物理网点已开业；郑旗、曹洼两个乡营业网点已装修完成，内设ATM机等自助设备已经运行，待银保监局批复同意后开业。截至年底，共设立助农金融服务点360个，ATM机88个，便民服务点279个，各类自助机具1841台，已实现所有行政村全覆盖。

【完善金融担保体系】 2021年，海原县结合全县乡村振兴战略发展规划，围绕全县“一主四特”特色优势产业，深化“政银企担”合作，发挥融资担保机构杠杆撬动、增信放大和风险分担等功能作用。截至年底，对全县中小微企业、新型经营主体、致富带头人等担保贷款余额8.13亿元。

【整村授信】 2021年，海原县创建“政府主导、多方参与、银行服务”的金融服务新模式，利用黄河银行开展“整村授信”工作契机，督促海原农商行加快“整村授信”工作进度，提高信用贷款占比，有效解决农村各类经济主体发展产业的“痛点”和“难点”问题，实现了海原县乡村信息、信用、信贷联动。截至2021年底，海原农商行已完成授信村116个，完成信息采集27055户，授信金额14.70亿元，发放信用贷款16258户金额91017万元，全县农村信用环境不断优化。

【信贷投放】 2021年，海原县有效利用财政资金撬动银行机构创新金融信贷产品，引导银行机构对全县重点项目、重点产业信贷资源倾斜，确保银行对全县的信贷力度不减、总量逐年增加。截至12月末，全县银行机构各项存款余额90.20亿元；贷款余额78.33亿元，同比增长17.83%，贷存比7.93%。其中：“三农”和中小微企业贷款余额59.98亿元，占贷款余额的76.57%，信贷结构进一步优化。

【降低融资成本】 2021年，海原县制定出台《海原县强化财税金融服务支持企业发展的通知》《海原县2021年巩固拓展金融服务行动工作方案》等文件，印制《海原县支持民营企业融资服务工作指南》《海原县新冠肺炎疫情防控财税金融政策汇编》，建立政策服务清单，加强政策宣传。通过协调金融机构下浮贷款利率和减免业务手续费等方式，减轻小微企业融资负担。全县各家银行对小微企业贷款在原市场定价利率的基础上下调了基点，切实降低企业融资成本。融资担保机构也积极支持企业发展，通过对中小微企业、新型经营主体减免担保费用，“政银担”协议降息等方式，解决企业“融资难”“融资贵”问题，截至2021年底，累计免除担保费共计256.09万元，减少借款人利息支出约300万元。

【优化信贷服务】 2021年，海原县主动对接协调，对全县中小微企业、新型经营主体、致富带头人等融资需求进行摸底，建立企业融资需求台账，深化“政银企”交流合作，组织金融机构、担保公司、企业多次开展“小”“专”“精”的专场对接活动，提高对接成功率和精准性，助力乡村振兴发展。截至2021年底，全县中小微企业贷款余额4亿元，同比增长9.97%。

【支持肉牛产业】 2021年，海原县加强金融保障支持肉牛产业发展，支持打造肉牛养殖示范县。在扶优扶强上，设立肉牛产业融资担保基金3000万元，采取“政府+银行+担保+保险”的模式，支持肉牛养殖企业、专业合作社、养殖大户等新型经营主体做大做强，实现肉牛产业高质量发展；在扶小扶弱上，创新“基础母牛+银行”模式，支持建档立卡户通过赊销养殖华润基础母牛，实现脱贫增收；在巩固提升上，利用黄河农村商业银行“整村授信”模式，采取免担保、免抵押授信30万元以内的信用贷款方式，支持一般农户提质扩规肉牛养殖。全年发放涉农贷款55.43亿元，其中肉牛产业贷款2.63万户24.68亿元。

【加大小额信贷投放与贴息进度】 2021年，海原县按照脱贫人口小额信贷政策要点，不抽贷不断贷，持续保持脱贫人口小额信贷政策的连续性。截至2021年底，全县小额信贷余额19517户95308万元，覆盖率71.11%；已兑付脱贫人口小额信贷贴息资金2945.05万元，兑付率100%。

【逾期贷款管理】 2021年，海原县每月督促各银行机构实时监测贷款发放、到期、逾期等情况，积极采取短信、电话、书面通知等多种形式，通知借款人提前制定还款计划按时还款。建立扶贫小额贷款清收常态化工作机制，由公检法、财政、乡村振兴等部门和各乡镇（管委会、街道办）、银行机构组成清收工作领导小组，加大逾期贷款清收力度，全力保障脱贫小额信贷资金安全。经多次上门催收和司法诉讼催收，截至2021年底，全县剩余逾期贷款601.44万元，逾期率0.63%。同时制定《海原县扶贫小额信贷风险补偿金管理暂行办法》，建立风险补偿机制，设立扶贫小额信贷风险补偿金1.63亿元由县乡村振兴局进行专户管理。截至2021年底，经县人民政府第5次常务会议研究，按照《关于对海原县脱贫（扶贫）小额信贷逾期贷款进行“风险补偿金”代偿的通知》，对24户借款人死亡的逾期本息1057859.49元按照90%的风险承担比例由“风险补偿金”进行代偿，代偿金额952073.54元。

【金融风险防范】 研究制定了《海原县金融放贷行业领域突出问题专项整治方案》《海原县涉嫌非法集资风险常态化排查处置工作方案》等文件，成立了工作领导小组及其办公室，明确了具体工作目标、任务和措施，形成各部门间纵向联动、横向协调、齐抓共管的良好工作格局，切实提升行业监管能力和社会治理水平。

【金融风险管控】 重点对6家银行机构、9家保险机构、1家担保机构、2家小贷机构及投资公司实行“月排查”。加强源头治理，不定期开展事前专项检查，着力整治涉嫌“套路贷”、非法集资、乱办金融等金融乱象，最大限度地减少金融领域不稳定因素和非法经营活动的发生。市场监管局对全县所有企业、个体工商户名称和经营范围中含有“金融”“交易所”“交易中心”“理财”“财富管理”“股权众筹”等字样进行筛查，共清理经营范围含“金融”字样企业和个体共4个，已责令全部进行范围变更。经排查，海原县暂未发现金融放贷领域出现乱点乱象、涉黑涉恶涉乱和其他问题。

【金融风险防范化解宣传】 制定印发了《海原县关于开展防范非法集资宣传月工作的通知》等文件，联合各部门及金融机构开展“普及金融知识，守住钱袋子”宣传活动，通过线上、线下相融合、多途径的宣传，树立正确的投资理念，大力营造良好的氛围，进一步提高广大群众金融知识水平和风险防范意识。

（田风宝）

农业银行

【概　况】 中国农业银行海原县支行（简称海原农行）内辖4个部室、4个营业单位（县城3个、海兴开发区1个），长期合同工76人（支行机关19人、县城3个营业单位38人、新区支行19）；全日制大学本科学历28人、在职大学本科学历7人、大专及其以下学历41人。建有8个党支部（退休党支部1个），4个营业单位全部单独建立党支部，占比100%，在岗党员52名，占全员的73.7%。

【资产业务】 2021年，海原农行资产业务稳健发展。各项贷款余额166001.33万元，增量18576.7万元，其中：“三农”贷款91831万元，个人贷款39497万元，分别较年初净增5150万元、4325万元。

【不良管控】 2021年，海原农行不良管控实现“双降”。面对不良上升态势，党委主动出击，班子成员分别带队下沉网点、组建专班、对接乡村振兴局、法院等政府部门，协调多方力量，开展不良贷款专项清收活动。全行不良贷款余额由峰值1300万元降至970万元，不良率由0.81%降至0.58%，不良管控圆满答卷。

【财务指标】 2021年，海原农行财务指标好于同期。12月末，实现拨备前利润9849万元、拨备后利润9036万元、净利润6747万元，同比分别多增245万元、213万元、85万元。实现营业收入12458万元、中收1466万元，同比分别增收328万元、121万元。

【服务脱贫攻坚和乡村振兴有效衔接】 研究制定了《关于深入扎实做好过渡期脱贫人口小额信贷工作的通知》等制度措施，严格落实“四个不摘”政策，大力推广“5+X”模式，累计投放“三农”贷款98208万元，投放精准扶贫贷款21131万元，有效支持和带动脱贫人口生产发展，持续助力脱贫攻坚同乡村振兴有效衔接。

【开展深耕乡村市场活动】 主动对接县农业农村局，签订“三资”管理平台协议，为后续服务乡村振兴工作开好头、起好步。结合深耕乡村市场业务，持续开展县域掘金工作，累计营销掐尖客户62户，村集体和合作社账户等23户，分别营销个人、对公存款270万元、450万元。瞄准农产品保险理赔契机，组建先锋服务队4支，全面走访对接县内乡镇6个，开展驻点开卡服务，一对一定制资金归行服务方案，落地理赔资金3000余万元。

【金融支持乡村振兴创新】 以“惠农e贷”为工具，以“信用村”建设为核心，以整村建档为抓手，以惠民优惠利率政策为突破口，在海城镇、西安镇、三河镇开展试点，一体化推进“深耕乡村”行动。先后组建5个包村团队，一边开展上门建档，一边做实“五项规定动作”，累计为4047户村民精准画像，建立信用档案、畅通用信渠道，发放惠农e贷73993万元，切实解决农户贷款难题。

【定点帮扶】 积极贯彻落实地方政府要求，选派1人继续做实定点帮扶工作。为七营镇北咀村安排捐赠资金5.3万元用于帮扶美丽乡村建设，带队前往李旺镇小中嘴村开展移民帮扶工作。同时，持续开展消费扶贫活动。截至12月31日，通过直接购买、帮助销售等方式帮助销售脱贫地区农产品280万元。

【助力小微企业发展】 针对县内小微企业、个体工商户、专业合作社等融资和发展难题，利用利率优惠政策，扎实推进“春蕾、夏融、秋实、冬蕴”专项营销活动，主动参与“百行进万企”“千企帮千村”融资对接，成功发放小微e贷38户1909万元。联合惠民担保公司为59家专业合作社、种植养殖大户和小微企业等发放贷款3078万元。

【普惠金融贷款投放】 加快普惠金融贷款投放。在落实分行监管数据治理要求后，自加压力，加快普惠金融贷款投放进度，奋力追平普惠贷款缺口（全年最低点－25187万元）。

【让利于民】 响应政府号召，年内执行普惠利率，累计让利600多万元，积极做好3000多户电子医保、社保凭证激活，并向分行争取为县内110家医保对公账户每年减免费用1.5万元，惠及县内实体。同时，联合县政务大厅工商窗口，为新开对公账户减免印章刻制费用1.2万元。

【服务居民】 聚焦县内广大居民、企事业单位客户信贷需求，利用农行多元产品和利率优势，积极应对县内同业机构冲击，累计营销推广集团e贷、房抵e贷、教师e贷、网捷贷等农银e贷产品4415笔10909万元。

【创收增效】 组建青年突击队5支，建立日通报、周总结机制，打响外呼分期、乐分易、汽车分期等“拳头”产品，推动实现分期金额9365.02万元，创收428.79万元。用好用活金融小店、OCRM系统等线上工具，推介营销理财产品22999万元，武夷山纪念币7630枚，联动开立一二类账户3470户、新增掌银有效客户5270户。同时，组织开展贵宾客户答谢会3场次，累计营销代理保险1005.7万元，进一步增强客户黏性。

【渠道建设】 在县内154个行政村中选择超市、农资店、便民服务中心广布“惠农通”服务点，布放智能POS382台，向200户特色商户推行聚合收款码，配备云音箱，畅通支付渠道，打通金融服务“最后一公里”。同时，抢抓掌银6.0新功能，用好用活集豆等掌银活动，圈得4000余户农户成为掌银忠实粉丝。

【内控管理】 结合“内控合规管理建设年”活动，支行党委聚焦行内近年内控管理薄弱环节，带头深刻学习领会高质量发展理念，主动发挥党建引领作用，将党史学习教育与经营管理深度融合，组织开展“提升工作质量，重塑形象”专题活动，着力改进机制流程；做好出入境管理“回头看”，线上排查疫情防控员工行为，盯紧员工8小时内外生活轨迹，加快“粗放式”管理向“精细化”管理的转变。采取“党委送学+集中学习+员工自学”方式，扎实做好“五个一”规定动作，全方位学习合规文化、业务制度等，汲取违规事件经验教训，牢固树立合规理念。

【专项整治】 以农户贷款专项整治活动为契机，开展农户贷款大起底、大排查，用好烽火平台风险监测功能、补充调整前台业务风险监测人员1名、充实客户经理1人、调整不良清收人员1人；拿出猛药去疴劲头，对问题贷款一律收回，在高质量发展理念推进中动真章。截至年底，已收回问题贷款228笔1140万元，问题整改率达100%。深入贯彻银保监会“内控合规管理建设年”活动，围绕重点领域开展全过程、全流程、全环节、全岗位、全覆盖治理。指导纪委开展清廉金融文艺作品创作活动，2篇作品获得中卫银保监分局奖励。

【压降不良】 对照分行“到期、逾期、不良、核销”四张清单要求，组建不良清收团队4支，联动法院、政府等力量，协调商贩、农资经营实体等资源，积极争取落实扶贫小额贷款代偿，一户一册上门自主清收，全力推进不良贷款清收压降。截至12月末，落地首批政府代偿资金38.57万元，累计现金清收不良贷款930.67万元，核销处置贷款384.81万元，“三农”贷款不良率压降至0.96%，较分行控制目标下降0.01个百分点。

【“我为群主办实事”实践活动】 按照“我为群众办实事”实践活动计划，组建党员先锋队5支，先后在七营镇北咀村、三河镇富陵村创新“两村四贷”模式，累计为全县4011户农户投放惠农e贷28637万元。为进城农民量身定制“农民安家贷”3638万元，帮助127户农户家庭圆了“进城购房梦”。聚焦海原县“1355”奋斗目标，落地“智慧食堂”项目7个、“智慧党费”1个、“工薪宝”账户2户，全力助推“数字海原”建设。出台支行适老化服务方案，组织网点员工上门办理特殊业务6次，发动4支金融知识宣讲小组深入开展“六走进”活动，列支3万元费用升级改造老旧设备，集中开展规范化服务培训、场景演练9次，调整柜面服务人员12人次，补齐厅堂引导人员2人次，扎实推进“网点服务升温工程”。积极上线推广信贷合同电子化用印系统，加大用印培训，优化审批、用印流程，解决客户办贷用印过程中的难心事。联系协调分行及县妇联，上线推广妇女创业贷款线上申贷办贷系统，加速农村妇女获信进程。大力推进基层减负和关爱基层员工“五项行动”，先后组织开展职工广播体操比赛、年度体检和上门集中核酸检测，始终将职工健康状况置于心头；修订信贷管理办法，精简考核内容，增加基层保障性工资，保障员工工资收入；统筹安排有关费用1.5万元，完成新区支行读书角建设和餐厅设施改造。

【企业党建】 及时组织召开党建和经营工作、纪检监察工作会议，认真传达分行精神，确定党建工作“四个着力”、经营工作“六大抓手”、提出纪检监察“四项工作”要求、明确“七项重点”工作，画好全年“施工图”“作战图”；召开党委理论学习中心组学习会议16场次，组织线上线下党内培训4次，跟进学习习近平总书记重要讲话精神，党的十九届五中、六中全会精神，党中央决策部署和总分行工作安排，不断增强“四个意识”，坚定“四个自信”，做到“两个维护”。制定全面从严治党责任清单，压实主体责任；组织开展廉洁风险点梳理排查工作，梳理廉洁风险点

56个，制定标本兼治风险防控措施176条，建立了以岗位为点、程序为线、制度为面的廉洁风险防控长效机制；召开警示教育大会，用好系统内外典型案例，先后责任追究15人次，经济处罚1.87万元，调整脱贫攻坚成果巩固及乡村振兴金融服务等重点工作推进不力网点负责人1名，推动政治生态稳步向好。持续推进巩固深化“基层党建质量提升年”成果，选树标准化规范化党支部1个，组织开展观摩评比1次，不断规范基层党务活动；运用抓基层党建述评考、民主评议党员、“评星定格”管理等制度，盯住基层党建“关键人”；党委班子成员先后40多次深入基层调研帮扶，有效发挥“头雁效应”；开展“两优一先”表彰和党的二十大代表推选工作，持续激发基层“两个作用”。

【干部队伍建设】 严格执行干部选拔任用工作规定，转正提拔年轻干部3人次，公开选聘内勤行长、初级青年英才2人次，让想干事、能干事、干成事的优秀干部成为高质量发展风向标。

【问题整改】 针对分行2021年巡察、分行纪委乡村振兴专项监督检查发现问题，及时组织召开会议认真研究整改方案，细化整改措施，全面推进集中整改，努力补齐党建和业务经营过程中短板漏洞。截至年末，所有问题已全部整改到位。同时，立足整改成果长效化，坚持把推进整改与加强党的建设相结合、与落实全面从严治党从严治行相结合、与强化案防风控相结合，修改完善了支行车辆管理、费用管理和信贷资产质量管理等办法，规范了党委会运行和“三重一大”事项，统筹推进制度一体化、系统化建设。

【班子建设】 以认真组织学习党中央、总行党委和派驻组《关于对“一把手”和领导班子监督的实施意见》《加强对“一把手”和领导班子监督工作指引》为契机，组织召开作风建设大讨论2次，班子成员间相互谈心谈话4次，听取基层意见建议2次，积极引导各级领导干部主动适应从严治党新常态，不断做到开诚布公、红脸出汗和咬耳扯袖，努力做到团结进取。

【党纪贯通协同】 指导纪委选优配齐基层党支部纪检员8人次，征求意见回复函11份，虚心接受纪委监督意见建议，改进党委会运行、“三重一大”事项等党内工作流程。联动纪委运用“第一种形态”提醒谈话11人次，综合运用纪委和部门协同机制，常态化做好督导落实，双向移送2人次，在推进协作中筑牢高质量发展底色。

（顾丽萍）

农村商业银行

【概　况】 2021年，海原县农村商业银行股份有限公司（简称海原县农村商业银行）共有18个营业机构，机关职能部门16个，在岗职工人数201人，较上年末减少19人，其中系统内调入3人，系统内转移15人，退休3人，辞职4人。年末，各项存款余额477660.33万元，较年初增加7323.65万元，增长1.56%；各项贷款余额523107.88万元，较年初增加36872.28万元；五级不良贷款余额1939.00万元，较年初下降29万元，降幅为1.49%；不良贷款率为0.37%，较年初下降0.05%。

【经济效益】 各项收入29912.23万元，同比增加331.39万元，增幅1.12%；各项支出15611.11万元，同比增加807.91万元，增幅

5.46%；利润11417.53万元，同比减少544.75万元，降幅4.55%。盈利能力有所下降。

【监管指标】 拨备覆盖率632.15%，拨贷比为2.34%，资本充足率21.62%，流动性比例为30.32%，优质流动性资产充足率104.80%，均高于监管标准要求。

【支持县域特色养殖】 全面落实黄河银行支持海原县肉牛产业发展合作协议要求，把支持肉牛产业作为实现农民增收致富的核心支撑，紧盯目标任务，支持龙头企业、合作社、种植养殖大户、贫困户发展肉牛产业，推动肉牛产业"6+1"体系建设，力争实现全县常住人口人均饲养一头牛的目标。

【支持特色农业发展】 因地制宜支持特色优势产业发展，持续加大信贷投放，着力支持贾塘马营紫皮蒜、史店苍湾鸡腿葱、关桥罗山硒砂瓜、郑旗吴湾西芹，三河、七营等乡镇枸杞和红羊、树台、李俊、曹洼等乡镇马铃薯形成种植规模，孵化了九彩新庄、郑旗撒台、高崖红古等专业牛羊养殖村，畅通了交通运输网络，保障农副产品购销，做到"一乡一产、一村一品、一户一企"全支持，助力村有主导产业、户有稳定可持续的增收产业。

【助力脱贫攻坚与乡村振兴有效衔接】 严格落实"两免一基"政策，按照"脱贫不脱政策、脱贫不脱帮扶、脱贫不脱责任、脱贫不脱监管"要求，对符合条件尚未脱贫的建档立卡户做到应贷尽贷，对已脱贫农户，本着"扶上马、送一程"的原则，适当提高授信额度，全面满足农户有效融资需求。当年累计投放扶贫小额贷款1.36万户6.63亿元较年初增加0.35万元。

【落实两项直达工具政策】 对受疫情影响资金暂时周转困难的住宿餐饮、物流运输、制造业、批发零售等行业加大信用贷款投放，并通过无还本续贷、展期、延期还本付息等措施帮助企业纾困解困，确保普惠小微延期还本付息政策在力度上实现"应延尽延"，切实提高普惠小微信用贷款的发放占比和延期率。截至2021年末，投放小微企业普惠小微企业贷款3635户59693万元，较年初增加7975万元，增长15.42%，其中投放小微企业信用贷款余额960户8062万元。

（冯国兴）

建设银行

【概　况】 中国建设银行海原县支行（简称海原建行）于2019年3月12日成立，2021年有15人，下设个人贷款中心。2021年末一般性存款1.3亿元，贷款余额1.2亿元。

【贷　款】 发放"塞上兴农贷""塞上养殖贷"8笔185万元、格兰丽都个人住房贷款5笔总金额130万元。利用住房租赁系统成功导入海原县和海兴管委会7085套房源、6040个客户实现了网点代收保证金和租费，已收取256户保证金和租费，账户余额96万元。

【党群平台上线】 先后完成海原县黄河农村信用社和海原县委组织部党群平台成功上线运行，为海原县广大党员提供微信缴纳党费。

【裕农通服务】 裕农通服务点覆盖116个行政村，办理裕农通卡143张，新增活跃服务点6个，有10个服务点综合积分达标，获得"裕农.耕耘"业主端权益活动奖励。

（建设银行）

邮政储蓄银行

【概　况】 宁夏邮政储蓄银行海原县支行(简称邮政银行)2021年有员工总计21人,行领导班子2人,部门经理2人,营业中心3人,信贷经理8人,理财经理2人,客户经理2人,风险经理1人,业务主管1人,其中40岁以上的6人,全行平均年龄35岁。支行所有人员均为大专及以上学历,其中研究生2人,本科15人,高学历人才占到支行员工80%。

【荣　誉】 宁夏邮政储蓄银行海原县支行2021年荣获中国邮政储蓄银行脱贫攻坚优秀项目奖,支行党支部被自治区、市分行评为"先进党支部"。支行员工马乾在全国邮政系统疫情防控双先表彰工作中被评为全国先进个人,取得"邮储助力　决胜脱贫攻坚"主题摄影三等奖;段雪艳荣获中国邮政储蓄银行2019—2020年跨年度营业活动最佳个人,2021年服务标兵;刘静获中国邮政储蓄银行"金盾奖"内控风险管理优秀支行长称号;高永祖获评金融支持地方经济社会发展先进个人。海原县支行村镇产业基金项目在总行脱贫攻坚表彰大会中,获"优秀项目"称号,被中国银行保险业监督管理委员会宁夏监管局、共青团宁夏回族自治区委员会评为"银团合作"优秀项目,被中卫市金融团工委评为第一届中卫金融青年"金点子"创新创效优秀项目。

【经营指标完成情况】 2021年,海原县邮政储蓄银行全年累计实现收入2374.1万元,完成预算目标的112.5%,同比增幅31.3%;累计实现利润1418.7万元,完成预算目标的114%,同比增幅36%。储蓄余额17075万元,余额年增1075万元,月日均净增1250.62万元,年日均净增1283万元;公司余额7281万元,年累计进账超过1亿元,公司拓户76户,营销开放式缴费平台有效户2户;贷款结余43927万元,本年投放各类贷款52137.4万元,年增10834万元,全年共计催收不良贷款68.99万元,完成全年催收计划的125.4%,不良率0.33%,完成了上级行下达的量率双控指标。

【党建引领】 2021年,海原县邮政储蓄银行紧紧围绕"党建引领业务发展"的思路,深入贯彻全面从严治党要求,认真落实"一岗双责",强化党建工作责任制,做到党建工作与经营管理工作同部署、同落实。以党建,促转型,促发展,通过加强党建与业务发展相结合,实现了支行经济效益、社会效益双丰收。以党史学习教育为契机,深入开展"我为群众办实事"实践活动,不断强化了党员的责任意识、担当意识、使命意识。在此期间,安排专人到海原县高崖乡红古村,七营南堡村,史店乡田拐村等现场受理贷款,现场开卡233张,并借助移动展业设备下乡到村部现场放款1077笔9651万元,其中政策类贷款发放378笔3426万元。同时,以"三会一课"为载体,推动党员教育培训常态化、规范化、制度化;积极开展"共建、共进、共享"2.0主题活动、"合规——共产党员在行动"专项活动,创新支部活动开展形式,先后联合海原县退役军人服务局、信用村支部开展主题党日活动,共同推动党建工作高质量发展,深化了合作关系,调动了党员积极性,进一步发挥党建引领业务发展、党建引领合规管理的正面作用。

【个人金融业务】 2021年,海原县邮政储蓄银行个人金融业务较2020年同期稳健增长，各板块业务有序发展。1.改善储蓄业务结构，提升全量资产全面发展，储蓄规模17075万元，净增1075万元，理财保有量1500万元。2.信用卡发展较2020年同期水平有所提升，全年累计进件3172件，新客发卡1038张，结存6176张，30天卡片激活率65.19%，活跃率稳中有升，资产质量平稳可控。3.手机银行为线上业务发展奠定良好基础，新增注册2765户，年活跃客户数2486户，完成目标的248.6%，位居市分行四家支行第一。4.海原县支行在各家银行整体储蓄存款下降的趋势下，借助线上和线下共同营销的方式，稳住了支行储蓄余额下降的态势。

【分层营销】 2021年，海原县邮政储蓄银行分层营销，多点出击，做大公司业务规模。1.在支行领导带头开展营销工作的同时，结合自治区、市分行的各项政策，发动全行员工积极营销开立公司账户。本着先扩大基数，再提升质量的思路，解决结构性客户集中度过高的问题，尽量避免余额大起大落，确保余额平稳增长，2021年支行累计进账超过1亿元，年累计开户76户，完成开放式缴费平台2户。2.落实“公司+”计划活动，加强存量客户维护，做实重点客户，做大客户规模，开展中小型客户定向流量潜能挖掘，“激活”余额为零的存款客户，提升低活性账户动账频次，提升低流量账户结算量，截至年底公司客户价值提升指数6.89，四家支行提升指数最高。3.根据海原县政府关于做好扶持壮大村集体经济相关要求，支行积极走访对接，营销七营镇村集体经济账户资金400万元，联动营销存贷款业务，达成长期合作关系，截至年底，累计实现村周边放款2000万元有余。

【扶贫贷款投放】 2021年，海原县邮政储蓄银行依托优势产业，持续做好扶贫贷款的投放工作。依托关桥乡四大特色产业，为贫困地区脱贫攻坚和乡村振兴贡献力量。已累计发放扶贫小额信贷5939笔2.54亿元。探索的扶贫模式获得总行2021年脱贫攻坚“优秀项目”称号。

【信用村镇建设】 2021年，海原县邮政储蓄银行加强信用村镇建设，实施“整乡推进”战略。为有效推进贷款投放“提质增量扩面”，支行以信用村建设为抓手，依托县域经济发展特点，重点通过农业、畜牧产业链条的深度连片开发，努力做到整乡推进、集中授信。支行本年发放各类贷款7921笔5.21亿元，发放贷款量历年最高值，贷款结余6288笔金额4.4亿元，2021年净增1.08亿元。其中发放个人经营性贷款2697笔2.57亿元。

【惠农合作】 2021年，海原县邮政储蓄银行与农业农村局、邮政公司就业局、县妇联和农担等平台重点合作。通过与有关部门联系，筛选出有一定规模的农业合作化龙头专业合作社，进行产品双向对接，加大涉农信贷领域的支持力度。全年通过邮银惠农合作渠道，累计投放惠农合作融资E贷款23笔416万元。投放第一笔农担担保贷款20万元，累计投放4笔80万元。

【专属客群营销】 2021年，海原县邮政储蓄银行坚持“拓市场、优存量、抓联动、强获客、促支用”的工作要求，加强对专属客群（教师、医生等）的主动走访、全员营销力度，多头并进拓展非住房消费贷款业务，巩固扩大消费贷款基本盘，推动消费贷款规模快速提升。支行本年发放非住房消费贷款5220笔金额2.6亿元，全年净增3386万元。完成全年计划的109.2%。

【信贷风险防范】 2021年，海原县邮政储蓄银行严把信贷业务风险，加强逾期贷款催收力度，做好常态化清收，同时加强与法院的协调，提升清收质效。对无法清收回的贷款加大核销力度，做好应核尽核、能核快核。

（刘　静）

宁夏银行

【概　况】 2021年12月末，宁夏银行海原支行（简称宁夏银行）有员工20人，其中在册职工14人，劳务派遣人员6人。在册职工全部为本科学历。有班子成员一正一助理共2人。内设业务发展科、营业室和办公室。党支部有中共正式党员5人。

【存款指标】 截至2021年末，各项存款余额60097万元，较年初增加19500万元，增幅48%；其中：储蓄存款余额1.82亿元，较年初增长6041万元，增幅50%。

【贷款指标】 截至2021年末，各项贷款余额33385.74万元，较年初增加5137.7万元，贷款增速18.19%，贷存比55.55%，其中：线下各类贷款30962万元，较年初增加2714万元；线上各类贷款余额2423.74万元，较年初增加2423.74万元。

【涉农贷款】 截至2021年末，涉农贷款余额21202.83万元，较年初增加3302.97万元，贷款增速184.5%，其中：线下涉农贷款18779.09万元，较年初增加879.22万元；线上涉农贷款余额2423.74万元，较年初增加2423.74万元。

【小微贷款】 截至2021年末，小微贷款余额10912.49万元，较年初增加1715.63万元，增速为18.65%；小微贷款户数为290户，较年初增加130户，增长率为81.25%。

【纳税金额】 2021年纳税金额为87万元，较年初增加26万元，增速为42.6%。

【资产质量】 截至2021年末，五级分类不良贷款率为0.12%，较年初下降3.24%。

【支持产业发展】 2021年，宁夏银行海原支行积极响应自治区九大产业工作部署，制定下发《宁夏银行海原支行关于金融支持肉牛和滩羊产业工作方案》，成立工作专班，行长为产业贷款发展的第一责任人，深入市场开展摸底调查并明确产业发展措施，制定125户肉牛和滩羊新型经营主体客户目标群，分配至客户经理，逐一上门拜访调查，逐批次开展营销和服务。每两周召开一次产业贷款落实会，复盘研究投放情况。同时，支行面对华润到期“养牛贷”，积极对接财政、华润公司，年内压降收回2940万元。年末，肉牛滩羊产业贷款余额5421万元，较年初增加4513万元，户数为460户，较年初增加279户。

【支持小微客户】 2021年，宁夏银行海原支行始终将小微信贷作为主战场，将海原县城主要商网进行网格化并分配落实到每个客户经理，充分发挥线上“宁商贷”“宁税贷”产品和线下业务，实行拉网式逐一上门营销。同时，加强与海原县惠民融资担保公司和海原县就业局的沟通联系，大力推动惠民担保业务和就业创业贷款，践行地方银行主责主业，体现银行对小微客户的“孵化”作用。年内，新增就业创业贷款1142万元，新增惠民担保公司担保贷款1870万元，实现了小微贷款两个不低于监管指标。

【金融扶贫】 2021年，宁夏银行海原支行严格落实脱贫人口小额信贷政策，把有发展意愿、有就业创业潜质、技能素质和一定还款能力的建档立卡贫困户作为扶贫小额信贷支持的重点，做到应贷尽贷。对“户贷企用”已归还的农户，继续给予扶贫小额信贷支持。继续做好“户贷企用”后续工作，本着“真整改、真收回、真消化”原则，对已转化的商业贷款，做好定期贷后管理工作。

【信贷服务】 2021年，宁夏银行海原支行践行普惠职责，优化信贷服务。1.推行免抵押免担保的“信用贷款”，解决小微客户担保难的现实问题，信用贷款余额达到1230万元；2.大力发展首贷户，主动上门营销客户，解决客户“没熟人，不好办理贷款”的顾虑。年内，共新增首贷户121户，金额3542万元；3.不断降低融资成本，支行最低贷款利率为3.8%，平均贷款利率较2020年下降0.13%；4.提高服务效率，实施限时办结制。支行权限内业务自受理日起三个工作日办结。

【产品创新】 2021年，宁夏银行海原支行本着解决客户融资难的问题，结合海原县地方经济发展特色，在总行大力支持下，为养牛客户创新“牛劲贷”线上产品；为运输客户创新“宁海通”线上产品；为个体工商户开发“宁税贷”“宁商贷”线上产品；为公职人员上线“工薪贷”，且全部为信用贷款，手续简便快捷，极大地为海原城乡居民提供高效的金融服务。年末，各类线上贷款授信额度7894.38万元，较年初增加7894.38万元；贷款余额2423.74万元，较年初增加2423.74万元。

【银社共建】 2021年，宁夏银行海原支行为加强社区金融服务，与建设社区、东城社区签订“银社共建协议”，制定下发2021年三进工作安排，成立六个营销小分队，由党员或中层干部担任营销小分队负责人，做到工作有安排有落实。在进社区方面，将党史学习教育、主题党日与社区、村支部共建结合起来，先开展党建再引领经营工作，贯彻落实“五联行动”、“社区五进”和“市场网格责任化”，提升与社区、市场和村支部互动互助的效果。

【站点建设】 2021年，宁夏银行海原支行贯彻落实总行《宁夏银行普惠金融进乡村试点工作方案》要求，积极创新探索，立足当地特色产业，探索金融支持乡村振兴、服务乡村市场有效路径，打牢涉农金融基础，在深入农村调研和同行考察学习的基础上，在海城镇山门村、李旺镇杨堡村、贾塘乡黄坪村等自然村共设立金融服务站15家，实现金融支持乡村产业发展和农户致富。

（宁夏银行）

人寿保险

【概 况】 中国人寿保险海原支公司（简称海原寿险公司）有自有综合办公楼1处，始建于1986年，面积648.45平方米，属砖混结构，由于建筑年代久远，经检测鉴定为危楼，且不能满足当前业务和队伍持续攀升发展的需求。2020年11月新租赁泰丰大厦三楼，面积1200平方米，2021年3月6日得到中卫银保监局的正式批复，取得经营保险业务许可，公司于2021年3月14日迁址新办公楼。

【从业人员】 海原寿险公司按照三定改革分类分级，为D7类综合性公司，组织架构一室五部，经理室、综合部、营销发展部、收展发展部、机构业务部、客户服务部。在编员工13人，经理室成员3人，部门负责人5人，员工5人。2021年底保险代理销售人员队伍89人。

【机构网络】 海原寿险公司隶属宁夏分公司二级架构，海原支公司隶属下分设四个农网，分别为海原支公司海城营销服务部，李旺营销服务部、三河营销服务部、七营营销服务部。农网保险辐射4个镇19个乡，覆盖率仅为21%。

【承保业务】 截至2021年12月31日，海原寿险公司实现新单件数26538件，新单保费2511万元。其中长险件数1335件，保费896万元；短险件数25203件，保费1615万元。合计保额17817.16万元。

【保费收入】 截至2021年12月30日，海原支公司实现总保费收入6983万元，同比增长-8.2%。其中，2021年实现长险保费实现896万元；实现短险保费收入1615万元；完成续期保费4472万元。

【赔付支出】 2021年公司短险赔付725万元，赔付率44.9%。其中短期意外险赔454万元，赔付率56.5%；短期健康险赔付271万元，赔付率33.4%。

【属地纳税】 截至2021年12月31日，海原支公司属地纳税合计22.63万元。

【风险管控】 根据地方监管及上级公司要求持续开展非法集资、反洗钱、扫黑除恶等宣传，同时加强销售人员诚信教育等活动，增强风险意识，在疫情防控期间，切实加强风险管控，做好销售队伍管理和销售行为管控，坚决不触碰监管红线，牢牢守住不发生系统性风险底线。

【重点产品推广】 公司产品保障全面，主要涵盖健康险、意外险、养老险和理财险等范围。长期寿险重点产品有国寿康宁终身重大疾病保险（至尊版）、国寿福终身寿险、国寿少儿国寿福终身寿险、国寿百万如意行两全保险、国寿鑫享今生年金保险，国寿福禄相伴年金保险等；银邮代理产品有国寿鑫禧宝年金保险、国寿乐行保两全保险等；短期意外险有政策性扶贫保、农村小额全家福保险、百姓保、爱妮保、微企保、老龄保险、信用保、学平险等险种。

（安思宇）

财产保险

【概　况】 中国人民财产保险股份有限公司海原支公司（简称海原财险公司）内设有7个职能部门，下设4个营销服务部。有各类性质用工90人。

【指标完成情况】 2021年末，全险种实现收入10395.07万元，同比增加41.09万元，增速为0.4%；其中车险6619.99万元，同比减少345.38万元，增速为-4.96%；农险保费2891.27万元，同比增加164.15万元，增速为6.02%；非车险883.82万元，同比增加222.31万元，增速为33.6%。

【车险业务结构】 家用车业务持续负增长，保费占比持续下降，营业性货车保费占比长期居高不下，截至11月30日，家用车业务933.38万元，同比减少151.4万元，增速为-13.96%，保费占比为14.92%，同比下降1.44%；营业性货车保费4872.45万元，同比减少145.25万元，增速为-2.89%，保费占比为77.86%，同比提升2.18%，车险业务过于依赖营业性货车。

【车险续转保率】　截至12月15日，车险续传率101.33%，同比下降6.01%，其中家用车续传保率109.16%，同比下降6.95%，整体车险和家用车续转保率均大幅下降。

【农险市场】　2020年海原支公司农险市场份额76.3%。2021年，按照招标方案，海原支公司中标标段保费4656万元，占总标段份额的61%。截至11月，海原支公司农险市场份额72.6%，较2020年下降3.7个百分点。

【车险精细化管理】　1.根据季度任务目标制定每月车险考核方案，并根据业务发展以及市场情况，随时调整考核激励政策和费用政策，为月度任务达成提供政策支持。前三季度实现了对标市场，与主要竞争对手的份额安全距离保持在40%以上。2.针对过程管理，制定周督导月考核制度，将任务按照部门、人员分解，即保费目标+续保率+预签率+渗透率，每周通报完成进度，对进度落后的部门及个人做专项督导，通过周通报、旬对比、月考核，以一标三率的实现，督促员工落地执行，确保任务目标的达成。3.抓关键指标提升，制定专项的激励政策，重点提升效益险种的投保率，以关键指标的提升弥补综改导致车均保费下降。保足保全率55.32%，同比下降0.99%。三者限额143.96万元，同比提升52.18万元，其中150万元占比54.03%，200万元以上占比35.7%。驾意险渗透率54.19%，较年初有了大幅提升，完成公司考核目标。

【车险续保管理】　1.建立续保专员与业务人员的协同机制，续保专员每天提取并更新公司的续保清单，通过公司微信群下发续保清单，逐单逐笔督促业务人员跟踪联系，做好客户续保工作，构筑起个人业务的续保防线。2.做好与二网、修理厂等车商业务的协同，借助车险渠道活动量管理系统，每周定时对合作二网、修理厂互动拜访，安排专人对接二网、修理厂的续保业务，按照清单做好续保跟踪督导。全年车商续保率持续保持在50%以上，构筑起车商业务的续保防线。3.与市分公司续保团队协同，建立续保业务兜底机制，市分公司续保团队抽调专人负责公司续保业务跟踪，海原财险公司安排专人负责对接，有效提升了家用车续保率，构筑续保业务的兜底防线。通过三道防线的实施，车险整体续保率为61.83%，同比下降1.88%，家用车续保率70.96%，同比提升2.7%。

【车商业务】　1.在巩固现有合作车商的前提下，深挖县域保源市场地图，新增一家家用车维修企业，合作车商数达到16家，截至三季度末，合作车商贡献保费758.89万余元，全年预计突破千万。2.加强与车商渠道的互动频次，做好理赔资源送修引导，做好资源互换工作，针对理赔人员，完善资源送修考核方案，以点对点送修考核目标引领，提高送修精准率和到店的留修率，以修理资源换取保费资源。3.落实《修理厂分类管理办法》的落地执行，按照季度保费贡献给予级别调整，前三季度对保费贡献较大的一家修理厂评级予以提升，对于送修比严重超标的两家修理厂做降级处理，有效地督促修理厂提高保费产能，达到了资源互换的效果。

【农网建设】　前期公司在海原营业性货车集中的地区设置三农网点，以农网点的设置，有效阻断车辆外流的趋势，两家网点的保费规模逐年增长，截至三季度末，李旺服务部车险保费已经超过千万元，达到1149.7万元，超2020

年全年保费，三河服务部贡献810.52万元。

【个非业务】 2021年通过产品转培训、过程化考核、政策宣导、刚性考核，截至12月10日，个人非车险整体完成389.87万元，较上年（389.87万元）减少7.74万元，基本保持持平，略有负增长，主要受借意险、学幼险负增长影响。1.借意险受银行政策影响，当年保费42.73万元，较上年同期减少8.1万元。学幼险受上年其他主体转保、2021年续保失败、通过“渠道+分散性险种”拓展、稳定基本存量、同比减少28万元，增速-10%。借意险和学幼险拉低整体增速。2.驾意险通过考核政策引导、提高整体渗透率、提高保额，当年实现保50.37万元，同比增量22万元，同比增速73%，拉动意外险整体增速。3.农机当年承保569台，同比新增12台，基本保持持平，实现保费25.66万元，金锁家财险受开门红刚性考核激励，当年出单245份、同比新增46份，实现保费3.08万元，同比增速9%。4.健康险类当年保费3.61万元，同比减少0.39万元。人人安康、安康无忧等险种销售积极性不高。

【法客业务】 2021年通过经理室积极对接拜访政府，员工积极挖掘身边资源，努力拓展市场，截至12月10日法客业务当年实现保费463.35万元。同比新增保费203.67万元，同比增速78%。三大重点险种（民生业务、团意险、雇主责任险）均实现快速增长，其中主要增长点是民生意外险。

【“铁杆庄稼保”】 通过经理室积极对接拜访县就业局，主动对接各乡镇、管委会，通过召开总结启动会，政策培训，民生意外险“铁杆庄稼保”当年承保人数68861人、同比新增28800人。实现保费324.87万元，增量保费133.96万元，增速70%。拉动法客业务整体增速50%。

【团体意外险】 通过政策激励，员工各自挖掘身边资源，当年实现保费27.96万元，同比（10.63万元）新增保费17.33万元，同比增速106%。其中建筑工程意外险保费13.7万元，占比50%。其他团意险14.26万元，占比50%。

【责任险】 通过政策引导，激励考核，经理室带头展业。当年保费89.01万元，同比（52.80万元）新增保费36.21万元，增速67%。其中雇主责任险69.66万元，占比78%。其他责任险19.35万元（承运人，农业雇主、食品安全等）。

【农险业务】 2021年，海原财险公司按照海原县域市场，提标、扩面、增品，大力拓展新开办农险险种超过29种；其中政策性农险险种16种，扶贫保险种17种，截至年底，农险保费规模2747.21万元，其中养殖业完成保费1296.06万元（含商业险4.08万元），种植业完成保费1383.04万元（含商业险75.26万元），林木保险完成保费68.11万元，同比正增长。森林保险首次落地。2021年，按照自治区分公司安排部署，海原支公司积极对接海原县财政局与自然资源局，通过多次沟通协调，2021年承保森林面积34万亩，保费收入68.11万元。

【农险应收催收】 2021年，海原财险公司共涉及农险应收保费2197.91万元。尚余应收资金1336.9万元，其中中央补贴保费450.32万元，省级补贴保费525.30万元，县级财政补贴保费265.2万元（县扶贫资金补贴保费93.7万元、森林保险保费补贴65万元）。在公司经理室努力下，已收缴应收保费861万元。完成应收清缴总额的39%。

【农险理赔】 农险理赔严控防漏减损。截至11月，农险已决赔款8144.13万元（含2020年因总公司财务扎账、养殖险承保周期等因素，案件在2021年结案支付赔款2333.31万元)，其中，养殖险已决赔款1987万元(含2020年承保，2021年赔付1303.9万元)；种植险已决赔款6156.92万元，(含2020年承保，2021年赔付1029.41万元)预计赔付率327%。未决赔款(含估损)1200万元；其中养殖业未决赔款130万元，种植业未决赔款　(含估损)1000万元。同时打击不属于保险责任或骗保案件60多起，为公司减少经济损失70多万元。

(张志华)

教育 体育

综 述

【概 况】 2021年，海原县教育体育局(简称县教体局)内设办公室、资助中心、机关支部、基础教育股、人事股、纪检监察室、职业与民办教育股、体卫艺股、项目办、考试中心、财务室、营养办、信息办、综治办、教育督导室、工会、妇委会17个机构股室，下辖师培中心、体育中心2个事业单位，共有干部职工131人，其中在编人员77人(公务员9名、工勤编人员3名，事业编人员65名)，其他人员在各学校占教师编制。

【各级各类学校】 2021年，海原县有各级各类学校276所，其中小学193所(县城小学10所，乡镇中心小学13所，村级小学77所，教学点93个)，中学19所(高级中学2所，完全中学1所，初级中学11所，九年一贯制学校5所)，职业技术学校1所，特殊教育学校1所，幼儿园62所。全县共有在校学生86144人，其中学前幼儿学生13125人，小学在校学生39859人，初中在校学生19378人，普通高中在校学生10232人，中职在校学生3492人，特教学校58人。全县有教职工4378人。2021年，全县学前三年毛入园率86.50%，小学适龄儿童入学率100%，初中适龄少年入学率98.96%，高中阶段毛入学率94.13%。

【校长队伍】 2021年，海原县有各级各类学校校长(含党支部书记)、专职副书记、副校长194人，其中正职63人，中共党员153名，占78.87%；硕士学历3人。30岁及以下1人(为副职)；31～40岁24人，其中正职5人；41～50岁101人，其中正职27人；51～55岁57人，其中正职26人；56岁以上11人，其中正职5人。

【教研队伍】 2021年，海原县教研室共有教研员18人，平均年龄53岁；本科学历15人，专科学历3人；中学副高级教师15人，中学一级教师3人；区级骨干教师6人，市级骨干教师1人。

【督学队伍】 2021年，海原县有责任督学38人，平均年龄54岁。其中：55岁以上21人，50～55岁11人，50岁以下6人；专科学历12人，本科学历26人；正高级职称1人、副高级职称30人，中级职称7人。

【项目建设】 2021年，海原县教育系统建设项目计划总投资2.8亿元，新建续建项目18个，新建海原县第八小学、特殊教育学校、扩建海原一中、树台一贯制等学校，新增校舍建筑面积68884平方米，以及维修改造兴海中学实验楼项目。新建“互联网+教育”示范校2所，为海原二中、三中学校安装建设虚拟仿真教师、机器人教室、创客教室、智慧教室等；购置在线互动课堂主讲设备14套，接收设备148套，一体机320套。

【信息化建设】 争取自治区教育厅达标县项目资金300万元，补充触控一体机127台。投入资金673万元（其中，自治区“互联网+教育”专项资金400万元、县配套资金273万元）为海原二中建设VR教室1间、智慧教室12间、创新实验室1间、AI人工智能课堂行为分析23间、常态化录播教室11间、便携式移动录播1套、校园电视台1间、智慧校园宿舍管理系统1套、校园无线网全覆盖。投入资金526万元（其中自治区“互联网+教育”改薄资金300万元、专项资金200万元、县配套资金26万元），为海原三中建设VR教室1间、智慧教室12间、便携式移动录播1套、校园电视台1间、智慧校园宿舍管理系统1套、校园无线网全覆盖；建设海原一中等“互联网+教育”区级示范校3个、标杆校5个，建设李旺中学等“互联网+教育”县级示范校5个、标杆校2个。形成以示范校、标杆校、试点校为龙头，辐射带动各学校共同发展、整体提升的良好局面；发挥名师效应，带动广大教师投身课堂实践和教学研究，发挥名师效应，带动广大教师投身课堂实践和教学研究，建成自治区级网络名师工作室6个，市级网络名师工作室18个，县级网络名师工作室36个。

【教育改革】 1.优化教育管理方式。进一步推动实施党组织领导下的校长负责制，构建校长负责、党组织发挥政治核心作用、教职工代表大会和工会参与管理和监督的运行机制。加大校级干部交流轮岗力度，加强后备干部培养培训，建立动态的教育管理人才资源库。2.激发中小学办学活力。加大校长培养培训力度，严格落实校长任职条件和专业标准，充分发挥教育部门党组织在校长选任中的重要作用；依法依规优先保障学校基础设施、经费投入、教职工配备等教育教学基本要求；打造社会实践大课堂，建立稳定的研学实践和劳动教育基地。3.完善督学督政体系。全面落实中小学校督学责任区制度和挂牌督导制度，推进教育督导管理机制、评估考核机制的改革创新，加强各类教育专项督导，充分发挥教育督导作用，全力促进教育工作新提升。

（杨晓东）

教育教学

【学前教育】 2021年，海原县规范发展学前教育，新开办幼儿园2所，按照幼儿班35个、幼儿学位1050个进行配置，有效解决了学前教育学位少、入园难、入园贵等问题。

【义务教育】 2021年，海原县均衡发展义务教育，坚持基础设施建设、教学设备配置、教师队伍建设等资源向农村学校、薄弱学校倾斜，不断优化农村学校办学条件和教育质量。深入开展城乡学校结对帮扶工作，实现城乡学校捆绑发展，落实划片招生、就近入学，竭力制止义务教育阶段学校跨区域招生，消除“大班额”。全县学校56人以上“大班额”全部消除，义务教育均衡发展的良好局面正在形成。

【普高教育】 2021年，海原县提质发展普高教育，加强高中学科建设和学科教师培训工作，邀请区教研室专家和中卫名师开展学科教学培训，不断提升县内高中学校骨干教师业务能力和教育教学水平。强化高考备考，分解细化教学质量提升指标及高考目标任务，强化模拟训练和心理辅导，提升考生学业水平和心理素质，确保高考成绩持续攀升。

【职业教育】 2021年，海原县创新发展职业教育，紧扣现代职业教育发展特点和社会就业趋势，深化校校合作、校企合作、产教融合发展，县职业技术学校与厦门天马微电子、宁夏明德祥玉、江西科升、宁夏聚升等10余家企业开展校企合作，与福建龙岩华侨职业中专学校和漳浦职业技术学校开展了对口帮扶合作，两所学校先后选派29名专业教师到县职业技术学校挂职，指导专业建设、开展教师培训，县职业技术学校选派9名教师到漳浦职业技术学校进行专业能力提升和转岗培养。学校新建成汽车运用与维修、中餐烹饪、电子商务、园艺技术4个产教融合实训基地。

【教体融合】 2021年，海原县将体育工作作为中小学目标考核的硬指标，着力打造"一校一品"特色。全县有国家级足球特色学校10所、篮球特色学校8所，各学校根据自身特点，积极开展乒乓球、羽毛球等体育特色学校创建活动。2021年先后举办新年健身跑活动、乒羽争霸赛、中小学生篮足联赛等活动。

【中考高考】 2021年，海原县制定中高考备考计划，签订目标责任书，教研室落实随机听课制度，抓实课堂教学，指导学校教学常规工作的有效落实。成立了中考、高考迎考备考工作领导小组，组建中高考备考核心研究团队。搭建学校与自治区内外名校的交流平台，先后邀请银川一中等专家召开海原县高中考研讨会，组织召开交流研讨会、高考学科研讨会、中考学科研讨会。

【教师队伍建设】 认真贯彻落实中央《关于全面深化新时代教师队伍建设改革的意见》，围绕"意见"精神定向发力，切实加强教师队伍建设。健全科学合理的校长选拔、任用、考核机制，提拔任用校(园)长10名，调整交流校长12名，调优结构，激发活力。招聘公费师范生37名，全部补充到高中学校任教；2021年自主公开招聘事业编制教师210名，其中分配到高中学校任教170名，初级学校任教40名。城乡之间、校校之间交流教师541名，交流比例13.88%，有效加强了农村学校、薄弱学校教师队伍建设。组织全县中小学教科研人员及政教主任150余人，在县党校举办为期3天的业务能力提升培训。组织学科骨干教师，参加各类培训998人次，培养认定自治区市县级骨干教师783人次。扎实开展送教下乡、联片教研和"一师一优课、一课一名师"活动，深入推进高效课堂建设，提高广大教师的课堂教学实践能力和课堂效益，提升全县教育教学质量。

【学校班子建设】 1.推进校长聘用制管理改革。按照中共中央组织部、教育部《中小学校领导人员管理暂行办法》要求，规范中小学管理干部选拔任用程序，中小学(幼儿园)校(园)长、副校长及中层干部由教体局按程序进行推荐、考察、考核和聘用，报相关部门备案，努力打造一支政治过硬、敬业奉献、业务精湛、治校有方的校长队伍。2.推进校长任期目标责任制改革。建立校长任期制和任期目标制，校长任期一般为3~6年，在同一所学校任期不超过两届，每三年对校长进行一次综合考核评价，根据评价结果进行动态调整使用。新任或连任新一届的校(园)长，应结合学校实际提出任期内学校各项工作的近、远期发展规划及分阶段实施目标及措施。经学校党组织讨论审定后，报县教体局审核备案，县教体局每年对目标任务落实情况进行考核。3.加大校长培训力度。建立海原县校长大讲堂，通过邀请名誉校长、思政辅导员、专家、自治区内外名优校长等讲政治理论、讲党史国史、讲教育管理理论，组织外出学习校长、老校长、县内名校长分享治校经验，交流管理心得，形成定期举办、交流展示、成果观摩等长效机制，打造名优校长交流平台，促进校长政治理论、管理治校能力双提升。实施校长"国培计划"，开展乡村中小学骨干校长培训和名校长研修。加大培训力度，借助对外合作平台，选派中小学校长到自治区内外名校挂职锻炼，提升校长办学治校能力，打造高品质学校。坚持教育家办学导向，制定落实学校管理干部任课制度，明确校长带头上讲台讲课、推门听课指导教学、应用"互联网+"培训教师等任务，带动落实好教学中心工作。加大后备干部培养。建立海原县校长后备队伍人才库，建立后备干部档案，选择一批35岁左右具有相应教师资格和经历，思想政治素质好、教育教学水平高、有组织领导才能的优秀教师进行重点培养。充分发挥优质学校人才孵化基地的作用，采取增加实践锻炼岗位等方式，有针对性地加强后备人才培养。4.建立校长职级制改革。实施校长职级制改革试点工作，建立健全"职务能上能下、待遇能高能低、流动能进能出"的管理新机制，促进校长队伍专业化建设。探索建立校长任（兼）课制度，校长，首先是学科带头人，兼任与所学专业相同或相近的课程，并经常参加相关学科教研及听评课活动；副校长及学校中层干部，都必须核定相应学科工作量及教学任务，学校不允许设置专门后勤管理人员，专门从事后勤管理人员不能按照教学人员对待，不可晋级和职称聘任。

【校园文化建设】 1.丰富师生精神文化。加强社会主义核心价值观和中华优秀传统文化宣传教育，丰富德育载体，确保开齐开好德育课；贯彻落实习近平总书记关于青少年"扣好人生第一粒扣子"的重要指示精神，努力培养担当民族复兴大任的时代新人，开展传承红色基因、学雷锋志愿服务、评选"新时代好少年"等活动。2.建设校园品牌文化。围绕"协调和谐、美观大方、有效育人"的原则开展校园文化建设，在校园内植树种草，利用墙壁、走廊等设立文化墙，发挥网络作用拓展校园文化建设渠道，同时结合各校实际强化"一校一品"建设，促进学生全面而有个性地发展。3.深化文明校园建设。以文明校园创建为契机，夯实校园文明根基，把学校建设成为锻造理想信念的熔炉、弘扬主流价值的高地、涵育中华文化的家园、滋养文明风尚的沃土，着力营造培养德智体美劳全面发展的社会主义建设者和接班人的良好环境；各学校在重大节日、纪念日期间，广泛开展经典诵读、综合实践等主题活动，组建合唱、朗诵、书法等学生社团，从传统课程主题化、社团育人多样化等多个方面弘扬传统文化，落实立德树人根本任务。海原县教育系统已创建自治区级文明校园5所，市级文明校园10所，县级文明校园33所。

（杨晓东）

教育扶贫

【政策宣传】 大力开展教育扶贫政策宣传，全县各乡镇、部门、学校创新载体方式，深入宣传教育法律法规、教育惠民政策、教育脱贫致富典型，不断深化群众“治贫先治愚，治愚靠教育”认识。组织“千名教师进万家大家访、战疫情、促脱贫”活动，共发放《致家长的一封信》6万余份，在校园醒目位置张贴义务教育阶段资助政策、义务教育阶段营养午餐宣传海报，有力营造了政府、学校、家庭、社会共同参与教育扶贫工作的良好局面。

【控辍保学】 狠抓义务教育控辍保学，紧扣全面打赢脱贫攻坚战部署安排，开展教育脱贫攻坚“回头看”排查问题整改及开展“四查四补”，对照“义务教育有保障”标准，扎实细致做好教育扶贫工作，重点解决疫情可能带来的影响教育脱贫攻坚质量的问题，进一步完善工作措施，堵塞漏洞，提升教学、资助等保障能力，印发了《海原县教育系统千名教师进万家大家访、战疫情、促脱贫活动实施方案》（海教发〔2020〕49号），组织全县义务教育阶段学校教职工开展大家访、战疫情、促脱贫活动，对全县各义务教育阶段适龄儿童家庭，重点对建档立卡贫困家庭、进城务工人员随迁子女、农村留守儿童、适龄残疾儿童少年实现全覆盖。县委、县政府主要领导、分管领导、县教体局班子成员先后深入各乡镇开展了控辍保学工作暗访和督查，督促乡镇和学校落实控辍保学，巩固全县义务教育阶段“零”辍学成果。

【学生资助】 全面落实学生资助政策，建立从学前教育到研究生教育全覆盖资助体系，开展全学段、全方位精准资助。2021年度，各学段资助受惠学生91336人次，累计资助金额5324.3438万元；办理生源地贷款10852人次，贷款总额7297.2345万元；义务教育学生营养改善计划、“两免一补”等惠民政策落实到位，有效保障了各学段学生接受教育。

【补短板弱项】 新建、改扩建中小学及幼儿园13所，打造“互联网+教育”自治区级示范校2所。完成助学贷款10839人，金额7287.7145万元；争取“燕宝基金”资助848人。通过政府购买服务方式为购买幼儿保教服务岗位866个；为全县156所中小学、幼儿园配备了245名专职保安。争取自治区教师编制池编制，及时面向全区自主招考事业编制教师210名，补齐全县中小学教师缺口。

（杨晓东）

教育督导

【概 况】 2020年11月，海原县调整了县人民政府教育督导委员会组织机构，由县人民政府副县长任主任，县人民政府办公室主任、县教育体育局局长（教育督导室主任）任副主任，由县委组织部、县委宣传部、县编办、县发改、县财政局等20个成员单位的负责人为委员。教育督导委员会办公室（简称政府教育督导室）设在县教育体育局，县教育体育局局长兼任教育督导室主任，1名副局长兼任教育督导室副主任，根据工作需要，设立教育督导室办公室，配备业务能力强的2名督导工作人员，确保了各项教育督导工作有序有效开展。

【督学队伍配备和管理】 海原县有责任督学38名，分配至全县乡镇和各校，使各级各类学校责任区督学达到了全覆盖。2021年2月，为认真贯彻落实自治区党委办公厅、人民政府办公厅《关于深化新时代教育督导体制机制改革的实施意见》(宁党办〔2021〕3号)精神，县委和政府加强对教育督导工作的组织领导，将教育督导体制机制改革作为全面深化教育改革的重要内容，确保教育督导体制机制改革顺利推进，县委办、县政府办出台《海原县深化新时代教育督导体制机制改革的实施方案》。为加强督学队伍建设，促进督学管理科学化、规范化、专业化，强化督学实绩考核，根据《宁夏回族自治区督学管理办法》(宁教督导〔2019〕194号)的要求，3月10日，县教育体育局印发了《海原县责任督学管理办法(试行)》和《海原县责任督学考核办法(试行)》及责任督学考核细则，对责任督学加强管理和考核，形成长效机制。

【责任督学会议】 4月6日，海原县召开全县教育督导会议。会议明确各责任督学工作职责，进一步深化督学聘用和管理改革，创新督学聘用方式，完善督学选聘标准，建立完善责任督学考核评价管理制度，强化督学实绩考核，公开责任督学的联系方式，接受社会监督。强化教育督导权威性和严肃性，进一步加强对学校的督导。责任督学依据有关政策和标准，对学校开展常规督导和重点督导，引导学校办出特色、办出水平，促进学生德智体美劳全面发展。针对学校存在的问题，通过反馈、限期整改、复查、约谈、通报、问责等方式督促落实，对重大整改事项进行蹲点落实。

【督导条件保障落实】 自2019年开始，县教育行政部门在制定年度部门预算时，每年教育督导经费预算5万元，并纳入同级财政预算予以保障。2021年春季开学，教育督导室对全县各学校督学公示牌、督学办公室、设施设备配备、责任督学履职情况进行了督导检查。全县各学校均已按照《中小学校责任督学挂牌督导办法》要求，督学公示牌悬挂到位，督学办公室设置到位，办公设备配备到位，责任督学履职到位。

【落实和完善督学责任区】 全县276所学校，6个督学责任片区，每个督学责任片区设1名组长，配备责任督学38名，每名责任督学平均挂牌督导10所学校。按照“分片管理、全面覆盖、落实责任、推动工作”的原则，督学责任区主要负责对所辖区域全部中小学、幼儿园进行督导评估，责任督学对责任区中小学、幼儿园实施挂牌督导。督学责任区分别是：第一责任片区：县城片；第二责任片区：海城镇、贾塘乡、郑旗乡；第三责任片区：史店乡、曹洼乡、李俊乡、九彩乡；第四责任片区：红羊乡、关庄乡、西安镇、树台乡、甘盐池；第五责任片区：李旺镇、高崖乡、关桥乡；第六责任片区：海兴开发区、三河镇、七营镇、甘城乡。

【政府履行教育职责自评】 9月2日，遵照《自治区人民政府教育督导委员会办公室关于开展2021年市县级人民政府履行教育职责评价工作的通知》，海原县教育体育局专门召开教育履行职责评价工作部署会议，对县级履行教育职责的12个方面45项内容进行安排部署，做好迎接检查工作。教育部门扎实做好查摆，明确责任清单、问题清单，督促有关部门履行教育职责，做到促整改、促建设，切实提高教育政策落实、基础建设水平。

【国家义务教育质量检测】 2021年，海原县有21所中小学校（初中8所，小学13所）被确定为国家义务教育质量监测样本校。县教育部门成立专门组织机构，实行领导负责制；召开了海原县2021年国家义务教育质量监测安排部署会，制定了《海原县2021年国家义务教育质量监测工作实施方案》，并按要求完成了教育质量监测工作。

【“双减”和“五项工作”专项督查】 2021年，重点督导评价了适龄少年儿童入学、辖区学校发展和校园周边环境治理等情况。同时开展了学前教育普及普惠、义务教育优质均衡发展、校园治理、普及高中阶段教育、基础教育质量提升等督导评估，特别是对“双减”和“五项管理”教育热点难点问题和重点工作进行了5次专项督导，下发了专项督导检查通知，在督导过程中，下发督导整改通知书69份，印发了5次专项督导通报，进行专项督导治理。

【学校疫情防控督导】 按照自治区教育督导委员会办公室文件要求，海原县自8月15—30日，组织35名责任督学，深入全县中小学、幼儿园，督导检查校园疫情防控工作，毫不松懈抓好校园疫情防控常态化工作，确保校园安全稳定。要求各全县级各类学校织密疫情防护网，全面做好校园应急机制启动情况，重点对校舍、消防、危险化学品、特种设备、校园周边环境等进行全覆盖、拉网式排查，着力防范化解重大安全风险，保证秋季开学期间不发生安全事故。

（杨晓东）

未成年人思想道德建设

【“扣好人生第一粒扣子”主题教育】 紧紧围绕立德树人根本任务，牢牢把握培育和践行社会主义核心价值观这条主线，用情用力推进未成年人思想道德建设，持续深入抓好“新时代好少年”学习宣传、“传承红色基因”、中华优秀传统文化传承、学雷锋志愿活动、“劳动美”社会实践、“阳光成长”心理健康教育等系列活动，确保学校政治安全、师生平安、校园文明、活动有序，进一步引导青少年树立远大志向，树立正确的价值观念，忠于祖国、忠于人民，肩负起民族复兴的时代重任。2021年全县有35名学生荣获中卫市教育系统“新时代好少年”。

【“我们的节日”主题实践】 利用清明、七一、八一、十一、春节、元宵节等传统节日，广泛开展革命传统教育，传播井冈山精神、长征精神、延安精神、西柏坡精神等；利用烈士纪念日、国家公祭日等重大节庆和纪念日，采取网上祭祀等形式礼敬先烈，致敬抗疫英雄。清明节期间，采取云课堂和网上祭祀的方式开展了“缅怀英烈，传承红色基因”教育实践活动。七一建党节前后，组织青少年唱响歌颂党、歌颂祖国、歌颂新时代的优秀歌曲和童谣，以现场演唱、网络赛歌、微信小视频等形式传唱。十一国庆节前后，各学校积极开展国旗法、国歌法、宪法和党史国史教育，开展升国旗唱国歌、观看红色影片、参观爱国主义教育基地等活动。全县中小学校通过各级网站开设的活动专题专栏，积极组织青少年开展留言寄语等互动交流。利用宣传栏、显示屏等户外媒介，营造氛围，引导青少年传承红色基因，将爱国热情与报国行动有机结合，着力培养担当民族复兴大任的时代新人。

【新时代爱国主义教育】 制定《海原县贯彻落实〈新时代爱国主义教育实施纲要〉工作方案》，将爱国主义精神贯穿于学校教育全过程，推动爱国主义教育进课堂、进教材、进师生头脑，引导学生树立国家意识、增进爱国情感。各学校党支部书记围绕疫情先进事迹、国家制度优越性、卫生心理健康等方面带头讲思政课，引导学生养成良好卫生习惯，弘扬爱国主义精神，树立正确的社会主义核心价值观。疫情期间，通过线上升国旗仪式、手机网络《阻击疫情　红领巾在行动》“我是小小宣传员”短视频、宣传画征集活动和以“非常时期非常情”为主题的讲故事比赛、诗词小报、征文等形式，引导学生认真学习防疫阻击战中涌现出的先进事迹，讴歌抗疫英雄，为抗击疫情助力，激发了学生爱国热情和对战“疫”英雄的赞美之情。

【推进教体融合】 持续聚焦“小眼镜、小胖墩”现象，以增强学生综合素质为出发点，着力建构具有地方特点和学校特色的教体融合体系。深入开展阳光体育运动，认真落实好“三操两课一活动”，将早操、课间操、眼保健操、体育课、大课间活动、课外活动作为学校体育工作的抓手，大力推进“阳光体育运动”，确保学生每天1小时体育锻炼时间，愉悦学生身心，强健学生体魄。着力打造“一校一品”特色，全县有自治区足球特色学校6所、篮球特色学校8所，各学校根据自身特点，积极开展乒乓球、羽毛球等体育特色学校创建活动。每年定期举办全县中小学生田径运动会、冬季长跑比赛和球类联赛，各学校每年举办校内田径运动会、学生篮球运动会、师生乒乓球和羽毛球比赛等赛事，激发师生参与体育锻炼热情，活跃师生校园文化生活。切实加强青训工作，每年利用寒暑假组织青少年集中训练，培养学生参与体育锻炼兴趣，提高青少年体育竞技水平。

【劳动教育】 全面贯彻落实国务院《关于全面加强新时代大中小学劳动教育的意见》，将劳动教育贯穿于学生日常学习生活中，全县各学校均开设劳动教育课，平均每周不少于1课时。把劳动教育纳入人才培养全过程，贯通全县中小学各学段，实现知行合一。以“防疫有我　爱卫同行”为主题，在全县各中小学校开展了爱国卫生运动。以“劳动美”为主题，通过主题班会开展爱国教育、劳动体验、保护环境、素质拓展、应急自救等实践活动，活跃青少年课外文化生活，提高学生劳动素养。各学校组织学生参与校内卫生清洁、校外植树造林等集体劳动，引导学生参与力所能及的家务劳动。组织学生就近到社区、图书馆、敬老院及村镇开展义务清洁等劳动实践，感受劳动的艰辛与快乐，树立“幸福都是奋斗出来的”的思想，立志成为勤于劳动、善于劳动的高素质劳动者。各学校积极挖掘在抗疫救灾等重大事件中涌现出来的典型人物和事迹，宣传不畏艰难、百折不挠、敢于担当的高尚品格，引导青少年热爱劳动、尊重劳动，懂得劳动最光荣、劳动最崇高、劳动最伟大、劳动最美丽的道理，增强社会责任感。

（杨晓东）

校园治理

【概　况】 2021年，海原县制定印发了《海原县关于完善校园治理体系提高治理能力的实施方案》《海原县关于健全完善校园治理体系提高校园治理能力实施方案任务清单》，把校园治理纳入全县基层治理体系中统筹谋划、一体推进，将7个方面31项工作任务逐项分解，建立校园治理联席会议制度，形成了县教育工作领导小组牵头抓总、有关部门分工负责、各学校积极参与、分阶段有目标协同推进治理的工作机制。

【校园治理达标和示范县创建】 2021年，海原县教育系统组织各学校负责人先后到同心、西吉、固原等地观摩学习交流，召开了海原县校园治理工作推进会，聚焦校园治理关键环节和突出问题，对标校园治理目标任务，研究制定了《海原县创建校园治理达标和示范县（校）工作实施方案》，坚持“分步推进、全面达标、示范带动、整体提升”的原则，2020年10月启动了达标创建工作，2021年通过学校自评、县教育工委督查考核，报请中卫市教育工委验收考核，于2021年10月实现各级各类学校全部达标的目标任务，力争2022年底培育建成一批校园治理示范校，探索形成一批操作性强、可复制、易推广的典型案例和成功经验，加快推动全县校园治理体系不断完善、治理能力不断提高，着力打造具有海原特色的校园治理新模式。

【校园治理“11353工作模式”】 2021年，海原县坚持以立德树人为根本任务，夯实铸魂育人思想根基，筑牢校园安全铜墙铁壁，着力巩固教书育人牢固阵地，形成了“11353工作模式”，即一大前提：加强党对教育工作的全面领导；一个主业：落实立德树人根本任务；三个严格：严格落实校园安全责任，严格落实联防联控工作机制，严格落实校园安全管理；五项服务：教师队伍素质显著增强，教师权益持续提升，控辍保学持续巩固，校园减负持续推进，信息化水平持续提高；三个保障：组织领导有保障，部门协作有保障，督导检查有保障。校园治理工作按计划稳步推进，成效明显。

【党建引领】 2021年，海原县校园治理坚持党的全面领导“一大前提”，引领教育发展显著化。1.实现组织建设全覆盖。深化中小学校党组织领导下校长负责制试点工作，将党的领导贯穿办学治校、教书育人全过程。培育“三星级”以上基层党组织49个，实现55所公办学校党组织全覆盖。加强民办幼儿园、教育机构党组织建设，采取联合组建、挂靠组建、派入党建指导员等形式全部建立党组织。海原二中和海原一小党支部先后被评为全区教育系统“五星级基层党组织”，关桥中学党支部确定为全区教育系统第三批“五星级基层党组织”培养对象。全县95%公办学校落实书记、校长“一肩挑”，充分发挥党组织统筹大局、协调各方的作用。落实党建考核及党组织书记述职制度，推进从严治党向纵深发展。2.成立县教育团工委，全县20所中学均成立团校，完善学校团、队建设，促推学校团、队工作规范化、特色化发展，形成了强党建、带团建、优队建、促发展的工作格局。3.深入开展党史学习教育，组织开展了“没有共产党就没有新中国”百人舞集体展示、合唱艺术节等10项“沉浸式”“体验式”学习教育活动，让党史学习教育入脑入心。4.印发了《教育工委党风廉政建设“一岗双责”制度》和《局领导班子成员党建和党风廉政建设及意识形态工作联系点制度》，定期专题研究党风廉政建设工作，开展廉洁教育，持续推进“清风校园”活动，营造风清气正的校园政治生态。严格管理教材教辅、课堂教学、各类思想文化阵地和社团、微信、QQ群等，防范意识形态领域风险。

【立德树人】 2021年，海原县推进立德树人“一个主业”，打造协同育人品牌化。1.加强未成年人思想道德建设，坚持用习近平新时代中国特色社会主义思想铸魂育人，扎实做好“三进”工作，组织学校上好“开学第一课”，扎实开展“扣好人生第一粒扣子”“新时代好少年和道德模范”评选等活动。选强配齐思政课教师，全县专兼职思政教师1050名，选拔67名学校负责人、思政课骨干教师组建海原县思政课建设联盟，立项“课程思政”课题13个，教育系统获全区“爱国心、报国情、强国志”主题征文优秀组织奖，全市党史学习教育知识竞赛、演讲比赛优秀组织奖，指导24人参加各级思政课比赛，2人次获自治区级奖励，9人次获市级奖励。2.培养学生德智体美劳全面发展，坚持推动“体教融合”，组织开展中小学跳绳、足球、篮球等校内比赛，创建全国篮球、足球、排球体育特色学校13所，学生体质健康合格率达到94.35%。开展学生专场文艺会演、戏曲进校园、合唱艺术节等活动，海原县获全区庆祝中国共产党成立100周年系列活动暨第八届学生合唱艺术节初中组诵读第一名及大合唱第二名的好成绩。成立实践劳动基地，开展美育和劳动活动周实践活动，培育“一校多品”，学生劳动实践能力显著提升。3.铸牢中华民族共同体意识，以开展党史学习教育为契机，深入推进“传承党的百年光辉史基因、铸牢中华民族共同体意识”教育活动，将习近平新时代中国特色社会主义思想进教材进课堂进师生头脑工作与共青团、少先队建设相结合，截至年末，成功创建区市级民族团结进步示范学校63所，使“三个离不开”“五个认同”思想深深扎根师生心中。4.完善协同育人机制。构建家校共育网络，校内选拔聘用专兼职家庭教育指导教师68名，各校召开家长会和开放日1次，通过区域、学校、家庭多层次、多角度的课题研究与实践操作，形成全员、全程、全方位培养时代新人的新格局。

【校园安全】 2021年，海原县全面落实校园安全“三个严格”，实现校园治理规范化。1.严格落实校园安全责任。按照《关于在教育系统开展校舍安全隐患排查整治的通知》要求，全面排查学校校舍安全隐患，做到D级危房动态清零，C级危房全面加固。加强消防安全日常管理，对消防设施器材的检查和维护，及时补充完善，累计建设112个微型消防站并定期开展技能培训和消防演练，提高学校应对火灾的能力。建立医教联合体55个，派遣定点医护人员入驻学校，指导学校落实疫情防控各项措施，协同开展学校疫情和传染病防控工作。建立发布34个危险水域清单，组织专业技术人员对全县危险水域进行全面排查，扎实保障师生身体健康和生命安全。完成全县义务教育阶段学校学生食堂大宗食材招标工作；严格落实校园食品安全守护行动，投资约150万元为海原一中、李旺中学、海原二幼等205所学校食堂进行“互联网+明厨亮灶”智慧监管系统建设，实现全覆盖目标。2.严格落实联防联控工作机制。依托地方人民调解组织依法成立学校人民调解委员会，建立健全学校法律顾问制度，为全县各校聘请法律顾问1人，法治副校长70名，法治辅导员57名。强化警校联动，依法查处围堵校园及学校周边道路、滋扰闹事、扰乱学校教育教学秩序等“校闹”行为。教体、公安、市管、卫健等部门定期开展食品安全和疫情防控、禁毒禁赌、防止溺水等知识宣传和专项检查，严把校园食品、交通安全等关口，杜绝了学校公共安全事件的发生。2021年，配合住建、市管、海城街道办等部门检查整治校园周边食品生产经营户165户，规范备案食品摊贩37户，没收“三无”及不合格食品187公斤，办理食品案件13起，罚款12000余元。3. 严格落实校园安全管理。实行“四包”联控责任制，采取“网格化”“人盯人”管理举措，构建了人防、物防、技防相结合的安全防范体系。在教体局已建成一个视频监控中心，实现全县中小学、幼儿园校园安全集中监控，全县校园监控覆盖率100%；一键式紧急报警设备安装覆盖到村级完全小学，联网率100%；全县各校专职保安245名，配备率100%，防暴头盔、防护盾牌、防刺背心、安全钢叉等必要的防护设备全部配齐配全；各中小学、幼儿园设置“护学岗”达到100%。在全县各学校门房设置保卫科，实施保卫科长负责制，进一步明确了校园安保工作主体责任，配齐配强安保力量，形成机构健全、措施有力、运转高效的学校安保组织体系。

【师德师风建设】 2021年，海原县严格落实《海原县中小学（幼儿园）师德师风考核评价办法（试行）》，印发了《关于在全系统开展师德师风建设提升行动》的通知，开展了“学理论增信念、抓落实强思政、提素养比奉献、树模范学先进、抓典型严惩处”五项行动，完善了师德规范。选拔培养自治区市县三级骨干教师952名，成立名师工作室37个，义务教育学校教师定期交流轮岗56名，发展双师型教师28人。通过政府购买公办幼儿园保教服务岗位866个，自主公开招聘初高中事业编制教师210名，签订37名公费师范生，安排超编学校112名教师到缺编学校任教，38名撤并学校教师到县城任教，实行县城与乡镇学校教师双向交流，盘活了教师资源，激发了队伍活力。实施名校长培育、班主任、教研员能力提升计划，提高教师信息化能力，获自治区级优课4节、市级优课34节、县级优课89节。

【教师待遇】 2021年，海原县严格按照中央、区、市有关政策落实教师各项工资待遇，实行教师基本工资和岗位绩效工资制度，建立教师工资随同公务员工资动态调整机制，教师工资、乡镇补贴和班主任津贴全额纳入财政预算，2020年度海原县公务员年均工资收入96800元，义务教育教师年均工资收入98595元，高于当地公务员年均工资收入。县教体局指导各学校制定了绩效考核办法和绩效工资分配办法，在分配中坚持多劳多得、优绩优酬，向工作量多、工作业绩突出的教师倾斜，向班主任和一线教师倾斜，充分调动广大教师的工作积极性、主动性和创造性。

【控辍保学】 2021年，海原县扎实推进党政管、部门清、乡村找、学校保、家长防的“五位一体”工作措施，落实“七长负责制”“双线控辍制”和“四包责任制”。针对不同辍学原因，一人一案、一生一策进行劝返。在全县义务教育阶段学校开展劝返复学学生“分类施教”“千名教师进万家”“温馨关爱”三大行动，完善学生考勤报告制度，利用中小学学籍管理系统动态监督失学辍学情况，持续巩固控辍保学动态“清零”目标。

【校园减负】 2021年，海原县持续推进校园减负。县委教育工作领导小组成员单位全面清理整治涉及中小学校和教师的督查检查评比考核事项，确保在现有基础上减少50%以上。建立健全审批报备制度，进校园事项实行清单管理，凡是进校园的事项均由县教体局统筹安排，形成年度清单并向社会公布，凡是未列入清单的事项，不得进校园。严格落实“双减”和“五项管理”工作任务，关停校外培训机构5家，剩余9家(其中3家非学科类、6家学科类)，按照“一校一策”有序开展课后服务工作，设立监督举报电话，接受社会监督。

【校园治理“三个保障”】 2021年，海原县建立健全校园治理“三个保障”，推动治理能力高效化。1.组织领导有保障，制定印发了校园治理实施意见和任务清单，全面梳理重点任务、责任分工、完成时限和工作要求，把校园治理纳入县域社会治理体系中统筹谋划、一体推进，推动形成了县、乡镇(街道)、社区三级协调联动、同步压茬推进的工作格局。2.部门协作有保障，充分发挥县委教育工作领导小组统筹协调作用，加强部门间的协作配合，教育、公安、财政、住建、交通、市管、卫健等部门根据校园治理任务清单，主动认领工作任务，各司其职、密切配合，形成齐抓共管、整体推进的工作合力。全县18个乡镇(管委会)均设立了教育专干，接受乡镇和县教育体育局双重领导，履行组织适龄儿童入学、控辍保学、校外培训机构管理等职责，协助学校做好校园综合治理服务工作。3.督导检查有保障，定期对校园治理工作进行督导，协调解决工作推进中的问题，督促部门、学校加快工作推进落实，形成治理整体效应，着力推进全县校园治理水平和治理能力取得新突破。

（杨晓东）

体 育

【全民健身宣传】 2021年，海原县广泛开展全民健身宣传。通过海原体育微信公众号、宣传栏、校园广播、黑板报、教育视窗，在县城街道、集市及大型体育活动赛事场所设置宣传版面、发放宣传资料等形式，及时宣传全民健身工作，宣传推广科学健身方法，提高群众思想认识，提升群众健身的热情。

【学生体育锻炼】 认真落实好“三操两课一活动”，确保学生每天1小时体育锻炼时间，愉悦学生身心，强健学生体魄。落实体育课程标准，开齐、开足体育课，小学1~2年级每周上4节体育课，小学3~6年级每周上3节体育课，初中7~9年级每周上3节体育课(含健康教育课时)，高中1~3年级每周上2节体育课。海原县国家学生体质健康标准达标率达94.45%；达到《国民体质检测标准》合格以上的人数比例达94.78%。

【基础设施建设】 先后投资600余万元，对全民健身中心和体育馆进行全面改造升级，完成体育馆木地板更换和灯光、屋面防水改造，对全民健身中心灯光、电子屏、场馆美化、亮化、消防等进行提升完善，使两所场馆硬件设施均达到承办赛事标准。以建设全民健身公共服务体系为重点，坚持体育事业公益性，2021年，为全县乡镇、村（社区）安装了48套健身路径、40副篮球架、56副乒乓球台。投资50万元，新建社区多功能运动场一个；投资100万元新建拼装式游泳池一个；投资30万元新建儿童乐园一个，投资168万元新建健身步道4公里；投资10万元为郑旗乡新建篮球场一个并配套篮球架和健身器材；投资2万元，为七营镇等乡镇配备篮球架。根据统计实地测评，2021年，海原县人均体育场地面积达到2.3平方米。

【全民健身活动】 组织开展了冬季越野赛、庆祝中国共产党成立100周年全县第二十届中小学田径运动会、广场舞大赛、自行车越野赛，承办了"中国体育彩票杯"第四届农民篮球争霸赛，取得第二名的好成绩。承办和参加了全区青少年羽毛球、排球、摔跤锦标赛等赛事，取得羽毛球项目男子乙组团体第二名，乙组男子双打第二名，跆拳道女子乙组42公斤级第二名，田径男子3000米第二名的优异成绩。组队参加了"奔跑吧·少年"乒乓球、羽毛球、排球等比赛活动，获得了羽毛球A组男双冠军、B组混双冠军、C组男双冠军、C组女双第二名，乒乓球五个年龄组段的三个第一，两个第二的好成绩，海原县回民中学排球代表队成功斩获男子甲组冠军。协办了海原县2021年职工方棋大赛等赛事。重度残疾人马军、张旭在竞争激烈的全国第十一届残疾人运动会暨第八届特殊奥林匹克运动会赛场上，摘得二金二铜的全国大奖。

（杨晓东）

科学技术

科技推广与服务

【概　况】 2021年，海原县科学技术局（简称县科技局）有人员13人，全部为大专以上学历，其中中级以上职称6人。下辖事业单位1个（海原县科技服务中心）。2021年，海原县科技工作以体制机制创新、创新主体培育、科技成果转化、科技扶贫接续、人才队伍壮大、科学普及推广六大行动为抓手，全面推进县域经济高质量发展和乡村振兴。县财政科技研发投入增长32%，培育科技型中小企业2家，建设自治区创新平台1个，全年完成科技成果登记2项，技术合同成交额占地区生产总值的0.15%。

【科技机制创新】 1.推进科技管理职能由研发管理向创新服务转变，解决科技与经济“两张皮”的问题。建立以需求为导向的项目形成机制，制定《建立以需求为导向的科技项目形成机制改革方案》，出台《海原县科技计划项目管理暂行办法》，建立“两头严、中间松”的项目管理机制，放活项目实施主体的自主权。2.建立科研诚信体系，把科研诚信纳入项目管理，完善科研诚信内部管理机制，制定《海原县加强科研诚信建设实施方案》，全面推进科研诚信建设，规范科研项目全过程的科研诚信建设。3.认真落实自治区有关文件，加强科研项目管理方式的改革，及时转发并严格执行自治区科技项目“揭榜挂帅”实施办法，借助自治区内外优势创新资源，解决核心技术难题，提高科研项目实施成效。

【科技投入】 1.建立财政支持科技持续增长机制，把科技研发投入纳入县财政预算，形成以县财政科技投入为引领，带动企业投入为主体的多元化R&D投入结构，县财政R&D投入1159.7万元，较上年增长32%以上。2.激发企业研发活力。积极兑现税收加计扣除政策和研发后补助，调动企业自主研发的积极性，2020年全社会R&D经费投入1060万元，投入强度实现0.13%，较上年提高44%。

【创新主体培育】 1.加大创新主体培育力度，完善科技型企业梯次培育体系。培育宁夏海原县顺成中药材种植有限公司等科技型中小企业2家。2.深入推进创新平台建设，建设自治区小杂粮技术创新中心1家（宁夏锦彩生态农业科技有限公司）；与宁夏大学联合建立树台大嘴马铃薯产学研科技示范基地和实训基地。3.积极建设自治区有机旱作农业科技示范展示区，按照“三园两中心”的基本构建，将展示区真正打造成“专家的讲台、新品种的展台、新技术的舞台”,引领全县有机旱作农业高质量发展。全年完成科技成果登记2项,技术合同成交额1451万元,占地区生产总值的0.15%。

【科技成果转化】 2021年,海原县结合脱贫攻坚同乡村振兴有效衔接,着力促进科技成果转移转化。1.认真贯彻落实《自治区人民政府办公厅关于促进科技成果转移转化的实施意见》。着力构建以产业、企业技术需求为导向的科技成果转移转化体系,畅通科技成果转移转化渠道。围绕“一主四特”农业产业,组织实施能够形成新技术、新工艺、新产品、新产业的科技成果转化项目,实施自治区乡村振兴科技成果转化项目4个,科技特派员创业行动专项12个,县内科技计划项目6个,乡村振兴科技指导员专项12个。2.扩大科技成果供给渠道,引导企业主动与自治区内外大专院校、科研院所建立稳定的产学研合作关系,吸引高校、科研院所建立科技成果转移转化基地,将创新成果进行转移转化。3.加大科技成果推广力度,成功转化马铃薯“四位一体”膜上覆土、小杂粮渗水地膜精量机穴播、枸杞新品种“科杞6082”、牧草“中科甜438”等新品种及其配套集成技术,肉牛品种杂交、高效繁育、TMR饲喂技术等科技成果,为乡村振兴注入了新活力,加快了科技创新步伐。

【创新人才引进】 1.建立健全“不求所有,但求所用”的柔性人才引进机制,不拘一格聚集科技创新人才力量,引人、引智、引技并重,借助“科技支宁”东西部合作机遇,组建8个农业产业专家服务团队,围绕全县优势特色产业发展要求,分类别、分产业开展全方位科技服务。2.深入贯彻落实《自治区人民政府办公厅关于坚持和完善科技特派员制度的意见》,新吸纳科技特派员42人,全县科技特派员队伍人数达153名,重点围绕农业农村领域特色产业,引进推广新品种、新技术、新装备、新成果等,开展技术推广、科技示范、技能培训等服务,真正“做给农民看、带着农民干、领着农民赚”。

【科学普及】 1.依托科技活动周、科技“三下乡”、全民科普日等活动,广泛组织和动员科普成员单位创新科普宣传手段,利用主流媒体和新兴媒体,引进优秀科普作品,宣传基本科学知识。科技活动周期间,组织30多家科普成员单位共布设展板28块,发放《科技创新政策知识问答》等科普宣传材料2.7万份、科普宣传用品3500份;开展科普进社区、农村、学校、企业、园区“五进”活动,使科普知识走进千家万户,获评2021年全国科技活动周先进集体。2.充分利用已建成的科普工作站,开展线上线下科普活动,示范推广马铃薯种薯繁育、经果林种植等关键技术,引领地方特色优势产业转型升级。3.加强科普培训和宣传,深入推进“大众创业、万众创新”,在全县范围内通过开展现场会、集中培训、田间指导、观摩学习等形式多样的科技培训,共发放《农业科技先进实用技术汇编》等科普丛书1000多本、宣传彩页1000余份,开展培训21场次,培训农民1109人次,提高企业自主创新能力和农民科学素质。

(科技局)

防震减灾

【概　况】 海原县地震局为海原县人民政府所属正科级事业单位。单位人员参照公务员管理,核定全额预算编制6个。2021年有在职人员7人，其中公务员6人，事业编制人员1人。领导职位为一正两副。

【信息采集】 2021年，按照《关于开展房屋设施抗震设防长期信息采集和建立动态更新机制的通知》（宁应急指震办发〔2021〕12号）文件要求，利用“全国房屋设施抗震设防信息采集和管理平台”，与住建、交通、教育等10个部门联合采集海原县（2018年10月10日至2020年底）已完成加固、扩建、新建房屋设施数据信息，为开展地震灾害防治工作提供有力技术支撑。共录入信息10711条，大中小学校23条，医院7条，重要交通生命线（桥梁）1条，农村民居3751条。

【地震博物馆改造】 2021年，进行了海原地震博物馆升级改造工程的建设。该工程内容主要包括建筑工程、室外附属工程、布展工程等内容。项目建设总投资3628.22万元。年末，博物馆升级改造工程第一标段已完成工程总量96%，第二标段已完成工程总量的96%，布展工程已完成工程总量的70%。

【规范管理】 1.积极推进“见一面”和“不见面”审批，对全县新建、扩建、改建一般建设工程按照中国地震动参数区划图确定的地震动参数，进行工程抗震设防确认，做好抗震设防备案。2.完成第一次全国自然灾害综合风险普查试点工作。协调配合自治区地震局完成了2个地震工程条件钻孔与调查和388公里活动断层资料收集与补充调查工作任务；编制完成了1∶50000活动断层分布图、1∶250000地震构造图；并联系宁夏地震局协调中国地震局推进海原县地震灾害风险普查动态风险数据库汇交工作。3.开展地震易发区房屋重点隐患排查工作。通过沿海原地震断裂带进行地震灾害隐患排查，排查存在地震灾害隐患的村庄6个。

【防震减灾体制机制】 围绕“三网一员”建设着力构建群测群防体系，调整充实群测群防队伍。1.在全县17个乡镇、2个管委会分别配备1名防震减灾助理员（由乡镇民政助理员兼任），全县150个村委会、9个社区分别配备1名防震减灾联络员（联络员由村委会、社区主任兼任）。2.不定期对全县22个地震宏观观测点工作进行督导检查。全年召开震情会商2次，宏观观测点上报异常现象0次，及时调查和综合分析研究。通过对全县22个宏观监测点和24个流动GPS测仪严密监控和上报的信息分析，未出现异常现象。

【防震减灾宣传】 利用科技活动周、“5·12”防震减灾日、国际减灾日、“12·16”海原大地震纪念日等时间节点，在南门广场、学校等人员密集场所，通过与县融媒体中心合作播放宣传标语、面向学生开展科普讲座、制作转发宣传片等方式开展宣传活动，向社会公众普及防震减灾方针政策、法律法规。截至年底，共开展宣传6次，发放《寰球大震》《农村防震避险知识》《海原大地震连环画》《防震避震常识》等资料1000余份。

（罗成梅）

气象监测服务

【概　况】 2021年，海原县气象局（站）为国家基本气象站。位于海原县海城镇北坪梁，区站号为53806。下辖直属事业单位1个（海原县气象台）。2021年末，在编人员11人，其中参公人员4人,事业编7人。

【气象监测】 2021年,海原县气象部门严密监测天气过程,做好基础气象服务。年内编发气象信息专报69期,马铃薯专报3期,农用天气预报6期,森林防火监测预报95期。发布预警信号179条,联合县自然资源局发布地质灾害预警4条,联合县水务局发布山洪灾害预警1条,其间遇重大天气过程及时通过电话、传真、微信群、QQ邮箱等开展服务,通过手机短信平台向社会各界等3.1万余人发送预报预警雨量信息,共发布各类预报预警雨量短信163条,服务240万人次。

【气象科普宣传】 2021年,海原县气象部门积极开展“3·23”世界气象日、“5·12”防灾减灾日、全国科普日、安全教育月等科普宣传活动,以应对气候变化和气象防灾减灾为主题,通过微博、微信、开放科普教育基地、进社区、进农村等多种形式,加强科技宣传,普及气象灾害防御及应对气候变化科学知识,提高公众自救互救水平。

【人工影响天气】 2021年,海原县气象部门进一步加强人工影响天气工作。年初上报《海原县2020年人工影响天气工作总结》,制订《2021年海原县人工影响天气工作计划》,保证人工影响天气作业安全有效开展。在全县范围内发布人工影响天气作业公告。汛前修订完善了人工影响天气作业制度,岗位责任制度,设备、弹药登记档案,与各作业点所在乡镇联系签订人影安全责任书。年内完成了县域内火箭架和高炮巡检。组织作业人员参加了由市局组织的集中培训。抓住有利天气条件适时开展人工影响天气作业43点次,发射增雨防雹火箭弹84枚,点燃烟条327根,增加有效降水,减轻冰雹灾害。

【灾害性天气预报服务】 2021年,海原县气象部门全力保障灾害性天气预报及服务,以区决策办“每周决策气象服务关注重点”为指导,力争灾害性天气过程及时发布服务材料,每月编写月度影响分析,第一时间向县委、县政府领导汇报该时段所有气象服务信息。做好灾害性天气预警、调查、上报工作。2021年汛期,海原县共发生2次气象灾情。每次灾害天气发生前通过传真、电话、决策材料、手机短信、电子显示屏、大喇叭、微信、微博等多种服务形式和手段向全县发布,县气象局负责人多次向县委、县政府领导、涉农部门汇报,建议全县各有关部门和广大人民群众做好防范工作。

【干旱气象服务】 2021年,海原县气象部门积极主动做好干旱气象服务。自5月15日全县出现有效降水以来,连续90多天无大范围有效降水天气过程。根据最新预报信息,8月16日及时制作气象信息专报《预计17日至19日有一次全县性降雨过程 大部乡镇有小到中雨、部分乡镇中到大雨》,并通过纸质材料、手机短信、微博等渠道及时开展服务。针对不断加重的旱情,气象部门全力组织开展人工增雨作业,组织实施飞机增雨作业5架次,累计飞行作业时间17时50分。宁夏气象局、中卫市气象局及时调配人影移动作业装备两辆、人员4人赴海原集中开展人工增雨作业。18日,3组移动作业小分队分别在海原县曹洼乡、西安镇、关桥乡开展了3轮集中作业,固定作业点同步开展人工增雨作业,共作业火箭弹41枚,增雨作业效果十分明显。降水过程中,全体业务人员密切监测雷达回波、每小时降水实况,与上级业务部门通过电话加密会商,分析研判雨势发展及落区，并将最新的会商结果及时汇报给县主管领导及各联防部门。各类预警信息及降雨实况均进行了全方位全覆盖的气象服务。

【服务蓝天保卫战】 2021年，海原县气象部门与生态环境等部门建立应急联动联防机制，增加联合会商研判频次，提供天气趋势和空气污染气象条件预报产品，为大气污染防治提供决策服务。

【服务特色产业】 2021年，海原县气象部门与县农业农村局合作，聘请县农业农村局马铃薯专家，对气象业务服务人员进行马铃薯专业知识传授和现场指导，遇有重要天气或关键农事季节，联合开展调查、诊断和对策研究，高质量地做好马铃薯特色气象服务。坚持开展每旬一次农情调查、一次直通式气象服务，逢春耕春播、秋收秋种等重要农事节点制作《农用天气预报》，每月联合发布一期《农业生产影响分析》。尤其在马铃薯生育关键期，及时制作发布《马铃薯气象服务专报》，农业气象两部门共同研究提出有针对性的生产建议和意见。通过坚持开展实地农情调查的直通式气象服务，及时掌握了生产一线的需求和信息，使服务材料更加接地气、生产建议更有针对性。通过此举，一方面夯实了特色气象服务基础，另一方面使服务产品内涵得到提升。

【扶贫包户】 2021年，海原县气象部门扶贫包户职工积极和乡、村两级领导联系，完善台账资料。每季度深入建档立卡户家中测算家庭收入支出情况。包户帮扶人员因疫情影响，通过电话与各贫困户及时联系，帮助解决村民生活困难，定期向贫困户开展电话回访，积极宣传疫情防控措施、政策，极力劝导村民切勿扎堆聚集，对外来人员要积极主动上报，做好个人及家庭人员防护。

【巡察整改】 2021年，海原县气象部门根据《宁夏气象部门巡察整改专题民主生活会实施办法》《宁夏气象部门巡察整改工作流程》和《宁夏气象局党组巡察办关于印发2021年巡察中卫市县气象局党组反馈意见及整改有关事项的通知》等要求及规定，认真制定2021年巡察整改专题民主生活会方案，并围绕会议主题，严格程序和要求召开2021年巡察整改专题民主生活会。会后根据要求逐项进行剖析整改，针对巡察反馈的7大问题，制定了32条整改措施，已全部整改完成。

【从严治党】 2021年，海原县气象部门加强全面从严治党工作。1.进一步学习《中共宁夏气象局党组落实党内监督工作责任实施办法（试行）》，运用监督执纪"四种形态"，加强对领导干部的日常监督，经常开展批评和自我批评，让"红红脸、出出汗"成为常态。2.紧盯元旦、春节、中秋节和古尔邦节等关键节点开展明察暗访，发送短信、微信等廉政提醒，受理电话和网络举报，强化对党员干部的日常监督。3.坚决正风肃纪，对职工出勤情况和工作作风进行明察暗访，定期进行公布通报。重点对汛期、节假日领导值班、应急值班进行抽查，并将日常抽查情况纳入职工绩效考核。4.围绕党的政治建设，组织干部职工开展交流研讨，结合工作实际进一步完善工作方案，推进党建品牌和模范机关创建工作。5.按照"党建领航聚动能 气象先锋卫海城"党建品牌创建方案，通过"党员示范岗""青年先锋岗"，充分发挥党支部战斗堡垒作用和党员"三个表率"作用，大力推动党建与业务发展深度融合、同频共振。

【气象法治建设】 2021年,海原县气象部门不断加强气象法治建设。1.加强服务平台应用,完成全国"互联网+监管"系统监管事项和人员录入,行为覆盖率达99%。按要求做好气象行政审批优化服务工作,未发生线下审批、逾期未报或者发生审批事项超期办理的情况。2.深入开展普法工作。2021年是"八五"普法开局之年,党组研究年度普法工作,将普法学习列入党组中心组、职工学习会重要内容。在"3·23""5·12"等时间节点开展气象法律法规宣传活动。按时完成"八五"普法工作任务及资料整理,及时上报工作总结。

(徐露娜)

文化传媒

文化服务

【概　况】 2021年，海原县文化旅游广电局核行政编制7名，设局长（兼文物局局长）1名，副局长2名（其中1名兼文物局副局长），实有人员8人。所属设不定级别事业单位5个（文化馆、图书馆、文物管理所、文化综合执法大队、农村广播电视公共服务中心）；所属国有企业2个（海原县花儿演艺有限公司、海原县电影院）。有事业编制人数46人，实有人员46人，其中专业技术人员45人，具有正高级职称1人，副高级职称3人，中级职称23人，初级职称11人。其中女干部19人，占比41.3%；年龄35岁以下7人，占比15.2%，36岁至45岁18人，占比39.1%，46岁至59岁19人，占比41.3%。

【文化惠民】 2021年开展“送戏下乡”“戏曲进乡村”文化惠民演出302场次，广场文化演出20场次，旅游节演出5场，“扶残助残　你我共担”献爱心联谊活动1次，丰富了群众文化生活。

【重大文艺活动】 成功举办2021年海原县“黄河魂　海原情”百姓网络春节联欢晚会、海原县庆祝中国共产党成立100周年“永远跟党走”大型文艺晚会和海原县贯彻落实习近平总书记在庆祝中国共产党成立100周年大会上的重要讲话精神“永远跟党走·幸福生活舞起来”暨第七届广场舞大赛，充分展现了党的光辉历程，特别是决战决胜脱贫攻坚等以来经济社会各领域取得的辉煌成绩，进一步讴歌党、讴歌祖国、讴歌社会主义新生活。

【庆祝中国共产党成立100周年专题文艺晚会】 7月1日晚，海原县庆祝中国共产党成立100周年“永远跟党走”大型文艺晚会在县城南门广场举行。市、县领导与全县各单位干部职工、广大市民数千人现场观看了晚会，129万人次通过网络视频直播，58万人次通过网络图片直播，共同庆祝中国共产党成立100周年。整台晚会以气势恢宏的场面、独特新颖的表演，展现了中国人民从站起来、富起来到强起来的伟大历程，激发了全县各族儿女永远“感党恩、听党话、跟党走”的感恩之情、坚定之心，受到了全县广大观众的一致好评和高度赞扬，用县级的平台演出了自治区级的水平。

【文艺人才培养】 选派21名专业人员，从舞蹈、声乐、器乐、戏剧、曲艺、摄影、书法等方面对全县60多个文化大院进行“点对点”菜单式辅导，举办暑假少儿艺术公益培训班1期，开设了钢琴、绘画、素描、书法、舞蹈、架子鼓等11个培训科目，培训300余人次6~14岁少年儿童，使群众成为文化活动的踊跃参与者、积极推动者和直接受益者。选派业务人员外出参加自治区文化和旅游厅举办的2021年全区群众文艺骨干戏剧小品、曲艺专题创作培训班、2021年全区群众文艺骨干音乐舞蹈专题创作培训班、自治区文化和旅游厅举办的2021年“三区”人才支持计划——“唱响宁夏山河川”全区群众文艺骨干广场舞培训班、全县18个乡镇文化馆、图书馆分馆管理人员20余人参加了培训会、2021年海原县文化大院业务骨干能力提升培训班45人参加，在一定程度上提高了文化专业人员及非遗传承人等的综合业务素质。

【非遗传承保护】 完成海原县非物质文化传承基地布展工作。木雕等3个非遗项目入选第六批自治区级非遗名录。举办了第四届全县方棋大赛。

【庆祝中国共产党成立100周年书画展】 举办了海原县庆祝中国共产党成立100周年“翰墨颂党情”书画展，展览涉及全县教育、卫生等各行各业、各条战线的美术书法爱好者，共展出书法作品85件、绘画作品27件。

【文化大院建设】 打造示范性文化大院，完成88个文化大院摸底调查工作，并为36个农民文化大院、农村文艺团队配发了相关设施设备、扶持资金43.585万元。

【文化市场秩序专项整治】 2021年，海原县结合重大节会时段，开展打非治违和文化市场专项整治行动。共出动执法人员930余人次，检查经营单位465家次，专项行动5次，联合检查10次，立案查处8起（网吧6起、出版物经营场所1起、文物保护单位1起），办结案件7件，罚款12000元，1起文物案件在办结中，下达责令停止经营通知书25份，组织文化市场从业人员培训1期、消防演练1次，参训人员300余人次，办理行政审批9家，文化市场治理效果明显提升。在文化经营场所等重点治理区域，通过悬挂宣传横幅、海报挂图、张贴市场整治通告等方式，营造扫黑除恶宣传氛围。共制作标语70余条，电子屏播放宣传标语8条，张贴海报100余张，制作宣传展板3块，发放宣传材料1000余份。同时全面开展文化市场行业乱象线索摸排工作，海原县文化市场无证经营31家，整改到位9家，停业整顿1家，21家在积极整改申办中。

【“扫黄打非”专项整治】 2021年，海原县结合“清源”“净网”“护苗”“秋风”“固边”五大专项行动，坚持把“扫黄打非”与文化市场日常监管相结合，重点开展了封堵和查缴政治性非法出版物、淫秽色情文化垃圾、侵权盗版、互联网有害信息、凶杀暴力低俗有害出版物等专项检查；共检查场所200余家，联合执法检查6次，出动执法人员400余人次，开展社会宣传2次，发放各类宣传资料1000余份，收缴非法出版物312本，行政处罚1家，罚款500元，确保全县文化市场秩序稳定。

【广播电视服务】 1.保障节日期间安全播出“零失误”。完成2021年元旦、春节、全国“两会”重要保障期间各台站广播电视和网络视听安全播出工作。同时，为迎接中国共产党成立100周年广播电视和网络视听安全播出保障工作，抽调专业技术人员3人、聘请厂方工程师3人对海原县广播电视发射台、新区凤凰山广播电视发射台和李旺广播电视转播站三个发射台（站）的发射系统设备进行巡检，对机房设施、铁塔、供配电设施进行检查，并对广播电视设备进行全面检修，确保广播电视安全播出；2.广播电视保障能力“再提升”。加快广播电视项目建设，完成海原县李旺广播电视转播站基础设施建设项目，海原县广播电视保障能力得到进一步提升。

【疫情防控】 10月，全区新冠疫情出现反弹。海原县文管部门制定《海原县文化旅游广电局疫情防控工作方案》，对县内各文艺社团、图书馆、文化馆、旅游景区、文化站、农家书屋及电影院、网吧、KTV等文化娱乐场所关停情况进行执法检查，共检查网吧17家、KTV45家、电影院2家、台球室34家。联合县城关派出所开展夜间巡查4次，查处违规经营台球室1家，治安处罚4人，并对平时检查出的问题进行了现场整改，已做到海原县文化娱乐场所全部关停，暂停经营，确保了全县文化旅游市场疫情防控工作监管到位。按照一个月满负荷运转所需要求，储备医用口罩4000个、84消毒液30公斤、免洗凝胶50瓶、护目镜10个、测温枪等物资，做到充分备战，临战能战，确保人民生活安居乐业。

【文化体制改革】 1.有序推进文物保护利用改革。按照《海原县关于加强文物保护利用改革实施方案》(海政办〔2020〕8号)要求，加大文物遗址保护利用。2.按照《海原县基层公共文化服务体系“公建民营公助”实施方案》要求，完成基层公共文化服务体系改革。3.按照《海原县推进文化馆图书馆总分馆制建设实施方案》(海改组办发〔2018〕6号)要求，完成海原县文化馆图书馆总分馆制改革。4.按照《海原县文工团改革工作实施方案》(海改组办发〔2018〕5号)要求，完成国有院团转企改制改革。5.按照《海原县文化执法综合改革工作实施方案》要求，完成文化执法人员编制划转及岗位设置，优化职能配置，全面落实行政执法“三项制度”，公示明确了文化执法权力清单、责任清单。严格执行收支两条线，将罚没收入直接上缴财政账户，积极对接自治区市执法部门定制统一执法服装。

（宋国兵）

图书阅览服务

【概　况】 2021年，海原县有县级图书馆1个、图书馆分馆18个、150个村农家书屋、35个流动图书服务点以及18个乡镇文化资源共享服务点和56个行政村文化共享工程基层服务点的建设，形成县乡村三级图书服务网络全覆盖。

【知识竞赛活动】 围绕庆祝中国共产党成立100周年各项活动，成功举办了“百年荣光薪火相传”2021年有奖知识竞答活动。联合自治区图书馆举办“千灯万福，喜乐汇萃”喜迎元宵节线上答题、“百年华章铸辉煌”庆祝中国共产党成立100周年线上答题、“书香随行，喜迎新春”读书积分等活动4次。

【图书推介】 开展元旦、春节、“3·5”学雷锋日、三八妇女节等节日期间图书推介宣传活动3次。在“4·23”世界读书日期间全县各乡镇图书馆分馆开展了少儿朗诵、征文比赛、数字图书推介等丰富多彩的图书服务活动40余场次；开展送图书进景区、进校园、进社区、进乡村等图书阅读“七进”活动26次。联合关庄学区、海原二小、海原回小等单位开展少儿阅读演讲比赛7次。成功举办了“金丑话牛”民俗展、“奋斗百年路　启航新征程”大型图片展2

次，近5000名读者、群众参观了展览。

【公益宣讲】 举办“5·18”地方志宣传日、学雷锋、庆祝中国共产党成立100周年等公益宣讲活动3次。

（宋国兵）

文物保护

【安全隐患排查】 2021年，对全县所有文物保护单位进行安全排查，对发现的问题隐患及时进行了整改，并对全县11个文物使用单位配发灭火器等其他消防器材，加强了文物消防安全措施，消除文物火灾隐患。

【文物保护宣传】 通过召开全县文物工作会议，开展文化三下乡、“5·18”国际博物馆日文物保护宣传活动，激发了群众保护文物的积极性，提高了社会民众对文物保护的思想意识。

【文物保护工程】 开工建设七营北嘴城址北城墙、东城墙保护修缮及柳州城址西城墙、城壕保护修缮项目，编制长城文化公园西安州城、盐池城遗址保护设施项目设计方案，力争按时开工建设。

【文物调查】 做好工程建设中文物考古调查与抢救保护。配合中国电力工程顾问集团西北电力设计院有限公司完成天都山—秒岭双回750千伏线路工程沿线文物考古调查工作、海原县发展和改革局完成了海原甘盐池等路段建设光伏电站的文物考古调查工作、自治区考古研究所完成海原县境内旧石器、新石器时期文物考古调查工作，确保文物在项目施工中得到有效保护。

（宋国兵）

图书发行

【概　况】 宁夏海原新华书店有限公司始建于1956年，已有66年历史，隶属于黄河出版传媒集团有限公司，是宁夏新华书店发行集团有限公司下属子公司，是海原县最大的出版物发行企业，肩负着宣传党的方针政策，传播科学技术和文化知识的重任，在黄河出版传媒集团有限公司的领导下，公司始终坚持图书发行的正确方向，坚持社会效益和经济效益相统一的原则，把谋求事业发展、树立良好企业形象作为奋斗目标。

2021年，宁夏海原新华书店有限公司有在职员工8人，其中具有大专及大专以上学历7人，高级发行员5人；中级发行员3人。公司下设有经理室、办公室、财务室、业务室、门市部。县城现有中心店、运动广场店图书销售实体店2个，共计营业面积600多平方米，经营各类图书、音像制品和电子出版物，门市陈列图书品种4000余种，还设有送书上门、代邮、代购、缺书登记、新书介绍等多种服务项目，极大地丰富和满足了全县广大人民群众的文化生活和文化需求。2021年销售图书码洋2200万元。

【经济指标完成情况】 2021年实现销售1781.08万元，其中非免教材销售码洋278.92万元，教辅销售码洋1361万元，门市部完成一般图书销售141.16万元，完成利润（含税）342万元。

【流动售书】 2021年，开展流动售书活动17场次，更好地满足广大读者及农民群众的阅读购书需求，丰富和提高农民群众的文化素质。

结合党史学习教育，积极努力创新工作方式，首次将流动售书延伸到梨花旅游节和乡村旅游景区，进一步营造“书香海原”的浓厚文化氛围，倡导全民阅读，激发全民读书热情，建设学习型社会，让终身学习、毕生阅读成为人们的日常生活方式，从而不断增强人民群众思想道德素质和科学文化素质。

【教材教辅发行】 2021年，在教材教辅征订发行工作中采取了以下措施：1.进一步密切店校关系。保持与学校的密切往来，经常登门拜访，听取学校对公司工作的意见建议，既密切了店校关系，也促进了业务开展。2.强化服务意识、提高服务质量。春、秋两季为了保证全县近7万名学生能及时、准确地收到教材，公司上下严格按照新华书店发行集团疫情防控工作的部署安排，认真做好各项防控措施，积极发动员工，克服困难，采取早上提前上班、中午不休息、下午推迟下班的有效措施，全心全意为学校、为师生、为读者服务，确保圆满完成“课前到书、人手一册、送书到校”的政治任务。

【一般图书销售】 积极拓展政企业务，促进一般图书销售增长。2020年以来，受疫情影响，新华书店门市一般图书销售额急剧下滑，为改变这一不利局面，主要做了以下几个方面的工作：1.引导员工树立“满足客户需求是我们存在的唯一理由”理念。强化门店规范化管理，优化门店服务方式，提升门店服务标准，优化图书品种，提高经营服务质量水平，促进一般图书销售。2.为改变以前“坐等顾客上门”的经营方式，积极搜集捕捉市场信息，安排人员主动上门联系团购业务。先后与县委组织部、县工会、县司法局、县文化馆等多家单位建立合作关系，销售图书码洋17万余元。3.创新服务方式，紧抓时间节点，门市充分利用重大节日开展形式多样的图书展销活动，助力节日文化消费。活动前，充分利用店外电子屏和店内海报、图书造型等多种方式进行全方位、多层次的宣传，有效地形成了“聚粉增量”效应。“4·23”世界读书日期间，积极主动对接图书馆，共同开展了“书香传爱”和“你选书、我买单”活动，销售图书码洋共计3万元，实现社会效益和经济效益双效合一。4.积极主动履行国有文化企业图书发行政治责任，紧紧围绕党史学习教育、中国共产党成立100周年重大节点，主动承担、提前谋划，全力以赴做好重要文件文献、重点主题出版物发行工作。全年发行政治类书籍共计21000册，码洋672969元，为推动党史学习教育深入群众、深入基层、深入人心，作出了积极贡献，赢得了良好的社会效益。公司在党史学习教育教材发行工作中，先后被海原县融媒体中心和《中卫日报》进行了跟踪采访报道。

【服务社会】 1.在中国共产党成立100周年之际，前往对口帮扶单位徐坪村特困供养户和孤残儿童家中进行慰问，为困难群众送去了深切关怀和节日问候。2.疫情期间，主动参加建设社区疫情防控志愿服务。3.为助力乡村振兴，满足广大群众日益增长的精神文化需求，分别为西安镇小河村、史店乡田拐村、三河镇富陵村各捐赠2500元的图书。以实际行动更好的传递了党对群众的关心关怀，使群众的获得感、幸福感不断增强。

（殷大伟）

新闻传媒

【概　况】 海原县融媒体中心于2019年11月19日在原县广播电视台基础上组建成立,为县委直属正科级(公益一类)事业单位,归县委宣传部领导。中心核定设置主任1名,副主任2名。工作人员由事业编制和备案人员两部分构成,核定人员总量66名,其中事业编制28人。中心有人员49人,其中在编人员26人,备案招聘人员20人,"三支一扶"及大学实习生3人;中心下设办公室、总编室、新闻信息采集中心、编辑分发中心、安全播出部5个职能部门。

【设备配备】 海原县融媒体中心有硬件配备有手持4K高清摄像机13套,航拍设备3套;高标清电视节目编辑系统10套,媒资管理系统1个,电视节目高清播出系统2套;实景演播室1个,虚拟演播室系统1套,播音员提词器系统1套;高清直播系统2套。

【媒体平台】 2021年,海原县融媒体中心开办的媒体平台有4个,分别为海原电视台、海原TV微信公众号、海原手机台和海原电视台门户网站;注册开通的第三方媒体平台有14个,分别是视频号、人民号、新华号、抖音号、央视频、央视频移动网、"学习强国"、黄河云视、头条号、搜狐号、大鱼号、百家号、微博、短视频。

【电视媒体】 每天的播出时间18小时,开设了4个栏目(或节目),分别为《海原新闻》《天气预报》《影视剧场》《动漫乐园》。电视台自办节目每天15分钟左右,内容为《海原新闻》、天气预报和其他专题类节目。

【网络媒体】 微信公众号、手机、门户网站内容主要以传播新闻资讯、政务信息、便民生活服务为主,每年播出新闻2000余条,转载推送新闻资讯、文字图片、短视频、H5、宣传海报、宣传漫画、科普知识、公告、通知等各类信息3000余条。

【第三方媒体平台】 主要以发布海原新闻资讯、短视频、H5、图片预览等新媒体产品为主,拥有受众约5万人,各平台年点击量累计约1000万人次。

【经费保障】 中心运营经费保障以财政托底为主、市场化运营为补充。实行年度经费包干制。县财政每年除正常核拨编制内人员工资、绩效外,另外每年核拨273万元,用于中心备案人员工资和事业发展、项目建设等。

【新闻宣传】 2021年,海原县融媒体中心围绕县委、县政府中心工作,牢牢把握正确舆论导向,聚焦党史学习教育、中国共产党成立100周年、乡村振兴、高质量发展、民生保障、绿色发展、创建文明城市等重大事件和县委、县政府重大活动开展新闻宣传工作。唱响奋斗之歌,激励奋进斗志,自觉履行举旗帜、聚民心、育新人、兴文化、展形象的使命任务,为全面建设社会主义现代化国家提供坚强思想保证和强大精神力量。

【主题宣传】 坚持团结稳定鼓劲、正面宣传为主的方针,唱响主旋律,打好主动仗。围绕县委、县政府中心工作,精心策划新闻选题,选准报道方式,用主题报道引导行动,用典型报道树立榜样,用正面报道激发斗志。先后开设了《走向我们的小康生活》《回眸2020:民生实事系列报道》《回眸"十三五":脱贫攻坚系列报道》《奋斗百年路　启航新征程》《新春走基层》《我身边的战"疫"模范》《学百年党史　守初心使命》《传承党的百年光辉史基因 铸牢中华民族共同体意识》等48个宣传专栏，利用电视、微信、新闻客户端及央视频等第三方媒体平台进行广泛宣传。同时，及时转载中央、自治区媒体重点报道，做到了中心工作天天有、重点工作日日发、国内资讯及时推。全年共发布当地新闻1500余条，视频号共发布视频271条，其中自制192条，转发79条。制作H5页面、图解、海报、VR等170多条。稿件数量明显提升，质量稳中有升，原创内容生产与2020年同期相比，大幅增长。新媒体产品的吸引力、传播力大幅提升。

【宣传成果】 2021年，有192条新闻被自治区、市主要媒体采用，其中宁夏新闻采用28条，中卫新闻采用73条，《中卫日报》采用55条，"学习强国"学习平台采用30条。有1429条新闻稿件、短视频等新媒体产品被新华号、央视频、黄河云视等各大媒体平台刊播。阅读量、点击量大幅攀升。短视频等新媒体产品点击量超过5万次的有37条；超过10万次的有35条，超过20万次的有10条。

【网络公益宣传】 始终把更好引导群众，服务群众作为第一要务，积极主动担当媒体责任，大力开展网络公益行动，用社会主义核心价值观引领社会思潮、凝聚社会共识。弘扬优秀传统文化，传播公益理念和公益文化。2021年，融媒体中心创作、转载、转发网络公益的文章、视频、链接等416条。

【"媒体+"服务】 将24个县直机关、12个乡镇和5个本地生活服务类微信公众号聚合到融媒体平台的微矩阵内，实现互通互融，"一站式"访问。在"海原TV"微信号开通了党建、政民互动和政务公开专栏，内设书记信箱、县长信箱、意见征集、政府公报、政务微博、网上便民地图、政务公开监管平台等，接入了县域在线政务服务，畅通信息互通、联动评价、粉丝互动等渠道，及时跟进党政部门对群众反映问题的反馈和解决情况，推动解决热点难点问题。

【新闻宣传案例】 2021年，由融媒体中心推出的长图《宁夏海原：巨幅剪纸颂党恩》在新华号转发后，阅读量达到19万；短视频《花儿之乡古韵海原》在新华号转发后，阅读量、点击量分别超过20万；短视频《宁夏海原县：当杏花遇上春雪 瞬间美如画 惊艳了时光》《"寻红色印记，游百年梨园"——宁夏海原县第四届文化旅游节》《宁夏海原：千年古城——西安州》经新华号和新华网客户端转发后，阅读量分别达到22.2万和16.6万、14.9万；新闻：《宁夏海原县：三河镇六窑村"蝶变记"》《宁夏海原县三河镇团庄村：千亩沃土绘新景 产业调整谱新篇》《宁夏海原县中小学思想政治课建设联盟正式成立》《文化体育惠民生 群众生活更滋润》等在第三方平台转发后，阅读量、点击量均超过10万，最高的达到20.5万；新闻《宁夏海原县段塬村："厕所革命"提升群众幸福指数》阅读量达到22.5万；《宁夏海原县高崖乡新民村全力描绘移民搬迁新画卷》阅读量达到12.2万；《杨永明：让村庄美起来 让钱袋子鼓起来》阅读量更是达到43.9万。新华号推出视频《刘蓉：显教师之担当 尽育人之职责》阅读量达到23.1万《田小琴：争做一名骨干教师》阅读量38.5万《赵雷：三尺讲台勤耕耘 一颗丹心育人才》阅读量达到21万，《宁夏海原县：关桥乡方堡村村民挥泪送别驻村第一书记穆海彬》阅读量达到22.8万，《宁夏海原县郑旗乡：改善农村人居环境 助力美丽乡村建设》阅读量达到11.6万，《预热|中国农民丰收节

暨宁夏(海原)第六届高端肉牛大赛即将启幕!》阅读量达到13.6万次。自制短视频《海平高速建设进行时》在微视频号推出后,点击量达到14.7万次。

【机构改革】 从组织架构入手,按照媒体融合发展的工作需求,对融媒体内部机构进行了重新设置。成立了海原县融媒体中心编审委员会,设立了办公室、总编室、新闻信息采集中心、编辑分发中心、安全播出部5个职能部门,因岗设人,明确了岗位职责和目标要求。对中心主任、副主任进行了分工,对中心内部人员进行竞聘上岗。

【薪酬分配制度改革】 建立了以岗位责任与工作业绩为依据的新的薪酬分配制度。起草修订了《媒体发布审稿制度》《全员绩效考核管理制度》《信息发布错误责任追究制度》《网络信息发布制度》等一系列管理制度。按照事业单位企业化管理的发展模式,对全中心管理体制进行重新设计规划,从组织机构的设置和管理体系的设计,到考核模式、人员的配置,全部进行再造。全员绩效考核评价采取"采编发数量+优稿数+网上供稿数量+阅读点击量"为主的考核指标核算绩效,打破编内人员和编外人员的身份差别,实现员工身份管理向岗位管理的转变。用一把尺子量人才、评业绩,做到"同岗同责、同工同酬、优劳优酬"。

【生产流程改革】 推行"一体策划、一次采集、多种生成、多元传播、全天滚动"的生产、传播方式,经过半年多的运行,已形成一套成熟完善的内容生产、协作、分发的机制和业务模式。

【信息发布渠道拓展】 实现新闻传播的全方位覆盖、全天候延伸、全领域拓展。精心培育融媒体中心的手机App微信公众号、门户网站三个具有社会影响力的传播平台,建立"客户端、微信首发,电视跟进报道"的发布模式,推动"小屏带大屏、大屏通小屏、多屏联受众"全方位互动,实现新闻传播全方位覆盖全天候延伸、全领域拓展,催化融合质变。开通央视频、搜狐号、新华号、"学习强国"、黄河云视、大鱼号、百家号、微博、人民号、头条号、央视频移动网等14个新闻资讯平台和短视频平台,实现了发布渠道由单一发布到矩阵发布的跨越发展,构建载体多样、渠道丰富、覆盖广泛的移动传播矩阵。

【坚持移动优先】 坚持移动优先战略,集中力量开展网络新媒体宣传。把微信、微博、新闻客户端、网站和第三方新媒体平台作为宣传主阵地,集中人力、物力资源向移动端倾斜。在内容生产上,坚持把移动终端发布作为主攻方向,充分发挥记者、编辑人员的想象力、创造力和能动性,更加注重策划推出短视频、微视频、H5页面、一图预览、小海报等适合于移动端传播的融媒体产品,持续加大原创信息产品的生产力度,提升各类媒体信息的阅读量、关注度。努力构建载体多样、渠道丰富、覆盖广泛的移动传播矩阵。

【播出机房搬迁】 实施播出机房整体搬迁,提升传统电视节目的吸引力。对电视播出系统网络传输线路、供电系统、监控设备、节目信号源等进行了全新改造,招标采购了机房备份设备,联系购买了电影、电视剧,动画片、纪录片等400余集,与县科协、卫生及外地影视制作方合作开办专题栏目,播出有关乡村致富、农业科普、卫生健康类专题节目,不断丰富电视内容,让喜爱观看当地新闻节目的观众看到高质量的电视节目。

(杨　喜)

史志编研

【概　况】 2020年3月，海原县地方志办公室(党史研究室)改称“中共海原县委党史和地方志研究室”，由海原县人民政府直属事业单位，改为海原县委直属事业单位(参照公务员法管理)。核定编制7名，2021年末实有工作人员7人，其中主任1人，副主任2人。在2021年度全区地方志工作考评中，获全区县级优秀奖。

【志鉴征集编纂】 积极筹措落实出版印刷经费，完成《海原年鉴(2020)》出版发行；补充征集完成《海原年鉴(2019)》送审稿，进入出版印刷程序；精心组织，扎实征稿，圆满完成《海原年鉴(2021)》送审稿；按照自治区、市地方志部门要求，及时完成上报《宁夏年鉴》《中卫年鉴》海原资料的编写报送工作；完成自治区党委党史研究室安排的《闽宁对口帮扶二十年》有关海原县文献资料的征集上报工作；及时完成市委党史研究室安排的“中卫市改革开放史研究”海原资料的编写上报工作；及时完成《中卫市志》海原相关资料的征集编写工作任务。

【史志研究】 组织撰写《海原县红色革命遗址保护开发构想》《挖掘红色文化　传承红色基因》《宁夏战役、海打战役与关桥堡伏敌计划》等多篇党史研究文章，其中有一篇在全区纪念豫海县回民自治政府暨红军长征胜利85周年座谈会上交流；挖掘红色文化资源，编纂完成《海原红色故事》一书送审稿；向自治区市史志部门编写上报海原红色故事、历史故事53篇；及时完成自治区党史研究室安排的《脱贫攻坚口述史》海原资料共11篇。

【“四史”宣讲】 扎实开展“四史”宣讲。以党员领导干部为骨干，组建“四史”宣讲队伍，强化学习，扎实备课，到全县各机关单位、乡镇开展“四史”宣讲。在关桥乡贺堡村红色革命遗址开展“体验式”党史现场教学，先后为全县各单位、各乡镇、各学校的党员干部、学校师生讲现场党课50余场次，受众6000余人次。

【史志宣传】 精心策划组织“5·18”地方志宣传日活动。创新形式，在县图书馆开展“5·18”地方志宣传日暨志鉴书籍捐赠活动，向县图书馆赠送志鉴作品共3类145册，为广泛推动“读史用志”活动创造条件。利用各类媒体对海原县的历史文化进行宣传。积极配合新华社、中央电视台、《宁夏日报》等区内外新闻媒体记者开展红色新闻采访，在自治区内外各类媒体刊载海原红色新闻20余篇。

【史志图书交流】 积极开展史志图书交流活动，向山西晋中、国家方志馆馆藏部、固原市地方志办公室、原州区党史和地方志研究室、同心县博物馆等区内外史志图书部门捐赠交流海原县地方史志图书近百册。

【红色文物保护】 配合县文物部门开展红色文物保护工作，为17处红色革命遗址撰写碑文17篇。

【史志指导服务】 对《海原县卫生健康志》进行审查；指导宁南医院启动编纂《宁南医院志》；协助关桥乡制定“红色展厅”布展方案，对相关文字图片进行严格把关审定，协助关桥中学完成红色长廊布展。

【史志咨政服务】 积极开展资政服务，向自治区市县有关领导和外来客商提供翔实史志资料，为他们全面了解海原县情做好服务。翻印已无库存的《海原县志》200本，以满足读者查阅史料需求。积极服务中心工作,为有关部门提供史志资料图片。为县有关部门开展史志图书借阅、查询服务,为查阅有关史志资料提供方便。

（余小艳）

档案服务

【概　况】 海原县档案馆为县委办所属副科级事业单位(参公管理)。核定全额预算事业编制12名,管理人员编制12名,其中馆长1名(副科级)。档案馆建筑面积2068平方米,三层框架结构,占地5.54亩,其中档案库房占地面积760平方米。一二层为档案库房,三层为业务用房和办公用房。档案馆有54个全宗,主要有现行组织机构形成的档案和部分撤销、合并机关档案和民国档案。档案馆藏量共297572件,其中民国档案715卷,各类图书3216册,相片1186张,实物档案234。

【档案数字化信息建设】 2021年,海原县档案馆档案数字化工作顺利开展。2月底顺利完成数字化基础硬件设备采购、验收工作,并在9月份开始对查询利用率较高的人社局部分人事档案聘请专业公司开展数字化扫描工作,共完成整理345卷档案,扫描56000页,并于12月10日进行了验收工作。

【"两类档案"整理归集】 2021年,海原县档案馆落实专人,对"两类档案"(行政档案、业务档案)收集、整理、归档全过程进行业务指导。档案业务人员与县乡村振兴局相关人员一起深入各单位、街道、乡镇、自然村,对"两类档案"工作进行全覆盖的业务指导,收集各类扶贫资料,确保资料完整归档。

【档案利用服务】 2021年,海原县档案馆依法为社会各界人士提供咨询、调卷查档、出印证明等服务,积极做好档案开发利用,提高了档案服务的整体功能。全年先后供查阅档案服务225人次,查阅档案资料1390卷,复印档案资料2586页,及时为各单位的工作开展及个人需要提供档案资料及政策法律依据。

【档案队伍建设】 2021年,海原县档案馆全年参加自治区档案馆档案业务培训5次,组织开展海原县档案业务培训1次。公开招考录用2名年轻干部,为档案队伍注入新鲜血液,优化单位年龄结构。不断提升干部适应新形势下档案管理工作的能力水平,锻造一支信念坚定、为民服务的高素质队伍。

【档案安全管理】 2021年,海原县档案馆落实安全管理责任人,建立严格的档案安全岗位责任制,制定安全防范预案,对档案库房监控设施等所有设备,进行了多次检查与更新,确保了馆藏档案的安全。

（田小花）

全域旅游

综　述

【概　况】 2021年，海原县全域旅游创建以“花儿之乡　古韵海原”为形象定位，构筑“一核、两心、五廊道”的全域旅游发展新格局，找准文化旅游产业融合发展新路子，努力打造以天都山为核心辐射西北部震柳人文公园、东南部灵光寺自然风光、西安古城、菜园文化遗址，东北部贺堡河流域梨园风情区为全域旅游重点核心区，全力推进全县文化旅游产业发展，逐步实现文旅融合发展目标，助力全县乡村振兴，有效推动文化旅游产业向高质量发展迈进。

【全域旅游工作机制】 2021年，海原县编制完成了《海原县文化旅游产业发展规划》《海原县文化旅游广电事业“十四五”发展专项规划》，印发了《海原县文化旅游产业高质量发展实施方案》，成立了由县委、县政府主要领导为组长的文化旅游产业高质量发展工作领导小组，明确责任分工、目标、任务和时限，强化组织保障。县财政安排每年1000万元旅游产业发展专项资金，对文化旅游项目建设、品牌创建、景区开发、创意策划、市场营销、宣传推介等进行奖补。组建成立海原县文化旅游产业发展集团有限公司，对全县旅游资源进行整合打造、统一运营，进一步加大对“花儿之乡　古韵海原”品牌形象的宣传力度，有效地提升了海原对外知名度。

【特色旅游产品】 2021年，海原县充分利用县域县已有资源的独特性，紧紧围绕建设黄河流域生态保护和高质量发展先行区（先行市）目标要求，紧扣“花儿之乡　古韵海原”文旅品牌，打响高端肉牛产业链和生态自驾游绿色品牌效应，康养旅游产业初显成效。

【中部“旅游+牛产业”】 在畜牧业上做文章，中部肉牛产业链基本形成。大力培育发展以高端肉牛产业为核心的绿色农产品，加强顶层设计和政策扶持，以海原优质的牧草资源为依托，以华润集团帮扶为契机，把培育壮大高端肉牛产业作为富民强县和“旅游＋农业”增收致富的主导产业来抓。年末，全县肉牛饲养量达到30万头，建成投产华润五丰高端肉牛全产业链精深加工车间，成功举办六届肉牛大赛、西北高端肉牛论坛、全牛宴美食品鉴等赛事活动，基本形成了集养殖、食品加工、商贸服务于一体的食品配套产业区。

【东南部观光体验自驾游】 在自驾游上做文章，东南部观光体验自驾游线路品牌效应初步凸显。充分利用南华山、天都山的天然气候和生态资源优势，全力打造环南华山、天都山休闲避暑康养旅游基地。在加大资金投入力度逐步完善旅游基础设施建设的同时，通过“两晒一促”、制作旅游宣传片、举办各种线上线下节事活动及赴外省市等多种形式的宣传推介，春赏花、夏纳凉、秋赏叶的生态康养旅游品牌效应逐步凸显，2021年游客量达到5万人次。先后投资1000多万元建成南华山游步道、观景台，天都老庄四星级农家乐，李俊旅游驿站基础设施，天都山景区游客服务中心、停车场、景区道路、绿化、亮化等服务设施。同时，着手启动天都山国家AAAA级旅游景区创建工作。

【西北部休闲体验康养旅游】 在康养体验上“做文章”，西北部休闲体验康养旅游线路趋于形成。着力打造海原香水梨、甜瓜、小杂粮、特色美食品牌效应。按照县委、县政府提出的“大力发展香水梨产业，实施山水林田路综合治理，打造贺堡河梨树长廊，发展海原全域旅游”的思路，把贺堡河流域打造成为集红色教育、休闲、观光、体验、采摘于一体的康养旅游特色产业带。截至年末，香水梨面积已达到10000亩，其中挂果面积5000亩，产量约1200万公斤，产值5000万元。通过招商引资引进香水梨深加工项目，与天津科技大学、北方民族大学、中卫市西部枣业等多家科研院所和单位建立研发合作关系，已研发出香水梨梨汁、梨酒等系列产品，年生产4万余瓶，实现产值24万元。整合相关部门资金近600万元的贺堡河梨园风情区乡村旅游补短板项目工程即将完工。举办关桥梨花节，采取“旅游+系列”形式，游客在赏梨花的同时，参与摄影绘画短视频大赛、灯谜篝火文艺晚会、自行车环行赛、篮球邀请赛、追寻红色印记等活动，带动了农特产品销售，“旅游+农业”模式基本形成。

【节假日游】 在引客入海上“做文章”，节假日游客接待量逐年上升。截至2021年10月底，共接待游客52.9502万人次，旅游收入2160.624万元。接待人次同比2020年增长155%，旅游收入同比增长20.48%。

【全域旅游基础设施建设】 2021年，海原县聚焦弱项短板，狠抓全域旅游基础设施建设。1.开发新项目，打造新亮点。进一步加大乡村旅游开发力度，投资686.6万元开发建设关桥乡方堡村旅游示范点，投资798.24万元打造史店乡田拐村红梅杏基地乡村旅游示范点；完成海原县非物质文化遗产传承基地布展并投入运营，成为海原县红色教育及旅游的新亮点；建成海原县地震博物馆，成为海原大地震研学教育基地。2.突出游购娱，发展新业态。提升改造海原县郑旗乡盖牌村生态富民示范基地，成为海原乡村旅游精品民宿示范点；完成泰丰酒店四星评定工作以及闽宁华府酒店装修运营；建成海原县海兴开发区自驾车营地、泰丰时代广场小吃城、南门夜市小吃城、海盛国际购物一条街等，海原特色餐饮“泰丰八大块”在宁夏好味道频道播出，让游客玩在海原、购在海原、吃在海原，把心彻底留在海原，不断提升海原旅游品牌效应。3.完善路线图，树立“新形象”。进一步完善旅游线路标识标牌建设，完成县域周边高速公路、国道及主要干道上的31块老旧、指示不明的旅游标识牌重新设计安装。同时积极参与申报宁夏特色旅游村镇评选工作，海原县关桥乡关桥村、郑旗乡盖牌村被评为宁夏特色旅游村镇，成为海原县乡村旅游的新名片。

【旅游宣传】 2021年，海原县搭建平台，完善拓展旅游宣传渠道。1.搭平台，促销售。利用京东电商平台，建立海原电子商务平台，通过互联网加速旅游带动农产品、工艺品、旅游商品销售，满足旅游多样化、快捷化需求。2.晒文旅，促销售。组织开展全区第二季“两晒一促”县长晒文旅大型推介活动，完成8分钟专题宣传视频、“炫彩60秒”短视频专题宣传、搭建“云上文旅馆”“经典故事、精品线路”《宁夏日报》专版、县长访谈录、“宁夏有礼了”带货直播。人民日报客户端浏览量4万次，“学习强国”学习平台浏览量7026次。新华网、搜狐、腾讯、《宁夏日报》、宁夏新闻网点击量518850次，宁夏文化和旅游微信公众号转发，点赞量达918443次。海原县融媒体中心播放量11000次。通过深度挖掘海原本土历史文化资源，更好地展示海原非遗文化和丰富优品，讲好海原故事；配合自治区文旅厅完成了全区第一季“两晒一促”大型文旅推介活动《这里是宁夏》图书出版发行；在宁夏旅游网、县人民政府网开辟了《海原旅游》专栏；与中央媒体合作完成了《中国影像志·海原篇》《神秘的西夏》《民族影像——海原》等系列宣传片，向《旅游客》《宁夏羊皮书》《知行宁夏——中卫》等旅游书籍组稿和拍送图片，宣传营销海原的旅游产品，策划编制完成《旅游海原》招商宣传手册等工作。3.推优品，促销售。鼓励文化旅游企业参加自治区内外营销活动。完成2021年中国农民丰收节暨宁夏（海原）第六届高端肉牛大赛；参加文化和旅游厅举办的2021年重点客源市场宁夏旅游大篷车全国十城巡演活动，在甘肃省兰州市、陕西西安市、河南省郑州市宣传海原旅游景点；组织刺绣剪纸企业参加了第二届二十四节气文化作品设计大赛；“非遗进万家·文旅展风采”——2021年宁夏黄河流域非遗作品创意大赛暨系列活动；2021中国·银川第四届文化和旅游创意设计大赛；参加宁夏黄河流域非遗作品创意大赛，《剁绣包》获得二等奖，《黄河母亲》《黄河人家乡村记忆系列》等获优秀奖，促进了文化交流，提升了海原非遗产品知名度，不断开拓了销售市场。

【海原县第四届文化旅游节】 2021年4月16—22日，海原县在关桥乡方堡村梨花小镇成功举办了海原县第四届文化旅游节系列活动启动仪式暨2021年关桥梨花节。此次活动开幕式直播观看人数达12.64万人；中国网、光明日报客户端、宁夏新闻网、宁夏文化和旅游、今日头条等10多家新媒体平台和网络客户端在显著位置宣传了此次活动，浏览量累计300万人次；累计接待游客12.6万余人次；共计销售农特产品、特色小吃等200.94万元，不仅增强了关桥梨花小镇的美誉度、提高了知名度、扩大了影响力，而且以旅游的模式，成功带动了当地百姓实现增收致富，为乡村振兴打下了一定的基础。

【非物质文化传承基地】 4月，完成海原县非物质文化遗产传承基地博物馆布展。5月初对公众开放（试运行），讲解81场次，接待全县各单位、学校等党史学习教育干部群众6000余人次。非物质文化传承基地博物馆旨在立足于弘扬中华优秀传统文化，集海原历史文化、海原非物质文化遗产、海原民俗文化、海原红色文化于一体进行展示。充分体现海原地域文化的丰富性和多样性，发挥弘扬中华优秀传统文化、红色文化和社会主义先进文化凝心聚力、培根铸魂的作用，为继续建设经济繁荣民族团结环境优美人民富裕的美丽新宁夏贡献力量。

（宋国兵）

文化旅游集团公司

【概　况】 2020年8月13日，海原县文化旅游集团发展有限公司（简称海原县文旅集团）挂牌成立。注册地位于海原县海城镇非物质文化遗产创业孵化基地办公室（老回中院内）。公司注册资金人民币5000万元，首期货币出资500万元，其余注册资本以货币、实物、无形资产出资，董事长为公司法定代表人。公司为国有独资公司，公司依法享有法人财产权，依法享有民事权利，承担民事责任，并以其全部财产对公司债务承担责任。

【经营宗旨】 坚持以党的十九大精神为指导，坚持改革促发展的总体思路，以整合旅游资产、资源，打造统一、高效的旅游项目投融资平台为目标，将全县国有旅游资产、资源的所有权、管理权、经营权无偿划转，组建海原县旅游产业发展集团有限公司。形成以政府主导、政企分开、市场化运作、责权利统一的投融资管理经营主体，做大做强旅游投融资平台，有效破解旅游产业发展难题，加快大旅游格局建设步伐。

【经营范围】 经营范围包括：游览景区管理；旅游业务；生态保护区管理服务；园区管理服务；休闲观光活动；名胜风景区管理；文物文化遗址保护服务；非物质文化遗产保护；文化场馆管理服务；农村民间工艺及制品、休闲农业和乡村旅游资源的开发经营；工艺美术品及收藏品批发（象牙及其制品除外）；广告制作；广告发布（非广播电台、电视台、报刊出版单位）；组织文化艺术交流活动；营业性演出；演出场所经营；公园、景区小型设施娱乐活动；工艺美术品及礼仪用品制造（象牙及其制品除外）；针纺织品及原料销售；游艺及娱乐用品销售；游艺用品及室内游艺器材销售；互联网销售（除销售需要许可的商品）；自有资金投资的资产管理服务；企业总部管理；融资咨询服务；具体以市场监督管理机关核定的经营范围为准。

【国企改革】 2021年，海原县文旅公司根据《海原县国有企业改革三年行动实施方案》（海党办发〔2021〕42号）文件精神，厘清了公司董事会、监事会和经理层的工作职责，围绕法人治理，制定了章程规则等制度，使公司各项工作做到依法行事、有章可循，规范明确；加强国有资产管理，对非遗基地和地震博物馆进行了详细的规划和市场调研，做了初步的经营方案，确定了下一步经营方向和经营模式；凝聚企业发展力量，制定了公司外部职业经理人选聘办法，公开招聘公告及制度。

【宣传营销】 2021年，海原县文旅公司开通了公司微信公众号和抖音官方营销平台，针对受众群体的不同，不断完善优化平台内容，进行针对性的营销宣传；成立了宁夏立安国际旅行社海原营业部，并与海原金桥旅行社合作开展旅游景区景点宣传和县内外游客的递接；制作完成了《海原旅游指南》宣传折页，以介绍海原旅游为主，涵盖“吃、住、行、游、娱、购”，为游客提供全方位的旅游指导；制作为旅游者和旅游业开发、管理服务的专题地图《海原旅游景点分布图》（样图），全方位标注标识海原的旅游景点、古堡城池和遗迹遗址等，丰富了旅游海原的直观内容；参与完成了全区第一季“晒文旅·晒优品·促消费”（“两晒一促”）大型文化和旅游推介活动之海原篇，全方位展示了海原的特色文化、旅游资源和特色产品；策划制作完成了4集公益扶贫短片《凉都花海 山海情原》，并在人民视频、中国乡村振兴等平台完整播出，多角度宣传了海原的历史文化、名胜古迹、风土人情、特色产品及脱贫攻坚成果；配合县委宣传部、县文广局成功举办了海原县第四届文化旅游节系列活动启动仪式暨2021年"关桥梨花节"活动，中国网、《光明日报》、宁夏新闻网、宁夏文化和旅游、今日头条等10多家新媒体平台和网络客户端在显著位置宣传了此次活动；同时积极推介海原旅游资源和自然风光，利用一周时间先后到甘肃兰州、河南郑州等地多角度宣传海原，扩大了海原旅游的对外知名度。

【文旅产业平台搭建】 2021年，海原县文旅公司与宁夏志邦源规划设计研究院有限公司签订《海原县文化旅游产业发展规划(2021—2025年)编制合同书》《海原县贺堡河流域梨园风情区控制性详细规划编制合同书》《海原县天都山旅游区控制性详细规划编制合同书》，已完成了《海原县文化旅游产业发展规划(2021—2025年)》并通过了专家审定，其他两个规划已完成初稿；制定了海原县文化旅游产业发展集团有限公司发展规划书，为企业下一步发展奠定了良好的基础；完成了《海原非遗文化进景区系列活动策划方案》《首届宁夏·海原房车两日游活动策划方案》《海原县西安镇第三届乡村文化旅游节实施方案》等活动方案，因疫情影响未顺利举办；完成了牌路山公园娱乐项目建议书，并委托海口设计院完成项目建设规划的样图。

【文创产品设计研发】 2021年，海原县文旅公司以设计研发为手段，拓宽文创产品销售渠道。随同县党政考察团前往北京依文集团考察学习、座谈交流，开拓了文创产品研发、设计的思路，并就剪纸刺绣等文创产品的开发达成意向合作，完成了《海原县手工艺产业项目合作实施方案》，同时与海原非遗传承人座谈讨论，就如何生产销售剪纸刺绣文创产品达成共识。

【企业党建】 2021年，海原县文旅公司以党建工作为引领，发挥核心堡垒作用。以"学、宣、观、为"等形式，助推党史学习教育走深走实走心；扎实开展每周五党史集中学习和自学活动，对党史知识进行精读细研，历时8个月共36期，通过对党史集中学习和自学，凝聚了全体党员干部的士气，把爱国爱党爱民之心之情融入工作中；通过宣讲、"微课堂"、放映纪录片等方式，推进党史学习教育纵向延伸，同时充分利用县内红色资源，不断推动党史学习教育向广度深度推进。

（李志强）

卫生健康

综 述

【概 况】 2019年1月,因机构优化整合和职能划转,海原县卫生和计划生育局更名为海原县卫生健康局(简称县卫健局)。内设办公室、医政管理与体制改革股(中医药管理股)、疾病防控与基层卫生股(卫生应急办公室)、妇幼老龄与健康促进股、法制法规与综合监督股(行政审批办公室)、规划信息与财务审计统计股6个常设股室,下设爱卫办、系统工会、项目股、人事股等9个非常设股室,有15名公务员、2名参公人员、2名工勤人员。

【基础设施建设】 2021年,海原县坚持把加大基础设施建设和医疗设备配备摆在突出位置,不断夯实了医疗卫生工作基础。认真做好县中医医院、县妇幼保健和计划生育服务中心(简称县妇计中心)和县人民医院妇儿综合楼等工程的收尾工作。县中医医院附属二标段待绿化完成后进行竣工验收;县人民医院妇儿综合楼已完成相关验收;县妇计中心综合楼已通过验收,医疗设备已全部采购到位。西安镇卫生院发热门诊、郑旗乡卫生院迁建项目有序推进。先后投入1000余万元,为县人民医院发热门诊、县中医院和树台乡卫生院等采购配备医疗设备,为县人民医院、县中医医院、县妇计中心和乡镇卫生院建设医疗污水处理设施设备。同时,深入开展工程建设政府采购等重点领域专项治理,县人民医院妇儿楼建设、县妇计中心迁建、县人民医院救治能力提升、县妇计中心医疗设备配备等项目遗留问题有效解决。

【医疗卫生人才队伍建设】 2021年,海原县医疗卫生人才队伍建设持续加强。1.充分利用全区事业单位招考平台、引进研究生学历专业技术人才2名,招录专技人员7人,预分配订单定向医学生15名;2.建立对外交流合作柔性引进机制,依托闽宁、京宁等对口帮扶项目引进资深专家累计80名,蹲点帮扶开展腹腔镜远端胃癌根治术等9项新技术及新业务;3.完善卫生人才评价激励机制,激活专业技术人员内生动力,落实“定向评价、定向使用”等职称晋升和倾斜政策,对27名已取得高级职称的待聘人员进行了聘任,21名专业技术人员分别参加区市高级职称评审。通过实施医疗卫生人才培养工程,全县各类卫生人员达到1778人,注册执业(助理)医师660人,每千人(常住人口)拥有执业(助理)医师1.97人,在岗乡村医生286人。

【机关党建】 2021年，海原县卫生健康局按照“强化党建引领、促卫生健康事业发展；打造一流队伍，保人民群众健康安全”的工作思路，以党的政治建设为统领，认真开展党史学习教育，突出思想建党关键，抓班子、带队伍，强党建、促业务，提供了强有力的思想、政治和组织保证。1.贯彻全面从严治党要求，局党委书记认真履行党建“第一责任人”的职责，督促班子成员认真履行“一岗双责”落实分管领导“谁主管、谁负责、谁承担责任”的党建和党风廉政建设责任制机制，对党建同业务工作同安排、同部署、同检查、同考核，形成了一级抓一级，一级对一级负责，层层抓落实的工作机制，推动各项工作落地落实。2.坚持思想建党，把学习宣传贯彻习近平新时代中国特色社会主义思想和党的十九大精神作为首要政治任务，结合当前正在开展的党史学习教育，聚焦学史明理、学史增信、学史崇德、学史力行目标要求，紧紧围绕学懂弄通做实党的创新理论，坚持集中学习和自主学习相结合、规定动作和自选动作相结合、融入日常和抓在经常相结合，采取举办专题读书班、参加专题培训、开展专题党课讲座、专题宣讲等形式，教育引导全体党员干部坚持不懈用党的创新理论武装头脑、指导实践、推动工作。3.创新党建品牌，结合党史学习教育，围绕庆祝中国共产党成立100周年主题，组织党员干部集中观看《平语近人》专题纪录片，开展知识竞赛、演讲比赛、文艺会演等活动，充分利用关桥堡会址遗址、牌路山烈士陵园等红色资源，强化价值引领，在全心全意为群众提供全方位、多层次的医疗卫生健康服务中加强党性锤炼，砥砺政治品格，充分发挥党员先锋模范作用。4.牢固树立“四个意识”，坚定“四个自信”，做到“两个维护”，认真贯彻落实自治区市县和各级卫健部门决策部署，高质量完成了支援银川市、沙坡头区及中宁县核酸采样等工作，得到了社会各界的广泛好评。

（县卫健局）

全民健康

【全民健康水平提升】 2021年，海原县紧紧围绕群众的生命安全和健康福祉，扎实实施全民健康水平提升行动，居民健康素养水平达到21.05%，较2020年提高3.05个百分点，健康促进县建设顺利通过国家级评估验收。

【体制机制】 2021年，海原县将全民健康水平提升行动纳入政府效能目标管理考核内容，印发了《海原县全民健康水平提升行动实施方案》《海原县全民健康水平提升行动实施方案工作任务台账》，明确了重点工作任务、具体措施、部门职责及工作时间表、路线图、责任人。成立了以县长为组长，县委、县人大、县政府、县政协分管领导为副组长，卫健、教体、住建、农业农村等部门主要负责人为成员的工作领导小组，并建立领导包抓机制和工作推进机制，建立考核约束奖惩机制，为全民健康水平提升行动的有序开展、扎实推进提供了坚强的组织保证和制度保障。

【健康教育】 2021年，海原县以普及卫生健康知识为切入点，积极开展健康知识进村镇、进社区、进机关、进企业、进学校、进家庭活动，普及疾病防控、心理健康等知识。发放宣传资料60万份，播放健康教育音像资料60多种4000多次；举办“将健康融入所有政策，共建共享健康生活"等主题讲座近200场次；举办"学党史、办实事、下基层、送健康"义诊等健康干预活动近400多场次，受益群众4.5万人次；在县电视台开办"健康海原"栏目，在海原县城打造健康宣传街6条、健康主题公园2个，积极倡导居民主动学习健康知识，养成良好健康生活方式，助力健康海原建设。

【健康促进】 2021年，海原县加大健康细胞创建力度，建设健康促进机关56个、学校36所、医院21家、企业2家、健康村（社区）42个及示范家庭150户，目标完成率分别达77.78%、75%、100%、66.67%、26.4%。协调打造健康促进示范学校2个、机关3个、医院2个、企业1个及健康社区2个，健康家庭10户。同时，生活垃圾无害化处理率达98%以上，城市污水处理率达95%以上，农村户厕改造2500户，经常参加体育锻炼的人口比例达42.5%。饮用水水质达标率达100%，食品抽检合格率达98.4%。

【卫生县城创建】 2021年，海原县完善了《海原县创建区级卫生县城实施方案》，多次召开创建自治区卫生县城工作推进大会，明确目标、压实责任，凝聚了奋力攻坚合力。并针对存在的突出问题和短板弱项，提出了有针对性措施。各部门（单位）、各乡镇（街道办）明确时间表、线路图，分清责任、逐项整改、逐个销号。各成员单位落实门前"六包"责任，彻底整改宣传氛围不浓、台账资料不完善、单位环境卫生整治不彻底、市场管理不到位等问题，推动创卫各项措施和目标任务落实落细，为确保自治区级卫生县城顺利通过验收奠定了基础。

（县卫健局）

基本医疗保障

【概　况】 2021年，海原县坚持以改革破难题、立机制、促发展，逐步推进"基层首诊、双向转诊、急慢分诊、上下联动"的分级诊疗模式，基本医疗保障能力持续提升，基本实现了"小病不出村、常见病不出乡、大病不出县"。

【医药卫生体制改革】 2021年，海原县深化医药卫生体制改革。1.医疗健康总院组建先后通过县委常委会、县政府常务会审定，挂牌运行。2.县域医共体信息化平台建设迈出新步伐，在县委、县政府的大力支持和多方协调下，基本落实了建设资金来源，正在对接合作相关事宜。3."互联网+医疗健康"服务成效明显，基层人工辅助诊断系统引导乡、村两级医疗卫生机构电子病历规范率提升至98%以上。大力推广使用电子健康码，县级公立医院门诊预约挂号率达50%以上，住院预约率达40%以上。4.开展医疗废物和污水处置专项整治，县人民医院、县中医院、县妇计中心安装了医疗污水在线监测系统，各乡镇卫生院普遍安装了污水处理系统。

【县级医疗卫生机构建设】 2021年，海原县县级医疗卫生机构龙头作用不断强化。1.县人民医院借助京宁、闽宁、军队帮扶机遇，与西安红会医院等医院、厦门大学附属中山医院、解放军联勤保障部队第985医院建立对口帮扶协作关系，脑卒中中心、胸痛中心、创伤中心、危重症孕产妇急救中心、新生儿急救中心通过自治区评估验收，成功打造了肝胆外科等5个自治区级重点专科，大幅提升了医疗救治保障能力，启动“三乙”医院创建工作，进入新的发展阶段。2.海原县委、县政府与华润三九中药材产业发展部签订帮扶协议，加大对县中医医院帮扶力度，全县中医药工作迎来新的发展机遇。3.县妇计中心整体完成搬迁，服务环境和条件显著改善。4.全县慢性病机会性筛查扫码评估约1.5万人。心血管病筛查2222例，脑卒中筛查280例，共筛查2502例，任务完成率104.25%。

【基层医疗机构服务能力提升】 2021年，海原县乡镇卫生院大力开展“优质服务基层行”活动，11家卫生院已通过国家基本标准。其中：李旺镇中心卫生院已达到国家推荐标准，三河镇卫生院、树台乡卫生院创建国家推荐标准已通过自治区评估验收，等待国家抽查复审。

【基本医疗保障成果巩固】 2021年，海原县基本医疗保障成果持续巩固。1.把解决群众“用药难”的问题融入乡村一体化管理，将辖区村卫生室作为乡镇卫生院的“子药房”，采取按照用药需求调拨、补充的办法，满足卫生室用药需求。全县乡镇卫生院基本药物达到200种以上，村卫生室基本药物达到120种以上。同时建立慢性病药品专区，对特殊患者采取相约下沉的方式及时供药，既方便群众就医，又减轻了群众就医负担。2.落实“三个一批”的分类救治机制，对1144名37种大病患者全部进行集中救治；规范管理慢病患者11043人，管理率100%；40名重病患者全部落实政府兜底保障政策。2021年低收入家庭重病患者年内住院个人自付费用控制在7.9%，年度个人支付费用均未超过5000元。

（县卫健局）

公共卫生服务

【传染病防治】 2021年，海原县应建立预防接种证人数3027人，已建立接种人数3027人，建证率100%，一类疫苗接种率达到98%以上；传染病疫情报告及时率100%；全县共转诊疑似肺结核患者513例，转诊到位445例，转诊到位率为86.74%，肺结核患者规范管理率100%；累计网络报告死亡数1340例，报告粗死亡率为330.05/10万。

【家庭医生签约服务】 2021年，海原县全县家庭医生签约总数为207702人，65岁以上老年人健康管理率69.66%，高血压、糖尿病、严重精神障碍患者规范管理率分别达到98.08%、98.15%和91.56%。

【卫生健康监管】 2021年，海原县开展公共场所、学校、医疗机构等重点场所“双随机”检查100余家。发现卫生计生监督事件或线索次数1201个，报告的事件或线索次数1201个，卫生监督协管报告率100%。协助开展的饮用水卫生、学校卫生、非法行医和非法采供血、计划生育实地巡查次数1204次，净化了服务环境。

（县卫健局）

妇幼健康服务

【孕产妇产服务机制】 2021年，海原县严格落实孕产妇产前、产中、产后服务机制。积极开展免费婚前医学检查、孕前优生健康检查的一体化、规范化服务，不断提高婚检率和孕检覆盖率。2021年，全县产妇总数3636人，孕产妇系统管理率达97.68%，高危孕产妇管理率100%；免费实施婚前医学检查3570对，孕前优生健康检查2451对；免费实施农村适龄妇女“宫颈癌、乳腺癌”筛查11369人，筛查任务完成率101.5%；新生儿疾病筛查3600人，筛查率99.17%，听力筛查3577人，筛查率98.54%，0~6岁儿童视力检查32803人，检查覆盖率91.51%。

【健康管理服务】 2021年，海原县建立健全全生命周期的健康管理服务。2021年，全县0~6岁儿童35847人，活产数3656人，新生儿访视3615人，新生儿访视率达98.88%；0~6岁儿童健康管理32974人，儿童健康管理率为91.99%，0~6岁儿童眼保健和视力检查人数32204人，检查覆盖率为89.84%，婴儿死亡率为2.8‰，5岁以下儿童死亡率6.58‰。

【优生优育】 2021年，海原县全面落实优生优育惠民政策。1.认真落实三孩政策。自2021年6月1日起全面实施三孩生育政策，并按照自治区卫健委的有关要求，与县司法局配合，共清理规范性文件3个。2.加大计划生育奖励扶助。全年共落实各项计划生育奖励扶助对象4558人次，落实国家级、自治区级和县级奖励资金共计430万元。共确认农村计划生育家庭奖励扶助对象401人，落实奖励扶助资金48.12万元。落实少生快富工程项目户9户，奖励资金9万元；少生快富独生子女和纯女户提前奖扶对象2117人，落实奖励资金254.18万元；独生子女保健费12.0375万元；农村纯女户养老缴费补贴61.502万元。落实少生快富工程项目户配套奖励资金9万元。3.以各乡镇人民政府为责任主体，对辖区内20户特殊家庭确定1名乡镇干部、1名村（社区）干部和1名乡村卫计干部“2+1”作为联系人，共确定联系人47人，明确了联系帮扶关系，为特扶家庭制作发放了“爱心联系卡”，畅通联系人与帮扶家庭的联络渠道，将特扶对象全部纳入家庭医生签约服务，切实保证重点签约、优先服务。为特扶对象提供优先便利就医“绿色通道”。

（县卫健局）

应急管理

综　述

【概　况】 2021年，海原县应急管理局(简称县应急局)下设县安全生产执法大队和应急救援事务服务中心2个事业单位。经全县统一人员划转，共有46人，其中行政编制9人、事业编制23人、行政工勤1人，政府招聘1人，空编2人。

【应急管理执法改革】 2021年，海原县按照国务院、自治区市深化应急管理综合行政执法改革实施意见，结合海原县实际，将法律法规赋予县应急管理部门的危险化学品、烟花爆竹、矿山、工贸等行业领域安全生产监管，以及地质灾害、水旱灾害、森林草原火灾等有关应急抢险和灾害救助、防震减灾等方面的行政处罚、行政强制职能进行整合，按照编随事走、人随编走的原则，组建县应急管理综合行政执法队伍，以县应急管理部门名义统一执法。

【宣传教育"五进"】 2021年，海原县组织开展"5·12"防灾减灾暨红十字博爱周宣传活动。向海城街道办9个社区防灾减灾应急救援志愿者服务队、无偿献血造血干细胞志愿者服务队授旗，捐赠了《海原大地震》《全民应急减灾知识手册》，以及应急包；向现场群众开展了法律法规、防灾减灾、公益慈善、生命健康等内容的宣传。安全生产月期间，紧紧围绕"落实安全责任，推动安全发展"主题，举办了2021年安全生产月暨"安全万里行 花儿故乡行"活动启动会及"落实安全责任 推动安全发展"广场文艺晚会；开展安全生产宣传咨询日集中宣传活动暨应急准备誓师大会，活动现场开展了应急演练体验式教育现场活动和企业负责人安全生产承诺；举办中小学生安全生产有奖征文竞赛活动、干部职工安全知识有奖竞赛活动；举办应急管理行政执法能力及应急救援队伍水域救援能力提升培训班2021年度暴雨引发多灾害应急处置实操演练活动，高质量承办"应急先锋·2021"军地联合应急演练——森林草原火灾应急演练，致力在全县营造关心安全生产、参与安全发展、提升自救互救的浓厚舆论氛围。

(董鹏涌)

安全生产监管

【安全生产概况】 2021年，海原县发生道路交通类生产安全事故1起，死亡1人，事故起数、死亡人数同比均下降80%，亿元GDP生产安全事故死亡率为0.016。有效应对洪涝、虫害、风雹、雪灾、低温冷冻等自然灾害5次，下拨救灾资金435万元，受益群众11441人次，未发生自然灾害亡人事故及较大自然灾害事故。

【安全生产责任落实】 2021年，海原县进一步压实安全生产责任。1.强化党政领导干部领导责任。县委常委会、县政府常务会先后14次听取全县应急管理及安全生产工作汇报，分析安全生产形势，研究解决突出问题。县委、县政府主要领导及班子成员均按责任分工带队指导调研、督查检查，落实领导责任。2.细化行业部门监管责任。按照《海原县安全生产责任制规定》，厘清了行业部门安全生产责任，推动安全监管责任制落实。3.推动企业主体责任落实。各行业部门能加强安全生产监管执法，推动企业履行主体责任，为中国共产党成立100周年营造了和谐稳定环境。

【安全生产专项治理】 2021年，海原县安全生产专项整治三年行动成效凸显。紧紧围绕"从根本上消除事故隐患"的目标任务，全县各乡镇、各部门深入分析深化排查治理各地各行业领域风险隐患，边查边改、立查立改，持续深化非煤矿山、危险化学品、烟花爆竹、道路交通、交通运输、城市建设及市政运行、校园、特种设备等14个重点行业领域专项整治，紧盯整治重点任务，明确目标、细化责任，制定16个任务分解表16张，细化攻坚任务469项，其中2020年工作任务256项，2021年工作任务110项已经全部完成，剩余的103项任务属于巩固提升阶段的任务，也全部制定推进措施。排查企业层面一般隐患2280处，已整改1988处，整改率87.19%；成立督导检查组284个，督导检查次数1867次，检查单位3906家，督导问题1393个；行政处罚44次，停业整顿30家，罚款16.095万元，约谈警示117家，联合惩戒企业26家。

【"双百"整治】 2021年，海原县及时下发了《关于开展"安全百日会战 喜迎百年华诞"安全生产和灾害防御百日专项整治行动的通知》，以重点行业领域安全整治和地震、地质、气象、水旱灾害等灾害风险防御为重点，全面部署开展建筑施工、危险化学品、道路交通、人员密集场所等重点行业领域风险辨识、隐患排查自查自纠工作。截至7月底"双百"行动结束，共检查企业2139次，其中县级分管领导带队检查22次，排查一般风险项隐患1088处，已整改1005处，正在整改的有83处，整改率为92.4%，投入整改资金55.46万元；排查重大风险隐患2项，2项重大风险隐患均已列入治理计划，累计落实治理资金3079.46万元。同时，指导督促各乡镇、各行业（领域）企业对照"双百"攻坚行动要求，对排查出的隐患登记建档整改并逐步销号，确保"双百"行动闭环收尾。

（董鹏涌）

防灾减灾

【灾害防治】 2021年，海原县深入贯彻落实习近平总书记关于防灾减灾救灾重要论述，制定了《关于推进防灾减灾救灾体制机制改革的实施意见》，从完善体制机制、责任落实、资源整合、力量统筹等方面明确了改革任务，划定了改革时限，努力实现从注重灾后救助向注重灾前预防转变，从应对单一灾种向综合减灾转变，从减少灾害损失向减轻灾害风险转变，全面提升抵御自然灾害的综合防范能力。

【灾害防治重点工程】 2021年，海原县积极开展落实提高自然灾害防治能力建设重点工程，治理清水河海原段等河道124.163公里；实施南华山外围区域水源造林11万亩；完成山洪沟治理工程6处；削坡治理树台乡等9处地质灾害点；危房改造和抗震房屋建设10888户；新建山洪灾害防治视频检测26处、预警广播系统20套，更新维护无线预警广播系统80套。

【综合减灾示范社区创建】 2021年，海原县推动综合减灾示范社区创建，制定印发《海原县综合减灾示范社区创建工作方案》，全力推动海城街道办东城社区为全县首批创建综合减灾示范试点社区，已经过自治区、市应急管理部门审核验收。

【防汛工作】 2021年，海原县严格落实防汛行政首长责任制，汛期精心编制修订防洪预案，强化防汛队伍组建及抢险物资储备，签订防汛责任书，并对辖区内的防汛度汛工程设施进行了全面系统的自查和认真梳理，共检查水库50座、节灌蓄水池67座、水保工程72座。对查出的安全隐患详细登记，按照"七定"方案制定出切实有效的防范措施，限期消除安全隐患。下发防汛值班手册，严明汛期值班值守纪律，力求做到早部署、早检查、早防范、早处理，使防汛工作做到未雨绸缪，防患于未然，确保安全度汛。

【防火工作】 2021年防火期，海原县人民政府颁发了禁火令，集中开展火源管控和打击森林草原违法用火专项行动，组织开展巡回宣传活动，设置临时检查站，对进入重点林草区车辆人员严加管控，坚决杜绝在林区内及林区边缘500米范围内烧香点纸、燃放烟花爆竹等违法用火行为发生。组织开展森林草原突发火灾救援演练，提高乡镇及林场半专业扑火队伍应对突发性森林草原火灾的防灭火能力和现场指挥能力，全面推动森林草原防灭火网格化管理责任落实，确保年内不发生森林草原火灾事故。

【民生救助公众责任保险】 2021年，海原县为全县境内人口购买民生救助公众责任保险，提升全县抵御自然灾害能力，最大限度减少公众财产损失。

【应急队伍建设】 2021年，海原县强化应急救援队伍建设。统筹推进以消防救援队为突击力量，以防汛抗旱、抗震救灾、森林防火等专业性队伍为基本力量，以企业专兼职队伍、社会救援力量为辅助力量的队伍体系建设。组建县级应急救援队伍12支1286人，乡镇及部门专业抢险队伍26支1597人，基干民兵抢险队伍22支900人，群众机动抢险队伍50支3189人。与蓝天救援队、海兴建筑工程有限公司签订应急救援框架协议。

【应急物资储备】 2021年，海原县认真做好应急物资储备，利用区应急厅下拨抗洪抢险应急物资及装备购置经费，结合防汛实际和抗洪抢险物资及装备储备需求，采购了分体式雨衣、铅丝网片、救生衣等12种物资，夜视仪、移动式液压驱动应急泵站、无人机等15种装备；2021年度县政府拨款330万元用于采购棉帐篷等14种12301顶(件)应急救灾物资。储备应急原粮1800吨、应急成品粮670吨、应急食用油30吨，与海原县李宁综合批发部等5家个体户签订了应急救灾食品采购合同，主要采购面包、方便面、水等应急食品，确保发生灾情后，能够保障受灾群众7天的基本生活。

【自然灾害综合风险普查试点】 2021年，海原县按照国务院统一安排部署，全面完成自然灾害综合风险普查试点工作，排查公共服务设施承灾体调查、综合减灾资源（能力）调查、重点隐患调查、历史灾害调查调查四大类数据信息1445条；调查地质灾害隐患点57处；采集森林火灾23个样地；整理编写1∶50000地震灾害断裂分布图；调查交通运输设施2591.798公里/632条、桥梁101座，排查灾害风险点97处；调查收集气象灾害8类气象灾害数据；完成房屋建筑城镇房屋图斑25965栋、农村房屋图斑275665栋、市政道路调查190公里、市政桥梁调查30座、供水管线调查3419条227公里、4座供水厂站，高质量完成自然灾害综合风险普查试点任务。

（董鹏涌）

消防救援

【概　况】 海原县消防救援大队在编指战员19人，配备消防车5辆，下辖海城消防站。2021年，海原县消防救援大队紧盯队伍转型、主责主业，主动作为、乘势而上，队伍的忠诚信念更加坚定，精神面貌更加良好，火灾防控扎实有力，打赢能力持续提升，圆满完成了以防火灭火、应急救援为中心的各项任务，有效维护了全县火灾形势持续平稳，为全县经济社会建设发展作出了应有贡献。

【思想政治】 坚持锻造队伍忠诚灵魂。将党史学习教育和“牢记领袖精神　永做忠诚卫士”教育活动作为主线，坚持思想政治工作生命线地位，切实增强“四个意识”、坚定“四个自信”，做到“两个维护”。扎实开展向“七一勋章”获得者和应急管理系统英雄模范、消防忠诚卫士先进事迹学习活动，以先进引领思想，以先进推促行动，以先进见证初心。充分利用辖区“关桥堡”“红军井”遗址、华润希望小镇产业扶贫中心、烈士陵园等红色教育资源开展红色教育，感悟革命精神，引导全体指战员圆满完成各项攻坚任务。开展“牢记领袖训词、永做忠诚卫士”交流研讨4次，主题讨论交流会10余次，撰写心得100余篇，拍摄“火焰蓝讲党史”专题片1部、“应知应会快问快答”5期。

【党建引领】 始终坚持以党建促发展。始终坚持党对消防救援队伍的绝对领导，大力实施党建设引领工程，高标准落实民主集中制和党委统一的集体领导下的首长分工负责制，以建强党员队伍、发挥党员作用为抓手，探索形成以“亮明党员身份；开展一诺三评创十星、教育培训、主题活动、党内关怀四项行动；党员积分制管理”为内容的“1+4+1”党员党性和能力素质提升工程，全面规范大队站两级党委（支部）班子建设。在大队党委的示范引领下，全体班子成员精诚团结、同心同向、担当作为、攻坚克难，取得了优异的工作成绩，先后被自治区精神文明办续评为“2021—2024”届自治区级精神文明单位，被共青团中央评为第20届全国青年文明号；先后30余名指战员获各级各类奖励，队伍干事创业工作动力不断激发。

【队伍建设】 努力提升队伍正规化管理水平。坚持四句话总方针、“两严两准”建队标准，战斗力标准、24小时战备模式和中国特色消防救援队伍建设道路“五个不动摇”，深入细致地抓好队伍正规化管理和“两个经常性”工作，继续弘扬部队光荣传统和优良作风。重点突出了应急救援主力军和国家队职能定位，锤炼过硬本领，提升专业能力，闻警即动、冲锋在前、敢打必胜；始终把职能任务拓展作为褒奖队伍、推动发展、保民平安的重要基石，着力从救援理念、职能任务、能力素质、装备器材、基础设施等方面推动转型升级；坚决贯彻落实消防救援队伍新条令、纲要，落实各项队伍管理规章制度，开展队伍正规化建设、安全“九五”创建、从严管酒治酒等活动，进一步规范队伍建设和管理，时刻保持应急战备良好状态。

【廉政建设】 全力打造干净担当的政治生态。始终将作风建设放在队伍建设的首要位置，严格落实“两个责任”，严格遵守廉洁从政若干准则、廉洁自律准则等铁纪铁规，组织开展违规收送红包礼金和各业务领域“微腐败”专项整治活动，深入整治“四风”和违反中央八项规定行为，通过填报自查自纠反思报告、观看警示教育片、撰写心得体会、参加旁听庭审等一系列活动，定期研判分析队伍形势，查找问题短板和薄弱环节，持续加强队伍管理教育，确保队伍执行有力。全年共开展廉政教育11次，交流研讨4次，签订各类廉政承诺书30余份，谈心谈话37人次，心理疏导教育2次，强化跟踪问效和压实纪律责任，持续凸显队伍廉政威慑力，确保队伍内部环境“风清气正”。

【消防安全整治】 坚持《深化消防执法改革意见》，树牢以人民为中心的发展理念，坚持“人民至上、生命至上”，转变监管理念，强化为民服务，坚守全县消防安全阵地。以消防安全专项整治三年行动为管总，紧盯看牢重点行业、场所、区域消防安全。先后向县政府常务会16次汇报全县消防安全工作，邀请县委、县政府主要领导12次带队调研、督导检查消防安全工作。联合公安、住建、应急、教育、文广、民政、卫健等部门市场监管等部门开展联合检查20余次，督促整改火灾隐患223处。重点攻坚高层建筑、“九小场所”及电动车火灾防范、农村消防安全、彩钢板建筑、化危品等消防安全专项整治检查，紧盯“高低大化密”和人员密集、“三合一”、老旧住宅等场所，加强对“重点地区、重点行业领域、重点环节、重点时段”的消防监管工作。全年共帮扶指导各类单位和场所1183家，发现并督促整改火灾隐患859处，下发责令改正通知书515份，办理行政处罚33起，火灾调查140起，办理临时查封33家，开业前消防安全检查36家，责令“三停”9家，罚款36.84万元，有效净化了全县消防安全环境。

【消防监管】 不断深化消防执法改革，“双随机、一公开”监督管理全面施行，承诺制管理、信用监管、“互联网+监管”等新型监督管理模式逐步建立并运行。全面推动社会单位标准化管理，落实消防安全风险研判和隐患治理闭环管理制度，实施分级管控和差异化监管，开展风险评估和危害辨识，切实推动企业消防安全由被动接受监管向主动加强管理转变，提高企业自身消防安全管理水平。积极接受人民群众火灾隐患举报投诉12件，并做好回复处理工作，组织媒体对消防安全问题突出单位进行跟踪曝光10次，曝光火灾隐患35处，形成全民关注消防、参与消防的强劲态势。同时，结合海原县“十四五”城市防灾减灾救灾体系建设，推动出台海原县消防事业发展“十四五”规划及重点乡镇消防规划编制工作。

【消防服务】 始终将宣传《中华人民共和国消

防法》《中华人民共和国安全生产法》《消防安全责任制实施办法》等法律法规作为提升全民安全意识的重要工作来抓，结合党史学习教育“我为群众办实事”实践活动，制定“为群众办实事”清单，推广安装独立式感烟探测报警器125个、简易喷淋系统32套，指导3个住宅小区完成消防车通道划线工作，协调推动为辖区内21处移民安置点15个扶贫车间配置必要的消防器材。聚焦“六稳”“六保”任务，在抓好内部疫情防控工作的同时，开展企业和社会单位复工复产消防服务工作，帮助解决问题400余处。同时，积极投身驻地脱贫攻坚工作，组织开展“送温暖、献爱心”、救助贫困、“手拉手”“希望工程助学”等消防志愿服务主题活动60余次，在海城镇水洼村和南华山林场挂牌成立两个消防志愿“雷锋”服务站，积极帮助驻地群众解决实际困难，在消防服务人民群众的过程中传递党和政府的温暖。

【消防宣传】 紧盯重要节庆、法制宣传月、“119”宣传月等重点时间节点，深入企业单位、社区指导开展灭火演练50余次，开展公益性培训30余次、社区消防宣传大使进家庭50次、发布相关防火常识等各类预防提示信息10万余条，发放宣传资料6万余份，大大提升了辖区群众消防安全意识。

【消防救援机制】 构建综合应急救援机制。坚持着眼“大应急”体系建设，积极加强与政府部门单位的协作共建、联合培训，推进将消防安全培训纳入全县干部职工学法体系。制定完善了“高低大化”、地震、森林、山岳、抗洪抢险等各类灾害事故处置预案45份，先后与应急、地震、气象、公安等部门建立多部门会商研判、预警响应、信息共享机制，与县人民医院、宁南医院和辖区企业等10余家单位建立了联勤联训联动联保协作关系，与乡镇消防队、辖区微型消防站建立了一点触发、多点救助的联动机制，综合应急救援体系逐渐完善。

【基础设施建设】 积极协调推动海原县李旺镇消防救援站项目开工建设；结合海原县消防救援队伍规划发展的要求，积极推进大队附属用房建设事宜。协调核拨199.5万元购置32米以上举高喷射消防车，争取10万元购置森林草原灭火器材。

【消防应急演练】 组织20余人次参加上级各项业务技能培训，大力提升指挥作战能力和业务技能水平。严格落实每周对重点单位开展熟悉演练工作，重点单位熟悉率达到100%，以辖区六熟悉演练为抓手，以水源普查为切入点检查市政消火栓200余个，对辖区地下、危化品等重点单位、场所开展实地熟悉演练80余次，开展森林草原实战演练5次、地震应急拉练2次、水域救援训练5次、防疫洗消6次、山岳救助培训2次，全力提升全灾种大应急下的实战打赢能力。

【消防救援】 2021年，共接处警209起，出动车辆836辆次，出动警力2926人，抢救被困人员10人，疏散被困人员25人，抢救财产价值124.5万元，圆满完成了中国共产党成立100周年、全国“两会”、国庆等一系列重大消防安保任务及各类灭火抢险救援攻坚任务，最大限度地保护了人民群众生命财产安全，得到了社会各界和人民群众的充分认可，树立了消防救援队伍的良好形象。

（陈奇伟）

社会管理和民生服务

人力资源和劳动保障

【概　况】 海原县人力资源和社会保障局是县政府工作部门，内设4个股室（办公室、劳动和社会保障股、事业单位人事管理股、工资福利股），下辖副科级事业单位4个（海原县就业创业人才服务局、海原县社会保险事业管理中心、海原县劳动保障监察执法局、海原县人事劳动争议仲裁院），其中海原县就业创业人才服务局、海原县劳动保障监察执法局、海原县人事劳动争议仲裁院为参公单位，海原县社会保险事业管理中心为事业单位。

【人事管理】 2021年，将242名事业单位工作人员下放划转各乡镇（街道）管理。印发《全县事业单位工作人员在编不在岗问题集中治理实施方案》，各单位对事业人员和公益性岗位在编不在岗问题进行全面自查自纠，人社局抽调人员进行了专项督查检查。严格评聘晋级，双定向共晋级51人，正常晋级3492人。严格按照岗位设置1∶4.5∶4.5比例调整，对全县56个事业单位重新进行岗位设置。严把年度考核关口，认真做好2020年事业单位7409名工作人员年度考核工作。

【人才工作】 2021年，完成5名急需紧缺高层次人才、72名全县事业单位工作人员、210名自主招聘教师的公开招聘工作。落实37名公费师范生任教岗位，为49名特岗教师办理转正占编聘用手续。加大人才培训力度，向自治区人社厅申请8名专家对乡镇肉牛养殖、枸杞种植、水利发展等开展专技培训。申报自治区专业技术人才知识更新工程培训项目，上报海原县肉牛产业“三品一标”建设关键技术集成与示范推广申报项目。

【工资收入分配】 按照自治区统一部署，提高了机关事业单位工作人员基本工资水平，按年度考核结果晋升了级别薪级工资。

【劳动监察和争议仲裁】 通过召开3次县根治拖欠农民工工资工作领导小组会议，对欠薪案件化解及迎接考核档案资料准备工作做了详细安排部署。组织开展夏季专项执法行动，对涉及住建、交通、水利等行业重点工程建设项目保障农民工工资支付各项制度落实情况进行了检查。对农民工劳动合同签订、工资发放等方面发现的问题进行了督促整改，效果明显。通过压实行业主管部门责任，建立通报制度，畅通投诉渠道，对欠薪问题实行动态管理，通过各领导小组各成员单位共同努力，化解答复各类投诉481件，为1829名农民工追回劳动报酬1779.06万元。严格落实《保障农民工工资支付条例》，加大对在建项目全面监察，督促企业严格落实农民工工资保证金、农民工工资专户等各项保障制度。审核并办理劳动合同备案12698份，收缴232个项目（标段）农民工工资保证金1859.5万元，办理保函205份。审核退还2021年竣工验收工程建设项目保证金本金及利息1787.5万元。积极落实失信惩戒、守信激励的机制，审核和开具无拖欠农民工工资证明155份，对有不良记录的坚决不予开具无欠薪证明，限制其招标。积极落实"三个办法"推行工作，对20家规模企业进行劳动保障诚信等级评价，并将评价结果通报相关部门，实施联合惩戒。

（罗玉燕）

就业创业和人才服务

【概　况】 2021年，海原县实现务工就业10.08万人（脱贫劳动力3.56万人），完成全年目标任务8.6万人的117%，劳务创收18.17亿元，完成目标任务12亿元的151%。全年城镇新增就业1148人，完成目标任务1000人的114%。城镇登记失业率为3.89%。

【就业创业责任落实】 制定下发了《海原县2021年加强技能培训稳岗就业提升行动工作方案》，召开"铁杆庄稼保"推进会，"城乡居民提升行动"座谈会，对转移就业工作进行多次安排部署，明确各项目标任务。

【服务体系建设】 在乡镇（街道、种羊场）成立就业创业服务中心19个，为148个行政村配备劳务信息员，为实现信息数据共享，精准对接转移奠定基础。

【劳务中介组织及劳务经纪人培育】 加强劳务中介组织及劳务经纪人培育。累计培育劳务经纪人695名，培育劳务中介组织19家，中介组织和经纪人组织带动转移就业近4万人。

【劳务转移就业平台建设】 建立海原驻江西南昌、浙江义乌和福建厦门等10个驻外劳务服务中心，建立了江西南昌、浙江宁波、青海诺木洪等27个劳务基地，全方位、多层次提供用工信息、政策咨询、劳务纠纷处理等服务，年吸纳转移就业近1.8万人。

【"点对点"定向就业】 组织海原县凯蓉、人杰、宁夏庆隆裕、鼎泰合、飞宏等19家劳务中介公司，对接浙江利时集团，福建石狮、泉州通达集团，江西南昌海立、中昊公司，广东蓝思科技公司，安徽滁州立讯公司，湖北仙桃健鼎公司等20余家企业，提供用工岗位20000个以上，通过包车、乘机等"点对点"向区内石嘴山工业园区、陕西BYD二厂、浙江宁波利时集团、江西南昌中昊、福建厦门天马、泉州通达、广东深圳美津等企业输送2672人（脱贫劳动力480人），向青海诺木洪、德林哈、都兰县集中输送采摘工20批797人（脱贫劳动力203人）。

【劳务对接就业】 先后与江西于都理工学院、厦门市就业局、新疆生产建设兵团第一师阿拉尔市、湖北仙桃市，自治区内石嘴山市、贺兰县、中宁县达成用工意向2300人，输出761人。

【专场招聘就业】 举办"春风行动"专场招聘会、春季高校毕业生网络招聘会、闽宁科技园专场招聘会、海原县—贺兰县劳务协作专场招聘会等5场专场招聘会，参会企业90家，提供就业岗位12233个，达成就业意向529人。

【政策带动就业】 开展劳务中介组织法人、劳务经纪人和劳务工作人员培训班，提升业务能力和服务水平，并落实2020年度劳务中介组织和劳务经纪人以奖代补政策83人，鼓励带动有组织劳务输出提质增效。

【闽宁协作就业】 建立定期互访对接工作机制，依托漳州科技学院建立劳务培训基地，开展2期基层劳务工作者、劳务经纪人、农村致富带头人巩固拓展脱贫攻坚成果同乡村振兴有效衔接素质提升培训班，共培训86人；2021年全年向福建输送务工人员957人（脱贫劳动力252人，稳定3个月以上115人）。

【落实“铁杆庄稼保”】 全县购买“铁杆庄稼保”6.88万人，完成目标任务6.88万人的100%；对接保险公司为红羊乡等19名外出就业人员赔付意外伤害险147.4万元。

【扶贫车间就业】 落实以工代训、就业补贴等扶持政策，确保帮扶车间正常运营。闽宁科技园等27家帮扶车间吸纳就业1065人（脱贫人口392人），发放就业补贴462.14万元。

【公益性岗位就业】 把乡村公益性岗位作为促进脱贫人口实现稳定就业的重要举措，按照“谁用人、谁管理、谁考核、谁负责”“按需设岗、以岗聘任”的原则，通过发布公告、个人申请、初审复审、公示审定等措施，安置农村公益性岗位563名，城镇公益性岗位150人。

【移民精准就业】 依据自治区“四大提升行动”要求，制定工作方案，成立工作专班，对全县36个移民点搬迁移民进行摸底调查，做到劳动力底数清、就业现状清、技能状况清、培训需求清“四清”底数，做好移民就业创业服务，开展移民培训550人，移民就业10975人。

【劳务奖补】 拨付各乡镇劳务奖补资金1337万元，给予脱贫户按照创收10%标准落实劳务奖补政策，共兑付5275人。

【就业培训】 全年共培训驾驶员1249人。组织“两后生”到青松、新工业等5家定点技术院校自主培训58人，技能培训个人直补143人，以工代训32人。根据乡镇摸底报送的所辖劳动力培训需求，组织培训机构根据培训需求，开展技能提升培训2000人（脱贫劳动力1498人），举办1期劳务中介组织和劳务经纪素质提升培训班，培训劳务经纪人和乡镇劳务工作人员93人，鼓励劳务经纪人带动输出。

【就业优惠政策落实】 1.落实失业保险待遇发放政策。为570人发放失业保险金328.05万元，为368人代缴基本医疗保险费41.39万元，为724人发放失业补助金268.71万元，为5名农民工发放一次性生活补助金3.67万元，为24名企业职工发放职业技能提升补贴3.6万元。2.落实稳岗返还政策。为46家企业发放稳岗返还资金57.73万元，惠及企业职工1788人。3.落实社会保险补贴政策。通过微信公众平台、乡村振兴微信群、乡村公示栏，张贴宣传材料，大力宣传社会保险补贴政策，通过到乡镇五办四中心窗口申请，落实灵活就业人员补贴政策112人。4.促进重点群体稳定就业。通过举办招聘会、企业吸纳、公益性岗位安置、自主创业等措施，安置农村公益性岗位563名，城镇公益性岗位150名。

【创业扶持】 制定了《海原县2021的农村致富带头人创业培训实施方案》，并在全区确定的定点培训机构中遴选7家培训机构承担海原县创业培训任务。全年开展SYB培训11

期330人，网络创业培训4期120人，IYB培训3期90人，共计18期创业培训540人，完成目标任务480人的112.5%；致富带头人培训17期450人。发放创业贷款571户7376万元，完成目标任务6000万元的122%，培育创业实体471个，完成目标任务的117.8%，创造新岗位1038个，完成目标任务900人的115.3%，全民创业带动就业2393人，完成目标任务1900人的125%。

（罗玉燕）

社会保险事业管理

【养老保险】 2021年，海原县基本养老保险参保人数共计31.49万人，其中城镇企业职工参保人数2.18万人，参保率100%，机关事业单位参保人数1.28万人，参保率100%，城乡居民养老保险参保人数25.11万人，参保率100%。

【失业和工伤保险】 2021年，海原县失业保险参保人数0.99万人，参保率100%；工伤保险参保人数2.33万人，参保单位422个，参保项目122个，参保率135%。

【养老保险发放】 2021年，海原县基本养老保险享受待遇人数共计49140人，发放42405.68万元，发放率100%。其中城镇企业职工享受待遇人数10833人，发放28541万元，发放率100%；机关事业单位享受待遇人数4055人，发放27963.31万元，发放率100%；城乡居民养老保险享受待遇人数34252人，发放7698.96万元，发放率100%。

【工伤保险支付】 2021年，海原县工伤保险享受待遇人数369人，支付待遇417.74万元，发放率100%。

【社保服务】 2021年，海原县社保中心全年申（补）办社保卡11851人次，制发残疾人社保卡3273人，积极推广使用电子社保卡。代发机关事业单位退休人员住房补贴3847人1005.64万元。代发机关事业单位退休人员民族团结奖3924人，人均6000元；发放企业职工民族团结奖1062人，人均600元。代发机关事业单位丧葬费74人814万元。

【被征地农民养老保险政策落实】 2021年，海原县为482名被征地农民办理了参保手续，其中参加企业职工养老保险251人，参加城乡居民养老保险的231人，征缴基金821万元。

【社保待遇提升】 2021年，海原县城镇企业退休人员月平均增资145元、基本养老金人均为2620元；城乡居民基础养老金增资5元，人均为198元；工亡职工一次性补助金从78.5万元提高到84.7万元，工亡职工供养亲属抚恤金每人每月提高了279元。

【社保基金管理风险排查整改】 2021年，海原县从参保登记、审核、复核、个人申请、户籍比对、待遇审批、人事档案、会议研究事项等进行了拉网式排查，核查企业参保职工21203人、机关事业单位参保12916人、城乡居民参保201182人、失业保险参保9816人、工伤保险参保11636人；核查基本养老保险享受待遇人数共计49143人（其中城镇企业职工享受待遇人数10700人、机关事业单位享受待遇人数4020人、城乡居民养老保险享受待遇人数34320人、工伤保险享受待遇人数103人）。通过自查发现疑点数据105条，涉及金额10.71万元，已经追回104人5.96万元，还有1

名服刑人员涉及被发放养老金4.75万元，已履行法律程序。完成自治区下发疑点数据排查6112条，涉及不当领取社保基金23.23万元，已追回23.23万元。

【社保基金安全管理】 2021年，海原县通过线上认证、线下上门服务等方式进行领取待遇人员年检资格认证，机关事业单位、城镇企业职工领取养老金人员资格已认证完成14156万人，认证率为99%；城乡居民领取养老金人员资格认证31752万人，认证率98.11%。按照凡死必查的要求，赴医院、殡仪馆、入乡村核查追回多领养老金220.35万元，涉及263人。

【社保安全宣传警示教育】 2021年，海原县成立工作专班，县乡联动，媒体介入，开展社保基金安全管理宣传和警示教育。先后张贴宣传海报750张，悬挂横幅179条，印发宣传彩页3000张；在县有线电视台、政府门户网站、海原TV、海原社保、海原人社、平安海原微信公众号等媒体大力宣传；在全县17个乡镇159个村（社区）通过大喇叭、居民微信群播放音频。

【“放管服”改革】 2021年，海原县社保中心积极推进“放管服”改革，做到社保业务马上办、网上办、就近办、一次办和简便办，打造群众满意的社保服务。做到“只进一扇门，最多跑一趟”，“让群众少跑路，让数据多跑路”。跨省转移养老保险手续，取消纸质手续，全面实行电子化转移数据；工伤待遇医疗保险费用直接在医院结算，不再来回跑路报销；联合审批局联通了村（社区）社保经办服务网络，将11项业务下沉到了17个乡镇民生服务中心和159个村（社区）经（代）办，老百姓办理社保事项实现了足不出村。

【助力乡村振兴】 2021年，海原县社保中心贯彻落实社会保险政策助推巩固脱贫攻坚成效同乡村振兴有效衔接，政府代缴27858人240.64万元养老保险费。

【服务能力提升】 2021年，海原县社保中心对县乡村（社区）经（代）办人员开展培训38场1852人次。扎实开展“我为群众办实事”实践活动，共办理提升城乡居民养老保险待遇等实事16件。2021年7月，被人社部授予“全国人力资源社会保障系统优质服务窗口”称号。

（罗玉燕）

医疗保障

【概　况】 海原县医疗保障局（简称县医保局）于2019年1月28日挂牌成立，2019年3月后人员陆续划拨到位，2021年共有24个编制，其中行政编制5名，设局长1名，副局长2名，2个行政岗位（综合办公岗和医疗保障与基金监管岗）；下设1个事业机构（医疗保障服务中心），事业编制19名。2021年城镇职工基本医疗保险参保人14116人，城乡居民基本医疗保险参保371350人。

【城镇职工参保缴费】 2021年，海原县城镇职工基本医疗保险参保单位329家，参保职工19248人，其中在职职工14116人，退休职工5132人，完成自治区下达目标任务数18000人的106.93%。缴费基数总额81528.59万元，基本医疗保险基金收入8503.11万元。

【城镇职工医保待遇落实】 2021年，海原县统筹基金支出2657.41万元,公务员医疗补助和大额医疗补助支出404.79万元,个人账户支出4173.11万元。其中职工住院3276人次,医疗总费用3177.57万元,统筹支付1867.39万元,公务员医疗补助和大额医疗补助支出385.77万元,自费568.57万元,个人账户支付134.69万元;职工门诊大病14279人次,总费用654.88万元,统筹支付369.43万元,大额医疗补助支出19.02万元,自费19.31万元,个人账户支付184.47万元;普通门诊统筹75302人次,医疗总费用1063.45万元,统筹支付145.59万元,自费79.07万元,个人账户支付854.01万元;药店购302225人次,总费用3000.24万元,个人账户支付2999.94万元;享受生育保险待遇生育医疗费用216人次,70万元;女职工生育津贴65人次,143万元;男职工生育津贴144人次,62万元。

【城乡居民参保缴费】 2021年,海原县城乡居民基本医疗保险参保缴费人数为371350人,完成自治区下达参保任务数374000人的99.29%。城乡居民基本医疗保险基金收入32600万元。

【城乡居民医保待遇落实】 2021年,海原县基本医疗基金支出20520.03万元,大病保险支付1636.81万元,其他支付(大病保险财政补助、医疗救助、扶贫保、财政兜底)4791.46万元。其中城乡居民住院45019人次,住院总费用35128.45万元,统筹支付18534.63万元,大病保险支付1636.81万元,其他支付(大病保险财政补助、医疗救助、扶贫保、财政兜底)4494.26万元,自费5997.28万元。门诊统筹460340人次,医疗总费用1442.5万元,统筹支付890.80万元,自费128.63万元;门诊大病61904人次,总费用2381.3万元,统筹支付1094.6万元,其他支付(医疗救助)297.2万元,自费186.08万元。

【医疗救助】 2021年,海原县医疗救助人员参保缴费资助人数139933人,补助资金3800万元。住院救助17485人次,住院救助资金数2289.88万元;门诊救助36320人次,支出294.14万元。

【脱贫攻坚成果巩固】 1.巩固“两不愁三保障”成果。坚持基本医疗有保障标准,统筹发挥基本医保、大病保险、医疗救助三重保障制度综合模式减负功能,做好贫困人口参保工作,建立精细化管理台账,确保2021年全县建档立卡贫困人口参保率达到100%,实现“基本医疗保险、大病保险、医疗救助”一站式结算,减轻贫困患者垫资压力。全县贫困人口总数为103487人,筛查出不属于参保范围28人,贫困人口应缴费103459人,实际缴费103459人,参保率100%。边缘户总人数为3914人,筛查出不属于参保范围15人,边缘户应缴费人数为3899人,边缘户实际缴费人数为3899人,边缘户参保率100%全。2.保持已有医保扶贫政策总体稳定,吃透“四不摘”精神实质,全面落实医疗保障政策,政府兜底保障6098人次,医疗总费用为7333.49万元,“一站式”报销6753.84万元,个人自付579.65万元,实际报销比例达到92.10%。3.建立“一站式”结算平台,使参保患者享受到快捷高效的医保结算服务。

【医保改革】 2021年,海原县人民政府常务2021年第99次常务会议精神和县人民政府下发的《海原县人民政府办公室关于印发海原县2021年城乡居民基本医疗保险门诊统筹工作方案的通知》文件精神，海原县推进医保支付制度改革，实行乡村两级门诊统筹包干，推进总额控制下按病种分值付费改革，定点医疗机构城乡居民基本医疗保险门诊统筹，门诊统筹基金遵循总额控制、预算管理、超支结余分担的原则进行结算，对各定点医疗机构的住院医疗费用进行分配和结算。

【基层监管】 2021年，海原县深入学习贯彻国务院20号文件精神，落实基金监管制度体系改革重大决策部署，持续推动改革创新，完善基金监管长效机制。1.按照自治区医保局关于《组织开展2021年全区医保基金监管集中宣传月活动的通知》（宁医保函〔2021〕76号）、中卫市医疗保障局关于印发《关于开展2021年中卫市医保基金监管集中宣传月活动实施方案的通知》（卫医保发〔2021〕21号）精神，2021年4月在全县范围内开展"宣传贯彻《医疗保障基金使用监督管理条例》 加强基金监管"为主题的集中宣传月活动，累计张贴宣传海报600多份，发放宣传折页18000份、口袋书10000本、宣传毛巾12000条，悬挂横幅100多条，设置电子滚动屏40个。2.出台了《关于开展2021年全县定点医药机构第一次现场检查全覆盖工作实施方案》，聘请第三方实行线上线下联动检查，实现定点医药机构现场检查全覆盖，加大医疗保障反欺诈工作力度，形成高压态势，进一步完善医疗保障治理体系。3.根据《自治区医保局关于中卫市部分定点医疗机构住院结算费用重复申报问题转移专办的通知》（宁医保函〔2021〕127号）精神及要求，追回重复申报违规医保基金55906.31元，并对海原县人民医院及宁南医院相关负责人进行约谈。4.根据自治区医保局《关于做好2021年全区定点医疗机构第一次现场检查全覆盖的通知》（宁医保函〔2021〕84号）和《零售药店医疗保障定点管理暂行办法》，对两定医药机构进行现场稽核核查，追回药店违规基金8948.95元。追回医疗机构违规基金1199529.14元。5.完成国家审计反馈问题整改清零，追回违规基金33518.42元。6.根据《自治区医保局关于印发〈宁夏回族自治区2021年医疗保障基金监管飞行检查暨第二次抽查范围全覆盖工作方案〉的通知》（宁医保发〔2021〕125号）要求，对自治区人民医院宁南医院、海原县人民医院进行现场检查。经核查宁南医院共计49项违规问题，涉及违规医保金额2083734.81元。经核查海原县人民医院共计53项违规问题，涉及违规医保金额2749456.75元已全额上缴中卫市财政局（社会保障基金）专户。其余飞检移交的四家定点医疗机构待核实确认后上报。

【"互联网+医保"】 2021年，海原县医保部门多措并举，全面推进医保电子凭证推广应用。1.强化组织领导，提高思想认识。成立由局长担任组长的医保电子凭证推广领导小组，印发了《关于医保电子凭证推广应用工作的通知》，组织召开了全县医保电子凭证推广暨应用培训会，强化了责任落实，要求各乡镇各定点医药机构要高度重视，将此项工作作为便民惠民重点工程，摆上重要议事日程，积极引导群众激活使用。2."线上""线下"宣传，营造良好氛围。线上通过微信群、微信公众号、短信以及宣传折页等形式，向参保人普及医保电子凭证应用范围并引导激活；线下各定点医药机构通过电子屏、条幅、展板、展架、宣传单等积极宣传医保电子凭证，并安排工作人员指引参保人激活使用医保电子凭证，着力扩大宣传覆盖面，不断提高群众知晓率。3.层层分解任务，建立工作考核机制，实行定期通报制度，对激活使用率排名靠后的乡镇实行约谈、限期整改等措施，全力推广使用医保电子凭证结算。确保2021年度医保电子凭证激活率达到全县参保人员的70%。2021年，海原县参保人数为387874人，目标激活人数为271511人，目标激活率为70%，实际激活人数为298025人，激活率76.84%。

【异地就医直接结算】 2021年，海原县落实"三个一批"工作要求，积极推进异地就医结算范围，取消备案到定点医疗机构的数量限制，取消需就医地审批盖章程序，积极推进电话申请备案、微信申请备案、互联网备案、手机App备案等多样化服务渠道。实现了区内生育医疗费用、生育津贴在医院端窗口"一站式"结算申领。从2020年10月1日起全面取消自治区内备案及转诊转院，实现"一单制结算、一站式办理"。按照自治区统一安排部署，积极推进门诊费用跨省直接结算工作，宁南医院、县人民医院、县中医院完成了门诊跨省异地就医结算定点医疗机构，完成了HIS系统改造升级，实现与全国医疗保障信息系统联网互通。截至10月11日，跨省异地备案累计1839人，直接结算888人次，门诊就诊结算267人次，住院就诊结算621人次，总费用1638.20万元，统筹支付1195.96万元，实现与全国23个省市住院及门诊费用的直接结算。

（黑晓亮）

民　政

【概　况】 海原县民政局是主管民政工作的政府组成部门，其工作职能主要有社会救助、基层政权建设和社区治理、社会事务、社会组织、行政区划与地名管理等。下设殡葬管理所、城乡居民最低生活救助管理中心、未成年人救助保护中心、基层政权建设和社区治理服务中心、3个敬老院共7个全额拨款事业单位，内设办公室、社会救助中心、行政审批和社会组织股、社会事务股、财务室5个股室。2021年，核定行政编制7名，实有6人；核定事业编制24名，实有21人。其中，殡葬管理所，核定事业编制4名，实有工作人员4人；城乡居民最低生活救助管理中心，核定事业编制15名，实有工作人员13人；未成年人救助保护中心，核定事业编制3名，实有工作人员2人；基层政权建设和社区治理服务中心，核定事业编制4名，实有工作人员2人。政府控编人员4人，政府购买服务人员25人（入户核查员21人、未保中心4人）。

【低收入人群动态监测】 2021年，海原县严格按照《民政部低收入人口动态监测和常态化救助帮扶工作指南第一版》和《海原县防止返贫动态监测和帮扶工作方案》要求，建立了乡（镇）村（居）月报告、部门数据比对和乡镇、部门联动研判的农村低收入人口监测预警机制，对出现刚性支出较大或收入骤减导致基本生活出现严重困难存在致贫返贫风险的农村低收入群体，按照民政救助政策及时纳入相应的救助帮扶范围。2020年脱贫攻坚期，全县共有27925名农村脱贫人口享受兜底保障政策。2021年，通过巩固脱贫兜底保障成果，实施低保渐退政策，全县有24938名农村脱贫人口享受兜底保障政策，较2020年下降2987人。县民政部门对全县防止返贫监测对象424户1846人（其中脱贫不稳定户140户639人，边缘易致贫户103户444人，突发严重困难户181户763人）进行摸排，在民政云系统建立低收入数据库，通过入户核查和部门数据比对，纳入农村低保246户736人（其中纳入低保的边缘易致贫户59户154人，突发严重困难户86户259人，脱贫不稳定101户323人），占监测人口的43%。对民政部反馈的未在兜底保障范围内的脱贫不稳定人口1202人和边缘易致贫人口2684人进行了全面核查，纳入农村低保487人，特困供养人员2人，临时救助458人。积极推进从“人找政策”逐步向“政策找人”精准性转变，努力让服务惠及更多的低收入人群。1—12月，新纳入低保对象3943人，高龄老人686人，特困供养对象40人，残疾人“两项补贴”2340人。对脱贫人口执行“单人保”“渐退期”“刚性支出扣除”等政策。

【低保兜底保障】 2021年，海原县城乡低保对象56880人，年发放27276.76万元，其中农村低保46521人，全年发放21143.5万元，城市低保10359人，全年发放6133.26万元，农村低保标准每人每年4560元，城市低保标准每人每月600元。农村低保A类10309人、400元/月，B类12016人、300元/月，C类24196人、240元/月，占比分别为22%、25.8%、52.2%，月人均补助289元。2020年12月农村低保对象52027人，A类对象33256人，400元/月、B类对象9986人、300元/月，C类对象8670人、240元/月，占比分别为63.9%、19.1%、16.6%，月人均补助354元。2021年新增低保对象3943人（农村低保2593人，城市低保1350人），退出9397人（农村低保8137人，城市低保1260人）。农村低保2021年比2020年底减少5506人。新增低保对象数据全部纳入低收入人口数据库，实行动态监测，对其中遇突发事件、意外伤害、重大疾病或者其他特殊原因，在享受最低生活保障后基本生活仍有严重困难的，及时给予临时救助。2021年，自治区下达海原县社会救助资金33515万元、残疾人“两项补贴”资金1859万元；截至年末，海原县发放各类困难群众救助补助资金3.37亿元、残疾人“两项补贴”2121万元（不足部分由上年结余资金兑付）。

【特困供养兜底保障】 2021年，海原县扎实做好特困供养兜底保障工作。1.精准识别特困供养对象。特困供养人员724人（集中供养241人、分散供养483人），其中建档立卡对象享受特困供养人员282人，核查取消108人，新增40人。2.提高特困供养人员基本生活费。集中特困供养人员基本生活费由原每人每月550元提高到780元，农村户籍分散特困供养人员基本生活费由原每人每月411元提高到494元，城市户籍分散特困供养人员基本生活费由原每人每月411元提高到780元。3.强化高龄老年人动态管理。全县80岁以上高龄低收入老年人3541人（80~89岁高龄老人3218人，90岁以上高龄老人323人）。80~89岁城市高龄老人基本生活费每月450元/人，80~89岁农村高龄老人基本生活费每月270元/人，90岁以上高龄老人（不分城乡）

基本生活费每月500元/人，其中建档立卡对象享受高龄老年人1091人，核查取消568人，新增686人。4.推动社会化养老服务。探索医养结合工作，推进医疗机构与养老机构建立合作机制，督导全县3家养老机构和相关医院、镇(乡)卫生院签订了医疗服务协议。积极争取有200张以上养老护理型床位的海原县阅海养老中心医养服务项目资金8万元，为批准设立的医疗机构配备相应设施设备，切实保障供养老人医疗服务。为全县28493名困难老人购买人身意外伤害保险。全县52个农村老年人饭桌和8个社区老年人日间照料中心下拨补助资金47万元，均安全运行。

【孤儿及困境儿童救助】 2021年，海原县根据《国务院办公厅关于加强孤儿保障工作的意见》(国办发〔2010〕54号)的规定，制定出台了《关于加强困境儿童保障工作的实施意见》，全面建立了孤儿保障制度，全县共有孤儿及困境儿童771人(孤儿48人，困境儿童723人)，其中建档立卡对象享受孤儿及困境儿童383人，核查取消36人，新增21人。全县共建设“儿童之家”148家，各乡镇配备儿童督导员1人，行政村、居委会配备儿童主任各1名，共159人。

【残疾人福利保障】 2021年，海原县扎实做好残疾人福利保障工作。1.开展残疾两项补贴人员的核查。全县困难残疾人生活补贴人员9492人、重度残疾人护理补贴人员5992人，其中脱贫人口享受享受残疾人“两项补贴”人员7651人。新增困难残疾人两项补贴人员2417人，取消1506人。2.提高补贴标准。困难残疾人生活补贴标准由原每人每月100元提高到110元，重度残疾人护理补贴由原每人每月80元提高到120元。

【临时救助救急救难】 2021年，海原县严格执行《海原县城乡困难群众临时救助实施办法》(海政办发〔2021〕14号)，着力发挥临时救助“兜底中的兜底”保障作用，助力解决“两不愁三保障”问题。1.强化“两不愁”兜底保障。严格执行乡镇临时救助备用金使用管理办法，建立乡镇临时救助备用金制度下拨乡镇临时救助备用金147万元，用于解决城乡困难群众突发性、紧迫性、临时性生活困难救助，有效解决困难群众遭遇的突发困境。急难性困难家庭人均救助标准不低于1200元；低保家庭人均救助标准不高于4000元，非低保家庭人均救助标准不高于3000元。2.强化“三保障”兜底保障。切实加强临时救助与扶贫政策的衔接，对因子女就学、疾病治疗等造成家庭支出较大和解决住房问题过程中基本生活受到影响的支持型困难家庭给予专项临时救助。支出型困难家庭人均救助标准不低于1800元；低保家庭人均救助标准不高于4000元，非低保家庭人均救助标准不高于3000元。3.建立主动发现机制。对收入不稳定、持续增收能力较弱、返贫风险较高的已脱贫人口，及时跟进实施临时救助，防止其陷入贫困。个人救助对象每人救助标准不低于900元；特困供养人员救助标准不高于7000元；低保对象个人救助标准不高于6000元；非低保对象个人救助标准不高于5000元。发放临时救助资金1982.18万元，累计救助困难群众20396人次，其中救助急难型40户171人，发放金额67.1万元，支出型困难家庭528户1081人，发放临时救助226.9万元。

【村(居)换届选举】 2021年，海原县圆满完成148个村、11个城市社区村(居)委员会换届选举工作。参选率达92.34%,选举产生村(社区)"两委"成员802名。村"两委"班子成员平均年龄由换届前的49岁降到41岁,大专以上学历村干部158名,比例由9.5%提高到21.3%;114个村党组织书记、主任实现"一肩挑",占77%;女性村委会委员166名,占35.4%,女性主任20名,占13.5%。社区"两委"班子成员平均年龄由换届前的42岁降到34.3岁,大专以上学历干部比例由45%提高到72.1%,女性居委会委员占40%,全部实行"一肩挑"。

【"55124"村级治理和民主自治模式】 2021年,海原县积极推进村民代表会议制度"55124"村级治理和民主自治模式。以"五步工作法"为统揽夯实制度基础,以"五联记录表"规范会议程序和记录,以"一份议事清单"规范决议内容,以"乡村两级监督"确保工作合法合规,以"四级联动督导"推动工作落实。进一步加强农村基层党的建设、推进基层治理、转变干部作风、化解矛盾纠纷、公平落实政策等方面,都起到了积极的促进作用。

【基层治理能力建设】 2021年,海原县印发了《海原县关于落实完善县域社会治理体系提高治理能力的实施意见》《2021年海原县基层政权建设和社区治理工作要点》,挂牌成立了海原县基层政权建设和社区治理服务中心,核定全额预算事业编制4名,将社区办公、服务群众和社区建设等各项经费纳入财政预算,进一步夯实了保障机制。将基层政权与社区治理领导小组调整为县委议事机构,完善了社区治理联席会议制度,县委常委会研究社区治理工作2次,召开了社区治理专题会议2次,形成了党委领导、政府主导、服务制度完善、自治形式丰富、公共设施健全、多方参与共同治理的社区治理体系。

【党建引领社区工作】 2021年,海原县在社区工作中突出了党建引领作用。1.建立了"街道党工委+社区党支部+功能性党小组+党员先锋岗(模范户)"党建网络,和"社区党支部书记+兼职委员"联合党委组织体系,制定了社区治理"一书三单",签署了共建共驻协议书81份,调动了各方工作力量参与社区治理。2.推行社区党组织书记、居委会主任"一肩挑"和社区"两委"班子交叉任职,在街道办成立综合党委统筹管理辖区非公经济组织和社会组织党建工作,构建了"红色业委会—红色物业—红色新兴经济组织"的横向治理体系。3.打造了集基层党建、社会治理、民生服务于一体的"全科网格"。截至年末,11个社区划分105个网格(其中街道办90个,三河镇15个)。

【社区队伍建设】 2021年,海原县优化了社区队伍。1.核增"两委"人员。核增城市社区"两委"成员6名(其中建设社区4名,黎明社区2名)。增核后城市社区"两委"成员总数由以前的55名增加到61名。全县11个社区"两委"班子成员平均年龄由换届前的42岁降到34.3岁,大专以上学历干部比例由45%提高到72.1%,实现了学历年龄"一升一降"的目标,居委会女性比例达到了40%。2.充实专职人员。面向社会公开招聘社区工作者17名,社区工作者薪酬最低达到3700元。招聘专职网格员62人,薪酬月标准从400元提高到2960元,其他网格员由社区"两委"成员兼任。3.建设志愿者队伍。年末,有党员志愿者服务队、环境卫生志愿者服务队等20支志愿者服务团队。4.整合法治队伍。全县11个社区全部配备了1名社区民警，形成了综治、警务专干、网格员、物业保安联动新格局。

【物业服务管理】 2021年，海原县制定了《海原县物业服务企业信用等级评定暂行办法》，小区物业服务管理由住建部门移交社区管理，由社区对物业公司进行监督指导。截至年底，街道办58个小区，其中21个小区由物业公司管理（6个小区成立了业主委员会），37个小区物业自行管理。

【社区服务】 2021年，海原县制定了《全县“社区万能章”治理专项行动暨基层减负工作实施方案》和《海原县城市社区管理和服务职责事项清单》，开展了“社区万能章”治理及基层减负工作，重点对“摸排清理”、“清单管理”和“清理规范标牌”等工作进行了清理和规范，有效减轻了社区负担。

【共商共建机制】 2021年，海原县建立完善了街道、社区、居民小区三级党建联席会议制度，深化“四议两公开”、民主议政日等议事决策制度，开展了社区居民走访活动，重点围绕社会治理、民生、环境等方面的事项，11个社区开展协商活动265次，参加协商人数达4100余人，调处矛盾纠纷174起，解决实际问题162起。

【宗教场所登记管理】 2021年7月，海原县对符合法人登记条件的宗教场所完成正式登记工作，发放宗教活动场所法人登记证书。积极参与民族团结示范县创建活动，南苑社区被自治区评为民族团结先进模范社区。

【社团登记管理】 2021年末，海原县登记各类社会组织46家（其中社会团体23家、社会服务机构23家），备案255家。1.完善社团党建工作体制。加大社会组织建立党的组织，开展党的工作，县民政局安排党建指导员16名，每人承担2~3家社会组织党建帮建工作，实现党的组织和工作全覆盖。全县无非法社会组织、无非法集资现象。2.强化社会组织管理。制定了《海原县社会组织主要成员联审办法》，严把社会组织审批登记入口关，选优配强社会组织班子成员。3.严格落实打击整治非法社会组织工作。印发了《海原县打击整治非法社会组织专项行动方案》和《海原县社会组织领域开展系列专项治理活动实施方案》，确立了行动目标，明确了打击整治对象。4.开展社会组织专项整治与法律法规培训。召开了社会组织领域专项整治工作推进会，并进行法律法规培训，切实提高了社会组织负责人专业素养。5.加强部门联动。联合县委政法委、县公安局等部门对海原县7家社会组织进行联合执法检查，针对存在的问题向社会组织书面告知限期30天内进行整改。

【儿童福利院转型发展】 2021年，海原县根据民政部等十四部委《关于进一步推进儿童福利机构优化提质和创新转型高质量发展的意见》（民发〔2021〕44号）精神，结合“护童成长”项目，以促进儿童福利机构高质量发展为目标，推进儿童福利机构优化提质转型，实现高质量发展，充分发挥儿童福利机构资源优势，切实保障儿童权益。完成儿童福利院提质转型为海原县未成年人保护中心。

【“护童成长”试点项目】 2020年8月，海原县被民政部儿童福利司、联合国儿童基金会确定为全国四省（自治区）九（市县）“护童成长”试点县之一。经2021年5月17日第13次县委会常委会会议研究决定，海原县成立了由县委书记任第一主任，县长任主任，县委副书记任常务副主任，分管副县长任副主任，县委组织部、县委宣传部、县公安局、县检察院、县法院等26个部门为成员单位的海原县未成年人保护工作委员会，明确了成员单位的职责，初步建立了海原县未成年人关爱保护联席会议制度，为项目实施提供了坚强保障。

【婚姻登记管理】 2021年，海原县通过印发宣传彩页、开展网络媒体宣传等多种手段进一步加大《中华人民共和国民法典》等法律法规宣传。自2021年1月1日起，严格按照《中华人民共和国民法典》等法律法规要求，加强婚姻登记规范办理，坚决执行“五不办，一冷静”。开设海兴开发区政务大厅增设婚姻登记窗口，自2021年6月1日起开始办理婚姻登记业务，使三河镇、李旺镇、九彩乡等8个乡镇群众“少跑路、就近办”。增设海原县婚姻辅导室，协同司法部门、妇联参与婚姻关系调解，加大婚姻家庭矛盾纠纷化解工作力度，有效降低离婚率。同时在县城设立婚姻辅导室，提供培训辅导，提高婚姻登记人员的法律法规意识、责任意识和安全意识。截至年末，办理结婚证2728对，补办结婚证2197对；办理离婚证432对。

【殡葬专项治理】 2021年，海原县严格按照《海原县殡葬管理办法》和《海原县城区公益性公墓管理办法》规范墓地规划和公墓墓位，实行统一管理，做到殡葬服务公开透明，积极开展殡葬领域突出问题专项整治“回头看”工作。全县公益性公墓均实行零收费，无墓地硬化现象。针对汉民公墓殡葬服务设施不能满足服务需求，烧纸设施简陋，服务室内无取暖设施等问题，均列入清单并抓好整改完善。

【婚丧习俗改革】 2021年，海原县印发了《关于成立村(居)红白理事会有关工作的通知》(海民发〔2021〕35号)，会同乡镇指导各村委会修订完善了红白理事会章程，对全县各乡镇婚丧习俗改革工作进行督查，有力推进了全县婚丧习俗改革发展。

【地名管理】 2021年，海原县完成第二次地名普查档案整理工作。以“记住乡愁传承地名文化”为主题的地名文化进社区工作有序推进。完成开展地点选址和前期普查工作，试点工作拟在老城区街道办幸福社区推进。清理整治不规范地名工作持续推进，完成标准化地名审批5次。协同西吉县民政局制定了《西吉县、海原县行政区域界线联合检查实施方案》，做好行政区域界线联合检查相关准备。

【民政项目建设】 1.海原县三河镇养老院养护楼及附属项目主体建设已完成。该项目附属工程管网、硬化等已全面完成；附属工程绿化因疫情影响待2022年春季完成，并按规定三年养护期验收。2.海原县殡仪服务中心项目已完成全部建设任务，完成主体和消防验收。3.海原县农村老年人饭桌项目，白吉村、韩府村老年人饭桌已建设完成并配备设备，交付使用。4.海原县团结社区日间照料中心项目。该项目是自治区财政厅、自治区民政厅2020年下达的建设项目。根据2020年3月30日召开的县长办公会议研究(海原县县人民政府县长办公会议纪要第1次)，团结社区老年人日间照料中心在粮鑫花园二期项目中规划建设，纳入社区整体规划建设。截至年末，建设用地未得到落实，致使该项目未建设完成，需重新选址或划拨在2022年建设完成。

【福利机构安全生产】 2021年，海原县建立健全各项规章制度，把安全生产工作列入重要议事日程，严格落实一把手责任制，按照“谁主管、谁负责”的原则，落实监管责任人，负责检查、督促、落实安全生产工作，并与各股室（中心）、各社会福利机构逐级签订安全生产责任书。截至年末，县民政部门先后10次学习自治区市县有关安全生产文件精神，15次安排部署安全生产工作。认真贯彻落实“中卫市安全生产电视电话调度视频会议”和“海原县安全生产会议”精神，民政部门成立3个隐患排查整改小组，对福利机构、项目建设、婚姻大厅、会汉公墓、流浪乞讨遣送、局机关和社会组织进行安全隐患排查。

（李彦彪）

退役军人事务

【概　况】 海原县退役军人事务局于2018年11月29日挂牌成立，整合县民政局退役军人优抚安置职责、县人力资源和社会保障局军官转业安置职责，主要负责军队转业干部、复员干部、退休干部、退役士兵移交安置工作和自主择业退役军人服务管理、待遇保障工作；负责组织开展军人教育培训、优待抚恤和指导拥军优属工作；负责烈士、退役军人荣誉奖励和军人公墓维护纪念活动；负责“双拥”工作。县退役军人事务局设局长1名，副局长2名，核定行政编制5名。下设海原县退役军人服务中心一个事业单位，核定编制8名，设服务中心主任1名。办公地点在海原县政府北街。

【服务保障】 2021年，海原县紧盯“乡镇服务站单独设立”“提高工作人员到位率”和“建立专项经费保障制度”等影响制约体系建设发展的重点、难点问题，主动对接协调相关部门加以研究解决，全面推动落实退役军人保障工作责任制和考核评价制度。持续巩固和深化“五有”“全覆盖”成果，不断提升标准化和规范化建设水平。坚持精准靶向用力，用心用情服务，对照年度工作任务和上级有关部署要求，推进做好退役军人就业创业、优抚帮扶、走访慰问、权益保障等工作体系建设，进一步提升服务保障水平。

【就业安置】 2021年，海原县公开透明规范操作，全力做好就业安置工作。坚持公正公平公开“阳光安置”，安置率100%。统筹推进学历教育、职业技能培训，开展线上线下招聘服务活动，推送招聘信息36次，提供各类用工岗位。帮助困难退役军人解决就业、住房等问题，联合县税务局开展“减税降费”活动，助推退役军人创办经济实体，吸纳退役军人就业。

【优抚优待】 2021年，海原县申报审批新增优抚对象，提高优抚对象生活和医疗保障待遇，下达优抚经费、医疗补助金、残疾军人护理费，解决享受国家定期抚恤补助的优抚对象住院医疗补助金，为重病困难退役军人申请老兵关爱基金会医疗救助金，为困难退役老兵子女提供助学金，为优抚对象免费进行健康体检，切实增强了退役军人及优抚对象获得感、幸福感、荣誉感。大力开展全国示范型退役军人服务站创建工作，圆满完成剩余服务中心(站)创建任务。退役士兵社保接续全部完成，完成率100%。组织优抚对象赴河北石家庄短期疗养。联系公益组织，开展退役老兵测听筛查，免费配置助听设备；联系社会组织，为困难退役军人捐赠棉被、牛奶、老年手机。

【烈士陵园建设】 2021年，海原县成功申报牌路山烈士陵园改扩建项目，总投资998.71万元，争取中央资金903万元，县级配套资金95.71万元。

【褒扬纪念】 2021年，海原县为烈属、军属和退役军人等家庭悬挂光荣牌。排查散葬烈士墓4座，2座迁入烈士陵园，2座原地修缮维护。先后开展"清明祭英烈"和"烈士公祭日"公祭活动，县四套班子成员、社会各界代表2000余人参加。结合党史学习教育，邀请参战人员到各乡镇、机关事业单位、学校开展宣讲活动5场次。举办政府开放日活动，邀请优秀退役士兵、劳动模范、先进双拥模范人物及社会各界代表走进机关了解、监督退役军人工作。开展第21个国防教育日活动，大力宣传国防知识及相关法律法规，增强全民国防观念。1名退役军人获全国退役军人服务中心(站)"百名优秀主任(站长)"称号。

【"双拥模范县"创建】 2021年，海原县成功创建自治区"双拥模范县"，全面启动新一轮创建工作。召开全县双拥工作领导小组会，开展走访慰问、"八一军事日"打靶、关爱功臣等活动，增进军政军民团结。全面落实"四尊崇""五关爱""六必访"制度及常态化联系退役军人制度，邀请退役军人参加烈士公祭等重要庆典和纪念活动。县领导看望慰问海原县集训民兵，发放慰问品2万元。春节、八一期间走访慰问驻地部队、消防救援队，现役军人家属、出国作战健在党员家庭、优抚对象及困难退役军人家庭，发放慰问金，各成员单位和乡镇根据实际自行开展了走访慰问活动。慰问"二等功"现役军人家庭1户5000元、"三等功"现役军人家庭22户2.2万元，为"四有士兵"家庭送喜报31份，营造了尊重关爱功臣模范的良好社会氛围。举办2021年"双拥在我心、军地一家亲"专场文艺演出，印发宣传材料3000余份，制作宣传展板3块，营造了浓厚的拥军优属氛围。医院、车站、服务大厅等公共服务机构和场所为退役军人提供优先服务。

【政策法规宣传】 2021年，海原县深入开展"法律法规政策落实年"活动，召开《中华人民共和国退役军人保障法》学习宣传贯彻动员会和"法律政策落实年"启动会，制定工作方案和宣传办法，组织开展专项学习培训。中国共产党成立100周年、八一、"宪法宣传日"等重大节日活动期间宣传教育形式多样，通过悬挂横幅、现场咨询、发放宣传资料、展板展示等方式，大力宣传《中华人民共和国宪法》《中华人民共和国民法典》《中华人民共和国退役军人保障法》《军人抚恤优待条例》《退役士兵安置条例》等相关法律法规，常态化开展退役军人政策法规"五进"活动，在全社会营造了尊法、学法、知法、用法和尊崇退役军人的良好氛围。

【党建引领】 2021年，海原县退役军人事务局打造党建"红色品牌"，争创优秀基层党组织。以"让军人成为全社会尊崇的职业"为奋斗目标，充分发挥党支部的战斗堡垒作用和党员先锋模范作用，以"七心"(抓好教育管理、让退役军人忠心，抓好阵地建设，让退役军人暖心，抓好政策落实、让退役军人舒心，抓好优抚保障、让退役军人开心，抓好权益维护、让退役军人放心，抓好创业就业、让退役军人宽心，抓好褒扬纪念、让退役军人热心)为抓手，以心换心，心心相印，打造"红色传承、情暖老兵"党建品牌。把退役军人党员有效纳入基层党组织进行管理，多名退役军人进入"兵委员"队伍。2021年局党支部被县委评为优秀基层党组织。

【巡察整改】 2021年，海原县退役军人事务局对县委第三巡察组提出的反馈问题，实行督导推进，强化跟踪督办，做到立行立改，确保件件有着落，事事有回音。通过公文发函和设立意见箱广泛听取意见，认真检视反思，把问题找实，把根源挖深，切实把问题解决好。共收到意见反馈13条，收集到意见建议2条。

【助力乡村振兴】 2021年，海原县退役军人事务局围绕乡村振兴，争创文明县城创建等重点工作。一是按照县委组织部的工作安排，选派一名熟悉农村工作、富有基层经验、善做群众工作的党员干部为乡村振兴驻村工作队队员，进驻李旺镇马莲村开展乡村振兴工作，局党组(班子)、党组书记经常到联系村与驻村工作队队员谈心谈话，了解思想动态和工作情况；二是落实一名工作人员负责"创城"工作，坚持"周五"全体干部职工卫生大扫除活动，全力配合县创城办争创自治区卫生县城，引导全体干部职工讲文明、讲卫生、讲礼貌，遵纪守法，自觉维护大院及责任区的秩序和安全，不得在大院内乱倒垃圾、乱丢脏物，及时对责任区破损和污损公益广告进行全面清理、更换。

(马晶晶)

审批服务

【概　况】 海原县审批服务管理局(简称县审批局)于2019年1月25日挂牌成立，为海原县政府组成部门。核定行政编制5名，实有工作人员5人。管理的县政务服务中心为副科级事业单位，核定事业编制8名，实有工作人员8人。政务服务中心下设县城政务大厅、海兴政务大厅、车管所分厅及17个乡镇、1个街道办和1个管委会的19个民生服务中心、159个村(社区)民生服务代办点。县城政务大厅办公场所设在县人社局大楼一、二层，约2000平方米，共进驻全县40家单位，设置65个窗口，进驻工作人员146人；海兴区政务大厅使用原财政局大楼，共3层，建筑面积2400平方米，设置35个窗口，进驻单位35家，进驻工作人员55人，主要服务海兴开发区企业及周边的三河镇、七营镇、李旺镇、高崖乡、郑旗乡、李俊乡、九彩乡、甘城乡共8个乡镇。

【行政审批制度改革】 1.规范"四级四同"事项。按照"四级四同"的要求，公布县级政务服务事项主项790项、办理项1418项，不见面办理事项1149项，不见面办理率为81%。2.政务服务事项进驻。按照"全集中"的服务理念，将涉及企业和群众办事的34个部门的1418个政务服务事项和公共服务事项整合到政务大厅办理，进驻率为92.5%，为企业和群众办事提供便利，基本实现了“进一扇门，办成一揽子事”。3.政务服务人员进驻。各部门（单位）重新选派业务精、能力强的正式在编人员202名进驻大厅。4.“三减一提升”。以“环节最少、程序最短、效率最高、服务最忧”为目标，实现事项承诺办结时限比法定办结时限整体压缩减少30%以上。5.强化人员培训。聘请专业人员每天下午利用半个小时时间对窗口人员进行业务、礼仪、服务等方面的培训，有效提高了服务质量。

【“一窗受理、集成服务”】 1.以宁夏行政审批与公共服务平台为基础，按照“统一收文、按责转办、后台审批、统一出件”的工作模式，建设了海原县一体化在线政务服务平台，将21个部门（单位）的615项政务服务事项纳入一窗综合受理系统，通过政府购买服务的方式，招聘15名前台综合受理专职人员，负责21个部门（单位）的政务服务事项的咨询、受理、收件、传递、出件、进度跟踪等工作，做到了“前台综合受理、后台分类审批、统一窗口出件”，解决了办事群众在多个窗口来回奔跑，减少了群众等候时间，均衡了窗口工作人员的压力，工作效率不断提高，前台与后台审批联动，审批服务信息实时流转、共享。截至年底，一窗受理共办理149349件，同比2020年大幅度提升。2.在一窗综合受理系统基础上延伸，推行“一件事一次办”。围绕企业群众办事创业关联度、关注度高的事项，梳理出海原县11件主题21项“一件事一次办”事项，进一步整合优化申请材料。设置“一件事一次办”窗口1个，将涉及工商领域的办理事项深度融合，凡“一件事一次办”所涉及的餐饮、商店证件办理等事项，均在一个窗口受理，同一材料不再重复提交。3.梳理海原县“跨省通办”事项114项，设置窗口1个，2021年完成“跨省通办”事项108件。

【宁夏政务服务“一张网”应用】 1.按照一体化在线平台相关标准规范，将各部门（单位）分散的政务服务资源和网上服务入口全部整合接入宁夏政务服务网，先后动态调整取消、下放事项5次，做到了网上服务信息准确、规范、有效，线上线下标准统一，实现各部门、各渠道发布的政务服务事项数据同源、同步更新。2.按照统一网络支撑、统一身份认证、统一电子证照、统一电子印章、统一数据共享要求，除法律法规规定或涉密事项外，所有政务服务事项全部纳入宁夏政务服务网办理，同一事项在不同层级、不同区域办理的标准、形式、要件、时限等要素保持统一，网办率为85.8%以上。

【电子证照系统应用】 1.加强培训，提高水平，按照“谁颁发，谁录入”的原则，对涉及证照录入、审核的工作人员集中进行培训，并针对复杂问题进行“一对一、手把手”专项辅导，及时解决录入过程中遇到的疑难问题，确保保质保量完成电子证照的录入工作。2.强化监督，落实到位。将电子证照录入工作纳入考核，对办结证照数量做好统计，要求办结的证照及时生成新的电子证照，加强对电子证照录入情况监督检查，保证入库的证照数据准确、齐全有效。2021年，海原县电子证照入库29388件，位居全区第一。

【政务服务“好差评”制度运行】 出台了《海原县政务大厅窗口人员管理办法》和《海原县政务大厅窗口工作人员考核实施细则》。建立问责机制，把督查、抽查贯穿于推行“好差评”制度始终，加强对进驻部门窗口的日常巡察和不定期检查，坚持“以改促进”，对服务评价连续排名靠后的工作人员限期整改，对整改不力或造成不良影响的，按照有关纪律规定追责问责，推动政务服务质量不断提高，群众满意度大幅度提升。全年“好差评”222047条，线上评价率81%，线下评价率99.7%，满意率100%，评价数位居全区前列。

【推进基层综合服务能力落实】 1. 印发了《海原县推进基层审批服务便民化改革工作方案》，按照“三规范、七统一”和“十个一”要求完成了全县17个乡镇民生服务中心、159个村（社区）民生服务中心代办点标准化建设。2. 乡镇民生服务中心整合设置2~5个综合受理窗口，全部按照“正式干部+条线辅助人员+其他人员”模式配备到位。村（社区）民生服务代办点设置1~2个综合窗口，代办员全部由村两委班子成员担任。3. 按照“利于服务、便于管理”的原则，将民政、社保、卫健、就业创业、退役军人事务等123项便民服务事项进驻乡镇民生服务中心集中办理，将设立市场监管所、税务所的乡镇事项进驻所在乡镇民生服务中心办理。按照“就近办”原则，将民政、残联等部门48项事项集中在村（社区）民生服务代办点办理。通过基层整合审批服务便民化改革，乡镇办件大幅提升。全年乡镇民生服务中心办件量65827件，村（社区）民生服务代办点办件量37681件，两项办件指标均居全区第一。4. 抽调专业人员，联合社保、民政、残联等8个部门业务骨干对乡镇民生服务中心工作人员及村（社区）代办员、自然村网格员采取送教上门、集中学习、分片指导的形式进行培训。5. 建立民生政务服务群和村级代办群，抽调2名工作人员每天通过远程监控、远程指导，提升基层办理人员业务水平，实现了“大事项审批不出乡、小事项审批不出村”的服务格局。

【“我的宁夏”App应用】 在“我的宁夏”政务App公布海原县可办医疗社保、出生养老等重点领域更多便民利企事项“掌上办”事项549项，可办理和查询的公共服务事项41项。将电费、水费、信息查询、就医等服务事项已经纳入“我的宁夏”App“云天中卫”地方特色专区，并在县城大厅、海兴区大厅及各个民生服务中心配备专人，为办事群众介绍“我的宁夏”政务App基本功能，使办事群众能够当场清晰地了解认识并下载使用该App。年末，“我的宁夏”App注册量已超过28.3万人，县、乡、村三级“不见面”网上办件13.8万余件。

【“互联网+监管”推进】 对涉及县级行政检查、行政强制、行政处罚等权责的25个部门（单位）进行了多次上门指导培训，全县监管事项主项547项，已覆盖397项，覆盖率72.58%，位居全区前列。使用双随机系统部门12个，占比48%。使用移动监管App部门13个，占比52%，使用通用执法系统部门16个，占比64%。

【政务服务环境优化】 投资212万元，优化调整大厅区域功能，采购电脑70台，打印机36台，统一制作工作制服118套，配备了自助终端设备、查询机、呼叫机等，提升了政务大厅整体形象。投资180万元，改造原财政局办公楼为海兴区政务大厅，为海兴区企业和三河镇、李旺镇等8个乡镇的群众办事提供便利。投资170万元，按照“三规范、七统一”标准，全面改造提升民生服务中心17个，有效解决群众就近办事需求，实现群众“办事不出乡镇”。投资238万元,按照“十个一”的标准,全面改造159个村(社区)民生服务代办点,实行村两委班子成员坐班制,代办就业、社保、残疾等48项便民业务,实现了老百姓办事“不出村”。

【创卫工作】 按照县委、县政府要求,坚持每天巡查检查,每周评比及周五卫生大扫除整治活动。张贴床位宣传海报180张。在大厅室内外3个电子屏输入创卫宣传标语36条,每天上班期间滚动播放。悬挂横幅60条。每周五组织全体干部职工开展创卫集中整治活动,清扫清理大厅停车场及两侧绿化带垃圾。在大厅停车场安排专人对前来办事人员车辆引导规范停放,并对共享单车整齐摆放。

【机关党建】 研究制定党建工作要点,明确了党建工作任务清单,做到党建工作与业务工作同部署。推进“三强九严工程”,严格学习落实机关党建“九项基本制度”,共开展理论学习中心组学习18次,党员干部集中学习54次、党员大会6次、主题党日活动12次、党组书记讲党课3次、班子成员讲党课2次、交流研讨20次。领导班子成员参加各类领导干部培训班2期,党务工作者参加县委相关单位组织的培训2期。

【党风廉政】 扎实开展“廉政警示教育周”活动,在窗口服务领域开展“小鬼难缠”“中梗阻”集中整治活动,集体提醒约谈审批局及窗口人员243人次。建立完善领导干部廉政档案,严格落实“制度+巡查+电子监察+通报+派驻单位协管”管理模式,持续改进工作作风,提升政务服务效能。

【意识形态】 严格落实意识形态会商研判、风险防控、管控处置、追责问责等制度。专题研究意识形态工作2次,每季度对县政务大厅、“12345”政务服务热线、微信公众号等领域风险点进行排查。始终做好网站和政务“两微一端”新媒体文件、信息发布保密审查和内容审核,未发生网络舆情问题。全年在微信公众号发布信息65条,在宁夏政务服务网发布信息7条。

(县审批局)

机关事务服务

【概　况】 海原县机关事务服务中心,为县政府直属正科级事业单位。主要职责是:1.负责按相关规定做好县四大机关公务接待的事务性工作和县级领导重要公务活动的后勤保障;2.负责县四大机关大院的安全保卫、环境卫生、绿化美化、通信保障、水电供应和生活服务设施等的管理。负责做好县级干部公寓的管理和服务;3.负责县委、县政府召开的重要会议、重大活动的后勤保障工作,参与全县性大型会议、重大活动的后勤保障工作;4.承担本级党政机关办公用房和公寓的权属、调剂、使用监管,清查登记维修等工作。拟订党政机关办公用房管理相关制度,指导监督各乡镇、部门党政机关办公用房管理工作;5.负责公务车辆管理、调度等工作;6.负责全县公共机构节能宣传、教育和培训,普及节能科学知识工作;7.完成县委、县政府交办的其他工作任务。内设综合办公室、公务接待室、公务用车服务中心,核定事业编制12名,聘用编制1名;核定主任1名(正科级),副主任(副科级)2名。

【公务接待】 1.认真落实中央八项规定精神，严格按照中央、自治区、市若干文件精神，严格接待审批程序、接待范围、接待标准，不断强化和规范公务接待工作。2.以公务接待规范化、标准化为切入点，树立“细节决定成败”的理念，从细处着手、小处着力，用心用力用情做好每一项任务、每一个环节、每一个细节，真正于细微之处见真情，在细节之间显水平。3.按照“确保安全、热情周到”的原则，落实疫情防控各项措施，统筹谋划，主动作为，提前对酒店公共区域及客房做好消毒工作，配备酒精、消毒液等防护用品，放置“温馨提示”牌，要求所有服务人员规范佩戴口罩、手套上岗，确保安全有序，全力做好公务接待保障工作。4.新建机关餐厅，实行对外承包形式，严格按照要求挂网进行招标。5.全年共完成公务接待400批次，圆满完成了自治区政协来海原“推进我区黄河文化传承彰显区建设”专题调研、石嘴山市委常委、统战部部长王正儒到海原考察学习民族团结进步创建等方面的亮点和做法、自治区党史学习教育第三巡回指导组到海原对党史学习教育工作开展情况进行督导以及市委党委会集体党日活动等大型公务活动的接待及后勤保障服务工作。

【公务用车管理】 1.制定了《海原县机关事务服务中心公务用车管理制度(试行)》，从油料管理与节能降耗、车辆维修保养管理车辆审验、保险管理、公务用车申请使用、车辆安全检查、车辆事故处罚制度、公务车辆档案管理等7个方面进行规范，同时安排专人负责对公务车辆信息进行整理归档，一车一档，录入电子信息，实现车辆的动态管理。2.制定了《海原县机关事务服务中心司勤人员管理制度(试行)》，严格落实定人定车，人随车动的运行管理机制，切实规范了司勤人员日常出车的程序，提高了司勤人员的思想素质，确保了行车安全，提升了车辆保障服务水平，做到了用制度规范，用制度管理，从根源上杜绝违规违纪现象的发生。全年为全县提供了车辆保障服务共计3838车次，车辆安全行驶共计845651公里。

【办公用房管理】 完成了2021年的全县党政机关办公用房信息统计报告工作，进一步提升了办公用房管理的信息化、标准化和规范化水平。

【公共机构节能】 1.对全县2020年节水型公共机构事业单位的创建结果进行公示、总结，鼓励验收通过创建成功的单位将节水工作形成长效机制，督促未通过验收的公共机构认真研读《海原县2020年节水型公共机构事业单位创建活动实施方案》，并做出整改。2.联合卫生和教育部门开展了2020年度能耗数据审核工作，对全县公共机构、卫生、教育系统的水、电、油等能耗数据进行整合上报，完成了海原县能耗目标任务。3.及时对全县2021年需进行节水型公共机构创建的单位下发创建目标及任务要求，目前各单位均已成功创建为节水型公共机构。4.着力抓好节约型机关建设，按照《自治区机关事务管理局 发展改革委 财政厅关于印发〈宁夏回族自治区节约型机关创建行动方案〉的通知》，对县本级25家创建节约型机关任务单位开展现场检查验收，其中22家单位顺利通过市级验收，成功创建为海原县第二批节约型机关单位；同时推进宣传教育工作，引导干部职工养成环保节约习惯，带动形成崇尚生态文明、践行绿色发展等工作，以世界水日、中国水周宣传活动为契机，开展世界水日、中国水周宣传活动，共发放张贴宣传资料500余份，发放宣传袋1000余个。5.开展全国公共机构节能第八期培训工作，已将任务下发至各单位，并督促各单位节能工作人员准时参加线上培训。

【后勤保障】 进一步规范会议服务，安排4人专门负责会场服务工作，截至年底，累计服务会议90余场次，实现了受理会议登记无差错、会议音响和视频效果无差错、会议服务无差错的目标。

（田荣格）

信访接待服务

【概　况】 海原县信访局为海原县人民政府办公室所属挂牌机构，核定行政编制4人，事业编制5人，2021年实有行政编制4人，事业编制3人。2021年，海原县信访形势稳中向好，信访总量388件（批）539人次，同比下降15.56%，人次下降7.71%，呈现“四降一提升”态势：国家登记海原县信访事项61批（42件重复件），同比批次下降46.02%；自治区登记海原县信访事项投诉43批，同比批次下降2.27%；中卫市登记海原县发放投诉事项25批，同比批次下降16.67%；县信访局登记投诉256批，同比批次下降17.15%；信访件“三率”（及时受理率100%、参评率99.26%、满意率99.26%）较上年有所提升。海原县信访局获全国信访工作先进集体称号，海原县获全国信访工作示范县称号。

【领导包抓】 2021年，海原县委、县政府主要领导高度重视信访工作，先后召开2次县委常委会会议、3次县政府常务会议研究信访工作，县委、县政府分管领导先后主持召开12次信访工作联席会议专题研究部署信访工作，县四套班子领导“坐诊”县信访大厅，接待来访群众186批245人次，做出批示32次，主动包案认领疑难信访件，亲自上手、现场督办，成功化解重点信访事项41件，做出示范榜样、发挥引领作用。

【“治重减积”攻坚行动】 2021年，海原县把集中治理重复信访、化解信访积案攻坚行动纳入重点工作安排，成立以县委分管领导任组长的领导小组，扎实开展专项行动。各乡镇（街道、种羊场）各部门精心安排部署、抓好各项工作落实，按照属地管理、分级负责，谁主管、谁负责的信访原则，在攻坚克难、破解难题中担当作为，在善解民忧、为民服务中尽职尽责，坚持减存与控增并重，最大限度减少问题产生和积累，实现“解决问题、帮扶救助”一体化推进。全县重复信访下降趋势明显，同比下降47.71%。国家级两批交办件已解决95%。

【信访督办】 2021年，海原县严格落实“双包保、两见面”“领导包保化解‘五定’方案”“三到位一处理”等行之有效的措施办法，坚持问题导向、结果导向，对标“事要解决”目标，建立“七个一”工作机制，成立专项督导组，加强跟踪督办，强化清单管理，对思想不重视、落实信访责任不到位的2个乡镇通报批评，现场督办6批次，下发督办函80余份，网上督办170件次，及时传导压力，倒逼问题解决。

【信访源头化解】 2021年，海原县深入应用

“人民调解+仲裁+信访”纠纷治理模式，通过关口前移、重心下移，源头预防、前端治理。全面整合了综治、信访处所、治安保卫等人员力量，实现城乡社区网格化管理全覆盖。完善社会矛盾纠纷多元预防调处化解综合机制，加大初信初访和矛盾纠纷化解力度，采取定点接访和带案下访，把信访服务送到群众身边，努力实现“小事不出村、大事不出镇、矛盾不上交”。

【机制创新】 2021年，海原县探索信访制度改革和机制创新，通过信访矛盾多元化解“圆桌”模式，推进乡镇(街道)信访工作联席会议制度全覆盖，进一步畅通和规范群众诉求表达、利益协调、权益保障通道，扩大了信访工作的外延，形成了“统一领导、部门协调、齐抓共管、互通信息、密切配合、互相支持、强力化解”的大信访格局。建立了“随投随访和办结回访机制”，形成了受理办理更加透明规范、回复回访快速友好、解决问题及时高效、服务决策精准有力的网上信访工作新格局。

【重大活动期间信访工作】 2021年，海原县在中国共产党成立100周年等重大活动期间，结合海原县实际全面安排部署，强化责任担当，细化矛盾排查，加强预警监测，实现信息共享，形成工作合力，精心部署每个环节的工作，切实做到形势掌握清楚、人员值班在位、信息报送灵敏、情况处置及时，圆满完成信访工作，多次受到自治区通报表扬。

【“三大专项行动”】 2021年，海原县聚焦大督查大接访大调研、全国信访工作示范县创建、寻找最美信访干部“三大专项行动”，精心施策、分类指导、有序推进，各乡镇、各部门积极参与、统筹兼顾、全面推进，通过督查、接访、调研，察民情访民意，协调解决重点信访案件，将争创全国信访工作示范县作为头等大事来抓，对标“八项”控制指标，逐项研判、查漏补缺、补齐短板，各项创建指标全部达标。

【信访队伍建设】 2021年，海原县在信访干部中广泛开展政策理论、法律法规和信访业务培训，提升信访干部业务能力和工作水平，全县呈现出干部接待来访热情、群众反映诉求有序、责任单位办理答复规范的良好氛围。

（王　刚）

乡(镇、街道、管委会)

海城镇

【概　况】 海城镇位于海原县中部,是海原县人民政府驻地所在地,东接史店乡,南接南华山国家级自然保护区,西邻西安镇,北接关桥乡,镇政府设在海原县城建设路,属于海原县的城郊乡镇。2021年,总面积241.40平方公里,辖山门、水洼、王井、堡子、高台、武塬、段塬、北海8个行政村66个自然村,常住人口6899户26641人。有耕地面积13.8万亩(其中水浇地5775亩),历年退耕还林面积2.3万亩。全镇社会生产总值达到5.01亿元,农民人均可支配收入达到16240元。

【防返贫动态监测】 2021年,海城镇开展大排查,确定防止返贫动态监测对象30户131人,精准分析致贫原因,实施"一户一策",有针对性进行帮扶。认领常态化"四查四补"问题51条,自治区后评估整改问题8条,制定整改措施,年末全部整改到位。

【惠民政策落实】 2021年,海城镇兑付到户产业补贴804.7万元,小额信贷贴息1347户184.56万元,公益性岗位工资134.4万元,脱贫户参加"防贫保"覆盖率100%;九年义务教育无辍学学生,落实雨露计划政策295名87万元;全镇脱贫户基本医疗覆盖率100%,家庭医生签约率100%;完成返乡无房户及抗震房建造85户。

【特色种植】 2021年,海城镇按照"以草定畜"的发展思路,完成了青贮玉米种植15000亩,巩固发展山门村红葱种植基地7000亩,通过土地流转,合作社管理模式在武塬、堡子等村种植秋杂粮10000亩。为方便红葱产业发展,在山门村实施两条生产路拓宽沙化累计2.8公里,并将山门村壮大红葱产业发展、王井村菜篮子基地建设纳入县级人大建议。

【养殖业】 2021年,海城镇牛存栏6000头,补贴3户新建规模50头以上养殖户每户4万元,建设堡子肉牛示范村,累计补贴20万元。完成高台村滩羊养殖示范村建设项目,累计补贴49户78万元,滩羊存栏5145只;完成滩羊种母羊群选育补贴101户4000只40万元。

【劳务产业】 2021年,海城镇劳务产业方面实现新高,全镇累计转移就业6256人,其中脱贫劳动力转移就业3498人,较2020年增加801人,人均月收入5000元左右。

【村集体经济】 2021年,海城镇加大村集体经济建设力度。山门村引进多多买菜平台,带动当地30人就业,人均月收入2000元;水洼村引进伊兰洁餐具消毒公司，在建设中；武塬村发展“三产融合”项目，一期工程已完成。

【人居环境整治】 2021年，海城镇按照“四美”目标，结合百日攻坚及人居环境整治工程，完成创建1个示范村、2个提升村、5个整村推进村的目标任务。共计投入人力7650人次，垃圾转运车8辆、铲车25辆、工具车36辆，清理乱堆乱放杂物2962处，共清理各类垃圾2800余吨，拆除残墙14195米，拆除土坯房183间。实施高台、山门两个人居环境整治工程，拆除残垣断壁6870米，改造危旧房屋53座，移除土方58900立方米，实施污水管网8.24公里。

【植绿增绿】 2021年，海城镇组织全镇干部义务植树1次，全年全镇累计栽植绿化树木94542株，其中，乡村绿化树木42562株（新修七米宽农田林网22公里，栽植绿化树木18746株），庭院经济3128户51980株。

【农田建设】 2021年，海城镇着力推进“沟、渠、田、林、路、庄”综合整治，完成秋粮抢收3.1万亩，秸秆回收0.58万亩，回收残膜2.63万亩228.2吨，机深耕6.4万亩，树木抚育管护30.2公里，农户厕所改造380座，坡改梯1.73万亩。

【乡风文明建设】 2021年，海城镇新建武塬村“积分超市”，采用“以行动换取积分，以积分换取所需物品”方式，结合“五分钱”工程，实行“15223”模式（一个主题、五大振兴、两项载体、两种功能、三个成效），提升乡村治理能力，推动村民以积分改变陈规陋习。成立海城镇新时代文明实践所（站），组建12个志愿服务队200余名志愿者，在全镇范围内围绕环境整治、植绿增绿、爱心帮扶等开展活动1100小时。树立道德模范，典型推动。评选10余名“道德模范”，32户“星级文明户”，21户“最美庭院”，9户“健康家庭”，3户“最美兵妈妈”，2户“好婆婆好媳妇”，1名优秀党务工作者，2名优秀中共党员，1个先进党组织，有21名“光荣在党50年”的老党员。

【民生保障】 2021年，海城镇坚持“应纳尽纳、应取尽取”原则，组织开展低保核查，取消低保414人，新增低保163人、高龄176人、特困供养50人、孤儿2人、困境儿童50人，2021年发放临时救助134.77万元，其中3000元以上救助52户26.09万元。

【村道建设】 2021年，海城镇道路出行更加安全畅通，累计实施村道硬化14.4公里，窄路加宽1.8公里，道路维修3180平方米，新建排水管网440米，排污管网8240米。

【安全生产】 2021年，海城镇压实安全生产责任，深入开展企业生产、道路交通、消防安全和食品安全专项整治活动，累计排查12次，发现隐患6处，已全部整改到位。

【法治宣传教育】 2021年，海城镇组织集中学法7次，开展法律法规相关知识培训2期，培训人员200余人次，制作横幅60条，发放宣传彩页5000份，全镇八个村全部落实“一村一法律顾问”制度。

【基层审批执法力量改革】 2021年，海城镇基层整合审批执法力量改革任务全面完成。在县政务大厅设民生综合窗口3个，6名工作人员实行AB岗轮岗，8个行政村便民服务中心完成“十个一”标准化建设；加强执法能力素质提升培训，切实提高执法人员执法办案能力水平，与农户签订门前三包责任书5000余份，查处偷牧案件21起，劝导11起，处罚10起，共处罚金2万元；核实县自然资源局反馈的52个疑似违建图斑,依法拆除违建牛棚1座200平方米,拆除违建房屋3间105平方米,拆除违建小作坊1个。

【综合治理】 2021年,海城镇坚持网格化管理,加强信访登记、矛盾化解,把重点从事后处置转到事前预防,努力实现小事不出村、大事不出镇,共排查受理矛盾纠纷25起,调处成功24起,调处成功率96%,处理"12345"工单139件,群众来访34件,领导信箱3件,网民留言1件,共计203件,已办结193件,办结率95.07%。

【常态化扫黑除恶】 2021年,海城镇借"法治进乡村""移风易俗进村社""12·4宪法日"等宣传活动积极参与开展扫黑除恶相关知识宣传10余场次,发放各类宣传材料宣传礼品3000余份,并设置举报箱,公开举报电话,畅通举报信息渠道,更新镇政府,各村委会院内扫黑除恶常态化宣传栏,使常态化扫黑除恶斗争深入人心。

【民族宗教工作】 2021年,海城镇严格贯彻落实自治区、市、县民族宗教工作部署,积极推进"五进"宗教场所和"和谐寺观"创建活动。成功创建1个民族团结进步示范村,"五进"宗教活动场所37所。

(田进龙)

三河镇

【概　况】 三河镇位于海原县东部,西距海原县城63公里,东与固原市原州区炭山乡接壤,南接原州区三营镇,西接郑旗乡,北接七营镇。2021年末,全镇总面积262.4平方公里,辖黑城、唐堡、四营、六窑、富陵、代店、辽坡、团庄、小河、坪路、苋麻、红城、鹭海13个行政村和兴业、凤凰2个社区;有人口13889户50409人,其中回族20539,占全镇总人口的40.7%。有耕地面积12.23万亩,退耕还林面积4.848万亩,是全县的人口大镇、交通要镇、经济重镇。2021年实现社会总产值11.26亿元,比上年增长8.0%;农村居民人均可支配收入达13500元,同比增长11.9%。

【防返贫动态监测】 2021年,三河镇健全防返贫监测预警机制,对脱贫不稳定户、边缘易致贫户及因病因灾因意外事故等出现严重困难户,定期核查、及时发现、及时帮扶、动态清零。纳入三类人群共33户155人,对已经纳入的重点人群建立"一户一档",坚持预防性措施和事后帮扶相结合,精准分析致贫原因,采取有针对性的帮扶措施。

【移民致富提升行动】 2021年,三河镇印发《三河镇2021年百万移民致富提升行动实施方案》,以富陵、鹭海、兴业、凤凰4个移民点为重点,明确移民村产业布局和发展方向,加快产业项目落地达效;持续做好就业服务,累计提供公益性岗位625个,发放小额信贷7281.4万元,持续增强增收后劲;不断改善移民生活条件,实现村村通硬化路、自来水入户率100%和基本医疗保障全覆盖。

【项目建设和资金兑付】 2021年,三河镇完成脱贫户及边缘户产业补贴667.81万元;兑付劳务奖补项目170万元;支出人居环境改造项目679.3万元;支出扶贫公益性岗位补贴项目146.22万元;支出脱贫人口小额信贷贴息项目180.31万元。

【发展现代农业】 2021年,三河镇以提质增效为重点，因地制宜发展“一主四特”，推动形成“一村一品”发展格局。突出高端肉牛主导产业，全年补栏肉牛1400头，产犊4000头，培育养殖大户30户、规模养殖场2家、专业合作社20个、养殖示范村2个，全镇肉牛饲养量突破11000头。围绕区域特色农业，纵深推进“四调四化”，全镇枸杞、蔬菜种植面积分别稳定在1.3万亩、1.2万亩，呈现出规模化、标准化、集约化、产业化发展的良好态势。

【产业结构融合】 2021年，三河镇建立一点一策，充分利用闽宁帮扶资金，盘活富陵村出户入园后空置圈棚，发展菌菇种植，第一阶段已确定23户作为托管带种示范户试验种植菌菇23棚，第二阶段计划在100户中推广种植，100座牛棚改造已全面完成。采取“合作社+农户”模式，种植离架枸杞新品种“科杞6082”150余亩，加强枸杞精深加工，销售枸杞1800吨，提升品质、打造品牌，创造价值1.1亿元。

【二、三产业】 2021年，三河镇紧盯产业、市场、企业需求，主要围绕二、三产业，支持用工企业开展订单式、定向精准培训，推动城乡劳动力转移由数量型向质量型转变、体力型向技能型转变，提高工资性收入水平，全年精准技能培训300余人次。充分依托三河镇交通区位优势，壮大物流运输产业，全镇现有大中型货运、客运车辆564辆，从事交通运输人员共计1132人，人均年增收7万余元。

【基础设施建设】 2021年，三河镇坚持把农村基础建设作为新农村建设的重要抓手，按照“缺什么、补什么”原则，扎实推进农村基础设施建设，努力解决交通、住房、饮水、教育、医疗等“最后一公里”问题。打造富陵、唐堡2个美丽村庄，集中建设排水管网、文化设施、基础道路、宣传墙，着力改善农户居住条件，累计改造危房287户，引导村内致富带头人集资建成红城村活动广场1座，活动用房100平方米，利用一村一年一事，硬化道路12.6公里，铺设渠道20公里，完成唐堡村厕所革命整村推进，建设卫生厕所476座。

【就业服务行动】 2021年，三河镇培育壮大劳务中介组织和劳务经纪人队伍，采取“劳务经纪人+人力资源机构+企业”的工作模式，组织开展“点对点”精准输送，并做好跟踪服务，确保外出务工人员不回流、不失业。协调38名劳务经纪人累计输出劳动力4000余人，创收约7200万元，其中有稳定收入的占比超过35%，全年在外稳岗就业人数达9425人，月收入稳定在4000元左右。

【民生保障】 2021年，三河镇全面落实学前保教、义务教育阶段学生“两免一补”、高中生助学补贴等政策，累计落实雨露计划533人次，全镇无适龄少年儿童因贫辍学现象。全面落实“先诊疗后付费”“一站式报销结算”和贫困患者大病集中救治机制等综合措施。全镇共有4253户8031人纳入低保、1384人享受残疾人补贴，5720人领取养老金，有力地推进了民政保障与乡村振兴有效衔接。

【生态保护】 2021年，三河镇共栽植各类苗木108396株，开展树木抚育3次，树木成活率达到80%以上，绿化面积达2300余亩，保质保量完成了植树造林工作。聚焦移民点、美丽村庄、城边村等重点区域，全面推进庭院经济，累计种植果树80024株，形成集中连片经果林4处，绿植覆盖率达到8%。在银平公路两侧、村部、河道、河岸等区域，新增紫叶李、国槐、云杉等28352株，全镇各村部、学校、卫生院等基本实现了应绿尽绿。

【人居环境整治】 2021年,三河镇充分发动保洁员、公益岗人员、广大群众15368人次开展公共环境整治,清理垃圾11.3万吨,清理五堆2.1万处,拆除危旧房屋、乱搭乱建298处。坚持依法行政,做出行政处罚9.1万元,建设垃圾集中填埋点16处,逐户签订"三包"责任书,强化包干落实,实施分片监管。整修全镇境内省、县、乡、村组主次干道沿线两侧林带共计104.8公里,农户整修自家花园、菜园、果园411个,评出示范户266户、最美庭院307户,全镇环境卫生进一步得到美化。

【民风建设】 2021年,三河镇通过开展群众喜闻乐见的文艺活动,倡议群众以"小家美"促"三河美"。专门邀请中卫市播音员录制《致三河镇全体村民的一封信》,在各村喇叭循环播放,扩大了人居环境整治宣传范围,让更多村民参与其中,同时组织各村完善村规民约,促进形成公约,形成共识,引导自觉履行,加强共同监督,建立积分超市4个,群众保护环境主动性极大提升。

【矛盾纠纷排查化解】 2021年,三河镇整合村警、辅警、民警三支队伍,推广运用"枫桥"经验,实行"1+X+N"的社区警务工作模式,使警务工作由单独作战变成团队作战,联动实施区域性防控。联合司法所、社会事务、镇综治调解中心等部门成立矛盾纠纷排查化解小组,配合打造"枫桥"警务室2个,一村一警务室15个。2021年以来,共答复处理民生热线问题151起,调解矛盾纠纷246起,办理法律援助案件初审17起,接访来访群众500余人次,其中综治、司法、派出所联合调处15起,确保矛盾不上交、平安不出事、服务不缺位。

【村级服务能力提升】 2021年,三河镇全面贯彻落实"1+6"政策文件精神,打通基层治理"大动脉",有效破解治理难点,不断完善镇村两级联动的便民服务网,镇民生服务中心整合海兴区政务大厅原有功能,推行"一个入口、一窗受理、一网通办""全科窗口"服务模式,优化设置服务事项48项;打造村级民生服务代办点15个,配齐配强人员和设备。镇民生服务中心全年接待来访群众3800余人次,受理、办理、代办各类事项1900余件。村级民生服务代办点接待群众10000余人次,受理、办理、代办各类事项9000余件。真正实现了数据多跑路,群众少跑腿,服务群众零距离。

【网格化管理服务】 2021年,三河镇坚持以服务群众为核心,实施以"全覆盖、无缝隙、制度化"为目标的网格化,着力构建横向到边、纵向到底的服务管理网格,切实把辖区服务管理的单位、人员、任务、责任落实到每一个网格,实现"责任网格化、管理精细化、服务人性化"。按照"农村村民小组为一组、社区300户"的标准,划分基本网格单元,共设置网格123个,配备镇、村、组三级网格(长)员123人。

【新时代文明实践】 2021年,三河镇探索"五分钱文明实践积分超市"的富陵经验,立足实际,充分发挥先进典型的示范引领作用,成功打造富陵村、凤凰社区、兴业社区、鹭海村4个村级新时代文明实践站,成立了"牛经大学""小蜡烛""康乐体育""科普益民""校外驿站""火凤凰""环境美化"等22个志愿服务小队,开展各类新时代文明实践活动50余次,积极培育和践行社会主义核心价值观,做到了教育群众、关心群众、服务群众。

【文化活动】 2021年,三河镇免费开放镇

(村)文化中心,积极组织开展元旦、春节、中秋节、国庆节、中国共产党成立100周年红歌大合唱等系列文化活动,协调各村(社区)组建队伍参加海原县广场舞展演,六窑、红城等多个村都获得各类演出奖项。以开展人居环境“百日攻坚行动”为契机,成功举办了三河镇“庆丰收、感党恩、迎国庆”暨民族团结进步月文艺汇演,评选出307户“最美庭院”并颁发奖品,有效引导了村民为建设美丽三河作出自己的贡献。

【移风易俗】 2021年,三河镇从15个行政村(社区)各选拔1人组建宣传员队伍,建立微信专线群,形成固定的宣传渠道,精准发布通知和宣传任务,全镇上下形成了良好的宣传氛围。健全村规民约和红白理事会等工作机制,15个村(社区)全部成立了红白理事会,并修订了村规民约,引导群众婚事新办、喜事廉办、丧事简办、文明节庆、移风易俗,共创文明和谐家园。

(范　蒙)

李旺镇

【概　况】 李旺镇位于海原县东部杨黄灌区,东以清水河与同心县王团镇分界,南接七营镇、郑旗乡,西邻贾塘乡、关桥乡,北连高崖乡,镇政府驻地团庄村,西距海原县城70公里。行政区域面积460平方公里,辖李果园、团庄、李旺、马莲、红圈、杨山、北滩、罗川、杨堡、二道、韩府、七百户、新源、团结14个行政村,76个自然村,108个网格区。有户籍人口12138户、42320人。有耕地面积20万亩,其中水浇地6.9万亩。

【防返贫动态监测】 2021年,李旺镇坚决守住不发生规模性返贫这一底线,研究制定了《关于健全防止返贫动态监测和帮扶大排查实施方案》,形成由主要领导主抓、分管领导负责,采用农户自主申报、镇村干部排查、部门筛查预警等多种监测方式,全年共有39户173人纳入防返贫监测户。

【“四查四补”】 2021年,李旺镇建立巩固拓展脱贫攻坚成果同乡村振兴有效衔接“四查四补”常态化机制,按照镇不漏村、村不漏户、户不漏人的原则,共入户7986户30414人,共计排查出问题18项,已全部完成整改。

【移民致富行动】 2021年,李旺镇研究制定了《2021年李旺镇移民提升行动实施方案》,围绕产业、就业、社会融入3件大事,逐点逐户调研摸底,精准制定“一点一策”方案,谋划储备项目18个,全力推进10大专项行动,已实施完成道路硬化等项目6个,移民点住户收入明显增加,基础设施明显改善。

【就业创业】 2021年,李旺镇在韩府、红圈、杨堡等村组织开展中式烹饪、刺绣等职业技能培训5场次,培训人数214人;在新源村开设缝纫技术培训班、畜牧培训班、果树栽培与修剪培训班,培训移民人数295人。全年全镇外出务工人数9170人,月平均工资2800元/人/月。在杨山、团庄、李旺和新源帮扶车间通过招企招工,共吸纳和带动就业人数260余人次,着力解决农村闲置劳动力,提高农民务工收入。

【“两不愁三保障”】 2021年,李旺镇完成自来水补入30户,排查维修损坏联户井内球阀12个,维修团庄20万立方米应急水源蓄水池1座,维修自来水主管道损坏3处。全镇集中供水率达99.6%、自来水普及率达到99%、供水保证率达到90%以上;对低收入家庭患大病、慢性病等进行救治,并建成花名册录入系统。同时全面推行家庭医生签约服务;全面排查返乡无房户、抗震房屋建设、危旧房屋改造户,共新建房屋131户,对425户危旧房屋进行了彻底拆除。

【"粮改饲"产业】 2021年,李旺镇建成了以杨堡、杨山、七百户等7个村为核心的4万亩青贮玉米种植基地,巩固紫花苜蓿留床面积2万亩以上;完成农作物秸秆机械化打捆4万亩,打造2万亩机械化农作物秸秆捡拾打捆示范区,促进农业产业结构优化调整,实现粮改饲转变。

【特色产业】 2021年,李旺镇按照"一村一品"或"连片多村一品"的方式,因地制宜、因势利导,以李果园村为中心,打造5000亩红葱种植示范基地;巩固提升二道、团庄小杂粮种植示范基地,全镇小杂粮种植面积稳定在5000亩以上;通过合作社经营模式带动,在新源、团结、李旺等村建设8000亩以种植柴胡、黄芪、板蓝根为主的中药材基地;依托清水河资源优势,打造红圈村500亩枸杞种植示范点;积极引进丰兴源农业发展有限公司,在二道村流转土地2100亩,新建钢架拱棚1600座,打造优质拱棚西瓜、蔬菜种植基地,全年提供劳务岗位300个,累计劳务收入170万元左右。

【牛产业】 2021年,李旺镇打造杨山、杨堡、团庄、二道、马莲养殖专业示范村5个,培育肉牛养殖100头以上的合作社5家,50头以上的家庭养殖场50家,20头以上的肉牛养殖大户300户,全镇牛存栏稳定在1.8万头以上。

【交通运输业】 2021年,李旺镇全面启动汽车物流园区建设,创新"公司+协会+运输户"经营模式,加快发展现代汽车货运产业,加大汽车运输业及从业人员培训扶持力度,建设集人流、物流、信息流于一体的运输产业中心,着力打造宁夏交通运输第一镇。全镇有大型货运车辆2200余辆,从业人员4000余人,全年累计创收2.4亿元。

【农村人居环境整治】 2021年,李旺镇全力推进农村"四化"整治,实现"四美"目标,以"支部引领+群众参与+网格管理"方式,对G344国道、福银高速、自然村道、巷道两侧及驻镇各单位、农户庭院内外、河道、沟渠等重点区域开展集中整治行动。通过大喇叭宣传、发放一封信、与农户签订"三包"责任书等形式,广泛发动干部群众积极参与,确保全镇农村人居环境整治工作常态化、长效化。共整治344国道洗车行污水4处、补胎修理点5处、废品收购点2处,拆除乱搭乱建105处,清理加水点6处、店外占道经营125处,规范大货车停车场3处,制作安装停车警示牌8块,整治街道大货车及其他车辆乱停乱放150余次,配备120升垃圾箱7866个,5立方米垃圾桶50个,出动机械140余台次,2100余人次,拆除残墙断壁7790米、危旧房屋425间,治理沟渠垃圾12处,整治河道26公里,设置禁止倒垃圾警示牌12个,清理"五堆"21000余立方米,对主干道路两旁林带杂草进行全面清理,打造人居环境整治示范村1个,提升村2个。

【厕所革命】 2021年,李旺镇严格按照"五有"卫生厕所改造标准,强化工作措施,扎实推进厕所革命,高标准高质量打造完成李果园村厕所革命整村推进示范村一个,300户改厕任务已全面完成。同时组织人员对2019年以来改造的1182座农村户厕进行问题排查,对摸排出的84户“三格式”问题户厕逐个进行整改。

【植绿增绿】 2021年，李旺镇紧盯群众房前屋后、门前撂荒土地等，动员群众开展庭院经济林种植，全镇共计栽植52066株，涉及农户3302户；围绕国道、村道及巷道等实施乡村绿化13346株；把植绿增绿与网格化管理相结合，在植绿增绿工作中，组织发动建档户、低保户、护林员和公益性岗位人员，对全镇历年种植的5万余株绿化树木进行死树清理、修枝、树盘清理、灌水、杂草清除、涂红刷白、树坑整修等抚育工作。严格按照“种什么、怎么种、谁来管、如何管”的要求，切实做好栽前、栽中、栽后全过程网格化管理，真正使植绿增绿工作落到实处。

【农田水利建设】 2021年，李旺镇共完成清淤渠道12.5公里，砌护渠道10.4公里，整修生产路2.2公里，平田整地2.2万亩，机深翻4.5万亩，秸秆综合利用5万亩，秸秆打捆3万吨，残膜回收2500亩、1250吨，增施农家肥或有机肥4.7万亩。机深翻整地0.85万亩，绿化带树窝整修26公里，树木涂红刷白1.2万株。结合用水权改革，在西干渠末端因缺水灌溉困难的北滩、团庄、杨山、七百户4个村，建设高效节灌高标准示范农田0.94万亩。

【民生保障】 2021年，李旺镇为全镇受灾群众发放春荒、春季救灾款74万元，发放临时救助1072人、134.44万元；全镇共有农村低保3585户4953人，城镇低保户66户91人，五保户46人，集中供养22人，享受残疾津贴899人、高龄津贴308人、孤儿津贴115人。

【安全生产】 2021年，李旺镇配合交警部门查处各类交通违法50余起，在主干道路口增设减速带，设置警示牌、治安监控处7处、限速监控摄像头3处；建立完善各项管理制度和措施，严格实行24小时值班制度，对存在消防安全隐患查处10余处，下发整改通知书5份；层层签订安全生产目标责任书237份，农机安全责任书275份，逐级开展安全生产巡查检查、隐患闭环整改和三级应急救援工作；在加油站、宾馆、餐厅、农贸市场、建筑工地、彩钢板房等重点领域先后开展了58场次安全生产专项整治，督促设置安全警示标志9处，督促安全隐患整改45处，完成宾馆、餐厅等涉疫场所隐患排查整治17处。

【民族团结创建】 2021年，李旺镇创建市级和谐寺观教堂4个、示范村1个，创建县级示范村13个，成功创建自治区级民族团结进步示范乡镇。

【基层党建】 2021年，李旺镇以党史学习教育为契机，持之以恒落实“三会一课”、主题党日、民主评议党员等制度，扎实开展党史学习教育，丰富学习形式，精心开展了“四史”学习、知识竞赛、研讨交流等活动，通过集中授课、专题培训、党课辅导、专题组织生活会等方式，加强党员日常教育管理，发挥先锋模范作用。因村制宜推行“党建＋产业”区域化发展模式，聚焦全县“一主四特”产业布局，主动把“支部建在产业上，党员嵌在产业中”，着力构建以“党支部为核心、合作社为纽带、党员致富带头人为骨干”的产业发展体系，充分发挥党组织在特色产业发展中的主导作用。

【干部队伍建设】 2021年，李旺镇组织全镇村“两委”成员参加新任职党组织书记培训班、村“两委”成员培训班，切实提升履职能力。精心组织开展知识竞赛、参观革命遗址等庆祝中国共产党成立100周年系列活动，为全镇36名老党员颁发“光荣在党50年”纪念章。

【乡风文明建设】 2021年,李旺镇充分发挥村级党组织在社会治理中的关键性作用,让党员成为培育文明乡风、强化乡村治理的先行者、推动者。按照每个党员联系10~15户群众的方式,建立“党支部+党员+群众”的村级治理体系;通过红白理事会监督、村规民约约束、文化活动宣传等方式,教育广大群众抵制高价彩礼,摒弃陈规陋习,弘扬文明新风。

(陈秀玲)

七营镇

【概　况】 七营镇位于海原县东南部,东接甘城乡,南邻三河镇,西靠郑旗乡,北毗李旺镇,东北连同心县张家塬乡,镇人民政府驻地七营村,西距海原县城73公里。总面积287.96平方公里,辖五营、张堡、马莲、南堡、七营、柴梁、马堡、下套、北嘴、杨堡、盘河、高崖、八营、砖窖14个行政村、91个自然村。全镇有耕地面积12.9万亩(水浇地9.4万亩,旱地3.5万亩),退耕还林5.4万亩。年末有户籍人口9407户、33939人;其中农村人口7909户、29636人,常住户6851户、26245人,回族人口4687户、17819人,流动人口1.2万人。2021年全镇实现社会生产总值6.86亿元,农民人均可支配收入12522元。

【防返贫动态监测】 2021年,七营镇始终坚持把防返贫作为巩固拓展脱贫成果的第一关口,紧盯“两不愁三保障”标准要求,实行村组日常监测,乡镇研判预警,组织镇村干部、驻村干部持续对脱贫不稳定户、边缘易致贫户和因病因灾因意外事故等导致出现严重困难户开展动态监测、动态帮扶。年末,全镇摸排出监测对象31户117人(其中,脱贫不稳定户6户25人,边缘易致贫户15户57人,突发严重困难户10户35人),已分类建立预警台账,做到定期核查、及时发现、及时帮扶、动态清零,为精准帮扶和动态管理奠定了坚实基础。同时,持续加强贫困人口动态管理,对全镇1464户5707名脱贫户人员自然增减信息进行全面摸排,新增人员21人,减少人员41人(其中2人为整户死亡减少),并及时督促跟进修改建档立卡数据库,确保数据精准精细。

【脱贫成果巩固拓展】 2021年,七营镇持续巩固拓展“两不愁三保障”成果。1.义务教育方面,全面开展控辍保学宣传引导工作,通过动员入学、送教上门,确保了义务教育阶段适龄儿童(少年)入学率、小学六年巩固率、初中三年巩固率均达到100%。2.基本医疗方面,跟踪落实“三个一批”服务,紧盯188名大病患者、103名慢性病患者,因户施策,为82名大病患者申报了低保,慢病患者全部实现履约服务,全镇建档立卡户家庭成员基本医疗保险和大病保险实现全覆盖。3.安全住房方面,坚持精准摸排、以拆促建,按照全县“四种模式”“九个一批”要求,累计危房改造1600余户,空置院落拆除727户。紧盯返乡无房户、因灾受损房等特殊困难群众,新摸排返乡无房户74户,已竣工68户,新摸排抗震房改造提升117户,竣工101户。4.饮水安全方面,紧盯安全饮水“四项指标”,累计完成自来水增补入户650户、立杆入室6726户。2020年以来,及时维修漏水管网75处、主管道冻点3处、供水末端用水户冻点5户,挪移联户井5处,确保群众饮水安全稳定、可靠方便。

【移民后续发展】 七营镇有移民安置点6个（“十二五”移民安置点4个，“十三五”移民安置点2个），移民房1220套，移民户籍人口1226户4856人，其中脱贫户1822人，占移民总户数的37.5%。2021年，七营镇按照自治区、市、县百万移民致富提升行动总体要求，坚持因点制宜、因村制宜，采取“一点一策”“一户一策”的办法，围绕移民点产业发展、基础设施建设、公共服务等方面，组织张堡等6个村制定了移民点规划方案。持续巩固提升张堡移民点2800亩经果林高效节水灌溉，加快下套村移民安置点1080亩红梅杏产业发展进度，改造维修南堡、下套、镇区、盘河、马堡5个移民点基础设施，并对298户移民安置区房屋、大门进行了维修更换，全面排查移民点蓄水池、高效节灌管道等设施问题，积极协调对接农业农村、水利部门进行维修。同时，对全镇6个移民安置点问题进行了细致排查并及时建立问题清单，限时整改。

【特色产业】 2021年，七营镇围绕肉牛、玉米、小杂粮、枸杞等产业，扩大产业规模，切实做到提质增效。成立肉牛产业工作站，发展马堡等肉牛养殖专业村5个，创建县级养牛示范户16户，新建养殖棚圈55座，50头以上规模化养殖场19个，年末牛存栏达到17000余头。围绕“三片区”“六基地”种植产业规划布局，新建北咀村青贮玉米种植示范点3000亩，玉米种植达到7.45万亩(青贮玉米3.1万亩)。新增清水河流域枸杞新品种1500亩，枸杞留床面积达到1.2万亩。发挥张堡、下套村经果林高效节能灌溉工程作用，打造张堡、五营小甜瓜示范基地2000亩，张堡露天冷凉蔬菜基地1000亩，八营旱地西瓜示范基地500亩，瓜菜种植面积达到4100亩。打造砖窖村秋杂粮示范基地1.6万亩，小杂粮种植达到2.2万亩。打造砖窖、南堡村紫花苜蓿种植示范点2处7000亩，紫花苜蓿留床面积达到9000亩。

【劳务产业】 2021年，七营镇积极开展就业岗位信息发布、技能培训组织、定点转移就业等服务，组织群众参加招聘会2场350人次，完成城乡劳动力输出6677人次，其中贫困劳动力输出1389人次。提升扶贫车间管理运营水平，全镇南堡村等2个扶贫车间吸纳就业36人，其中贫困劳动力36人，就业人员实现了从农民到产业工人的转变，增强了造血功能。完成劳动力技能培训60人以上，其中贫困劳动力培训达50人次以上，进一步拓宽贫困群众收入途径。

【商贸和交通运输产业】 2021年，七营镇对农贸市场进行了提升改造，全镇有商铺1117间(餐饮35家)，农贸市场1个，大型商超3个，商贸业蓬勃发展。持续发展交通物流业，全镇有大货车司机2302人，其中贫困人口756人，有修车商户66家。在充分发挥镇区东环路商业街汽修、餐饮、特色商品交易等经济功能的基础上，引进扶持壮大村集体经济资金100万元，建设七营镇汽贸物流园，具备停车、洗车、修车等功能，助推全镇经济社会发展。

【植绿增绿】 2021年，七营镇把植绿增绿摆在突出位置，认真谋划、及时部署、迅速行动，抢抓植绿增绿黄金期，层层压实责任，建立工作台账，强化技术指导，严把质量效益，重点围绕主干道路、农户院落、农田林网等区域，春季完成造林26132株，环城路林带抚育42000余株，树坑整形3.9万个，春季补水1.5万株，乡村道路绿化率及树木成活率全面提升。组织包村领导、包村干部、包组镇干部以及村干部共计162人,对14个行政村91个自然组庭院经济林落实情况全面细致排查统计种植,完成庭院经济林种植5390户66478株。

【污染治理】 2021年,七营镇严格落实生态环境保护网格化管理,累计建成污水处理厂1处、垃圾填埋场1处,并将镇区市场等污水接入排污管道,全部纳入污水厂处理。建立健全镇村两级河长责任体系,常态化开展清水河专项整治行动,清理清淤主渠、干渠、河沟河道垃圾124处。

【环境整治】 2021年,七营镇大力开展农村环境卫生专项整治行动,坚持先整院落,落实村组干部包户制度,针对每个院落"五堆"全面清理。对9条市政道路,划分区域包保到"五办四中心",与各商铺、住户签订"三包"责任书,整治乱搭乱建、乱堆乱放。累计出动车辆2620车次,投入劳动力12300人次,清除生活垃圾5850吨,清理农业生产废弃物232吨、残垣断壁1132处和乱搭乱建、乱堆乱放、乱贴乱画9820处,拆除危旧房屋192间。大力宣传环境整治,引导群众改变不良生活习惯,推进环境综合治理,有效改善人居环境。

【民生保障】 2021年,七营镇建档立卡户、低保人员农村合作医疗参合率100%。建档立卡户、低保户、特困供养人员、重度残疾人员合作医疗参保率为100%。完成14个村(居)城乡低保提标核查工作,聚焦保障、改善民生、精准施策,2021年,全镇共有城市低保户6户10人,农村低保户2410户3594人,共发放低保资金1334.714万元,发放特困供养金和照料护理费28.575万元,申报1107人次临时救助,救助金169.85万元。全年共发放冬春救助资金29.16万元,高龄津贴127.711万元;主动为符合条件的残疾人申报重度残疾人护理补贴、燃油补贴和创业扶持资金。完成了556名残疾人基本生活调查工作,重度残疾人护理补贴138.972万元,事实无人抚养儿童44人,孤儿1人,每月按937元的标准予以生活补助。

【安全生产】 2021年,七营镇成立了镇安全生产委员会,明确了政府监管责任和企业安全生产的主体责任,按照管行业必须管安全、管生产经营必须管安全、管业务必须管安全"三必管"要求,层层签订责任状,明确了各单位、各部门、各企业的工作职责和任务。以安全生产"警示教育月"活动、全国第20个"安全生产月"及"安全生产六知行"活动为契机,开展安全知识集中宣传及咨询4次,发放宣传资料730余份,受众达1150人次,"村村响"小喇叭宣传覆盖14个村(居),发放机动车车辆劝导书200余份,确保对重点车辆及人员的宣传管理。强化安全生产督查检查,检查重点场所35处,其中加油站3个、加气站1个、废旧收购站2处、宾馆4所、外培机构2个、固海扬水泵站2处、超市及服装商场2个、桌球俱乐部2个、建设工程3处、各大药店药房10个、停业砖厂2个,水泥预制厂2个。共排查存在一般安全隐患42个、下发整改通知书2份、责令限期整改10份。年末,已完成整改37个,整改中5个。

【基层党建】 2021年,七营镇党建工作有序推进。1.选优配强班子。围绕选出"好班子、好风气、好局面、好工作、好口碑"目标,在村"两委"换届"一降两升"的基础上,圆满完成镇党委换届,选出了一批想干事、会干事、干成事的班子成员,为七营镇经济社会发展打开新局面奠定了坚实的基础。2.强化队伍建设。吸纳年轻人、能人参与到乡村治理中，深入推进“三大三强”和“两个带头人”工程，累计培育致富带头人170余人，带动410余户1120余人增收致富，累计培养入党积极分子42名，2021年发展入党积极分子30名，接收16名预备党员，按期转正5名党员。3.加大教育管理力度。为认真学习贯彻落实习近平新时代中国特色社会主义思想和习近平总书记视察宁夏重要讲话精神，提升基层干部巩固拓展脱贫攻坚成果、推动乡村振兴的能力水平，配合组织部完成新选派驻村干部三轮培训，个人履职能力和水平得到了进一步提升；全面完善驻村工作队管理制度，严格落实14个村37名驻村干部月汇报，季考核机制，实行“双签到”考勤管理，确保驻村队伍帮扶工作评价有依据，工作有实绩。4.发挥党员先锋模范作用。各村党支部组织党员带头开展庭院经济林建设和环境整治，完成庭院经济果木种植3992户58839株。张堡村、马莲村、高崖村等村“两委”干部、党员自发组成服务车队，接送行动不便群众进行疫苗接种。为引导党员发挥表率作用，营造争优创先的良好氛围，2021年全镇先后共有3人被评为市级优秀党务工作者和县级优秀党务工作者、优秀共产党员，1个党支部被评为先进基层党组织。

（锁鹏珠）

西安镇

【概　况】 西安镇位于海原县西部，距海原县城18公里，总面积353.05平方公里，辖菜园、薛套、胡湾、西安、小河、园河、范台、付套、白吉9个行政村、54个自然村。2021年，户籍人口8290户、29077人（其中，农业人口7067户26761人，非农业人口1223户2316人），常住人口5661户21758人。耕地面积28万亩，退耕还林2.75万亩，年均降雨量350～400毫米，是中卫市“一带两廊”规划布局中的文旅古镇。

【巩固脱贫成果】 2021年，西安镇严格落实“四个不摘”，开展“四查四补”，整改问题63条。精准施策，消除返贫风险户142户532人，新纳入防返贫监测3户17人，总计防返贫监测61户270人。按照13条标准，稳定脱贫166户594人。继续开展产业扶持，保持脱贫稳定，发放产业补贴1051.23万元，小额信贷1571户9204万元，聘用各类公益性岗位515个，脱贫户防贫保险购买覆盖率100%。九年义务教育无辍学学生，落实雨露计划政策553名83万元。全镇户籍人口基本医疗覆盖率99.05%，脱贫户、防返贫监测户实现全覆盖。加强大病医疗救助，家庭医生签约率达到96%。累计实施大病医疗临时救助343人57万元。完成返乡无房户及抗震房建设159户，完成自来水补入户40户。

【发展现代农业】 2021年，西安镇现代农业初具规模。进一步强化统防统治，高标准建设5000亩茴香花海基地，稳定茴香种植面积1万亩。突出绿色生态，围绕“四季鲜”冷凉蔬菜基地核心，打造海原菜篮子基地，新引进龙头企业3家，建成1000亩广州菜心露地蔬菜、1000亩番茄基地，700亩辣椒基地，投资200万元对付套村蔬菜大棚进行维修，继续巩固付套村200亩暖棚菌菇产业，蔬菜种植面积达1万亩。

【农田水利建设】 2021年，西安镇完成高标准坡改梯农田3万亩维修机井管道3处,生产道路12公里,修建地埂23公里,畦田2.5万亩。

【草畜产业】 2021年,西安镇大力发展肉牛养殖,打造薛套、菜园等4个肉牛养殖示范村,建成智通千头肉牛养殖场,建设2个百头以上、8个50头以上肉牛养殖场,加强新希望奶牛企业服务,肉牛存栏达到6200头,奶牛存栏达到8000头。继续稳定肉羊、生猪产业,饲养量分别达到6.4万只、8000头。

【乡村建设】 2021年,西安镇全面围绕中卫市"一带两廊"西安"文旅古镇"发展定位,高质量完成"文旅古镇"规划、菜园古村落规划、菜园古村落初设等编制设计,完成菜园、范台、园河"多规合一"村庄规划编制。投入800万元实施菜园、西安美丽宜居村庄、园河环境整治项目,硬化道路18公里,安装太阳能路灯310盏,配套垃圾箱116个,新建文化广场2座。

【人居环境整治】 2021年,西安镇重点围绕三条主干线、10条主村道两侧的乱搭乱建、乱堆乱放,沟壑沿边及河道河畔的乱扔乱倒全面整治清理,拆除乱搭310处,清理垃圾1100余车。集中攻坚西安老街道,拆除危房53户。深入推进厕所革命,打造厕所革命示范村1个,完成户厕改造410座。以建设"五小"为主要模式,完成菜园、园河黄湾、西安东西队、范台断岘子4个人居环境整治示范村建设。精准建立"一户一档"6900户,划片包干责任到人,组织发动群众清理房前屋后2300户12620处。全面建立整治机制,积极推行"一户一码",强化农户环境卫生线上"积分银行"+线下"积分超市"引导模式,评比"最美庭院"178户。

【植绿增绿】 2021年,西安镇依托南华山、西华山自然生态林资源,坚持植绿增绿,巩固3万亩退耕还林。大力开展春秋季绿化植树,完成乡村绿化14万株,小红公路两侧涂红刷白15公里4.6万株。

【就业创业】 2021年,西安镇坚持建基地促就业,做好镇内9大产业基地和4个扶贫车间用工信息服务工作,带动2500人就近务工,积极对接县就业创业部门,大力开展劳务技能培训,完成电焊、挖机培训100人。加大县外务工信息宣传,动员务工输出7500人以上,人均创收1万元以上。

【民生保障】 2021年,西安镇全面落实教育惠民政策,全镇义务教育阶段适龄儿童"零辍学"。及时完成"两险"收缴任务,全面落实"先诊疗后付费"和"三个一批"政策。9个村农家书屋和文化大院全运行,加大低保核查管理力度,坚持"应纳尽纳、应取尽取",取消不合格低保634人,新增大病等困难低保155人,新增高龄106人,新增特困供养6人,新增孤儿10人,取消3人,向困难群众发放临时救助1103人次137万元,建成老年饭桌1个。

【基层治理】 2021年,西安镇全面完成基层整合审批执法力量改革,"五办四中心"运行畅通。围绕"阳光政务",优化提升镇、村便民服务平台,提高民生服务大厅和村级民生服务代办点办事效率,基本实现了"一窗受理、一次办结",全面推行"政务公开、村务公开",坚持"打防结合、预防为主",实行基层治理网格化管理,全面建立矛盾纠纷月排查周调处机制,化解信访案件196起。全面贯彻落实安全生产"一岗双责",强化食品药品监管,坚持依法加强宗教事务管理,"五进"宗教场所实现全覆盖,全镇呈现出民族团结、宗教和顺、社会和谐的大好局面。

【党的建设】 2021年，西安镇扎实开展党史学习教育主题活动，创新开展“三提”“四宣讲”主题活动30余次，持续深入学习宣传贯彻习近平新时代中国特色社会主义思想、习近平总书记系列重要讲话精神、党中央和自治区、市、县党委、政府一系列重要决策部署，党员干部的思想觉悟、政治素质、理论水平和工作能力不断提高。严格执行民主集中制，认真落实“三重一大”集体决策制度，持续不断加强基层组织建设，以村“两委”班子换届、“六查六强”“一抓两整”等为契机，深入开展农村“三大三强”促脱贫富民行动和“两个带头人”工程，选优配强村“两委”班子，创建三星级党组织7个，储备后备力量28名，培育“两个带头人”78名，带动976户农户发展增收。加强流动党员管理，规范程序，发展党员4名、入党积极分子24名。坚决扛起全面从严治党主体责任，严格履行党风廉政建设“一岗双责”，坚持抓早抓小，坚决贯彻中央八项规定及自治区、市、县贯彻细则，坚决抵制高额彩礼、高价人情、餐饮浪费行为，全面推广“村廉通”“廉情诊所”两大村级监督机制。

（马　斌）

高崖乡

【概　况】 高崖乡位于海原县东部清水河河谷地带，东以清水河与同心县王团镇为界，南连李旺镇，北临同心县兴隆乡，西接关桥乡。乡政府驻地高崖村，西南至海原县城55公里。银平公路、中宝铁路、福银高速公路、海同高速穿境而过。2021年，全镇总面积127.21平方公里，辖高崖、高湾、草场、联合、三分湾、红古、红岸、香水、新民、振兴10个行政村、70个自然村，7364户28302人，其中回族人口22518人，占总人口的79.56%。耕地面积11.1万亩，固海七干渠和八干渠控制灌溉面积7.8万亩，占耕地总面积的70.27%。2021年，全乡完成地区总产值8.56亿元，同比增长5.3%；农民人均可支配收入13030元，同比增长10.4%。

【脱贫攻坚成果巩固】 2021年，高崖乡严格落实“四个不摘”要求，精准实施各项帮扶政策，巩固拓展脱贫攻坚成果。1.建立健全防止返贫动态监测和帮扶机制。对全乡1047户4212人已脱贫户、76户314人已消除风险边缘户、1户6人未消除风险边缘户，进行了逐一摸排，对脱贫不稳定户、边缘易致贫户、突发严重困难户“三类人员”进行动态监测管理，将摸排出的35户159人纳入监测户进行重点监测和帮扶。2.认真落实各项帮扶政策。加大宣传动员，组织帮扶责任人、驻村工作队进村入户宣传海原县2021年扶贫政策，鼓励1350余名已脱贫人口积极外出务工。新增安置公益性岗位50人，全乡公益性岗位达到276人。为879户已脱贫户兑付小额信贷贴息资金123.3万元，兑付劳务奖补资金96.7万元，产业到户项目补贴资金254.3万元。3.认真实施移民致富提升行动。聚焦百万移民致富提升行动，围绕产业、就业、社会融入三件大事积极谋划新民村发展，精准制定《新民村移民致富提升行动工作方案》，投资30万元完成新民村排水口治理项目，投资3.5万元为新民村村部进行了屋顶换瓦，加快补齐新民村发展短板弱项。4.全面完成脱贫攻坚档案整理归档。配合第三方企业对乡政府和10个行政村的脱贫攻坚档案进行了规范化整理和电子档案建设,并配备专门的档案柜存放,明确专人管理,确保脱贫攻坚档案长期完好保存。

【基础设施】 2021年,高崖乡扎实推进“一村一年一事”等项目建设。利用村集体经济和乡村治理资金53.6万元完成了三分湾等村4.2公里渠道建造项目,利用县整合资金79万元完成了联合、红岸村渠道砌护和闸门安装工程,利用县整合资金196万元完成了红古村渠道砌护、节制闸建设等配套项目。通过人大议案,争取项目资金560余万元,完成了709渠道改造项目。争取项目资金3533万元,对红古至香水桥18.3公里高速公路进行提升改造。争取项目资金450万元,完成了香水村美丽村庄建设,建设口袋公园2处,完成人行道铺设5公里,硬化农户入户路150条5500平方米,安装太阳能路灯100盏,在沿街道群众门前摆放便携式垃圾箱200个,全乡基础设施进一步完善,乡村面貌进一步改观。

【产业发展】 2021年,高崖乡突出特色产业优势,围绕草畜、甜瓜、枸杞、苹果和劳务输出等主要增收产业狠下功夫,产业发展呈现出欣欣向荣的良好势头。1.全乡见犊补母1378户4394头,补贴资金439.4万元,全乡牛存栏突破17000头,其中规模户达到272户7131头。年末,全乡养牛户1570户牛存栏18000余头(基础母牛5889头),其中规模养殖户20头以上的251户,50头以上的18户,100头以上的1户,200头以上的2户,20头以下的养殖户1298户。有肉牛集中养殖园区1座,已入园养殖大户27户,肉牛570头。全乡羊存栏39100只,鸡存栏66211只,猪存栏121头。2.全乡种植玉米58000亩,其中青贮玉米31000亩,集中连片种植20000亩,零散种植11000亩;种植小麦5358亩,玉豆套种7000亩,瓜菜8000亩,苹果6500亩,枸杞7600亩,有草场村硒甜瓜旱作节水园区1座,占地638亩,其中日光温室97座,大桥棚33座,小桥棚125座。全乡有农用车辆2198辆,大型货运车辆416辆。

【污染治理】 2021年,高崖乡打好污染治理大会战,严格落实抑尘降尘措施,积极发动8名生态护林员进行全天候巡查巡逻,全面加强秸秆禁烧和禁牧封育监管,空气质量明显改善。配合完成清水河高崖段历史遗留废弃矿山生态修复项目。加强农业污染源治理,秸秆综合利用率和残膜回收率有效提高。

【生态保护】 2021年,高崖乡打好生态保护大会战,严格落实河湖长制,配备巡河员16名,加大辖区河、渠、沟道巡查整治力度。充分发挥乡综合执法作用,对辖区内采砂、盗砂等行为进行处罚整治。认真实施环境综合整治行动,全年共发动群众17000余人次,投入垃圾清运机械5000余台次,拆除残垣断壁8200米,清理“五堆”12500余处,清理垃圾17900余吨,整治林带29条,完成户厕改造100座,农村人居环境得到明显提升。严格按照区、市、县关于压砂地退出的工作要求,加强宣传和动员,全面完成了草场村3452亩压砂地退出,兑付压砂地奖补资金103.56万元。

【植绿增绿】 2021年,高崖乡打好植绿增绿大会战,围绕环境美、田园美、村庄美和庭院美“四美”目标,在全乡4045座常住院落种植庭院经济林27809株,完成村道及林带绿化12条12.4公里,种植树木14956株,完成村部、卫生院等重点场所绿化树木种植519株,乡村绿化率不断提高，生态环境明显改善。

【教育事业】 2021年，高崖乡投资700余万元，完成了香水村2400平方米幼儿园建设工程。加大控辍保学力度，成功劝返辍学学生27名，对因残因病无法入校的学生，开展送教上门35人次。年末，有学校（幼儿园）22所，其中九年一贯制学校1所，村级完全小学12所，教学点3个，幼儿园6所。在校学生（幼儿）3383人，其中初中在校学生373人，小学在校学生2497人，学前幼儿513人。

【文化事业】 2021年，高崖乡积极开展文体活动，丰富群众文化生活，放映数字电影120余场次，送戏下乡10场次，秦腔、京剧、眉户进村活动9场次，全县广场舞比赛活动1场次，获得全县“永远跟党走、幸福生活舞起来”广场舞比赛二等奖，开展其他文体活动5场次，在2021年度全区乡村文化建设工作中，高崖乡文化站被评为“全区优秀综合文化站”，群众精神文化生活水平全面提高。年末，村级文化活动中心、农家书屋和儿童之家等村级活动场所10个行政村全覆盖。

【医疗卫生】 2021年，高崖乡不断配备完善各类医疗器械和药物，医疗报销实行“一站式”结算。大力实施“惠民工程”，加大重点人群诊断治疗力度，传染病和突发公共卫生事件报告率达到100%，对高血压、糖尿病等重点人群实行“面对面”随访4次，老年人体检1795人，妇女“两癌”筛查807人，2022年度居民医疗保险缴费率达到100%，群众医疗服务和保障能力不断提升。年末，有卫生院1所，卫生院现有各类卫生人员59人，其中，高级1人，中级4人，初级11人，村医24人。有标准化村卫生室10所，基本药品配备齐全。

【社会保障】 2021年，高崖乡不断加强特困群众、弱势群体的最低生活保障和社会救助力度，对全乡因病、因学、因灾等致使生活经济困难的家庭，新纳入低保户128人，发放临时救助105万元，低保金964.0万元，残疾人津贴123.2万元，高龄津贴85.6万元。

【民生服务】 2021年，高崖乡按照基层整合审批服务执法力量改革要求，对乡“五办四中心”和10个村级民生服务代办点进行了标准化、规范化建设，办事流程、各项制度全部上墙。将公安、残联、妇联等9个部门下沉乡镇的123项行政审批和公共服务事项全部进驻民生服务中心办理，打通了服务群众的“最后一公里”。全面实行网格化管理，全乡70个自然村均配备了网格员，服务效率明显提高，群众满意度持续上升。截至年底，民生服务中心和10个村级民生服务代办点共接待来访群众11000余人次，办件量5163件。

【矛盾纠纷调处】 2021年，高崖乡扎实开展矛盾纠纷排查调处工作，不断完善矛盾纠纷排处机制，认真落实领导接访制度，共受理办结来访件100余件，确保群众关心关注的热点难点问题“件件有着落、事事有回音”。建立主要领导包片、班子成员包村、干部职工包组责任制，变群众“上访”为干部“下访”，沉下身子，进村入户，主动摸排和调处各类矛盾纠纷，群众满意度不断提升。

【民族宗教工作】 2021年，高崖乡紧紧围绕“民族团结，宗教和顺”目标和“团结、进步、发展”这一主题，不断深化“三化”治理工作，扎实开展民族团结示范创建工作，成功创建市级民族团结示范村3个。完成50个宗教活动场所统一挂牌、统一编号、统一建档“三统一”，完成

28所宗教场所泡沫彩钢房整改。

【安全生产】 2021年,高崖乡联合乡派出所对电动三轮车违规接送学生、儿童戏水等突出问题进行了专项整治,由乡综合执法(应急管理)办公室牵头,定期开展交通安全、食品安全、危险化学品等领域专项安全检查,排查安全隐患100余次,全乡安全生产形势总体平稳。

【基层党建】 2021年,高崖乡党委共辖党支部12个,其中机关党支部1个,离退休党支部1个,农村党支部10个。有党员389名,其中农村党员337名,预备党员10名,女性党员59名,占比15.2%,大专以上学历党员73名,占比18.8%,少数民族党员237名,占比60.9%。2021年创建四星级党组织2个、三星级党组织6个。圆满完成党委人大换届工作,选出新一届乡党委委员9名、乡政府乡长1名、副乡长3名、乡纪委委员3名,选出县、乡两级党代表53名、人大代表79名,各村"两委"班子及配套组织健全,村级活动场所均达到标准化要求。

【党风廉政】 2021年,高崖乡成立了乡党委书记任组长、班子成员为组员的高崖乡排查整顿农村发展党员违规违纪工作领导小组并抽调业务能力强的年轻干部组成工作专班,在全乡范围内设置意见箱11个,发放一封信6592封,236名党员参加了党员民主测评;签订纪律承诺书32人,纳入排查整顿范围党员共43人,排查出疑似违规违纪问题党员17人、重点核查问题38条,共调查走访座谈党员263人次,走访群众62人次。初步认定存在"四类十八项"问题的5人。

(马　龙)

关桥乡

【概　况】 关桥乡位于海原县东北部,是典型的山川、河谷地貌,距海原县城30公里。全乡总面积574.41平方公里,下辖关桥、张湾、马湾、方堡、贺堡、脱场、八斗、王湾、罗山、麻春、冯湾11个行政村、91个自然村。2021年末,有户籍人口9156户、31636人,其中回族人口20518人,占总人口的64.8%。全乡总耕地面积22.8万亩,退耕还林面积5.3万亩。全乡有13个党支部,共有党员514人。2021年,实现地区生产总值7.6亿元;农村居民人均可支配收入11750元,同比增长13%。

【特色农业】 2021年,关桥乡坚持"一主四特"产业发展总体思路,利用贺堡河流域自然条件,发展西芹等蔬菜6300亩,创收3149万元;通过老树修剪、病虫害防治等措施,1.2万亩香水梨总产值达2300万余元,亩收入3000元。大力推广"龙头企业+合作社+基地+农户"模式,依托专业合作社,推进农副产品深加工产业发展,加快形成香水梨精深加工、果蔬、饲料、乡村休闲旅游等产业链条,进一步提升价值链、延长产业链、完善利益链,推动乡域经济整体高质量发展。高标准打造金银花种植示范基地1000亩,坚持"合作社+基地+农户"的发展模式,建立联农带农助农机制,引领全乡产业转型升级、提质增效,为退出硒砂瓜种植产业调整提供示范,也促进全乡农业产业持续、健康、稳定发展。

【牛产业】 2021年,关桥乡牛存栏5001头,种植紫花苜蓿0.6万亩,大麦0.7万亩,高粱等饲草1.5万亩，玉米1.3万亩，保障饲草供应，有力保障养殖业健康发展；通过“基础母牛银行”获得固定分红，11个贫困村年收益5.534万元。

【旅游业】 2021年，关桥乡成功举办了第四届“梨花节”，中国网、光明日报客户端、宁夏新闻网、宁夏文化和旅游、今日头条等10多家新媒体平台和网络客户端在显著位置宣传了本次活动，浏览量累计300万人次；累计接待游客12.6万余人次；共计销售农特产品、特色小吃等200.94万元，真正实现了旅游产业带动就业和扶贫，为一、二、三产的深度融合及巩固脱贫攻坚成果同乡村振兴有效衔接奠定了坚实的基础和作出巨大贡献。

【就业创业】 2021年，关桥乡完成技能培训4期198人，转移就业7521人，创收1.2亿元，其中脱贫劳动力转移就业3650人，劳务创收5689万元，完成劳务奖补337人75.74万元。依托润农合作社，建设剪纸刺绣孵化基地、扶贫车间和电商平台，培训刺绣剪纸人员202人次，50名贫困家庭妇女经过培训，从事剪纸刺绣工作，带动农村居民就近务工就业，增加工资性收入。引进江苏嘉禾世家服饰有限公司，成立宁夏润嘉防护科技有限公司扶贫车间，安置闲散劳动力130余人，年均收入2.25万元/人。全乡货运车辆达到676辆，交通运输行业从业人员达到1866人。

【压砂地退耕修复】 2021年，关桥乡抽调县、乡、村三级干部108人，分为26个工作小组进村入户开展压砂地退出耕种工作，用多种多样的方式方法做好群众工作，围绕“三个讲明白”发放宣传材料2000余份，让群众从思想上深刻认识到压砂地退出的重要意义和实施压砂地退出种植和生态修复势在必行。截至11月25日，涉及5个行政村24900亩压砂地已全部完成清砂。

【民生保障】 2021年，关桥乡新增农村低保260人，取消农村低保439人，取消城市低保8人，特困供养（五保户）取消20人，新增80岁高龄津贴19人，取消34人，新增困境儿童2人，办理残疾人证189人，新增两项补贴165人。发放困难群众临时救助995人105.8万元；60岁居民基本养老待遇申报87人，丧葬费办理149人；准生证办理122人；最新持证残疾人数1012人。

【优抚优待】 2021年，关桥乡新增“三属”人员2人（病故军人遗属1人、老烈子女1人），党员军人96人。重点优抚对象81人，其中，参战人员4人、涉核人员8人、伤残人员2人、带病回乡9人、60周岁以上农村籍退役军人56人、其他2人。

【户籍登记管理】 2021年，关桥乡自基层整合审批服务执法力量改革试点工作完成以来，身份证类办理件达2055件，户籍迁移类办理374件，其他户籍业务类办理261件。咨询答复件（含窗口与网上）达67件。

【文化活动】 2021年，关桥乡举办“4·23”世界读书日宣传周暨庆祝中国共产党成立100周年系列活动。组织村民参加海原县庆祝中国共产党成立100周年“永远跟党走 幸福生活舞起来”全县广场舞大赛，荣获二等奖；参加海原县唱响“建设美丽新宁夏共圆伟大中国梦”农民文艺调演活动，获第三名。协助县文化旅游局举办“送戏下乡”活动11次，不断丰富人民群众文化艺术生活。

【人居环境整治】 2021年，关桥乡开展农村人居环境整治百日攻坚行动，清理农村生活垃圾1976吨,清除私搭乱建等临时建筑物29处,拆除残垣断壁85处,清理河道沟渠47公里。配齐垃圾设施,聘用保洁员330名,实行定点、定人、定时垃圾清运;配有小型垃圾箱1000余个、大型垃圾箱103个,实行“户集一村收运”的垃圾处理模式。

【生态环境保护】 2021年,关桥乡组织多部门开展联合行动,在全乡范围内认真开展排查,对排查出的污染源建立问题台账并进行跟踪销号。同时,大力开展生态环保、乱占耕地整治专项行动,充分利用日常巡查、突击检查、随机抽查、鼓励举报等措施,对污染环境、占用耕地的企业和个人进行严格执法,确保耕地与生态环境得到有效保护。

【美丽乡村建设】 2021年,关桥乡着力推进美丽乡村建设,打造关桥村、方堡村的美丽村庄建设,大力实施农村生活垃圾污水处理、卫生改厕、安全饮水、植绿增绿、道路畅通、产业培育等工程。

【红色美丽村庄建设】 2021年,关桥乡在关桥村推动“红色美丽村庄”建设,通过建强村级党组织,深入挖掘红色资源,传承红色基因,追寻红色印记,讲好“红色故事”,提升“红色引擎”,以红色精神的传承赓续激发广大群众创造美好幸福生活的磅礴力量,示范带动抓党建促乡村振兴深入扎实开展,真正把关桥村建设成为“党旗红、生态优、产业强、农民富、乡风好”的红色美丽村庄。

【防返贫监测帮扶】 2021年,关桥乡以入户实地走访的方式组织乡、村两级干部以及驻村工作队对全乡脱贫户2872户11027人、农村低保对象2801户3802人、农村特困人员87人(其中分散供养69人,集中供养18人)以及生活出现严重困难的家庭逐户进行走访,共排查出需纳入监测人员27户107人(脱贫不稳定户4户18人、边缘易致贫户9户30人、突发严重困难户14户59人)。安置农村建档立卡公益性岗位35人,就业公益性岗位125人、扶贫公益性岗位190人及光伏公益性岗位123人,培育劳务经纪人21人。

【“两不愁三保障”】 2021年,关桥乡落实好“两不愁三保障”帮扶政策,严格按照“四不摘”要求,全面贯彻落实好帮扶政策,对低收入人口加强跟踪监测,从产业、就业、医疗、住房、教育、社会保障等多方面解决群众的迫切需求,让群众尽享国家扶贫政策的温暖,也为全乡发展提供了方向,巩固拓展好脱贫攻坚成果同乡村振兴的有效衔接。

【移民致富行动】 2021年,关桥乡结合麻春、马湾、脱场3个移民安置区实际,重点解决产业、就业、社会融入三件事情,因地制宜发展带动能力较强的富民产业,通过特色种植养殖、劳务输出、就近务工等形式,多渠道实现稳步增收。

【社会治理】 2021年,关桥乡强化综合治理各项工作措施的落实。1.常态化深入开展扫黑除恶,深化严打整治,坚持“预防为主,教育疏导,依法调处,防止激化”的工作原则,持续动员和发动广大干部群众参与扫黑除恶专项斗争工作。2.突出重点,加强“平安乡村”建设。全面推进“中心+网格化+信息化”建设,划分为87个网格,网格覆盖率达100%。3.共受理网络转办信访事件24件,受理答复24件;“12345”市民热线75件,受理答复75件。排查出各类矛盾纠纷22起,已化解22起,化解率达100%。4.大力开展综合执法。乡综合执法队伍叫停拆除违法搭建12处，封山禁牧巡查60次，开展安全生产巡查35次、安全宣传15次、防火安全培训2次，发放宣传彩页2000余份，切实保护人民群众生命财产安全。结合大货车整治活动，常态化开展大货车整治工作，全年排查大货车共403辆，清理大型货车40余车次，清理其他车辆185车次，警告占道经营行为23次，建立大型停车场2处，设置安全指示牌2处，出动执法人员400人次、执法车100车次，维护了街道整洁和秩序。

【基层党建】 2021年，关桥乡切实将党史学习教育落到实处、推向纵深。1.党史学习教育走深走实。累计组织开展各类实践活动50余场次，组织理论学习中心组学习21次，集体学习45次，举办专题读书班2期。累计接待社会各界3000余人次前来华润希望小镇聆听西征红军故事、瞻仰革命遗址、参观红色文物、重温入党誓词，举办"重走红军长征路"徒步行等活动，传承红色基因，赓续红色血脉。掀起为民办事"新高潮"，有效解决了150件群众面临的"急难愁盼"问题，与持续巩固脱贫攻坚成果、推进乡村振兴相结合。2.选优配强村"两委"班子。现任村"两委"班子成员平均年龄43岁，其中女性14名(村委会中12名，占比36%)，大专及以上学历10人(党组织书记2人)，高中及以上学历20人，初中以上学历23人。3.全面加强作风效能建设。乡党委主要负责人切实履行"一岗双责"工作职责，对全体班子成员和各村书记开展政治监督谈话，以点带面推动政治监督具体化常态化。严格遵循党的政治路线，做好"六稳"工作、落实"六保"任务。4.加强党风廉政建设。以班子成员为重点，开展警示教育专题3次，组织干部职工观看《警钟》《贪欲之祸》等警示教育片3次，召开党风廉政建设专题会发放警示教育卡片150余张。5.全面开展农村发展党员违规违纪排查整顿。梳理出排查整顿对象34名，分类建立工作台账，为后期进一步开展整顿奠定坚实基础。6.圆满完成乡领导班子和县、乡人大代表的换届选举工作。顺利召开乡第十五次党代会、乡第十九届人民代表大会第一次会议。成功选出新一届乡党委委员9人，人大主席1人，政府领导3人，县人大代表13人、乡人大代表66人。

【整合基层审批服务改革】 2021年，关桥乡设立了1个乡级民生服务中心、11个村级民生服务代办点，整合行政审批和公共服务事项123项，已全部进驻民生服务中心，实现了让"数据多跑路、让群众少跑腿"的目标。

(田　玲)

甘城乡

【概　况】 甘城乡位于海原县东部，距海原县城110公里，东与甘肃省环县毛井乡接壤，南与原州区炭山乡相连，西与七营镇相邻，北与同心县张家塬乡交界，是两省(宁夏、甘肃)四县(海原县、原州区、同心县、环县)的接合部。2021年，全乡总面积228.29平方公里，耕地9.5万亩，退耕还林4.89万亩，生态草原17.92万亩；共辖甘城、双井、乔畔、吴渠、严湾、武塘、三台7个行政村、34个自然村，户籍人口2614户、8598人；常住户1010户3596人。

【防返贫动态监测帮扶】 2021年，甘城乡共摸排出防返贫动态监测人口15户54人,科学分析、精准制定“一户一策”监测帮扶机制,实施动态监测、靶向开展帮扶,确保返贫户动态清零。组织乡、村、组三级干部、驻村工作队、帮扶责任人642人次,结合产业发展、环境整治、禁牧封育等惠民政策入户宣传,切实提高群众政策知晓率。

【养殖业】 2021年,甘城乡牛存栏3821头,羊存栏1.35万只,2021年基础母牛补栏505头,为321户养牛脱贫户配送1819头牛的饲草量。新增生猪养殖320头。三台村村集体经济母羊养殖场项目布局已上报审批通过。

【种植业】 2021年,甘城乡发放地膜65.332吨,打造8515.6亩春季覆膜集中连片示范点,惠及408户农户。种植各类特色农作物3.05万亩(其中:种植玉米1.7万亩,种植小麦、豆类0.2万亩,种植马铃薯0.3万亩,种植秋杂粮0.3万亩,种植油料0.4万亩,种植瓜菜0.15万亩)。完成脱贫户(监测户)产业验收,兑付产业资金366.07万元。

【就业创业】 2021年,甘城乡完成劳动力转移就业1752人,完成任务数的105.74%;购买铁杆庄稼“保”完成1463人,完成任务数的112.54%。公益性岗位安置情况:2021年自治区人事厅项目新增20人,续签2019年扶贫办项目55人,续签光伏公益性岗位人员35人,2021年新增光伏公益性岗位人员7人,办结率均为100%。对接银昆高速项目部,在辖区内为受旱灾影响严重的农户协调27个务工岗位,弥补经济损失。

【基础设施建设】 2021年,甘城乡组织实施2021年危房改造项目,改造抗震房19户,返乡无房户危房改造27户。开展甘城乡“一村一年一事”项目,完成道路硬化12公里,开工建设双井、乔畔、三台村三个公共休闲广场,配齐运动设施。

【植绿增绿】 2021年,甘城乡在盘甘公路、S202省道及重点村庄道路两侧栽植绿化苗木9663株。引导1003户常住户清理房前屋后“五堆”场地,摸排统计具备庭院经济栽植条件的院落763处,栽植庭院经济苗木14716株,其中2020年秋季完成1555株,2021年春季完成13161株(红梅杏7868株,苹果树4801株,梨树192株,核桃树300株);秋季栽种树木6160株。

【农村人居环境整治】 2021年,甘城乡坚持“以绿治污、以绿治乱”目标,紧盯门前“五堆”、户内乱堆乱放、村组卫生死角等,大力开展人居环境整治行动,与农户签订环境整治“三包”责任书,紧盯盘甘路、S202省道沿线、农户房前屋后、重点巷道等干道片区,整治清理“五堆”546吨、建筑垃圾665吨,拆除土墙及残垣断壁3797米,治理垃圾沟道7处,危旧房屋拆除224户(纯土坯房60户),完成盘甘公路、S202省道及重点村庄道路两侧断带补植7619株,有效改善人居环境卫生及村容村貌。

【河长制工作】 2021年,甘城乡按片区划,责任到标段,任务到个人,实行常态化管理,严厉打击毁林、破坏河道资源和矿产资源的违法行为。

【民生保障】 2021年,甘城乡困难群体救助帮扶实现全覆盖。审核核发高龄老人津贴83人,其中2021年高龄老人津贴申请受理8人,一级残疾人员到期重新鉴定39人、到期换证10人、新办1人、变更4人,二级残疾人员变更95人、到期重新鉴定8人、到期换证8人、基本资料更新2人、新办2人、死亡注销4人,三级残疾人员变更24人、到期换证2人、到期重新鉴定2人、新办1人,四级残疾人员新办42人、基本资料更新1人、到期换证1人,核实核查特困人员供养17人,其中分散供养9人、集中供养8人,核实核查孤儿及困境儿童6人,核发残疾人证9人,办结率100%;发放“光荣之家”荣誉牌2个。参加社会保险人员待遇资格认证556件,办结率100%。参加社会保险人员领取死亡待遇申报70件,办结率100%。城乡居民养老保险参保登记33件,办结率100%。参加养老保险人员定期领取待遇资格申报(仅限城乡居民),办结率100%。办理生育证登记46件,办结率100%。其中(一孩生育证申请办理15人、二孩生育证申请办理14人、三孩生育证申请办理17人)。做好户籍变更办理工作。新生婴儿入户82人,各种死亡注销户口41人,各种原因迁入45人,迁出94人,开具各类证明1200余份,办理身份证674人。居民身份证丢失招领1件,办结率100%。

【社会治理】 2021年,甘城乡积极拓展提升社会综合治理成效,建立群众诉求月月清制度。集民生服务中心、综治中心、公安派出所、司法所“四位一体”工作格局,每周安排1名领导带领1名干部接访,针对复杂疑难问题,集中接待受理,办理答复,使群众诉求得到合理、有效解决。处理信访案件5起;排查矛盾纠纷6件,化解6件。“12345”专线反馈50件,化解50件。同时,在全乡进行禁毒宣传、防电信诈骗宣传以及普法宣传21场次,发放宣传单(册)3000余份,参加群众1500余人次。

【安全生产】 2021年,甘城乡常抓不懈开展行政执法、安全生产工作。开展禁毒宣传教育,对全乡戒毒人员定期进行家访,尿检。利用禁毒宣传日发放传单、宣传册1000余张(册),悬挂横幅11条。在甘城辖区中小学、企业宣传禁毒知识5场。开展户外广告专项整治行动,摸清辖区内违规设立的户外广告底数,开展户外广告专项整治,清拆所有违规设立的广告牌。开展占用基本农田乱搭、乱建进行专项整治,依法拆除久坪村占用基本农田建筑1处。开展道路交通安全专项整治行动,扎实开展道路交通安全综合整治,严厉打击无牌、无证车辆上路行驶,重点整治农用车、摩托车违法载客、驾乘人员不戴头盔、不系安全带行为。开展市场规范经营专项整治行动,对农贸市场周边、街道等地占道经营、车辆乱停、垃圾乱丢乱放等现象进行长效化管理,对占用人行道和马,堵塞交通的行为进行劝导,对拒不听劝的商贩联系交管部门对违法停放车辆进行抄牌处罚,由执法队暂扣其经营工具。对违法违规行为,坚持源头治理、坚持常态整治,有效提升农贸市场及周边市容秩序。开展安全生产专项整治行动,开展对非煤矿山、危险化学品、消防安全、食品安全、森林草原防火、校园安全、人员密集场所等方面的专项检查32次,通过定期不定期专项检查,确保安全生产责任到位、工作成效到位。

【基层党建】 2021年,甘城乡持续推进“一抓两整”示范乡创建。创建甘城、吴渠、久坪、三台4个三星级农村党支部。针对乔畔村党支部村级后备力量储备不足、信访矛盾突出、近三年未发展党员的情况制定了详细的整顿方案、措施和整顿时限,开展整顿工作。向全乡6名党龄在50年以上的老党员颁发"光荣在党50年"纪念章。吸纳4名素质高、责任心强、致富带头的优秀分子为发展对象。全面审核排查2012年以后党员入党程序,严格把关,反复认定,建立问题台账20人,实地入户走访14人,按照相关规定,定性4人。摸排出27名流动党员并建立了详细的台账,加大流动党员管理力度,通过微信送学等方式加强管理。牢固树立"为工作选干部、凭业绩用干部"选拔标准、选拔政治强、懂专业、善治理、敢担当、作风硬的30名村干部进入村两委,建好支部堡垒,发挥好两委班子领导核心作用。

(甘城乡)

史店乡

【概　况】 史店乡位于海原县城东,东邻贾塘乡,南邻曹洼乡,西邻海城镇,北邻关桥乡,乡政府所在地史店村,西北距海原县城7.5公里。2021年,全乡总面积265.85平方公里,辖史店、苍湾、徐坪、田拐、大川、米湾、前川7个行政村、55个自然村,户籍人口6671户23572人,常住人口4157户14828人,其中脱贫户1636户5994人,防返贫监测户21户98人。有农村低保户2065户2865人,特困供养人员51户59人,孤儿16户24人,残疾616人,高龄215人,养老1932人,义务教育阶段学生4276人。全乡耕地面积14.1万亩,累计退耕还林面积3.46万亩,荒山造林3443亩,紫花苜蓿留床面积21000亩。2021年末,全乡牛存栏8517头,羊存栏18652只;农民人均纯收入11200元。全乡有干部职工50人(其中公务员15人,事业单位干部24人,三支一扶、大学生实习生人及选调生11人),有村干部37人,5个村实现"一肩挑"。

【荣　誉】 2021年,史店乡获全区脱贫攻坚先进集体称号,徐坪村获得全区脱贫攻坚先进集体和全市先进基层党组织称号,史店乡田拐村被认定为全国乡村治理示范村。

【防返贫动态监测】 2021年,史店乡纳入"三类"监测户23户104人(其中脱贫不稳定户5户27人,边缘易致贫户8户38人,突发严重困难户10户39人),实施"一户一档"管理,坚持预防性措施和事后帮扶相结合,先后解决社会最低生活保障21人,发放临时救助1.1万元,发放产业补贴4.8万元,聘用公益性岗位2人,保险救助2人1.3万元,切实做到"政策找人""一户一策"精准帮扶。

【"两不愁三保障"】 2021年,史店乡高质量实现"两不愁三保障"。1.饮水安全方面,通过全面查漏补缺,为30户新建房屋的农户入户安装自来水,累计对苍湾芦子沟、羊套子村和史店三留洼等村65处自来水主管道及串巷管道破裂漏水点和水井进行了维修,先后更换入户水表32个,闸阀24个,水质、水量和供水保证率为100%,水费收缴率达到90%。2.安全住房方面,紧盯返乡无房户、新分户和因灾房屋受损农户,全年累计新建房农户74户,其中返乡无房户30户,抗震房44户,已全部竣工,并完成县级验收。3.义务教育方面,进一步完善控辍保学联动工作机制,落实政府、学校、家长和社会等各方面控辍保学责任,全乡无失学辍学学生。4.基本医疗方面,紧盯医疗基本保障,重点对因病、突发事故产生大额医疗支出的家庭实施动态管理,在落实基本医疗保障的同时，因人施策，分类资助。全年累计发放救助34123元，保险救助73551.18元，全乡医疗保险缴费率年均为96.8%，脱贫户和防返贫监测户收缴率为100%，慢性病签约14533人，扶贫保全覆盖。

【常态化“四查四补”】 2021年，史店乡针对排查出的8类26个问题，按照“一个问题一本台账”，及时制定整改方案，紧盯整改时限，如期完成整改，并建立长效机制。

【移民致富提升行动】 2021年，史店乡以产业、就业、社会融入三个方面为抓手，对苍湾移民养殖园区扩规增效，完成苍湾村肉牛养殖示范园区建设，积极拓宽“公岗就业”“劳务产业”等增收渠道，不断完善产业带贫益贫机制和社会帮扶措施。因地制宜，利用农户庭院资源优势，鼓励农户做实做强“庭院经济”，实现产业发展互补。截至年底，移民村外出务工累计440人次，提供公益性岗位27个，发放小额信贷132笔640.9万元，完成产业兑付48.18万元，务工补贴5800元，贴息5.64万元，种植庭院经济林2100株。同时结合环境整治百日攻坚行动，安置区绿化苗木种植1500株，完成苍湾村主干道路栅栏铺装1000米，完成史店安置区街道上下水改造、面包砖铺设、文化长廊建设等，有效改善了安置区整体基础条件。

【统筹整合资金兑付】 2021年，史店乡到位统筹整合资金1606.07万元，已完成兑付1604.89万元（其中产业补贴753万元、劳务奖补81.24万元、一村一年一事项目107万元、人居环境整治387.8万元、扶贫公益性岗位补贴103.3万元/小额贴息172.55万元），兑付率达99.5%。

【城乡环境整治百日攻坚行动】 2021年，史店乡对全乡主干道路两侧及村庄内部的垃圾、五堆及乱搭乱建、残膜污染、河道治理等进行了全面清理整顿，拆除残垣断壁260米、危旧房屋78座，清理生活垃圾120吨、建筑垃圾198吨、农业废弃物3吨，清理“五堆”220处，改造户厕160座，为农户配备垃圾箱200个。

【植绿增绿】 2021年，史店乡按照“抓点保线，见缝插绿”的方式，突出G341、S204、李海公路3条干线公路，辐射史店、徐坪、苍湾、田拐等中心村和重点村村级道路，进行补植补造，完成乡村春季绿化种植19208株，秋冬季绿化种植国槐4640株，苗木灌溉12320棵，苗木修剪11458棵，涂红刷白树木12.6万株。同时，坚持“栽新”与“管旧”相结合，对全乡历年绿化苗木进行抚育管护，有效保障苗木成活率。

【基本农田建设】 2021年，史店乡投工投劳近万人次，动用机械车辆近300车次，完成渠道清淤10.9公里，整修农田道路14.5公里，秸秆综合利用2万亩，秋季回收残膜46.6吨，施肥4.01万亩，机深耕5.57万亩，秋粮抢收24211亩。

【重点项目建设】 2021年，史店乡实施“一村一年一事”项目7个，其中道路硬化11.1公里，植绿增绿涉及两个村，已全部完工。争取实施田拐闽宁示范村项目及史店移民村道路维修及村容村貌整治项目，完成巷道硬化2.7公里、人行道面包砖铺装7608平方米，铺设雨水管道516米。依托万亩红梅杏及美丽村庄等硬件基础，争取项目支持，打造旅游示范村，重点建设山顶广场、游客集散场地、停车场、游步道、观景台，村入口标识景墙、导视牌、成品卫生间、垃圾收集站等景观节点,已完成主体工程。

【牛产业】 2021年,史店乡在米湾村投资300万元,建成基础母牛养殖场,完成牛存栏100头。择优打造徐坪村标准化养殖示范户15户,动员农户新建养殖场5座,树立养殖示范新标杆,带动周边群众扩大养殖规模,全乡20头牛以上养殖户达到120户。建成了苍湾等3个青贮饲草种植基地2.8万亩,完成禾草种植10000亩,为牛产业发展提供饲草保障。创新养殖模式,持续打造标准化肉牛养殖园。对苍湾村高端肉牛集中养殖园区进行了规范化改造建设,合理划分设置养殖、饲草加工区域、配齐防疫消毒设施、优化粪污处理,更新优化肉牛品种,采取"党支部+合作社+农户"的养殖模式,引导农户"出户入园"发展,扩大养殖规模,园区高端肉牛存栏400头。利用自治区壮大村集体经济扶持资金,动员致富带头人在米湾村新建200头养殖规模的基础母牛养殖场,配套完善相应基础设施,有效促进了肉牛养殖示范引领带动及村集体分红收益。

【特色产业】 2021年,史店乡持续提升全乡红梅杏、红葱产业新业态,探索实施"龙头企业+合作社+基地+农户"的发展模式,完成红葱种植5000亩,争取县农业农村、乡村振兴等部门支持,投资150万元对万亩红梅杏基地进行机深翻、扩穴施肥和防冻除害科学管理。实施产业融合发展,在田拐村实施了旱作节水"坡改梯"工程,投入资金2350万元,建成1万亩红梅杏基地,配套建设机井3眼、5个5000立方米以上的水池,红梅杏基地5年内每亩享受1200元退耕还林补助,挂果后该产业将为脱贫户人均增收1100元以上。依托红梅杏基地,打造文化旅游示范村,延长产业链条,拓宽了农民增收致富渠道,有效促进了特色产业、文化旅游产业、生态修复融合发展。

【劳务产业】 2021年,史店乡通过创办务工基地、组织能人带动、落实劳务奖补等方式,加大劳动力季节性输出和就近转移力度,全乡累计外出务工人员5761人,其中,有组织劳务输出3668人,脱贫户劳动力外出务工2320人,累计创收10888.29万元以上。引导47人到史店、田拐两个扶贫车间就近就业,人均月收入达1400元以上。

【社会治理】 2021年,史店乡坚持属地管理、党政同责,进一步加大安全生产监管力度,乡、村、企业三级监管网络全面形成,全年无安全生产事故。持续开展安全生产"大排查、大起底、大整治"专项行动,对交通运输领域、学校校园安全、公共活动及娱乐场所、食品安全等安全生产工作进行了15次专项排查和整治。定期开展"安全生产月"活动,共计发放各类安全宣传资料1万余份。制定了各类安全生产应急防控预案,提高了保障公共安全、处理突发事件的能力。完善各类应急预案和快速反应机制,公共卫生安全等突发事件应急处置能力得到进一步提高。同时完善信访工作制度,畅通信访渠道,严格落实领导干部开门接访,有效化解社会矛盾,全乡共调解矛盾纠纷64起,立卷调解54宗,为全乡发展创造良好的环境。

【两委换届】 2021年,史店乡严格落实自治区、市、县"两委"换届选举政策,通过换届,村"两委"干部40岁以下的共20人,占54%,高中、中专及以上文化的共23人,占62%,女性干部共10人,占37%,5个村实现党支部书记、村委会主任“一肩挑”，彻底解决了村级班子“一大三低”（年龄偏大、学历偏低、能力偏低、群众公认度偏低）问题。

【乡村治理】 2021年，史店乡积极探索构建“党建引领举旗帜”、“三治（自治、法治、德治）融合强根基”、数字赋能“一张网”的“1+3+1”乡村治理体系，全面打造田拐村乡村治理示范村，被农业农村部认定为第二批全国乡村治理示范村。按照就近、高效、便民、规范原则，在全乡搭建面向群众、方便基层、服务民生的基层便民综合服务平台8个，设立便民服务代办点，推进48项服务“马上办、网上办、就近办、一次办”，着力提升为民办事效率。为全面提高群众参与乡村治理积极性，建立新时代文明实践积分超市，采取“以表现换积分、以积分换物品”的奖励机制，形成全民参与的良好治理氛围。

【基层执法力量改革】 2021年，史店乡以机构改革为引领，全乡共划分为55个网格，统筹网格内党的建设、社会保障、综合治理、应急管理、社会救助等工作，实现“责任网格化、管理精细化、服务人性化”，有效推动“五办四中心”顺利运行，努力满足群众个性化、多样化的服务需求。

【党史学习教育】 2021年，史店乡以全面学习党史为重点，通过专题讨论集中学、主题党课引领学、网络媒体学习等方式，共开展集中学习44次，讲党课16次，模范宣讲2次，观看党性教育片2次，撰写学习心得110篇，交流发言24人次。坚持把“我为群众办实事”实践活动作为党史学习教育的重要内容，建立办实事清单，共办实事54件，筹资20余万元建成史店村党史文化宣传长廊1座。对全乡8个党支部330名党员信息进行了动态更新。严把党员入口关、程序关，遵循“成熟一个、发展一个”的原则，确保发展党员质量。完成预备党员转正1名，审批接收预备党员6名，确定入党积极分子5名。

（史店乡）

郑旗乡

【概　况】 郑旗乡位于海原县东部，东接七营镇、三河镇，南接九彩乡与固原市原州区黄铎堡镇，西接贾塘乡、曹洼乡，北接李旺镇，乡政府驻地郑旗村，西北距海原县城38公里。全乡总面积357.34平方公里，辖郑旗、撒台、南山、撒堡、中坪、吴湾、西沿7个行政村、78个自然村。耕地面积18.4万亩，其中农作物种植面积9.78万亩，退耕还林2.9万亩。2021年末，有户籍人口5525户23199人，常住人口2870户10003人，脱贫户1468户6197人；基层整合审批服务执法力量改革工作持续推进，科学合理设置“五办四中心”机构并对各室（中心）办公区域进行了优化改造，核定行政编制21人，事业编制31人。设置网格员49名、网格监督员13名。

【巩固脱贫攻坚成果】 2021年，排查解决自来水冻点维修42处，自来水新入户22户。摸排上报返乡无房户建房47户、抗震房改造提升55户，对农村71户土坯房屋、砖土混建房屋全部进行拆除。盯紧“三类人群”，常态化、精细化开展“四查四补”，精准落实帮扶责任、帮扶措施。

【产业发展】 2021年，全乡种植一年生禾草

2.5万亩,紫花苜蓿0.6万亩以上,为养殖业发展提供饲草保障。全乡有养牛户1105户,养牛示范户150户,50头肉牛以上规模养牛场10家,家庭标准养殖棚圈1350座,配套建设青储池28座。2021年底,牛存栏达6425头,羊存栏达32000只;全乡西芹面积稳定在5000亩以上,创收0.5亿元左右。结合自然条件和区位优势,在全乡范围内种植以糜、谷、荞为主的秋杂粮1.6万亩,打造秋杂粮种植基地1处0.5万亩;年均组织农村实用技能培训150人左右,劳务输出7300人次,创收在8300万元左右。

【农田水利】 2021年,清淤渠道1公里,整修农路2.8公里。完成秸秆综合利用0.2万亩0.1万吨,秋季残膜回收1.32万亩114吨,增施腐熟农家肥或有机肥4万亩,机深耕及撂荒地整治5.5万亩,在吴湾、中坪、西沿各打造完成高标准农田水利基本建设及环境综合整治示范点一个。在郑旗、吴湾、中坪、撒台等村建设机井12眼,配套管道29公里,新增水浇地0.6万亩。

【村镇建设】 2021年,建成吴湾、西沿美丽村庄2个;实施村道硬化2.7公里、砂化1.6公里,在西沿建设口袋公园2处,改造提升文化广场1处,新建篮球场2个。完成农厕改造460户、清理生产生活和建筑垃圾4万余吨,乡村绿化植树40157株,庭院经济林种植25805株,森林覆盖率由10.5%提高到15.8%,人居环境明显改善。

【社会事业】 2021年,改造提升乡卫生院1个、村卫生室7个,基本医疗及基本公共卫生均等化服务。义务教育阶段学生“两免一补”政策全部落实到位。补齐“十三五”移民巨湾安置点基础设施短板,提升移民点公共服务水平。针对48户移民群众,逐户制定一户一策产业、就业发展规划,引导农户积极种植西芹、秋杂粮,鼓励移民群众积极外出务工就业,增加收入,确保移民群众搬得出、稳得住、逐步能致富。

【基层党建】 2021年,郑旗乡突出抓好党史学习教育。全年开展中心组学习12次,乡村干部集中学习100余次,召开专题交流研讨会20余次,撰写心得体会140余篇,包乡县级领导专题讲党课1次,党委班子成员到村讲党课22场次;有效实施“六查六强”及“一抓两整”创建行动。根据“六查六强”工作县级问题清单,摸排建立乡村两级问题台账67条,制定整顿措施85条并按期完成整改;制定《郑旗乡“基层党建全面提升年”重点工作任务清单》,建立主要任务19条,制定落实措施54条,重点任务全面完成。严格规范党员队伍。举办发展党员专题培训班1期,全年培养入党积极分子14名,发展预备党员8名,转正党员4名;严格对照《海原县排查整顿农村发展党员违规违纪问题实施方案》要求,及时成立工作领导小组及工作专班,对确定存在违规违纪发展的党员及时形成报告并依规进行处理。

(郑旗乡)

贾塘乡

【概　况】 贾塘乡位于海原县中部,西接史店乡,东接郑旗乡、李旺镇,南接曹洼乡,北接关桥乡。乡政府驻地贾塘村,东距县城25公里。全乡总面积301.02平方公里,辖贾塘、双河、南河、马营、堡台、黄坪、后塘、王塘、贾塘新村9个行政村、61个自然村。2021年末，全乡有户籍人口8965户、31375人，其中回族28551人，占总人口的91%；常住人口5695户、19131人。耕地面积18.31万亩（其中井灌地0.75万亩、节水灌溉1.9万亩），退耕还林8.76万亩。

【脱贫攻坚成果巩固】 2021年，贾塘乡坚持把巩固拓展脱贫攻坚成果作为底线任务，严格落实“四个不摘”，2名县级领导包乡督导，45名包村干部、26名驻村干部和46名村级干部一线落实，重点围绕“两不愁三保障”和安全饮水，实行一月一摸排，建立一户一台账，动态监测、定期销号，持续开展“四查四补”，坚决守好脱贫攻坚成果。年末，列入重点监测对象33户139人。

【特色产业】 2021年，贾塘乡立足自身条件，把握市场导向，大力发展肉牛养殖、冷凉蔬菜、小杂粮。年末，全乡肉牛存栏1.45万头，养牛户2630户，占到常住户的46.2%，人均养牛收入占到总收入的25%。2021年引进龙头企业种植辣椒5000亩，建成辣椒加工厂，带动农户种植35户，就近稳定务工130人；建成年加工1.5万吨的小杂粮加工厂，带动小杂粮种植2万亩。

【基础设施建设】 2021年，贾塘乡通过争取项目，改造提升高标准农田3270亩、实施高效节水配水工程1万亩、新修村组道路21公里、改造提升法治广场、维修移民街屋顶和排水系统，及时维修各村出现的断渠、断路，维修村级文化服务中心2个，体育活动场所4处，全乡群众的生产生活条件得到改善。

【人居环境整治】 2021年，贾塘乡紧紧围绕“四美”目标，集中清理“五堆”“五乱”，重点打造美丽宜居村庄2个、环境整治示范村1个，带动全乡环境面貌跻身全市前15位。持续推进植绿增绿，2021年全乡植树12万棵、实施蚂蚁森林项目8500亩。推行网格化管理，全乡63个自然村逐村庄、逐路段落实保洁责任，实行“卫生一天一清扫、垃圾一天一清运、保洁一天一检查”，努力实现一年一个样、三年大变样。

【民风建设】 2021年，贾塘乡全面推行网格化治理模式，设立乡、村、组三级网格长（员），实行“网格吹哨、站所报到”。乡村两级全部建立新时代文明实践站（所），招募志愿者218名，每月集中开展一次实践活动。扎实推进精神文明创建活动，先后评选“美丽庭院”45户、道德模范11人，对全乡新考录的256名大学生进行表彰，设立“光荣榜”，着力培育文明乡风、良好家风、淳朴民风。

【基层党建】 2021年，贾塘乡有农村党支部9个，其中三星级以上党支部5个；村级“两委”成员46名，平均年龄39岁。建立乡党委班子成员联系点制度，重点强化支部班子建设、队伍管理、组织生活、党员发展、阵地建设“五个规范化”，全面落实“四议两公开”，定期开展警示教育、廉政风险排查，坚决查处各类不正之风，推动全面从严治党向基层延伸。2021年乡党委被评为“全县基层党建先进集体”。

【基层治理】 2021年，贾塘乡建成乡新时代文明实践所和9个村级新时代文明实践站，组建志愿服务队伍，逐步兴起新时代文明实践活动。安全生产事故控制在目标之内，各村落实安全生产属地责任的意识明显增强，管理秩序更加规范，工作责任得到落实。

（李志国）

曹洼乡

【概　况】 曹洼乡位于海原县中南部,距县城23公里,地处南华山国家级自然保护区东麓,东与郑旗乡接壤,南连九彩乡、李俊乡、红羊乡,西邻海城镇,北与史店乡、贾塘乡相邻;境内中静公路、曹黄公路、曹杨公路穿境而过。全乡总面积222.97平方公里,辖曹洼、脱烈、硝沟、白崖、冶套5个行政村、26个自然村。2021年末,全乡户籍人口2733户、8962人(其中,农业户2533户8613人,非农户200户349人),常住人口1439户、5333人。全乡有耕地面积11.07万亩,退耕还林地2.2万亩。2021年实现社会总产值2.17亿元,较上年增长9.4%;农民人均可支配收入11100万元,较上年增长10.8%。

【防返贫动态监测帮扶】 健全防返贫监测预警机制。全乡纳入动态监测户19户76人,定期监测"一收入、两不愁三保障"情况。落实"一户一策"原则,综合分析村民易致贫诱因,精准制定帮扶措施、开展帮扶工作,确保不发生新的致贫返贫现象。

【"两不愁三保障"】 持续做好"两不愁三保障"。新建闸阀井5座,更换50#闸阀5台、40#闸阀13台,维修水毁联户井3座及管道13处、630米,完成20户返乡村民自来水增补入户。拆除危旧房屋88户、土墙1738米,整治空置院落草棚51户,提升改造安全住房49户。5个行政村村医和120种常规药品基本配备到位,城乡居民医疗保险缴费率87.5%,建档立卡户缴费率100%。全乡境内义务教育阶段入学率100%。

【脱贫人口稳岗就业】 完成脱贫人口电工技能培训50人,中式烹饪技能培训50人,分别协调全乡脱贫人口、边缘易致贫人口外出务工987人、13人,安置脱贫人口公益性岗位177人。

【低收入人口常态化帮扶】 落实低收入人口常态化帮扶政策。对接自治区编办为白崖村提供1.5万元物资帮扶和30万元牛羊精饲料物资帮扶;对接自治区农业农村厅为脱烈村提供5.16万元物资和50万元产业资金帮扶。全乡184名帮扶责任人中,因各类原因无法再履行帮扶责任的12人均已完成调整更换。

【肉牛产业】 曹洼乡是全县高端肉牛产业示范乡。2021年,全乡肉牛存栏7260头,有肉牛养殖合作社(含家庭农场)5家、50头以上肉牛养殖大户11户、肉牛标准化养殖场5家。辖区内有投资2.65亿元、占地1300多亩的华润曹洼草畜一体化养殖示范基地1座。建成即将投运的中国(宁夏)良种牛繁育中心,位于曹洼老虎自然村,占地380亩,是自治区唯一的良种牛繁育中心。

【人居环境整治】 推行"两次六分、四级联动"治理模式,出动各类机械80余台次,派出整治人员4500余人次,处理农村生活垃圾574吨、农业生产废弃物325吨。整治空置院落草棚51户,拆除危旧房屋88户、土墙1738米,清理乱搭、乱建、乱堆、乱放、乱贴、乱画场所1541处。将"新时代文明积分超市"与环境卫生整治工作相结合,运行"积分制"管理模式和奖励机制,广泛动员群众参与到环境卫生保护之中,已奖励35人次价值2760元的物品。探索建立"卫生示范户红黑榜"模式,房前屋后和庭院卫生干净的农户上"红榜"通报表扬并给予奖励,庭院“脏、乱、差”的农户上黑榜予以通报批评。以长效机制促进群众形成良好习惯,激发群众环境整治行动中的内生动力。

【植绿增绿】 种植乡村绿化树木18747株,庭院经济林18606株。积极配合县自然资源局对中国(宁夏)良种牛繁育中心20公里道路两侧进行工程绿化,组织对历年绿化树木进行杂草清理、涂红刷白、抹芽修剪和坑穴整修,共清理整修绿化带26公里,涂红刷白树木38100株,提高树木成活率,曹洼乡森林覆盖率已达到30%。

【基础设施建设】 完成460座卫生厕所改造目标,全乡卫生厕所达到888座,普及率达到65%,超过全区平均普及率7个百分点。在白崖村新建文化广场2840平方米,硬化道路6.2公里,安装太阳能路灯50盏,增设配置垃圾桶40个,种植垂柳、云杉等村庄绿化树木2100株,栽植红梅杏、花椒、苹果等庭院经济树木6600棵,全面提升村庄宜居度。

【文化活动】 完成近1350平方米的乡文体中心建设,满足广大干部群众的文化体育需求。举办三八妇女节文艺联欢晚会、“4·23”世界读书日宣传周暨庆祝中国共产党成立100周年系列活动、“6·3”我读书,我快乐系列主题活动。组织村民参加海原县唱响“建设美丽新宁夏·共圆伟大中国梦”农民文艺演出、“永远跟党走 幸福生活舞起来”广场舞大赛,协助县文化旅游广电局举办“送戏下乡”活动4次。

【民生保障】 严格城乡居民低保审核申报,集中审核上报新申请户54户55人,清理脱贫、死亡人员81户81人。强化高龄老人动态管理,核查取消14人,新增33人。审批临时救助663户663人,为家庭困难大学新生申请教育救助17人次,规范建设老年餐桌1个(曹洼村)。完善孤儿保障制度,孤儿及困境儿童孤儿经核查取消2人,新增1人,5个行政村共建设“儿童之家”5家,配备儿童督导员5人。

【基层政权建设】 持续推进基层政权建设。对村民监督委员会成员进行教育培训4次,确保其规范使用权力。完善村级“四议两公开”制度,充分调动群众参与民主决策的积极性,有效增强村组干部决策全面性和科学性。

【优抚优待】 保障退役军人合法权益。完成全乡退役军人和现役军人的档案资料完善工作。对乡内所有退役军人悬挂“光荣之家”牌匾,实现“一人当兵,全家光荣”。加大退役军人帮扶救助力度,对享受建档立卡户政策的退役军人逐个实地走访,共发放扶贫政策宣传102份,制订脱贫计划22份。

【基层审批服务改革】 推进实施“一站式”服务,设置便民窗口工作人员AB岗,方便群众业务办理。完成全乡25个网格的划分工作,配备专职网格员19名、兼职网格员6个,实现“责任网格化、管理精细”。

【普法宣传】 坚持把普法宣传教育作为法治建设的基础,积极转变普法工作模式,广泛宣传以宪法为核心的各项法律法规,共悬挂横幅7条,张贴标语158张,发放宣传册1200余册,结合“4·15”“6·26”等节点开展法律宣传6场,举办法律明白人培训2场、人民调解员网格员培训1场,组织开展“安全、禁毒、法律”进校园宣讲1次。

【信访工作】 深入开展“大走访”活动,深入听取老百姓的意见和诉求,全面梳理汇总意见建议69条,办结69条。将矛盾纠纷由“末端处理”转向“前置化解”,共排查化解矛盾纠纷24

件,接待来访群众75人次。

【综合执法】　乡综合执法队伍先后执法30余次,拆除违法搭建4处,开展封山禁牧巡查22次、安全生产巡查35次、安全宣传15次、防火安全培训1次,清理街道广告5处,处罚占道经营行为23次。与各村签订安全生产责任书、农用车用户签订农用车辆安全生产责任书。整治大货车随意停放方面,共出动执法人员196人次、执法车80车次,清理大型货车40余车次,清理其他车辆185车次。

【民族宗教工作】　利用宣传橱窗、专家和法律工作者讲座及微信公众号等平台,发布创建工作动态50余条,发放工作手册300余册,宣传单3600余份,投资改造曹洼乡中华民族共同体意识群众服务教育基地。为各族群众开展丰富多彩的民族文化活动提供了便利场所。大力开展民族宗教事务依法治理行动,以宗教场所"五进"为抓手,开展"三学一做""五联五促"等活动。

【民风建设】　紧密结合党史学习教育和"传承党的百年光辉史基因·铸牢中华民族共同体意识"教育活动,悬挂宣传道旗60余面、悬挂宣传条幅50余条。在脱烈村举办庆祝中国共产党成立100周年广场文化演出活动,400余名观众观看演出。选优配齐红白理事会成员,发放移风易俗倡议书100多份,引导群众喜事新办、丧事简办、文明理事。巩固提升新时代文明实践所(站)建设,有效利用旧校舍,改造建成新时代文明实践大讲堂,组建志愿服务队5支150人为群众宣讲政策、科普农业知识。

【干部作风建设】　扎实开展"小鬼难缠""中梗阻"专项治理、民生保障领域"中梗阻"问题专项治理。组织各行政村、各办公室(中心)对照各自领域重点问题对标对表,认真开展自查自纠。自查出的"小鬼难缠""中梗阻"专项治理的3类9个问题和民生保障领域"中梗阻"9个问题都完成了整改。

(彭文荣)

九彩乡

【概　况】　九彩乡位于海原县城东南部,地处寺口子北山之西,因山现九色彩云而得名。东接固原市原州区黄铎堡乡,西接曹洼乡,南接李俊乡,北接郑旗乡。乡政府驻地九彩村,西北至县城60公里,全乡总面积169.69平方公里。全乡辖元套、新庄、九彩、马圈4个行政村、21个自然村。2021年末,有户籍人口1854户、6894人,常住人口770户、2939人。属纯回族聚居乡,境内有闻名遐迩的九彩坪拱北。全乡耕地9.08万亩,退耕还林2.29万亩,紫花苜蓿留床4.6万亩。2021年,实现农民人均可支配收入11008元,同比增长10.6%。

【脱贫攻坚与乡村振兴】　2021年,九彩乡严格落实"四个不摘"要求,结合实际制定工作方案,成立领导小组,层层压实责任,持续巩固攻坚成果。全年摸排监测对象5户26人,精准制定"一户一策",全面落实动态帮扶,落实义务教育救助、"雨露计划"、燕宝奖学金累计373人31万元,慢性病签约服务155人,建档立卡户和边缘易致贫户医疗参保率100%,累计改造房屋40户,返乡无房户21户,实现危房动态清零,维修人饮管道40处,新增补入户6户,确保人畜饮水供水保障,常态化抓好"四查四补",累计排查问题4类8项37条,完善台账资料，已全部整改到位。从实整改各级各类反馈问题，已全部整改。

【肉牛产业】 2021年，九彩乡按照“扩规、提质、增效”的发展思路，以扶持示范村、示范户和养殖专业合作社为重点，积极探索“支部+合作社+农户”利益联结机制，持续调优产业结构，着力打造千头高端肉牛养殖1处、万亩饲草加工配送示范基地2处、柠条加工配送点1处、万亩优质牧草基地4个；培育分散养殖户367户，20头以上规模养殖户49户1880头，全乡牛存栏量达6100头，常住户户均7头，人均增收过万元，牛产业效益不断凸显。

【劳务经济】 2021年，九彩乡累计转移劳动力1965人，累计收入2642.11万元。其中，贫困劳动力569人，累计收入879.0281万元；安置公益性岗位174个，劳务奖补兑付35人，兑付资金9.42万元，创收106.126321万元；第二批劳务奖补12人，创收29.6306万元，兑付资金2.81万元。完成“铁杆庄稼保”参保1405人（任务1400人）、驾驶证培训11人、致富带头人培训20人。

【生态环境】 2021年，九彩乡深入开展人居环境整治、“美丽庭院”评比、红黑榜发布等活动，累计拆除土坯房25座、残垣断壁120余处，美丽宜居村庄建设取得新成效。实施元套村美丽村庄建设、九彩村大泉沟综合治理、新庄村蓄水坝环境整治、马圈村生产路维修等一批打基础、利长远、增后劲的民生项目。全年栽植苗木3.1万棵，人居环境逐步提升。

【基础设施建设】 实施元套村美丽村庄项目建设，硬化道路1.5公里，维修改造排水口1处，修复生态公园1座，配套塑胶篮球场1座，砌护护坡1400平方米，栽植庭院经果林3500株，铺设灌溉管网800米，村庄面貌焕然一新。实施九彩村大泉沟水土流失综合治理项目，投资372.20万元，将九彩村环境整治、植绿增绿、沟道治理、水土保持等有机结合，历时3个月，集中整治大泉沟，彻底解决困扰周边600多名群众多年的出行难问题，大泉沟后期将实施降坡绿化、清淤筑坝、坡改梯田，形成以梯田和淤地坝为主的拦水减泥体系，逐步修复水生态系统，有效利用沟道周边耕地资源。实施新庄蓄水坝周边环境整治、植绿增绿项目和马圈各自然村生产路维修改造、生产路砂化等一批打基础、利长远、增后劲的民生项目。

【农田水利建设】 2021年，九彩乡农田水利基本建设项目共计整修农路15公里、建设美丽示范村庄1座、秸秆综合利用0.5万亩、回收残膜92吨、完成增施有机肥2.3万亩、机深翻1.5万亩，秋粮抢收14680亩、树木抚育管护33公里，投工投劳总计4182人。

【教育卫生】 2021年，九彩乡落实义务教育阶段秋季四类学生资助补贴259人11.1625万元、“雨露计划”101人次15.15万元、茅台助学金2人1万元、华润集团帮扶助学金2人8000元、燕宝奖学金9人3.6万元；利用光伏扶贫收益奖励新录取大学及以上学生33人6.8万元，实现全乡义务教育阶段学生零辍学。完成慢性病签约服务155人，实现建档立卡户和边缘易致贫人口基本医疗参保率100%。全面落实药物下沉基层政策，配齐配全乡村常用药品，保证村卫生室、乡卫生院满足基本医疗需求，贫困群众和非贫困户慢性病签约服务全覆盖。

【民生服务】 2021年，九彩乡认真落实低保、医保、养老保险、临时救助等综合社会保障措施,确保困难人群收入稳定,发放农村低保金365.43万元,城市低保金11.055万元,高龄兑付资金18.252万元,养老兑付资金129.7723万元,特困供养兑付资金6.9666万元,孤儿22人,兑付19.2984万元,领取残疾人两项补贴138人,生活补贴138人,兑付18.216万元,护理补贴75人,兑付10.8万元。2021年兑付临时救助436人次,52.01万元。

【社会治理】 深入推进法治政府建设,加强统筹谋划,督促乡党委班子成员履行法治政府建设职责,确保重大事项民主决策、科学决策、依法决策;举办普法教育21场次,发放宣传彩页10000余份,悬挂横幅13条、永久性标语86条、大型喷绘18幅,切实增强法治意识以及政治水平。着力化解矛盾纠纷。4个村配备公共法律服务室,开展"法律明白人大讲堂""扫黑除恶宣讲会"等专题讲座10场次,发放宣传材料1000余份,提供法律咨询20余人次、法律服务10余件。全年共化解县信访局转办8件,处理"12345"工单53单,办理群众来访21件。

【民风建设】 巩固九彩、马圈2个民风建设示范村,深入开展"推进移风易俗,树立文明乡风"政策宣讲,社会主义核心价值观落地生根。

【基层党建】 1.强化理论武装。乡党委深入学习贯彻习近平总书记在庆祝中国共产党成立100周年大会上的重要讲话精神、党的十九届历次全会精神及自治区市县党代会精神。组织开展读书班1周、党委中心组学习13次,集中学习38次,交流研讨16次,撰写体会210余篇,观看电教片8次,开展宣讲8次,讲党课10场次,举办党史知识、党纪法规测试等4场次。2.落实党建主体责任。乡党委负责人履行党建第一责任人职责,定期组织召开党建工作例会专题研究党建工作,完善党委班子成员党建联系点指导职责等党建基本制度,党建责任进一步夯实。3.实施"三大三强"行动。按时足额划拨村级办公经费、为民服务资金,及时兑付村干部任职补贴。全年培训致富带头人20人,已累计培养32人。夯实"六查六强"基础。4个村党支部自查班子建设、党员管理、基层治理、基础保障4个方面15个问题,建立台账,已全部整改到位。4.突出"一抓两整"成效。对照示范乡创建三个清单,结合各党支部申报,评定三星级党组织3个、二星级党组织1个,不断凝聚工作合力。5.健全意识形态工作机制。重点围绕疫情防控和巩固脱贫攻坚成果同乡村振兴有效衔接进行宣传,对倾向性苗头性问题进行舆论引导,积极回应群众关切。6.扎实做好换届工作。高标准完成乡村换届,选配村级后备力量12人。7.充分发挥驻村工作队作用,推进强村富民、为民服务等。认真排查农村发展党员工作。组建工作专班,召开动员会、培训会,发放告知信206份,设置意见箱5处,纳入排查范围党员29人,梳理4类18项问题12人,初步认定问题党员2人。8.抓实党管武装及群团工作。大力引导适龄青年参军入伍,落实工会会员慰问、村级团组织创建、妇女"两癌"筛查、创业贷款发放及模范退伍军人示范站创建等群团工作再上新台阶。

【党风廉政】 落实党风廉政建设"两个责任"。督促乡党委班子成员认真履行"一岗双责"职责,结合自己分管工作实际抓实抓细日常监管。从严教育管理干部。全年指导检查12次,通过常规随机抽查、专项督查检查等推动工作落实，完善村级“廉情诊所”和“村廉通”监督工作机制，严格执行“四议两公开”制度。切实改进工作作风。锲而不舍落实中央八项规定精神，毫不松懈纠治“四风”，深入整治作风顽疾，提高管党治党能力，推动全面从严治党向纵深发展。

（蔺 璐）

李俊乡

【概 况】 李俊乡位于海原县南部，地处西吉县、海原县、原州区（原固原县）交界地带。东原州区黄铎堡镇，南接西吉县沙沟乡、火石寨乡，西接红羊乡，北接九彩乡。乡政府驻地李俊村，西北至海原县城76公里。全乡总面积210.55平方公里，辖李俊、蔡祥、红星、团结、联合、蒿滩6个行政村、26个自然村。2021年，户籍人口2432户8651人，其中回族7962人，占92%，常住人口1695户5322人。全乡耕地面积42804亩，其中水浇地5700亩。有脱贫户642户2656人。监测对象7户32人，边缘户13户59人（其中边缘易致贫户消除风险11户52人）。现行标准下农村贫困人口全部脱贫，贫困村全部退出。2021年农民人均可支配收入11164元，较上年增长10.6%。

【防返贫动态监测】 紧盯全乡农户“两不愁三保障”情况，健全防返贫监测预警机制，对脱贫不稳定户、边缘易致贫户、突发困难群体以及因病因灾因意外事故等出现严重困难户开展动态监测，做到定期核查、及时发现、及时帮扶、动态清零。全乡纳入防返贫监测户8户35人（脱贫不稳定户3户17人、边缘易致贫户2户7人、突发严重困难户3户11人），实施动态帮扶管理，精准建立“一户一策”，坚持预防性措施和事后帮扶相结合，精准分析原因，采取有针对性的帮扶措施。

【“四查四补”】 全乡共排查出4类45个问题，针对问题，紧盯整改任务和时限，强化整改措施，将问题逐一整改到位，排查问题现已全部整改完成，并形成长效机制。

【“两不愁三保障”】 全乡完成安全住房提升改造58户，其中危房改造21户，抗震房改造37户。维修自来水管道24处，抢修包堡自然村喷井人饮设施，自来水恢复正常。全乡因病住院148人次均享受“一站式”结算，医疗费用总额157.5万余元，个人自费13万余元，个人自费部分不到10%，切实减轻了老百姓看病难、看病贵问题，医疗保障水平明显提升。

【项目库建设】 完成农业产业、小额信贷贴息、公益性岗位、基础设施、“一村一年一事”等60个项目库建设，已在系统内完成报账信息录入。完成2012—2020年度扶贫项目资产分类、统计、汇总、上传工作，共涉及275个项目，资产原值合计4866.2673万元。

【帮扶工作】 通过帮扶单位引领帮助销售牛羊肉、粮油、蜂蜜等农副产品，全年实现消费帮扶金额421万元。落实帮扶单位帮扶资金16.75万元，用于改善村级基础设施和发展村级公益事业。协调海原县义工联合会为6名困境儿童每人捐资2000元及其他学习用品。与海原移动分公司党支部开展党建共建活动并为低收入贫困户捐赠米、面等生活用品。

【奖补政策落实】 及时兑付各类涉农补贴资金849.3573万元，按时发放112名扶贫、光伏公益性岗位工资89.28万元（扶贫公益性岗位工资53.28万元、光伏公益性岗位工资36万元),兑付劳务奖补资金74户75人16.96万元。全年兑付小额信贷贴息资金77.2241万元。对接海原人保公司理赔受灾玉米5684.4亩68.2128万元。

【问题整改】 针对各级各类反馈问题主动认领,共整改完成自治区后评估反馈问题8个。整改完成中卫市农村工作领导小组对巩固拓展脱贫攻坚成果同乡村振兴有效衔接重点任务督导调研反馈问题4个。

【草畜产业】 按照“家家种草、户户养牛、小群体、大规模”的思路,翻新复种紫花苜蓿2000亩,建成饲草种植基地2个,种植青储玉米1.3万亩,新建“三贮一化”池20座,完成青贮腌制1.83万吨。鼓励引导返乡创业人员新建400头高端肉牛养殖场1座,协调金融机构为405户养殖户发放养殖贷款1685万元,培育了蔡祥、红星、联合3个养牛示范村。大力推广优良畜禽品种,开展高端牛冷配680头次,全乡牛存栏5240头,较2020年同期增长1720头。

【村级集体经济】 加快推进农村集体产权制度改革,扶持发展壮大村级集体经济。积极推动红星村、李俊村村集体发展资金保值增值,投资259万元完成团结村油料加工厂村集体经济项目,编制蔡祥、联合、蒿滩村村集体经济发展2022年实施方案,通过引进专业化社会服务和专业合作社,不断发展壮大村集体经济。全乡6个行政村村集体经济经营收入均达到5万元以上。

【动物疫病防控】 春秋季集中免疫期间在全乡范围内对口蹄疫、高致病性禽流感、小反刍兽疫、布鲁氏菌病、狂犬病等重大动物疫病实行强制免疫,并实时关注有关动物疫情信息及时开展补防工作,全年完成累计免疫大小家畜2.2万头次、禽类7000羽次,防疫密度和耳标佩戴率均达到100%。

【农田水利建设】 全乡投入人力2100多人次、车辆167辆次,打造蔡祥、李俊示范点2个,完成渠道清淤3.3公里,整修农村道路11公里,回收残膜87.8吨,增施腐熟农家肥或有机肥1.2万亩,完成机深翻耕地2.65万亩,抢收秋粮8340亩。对辖区内玉米秸秆进行集中打捆、定点堆放,不仅改善农村人居环境,而且提高秸秆使用效率。

【基层整合服务审批执法力量改革】 对民生服务中心软硬件进行改造提升,制定完善了《李俊乡便民服务中心窗口管理制度》,123项政务服务事项全部实行“一站式”服务。同时抓好村级便民服务代办点建设,实现全乡6个村级便民服务站、代办点全覆盖,48项便民服务“不出村办理”。依托村级组织合理划分基本网格单元,全乡共设有24个网格,其中专职网格员11人,村两委兼职网格员13人,完成乡级办件2350件,村级代办件1377件。

【民生保障】 结合民生保障领域“中梗阻”专项治理行动,积极开展低保清理整顿工作,取消低保202户229人,新增农村低保85户87人,调整享受人员低保类别639人。取消残疾人生活补贴17人、护理补贴10人、新增残疾人生活补贴23人,新增残疾人护理补贴13人。组织实施残疾人无障碍改造38户,为7名残疾人安装假肢,实施重度残疾人居家托养14户14人。发放临时救助71.8万元,救助困难群众573人次。开展特困人员供养自理能力认定,清退不符合特困供养人员3人,新增特困供养人员2人。及时足额发放高龄老人津贴75户75人，发放孤儿津贴30人。完成2022年医疗保险缴费7360人，完成率100.62%，缴纳2021年养老保险1200人。

【教育卫生】 认真落实好已有的“一免一补”“两免一补”“雨露计划”“燕宝基金”等教育帮扶政策，全乡义务教育阶段学生1011人全部享受义务教育，无辍学学生。为全乡2021年47名新录取一、二本大学生发放奖励资金4.7万元，扎实推进“健康海原建设及全民健康水平提升行动”，深入开展控烟工作，创建无烟办公环境，大力实施全民爱国卫生运动，举办健康知识培训班3次，参加培训人数180多人，开展“两癌筛查”，筛查人数254人。

【就业创业】 组织乡村干部、驻村干部开展入户走访，摸清辖区内劳动力资源底数，主动收集掌握全乡“用工、求职、培训、创业”等需求，及时为辖区村民推送、转发各类就业岗位信息。全乡城乡劳动力外出务工2265人，完成任务的112.86%，务工创收3782.55万元。务工行业涉及建筑、餐饮业、交通运输、企业等行业。购买“铁杆庄家保”1511人，完成任务的100.73%。举办技能培训中式烹调3期、手工编织2期，培训人数250人。安置公益性岗位20人，农村致富带头人提升培训20人。创业担保贷款扶持7户，贷款资金105万元，户均15万元。

【植绿增绿】 抢抓春秋植树有利时机，加快潘西公路绿色通道、李俊集镇、学校等公共区域绿化和庭院经济林建设。2020年秋季至2021年秋季，全乡共完成乡村绿化27467株，道路树木抚育修剪10150株，清除死树1020株，完成新增乡村绿化、绿色通道4.577万株树木补灌3次。不断加强对62名生态护林员、7名天然林保护员、4名国家公益林保护员管理，实行网格化监管，划定责任片区，签订管护协议和森林防火协议。持续开展封山禁牧工作，常态化开展巡护工作。

【人居环境整治】 将净化、美化、亮化、绿化有机结合，积极动员广大群众参与义务植树和环境卫生综合整治。先后出动车辆4458车次，投入人工10245人次，拆除破旧危房63处5209平方米、残垣断壁152处8792米，清运“五堆”730处19794吨，清理清淤农业生产主渠、干渠、河沟河道24处，清理乱搭乱建19处、乱贴乱画543处，设置大货车临时停车场6处。为全乡配备五方垃圾箱77个，两方垃圾箱5个，240升垃圾箱20个，120升垃圾箱500个。建立了“义务工制”“网格化”管理机制、“爱心超市”积分管理机制和“最美庭院”评选机制，充分调动了广大人民群众的积极性，营造共建、共治、共享的良好氛围。

【基础设施建设】 充分利用整合资金、村集体经济收入、为民服务资金和光伏扶贫资金，顺利完成“一村一年一事”项目，投资300多万元完成红星村美丽宜居村庄建设，投资61.15万元完成李俊乡蔡祥村扬水管道维修项目，投资32.6万元完成李俊村上街自然村砖厂15米过水路面和下街自然村22米过水路面建设，投资12万元完成团结村河床砌护工程，投资8万元完成联合村生产道路6段6840米。投资11.9万元完成蒿滩村马槽至老庄村道砂砾道2段4000米。

【河长制工作】 持续推行河长制监管，及时更新河长制工作机构，构建乡、村两级河长制网络体系，明确水资源保护，河道堤防保护、水污染治理、水环境治理、水生态修复和执法监管等任务。全年完成巡河748次，累计巡河1850公里，持续深入开展河湖“四乱”问题整治，集中对全乡3条河沟及4个水库的水域岸线乱堆行为进行了摸排和整治。对巡查发现的警示牌倒地、河道倾倒垃圾等28个问题及时进行了处理，保障河道正常行洪，保证乡容乡貌整洁美观。积极配合县水务局实施海原县李俊乡三百户水库库区防护工程和海原县杨明河农村水系综合治理工程(金佛—三百户段)。

【理论武装】 深入学习贯彻习近平新时代中国特色社会主义思想和党的十九届历次全会精神，制定了《2021年李俊乡干部理论学习安排》《李俊乡2021年党委中心组学习安排》，扎实开展党史专题学习教育，全年开展党委中心组学习15次、干部集中学习41次，共开展党史专题学习教育32次。组织广大党员干部举办专题读书班4期，撰写心得体会200余份，撰写交流研讨材料65篇，通过研读书本、微信推送、上门送学、现场谈学习心得、外出参观、观看专题片、知识竞赛等方式确保党史学习教育取得实效，真正做到了学史明理、学史增信、学史崇德、学史力行的目标要求。

【宣传工作】 对机关“五办四中心”和各村村级代办点相关的工作制度全部进行了更新布置。为庆祝中国共产党成立100周年，在乡镇机关和各行政村布置串旗5000余面，悬挂宣传标语20条，在李俊街区悬挂彩旗120余面。将辖区内各类垃圾广告和过时、陈旧、破损广告牌全部更新，在公路沿线、村内醒目位置悬挂横幅共130余条，制作宣传栏30多个，竖立大型广告牌5处，绘制宣传彩画430多平方米、散发各类宣传单5000余份。打造乡镇机关和各行政村新时代文明实践中心，成立志愿者服务队。设立“巷长制”公示牌，环境卫生“四包”责任制度牌，悬挂“最美庭院”“光荣军属”牌，公布义务工出勤名单和环境卫生户评比红黑榜名单，大力倡导移风易俗，全乡精神面貌焕然一新。

【文体活动】 结合党史专题学习教育，组织全体乡村干部开展了“颂党情、感党恩、听党话、跟党走”文艺会演，开展了“学党史、感党恩、跟党走”暨“党在我心中”主题演讲比赛、和“学党史、知党情、跟党走”知识竞赛。组织辖区内广大妇女代表参加全县“永远跟党走、幸福生活舞起来”广场舞大赛，并获得全县三等奖。开展乡村干部、驻村干部篮球联谊比赛，举办迎国庆机关全体职工趣味运动会等一系列文体活动，全体干部职工的凝聚力显著增强，干群关系进一步改善，广大干部群众的精神文化生活不断丰富。

【基层治理】 深入推进“1+6+1”治理目标任务落实，提高治理能力。坚持和发展新时代“枫桥经验”，深化人民调解“四张网”，建立健全诉前调解联动机制，持续推行“人民调解+仲裁+信访”基层纠纷治理模式，严格落实领导干部接访制度，开展矛盾纠纷“大排查、大调处”，共摸排问题15个，已经全部办结。完成信访局转办件6件，受理答复“12345”民生服务平台工单28件，处理群众来访问题20件。常态化开展扫黑除恶和禁毒工作，不断完善司法调解和服刑人员帮教工作。一年来全乡范围内未发生重大刑事案件，社会总体和谐稳定。

【民族宗教工作】 深入学习贯彻中央民族工作，中央宗教工作会议精神和自治区市县有关会议精神，全面贯彻党的民族宗教政策，扎实开展民族团结进步创建活动，打造民族团结进步创建示范村1个，示范学校2个，推动全乡各民族进一步铸牢中华民族共同体意识，实现各民族共同团结进步，共同繁荣发展。

【安全生产】 坚持安全生产"党政同责、一岗双责、齐抓共管、属地管理"原则，不断加强安全生产监管和执法力度，与学校、各行政村、加油站等单位负责人签订安全责任书，落实"三个必须"责任。不定期对人员密集场所，危险化学品等领域进行安全生产检查。按照县安全生产专项整治三年行动目标任务清单，全面开展安全风险隐患大排查、大整治，对重点区域、重要部位，重点环节进行严格检查，下发整改通知书56份，切实从根本上消除安全事故隐患，有效防范和遏制各类安全事故发生。

【法治政府建设】 成立法治政府建设工作领导小组，制定《李俊乡法治政府建设(2021—2025年)实施方案》，推动解决法治政府建设工作中的重要事项和突出问题，以常态化、制度化推进全乡法治政府建设工作，并将依法行政工作纳入目标管理考核和全乡干部年度考核，激发干部主动学法、依法履职的热情，提高法治政府建设工作积极性和工作水平。有序推进基层整合审批服务执法力量改革，组建综合执法办公室，强化执法人员培训力度，做到所有执法人员持证上岗。执法工作有序推进，依法立案调查行政处罚4件，行政警告处罚1件，下发各类整改书20余份，上下联动转办案1件。全面启动"八五"普法，围绕"3·15""12·4"等重要时间节点，深入开展普法宣传教育，营造全民学法懂法用法守法新格局。

【基层党建】 圆满完成乡村班子换届，实现新一届乡党委政府班子年轻化、知识化和村"两委"班子年龄学历"一降一升"要求。深入开展"六查六强"行动，明确"基层党建全面提升年"重点任务。扎实开展党委书记及班子成员联系党支部工作，确定党支部联系点6个，对支部建设薄弱环节和难点问题，提出工作意见和提升建议，帮助党支部实现提质聚力。积极争取资金136万余元，改扩建村级组织活动场所1个，维修2个，完成冬季采暖改造4个，村级组织活动场所综合服务功能不断提升。认真开展农村发展党员违规违纪问题排查整顿工作，以此为契机，完善农村党员档案资料，做实做细培养教育考察工作，加强农村党员队伍建设。

【党风廉政】 年初，乡党委召开全乡党风廉政建设及反腐败工作会议安排部署工作并签订党风廉政建设目标责任书24份。在"廉政警示教育周"活动期间，组织召开全体乡村干部党风廉政警示教育大会3次，观看警示教育片320多人次。大力纠治"小鬼难缠"和民生领域"中梗阻"等问题，持续强化对会风会纪、工作纪律、在岗履职等情况的监督检查。深化运用"四种形态"特别是第一种形态，对党员干部因违法违纪给予行政处分1人，开展谈心谈话45人，提醒谈话51人，责任约谈18人。严格落实廉情诊所"五诊"联动监督责任制，2021年全乡各村"廉情诊所"共接访群众82人次，主动"看诊"监督30次，"问诊"监督12次，"巡诊"21次。进一步规范"村廉通"运行机制，各村财务收支借助"村廉通"机制，通过信息平台发送财务收支信息，真正做到村级财务收支公开化，透明化、规范化。

（海惠贤）

红羊乡

【概　况】 红羊乡位于海原县南部,地处南华山与月亮山交会地带,乡政府驻地红羊村,海拔2039米,距县城49公里,全乡总面积340.11平方公里,其中耕地面积16.5万亩,林地5万亩。2021年,辖杨明、术川、红羊、刘套、安堡、前进、张元、石塘、红堡9个行政村、43个自然村、4100户1.4万人,其中农业人口3653户13277人。常住人口1922户、7326人,其中脱贫户945户3678人,防返贫监测户26户120人。农村低保户1476户2187人,特困供养人员35人,孤儿15户23人,残疾344人,高龄115人。红羊乡属少数民族聚居区,回族人口占52%。全乡主导产业为马铃薯、草畜、劳务三大产业。

【防返贫动态监测】 2021年,红羊乡紧盯全乡农户"两不愁三保障",健全防返贫监测预警机制,有效防止返贫致贫以及规模性返贫,统筹安排乡村干部、驻村工作队等力量,对脱贫户和监测帮扶对象家庭收入情况开展全面摸排。全乡有监测户26户120人,其中脱贫不稳定户11户55人,边缘易致贫户2户13人,突发严重困难户13户52人,对已经纳入的重点人群实施动态帮扶管理,建立一户一档,采取一人一策,落实一户一帮,制订了帮扶计划。

【"四查四补"】 2021年,红羊乡常态化开展"四查四补"工作,针对排查出的12类63个问题,按照"一个问题一本台账",及时制定整改方案,紧盯整改时限,如期完成整改,并建立长效机制。

【驻村工作队管理】 2021年,红羊乡加强驻村工作队的管理。由乡党委书记组织对驻村工作队进行集体谈话,要求严格落实"四个不摘"要求和"双签到"考勤制度,督促驻村工作队认真履行职责,真正沉下身子,尽心尽力为群众解难题、办实事。

【移民致富提升行动】 2021年,红羊乡聚焦百万移民致富提升行动推进落实情况。杨明村移民点位于杨明村中心,主要安置"十二五"生态移民30户100人,其中街道发展经营11户,发展种植养殖业21户,外出务工9户18人。

【发展壮大村集体经济】 2021年,红羊乡全面推动村级集体经济不断壮大,杨明村和刘套村依托发展壮大村集体经济资金100万元,采用"支部+合作社"的模式发展肉牛养殖产业,所有设施已全部配备齐全,购进肉牛70头,后期将逐步扩大养殖规模,带动群众致富增收。

【马铃薯产业】 2021年,红羊乡按照县委、县政府"一主四特"产业布局,认真分析农业生产形势,全面做好农业产业工作。全乡建设以小红李、海西路两侧为主线,辐射南华山南麓(刘套、石塘、红堡)、月亮山北麓(张元、安堡)的马铃薯产业带,完成马铃薯种植面积7万亩,其中马铃薯标准化种植3万亩、高端销售种植4000亩、原原种繁育160亩(原原种80万粒)。为推进农业社会化服务,当年培育组建新型农业经营主体7家,购买马铃薯"四位一体"种植机械49台,全面推行马铃薯施肥、播种、起垄、覆膜"四位一体"种植和膜上覆土技术,确保稳产增收,服务群众。同时拓展线上线下销售市场,建立稳定的高中低端产品销售渠道,为全乡马铃薯产业健康发展,巩固脱贫攻坚成果同乡村振兴有效衔接奠定了坚实的基础。

【草畜产业】 2021年，红羊乡坚持“压羊扩牛”，建成300头牛以上规模养殖场1家，50头牛以上规模养殖场3家，发展20头牛养牛专业户30家以上、10头牛养牛专业户70家以上，全乡牛饲养量达到8800头。坚持以草定畜，完成饲草种植2.2万亩，更新紫花苜蓿0.5万亩，种植青贮玉米0.2万亩。

【劳务产业】 2021年，红羊乡发挥好政府引导和劳务经纪人作用，克服疫情不利因素，稳定“铁杆”庄稼基本面，完成铁杆庄稼保任务2705人，输出劳务人员3200人，切实把劳务产业做成“铁杆庄稼”。因户因人开展餐饮、驾驶、种植养殖等方面的“造血式”技能培训，不断带动群众就业创业，拓宽脱贫致富路子。

【金融扶贫】 2021年，红羊乡用活妇女创业贷款、小额扶贫贷款等项目政策，加大信用体系建设宣传，全年贷款790户，新增贷款1450万元，贷款余额3600万元，支持农户发展车辆经营、电商运营等产业，大力推进电子商务进农村，促进产销对接，积极融入工业品下乡和农产品进城流通体系。

【基础设施建设】 2021年，红羊乡围绕提升基础设施，科学谋划项目建设，助推乡村振兴。全力打造美丽村庄示范村，坚持“规划先行、示范引领，分类推进、整体提升”的原则，因地制宜，因村施策，实现“一村一品、一村一景、一村一韵”。坚持多种乡土树木，少用城市景观，将60年树龄的老榆树进行了保护修葺，留下了乡愁；精心绘制文化墙，将环境治理中整治出来的废砖、石块、檩条用于建设围墙围栏，突出乡土气息；护坡整治、植草砖铺设、硬化道路、人行道铺装，充分利用移民搬迁拆除庄园闲置土地，规划建设文化广场、塑胶球场，聚焦群众热点难点问题，实施石塘自然村河道治理项目，通过资源整合、亮点放大，起到以点带片、以片带面的作用，辐射周边自然村共同提升。“一村一年一事”项目中涉及道路硬化2公里、垃圾回收点建设、村庄美化绿化等，已全部完工。

【生态建设】 2021年，红羊乡完成安堡、术川小流域水土流失综合治理项目。整修梯田4709.8亩，新修田间道路22.49公里，布设沟头防护工程6处，布设土谷坊100座，新增水土保持林128.81公顷。

【河长制工作】 2021年，红羊乡推进河道巡查管护常态化，乡村河长累计巡河425次，15名巡河保洁员常态化巡河保洁810余次，清理河道垃圾30处33吨，扎实开展“清四乱”行动专项，拆除杨明河沿线乱搭乱建1处，确保了乡域河流环境清洁健康。

【禁牧封育】 2021年，红羊乡成立3个巡察组，划定3个禁牧片区，实行划片包干督促巡察；组成9个村级禁牧攻坚队，由村支书任组长，乡村领导监督指导，实行“牛羊24小时在圈”禁牧法（即乡级巡察组通过现场或护林员微信视频方式，24小时不定时抽查养殖户牛羊在圈情况），压实责任，强化措施，确保了牛羊禁得住、不反弹。

【森林草原防火】 2021年，红羊乡全乡林地10.4万亩、草地17.96万亩，南华山和月亮山在乡境内都有管辖面积；为压实森林草原防灭火工作，对全乡森林草原区域划片包干，实行包保责任制；对祭祀墓地实行责任划分制，在每年“送寒衣”、清明以及零星祭祀等节点，实行祭祀活动报备制度；定期组织专人防火工具和设施进行全面检修,维修防灭火通道21公里,确保森林草原防灭火生命线畅通。

【人居环境整治】 2021年,红羊乡组织人员先后清理“五堆”420余处,清运垃圾170余吨、清除残垣断壁160处,清除废弃简易棚圈87处;组织整修主干道路、村道两侧及农户院落周围多年来存在的影响村容村貌的破碎土坎、整修维护全乡境内所有水毁生产道路34公里,按照“抓点促面,以点带面”的工作思路,打造示范村9个,利用废弃的木棍、砖块、石条打造微花园、微菜园,整修微花园、微菜园、微果园625个。

【推行“红黑榜”制度】 2021年,红羊乡制定人居环境卫生评比成效“红黑榜”制度,对全乡常住户实行分批压茬推进评促,在评选过程中针对存在的问题,建立台账,一户一策,以评促整、以评促改,直至最后将所有的不清洁户全部变为卫生示范户;在此基础上推进“最美庭院”评比活动。

【农田水利建设】 2021年,红羊乡在秋收季,建立“残膜日清、秸秆周清”的工作机制,对街道、沟道、河道等卫生重点区域进行重点监督,完成残膜回收159吨、机深翻4.69万亩、增施腐熟农家肥2.86万亩、高标准农田建设1.88万亩,同时对硬化路两侧进行50厘米的拓宽清理,对其他村道、公共卫生区域进行查漏补缺,不留死角、不落一户,真正做到全域无垃圾。

【河道采砂专项整治】 2021年,红羊乡境内采石场、砂场已全部关停,为防止发生盗采河砂违法行为,落实“河长制”,定期不定期开展村域河道巡查检查,对盗采行为及时上报处理,确保管控到位。

【污水排放管控】 2021年,红羊乡建成100立方米/天一体化污水处理站1座,建成D300Ⅱ级钢筋砼排水管道共7430米,矩形钢筋混凝土排水检查井共250座,钢筋混凝土化粪池2座,关停杨明河沿线排污口2处,形成集镇污水不乱排、有处理,环境质量得到有效提升。

【增绿植绿】 2021年,红羊乡坚持“宜乔则乔、宜灌则灌”的原则,在公路沿线、农户房前屋后应种尽种,完成秋季植绿增绿任务4215棵,其中补植国槐等乡村绿化树木1081棵;红梅杏庭院经济林种植任务3134棵。对全乡主次干道沿线的3.5万株树木全部进行修剪、涂红刷白。

【安全饮水】 2021年,红羊乡通过全面查漏补缺,为返乡新建危房改造户、村集体经济合作社、家庭农场等8处新建用水户安装自来水,累计对全乡9个村86处自来水主管道及串巷管道破裂漏水点和水井进行了维修,水质、水量和供水保证率为100%,水费收缴率达到90%以上。

【安全住房】 2021年,红羊乡在常态化做好安全住房保障动态监测的同时,紧盯返乡无房户、新分户和因灾房屋受损户,通过采取危房改造或其他有效措施,保障住房安全。全年累计新建房26户,其中返乡无房户11户,抗震宜居房15户,已全部竣工验收入住。

【义务教育】 2021年,红羊乡进一步完善控辍保学联动工作机制,落实政府、学校、家长和社会等各方面控辍保学责任,依法保障义务教育适龄儿童少年按时入学不失学辍学。

【基本医疗】 2021年,红羊乡紧盯医疗基本保障,重点对因病、突发事故产生大额医疗支出的家庭实施动态管理,在落实基本医疗保障的同时,因人施策,分类资助。全乡医疗保险缴费率为100%,慢性病签约800人,大病救助47人,防贫保全覆盖。

【实行“五色人群”基层治理管理】 2021年,红羊乡为实现精确分类管理,探索实行“五色人群”基层治理管理及工作方式:(红色)党员户带头,(黄色)村干部、网格员、公益岗户示范,(蓝色)脱贫户全程参与,(绿色)低保户主动参与,(白色)一般户积极配合的全民参与联动机制,依据红、黄、蓝、绿、白“五色人群”基层治理管理全面推进后,在农田水利建设、人居环境整治、植绿增绿、“两险”收缴、义务工出勤等方面取得了明显成效,最大程度地发挥了群众的主观能动性,并且得到了群众的一致好评。

【综合治理】 2021年,红羊乡全面落实信访责任,大力开展民情走访和矛盾纠纷排查工作,充分发挥人民调解、司法调解等作用,有效调解矛盾纠纷86件。及时解决办理信访案件26个。深入开展“八五”普法。积极推进民法典落实,坚持依法行政,加大党务政务村务公开。全面加强民族宗教工作。坚决贯彻落实党的民族政策,深入开展马克思主义民族观宗教观宣传教育,不断铸牢中华民族共同体意识,坚决守好促进民族团结生命线。持续推进扫黑除恶斗争。严厉打击违法犯罪行为,维护辖区内治安稳定,不断提升人民群众安全感。

【移风易俗】 2021年,红羊乡各村村规民约均已修订完善上墙,成立了红白理事会等,充分发挥村民自治作用,树立文明乡风。

【基层党建】 2021年,红羊乡持深入实施“三大三强”“六查六强”行动和“两个带头人”工程。1.严格党员教育管理。与192名党员开展走访谈话,摸排登记流动党员114名,并发放流动党员活动证,进一步规范流动党员管理。全年新发展党员3名,储备入党积极分子22名。2.扎实推进“六查六强”。各村党支部结合实际制定了“六查六强”工作台账,共查摆问题62条,制定整改措施97条。按照整改一个销号一个的原则,已全部完成,完成整改并长期坚持的28条。持续扩大先进党支部数量,提升中间党支部水平,整顿后进党支部,打造四星级党支部1个、三星级党支部3个、二星级党支部5个。建立党员志愿服务队10个,推荐评选党员示范户58户,引导党员在学习工作、生产生活中发挥先锋模范作用。3.加强农村党员发展排查整治。由专班人员认真对照发展党员的基本程序和主要环节,逐一审查党员档案资料,并结合县级联审结果,排查出问题323条,排查出疑似4类18项问题线索34条。

【宣传思想】 2021年,红羊乡坚持党管宣传、党管意识形态,全面推动党史学习教育常态化,组织干部集中学习38次,交流研讨11次,多次组织观看红色影片,推动学习贯彻往深里走、往实里走、往心里走,确保中央和自治区市县党委决策部署落到实处。

【党风廉政】 2021年,红羊乡严格落实党委主体责任和纪委监督责任,坚持党风廉政建设和中心工作一起谋划、一起部署。坚持教育在先、警示在前,深入组织学习准则、条例,引导广大党员干部自觉对标廉洁自律准则,严守党纪条规,永葆清廉本色。强化作风建设。加大对“庸懒散软”的整治力度,健全重要工作、重大项目和重点工程领导领衔、一线会办、督查督办机制,推动各项决策部署落地见效。

(杨爱丽)

树台乡

【概　况】 树台乡位于海原县西南部,距县城32公里。全乡总面积387.48平方公里,耕地18.5万亩,退耕还林5.6万亩。2021年,辖树台、韩庄、二百户、新庄、浪塘、相桐、大嘴、龚湾、红井村9个行政村、63个自然村,人口7459户、27697人,其中脱贫户2143户8557人,监测户18户76人。全乡有党支部11个,党员418人。产业主要以肉牛养殖、马铃薯种植、劳务输出为主。全乡牛存栏5078余头,羊存栏31174只,猪存栏1100头。2021年全乡社会生产总值3.1亿元,农民人均可支配收入达11423元,增长11.4%。

【"两不愁三保障"】 2021年,树台乡实施抗震房改造68户,返乡无房户改造12户,确保安全住房保障动态清零。对返乡户、新增户完成自来水补入户25户,对管网受损户维修管道26处。全乡义务教育阶段无辍学学生。2143户8557人脱贫户医疗保险和"扶贫保"实现全覆盖,医疗保险收缴22710人,完成任务的96.27%。发放金融扶贫小额贷款2.94亿元,贷款贴息244.57万元,全乡9个村脱贫户种植保险全部兑付到位。

【农村低收入人口监测帮扶】 2021年,树台乡共纳入防止返贫动态监测对象18户76人,并建立"一户一策"帮扶措施。同时及时更新国家扶贫云系统脱贫户数据,2021年新增脱贫人口133人,减少人口55人。

【项目库建设】 2021年,树台乡共有入库项目4大类125项,涉及资金1.5257亿元。对2021年实施的70个项目已完成入库工作,并对已验收完毕的产业项目全部进行了项目维护、绩效评价、报账信息等工作,截至年底全乡资金兑付1003.6万元,兑付比例99.1%。

【扶贫资产管理】 树台乡2012—2020年形成扶贫资产364个,全部进行了资产清产和资产移交登记等工作,资产移交率为100%。

【问题整改】 2021年,树台乡以"四查四补"工作为抓手,入户摸排4120户常住户,脱贫户2142户,排查出4大类22个问题,制定完善30条整改措施,已全部完成整改;2021年海原县巩固拓展脱贫攻坚成果重点工作第三督导组反馈问题认领8个方面10个问题,已全部整改完成;关于自治区乡村振兴局对海原县巩固拓展脱贫攻坚成果同乡村振兴有效衔接重点工作调研督导反馈问题认领14个问题,已全部完成整改;2020年脱贫成效考核认领2个方面11个问题,已全部完成整改;关于中卫市巩固拓展脱贫攻坚成果同乡村振兴有效衔接半年综合督查反馈问题认领7个问题,已全部完成整改;关于海原县2021年上半年巩固拓展脱贫攻坚成果同乡村振兴有效衔接工作中存在问题认领3个方面4个问题,已全部完成整改;关于落实中卫市农村工作领导小组对巩固拓展脱贫攻坚成果同乡村振兴有效衔接重点任务督导调研反馈问题认领3个问题,已全部完成整改;关于2021年自治区巩固脱贫成果后评估反馈问题认领10个问题,已全部完成整改。

【肉牛产业】 2021年,树台乡发展10头以下肉牛养殖户598户,发展10~20头以下肉牛养殖户110户,发展20~50头肉牛养殖场19家,发展50头肉牛以上规模养殖场8家,青贮饲草料补贴29户。全乡累计发展肉牛养殖户

735户，新增牛犊2200头，牛饲养量达到8200头，基础母牛存栏5202头，有华润基础母牛3800头。

【马铃薯产业】 2021年，树台乡打造种植“四线一基地”万亩优质马铃薯产业带，全乡马铃薯种植面积7万亩，其中“四位一体”种植3.5万亩（全程托管服务4000亩）。并在大嘴村建成马铃薯干洗分拣加工车间1座。

【饲草产业】 2021年，树台乡种植玉米1.5万亩，其中青贮玉米0.7万亩，留床紫花苜蓿5万亩；龚湾、相桐村等村种植优质禾草2.5万亩。新建饲草配送点1处，完成饲草配送624吨。

【劳务产业】 2021年，树台乡累计培训瓦工、致富带头人、农民实用技术等2403人，输出劳务7800人次，提供扶贫公益性岗位、护林员等就业机会568个。

【美丽集镇建设】 1.实施树台乡美丽小城镇建设项目，工程中标价1790.33万元（包括前期费用143.53万元），实际总投资2218.52万元，项目已竣工，并完成乡级自验与行业部门交工验收，申请进行县级验收。2.加强集镇管理，在主街道两侧施划停车位144个，设置禁停标牌6个、停车指示牌2个、划分网格线2处；清理占道经营、乱搭乱摆60处，增加街道日常卫生保洁员5个，聘用街道管理人员5人，配置垃圾箱84个，垃圾收运车1辆，多方面提升集镇公共服务水平。

【人居环境整治】 1.对重点区域开展专项整治。对树台南北出口垃圾倾倒点、集镇沿河道坡面进行整治清理，对危旧厕所、棚舍等进行了拆除，并置放垃圾箱，彻底解决了农户随意倾倒垃圾现象。打造完成韩庄美丽村庄建设项目，对韩庄入口处路口乱象进行了整治，修建排水渠、砌护护坡和长城墙，并进行了绿化。实行“户清扫、村收集、乡清运”工作机制，在全乡配备垃圾桶2866个、垃圾箱190个。2.对村庄内开展全面整治。共拆除土坯房103间、危旧棚圈29座，整治农户院落260座，清理五堆680余处，清理生活垃圾26356吨，并建立长效管理机制，制定公益性岗位积分制管理办法，设立乡村振兴红黑榜63个，评选美丽庭院示范户40个。3.抢抓时机推进农田建设，共整修农村生产路30公里、增施肥4.7万亩，机深耕5.9万亩，修整地埂20公里，渠道清淤15公里，回收残膜95吨，秋粮抢收5.4万亩。完成植绿增绿63094株，其中春季种植45882株（乡村绿化15071株，庭院经济30811株），秋季种植17212株（乡村绿化10930株，庭院经济6282株）。加强树木抚育和管护，清理枯树死枝1980株，修剪树木76340株，清理整修树窝65150处，涂红刷白树木65010株。

【民生保障】 2021年，树台乡全年发放城乡低保金1628.317万元、高龄72.483万元，特困供养金33.3903万元、孤儿救助金25.5283万元、残疾人两项补贴131.051万元。落实发放临时救助金122.23万元，其中因旱情、大病和疫情影响救助444人。

【信访工作】 2021年，树台乡强化网格化管理机制，加大矛盾纠纷排查化解力度，全年办结自治区信访局转办件1件，网上信访平台信访件12件，“12345”便民服务热线119件，市长信箱1件，县长信箱1件，办结率100%。

【安全生产】 2021年，树台乡全面落实安全生产责任制，完成学校、加油站等场所安全检查3次，依法整治河道乱挖乱采等问题5次，开展食品药品检查2次,开展道路安全检查9次,对三轮车、农用车、拖拉机违规搭人的行为多次进行了检查整顿,确保了全年无重大安全生产事故发生。

(李小龙)

关庄乡

【概　况】 关庄乡位于海原县最南端,北距县城61.5公里,地处两省三县交会处,分别与甘肃省平川区、会宁县,固原市西吉县接壤,属纯汉族聚居乡。全乡总面积125.6平方公里,实有耕地面积10万亩,退耕还林面积2万亩左右,主导产业以马铃薯、劳务输出、秋杂粮为主。2021年末,全乡辖宋庄、窑儿、关庄、庙湾、高台5个行政村、32个自然村,共有户籍人口2254户、8386人,常住人口1074户、4264人,其中脱贫户710户2751人,监测户9户40人(脱贫不稳定户5户18人,突发严重困难户4户22人)。

【防返贫动态监测】 2021年,关庄乡以防返贫动态监测和“四查四补”为抓手,对全乡2254户8386人进行全面实时监测,识别纳入监测户9户40人,按照“缺啥补啥”的原则“因户因人”制定“一户一策”帮扶计划,切实清除返贫风险。

【安全住房保障】 2021年,关庄乡按照增量一户,改造一户,销号一户的要求,实施危房改造33户,安全住房保障率达100%。

【安全饮水】 2021年,关庄乡建立了返乡户、新增户、管网受损户动态监测清零机制,完成自来水新入户24户,管道维修66处,安全饮水保障率达100%。

【义务教育】 2021年,关庄乡全乡义务教育阶段适龄儿童705名,无一辍学,义务教育保障率达100%。

【基本医疗保障】 2021年,关庄乡户籍人口8386人,缴纳农村医疗保险7340人,职工764人,异地参保282人。全乡家庭医生脱贫户签约2761人,签约率100%。

【帮扶政策落实】 2021年,关庄乡共计向脱贫户和监测户兑付产业补贴资金538.8485万元,小额信贷贴息资金52.35768万元,“雨露计划”补助34.8万元。

【扶贫资产管理】 2021年,关庄乡全面完成2012年11月至2020年12月扶贫资产清查登记和移交管理工作,共计清查登记入库项目148个,资产原值3674.5682万元。

【马铃薯产业】 2021年,关庄乡以马铃薯为主导产业,大力推广“四位一体膜上覆土旱作马铃薯全程机械化种植技术”,提高劳动生产效率,2021年共种植马铃薯6万亩,其中“四位一体”技术种植3万亩,较2020年增加2万亩。争取马铃薯原原种150万粒,一级种900吨,建立三级种薯繁育体系,脱毒种薯覆盖率达到90%以上。在关庄村打造新品种示范基地600亩(希森6号300亩、冀张薯200亩、后旗红100亩),引进适宜本地的优质高产新品种,解决品种老化问题。依靠关庄村村集体经济发展资金100万元注入海原县鸿鑫马铃薯合作社建设关庄村马铃薯分拣加工厂,延长产业链条,提升马铃薯附加值,带动脱贫劳动力86户。

【劳务产业】 2021年,关庄乡充分发挥劳务经纪人带动作用,全年转移就业劳动力2556

人，创收5107万元以上。其中为1534人购买“铁杆庄稼保”，及时为84户97人兑付劳务奖补资金23.73万元。

【农田建设】 2021年，关庄乡加强农业基础设施建设，建设高标准农田1.45万亩，进一步夯实“藏粮于地”的产业基础。

【人居环境整治】 2021年，关庄乡以城乡人居环境整治百日攻坚行动为契机，制定详细实施方案，成立领导小组，细化任务、明确责任，通过乡村干部包抓到户，形成工作合力，全面掀起全乡人居环境整治的热潮。充分运用横幅、广播、微信等传统媒体和互联网新媒体，广泛开展环境整治、公共卫生宣传教育，不断激发起群众参与环境整治的积极性和主动性。从街道、主次干道、农户庭院、公共区域、河道沟渠、绿化林带、长效机制7个方面着手，通过组织集中整治、划定网格区域、实行“门前五包”、开展先进评比等多种措施，全乡人居环境整治成效显著。2021年，全乡共清理生活垃圾600余吨，建筑垃圾1000余吨，清除乱贴乱画100余处，清除拉拉乱挂50余处，整理“五堆”1000余吨，修复破损路面26处，整治河道80余公里。

【项目建设】 2021年，关庄乡高质量做好项目建设。1.实施窑儿村美丽宜居村庄建设项目。总投资300万元，完成了文化广场、硬化道路、排洪渠、室外排水、节点绿化建设工作。2.实施街道移民点给排水管网改造工程项目。总投资162.74万元。完成了移民楼48户居民给排水管网改造、路面修复、卫生厕所改造工作。3.开展省道S205线征地拆迁工作。完成省道S205线关庄段占用耕地界定、房屋及附属物征收评估工作，共涉及农户60户，整户拆迁24户。4.完成村道硬化项目。通过“一年一村一事”项目，完成高台和关庄硬化道路2.9公里，项目总投资195万元，切实解决了群众出行难的问题。

【基层治理】 2021年，关庄乡开展以“实施依法治理，推进平安建设”和提升群众安全感满意度为主题的宣传活动，通过悬挂横幅、发放宣传资料等方式开展反邪教、禁毒、扫黑除恶等社会综合治理的宣传工作，有效提升人民群众的安全感。以“自治、法治、德治”三治融合为总抓手，建立“党支部+党员+群众”的村级治理体系，由支部示范带动，党员“网络化服务”，群众“网格化管理”，将乡村治理、精神文明、安全生产、移风易俗等纳入综治网格管理，广泛开展“最美庭院”“五好家庭”等评选活动，通过台下比、定期评，破除陈规陋习，引导民风向上向善向好，实现共建、共治、共享的和谐文明乡村。

【民生保障】 2021年，关庄乡享受低保875户1227人，高龄补贴86人，特困供养33户33人，孤儿6人，残疾人护理补贴131人，生活补贴208人。

【农村低保清理规范】 2021年，关庄乡全面做好农村低保清理规范工作。坚持村级调查、乡级核查，对低保家庭实行动态管理。全乡共清退农村低保202户365人，确保真正的贫困家庭享受到国家的好政策。深入开展弱势群体摸排调查工作。结合全乡“四查四补”、巩固脱贫攻坚成果排查出的困难群众，全面入户核实，掌握困难群众的生产、生活情况，登记造册，全年为407名困难群众发放临时救助61.8万元。

【党的建设】 2021年，关庄乡按照“党要管党、从严治党"的要求,把党的建设与全乡中心工作同谋划、同部署、同考核、同落实。1.扎实开展党内政治生活,严格落实"三会一课"、主题党日、组织生活会等制度。2.全面开展党史学习教育,各党支部集体学习170余次,交流研讨50余次,撰写心得体会200余篇,领导班子成员集中宣讲24场,讲党课18场。3.深入实施"基层党建全面提升年"活动,完成重点任务55项。4.扎实推进"一抓两整"示范乡创建活动,完成三星级党组织创建4个,四星级党组织创建1个。5.全面实施"六查六强"行动,对标对表6个方面排查内容,共查找问题32个,细化整改措施54条。6.圆满完成乡村"两级"换届,乡党委班子选举班子成员9名,平均年龄38岁;5个村选出村"两委"班子成员25人,平均年龄43岁。7.扎实整顿农村发展党员违规违纪问题工作,对党的十八大以来发展的36名党员存在的四类十八项问题进行排查整顿、认定处理。8.谨守廉政红线,充分发挥党委主体责任、纪委监督责任,严格执行中央八项规定、自治区"八条禁令""廉政准则",以及领导干部工作生活"六不准"。

(关庄乡)

海城街道办

【概　况】 海城街道成立于2008年4月,区域面积31.47平方公里,辖东城、南苑、西湖、北坪、团结、建设、黎明、文联、幸福9个社区,有小区56个、平房区19个。2021年,有户籍人口17409户49165人,常住户23452户82626人。辖11个党(总)支部,有党员538名、专职网格员54名。有劳务移民1426户5764人。

【脱贫攻坚成果巩固】 2021年,完成劳务奖补审核兑付169人、40万元,按时审核兑付贴息资金510户88.83万元,为197名符合条件的中高职学生申报了春季"雨露计划"补助,共补助资金29.55万元,为104户因病等低收入临时困难家庭提供了困难救助,为28名新考上的大学生给予了一次性奖励,共补助资金12万元。完成建档立卡脱贫人口"防贫保"投保3606人共计37863元,落实"铁杆庄稼保"补充保障政策,完成收缴606人,每人15元,共计0.909万元,为"十二五""十三五"搬迁移民中"多代多人"住房面积不足和住房困难户解决廉租房12套。先后组织300余有劳力群众参加现场招聘会3次,实现外出务工就业人员达1707人,占全部脱贫人口3610人的47.3%,吸纳返乡大学生及剩余劳力50余名实现就近临时进厂务工,继续实施扶贫公益性岗位项目,选聘(续聘)公益性岗位362人,共兑付工资237.6万元。

【征地拆迁】 按照重点项目建设需要,2021累计完成房屋征收197户,土地征收161户647.46亩,其中解决历史遗留问题139户559.85亩、防洪区新征22户87.61亩,打通东城路、富民街、兴盛街东段,完成一中扩建项目区拆迁。同时为破解城中村和郊区村群众住房安全问题,完成黎明社区耙子洼13户危房改造,有效保障了群众生命和财产安全。年末,规划区内仍有约5700户平房未拆迁。

【社区治理】 2021年,海城街道党工委、办事处坚持先行先试、以点带面的原则,探索创新社区治理方式方法。1.组织体系不断健全。构建形成"街道大工委—社区联合党委

—社区党支部—党群服务中心—功能性党小组—党员中心户”六级网格体系。推行机关和企事业单位党组织、在职党员到社区“双报到、双报告”制度，完善社区党员分类管理，有效发挥党员在社区治理中的先锋模范作用。2. 圆满完成社区两委换届，实现9个社区党组织书记、居委会主任“一肩挑”和“两委”班子交叉任职，建立社区“两委”后备干部队伍库，实现后备力量培育储备动态管理。3. 联动融合逐步深化。推动“街道(社区)吹哨、部门报到”和“一书三单”制度，构建“联合党委”和“党建+服务”模式。构建社区治理“一核多元”架构，形成以社区党组织(居委会)为核心、小区业主委员会和全体业主共同参与的小区治理模式，将完善和理顺老旧小区物业管理体制和机制，作为创新城市社区治理切入点，成立小区业主委员会6个，实现物业公司入驻小区20个。完善社区党组织领导“三社联动”模式，推动社区、社会组织、社会工作者同向发力、共建共治，强化志愿者服务队伍建设，让组织“活起来”。推选小区长48名、楼长430名、单元长1098名，“三长”中，在职干部职工685名、退休干部54名、党员238名。4. 网格化治理有效运行。持续优化社区网格，建立以社区“两委”成员为主体的“一岗多责、一专多能”网格员队伍，全街道所辖9个社区共划分网格党员96个，有兼职员42名，公开招聘专职网格员54名。9个社区根据实际探索形成了“一社区一模式”的网格化管理机制，建立了小区长、楼栋长、单元长“三长”制，构建“社区联合党委—社区党支部—小区—楼栋—单元”五级管理模式，使社区管理服务变平面为立体，变线条状为模块，实现社区服务与居民需要横到边、纵到底、无缝隙对接。

【社会民生】 2021年，辖区义务教育阶段入学率100%；9个社区标准化卫生室实现全覆盖，有医护人员42名；全面落实建档立卡户“先诊疗、后付费”机制，防止建档立卡户因病返贫致贫。坚持低保动态管理、应保尽保，落实困难救助帮困政策，2021年新增享受低保人员296户328人，享受残疾津贴7人，新增特困供养1人，取消特困供养1人，新增困境儿童1人，取消困境儿童1人。在“两节”期间送温暖发放临时救助219人25万元，走访慰问困难群众27人2.4万元，慰问困难退役军人52人5.2万元。办理新增残疾人生活补贴50人，护理补贴89人。2021年累计发放临时救助125万元。2021年，享受低保政策2451户4205人，儿童之家、文化活动中心实现全覆盖。

【社会治理】 1. 坚持以铸牢中华民族共同体意识为主线，以黎明社区创建区级民族团结进步示范社区为引领，推动东城、文联、团结3个市级民族团结进步示范社区创建，积极开展内容丰富、群众喜闻乐见的文化活动，促进社区各民族交往交流交融、广泛相互嵌入，形成共居共学共事共乐良好氛围。2. 巩固深化扫黑除恶专项斗争成果，加强社区治安防控网建设，强化对突出问题排查整治，防范打击黑恶势力扰乱社区治理。3. 依托街道和社区综合服务设施，发展新时代“枫桥经验”，健全人民调解，设立社区人民调解员，提供法律咨询、法律援助、人民调解、法律需求、社区矫正等服务。按照一个社区建立一个标准化警务室的要求，每个社区配备民警1~5名，推动社区警务与社区综治深度整合，推进民主法治示范社区建设,有效提升了社区法治化水平。4.大力开展矛盾纠纷排查化解工作,不断完善信访工作机制,做到"小事不出社区、大事不出街道"。5.坚持"一岗双责",做到"管行业必须管安全,管业务必须管安全,管生产经营必须管安全",确保辖区安全生产工作高效有序开展。6."七五"普法顺利完成,全民法治素养、法治意识普遍形成,知法用法能力得到提升。

【基层党建】 把党的政治建设作为首要任务,认真贯彻落实习近平总书记视察宁夏重要讲话精神和中央、自治区市县决策部署,认真开展党史学习教育,以习近平新时代中国特色社会主义思想武装头脑、指导实践、推动工作,在实际工作中不断增强"四个意识",坚定"四个自信",做到"两个维护"。加强基层党组织建设,严格落实"三会一课"、组织生活会等党的组织生活制度,强化党员队伍教育管理,提升基层党组织战斗堡垒作用,遵循"成熟一个,发展一个"的原则,确保发展党员高质量。全年发展正式党员3名、预备党员9名。严格落实"三会一课"制度,采取"1+4+X"模式,按月开展"支部主题党日"活动,并通过党史学习教育、"双学双强"活动等,班子建设进一步加强,组织生活进一步规范。建立健全了"街道大工委—社区联合党委—社区党支部—党群服务中心—功能性党小组—党员中心户"六级党建网格体系,形成了"横向到边、纵向到底、覆盖全域"的党建服务新格局。

(海城街道办)

甘盐池扶贫开发区管委会、甘盐池种羊场

【概　况】 甘盐池种羊场东距县城45公里,南接甘肃国境段,西接甘肃白银市平川区黄桥乡,北接沙坡头区蒿川乡。海靖公路东西过境。这里自然条件恶劣,十年九旱,平均海拔2100米左右,年均降水量在280毫米左右,蒸发量大,自然灾害频繁。行政区划面积156.7平方公里,耕地面积9.8万亩,全场总面积11.8万亩,其中天然草原9.4万亩,牧草地1.1万亩。辖盐池行政村、羊场农队,截至2021年9月底,甘盐池总人口941户3226人,其中羊场农队247户719人,盐池行政村694户2507人,回族107户436人,常住户436户1769人,脱贫户347户1355人,2020年人均纯收入11600元,2021年底人均纯收入预计达12800元。主导产业主要是滩羊养殖、草畜、小杂粮种植,有羊14000多只、牛500多头。

【历史沿革】 甘盐池种羊场隶属中卫市,授权海原县管理的正处级事业单位,其生产职能主要是选育、改良和推广新疆细毛羊,兼搞多种经营。该场始建于1941年,前身是甘肃省畜牧厅西北羊毛改进处陇东推广站,1949年至1952年隶属西北军政委员会畜牧部,1952年更名为甘盐池种羊场,直到1958年属甘肃省畜牧厅管理。1958年宁夏回族自治区成立,划归宁夏畜牧厅管理,2000年机构改革归自治区农牧厅管理,2007年2月移交中卫市,授权海原县管理。海原县甘盐池扶贫开发区管理委员会是县人民政府以甘盐池种羊场为机构依托成立的履行行政职能的管理机构,与种羊场实行一套人马、两块牌子,合署办公。内

设党政办公室、社会事务科、综合治理科、财务科。设种羊场设党工委书记1名(场长1名),副书记1名(副场长1名),委员3名(副场长1名,科长2名),科长4名。

【"两不愁三保障"】 紧紧围绕"两不愁三保障"巩固目标,及时安排管委会、盐池村、驻村工作队干部和帮扶责任人进村入户问需于民,对所有农户"两不愁三保障"情况进行逐村逐户逐人逐项核查。经摸排,"两不愁"均已实现,确定2021年危房改造1户(已完成),无义务教育辍学情况,脱贫户医疗保险全部缴纳。

【农村低收入人群监测帮扶】 及时安排对管委会、盐池村和驻村工作队干部进行培训,并开展入户摸排工作,严格对标农村低保对象、特困、易返贫致贫人员和因病因灾因意外事故等导致基本生活出现严重困难人员进行摸排,根据监测预警比对情况,完善主动发现机制,实现早发现和早帮扶,确保"不漏一户、不落一人"和"应保尽保、应兜尽兜"。

【项目库建设】 充分吸取盐池村和群众关于产业发展和基础设施的意愿和意见,本着"缺什么、补什么"的原则,因村因户因人施策,通过项目实施,提升产业发展,推动基础设施和公共服务提质增效。在此基础上,确定了2021年项目库包括基础设施建设、产业、新建项目、社会事业建设等4大类12项,已完成并录入系统。

【扶贫资产移交】 县扶贫办、县住建局、县交通运输局已对接指导甘盐池开展扶贫资产移交工作。

【整合资金支付】 脱贫户各项补贴全部发放到位,其中马铃薯种植补贴102户5.45万元,饲草玉米种植补贴190户2090.3亩31.35万元,生猪补栏92户418头20.9万元,基础母羊补栏136户2746只82.38万元,劳务奖补支出39.73万元,公益性岗位工资支出21.6万元,剩余7.2万元逐月支付,小额贷款贴息支出29.02万元,剩余14.98万元第四季度支出。

【移民致富提升工程】 对盐池新村移民提升工程制定了方案,并对2021年实施方案进行了调整,涉及盐池新村路沿石铺设工程已基本完成,投入资金60.17万元,盐池新村排水工程方案已上报,等待批复招标,总资金331.55万元,2021年实施200万元。

【环境整治】 为响应市、县深入推进农村人居环境综合整治百日攻坚行动,甘盐池种羊场以推进农村"四化"(净化、亮化、绿化、美化)整治,实现"四美"(村庄美、庭院美、生态美、乡风美)为目标,积极行动,组织开展乡村绿化、庭院整治、农村垃圾清理、河道治理、卫生厕所改造等环境整治工作,着力打造设施配套、功能完善、环境优美、宜居宜业宜游的新时代美丽乡村。通过整治,不仅村容村貌焕然一新,群众幸福指数也大幅提升,有效提高了群众参与环境整治和植绿增绿的自觉性和积极性。

【植绿增绿】 2021年,甘盐池种羊场在沿S305线盐池过境段11公里公路两侧、主干道、村道、巷道、房前屋后、田埂地垄等开展春秋季植树12000余棵,累计植树60000余棵,成活率达93%以上。

【综合治理】 深入排查各类矛盾隐患,接待群众来访30人次,办理"12345"市长信箱、书记、县长信箱转办信访案件10余件,群众合理诉求全部得到有效解决。成立禁牧封育工作小组,充分发挥护林员作用,开展全天候巡查,禁牧封育工作取得了一定成效。

【民族宗教工作】　依法管理民族宗教事务。社会主义核心价值体系、国旗、文化书屋、党报党刊进宗教场所得到有效落实，推荐宗教教职人员和宗教人士参加自治区市县各类培训，拆除宗教场所有安全隐患的彩钢房3间，疫情期间有序开展宗教活动。

【法治建设】　启动"八五"普法活动，组织干部职工和群众学习宪法等法律法规。以开展扫黑除恶活动为契机，扎实开展各类矛盾纠纷大排查、大调解活动，悬挂扫黑除恶专项斗争宣传横幅10余条，发放扫黑除恶政策宣传材料100多份。全年共排查化解各类矛盾纠纷20余起。积极开展安全生产大排查、大整治活动，严格落实安全生产工作责任制，与企业签订安全生产责任书6份。

【党建工作】　抓党建各领导认真落实"一岗双责"，主动承担起抓党建职责。强化责任担当，开展党建和党风廉政建设工作；扎实开展排查整顿农村发展党员违纪违规问题工作；按照"基层党建提升年"、"一抓两整"示范创建等重点党建工作任务和目标，高质量完成盐池村"两委"班子换届工作，实现村"两委"成员年龄和学历"一降一升"的目标；认真学习党章、党的十九大精神和中央八项规定及实施细则精神，习近平总书记系列重要讲话精神以及市县相关精神的学习；在稳步推进脱贫攻坚成果巩固拓展乡村振兴的有效衔接方面，强党建基础，促乡村振兴；强党建引领，推动社会事业发展，重点打造盐池古堡子情怀驿站，集文物保护、红色旅游、废旧物件利用、农家乐示范引领的融合体，增加地方经济和农牧民收入。

【党风廉政】　深入贯彻落实中央纪委及自治区市县纪委全会精神，推进全面从严治党，加强党内监督，不断增强"四个意识"，坚定"四个自信"，坚决做到"两个维护"。"第一责任人"全面落实党风廉政建设职责，自觉履行"一岗双责"，带领团结干部群众，廉洁奉公，勤政为民，锐意进取，奋力拼搏，甘盐池种羊场各项工作取得新成效。

【精神文明】　认真贯彻落实中央自治区市县关于意识形态工作的决策部署和指示精神，认真履行职责，把强化理论武装、夯实思想基础作为抓好意识形态的重中之重，通过加强组织领导，构建新格局；加强理论学习，激发新动力；抓好舆论引导，凝聚正能量；落细具体工作，树立乡风文明等方面的活动开展，牢牢把握正确方向，为种羊场乡村振兴等重点工作奠定了思想理论基础。

（李凯华）

人物 先进

先进模范

李世有

【李世有】 男，汉族，1973年8月出生，1992年7月毕业于宁夏固原农校农学专业；2000年5月毕业于宁夏大学农学专业；2005年7月毕业于西北农林科技大学农学系。2010年取得高级农艺师技术职称。2021年，被授予4月份中国好人榜敬业奉献好人称号。

自1992年参加工作以来，认真学习贯彻党的基本路线、方针和政策，遵纪守法，热爱祖国，热爱本职工作，勤勤恳恳，团结同事，认真履行岗位职责，始终坚持专业理论学习实践相结合，在近年的科技扶贫工作中经常深入基层，在帮扶过程中不断充实自己业务技能和学识水平。

2006—2012年，参与了7期旱作节水农业示范项目，该项目由海原县农牧局和海原县发改局共同负责实施的项目，通过在高崖、关桥、西安等乡镇建设，圆满完成了项目建设任务，项目目标达到了考核指标。在海原县高崖乡草场村建成10000立方米的调蓄水池1座，育苗日光温室20栋，中型拱棚600座，建成高效节水示范基地1000亩，在关桥乡冯湾村建成甜瓜育苗温室6栋，小型蓄水池6座，推广节水滴灌节水1300亩；拱棚甜瓜平均单棚产值在8000元以上，露地高效节水技术示范西甜瓜平均每亩产值在3000元以上，经济效益十分显著；在西安园河村建设小茴香高效节水示范基地800亩，新修机井2眼，铺设输水管道800亩，项目区小茴香单产达到200公斤，新增产值20万元以上，节水效益十分明显，并研究提出优势作物节水补灌模式3种，5项节水技术规程。得到了自治区发改委和农牧厅的好评，并于2010年获农业部农牧渔业丰收奖二等奖。

2009—2012年参与海原县马铃薯良种繁育基地建设1~3期项目建设，在海原县的西安镇良繁场建设2期马铃薯种薯快繁基地，建成年繁育马铃薯原原种3000万粒的马铃薯种薯繁育基地，配套完善马铃薯种薯繁育的各类器械和设备，建成马铃薯原原种苗组培室400平方米、原原种苗拣苗室300平方米、马铃薯原原种扩繁日光温室10栋、防虫网室36栋、210立方米半地下式马铃薯原原种气调库4座、2000吨马铃薯原种贮藏窖1吨，为当地马铃薯原原种繁育提供了条件，也为当地马铃薯生产所需种薯提供了方便，每年通过当地繁育的马铃薯原原种，使马铃薯生产在种薯更新中有了新的突破。在树台乡韩庄村、关庄乡建设马铃薯原种繁育基地2000亩，建设2000吨马铃薯贮藏窖1座，当年马铃薯平均单产达到4000公斤，亩产值达到3200元，是当地种植马铃薯以来的最高产值，得到了当地马铃薯主产区的认可和大面积推广。

2018—2020年主持实施宁夏"科技支宁"东西部合作小杂粮高效种植技术示范与推广项目，参与实施自治区重点研发计划项目，引起了全县人民的关注和对"渗水地膜波浪式精量穴播"、马铃薯"四位一体"膜上覆土技术的大面积推广应用，到2020年，全县共计推广该项技术种植小杂粮面积达到5万亩以上，种植马铃薯面积达2万亩以上，为脱贫攻坚和产业结构调整奠定了基础。

2008年以来被科技部门遴选为科技特派员，屡次下基层创新服务，2018年作为自治区科技厅选派的"三区"人才，与自治区扶贫指导员组团进行帮扶，用所学知识将科技传播到贫困村的每个角落，让科技支撑产业发展得更快、更好。

2020年以来，深入学习贯彻落实习近平总书记系列重要讲话精神，不断用新理念武装自己，组织编写了科技创新发展"十四五"规划，通过规划的编制，为科技创新指明了今后发展方向，也为海原县走出一条高质量发展新路子提供强有力科技创新支撑。

洪兴志

【洪兴志】 男，回族，1976年2月出生，宁夏海原人，中共党员，宁夏党校研究生学历。历任海原县政府办副科级秘书、副主任，西安镇党委副书记、镇长、党委书记，县乡村振兴局局长，县农业农村局局长等职。2021年2月，被授予全国脱贫攻坚先进个人称号。

"前不久刚出栏7头牛，收入17.8万元。"2月20日，李成海告诉记者。

从独自抚养2个孩子的单亲贫困家庭，到几年间脱贫致富并娶了新媳妇的幸福家庭，海原县西安镇范台村农民李成海说，最该感谢的，是他们的镇长洪兴志。

在脱贫攻坚战中，西安镇镇长洪兴志进村入户遍访全镇所有贫困户。没有产业、没有技术、收入困难的李成海被他"筛查"了出来，依规纳入建档立卡贫困户。

在洪兴志的建议和帮助下，李成海从饲养2头华润基础母牛起步，仅用1年多时间便成功脱贫。如今，他家的牛存栏50头，加上打工，年收入近20万元。不仅自己脱贫摘帽，还带动周边群众共同致富。

"脱贫不能等靠要，致富不可睡大觉。"洪兴志常说，让贫困群众转变思想观念，从"懒等靠要"向"动勤能富"转变，这是实现脱贫的着手点。

镇上有个奶牛企业，因经营不善陷入困境。看着闲置的场地，洪兴志主动考察，多次对接上市企业四川新希望集团公司，最终促成该公司成功收购奶牛企业，并斥资建成占地1300亩的大型奶牛场。

“以前种地收入微薄，现在有稳定的工资，牛场还给我们交五险一金。”奶牛场员工杨延东夫妇分别在设备维修和保洁岗位，月收入共8000元左右。“洪镇长为我们这里促成了一桩大实事。”杨延东说。

当前，该奶牛场养殖进口奶牛6700头，日产牛奶80吨，使当地120名群众由农民变成产业工人。同时，年近4万吨的青贮收购量，带动海原县4000种植户增收致富。

洪兴志坚持抓党建、引企业、建基地、育能人，引进新希望集团等6家龙头企业、4个扶贫车间，培育壮大了天都民生等8个种植养殖合作社和135户种植养殖能人，形成支部带贫困户、企业带贫困户、合作社带贫困户、致富能人带贫困户的“四个带贫减贫”模式，带动2500多名贫困群众就近务工增收，实现脱贫致富。

洪兴志多方筹措资金，多头争取项目，落实产业项目533个，兑付产业补贴3650.34万元，优先向贫困户落实产业项目、提供技术服务，培育形成小茴香、瓜菜、草蓄、枸杞、劳务“五大产业”。使该镇传统特色产业小茴香面积稳定在2万亩。大力推广“基础母牛银行”模式，累计赊销华润基础母牛2164头，覆盖684户，成功创建薛套等4个肉牛养殖示范村，全镇肉牛饲养量达到6200头。“脱贫致富就是要让群众有干头、有盼头、有甜头。”洪兴志说。

西安镇有种植瓜菜的传统，洪兴志组织引进四季鲜现代农业有限公司，建成3217亩蔬菜种植示范园区，带动当地682户贫困户入股分红。使贫困户实现“流转费+务工收入+分红”3项收入，走出了龙头企业联农带农富农的可持续发展路子。在洪兴志及镇干部的持续努力下，多家企业在西安镇建成有机枸杞、压砂瓜、辣椒、广东菜心、西芹、菌菇等瓜菜基地，全镇瓜菜产业规模达到1万亩以上，成为海原县冷凉蔬菜种植集中区和菜篮子基地。

集中脱贫攻坚这几年，洪兴志的家人与他难得一见，而在薄雾晨曦中，他的身影却经常出现在村道上。夜幕降临后，乡亲们也常能看到他入户的身影，最多的是和农户拉家常、记录民情民意。西安镇辖9村8282户28956人，贫困人口已全部脱贫，农民人均可支配收入由2014年的5751元，增长到2020年的超10500元。

杨永明

【杨永明】 男，回族，1982年8月出生，海原县2011年5月入党，现任海原县企业服务中心主任。2016年被中卫市委、市政府评为优秀教师；2018年被海原县委、县政府评为海原县优脱贫攻坚先进个人；2017年被司法部等部门评为全国普法先进个人；2017年被中卫市关心下一代委员会评为关心下一代工作先进个人；2019年被评为驻村帮扶工作先进个人；2021年被评为全区优秀共产党员。

2017年9月，杨永明被派驻到海原县三河镇富陵村任第一书记。他所在的富陵村，现有433户1800人，全都是周边甘城、红羊、郑旗、李俊等5个乡镇13个深度贫困村搬迁而来的，是一个名副其实的生态移民村。“把我们搬来不给地，让我们怎么活？吃土都没有土。”这是刚上任富陵村第一书记的杨永明，听到最多的一句话。看着群众满含期待的目光，杨永明深感责任重大、时不我待。

杨永明知道，要让他们搬得来、住得下，就要把干部、党员、群众凝聚起来，大家心往一处想、劲往一处使，让精准扶贫、精准脱贫政策落地生根、开花结果。

扶贫首先要扶智，同时要让群众掌握生存技能。杨永明在注重村干部理论学习的同时，充分利用新时代文明实践站、每月爱心超市积分表彰会、村民代表大会等，向群众集中宣讲党的富民惠民政策和季节性安全知识，加强群众思想教育，转变群众观念，提升群众安全意识，激发群众内生动力。除此之外，他还带领村干部和部分群众赴彭阳、西吉等地学习产业发展经验，组织开展家政、电焊、烹饪、驾驶员、养牛、种植蘑菇等各项技能培训，使群众通过一技之长打开创收之路。

根据富陵村实际情况，杨永明独创了一套政策宣传员、培训学习员、产业发展规划员、环境治理公益员、招商引资员等“六员”工作法，带领该村驶上全面发展的“快车道”。

他认为：“要想稳住移民群众的心，必须有能挣钱、能致富的产业，才能让他们拴心留人。”他积极协调华润基础母牛银行和小额贴息贷款等政策扶持，依托海原县种植养殖、长途运输等传统产业优势，利用全村坡改梯7094亩，种植紫花苜蓿2000亩。带领村民建设集中养殖园区，使基础母牛存栏增加到907头、基础母羊增加到1120只。筹资40万元，组织286户村民发展庭院经济，种植果蔬苗。老百姓的院落整洁了，环境美了。村民马成云说：“搬下山来，菜吃不完，亲戚们也能吃上。”

在杨永明的引领下，如今的富陵村环境优美、邻里和谐、产业兴旺。村民收入稳步增长，贫困户全部稳定退出，人均年收入从过去的2000元增加到9155元。乡亲们欣喜地表示：“现在家家住着红瓦房，个个有致富产业，村道有照明灯，户户通自来水，院里种菜养花。”

李玉兰

【李玉兰】　女，回族，中共党员，海原县第七小学副校长。从教20多年来，她用初心写责任，用责任释担当，用执着的追求感动着学生、感染着家长、感悟着人生。在学生眼里，她是可亲可敬的“好妈妈”；在家长眼里，她是经验丰富的“好老师”。先后获全区最美乡村教师、优秀共产党员等称号。

基础教育精品网课遴选在即，10月9日，刚从医院看病回来的李玉兰立即协调指导相关事宜，“一堂优质网课，对学生和老师的影响面都很大，一定要精心准备。”

李玉兰总喜欢往学生堆里扎，问问孩子们的兴趣爱好以及学习上的困惑、生活中的困难。“干教育这么多年，习惯了，一会儿看不到学生感觉心里空落落的。”李玉兰有耳鸣症，2021年已经是第4次上医院看病，医生的诊断都一致：加班、熬夜、疲劳引起的。

看似文文弱弱的李玉兰，在同事眼中却是个名副其实的“拼命三郎”。她带毕业班的时候，一次医院检查出她有子宫肌瘤等病，医生建议她不可延误，立即做手术。但她所带的这批孩子眼看就要毕业了，正是最关键的时期，而做手术不是三两天就能康复的。如果请病假，换老师代课，孩子们还得有个适应期……

“孩子们前程事大”，李玉兰舍不得在关

键时刻抛下这批孩子，她要为他们的小学时期画上一个圆满的句号。她拒绝了医生的建议，把手术推后。刚送走了毕业班，又从一年级开始带班，尽管体质虚弱，但她从不推辞。工作起来李玉兰就忘了病痛，忘了自己还在康复期。有同事不解：你这样疯狂工作到底图啥？她表示：我热爱教师这个职业，愿意奉献出我毕生的精力。

李玉兰就像一支红蜡烛，无私地燃烧自己，用挚爱和温暖把孩子的心照得亮亮堂堂。海原七小位于南华山脚下，有1000多名学生，大多是山区移民和进城务工子女，家庭条件差，父母关爱时间少。李玉兰善于用妈妈般的关爱融化孩子们孤独的心。女生小李的父母远赴外地打工，她随奶奶生活，患有白化病的她从小性格内向，与同学几乎不交流。李玉兰经常跟小李聊天、交流、讲笑话，给她买学习用品，课间陪她玩。在她的引导下，同学们都喜欢和小李玩了。渐渐地，最初那个胆小自卑孤僻的小女生，变成了热情大方爱笑、成绩也很优秀的学生。

好的学校会让学生感到在这里求学是一件幸福的事情，也让教师在这里能找到精神依恋，让他们在人生的旅途中驻足回望时，都会充满感激与深深的感动。作为副校长，近年来李玉兰协助校长努力为师生搭建成长、成才、进步的平台，不断健全和完善学校智慧教室、科学实验室、综合实践活动室、音乐室、美术室、舞蹈室等功能齐全的特色活动阵地，持续注入新的活力，努力为他们营造最好的学习氛围。"如果没有对学生炽热的爱，也就没有成功的教育，我会始终如一，用爱为山区的学生撑起一片天。"李玉兰说。

王正祥

【王正祥】 男，回族，1963年6月出生，海原县关桥乡王湾村人，中共党员。2016年任王湾村党支部书记。2021年6月，被自治区党委命名为全区优秀党务工作者。"把群众生活服务好，把困难家庭关爱好"，一直是海原县关桥乡王湾村村党支部书记王正祥坚持做的事情。担任村党支部书记5年来，他始终用实际行动践行着为民服务的赤诚之心和入党时的铮铮誓言。2021年王正祥也收获了全区优秀党务工作者的称号。

上任伊始，王正祥便把党建工作作为第一要务来抓，通过"三会一课""主题党日"等活动，加强党员干部群众的爱党、爱国主义教育，激发了大家致富奔小康的内生动力，村里干事创业的氛围空前浓厚。王正祥因势利导，帮助老百姓申请金融小额信贷，赊销华润基础母牛发展养殖。当前，王湾村牛存栏462头、羊存栏6340只，常年固定劳务输出343人，短期务工输出260多人。

王湾村村民马正义长年在外打工，得知村里人养牛富了起来，便弃工返乡，搞起了养殖业。得知马正义回家乡创业，王正祥第一时间帮他申请贷款，陪他到山西等地实地考察肉牛产业、学习养殖经验。如今，马正义的养牛路越走越宽，日子也过得越来越红火。

"以前都是我带着村里人外出务工，一年下来除去自己的花销，赚的钱只能够家里生活。"马正义说。有一次回家，看见村里的亲朋好友都在发展养牛，而且大家的新房子也都盖起来了，这让他感到不可思议。恰好王正祥和村干部走访入户碰到了他，他这才了解到了具体情况。原来大家都是通过赊销华润基础母牛慢慢地富了起来。从2016年开始，马正义便也加入了养牛的队伍，从开始赊销的5头华润基础母牛发展到如今60头牛的规模。

和马正义同样外出务工的村民马勇明，他家的经济收入以种地和外出务工为主。在王正祥的鼓励帮助下，2018年，马勇明也赊销了2头华润基础母牛，开始了自己的养殖。经过3年的努力，如今，马勇明不仅住进了红砖瓦房，家里各类家电家具也是一应俱全。

"在王支书的帮助下，我在海原县邮政银行贷款5万元，从2头牛发展到18头牛。也是党的政策好，如今家里的自来水也通上了，院里的菜、水果都是自己种的，现在的日子太好了。"马勇明笑着说。

产业发展起来了，群众的腰包鼓了。王正祥开始积极争取项目和资金，进行危房改造、配套基础设施、改善群众出行条件，并成立保洁队，定期对村里的环境卫生进行清扫和监督。

作为一名党员干部，王正祥始终牢记党的宗旨，忠诚党的事业，心系群众，敢于担当，干一处惠一处，走一路富一路。在王正祥和村"两委"班子的共同努力下，如今的王湾村，焕然一新，乡风文明逐渐形成，群众的生活条件大大改善，获得感、幸福感、安全感不断攀升。

"美丽乡村不仅要美在物质上，更应该美在精神上，只有'内外兼修'，才能真正让乡亲们享受到发展成果。在今后的工作当中，我将在扩大养殖规模上下力气，带领全村老百姓把日子过得红红火火。"王正祥说。

秦 勇

【秦 勇】 男，中共党员，海原县委办公室副主任、机要局局长。先后在乡镇、县政府办、县委组织部、县委办工作。2021年，被评选为"宁夏最美公务员"。

宁掉皮肉不降标准、宁负自己不负人民，将一如既往默默奉献，用实际行动诠释公仆本色。

返回海原县的秦勇顾不上休息，连夜梳理此次海原县党政代表团赴福建和广东开展闽宁协作和华润集团定点帮扶对接推进活动的收获和成果。为期3天的行程，涉及漳浦和深圳两场大型会谈，"每一个细节都要考虑全面，以确保会谈万无一失。"秦勇介绍，此次会谈主要围绕产业发展、人才交流、基础设施建设等从单一帮扶向"十四五"深度合作的全面转变。"最终会谈圆满成功，而且成果丰硕，整体达到理想效果，没有出现差错，这是我最满意的。"

像这样每天工作量大、休息极少的节奏，是秦勇多年来的工作日常。他长期在文字材料岗位工作，把负重拼搏、无怨无悔的奉献精神体现在工作和服务保障的一点一滴中。在政府办文秘岗位时，他对口服务农、林、水、扶贫、应急等部门，负责相关的材料、会务、事务等工作。白天下乡，晚上起草文件、汇报讲话，撰写纪要等材料。时常还要应急值班，遇到突发事件整夜都不得休息。

一天深夜，海原县城西边四季鲜农产品综合批发市场突遇洪水。正在值班的秦勇立即赶到现场，发现洪水是从西山下来的山洪，已漫没了批发市场及附近的闽宁纺织园道路，情况危急。他迅速协调公安、消防、应急、住建等部门紧急抢险，调集装载机将被困群众全部解救出来，将洪水引流，保住了市场、工厂和当地群众的生命财产安全。处理完这一切，已是次日上午。

为掌握全县农业产业发展详细情况，进一步优化产业发展扶持政策，秦勇跟着领导跑遍全县所有行政村和80%的自然村。白天深入田间地头、农民家中了解实情、听取建议，晚上梳理汇总、整理资料，研究自治区市相关政策，起草政策文件。经过两个多月调研，从1500多条意见建议中梳理出75条政策措施，并经20多次讨论修改，最终一部既符合群众需求又符合县情实际的政策文件出台，为发展壮大全县畜牧、马铃薯、小杂粮、瓜菜、枸杞中药材产业起到积极促进作用。

“宁睡地板，不负群众，要想干好工作，就要多付出一些。”秦勇淡然面对。每当熬夜加班困倦不已时，他便在狭小的办公室地板上铺张报纸，小憩片刻继续工作，直至把当天工作干完，把次日工作计划做好才回家。由于长期加班，吃饭不规律，导致秦勇出现坐骨神经痛和胃底糜烂。但他从未因此掉链子，也没有降低对自己的要求和对工作的标准。

“干工作没有捷径，只要功夫下到位，把业务做到极致，就是公务员对人民群众最好的担当。”秦勇说。

先进集体

【海原县闽宁纺织制品有限公司生产车间】 2017年7月，海原县闽宁纺织制品有限公司落户于海原县，生产车间现有职工340余人，建档立卡户100余人，其中女职工300人，占总人数的88.2%，少数民族职工260人，占总人数的76.5%.公司始终秉持闽宁帮扶、共同发展的理念，带领车间妇女脱贫致富，为海原县脱贫攻坚工作以及周边的经济发展带来显著成效。该生产车间先后被评为2017年度就业创业助力脱贫攻坚“先进集体”、2017年度社会帮扶“先进集体”、2019年度“三八”红旗集体、2019年度“自治区工人先锋号”、2018年度脱贫攻坚“先进集体”、2019年“龙头企业”、2019年“解决就业人员社会贡献奖”等称号。2021年获全国“工人先锋号”称号。

从开始的一家企业逐步扩大发展到落户的4家产业链企业，还成立了4个乡镇扶贫车间，同时带动280名建档立卡户就业，让足不出户的农村留守妇女也能在门口找到工作。正是“这个扶贫车间”实现了贫困妇女顾家挣钱“两不误”的脱贫梦想。

公司利用“师带徒”关系，充分发挥传帮带作用，由生产车间各组生产负责人手把手地为员工教技术、教记账，直到熟练掌握生产技术。2017—2020年共计培训560人以上，其中建档立卡户158人，员工工资由最初每月600元到1年之后的计件工资2200元，再到2021年的最高工资6000元；平均工资从开始的1800元到现在的2500元，员工越做越有信心，企业越做越强大。

每年的12月份该生产车间都会举办技能比赛，鼓励员工尽情地展示自己的才能和创作能力。五一劳动节会评选一批生产车间的劳动模范，由公司领导亲自颁奖。通过技能大赛，巩固员工的技能和业务水平，让员工之间相互学习、相互帮助、在轻松愉快的氛围中交往交流交融。

车间积极开展了一系列“献爱心、送温暖”活动。为单亲家庭的员工解决住房、吃饭等问题。为考上大学的员工儿女送去奖励，多途径帮助困难职工，为她们送去慰问和帮扶，鼓励她们树立生活的信心，靠自己勤劳的双手脱贫致富奔小康。此外，我公司还积极参与和支持社会公益事业发展，开展了向乡村学校捐赠羽绒服、棉衣等一系列送温暖活动。

如今企业各类订单达50万件，年产值达到2000万元，很多的建档立卡户全部脱贫，员工开上了自己的小轿车，过上了幸福的生活。这就是劳动创收的成果，未来企业会不断地进步，引进新的生产技术，为公司的繁荣发展作出应有的贡献。

【海原县消防救援大队】 海原县消防救援大队党委一班人始终把创建“青年文明号”作为凝聚团结、奋进力量、建功立业的有效载体，紧密结合消防救援工作实际，坚持用习近平新时代中国特色社会主义思想武装头脑，用实际行动践行习近平总书记授旗训词精神，出色地完成了各项灭火抢险救援工作任务。大队先后于2012年被中卫市团委、青联评为“市级青年文明号”，2013年被自治区党委、自治区人民政府评为“全区民族团结进步模范集体”，2014年被自治区团委、青联评为“自治区级青年文明号”，2017年被自治区文明办评为“2017—2020年度自治区级精神文明单位”，2019年被海原县人民政府评为“拥政爱民先进集体”，所辖中队当年被应急管理部消防救援局评为“执勤训练工作先进单位”。2021年9月，海原县消防救援大队被共青团中央、应急管理部评为第20届全国青年文明号集体。

海原大队高度重视青年文明号创建工作，成立了以党委书记任组长、党委委员为成员的创建青年文明号工作领导小组，成立了“火焰蓝志愿者服务队”，以党组织创先争优带动团组织建设发展。扎实开展“不忘初心、牢记使命”主题教育、“践行训词精神，担当神圣使命，坚持五个不动摇”教育实践活动和“弘扬清风正气、凝聚奋进力量”内部关系专题教育等活动。广泛开展争创“五四红旗团支部”，争当“优秀团干部”“优秀共青团员”“优秀团员志愿者”“雷锋式好青年”等活动。帮助青年指战员校准思想偏差，深化理解认同，坚持走中国特色消防救援队伍建设新路子不动摇，切实做到“党建带团建、团建抓创新”，统筹兼顾、齐抓并进，扎实推进党建带团建工作发展，取得了良好的效果。

改革转制以来，海原大队始终坚持加快推进队伍建设和能力素质转型升级，主动承担防范化解重大安全风险，应对处置各类灾害事故的重要职责，为优化消防执法营商环境，保障社会经济发展作出了突出贡献。大队党委一班人先后30余次深入社会单位、街道、乡镇寻策问计，开展消防安全隐患整改及时指导400余次，帮助社会单位整改火灾隐患6300余处，帮助整改农村火灾隐患5800余处，为社会单位节省消防安全隐患整改资金投入累计100余万元。同时，大队积极探索消防宣传新路子，紧盯重要节庆、法治宣传月、“119”宣传月等重点时间节点，深入企业单位、社区指导开展灭火演练150余次，开展公益性培训300余次、社区消防宣传大使进家庭150次、消防志愿者参与消防宣传120次，发布相关防火常识等各类预防提示信息14000余条，发放宣传资料60000余份，大大提升了辖区群众消防安全意识，确保了全县火灾形势持续平稳。

“流血流汗不流泪，掉皮掉肉不掉队。”为了练就过硬本领，圆满完成各项灭火救援任务，无论是骄阳酷暑，还是冰天雪地，指战员们年复一年，日复一日，始终保持良好的精神状态投入日常的执勤训练中，有的人甚至带病带伤坚持参加训练，绝不因小病小伤而旷课。大队每年平均训练日180天，人员参训率达到95%，各项考核合格率达到100%，优秀率达90%。近年来，大队先后成功处置了2013年“1·25”海兴区西气东输76号阀室泄漏事故、2017年“2·18”南华山大面积山火扑救、2019年“7·19”海兴橡胶坝决堤事故等重大灭火抢险救援任务，广大指战员始终牢记领袖嘱托，自觉以事业为重、以奋斗为荣，不忘初心使命，忠诚履职奉献，充分展现了宁夏“火焰蓝”英勇顽强的战斗作风和最美逆行者的良好形象，得到了当地党委政府和广大人民群众的一致好评。

面对生与死、血与火的考验，指战员英勇顽强、毫不退缩。海原大队全体指战员始终把人民群众的利益放在首位，真正把驻地当故乡、视群众为亲人。坚持开展“五个一”活动，即与一家有业务往来、团建条件成熟的非公企业结对开展团建工作、每月向县委、县政府作一次消防救援工作和队伍建设汇报、每个法定节假日深入辖区敬老院和孤儿院看望慰问一次、每月开展一次红色教育活动、每半年开展一次“送温暖，献爱心”捐款捐物活动。在全国脱贫攻坚战役中，大队不等不靠，主动作为，积极投身驻地脱贫攻坚工作，组织开展“送温暖、献爱心”、救助贫困、“手拉手”“希望工程助学”等活动。2009年以来，海城消防救援站连续12年为辖区关庄、红羊、树台等6个严重干旱乡镇送水累计达6000余吨；积极响应习近平总书记“绿水青山就是金山银山”的伟大号召，主动对接地方政府在辖区栽种树木4600余棵，浇灌树木27000余棵，为建设“生态海原”作出了积极的贡献。2012年起，与困难家庭、敬老院等结成“手拉手”“一帮一”的长期结对小组，开展献爱心、扶困帮助志愿服务活动，资助海原县关桥乡一名家庭经济困难的贫困学生顺利考入宁夏职业技术学校。2019年、2020年大队先后2次帮助2名走失儿童寻找孩子父母，被央视新闻频道报道。2021年，在出警途中消防员飞奔解救被压三轮车女子事迹，在宁夏新闻联播和抖音等媒体上被多次转载报道，赢得了社会各界的高度赞誉。

新任领导

【杨青龙】　男，回族，1970年9月出生，宁夏西吉人，1991年7月毕业于西北第二民族学院历史系历史专业。1999年6月加入中国共产党，在职学习毕业于西北政法大学法律专业。曾在西北第二民族学院、宁夏裕隆房地产公司、宁夏回族自治区党委政策研究室、自治区党委办公厅、自治区民委等单位工作，先后任自治区党委政策研究室社会发展处副主任科员、主任科员，自治区党委办公厅主任科员、综合二处副处长、处长，挂职任福州市闽侯县委副书记，自治区党委办公厅副主任，党委副秘书长，自治区全面深化改革领导小组办公室专职副主任（正厅级），自治区民族事务委员会党组副书记、自治区宗教事务局局长、自治区民族事务委员会主任。2021年6月任中卫市委副书记、海原县委书记（正厅级）、海兴开发区党工委书记。

【张　鹏】 男，汉族，1971年9月出生，宁夏中卫人，1999年3月加入中国共产党，1992年7月参加工作，宁夏党校研究生学历。历任中卫市防汛抗旱指挥部办公室副主任，沙坡头区东园镇党委书记、镇长，宣和镇党委书记、镇长，文昌镇党委书记、镇长，中卫市沙坡头区党工委委员、管委会副主任，海原县委常委、副县长，中卫市信访督办局局长、市发展和改革委员会主任、市人民政府秘书长等职务。2021年8月，任海原县委副书记、海原县人民政府代县长；12月，当选中卫市政协第五届委员会副主席。

【杨　和】 男，回族，1967年12月出生，宁夏海原人，1991年1月加入中国共产党，1989年7月参加工作，研究生学历。曾任海原县委副科级组织员，县委办副主任，县政府党组成员、办公室主任，海城镇党委书记，中卫市政府办公室科长、市政府副秘书长、政务服务中心主任，沙坡头区委副书记（正处级），中卫市住房和城乡建设局党委书记、局长等职。2021年1月，任海原县人大常委会党组书记、主任。系中国共产党中卫市第四次代表大会代表，宁夏回族自治区第十二届人民代表大会代表。

【丁志爱】 男，汉族，1967年3月出生，宁夏中卫人，2005年7月加入中国共产党，1991年7月参加工作，大专学历，汉语言文学专业。历任中卫市宣和镇党委委员、副镇长，沙坡头区宣和镇党委委员、副镇长、党委副书记，沙坡头区宣和镇党委副书记（正科级），沙坡头区兴仁镇党委书记、镇长，海原县委委员、常委、副书记等职。2021年3月，任海原县政协党组书记、主席候选人；10月，当选为政协海原县第十二届委员会主席。

【童　颢】 男，汉族，1969年12月出生，宁夏中宁人，宁夏党校研究生学历。历任中宁县石空镇副镇长、党委副书记、人大主席，宁安镇党委书记，中宁县政府党组成员、办公室主任，中卫市扶贫开发办公室党组成员、副主任，海原县副县长，海原县委常委、副县长，海原县委常委、政法委书记等职。2021年3月任海原县委副书记、二级调研员；6月调职。

【薛军勇】 男，汉族，1972年4月生，宁夏中宁人，1998年6月加入中国共产党，1995年7月参加工作，大学学历，经济管理专业。历任中宁县宁安镇副镇长、党委副书记、人大主席，中宁县住房和城乡建设局副局长，宁安镇党委副书记、镇长、党委书记、人大主席，中宁县交通运输局党委书记、局长，中宁县交通运输局党委书记、局长、交通战备办公室主任，中卫市交通运输局党委委员、副局长，海原县委常委、常务副县长等职。2021年1月，任海原县委常委、海兴开发区管委会常务副主任（正处级）；6月，任海原县委副书记、海兴开发区管委会常务副主任。

【强　斌】 男，回族，1975年8月出生，宁夏中宁人，2000年12月加入中国共产党，1997年7月参加工作，大学本科学历。历任中宁县白马乡政府副乡长，大战场乡纪委书记、党委副书记、乡长，中宁县大战场镇党委副书记、镇长、党委书记、人大主席，中宁县住房和城乡建设局党委书记、局长，中宁县政府副县长，中宁县委常委、喊叫水乡党委书记等职。2021年1

月,任海原县委常委、县政府常务副县长。

【田风明】 男,回族,1968年3月出生,宁夏海原人,1994年1月加入中国共产党,1987年7月参加工作,在职大学学历。历任海原县计划生育局局长、市场监管局局长,甘盐池种羊场党工委副书记、副场长、海城街道办党工委书记(兼)。2021年3月任海原县委常委、统战部部长、县政协党组副书记。

【刘文杰】 男,汉族,1989年9月出生,宁夏中卫人,2009年11月加入中国共产党。2014年毕业于清华大学环境工程专业,获硕士学位,8月录用为定向选调生,历任中卫市沙坡头区文昌镇副主任科员,沙坡头区宣和镇党委委员、副镇长,东园镇党委副书记、镇长,滨河镇党委副书记、镇长,共青团中卫市委员会副书记等职务。2021年4月,任海原县政府副县长(挂职);6月,任海原县委常委、副县长(挂职);7月,赴福建省漳浦县挂职任县委常委、副县长;9月当选海原县委常委;10月,当选海原县副县长。

【曾小明】 男,汉族,福建省漳州台商投资区角美镇人,1975年2月出生,大学本科学历,1995年12月入伍,1995年5月入党。历任福建省龙海市颜厝镇农机站副站长、镇团委书记、镇党委委员,龙海市角美镇党委委员,漳州台商投资区角美镇党委委员、副书记、区行政执法局副局长(兼),漳州台商投资区角美镇党委副书记、区办公室副主任、主任科员,漳州台商投资区建设局局长、角美镇党委副书记、镇长,漳浦县绥安镇党委副书记、绥安镇人民政府镇长(副处长级),漳浦县人民政府党组成员、副县长。2021年7月,赴海原县挂职,任县委常委、副县长。

【丁　芳】 女,回族,1972年7月生,宁夏青铜峡人,1999年7月加入中国共产党,1995年7月参加工作,大学学历,工商行政管理专业。历任海原县西安镇副镇长,党委副书记、镇长,党委书记,海原县人民政府党组成员、副县长等职。2021年9月,任海原县委常委、宣传部部长。

【采澎涛】 男,汉族,1979年9月出生,河北安新人,大学本科学历,计算机科学与技术专业,中共党员。2021年12月,任海原县委常委。

【杨常林】 男,回族,1970年10月出生,宁夏西吉人,大学学历,中共党员。历任海原县双河乡副乡长、党委副书记、乡长,海原县扶贫办主任、县交通局局长、县财政局局长,海原县人民政府党组成员、副县长,海原县政协副主席、县总工会主席(兼)等职。2021年4月,任海原县人大常委会党组成员、县总工会主席(兼),提名为海原县人大常委会副主任候选人;10月,当选海原县人大常委会副主任。

【马光智】 男,回族,1968年6月出生,在职大学学历,中共党员。曾任海原县土地资源管理局纪检组组长、副局长,三河镇党委副书记、镇长,七营镇党委书记、人大主席,七营镇党委书记,中卫市扶贫办四级调研员等职。2021年3月,任海原县人大常委会党组成员,提名为副主任候选人;10月,当选海原县人大常委会副主任。

【薛鹏飞】 男,汉族,1967年2月出生,宁夏海原人,民盟成员,宁夏党校大学学历。历任中卫市中级人民法院行政审判庭副庭长、刑事审判第一庭副庭长、民事审判第二庭庭长,中卫市中级人民法院审判委员会委员、审判员(副处级)等职务。2021年7月,提名为海原县人大常委会副主任候选人；10月当选为海原县人大常委会副主任。

【冯　帆】 女，汉族，1972年3月出生，宁夏固原人，大学本科学历，中共党员。曾任海原县七营镇党委副书记，李俊乡党委副书记、乡长，李俊乡党委书记，海原县委党校（行政学校）常务副校长等职。2021年10月，当选海原县人大常委会副主任。

【冯　磊】 男，汉族，1984年3月出生，宁夏灵武人，在职研究生学历，中共党员。曾任自治区人民政府办公厅副处级秘书。2021年7月，任海原县人民政府党组成员、副县长。

【刘福林】 男，汉族，1971年9月出生，宁夏中宁人，1993年参加工作，大学学历，1995年加入中国共产党。曾任中宁县公安局刑警大队二中队队长、公安局副局长，中卫市公安局刑事侦查局局长。2021年8月任海原县人民政府党组成员、副县长、县公安局党委书记、局长。

【贾治林】 男，汉族，1974年5月出生，宁夏海原人，1998年7月毕业于宁夏农学院畜牧兽医专业，2003年6月加入中国共产党。曾任海原县委办公室副科级秘书，关桥乡党委副书记、乡长，县委政研室主任，县水务局党委书记、局长、四级调研员等职。2021年4月，任海原县人民政府党组成员、副县长。

【王银军】 男，汉族，1984年4月出生，宁夏西吉人，2003年加入中国共产党，2008年参加工作，大学本科学历，集成电路设计与集成系统专业。曾任中卫市政府信息中心副主任，中卫市网络安全与信息化办公室网络安全管理科副科长，中卫市政府办公室政务科副科长、秘书三科科长，中宁县石空镇党委副书记、镇长、党委书记等职。2021年4月任海原县人民政府党组成员、副县长。

【王金中】 男，汉族，1971年12月出生，大专学历，中共党员。2021年7月，挂职任海原县副县长。

【马海燕】 女，回族，1974年3月出生，宁夏西吉人，大学学历，中共党员。曾任海原县民政局副局长，红羊乡党委副书记、乡长、党委书记，关桥乡党委书记等职。2021年10月，当选为海原县人民政府副县长。

【王建平】 男，汉族，1968年3月出生，宁夏中卫人，1992年7月毕业于宁夏大学政治系，1995年7月加入农工党。曾任中卫市中医医院副院长。2021年4月，提名为海原县政协副主席候选人；10月，当选海原县政协副主席。

【麻德明】 男，回族，1965年2月出生，宁夏海原人，中共党员。曾任树台乡副乡长、党委副书记、乡长、党委书记、四级调研员等职。2021年6月，提名为海原县政协副主席候选人；10月，当选海原县政协副主席。

【郭孟强】 男，汉族，1978年9月出生，宁夏西吉人，宁夏党校研究生学历，中共党员。曾任中卫市人民检察院综合业务部主任、四级高级检察官。2021年8月，任海原县人民检察院副检察长、代理检察长；10月，当选海原县人民检察院检察长。

【刘风武】 男，回族，1967年5月出生，宁夏海原人，1990年毕业于北京农业工程大学水利工程系，中共党员。历任海原县水务局副局长，海原县扶贫扬黄灌溉工程建设指挥部办公室主任，李旺镇党委副书记、镇长、党委书记，海原新区建设指挥部办公室副主任（正科级），海原县委办公室副主任（正科级）、督查室主任，海原县水务局党委书记、副局长，海原县住房和城乡建设局党委书记、局长、县城市管理综合执法局局长、人民防空办公室主任等职。2021年11月，任甘盐池种羊场党工委委员、副场长。

【李耀邦】 男，回族，1969年6月出生，宁夏海原人，宁夏党校大学学历，1992年3月加入中国共产党，1992年7月参加工作。历任海原县委副科级组织员，李旺镇党委副书记，红羊乡党委副书记、乡长、书记、人大主席，县残联理事长，县委政研室主任，县委办副主任、督查室主任，中卫市委组织部部务委员，中卫市人民检察院党组成员、纪检组长等职。2021年7月，任海兴开发区党工委委员、纪工委书记。

先进人物名录

表5 2021年海原县先进人物一览表

姓名	单位	获奖时间	获奖名称	授奖单位
田 原	高崖乡人武部	2021.1	全区优秀退役军人事务站站长	自治区退役军人事务厅
任进孔	县公安局	2021.12	优秀人民警察	自治区公安厅
洪兴志	西安镇	2021.2	全国脱贫攻坚先进个人	中共中央、国务院
王 铁	贾塘乡后塘村	2021.2	全国脱贫攻坚先进个人	中共中央、国务院
田兴明	县水务局	2021.2	全区农村饮水安全脱贫攻坚先进个人	自治区水利厅
李伟保	县水务局	2021.2	全区农村饮水安全脱贫攻坚先进个人	自治区水利厅
丁志爱	县政协	2021.4	全区脱贫攻坚先进个人	自治区党委、政府
马正当	县财政局	2021.4	全区脱贫攻坚先进个人	自治区党委、政府
田风奇	县农业农村局	2021.4	全区脱贫攻坚先进个人	自治区党委、政府
李伟保	县水务局	2021.4	全区脱贫攻坚先进个人	自治区党委、政府
马彦龙	县就创局	2021.4	全区脱贫攻坚先进个人	自治区党委、政府
张占成	县交通运输局	2021.4	全区脱贫攻坚先进个人	自治区党委、政府
金朝辉	贾塘乡党委	2021.4	全区脱贫攻坚先进个人	自治区党委、政府
罗建忠	九彩乡政府	2021.4	全区脱贫攻坚先进个人	自治区党委、政府
李 骏	高崖乡经发办	2021.4	全区脱贫攻坚先进个人	自治区党委、政府
何有玉	甘城乡甘城村	2021.4	全区脱贫攻坚先进个人	自治区党委、政府
郭 仲	李俊乡蔡祥村	2021.4	全区脱贫攻坚先进个人	自治区党委、政府
张廷荣	海城镇武塬村	2021.4	全区脱贫攻坚先进个人	自治区党委、政府
穆海彬	关桥乡方堡村	2021.4	全区脱贫攻坚先进个人	自治区党委、政府
吴忠海	曹洼乡白崖村	2021.4	全区脱贫攻坚先进个人	自治区党委、政府
马成亮	红羊乡红堡村	2021.4	全区脱贫攻坚先进个人	自治区党委、政府
穆世福	县民政局	2021.4	全区脱贫攻坚先进个人	自治区党委、政府
罗建军	县卫健局	2021.4	全区脱贫攻坚先进个人	自治区党委、政府
李庆学	郑旗乡中坪村	2021.4	全区脱贫攻坚先进个人	自治区党委、政府
许秀娟	高崖乡新民村	2021.4	全区脱贫攻坚先进个人	自治区党委、政府
张 洁	甘盐池管委会盐池村	2021.4	全区脱贫攻坚先进个人	自治区党委、政府
王晓卷	海城镇山门村	2021.4	全区脱贫攻坚先进个人	自治区党委、政府
罗玉鹏	宁夏银行海原支行	2021.4	全区脱贫攻坚先进个人	自治区党委、政府

续表5

姓名	单位	获奖时间	获奖名称	授奖单位
杨　龙	县税务局	2021.4	全区税务系统向上向善好青年	自治区税务局
田风海	县人民检察院	2021.5	全区检察机关书画展硬笔书法一等奖、美术国画二等奖	自治区检察院
段富强	红羊乡党委	2021.6	全区优秀共产党员	自治区党委
李玉兰	海原七小	2021.6	全区优秀共产党员	自治区党委
李进刚	树台乡新庄村	2021.6	全区优秀共产党员	自治区党委
杨永明	县企业服务中心	2021.6	全区优秀共产党员	自治区党委
王正祥	王湾村支部	2021.6	全区优秀党务工作者	自治区党委
冉海萍	水务局	2021.6	全区优秀党务工作者	自治区党委
麻德明	树台乡党委	2021.6	中卫市优秀共产党员	中卫市委
杨　东	西安镇西安村	2021.6	中卫市优秀共产党员	中卫市委
赵前鹏	县住建局	2021.6	中卫市优秀共产党员	中卫市委
马志虎	贾塘乡贾塘村	2021.6	中卫市优秀共产党员	中卫市委
刘一祖	县农业农村局	2021.6	中卫市优秀共产党员	中卫市委
贾荣祖	县公安局	2021.6	中卫市优秀共产党员	中卫市委
罗红娟	兴海中学	2021.6	中卫市优秀共产党员	中卫市委
刘　杰	县中医院	2021.6	中卫市优秀共产党员	中卫市委
赵学武	关庄乡鸿鑫马铃薯专业合作社	2021.6	中卫市优秀共产党员	中卫市委
苏　军	宁夏天豹公司海原汽车站	2021.6	中卫市优秀共产党员	中卫市委
罗　成	黎明社区	2021.6	中卫市优秀共产党员	中卫市委
田玉龙	县委党研室	2021.6	中卫市优秀共产党员	中卫市委
杨应福	海城镇山门村	2021.6	中卫市优秀共产党员	中卫市委
杨万龙	七营镇	2021.6	中卫市优秀党务工作者	中卫市委
赵　鹏	县教体局	2021.6	中卫市优秀党务工作者	中卫市委
贺小平	县人民法院	2021.6	中卫市优秀党务工作者	中卫市委
马彦龙	县委政研室	2021.6	中卫市优秀党务工作者	中卫市委
马旭龙	海城镇	2021.6	中卫市优秀党务工作者	中卫市委
丁　平	海原二小	2021.6	中卫市优秀党务工作者	中卫市委
杨金梅	关桥乡方堡村	2021.6	中卫市优秀党务工作者	中卫市委
王小平	建设社区	2021.6	中卫市优秀党务工作者	中卫市委
田　军	县闽宁纺织园	2021.6	中卫市优秀党务工作者	中卫市委
尚春光	县教体局机关支部	2021.6	全区教育系统优秀党务工作者	自治区教育厅党工委、党组
余文贵	高崖学校	2021.6	全区教育系统优秀共产党员	自治区教育厅党工委、党组
王　妍	海原五中	2021.6	全区教育系统优秀共产党员	自治区教育厅党工委、党组
张　锐	县税务局	2021.6	全区税务系统优秀共产党员	自治区税务局党委
蒋佳佳	县税务局	2021.6	全区税务系统优秀党务工作者	自治区税务局党委
杨志军	中卫市环保局海原分局	2021.6	全区打赢蓝天保卫战先进个人	自治区生态环境局
马慧萍	县气象局	2021.6	全区气象部门优秀党务工作者	自治区气象局
徐露娜	县气象局	2021.6	全区气象部门优秀共产党员	自治区气象局
马　珉	县人民检察院	2021.9	全区检察机关未检业务标兵	自治区检察院
乔亚茹	海原县	2021.6	宁夏黄河流域非遗作品创意大赛二等奖	自治区文化和旅游厅
卢慧琴	海原县	2021.6	宁夏黄河流域非遗作品创意大赛三等奖	自治区文化和旅游厅

续表5

姓名	单位	获奖时间	获奖名称	授奖单位
周国霞	海原县	2021.6	宁夏黄河流域非遗作品创意大赛三等奖	自治区文化和旅游厅
杨世雄	海原县	2021.6	宁夏黄河流域非遗作品创意大赛三等奖	自治区文化和旅游厅
田　荣	海原县	2021.6	宁夏黄河流域非遗作品创意大赛优秀奖	自治区文化和旅游厅
王振平	城关派出所	2021.7	全区公安机关派出所改革先进个人	自治区公安厅
马国海	三河派出所	2021.7	全区公安机关派出所改革先进个人	自治区公安厅
田玉荣	关桥乡脱场村	2021.7	最佳表演奖	内蒙古自治区文旅厅
田　龙	县人民检察院	2021.9	全区百名政法先进典型	自治区检察院
马　珉	县人民检察院	2021.9	全区检察机关"法治进校园"先进个人	自治区检察院
金　明	史店乡司法所	2021.10	全国模范司法所长	司法部
杨永生	海原县	2021.10	全区青少年羽毛球锦标赛优秀裁判员	自治区体育局
丁良秀	西安镇司法所	2021.11	全国"七五"普法工作先进个人	司法部
秦　勇	县委办公室	2021.11	宁夏"最美公务员"	自治区党委组织部、宣传部
乔亚茹	海原县	2021.12	全国乡村文化和旅游能人	文化和旅游部
马海龙	史店乡党建办	2021.12	全区"七五"普法工作先进个人	自治区党委、区政府
陈　诚	海原二中	2021.12	全区"七五"普法工作先进个人	自治区党委、区政府
赵　娜	海兴开发税务局	2021.12	全区"七五"普法工作先进个人	自治区党委、区政府
马　岚	三河镇司法所	2021.12	全区"七五"普法工作先进个人	自治区党委、区政府
黄元虎	西安镇司法所	2021.12	全区"七五"普法工作先进个人	自治区党委、区政府
马　楠	县人民检察院	2021.12	全区司法警察培训优秀个人	自治区检察院
周　鹏	高崖乡	2021.12	全区铁路护路先进个人	自治区铁路护路办
田进虎	县统计局	2021.12	全区人口普查先进个人	自治区人普领导小组
马会珍	县统计局	2021.12	全区人口普查先进个人	自治区人普领导小组
杨德福	县统计局	2021.12	全区人口普查先进个人	自治区人普领导小组
许华俊	史店乡畜牧站	2021.12	全区人口普查先进个人	自治区人普领导小组
李生忠	海城镇经发办	2021.12	全区人口普查先进个人	自治区人普领导小组
马　娟	树台乡综合办	2021.12	全区人口普查先进个人	自治区人普领导小组
罗　娜	李俊乡经发办	2021.12	全区人口普查先进个人	自治区人普领导小组
孟祥辉	甘城乡党建办	2021.12	全区人口普查先进个人	自治区人普领导小组
祁国福	关庄乡党委	2021.12	全区人口普查先进个人	自治区人普领导小组
虎　君	县教体局	2021.12	全区人口普查先进个人	自治区人普领导小组
王彤彤	曹洼乡党建办	2021.12	全区人口普查先进个人	自治区人普领导小组
郭晓娟	关桥乡麻春村	2021.12	全区人口普查先进个人	自治区人普领导小组
翟文莲	县住建局	2021.12	全区人口普查先进个人	自治区人普领导小组
马买燕	甘盐池种羊场	2021.12	全区人口普查先进个人	自治区人普领导小组
马海洋	黎明社区	2021.12	全区人口普查先进个人	自治区人普领导小组
郭春森	西安镇小河村	2021.12	全区人口普查先进个人	自治区人普领导小组
黑世彪	九彩乡元套村	2021.12	全区人口普查先进个人	自治区人普领导小组
赵丽芳	县公安局	2021.12	全区人口普查先进个人	自治区人普领导小组
妥　燕	海原县	2021.12	宁夏非遗年度人物	自治区文化和旅游厅
倪　岩	海原县	2021.12	宁夏休闲农业创意大赛金奖	自治区农业农村厅
赵凤梅	海原县	2021.12	宁夏休闲农业创意大赛银奖	自治区农业农村厅
乔亚茹	海原县	2021.12	宁夏休闲农业创意大赛银奖	自治区农业农村厅
卢慧琴	海原县	2021.12	宁夏休闲农业创意大赛优秀奖	自治区农业农村厅
买元花	海原县	2021.12	宁夏休闲农业创意大赛优秀奖	自治区农业农村厅

续表5

姓名	单位	获奖时间	获奖名称	授奖单位
田志花	海原县	2021.12	宁夏休闲农业创意大赛优秀奖	自治区农业农村厅
刘秀梅	海原县	2021.12	宁夏休闲农业创意大赛优秀奖	自治区农业农村厅
马守玉	县应急管理局	2021.12	全区应急管理(安全生产)先进个人	自治区安委办、自治区应急管理指挥部办、自治区应急管理厅
田小军	海城街道办	2021.12	全市民兵工作先进个人	市委市人民政府 市军分区
杨文宝	县气象局	2021.12	全区气象部门优秀气象局长	自治区气象局
王金弟	县气象局	2021.12	全区重大气象服务先进个人 全区重大气象服务优秀工作者	自治区气象局

先进集体名录

表6　2021年海原县先进单位一览表

单位	获奖时间	获奖名称	授奖单位
县人武部	2021.1	决战决胜脱贫攻坚暨军烈属退役军人帮扶工作先进单位	宁夏军区
海原县邮储银行	2021.1	中国邮储银行总行“优秀项目”	中国邮储银行总行
三河镇	2021.1	全国脱贫攻坚考察点	国务院扶贫开发领导小组办公室
县公安局治安大队	2021.1	全区优秀公安基层单位	自治区公安厅
海原一小	2021.1	“爱国心、报国情、强国志”主题征文活动优秀组织奖	自治区党委宣传部 自治区教育厅
县委党史和地方志研究室	2021.1	全区地方志系统县级优秀奖	自治区地方志编审委员会
中共海原县委	2021.2	全国脱贫攻坚先进集体	中共中央、国务院
县水务局	2021.2	全区农村饮水安全脱贫攻坚先进集体	自治区水利厅
三河镇	2021.2	全区学雷锋活动示范点	自治区党委宣传部
县税务局	2021.2	自治区级无烟单位	自治区卫健办、爱卫办
海兴开发区	2021.3	全区效能目标考核优秀等次	自治区党委办公厅、自治区政府办公厅
县税务局	2021.3	自治区级健康促进机关	自治区健康促进小组办
海原县闽宁纺织制品有限公司生产车间	2021.4	全国工人先锋号	中华全国总工会
县水务局	2021.4	全区脱贫攻坚先进集体	自治区党委、政府
县扶贫办	2021.4	全区脱贫攻坚先进集体	自治区党委、政府
县农商行	2021.4	全区脱贫攻坚先进集体	自治区党委、政府
县住建局	2021.4	全区脱贫攻坚先进集体	自治区党委、政府
三河镇党委	2021.4	全区脱贫攻坚先进集体	自治区党委、政府
红羊乡党委	2021.4	全区脱贫攻坚先进集体	自治区党委、政府

续表6

单位	获奖时间	获奖名称	授奖单位
史店乡党委	2021.4	全区脱贫攻坚先进集体	自治区党委、政府
关庄乡宋庄村支部	2021.4	全区脱贫攻坚先进集体	自治区党委、政府
史店乡徐坪村支部	2021.4	全区脱贫攻坚先进集体	自治区党委、政府
区农业农村厅驻曹洼乡脱烈村工作队	2021.4	全区脱贫攻坚先进集体	自治区党委、政府
市委组织部驻郑旗乡郑旗村工作队	2021.4	全区脱贫攻坚先进集体	自治区党委、政府
县教体局驻关桥乡麻春村工作队	2021.4	全区脱贫攻坚先进集体	自治区党委、政府
县委组织部	2021.4	全区扫黑除恶专项斗争先进集体	自治区扫黑除恶专项斗争领导小组
县水务局	2021.4	自治区级文明单位	自治区精神文明委
县消防救援大队	2021.4	自治区级文明单位	自治区精神文明委
关桥乡麻春村	2021.4	自治区级文明村镇	自治区精神文明委
县人民政府	2021.5	全国信访工作“三五”县	国家信访局
县水务局	2021.5	农村饮水安全脱贫攻坚先进集体	水利部
史店乡徐坪村	2021.5	第二届全区移风易俗工作先进集体	自治区文明委
海原一小党支部	2021.6	全区先进基层党组织	自治区党委
树台乡党委	2021.6	全区先进基层党组织	自治区党委
西安镇范台村支部	2021.6	全区先进基层党组织	自治区党委
海兴区公安分局支部	2021.6	全区先进基层党组织	自治区党委
中卫市生态环境局海原县分局	2021.6	全区打赢蓝天保卫战先进集体	自治区生态环境保护领导小组办公室
海原一中党支部	2021.6	全区教育系统先进基层党组织	自治区教育党工委、自治区教育厅党组
县税务局第二支部	2021.6	全区税务系统先进基层党组织	自治区税务局党委
县人民武装部党委	2021.6	宁夏军区先进团级党委	宁夏军区党委
红羊乡党委	2021.6	全市先进基层党组织	中卫市委
县疾控中心党支部	2021.6	全市先进基层党组织	中卫市委
海原二中党支部	2021.6	全市先进基层党组织	中卫市委
关桥中学党支部	2021.6	全市先进基层党组织	中卫市委
南苑社区党支部	2021.6	全市先进基层党组织	中卫市委
史店乡徐坪村支部	2021.6	全市先进基层党组织	中卫市委
贾塘乡黄坪村支部	2021.6	全市先进基层党组织	中卫市委
兴业社区党支部	2021.6	全市先进基层党组织	中卫市委
海兴开发区税务局机关支部	2021.6	全市先进基层党组织	中卫市委
县委组织部党支部	2021.6	全市先进基层党组织	中卫市委
县财政局党支部	2021.6	全市先进基层党组织	中卫市委
三河镇团庄村支部	2021.6	全市先进基层党组织	中卫市委
海原二中	2021.6	全区庆祝中国共产党成立100周年诵读类节目一等奖	自治区教育厅

续表6

单位	获奖时间	获奖名称	授奖单位
海原二中	2021.6	全区庆祝中国共产党成立100周年第八届学生合唱类节目三等奖	自治区教育厅
海原二中	2021.6	全区庆祝中国共产党成立100周年百人集体舞类节目一等奖	自治区教育厅
海原二中	2021.6	全区庆祝中国共产党成立100周年“永远跟党走”全市合唱大赛三等奖	市委、市政府
县市场监管局	2021.6	庆祝中国共产党成立100周年“永远跟党走”全市合唱大赛三等奖	市委、市政府
县人民政府	2021.7	全区安全生产成绩突出集体	自治区安委会
郑旗中学	2021.7	全区学生篮球锦标赛“体育道德风尚奖”	自治区教育厅 自治区体育局
海原县邮储银行	2021.7	2021年度先进党史部	邮储银行宁夏分行
县人民检察院	2021.8	全国节约型机关	国管局、中直管理局、国家发改委、财政部
县市场监管局	2021.8	全国节约型机关	国家机关事务管理局、发改委、财政部
县教育体育局	2021.8	全国节约型机关	国家机关事务管理局、发改委、财政部
县财政局	2021.8	全国节约型机关	国家机关事务管理局、发改委、财政部
县发改局	2021.8	全国节约型机关	国家机关事务管理局、发改委、财政部
县卫健局	2021.8	全国节约型机关	国家机关事务管理局、发改委、财政部
县人民法院	2021.8	全国节约型机关	国家机关事务管理局、发改委、财政部
县财政局	2021.8	全区金融支持地方经济发展先进单位	自治区金融改革办
县消防救援大队	2021.9	第20届全国文明号	团中央、应急管理部
史店乡田拐村	2021.9	第二批全国乡村治理示范村	农业农村部
县教育体育局	2021.9	全国群众体育先进单位	国家体育总局
县第七次全国人口普查领导小组办公室	2021.9	第七次全国人口普查先进集体	国务院第七次全国人口普查领导小组
海原县	2021.10	2021年中国最美县域	第十七届中国(深圳)国际文化产业博览交易会主题活动全国生态旅游文化产业发展高峰论坛
三合镇司法所	2021.10	全国模范司法所	司法部
县文化馆	2021.11	全国文化馆评估定级一级馆	文化和旅游部
县社保管理中心	2021.11	全国人力资源社会保障系统优秀服务窗口	人力资源和社会保障部
县市场监管局	2021.11	全区“七五”普法先进单位	自治区党委、政府
县科技局	2021.11	全国科技活动周先进集体	科技部科技人才司
县花儿艺术演艺有限公司	2021.12	第九届全国服务农民、服务基层文化建设先进集体	中央宣传部、文化和旅游部、国家广播电视总局
县电影服务中心	2021.12	第九届全国服务农民、服务基层文化建设先进集体	中央宣传部、文化和旅游部、国家广电总局
县工商联合会	2021.12	全国“五好”工商联	中华全国工商联
县市场监督管理局	2021.12	全区“七五”普法工作先进集体	自治区党委、区政府
海城街道南苑社区	2021.12	全区“七五”普法工作先进集体	自治区党委、区政府

续表6

单位	获奖时间	获奖名称	授奖单位
县人武部	2021.12	全面建设先进人武部	宁夏军区
县剪纸刺绣扶贫就业工坊	2021.12	全区年度优秀非遗就业工坊	自治区文化和旅游厅
三河镇人民政府	2021.12	全区第七次人口普查先进集体	自治区人口普领导小组
七营镇人民政府	2021.12	全区第七次人口普查先进集体	自治区人口普领导小组
高崖乡人民政府	2021.12	全区第七次人口普查先进集体	自治区人口普领导小组
红羊乡人民政府	2021.12	全区第七次人口普查先进集体	自治区人口普领导小组
贾塘乡人民政府	2021.12	全区第七次人口普查先进集体	自治区人口普领导小组
海城街道办事处	2021.12	全区第七次人口普查先进集体	自治区人口普领导小组
县政府办公室	2021.12	全区应急管理(安全生产)先进单位	自治区安委办、自治区应急管理指挥部办、自治区应急管理厅
县供销社	2021.12	全区供销社系统2021年度综合业绩考核二等奖	自治区供销社
县妇联	2021.12	全区家庭工作先进集体	自治区妇联
县文明办	2021.12	全区精神文明建设先进集体	自治区文明委

附　录

中共海原县委发文目录

表7　2021年中共海原县委发文一览表

月	日	文号	文件标题
1	8	海党发〔2021〕1号	关于召开中共海原县委十四届九次全体会议的请示
1	21	海党发〔2021〕2号	关于给刘镇洁、高明华同志记三等功的决定
1	21	海党发〔2021〕3号	关于制定国民经济和社会发展第十四个五年规划和二〇三五年远景目标的建议
3	4	海党办发〔2021〕4号	关于印发《关于在全县开展党史学习教育的实施方案》
2	22	海党办发〔2021〕5号	关于上报县委常委会2020年度民主生活会情况的报告
2	20	海党发〔2021〕6号	海原县委常委会2021年工作要点
3	5	海党发〔2021〕7号	关于印发《海原县政法队伍整顿实施方案》的通知
4	6	海党发〔2021〕8号	关于印发《中国共产党成立100周年庆祝活动方案》的通知
4	19	海党发〔2021〕9号	关于实现巩固脱贫攻坚成果同乡村振兴有效衔接的实施意见
4	25	海党发〔2021〕10号	关于加强和改进新时代公安工作的意见
4	30	海党发〔2021〕11号	关于废止、宣布失效和修改部分党内规范性文件的决定
5	17	海党发〔2021〕12号	关于表彰2020年度支持地方经济发展先进单位的决定
6	4	海党发〔2021〕13号	关于新时代加强和改进人大工作的意见
6	4	海党发〔2021〕14号	关于转发《海原县人大常委会党组关于海原县县乡人大换届选举工作实施方案》的通知
6	10	海党发〔2021〕15号	关于表彰全县优秀共产党员、优秀党务工作者和先进基层党组织的决定
6	30	海党发〔2021〕16号	关于召开中国共产党海原县第十五次代表大会的请示
8	18	海党发〔2021〕17号	关于海原县领导班子换届人事安排的请示
9	8	海党发〔2021〕18号	关于转发《海原县政协党组关于政协海原县委员会换届工作方案》的通知
9	9	海党发〔2021〕19号	关于印发《海原县排查整顿农村发展党员违规违纪问题实施方案》的通知
9	13	海党发〔2021〕20号	关于海原县出席中国共产党中卫市第五次代表大会代表候选人推荐人选的报告
9	15	海党发〔2021〕21号	关于海原县出席中共中卫市第五次代表大会代表候选人初步人选的考察报告
9	23	海党发〔2021〕22号	关于确定海原县出席中国共产党中卫市第五次代表大会代表候选人预备人选的请示
9	25	海党发〔2021〕22号	关于呈报《海原县乡镇领导班子换届工作总结》的报告
10	25	海党发〔2021〕23号	关于确定海原县出席中卫市第五届人民代表大会代表候选人建议名单的请示
10	25	海党发〔2021〕24号	关于确定海原县出席政协中卫市第五届委员会委员推荐人选建议名单的请示
10	30	海党发〔2021〕25号	关于印发《关于在全县开展第八个五年法治宣传教育的实施意见》的通知
11	15	海党发〔2021〕26号	关于给予郝XX同志党内严重警告处分的请示
11	18	海党发〔2021〕27号	关于印发《新时代加强和改进思想政治工作的实施方案》的通知

中共海原县委办公室发文目录

表8　2021年中共海原县委办公室发文一览表

月	日	文号	文件标题
1	13	海政办发〔2021〕1号	关于印发《海原县永久基本农田核实清理工作方案》的通知
1	22	海政办发〔2021〕3号	关于海原县推进义务教育优质均衡发展工作实施方案的通知
1	22	海政办发〔2021〕4号	关于提高困难残疾人生活补贴和重度残疾人护理补贴标准的通知
2	10	海政办发〔2021〕9号	关于印发海原县人民政府常务会议学法制度的通知
2	28	海政发〔2021〕6号	关于印发海原县2020年电子商务进农村综合示范项目（升级版）实施方案
2	28	海政规发〔2021〕1号	关于废止、宣布失效和修订一批行政规范性文件的决定
2	24	海政规发〔2021〕2号	关于印发海原县本级行政审批及公共服务事项授权和委托审批管理办法的通知
2	27	海政办发	关于公布海原县人民政府2021年度重大行政决策事项目录和海原县重大行政决策事项目录标准的通知
3	17	海政办发〔2021〕32号	关于印发海原县2021年农村户用厕所改造项目实施方案的通知
3	23	海政办发〔2021〕34号	关于印发海原县海兴区一体化政务服务实施方案的通知
3	24	海政办发〔2021〕35号	关于印发县十七届人大五次会议代表建议办理工作“五定”方案的通知
3	24	海政办发〔2021〕36号	关于印发县政协十一届六次会议提案办理工作“五定”方案的通知
4	20	海政办发〔2021〕44号	关于印发 海原县气象灾害应急预案(修订稿)的通知
4	21	海政办发〔2021〕43号	关于印发《海原县全面开展证明事项告知承诺制实施方案》的通知
4	23	海政办发〔2021〕48号	关于印发《海原县小型水利工程维修管理 暂行办法》的通知
5	9	海政办规发〔2021〕6号	关于印发《海原县行政事业单位国有资产 进场交易实施细则(试行)》的通知
5	9	海政办规发〔2021〕7号	关于印发海原县行政事业单位国有资产 出租实施办法(试行)的通知
5	10	海政办规发〔2021〕8号	关于印发《海原县物业管理暂行办法》的通知
5	17	海政发〔2021〕26号	关于聘任海原县国有资本运营有限责任公司 董事会、监事会成员的通知
5	18	海政办发〔2021〕52号	关于印发海原县推进街道社区居民户籍人房户一体化管理改革实施意见的通知
5	19	海政办发〔2021〕53号	关于印发海原县深化“放管服”改革优化营商环境重点任务分工方案的通知
6	2	海政办发〔2021〕55号	关于印发海原县2021年“多规合一” 实用性村庄规划编制工作方案的通知
6	3	海政办发〔2021〕54号	关于印发海原县2021年自然资源统一确权登记重点工作实施方案的通知
6	15	海政办发〔2021〕57号	关于印发海原县创建肉牛标准化养殖示范县 2021年第一期试点建设方案的通知
6	29	海政办发〔2021〕59号	关于印发海原县深化农村公路 管理养护体制改革实施方案的通知
6	29	海政办发〔2021〕60号	关于印发海原县2021年肉牛产业高质量发展政策支撑方案的通知
7	13	海政办发〔2021〕66号	关于印发海原县2021年政务公开工作要点的通知
7	27	海政办发〔2021〕70号	关于印发省道205线西安至关庄段公路项目建设 土地房屋征收工作方案的通知
7	28	海政办发〔2021〕72号	关于印发全县大货车随意停放现象专项整治工作方案的通知
8	2	海政办发〔2021〕74号	关于印发海原县2021年社会信用体系建设工作要点的通知
8	14	海政办发〔2021〕78号	关于印发海原县2021年突发地质灾害应急演练方案的通知
9	1	海政办发〔2021〕80号	关于印发海原县 2021年“政府开放月” 系列活动实施方案的通知
9	6	海政发〔2021〕47号	关于印发海原县深化“证照分离”改革进一步激发市场主体发展活力实施方案的通知
9	22	海政办发〔2021〕84号	关于印发中部干旱带海原西安供水 水源工程实施方案的通知
9	23	海政办发〔2021〕85号	关于印发清水河城乡供水工程海原支线工程实施方案的通知
9	24	海政办发〔2021〕86号	关于印发海原县用水权确权工作方案的通知
9	27	海政办发〔2021〕87号	关于印发海原县农业用水价格调整执行方案的通知

续表8

月	日	文号	文件标题
9	30	海政办发〔2021〕89号	关于印发海原县全面推行涉企经营许可事项告知承诺制实施方案的通知
10	12	海政办发〔2021〕90号	关于调整县人民政府有关领导同志工作分工的通知
11	2	海政办发〔2021〕93号	关于印发海原县“九小”场所、“多合一”场所和沿街门店消防安全专项整治 工作方案的通知
11	15	海政办发〔2021〕94号	关于印发海原县推进“四好农村路”高质量发展实施方案的通知
11	16	海政办发〔2021〕96号	县人民政府办公室关于印发海原县行政事业单位及国有企业国有资产(产权)进场交易有关事项的通知
11	19	海政办发〔2021〕101号	关于印发海原县创新开展新型农业保险试点产品保费补贴实施方案的通知
11	29	海政办发〔2021〕102号	关于县人民政府县长、副县长和办公室主任工作分工的通知
12	29	海政办发〔2021〕105号	关于印发《海原县文化旅游产业高质量发展实施方案》的通知

海原县人民政府、县政府办公室发文目录

表9　2021年海原人民政府、县政府办公室发文一览表

月	日	文号	文件标题
1	13	海政办发〔2021〕1号	关于印发《海原县永久基本农田核实清理工作方案》的通知
1	22	海政办发〔2021〕3号	关于海原县推进义务教育优质均衡发展工作实施方案的通知
1	22	海政办发〔2021〕4号	关于提高困难残疾人生活补贴和重度残疾人护理补贴标准的通知
2	10	海政办发〔2021〕9号	关于印发海原县人民政府常务会议学法制度的通知
2	28	海政发〔2021〕6号	关于印发海原县2020年电子商务进农村综合示范项目(升级版)实施方案
2	28	海政规发〔2021〕1号	关于废止、宣布失效和修订一批行政规范性文件的决定
2	24	海政规发〔2021〕2号	关于印发海原县本级行政审批及公共服务事项授权和委托审批管理办法的通知
2	27	海政办发〔2021〕28号	关于公布海原县人民政府2021年度重大行政决策事项目录和海原县重大行政决策事项目录标准的通知
3	17	海政办发〔2021〕32号	关于印发海原县2021年农村户用厕所改造项目实施方案的通知
3	23	海政办发〔2021〕34号	关于印发海原县海兴区一体化政务服务实施方案的通知
3	24	海政办发〔2021〕35号	关于印发县十七届人大五次会议代表建议办理工作“五定”方案的通知
3	24	海政办发〔2021〕36号	关于印发县政协十一届六次会议提案办理工作“五定”方案的通知
4	20	海政办发〔2021〕44号	关于印发 海原县气象灾害应急预案(修订稿)的通知
4	21	海政办发〔2021〕43号	关于印发《海原县全面开展证明事项告知承诺制实施方案》的通知
4	23	海政办发〔2021〕48号	关于印发《海原县小型水利工程维修管理 暂行办法》的通知
5	9	海政办规发〔2021〕6号	关于印发《海原县行政事业单位国有资产 进场交易实施细则(试行)》的通知
5	9	海政办规发〔2021〕7号	关于印发海原县行政事业单位国有资产 出租实施办法(试行)的通知
5	10	海政办规发〔2021〕8号	关于印发《海原县物业管理暂行办法》的通知
5	17	海政发〔2021〕26号	关于聘任海原县国有资本运营有限责任公司 董事会、监事会成员的通知
5	18	海政办发〔2021〕52号	关于印发海原县推进街道社区居民户籍人房户一体化管理改革实施意见的通知
5	19	海政办发〔2021〕53号	关于印发海原县深化“放管服”改革优化营商环境重点任务分工方案的通知
6	2	海政办发〔2021〕55号	关于印发海原县2021年“多规合一” 实用性村庄规划编制工作方案的通知
6	3	海政办发〔2021〕54号	关于印发海原县2021年自然资源统一确权登记重点工作实施方案的通知
6	15	海政办发〔2021〕57号	关于印发海原县创建肉牛标准化养殖示范县2021年第一期试点建设方案的通知

续表9

月	日	文号	文件标题
6	29	海政办发〔2021〕59号	关于印发海原县深化农村公路 管理养护体制改革实施方案的通知
6	29	海政办发〔2021〕61号	关于印发海原县2021年肉牛产业高质量发展政策支撑方案的通知
7	13	海政办发〔2021〕66号	关于印发海原县2021年政务公开工作要点的通知
7	27	海政办发〔2021〕70号	关于印发省道205线西安至关庄段公路项目建设 土地房屋征收工作方案的通知
7	28	海政办发〔2021〕72号	关于印发全县大货车随意停放现象专项整治工作方案的通知
8	2	海政办发〔2021〕74号	关于印发海原县2021年社会信用体系建设工作要点的通知
8	14	海政办发〔2021〕78号	关于印发海原县2021年突发地质灾害应急演练方案的通知
9	1	海政办发〔2021〕80号	关于印发海原县2021年"政府开放月"系列活动实施方案的通知
9	6	海政发〔2021〕47号	关于印发海原县深化"证照分离"改革进一步激发市场主体发展活力实施方案的通知
9	22	海政办发〔2021〕84号	关于印发中部干旱带海原西安供水水源工程实施方案的通知
9	23	海政办发〔2021〕85号	关于印发清水河城乡供水工程海原支线工程实施方案的通知
9	24	海政办发〔2021〕86号	关于印发海原县用水权确权工作方案的通知
9	27	海政办发〔2021〕87号	关于印发海原县农业用水价格调整执行方案的通知
9	30	海政办发〔2021〕89号	关于印发海原县全面推行涉企经营许可事项告知承诺制实施方案的通知
10	12	海政办发〔2021〕90号	关于调整县人民政府有关领导同志工作分工的通知
11	2	海政办发〔2021〕93号	关于印发海原县"九小"场所、"多合一"场所和沿街门店消防安全专项整治 工作方案的通知
11	15	海政办发〔2021〕94号	关于印发海原县推进"四好农村路"高质量发展实施方案的通知
11	16	海政办发〔2021〕96号	县人民政府办公室关于印发海原县行政事业单位及国有企业国有资产(产权)进场交易有关事项的通知
11	19	海政办发〔2021〕101号	关于印发海原县创新开展新型农业保险试点产品保费补贴实施方案的通知
11	29	海政办发〔2021〕102号	关于县人民政府县长、副县长和办公室主任工作分工的通知
12	29	海政办发〔2021〕105号	关于印发《海原县文化旅游产业高质量发展实施方案》的通知

法规选录

海原县人民政府常务会议学法制度

（海政办发〔2021〕9号）
（2021年2月10日）

第一条 为充分发挥领导干部学法用法的表率作用，增强运用法治思维深化改革、化解矛盾、维护稳定、推动发展的能力，根据中共中央《法治中国建设规划（2020—2025）》和《法治社会建设实施纲要（2020—2025）》等精神，结合我县实际，制定本制度。

第二条 县政府常务会议组成人员应当自觉加强法律法规学习，增强宪法和法律观念，严格依照法律规定履行职责，行使职权，提高依法决策、依法行政、依法管理的能力和水平。

第三条 县政府常务会议学法，应坚持与县委、县政府中心工作相结合，与政府工作职责相结合，与研究解决重大难点、热点问题相结合，强化学习的指导性、针对性和时效性。

第四条 县政府常务会议学法，主要采取会前学法的方式进行，原则上每次召开常务会议均要安排，时间5分钟左右，也可书面传达学习。领导干部在认真参加集中学法的同时，根据工作实际，积极开展自学。

第五条 县政府常务会议学法的重点内容：

（一）实施依法治国方略、推进依法行政的基本理论；

（二）规范政府共同行为的法律、法规；

（三）与工作密切相关的专业法律、法规；

（四）保密、廉政、防止职务犯罪方面的法律、法规和有关政策制度；

（五）新颁布新修订实施的法律、法规、规章、规范性文件。

（六）典型性的案例或县政府或政府部门作为当事人的案例。

第六条 参加县政府常务会议学法的对象范围是县政府常务会议组成人员和列席人员。

第七条 县政府常务会议学法内容由县司法局提出，报县政府领导审定后实施。

第八条 县政府各部门可参照县政府常务会议学法制度制定本单位学法制度。领导干部学法活动情况纳入法治政府建设年度考核内容。

第九条 本制度自印发之日起实施。

海原县本级行政审批及公共服务事项授权和委托审批管理办法

（海政办规发〔2021〕2号）

（2021年2月24日）

第一章　总　则

第一条　为全面推行"一窗受理、集成服务"审批服务新模式，为企业和群众提供更加规范、高效、便捷的服务，真正实现"前台综合受理，后台分类审批，统一窗口出件"目标，根据《关于印发海原县推进"一窗受理、集成服务"新模式工作方案的通知》（海政办发〔2020〕59号）精神，结合我县实际，制定本办法。

第二条　本办法适用于县本级"四级四同"事项目录中所有行政审批及公共服务事项。

第二章　授权范围及对象

第三条　各部门（单位）应对照本部门（单位）"四级四同"事项目录清单，明确授权事项、程序和范围。

第四条　各部门（单位）应向窗口人员充分授予行使本部门（单位）即办件审批决定权、出件权，承诺件受理权、行政审批专用章使用权。整建制进驻县政务服务大厅的部门及各分厅由本部门（单位）向窗口人员下发授权委托通知书，其他部门与县审批服务管理局签订授权委托书。

第五条　进驻部门应向本部门派驻至县审批服务管理局建设项目综合审批办公室和综合事务审批办公室的工作人员（以下简称后台审批人员）充分授予承诺件审批决定权、组织协调权、审核上报权、行政审批专用章使用权。

第六条　进驻部门应将承诺件办理结果的出件权授予出件窗口人员，所有承诺件的办理结果都由出件窗口统一制作、统一出件。

第三章　工作职责

第七条　前台窗口人员履行以下职责：

（一）负责即办件的受理、审批工作。

（二）负责承诺件的受理、前置要件的审查工作，不能私自增加或减少前置要件。

（三）负责发证、登记归档、档案移交等工作。

（四）负责对申请人的咨询进行解答，并一次性告知其所要办理事项的依据、时限、程序、所需的全部材料以及不予办理的理由等。

(五)其他应当由窗口人员履行的职责。

第八条 后台审批人员履行以下职责:

(一)负责对综合受理窗口分类传送的线上、线下申请材料进行合法、合规性审查。

(二)负责行使授权范围内的行政审批职权。

(三)负责对审批事项做出准予许可、不予许可、补齐补正的决定。

(四)负责对审批事项进行全流程跟踪,并协调部门(单位)在规定时限内办结。

(五)负责参与联办件的协调和办理。

(六)负责对窗口受理人员进行业务指导。

(七)其他应当由后台审批人员履行的职责。

第四章 办理方式

第九条 即办件由窗口人员现场受理、审即时办结。

第十条 承诺件由窗口人员负责受理,后台审批人员负责协调、联络部门(单位)按照规定进行内部运转审批,限时办结,并将办理结果反馈至出件窗口。

第五章 责任划分

第十一条 窗口人员对审批事项前置要件初审承担责任。

第十二条 后台审批人员对承诺件申报材料的合法性、合规性承担责任。

第十三条 各部门(单位)对即办件、承诺件的办理结果承担责任。

第十四条 县审批服务管理局对窗口人员的管理承担责任。

第十五条 对不按规定办理事项造成不良影响的工作人员,按照人事管理权限,由相关部门按照相关规定处理。

第十六条 对工作推诿、敷衍塞责、授权不充分、不在窗口受理事项或出现超期未办事项的部门(单位),按照相关规定严肃处理,并在年终效能目标管理考核中扣除相应分值。

第六章 附 则

第十七条 本办法由海原县审批服务管理局负责解释。

第十八条 本办法自公布之日起施行。

海原县城乡困难群众临时救助实施办法

（海政办发〔2021〕14号）

（2021年2月28日）

为认真贯彻落实中共中央办公厅国务院办公厅印发《关于改革完善社会救助制度的意见》，在巩固拓展脱贫攻坚成果兜底保障中充分发挥临时救助作用，根据《自治区人民政府关于印发〈宁夏回族自治区临时救助办法〉的通知》（宁政发〔2016〕16号）和《宁夏回族自治区民政厅财政厅关于印发〈宁夏回族自治区临时救助工作规程〉的通知》（宁民规发〔2018〕14号），在总结2020年临时救助工作经验和做法的基础上，结合我县实际，特制定本实施办法。

一、目标要求

以习近平新时代中国特色社会主义思想为指导，深入学习贯彻习近平总书记关于扶贫工作的重要论述和关于民政工作的重要指示精神，在过渡期内，严格按照习近平总书记“摘帽不摘责任、摘帽不摘政策、摘帽不摘帮扶、摘帽不摘监管”的指示精神，坚持以人民为中心的发展思想，按照中央和区市县关于巩固拓展脱贫攻坚兜底保障成果同乡村振兴的有效衔接的决策部署，以发挥临时救助制度效能、强化兜底保障为目标，坚持巩固脱贫与防止返贫相结合、增强时效与规范管理相结合、政府主导与社会参与相结合，立足兜底线、提时效、建机制，确保救助措施精准、资金使用精准、救助成效精准，着力发挥临时救助在解决“两不愁三保障”突出问题中的作用和防止脱贫群众返贫，切实编密织牢民生底线。

二、主要任务

（一）强化“两不愁”兜底保障。进一步发挥临时救助的过渡、衔接功能，加强与最低生活保障、特困人员救助供养等社会救助制度的衔接，提升社会救助体系整体效益，强化解决“两不愁”问题的兜底作用。对申请最低生活保障、特困人员救助供养的脱贫人口等困难群众，可以视情况先给予临时救助，及时缓解其生活困难，再按照规定程序进行审核审批，并将符合条件的纳入相应救助范围。对已纳入最低生活保障、特困人员救助供养等社会救助的对象，基本生活遭遇突发性、紧迫性、临时性困难的，要及时给予临时救助。要进一步简化优化审核审批程序，增强临时救助时效性。实施急难型临时救助，要积极运用“先行救助”方式，简化申请人家庭经济状况核对、民主评议和公示等环节，直接予以救助，在急难情况缓解后登记救助对象、救助事由、救助金额等信息，补齐经办手续；实施支出型临时救助，要在严格执行审核审批程序的同时，进一步压缩办理时限，提高办理效率。对申请对象中的脱贫人口、低保对象和特困人员，重点核实其生活必需支出情况，不再进行家庭收入和财产状况调查。

（二）着力解决"三保障"问题。切实加强临时救助与扶贫政策的衔接，着力发挥好临时救助在促进解决"三保障"问题方面的积极作用，加快形成救助帮扶合力。对因子女就学、疾病治疗等造成家庭支出较大，正常生活受到影响的建档立卡脱贫户、低保对象和特困人员，可及时给予临时救助；对在解决住房问题过程中基本生活遇到困难的建档立卡脱贫户、低保对象和分散供养特困人员，要通过临时救助及时保障好他们的基本生活，增强对解决"三保障"问题的支持作用。要在做好面向全体居民家庭和个人各类急难事项临时救助的同时，加大对脱贫人口、低保对象和特困人员的救助力度。进一步规范针对脱贫户、低保对象、特困人员等困难群众的各类临时性生活救助措施，统一纳入临时救助制度管理，防止和减少制度碎片化，更好发挥兜底保障作用。

（三）着力防范脱贫群众返贫。民政部门与扶贫部门要建立健全返贫预警机制，加强对脱贫人口的动态监测和跟踪管理。对收入不稳定、持续增收能力弱、返贫风险高的已脱贫人口，要加强日常走访，主动发现其生活困难，及时跟进实施临时救助，积极防止其返贫；对收入水平略高于脱贫线的农村群众，要加大关注力度，加强风险因素分析，根据其家庭实际困难及时给予临时救助，防止其陷入贫困；对返贫人口应根据致贫原因和困难程度及时按规定给予临时救助，适当提高救助标准，帮助其渡过难关，实现稳定脱贫。

（四）设立乡镇临时救助备用金。持续贯彻落实《宁夏回族自治区临时救助工作规程》（宁民规发〔2018〕14号）精神，全面落实县、乡两级审批有关规定，协商县财政局根据各乡镇辖区内户籍人口，按照每万人3万元的标准（不低于3万元），在乡镇全面设立临时救助备用金，落实海原县乡镇临时救助备用金使用管理办法，健全临时救助资金监管机制。通过建立乡镇临时救助备用金制度，对急难型困难群众实行"快速响应、先行救助"。

三、救助对象、救助权限和救助标准

（一）救助对象

1. 急难型困难家庭。(1)因遭遇火灾、矿难、交通事故、溺水等突发意外事件，导致家庭基本生活暂时出现严重困难的；(2)因家庭成员突发重大疾病需要紧急入院治疗，导致家庭基本生活暂时出现严重困难的。

2. 支出型困难家庭。(1)因家庭成员患重大疾病，在扣除各类保险、报销及其他社会救助和帮扶资金后，自负医疗费用支出仍然较大的；(2)因家庭子女就读高中（含职业高中）、大中专院校，在扣除教育救助、社会帮扶资金后，自负费用（不含择校费、校外租房费等费用）仍然较大的。

3. 个人对象。因遭遇火灾、矿难、交通事故、溺水、突发重大疾病或其他意外原因造成的特殊困难，暂时无法得到家庭支持，导致个人基本生活陷入困境的对象。

4. 有下列情形之一的，不予救助：

①申请人拒绝配合家庭经济状况调查，致使无法核实相关情况的；

②故意隐瞒家庭真实收入、财产、支出和家庭人口变动情况，提供虚假证明资料的；

③在法定劳动年龄段内并且有劳动能力，

无正当理由拒绝就业或者从事生产劳动的；

④个人或家庭成员中有从事封建迷信、传销等非法活动造成困难的；

⑤有赌博、吸毒等非法活动尚未改正的；

⑥各类服刑内人员（经司法行政部门认定的社区矫正人员除外）。

（二）救助权限

各乡镇（街道、种羊场）一次性给予临时救助不超过0.3万元（含0.3万元）；一次性给予0.3万元（含0.3万元）以上1万元以下临时救助，经党（工）委会研究公示后报民政局审核，民政局审核公示后，由各乡镇（街道、种羊场）进行救助；一次性给予1万元以上（含1万元）临时救助，经党（工）委会研究公示后报民政局审核，民政局审核公示后，提交县政府专题会议研究公示后，由各乡镇（街道、种羊场）进行救助。

（三）救助标准

临时救助标准最低标准参照当地城市低保月保障标准，最高标准按照《宁夏回族自治区临时救助办法》（宁政发〔2016〕16号）执行，采取一次性救助的方式。

1. 急难型困难家庭。家庭人均救助标准不低于我县城市低保月保障标准的2倍给予救助（城市最低生活保障标准×共同生活家庭人数×2）；低保家庭最高标准不高于上一年度我县农村居民可支配收入的40%，非低保家庭最高标准不高于上一年度我县农村居民可支配收入的30%给予救助。

2. 支出型困难家庭。家庭人均救助标准按照我县城市低保月保障标准的3倍给予救助（城市最低生活保障标准×共同生活家庭人数×3）；低保家庭人均最高救助标准不高于上一年度我县农村居民可支配收入的40%，非低保家庭人均最高救助标准不高于上一年度我县农村居民可支配收入的30%给予救助。

3. 个人对象：每人按照我县城市低保月保障标准的1.5倍给予救助（城市最低生活保障标准×1.5倍）；特困供养人员最高救助标准不高于上一年度我县农村居民可支配收入的70%；低保对象个人最高救助标准不高于上一年度我县农村居民可支配收入的60%；非低保对象个人最高救助标准不高于上一年度我县农村居民可支配收入的50%给予救助。

脱贫户和低收入户或个人参照以上救助标准给予救助。

（四）申请审核审批程序

1. 由户主或本人向户籍所在地乡镇（街道办、种羊场）提交下列申请材料：

（1）居民户口簿、本人身份证原件，非本地户籍的申请人应当提供本人居住证原件；

（2）医疗机构出具的诊断证明、住院费用结算单；

（3）城乡居民基本医疗保险、城乡居民大病医疗保险、商业保险结算单；

（4）车辆管理机构的车辆证明材料、社会办学校的贫困学生证明材料。

2. 各乡镇（街道办、种羊场）应当自收到申请材料之日起十个工作日内进行调查审核，填报《临时救助审核审批表》，由各乡镇（街道办、种羊场）民生服务大厅民政救助窗口负责建立救助档案，通过民政云救助管理系统录入救助信息并进行核对。对符合救助条件的对象进行公示，公示期5天。经公示无异议的，经党（工）委会议研究后发放临时救助资金。临时救助在3000元以上的县民政局在十个工作日内通过民政云救助管理系统完成审批，对符合救助条件的对象进行公示，公示期5天。经公示无异议的经民政局党组会议研究后根据各乡镇（街道办、种羊场）申请临时救助资金报告和民政云救助管理系统信息录入完成情况拨付临时救助资金。各乡镇（街道办、种羊场）于每月10日前将上月救助资金通过一卡通兑付；不同意救助的应当在作出决定后十个工作日内告知各乡镇（街道办、种羊场）民政助理员通知申请人，并说明理由。

3.临时救助实行一事一救，因同一事由申请临时救助的，一年内只救助一次。

四、资金筹措

临时救助资金由自治区民政厅拨付的困难群众基本生活救助资金中统筹安排。

五、附则

本办法自2021年3月1日起施行。原《县人民政府办公室关于印发海原县城乡困难群众临时救助实施方案的通知》（海政办发〔2020〕3号），自本办法实施日起废止。

本方案由县民政局负责解释。

附件：

海原县乡镇临时救助备用金使用管理办法

第一章 总 则

第一条 为规范乡镇对临时救助备用金使用，保障临时救助备用资金的安全，提高资金的使用效率，根据《宁夏回族自治区临时救助办法》、《海原县临时救助实施办法》和《宁夏回族自治区临时救助工作规程》以及《中华人民共和国会计法》等相关法律法规的规定，制订本管理办法。

第二条 乡镇临时救助备用金（以下简称备用金）是指由县级财政预拨乡镇财政用于解决城乡困难群众突发性、紧迫性、临时性生活困难救助专用款项。

第三条 通过建立乡镇临时救助备用金制度，对急难型困难群众实行“快速响应、先行救助”。

第二章 使用范围

第四条 具有我县户籍或者持有我县居住证的居民。

第五条 因火灾、爆炸、溺水、人身伤害、交通事故等紧急突发事件，因患重大疾病住院治疗期间无支付能力放弃治疗的困难居民，以及非自然灾害和重大事故等其他特殊原因造成家庭财产重大损失或基本生活出现严重困难，需立即采取措施以防止造成无法挽回损失或无法改变严重后果的特殊急难型家庭或个人。

第三章 救助标准

第六条 救助标准由各乡镇在对困难家庭急难状况调查、综合评估基础上，根据《宁夏回族自治区临时救助工作规程》(宁民规发〔2018〕14号)和《海原县人民政府办公室关于印发海原县临时救助实施办法的通知》(海政办发〔2021〕14号)规定确认救助标准。

第七条 按照每个乡镇辖区内户籍人口每万人3万元的标准(不低于3万元)，设立乡镇临时救助备用金。各乡镇动用备用金进行救助时，每例救助最高金额不得超过下拨乡镇备用金总额。

第四章 审批启动程序

第八条 备用金启动。乡镇民政部门接到困难对象主动求助或通过民政经办人员发现上报后，要立即对困难对象困难原因、困难程度、家庭基本情况进行调查和综合研判，对急难家庭或个人基本生活出现严重困难、如不立即采取措施可能造成无法挽回损失或无法改变严重后果的，立即填写《海原县临时救助备用金启用审批表》启动临时救助备用金程序，并根据《海原县临时救助实施办法(试行)》中的救助金测算标准，提出救助建议。

第九条 备用金审批。乡镇人民政府负责人应当对上报的材料进行审核，核实相关情况，作出是否启动临时救助备用金和救助标准的审批决定，并及时报县民政局业务股室备案后实施。对不予批准启动备用金的，应当告知相关人员并说明理由，做好其他相关救助工作。

第十条 备用金发放。各乡镇人民政府根据审批决定通过银行实施社会化发放，对因特殊原因无法实施社会化发放的，可以直接发放现金，并完善签领凭证，存档备查。

第十一条 备用金归还。备用金发放后的5个工作日内，乡镇民政经办人员应指导求助对象填写正式《临时救助申请审批表》，完善相关附件资料，按照现有办理流程报县民政局审批，县民政局将补发相应的临时救助金，并打入乡镇临时救助备用金账户，将被动用的备用金全额补足。

第十二条 救助时效。乡镇要简化救助程序，实施救助前置，启动临时救助绿色通道。临时救助备用金启动、审批、发放时限原则上最长不超过2天。

第五章 日常管理

第十三条 临时救助备用金实行专款专用、专项管理。

第十四条 乡镇人民政府要加强对下拨临时救助备用金使用情况的监管，不得借临时救助之名用于非临时救助，杜绝挤占、挪用、套取资金 等行为发生。

第十五条 乡镇民政经办人员要加强急难信息收集排查力度，准确科学合理启动临时救助备用金，乡镇人民政府对临时救助备用金要优先拨付，确保急难家庭第一时间得到救助。

第六章 监督检查

第十六条 县民政局、财政局将不定期对乡镇临时救助备用金使用情况进行专项检查，作出绩效评价，评价结果将作为民政、财政工作年度考核内容进行考核。

第七章 附 则

第十七条 本办法从2021年3月1日起执行。

第十八条 本办法由海原县民政局和财政局负责解释。

海原县小型水利工程维修管理暂行办法

（海政办发〔2021〕48号）

（2021年4月23日）

第一章 总 则

第一条 为规范我县小型水利工程的维修养护与资金管理，提高工作效率和资金使用效益，保证水利工程安全运行，参照水利部印发的《中央财政补助中西部地区、贫困地区公益性水利工程维修养护经费使用管理暂行办法》（财农〔2011〕463号），解决小型水利工程维修程序多、周期长、难以及时发挥资金效益的问题，根据我县实际，特制定本办法。

第二条 小型水利工程维修养护项目，包括承担防洪、排涝、抗旱、灌溉、供水等公益性任务的小型水库，淤地坝，堤防，小型农田水利工程及设备，管道输水灌溉工程，喷灌、微灌等高效节水灌溉工程，机井，蓄水池，农村饮水安全工程等。

第三条 本办法适用于投资小于100万元的小型农村水利维修养护项目。

第二章 计划管理

第四条 依据自治区水利厅、农业农村厅测算的维修养护资金的切块指标，县财政局统筹下达资金计划。

第五条 各乡镇根据工程运行情况，提出维修初步方案，函报县水务局，同时抄送县发改局、县农业农村局。水务局协调农业农村局组织相关设计单位现场勘察后，编制工程维修实施方案。

第六条 维修实施方案由县发改局、水务局或农业农村局、各乡镇（甘盐池种羊场、街道办）对应单位联合组织专家进行审查，并出具审查意见。水务局、农业农村局按照审查意见下达维修方案批复。

第三章 建设管理

第七条 小型水利维修工程由水务局、农业农村局、相关乡镇为实施主体。

第八条 小型水利维修工程点多、面广、维修任务时间紧，工程采用合同制管理，由水务局、农业农村局监管，可优先考虑由有资质的专业施工单位承建，也可由农民专业合作组织、工程运行管理单位或个人实施。合同的主要内容应包括：项目名称、项目内容、工程量、合同金额、质量标准、检查评价、结算方式及违约责任等。

第九条 小型水利维修养护工程预算原则上采用宁夏现行的《水利工程预算定额》和

编制办法编制，但对工程量太小的工程，人工费、机械台班费可以采用市场价格。

第十条　工程完成后，施工单位向水务局、农业农村局提交验收报告，验收报告必须附维修前、维修中及维修后影像资料（无维修影像资料的不予验收），由水务局或农业农村局牵头，组织县发改局、财政局和其他相关部门进行验收。验收完成后，出具验收工程竣工验收报告，实施单位根据验收结论进行工程审计决算，根据工程审计决算进行资金拨付。

第十一条　工程维修养护单位应按照批复维修养护方案，采用合同制管理组织实施，建设内容不得随意改变或增减，因特殊原因确需调整的，应就变更原因、变更内容及预算等，报县水务局、农业农村局对应单位审批后方可变更。

第四章　资金管理

第十二条　小型水利维修养护工程资金必须专款专用，待工程完工验收合格后，按照合同约定扣除3%的质保金后，剩余部分一次性支付给施工单位。

第五章　附　则

第十三条　对存在弄虚作假、虚报工程量、骗取维修养护资金的，由水务局、农业农村局对应单位按照有关规定对相关责任人给予行政处罚，构成犯罪的，移交司法机关处理。

第十四条　本办法由县水务局、农业农村局负责解释，自2021年4月15日起施行，至2023年4月14日，有效期两年。

海原县行政事业单位国有资产进场交易实施细则(试行)

(海政办规发〔2021〕6号)

(2021年5月9日)

第一章　总　则

第一条　为进一步规范和加强全县行政事业单位国有资产处置管理，维护国有资产的安全和完整，保障国家所有者权益，根据自治区财政厅《关于印发宁夏回族自治区本级行政事业单位国有资产进场交易实施细则(试行)的通知》(宁财资发〔2017〕700号)和县人民政府办公室关于印发《海原县行政事业单位国有资产管理暂行办法的通知》(海政办规发〔2020〕12号)等相关规定，制定本细则。

第二条　全县行政事业单位国有资产处置应统一进入中卫市公共资源交易平台公开交易。

第三条　行政事业单位国有资产进场交易应遵循等价有偿和公开、公平、公正的原则，不得侵犯他人合法权益和损害社会公共利益。

第四条　行政事业单位资产处置的范围包括：

(一)闲置且需交易处置的资产；

(二)超标准配置且需交易处置的资产；

(三)因技术原因确需报废、淘汰的资产；

(四)已超过使用年限无法继续使用的资产；

(五)因单位分立、撤销、合并、改制、隶属关系改变等原因发生的产权或者使用权转移而需要交易处置的资产。

(六)财政部门要求进场交易的其他资产。

第五条　行政事业单位废弃电器电子产品等其他资产的处置按照自治区关于废弃电器电子产品的有关规定进行环保回收处理。涉密资产按照国家保密有关规定处置。

第六条　需处置的国有资产权属应当清晰。权属关系不明确或者存在权属纠纷的国有资产，需待权属界定明确后予以处置；被设置为担保物和涉及法律诉讼的国有资产，担保和法律诉讼期间不得申请处置。国家及地方法律、法规另有规定的从其规定。

第二章　资产交易程序

第七条　行政事业单位国有资产进场交易，应当按以下程序实施：

(一)进场申请。行政事业单位国有资产处置事项按资产处置审批权限经主管部门、财政部门、县人民政府审批同意后，应依据批复文件向产权交易机构提交相关交易申请材料,办理交易委托手续,并对所提交材料的真实性、完整性、有效性负责。产权交易机构对行政事业单位提交的资料进行规范性审核。

(二)评估定价。行政事业单位对需要进行资产评估的,应委托有资质的评估机构对申报进场交易的国有资产进行评估。其中,批量资产原值总计在100万元(含100万元)以下、单项资产原值在50万元(含50万元)以下的,可不进行评估,由行政事业单位根据资产实际情况以及市场行情出具建议价格。评估结果(或建议价格)按权限报主管部门或财政部门履行备案手续。

(三)信息披露。产权交易机构依据行政事业单位提交的资料进行信息披露,首次正式公告的挂牌底价不得低于经备案的评估结果(或建议价格)。法律、法规、规章等规定具体公告期的,应当按照法定期限发布公告;没有具体要求的,公告期应当不少于7个工作日。拟处置资产由行政事业单位统一保管,挂牌交易期间不得使用,特殊情况须在公告中予以披露。

(四)挂牌交易。行政事业单位资产处置项目公告期满,产生两个及以上符合条件的意向受让方的,由产权交易机构组织网络竞价确定最终受让方。经公开征集只产生一个意向受让方的,可以采取协议方式成交。挂牌结束后未征集到意向受让方,行政事业单位可以在不低于评估结果(或建议价格)90%的范围内设定新的挂牌价再次公告。如再次公告仍未征集到受让方,挂牌价需低于评估结果(或建议价格)90%的,行政事业单位应提出具体可行的挂牌建议价及理由,按规定权限报经财政部门或主管部门确认后方可执行。

(五)交易结果公示。产权交易合同生效后,产权交易机构应当将交易结果进行公示,公示期不少于5个工作日。

(六)交易签约及资金结算上缴。行政事业单位资产处置项目成交后由产权交易机构组织交易双方签订交易合同,受让方原则上应当在交易合同生效后5个工作日内付清交易价款。交易价款以人民币计价,通过产权交易机构以货币进行结算。产权交易机构收到受让方交来的交易价款后,通知行政事业单位与受让方在规定时间内完成标的资产交接事宜,签署《资产移交确认书》。产权交易机构为交易双方出具《交易凭证》。处置价款(扣除服务费、评估费、税费等相关费用后)按照政府非税收入管理规定上缴县财政(国库)。

(七)交易档案管理。交易活动结束后,行政事业单位应将全部交易资料归档,并报主管部门和财政部门备案。

第三章　附　则

第八条　产权交易机构应当按照本细则和相关规定组织交易,加强管理,规范交易行为,自觉接受有关部门和机构的监督,保证处置业务活动规范进行。

第九条　全县行政事业单位国有资产进场交易过程中,出现人民法院及其他有权机构依法发出终止交易书面通知等特殊情形的,交易行为终止。

第十条　法律、法规对行政事业单位国有资产处置有特别规定的,从其规定。

第十一条　本细则自2021年6月10日起

施行。《海原县财政局关于印发〈海原县行政事业单位国有资产进场交易实施细则〉(试行)的通知》(海财发〔2017〕610 号)同时废止。此前颁布的其他有关规定与本细则不一致的,以本细则为准。

第十二条　社会团体、民办非企业单位和实行企业化管理并执行企业财务会计制度的事业单位,参照本细则执行。

第十三条　本细则由县财政局负责解释。

海原县行政事业单位国有资产出租实施办法(试行)

(海政办规发〔2021〕7号)

(2021年5月9日)

第一条　为规范全县行政事业单位国有资产出租(对外承包)行为,提高国有资产的管理和使用效益,保障国家所有者权益,根据《宁夏回族自治区本级行政事业单位国有资产出租实施办法(试行)》(宁财规发〔2018〕33号)和《海原县行政事业单位国有资产管理暂行办法》(海政办规发〔2020〕12号)等相关规定,制定本办法。

第二条　本办法适用于全县行政事业单位国有资产出租(对外承包)及相关活动。

本办法所称行政事业单位国有资产出租(对外承包),是指全县行政事业单位在保证履行行政职能或公共事务职能的前提下,以有偿方式将国有资产使用权在一定期限内让渡给其他单位或个人使用的经济行为。

全县行政事业单位国有资产出租(对外承包)应当统一进入中卫市公共资源交易平台(以下简称国有产权交易机构)实施公开招租。

第三条　行政事业单位出租(对外承包)国有资产,应当严格履行审批手续,未经批准,不得对外出租(对外承包)。

第四条　全县行政事业单位国有资产有下列情形之一的,不得出租(对外承包):

(一)已被依法查封扣押、冻结的;

(二)未取得其他共有人同意的;

(三)权属关系不明确或存在权属纠纷的;

(四)法律、法规、规章或国家、区、市及海原县有关文件规定不得出租(对外承包)的。

第五条　行政事业单位国有资产出租(对外承包),应在严格论证的基础上,履行单位决策程序后,报县人民政府研究或者主管部门、财政部门审批、备案。其中土地房屋资产(机关事务中心管理的房屋除外)出租(对外承包)的,主管部门审核并报县人民政府研究,再报财政部门审批;其他资产出租(对外承包),单位价值或批量价值(账面原值,下同)在50万元(含50万元)以上的,经主管部门审核后报财政部门审批,单位价值或批量价值在50万元以下的,由主管部门按照规定进行审批(无主管部门的行政事业单位直接报财政部门审批),并于15个工作日内将审批结果(一式三份)报财政部门备案。

3个月以内的资产出租(对外承包)事项,由主管部门按照规定进行审批,并于7个工作日内将审批结果(一式三份)报财政部门备案。

第六条　行政事业单位国有资产出租(对外承包)实行审批事项网上办理。自本办法生效之日起,全县行政事业单位国有资产出租(对外承包)事项通过“行政事业单位资产管理信息系统”办理，实现线上、线下同步申报、同步审批，提高国有资产管理信息化水平，确保出租（对外承包）过程公开透明。

第七条 行政事业单位土地房屋资产（机关事务中心管理的房屋除外）出租（对外承包）的，期限一般不得超过2年，特殊情况不得超过5年；其他资产出租出借期限不得超过1年。

第八条 行政事业单位国有资产出租（对外承包），应当按以下程序办理：

（一）进场申请。行政事业单位依据县人民政府、财政部门或主管部门审批文件要求，提交以下资料，在国有产权交易机构办理出租（对外承包）进场手续，并对提交材料的真实性、完整性、有效性负责。

1.书面申请；

2.拟出租、出借资产的价值凭证及权属证明，如购货发票或收据、工程决算副本、国有土地使用权证、房屋所有权证、股权证等凭据的复印件（加盖单位公章）；

3.拟出租、出借事项的可行性分析报告；

4.行政事业单位同意利用国有资产出租、出借的内部决定或会议纪要复印件（加盖单位公章）；

5.行政事业单位法人证书复印件、其他产权共有人同意出租出借的书面证明，采用非公开方式招租的承租方法人证书复印件或企业法人营业执照复印件、自然人个人身份证复印件；

6.其他有关资料。

（二）价格确定。出租（对外承包）的资产应由行政事业单位根据资产所在地同类资产出租（对外承包）情况进行市场询价，根据询价结果确定挂牌底价，必要时可以采取评审或者资产评估等方式确定挂牌底价。询价结果或评估结果按权限报县财政部门或主管部门备案。

（三）信息披露。国有产权交易机构依据行政事业单位提交的资料进行信息披露，首次正式公告的挂牌底价不得低于经备案的询价价格或评估结果。法律、法规、规章等规定具体公告期的，应当按照法定期限发布公告；没有具体要求的，公告期应当不少于10个工作日。出租（对外承包）资产由行政事业单位统一保管，挂牌交易期间不得使用，特殊情况须在公告中予以披露。

（四）挂牌交易。行政事业单位国有资产出租（对外承包）项目公告期满，产生两个及以上符合条件的意向承租（包）方的，由国有产权交易机构组织网络竞价确定最终承租（包）方。公告期满后只产生一个意向承租（包）方的，可以采取协议方式成交。

（五）组织签约。行政事业单位国有资产出租（对外承包）项目成交后由国有产权交易机构组织交易双方签订资产承租（包）合同。

（六）结果公示。资产承租（包）合同生效后，国有产权交易机构应当将承租（包）结果进行公示，公示期不少于5个工作日。

（七）收益上缴。承租（包）方原则上应当在资产承租（包）合同生效后5个工作日内付清租金、承包价款。租金、承包价款以人民币计价。租金、承包价款（扣除服务费、评估费、税费等相关费用后）按照政府非税收入管理有关规定上缴县财政（国库）。

（八）档案管理。出租（对外承包）活动结束后，国有产权交易机构应当将全部项目资料归档，并报主管部门和财政部门备案。

第九条　国有产权交易机构应当按照本办法和相关规定组织交易，加强自律管理，规范交易行为，自觉接受相关部门和机构的监督，保证出租（对外承包）业务活动规范进行。

第十条　全县行政事业单位国有资产进场出租（对外承包）过程中，出现人民法院及其他机关依法发出终止出租（对外承包）书面通知等特殊情形的，出租（对外承包）行为终止。

第十一条　全县行政事业单位及其工作人员违反本办法的规定，按照《财政违法行为处罚处分条例》处理。

第十二条　法律、法规、规章或国家对行政事业单位国有资产出租（对外承包）有特别规定的，从其规定。

第十三条　社会团体和民办非企业单位国有资产出租（对外承包）的，参照本办法执行。

第十四条　本办法自2021年6月10日起施行。《海原县人民政府办公室关于印发〈海原县行政事业单位国有资产出租实施办法（试行）〉的通知》（海政办规发〔2019〕1号）同时废止。其他相关规定与本办法不一致的，以本办法为准。

海原县物业管理暂行办法

（海政办规发〔2021〕8号）

（2021年5月10日）

第一章 总 则

第一条 为了加强物业管理，规范物业管理活动，维护业主及物业管理各方的合法权益，改善居民生活和工作环境，根据《中华人民共和国民法典》《物业管理条例》《关于加强和改进物业管理工作的通知》以及《宁夏回族自治区物业管理条例》等法律法规，结合海原县实际，制定本办法。

第二条 本办法适用于全县物业服务管理活动，海兴开发区参照执行。本办法所称物业管理，是指业主通过选聘物业服务企业，由业主和物业服务企业按照物业服务合同约定，对物业管理区域内的房屋及其配套设施设备及相关场地进行维修、养护、管理，维护物业管理区域环境卫生和安全等相关秩序的活动。

第三条 按照“依法实施、属地管理、合同管理、重心下移”原则，建立“物业主管部门指导监督、街道办及社区居民委员会管理考核、相关职能部门履职、物业服务企业自律、业主自治”的物业管理体系，形成职责明晰、各负其责、密切配合、齐抓共管的物业管理格局。

第四条 海原县住房和城乡建设局（以下称海原县物业主管部门）负责海原县物业管理活动的监督管理工作。

（一）指导住宅小区物业管理招投标、物业承接查验、物业服务企业交接等工作；

（二）指导和协调住宅小区物业管理相关工作，开展物业管理相关政策的宣传、培训；

（三）依法调查和处理违反物业管理法律、法规的行为，对街道办物业管理工作进行考核；

（四）负责海原县物业服务企业诚信平台建设，并协调中卫市住建局将海原县物业服务企业诚信平台纳入全区诚信体系平台；

（五）指导街道办做好业主大会成立、业主委员会的选举、换届及日常工作。

（六）建立物业管理工作联席会议制度，协调处理物业管理活动过程中存在的相关问题。联席会议由物业主管部门负责召集，一般每季度召开一次，每年对物业服务企业进行统一测评。

第五条 街道办、社区居民委员会具体负责本辖区内物业管理、考核工作。

（一）街道办设立物业服务办公室，明确专人负责，公开投诉电话、办公地址，负责协调物业管理与社区管理、社区服务的关系；

(二)街道办负责组织、指导成立业主大会、选举业主委员会及换届等相关工作,建立业主自治组织档案;

(三)街道办负责本辖区内物业服务企业的管理考核和消防、安全生产等工作,调解业主、业主委员会与物业服务企业之间的管理纠纷,建立物业管理矛盾调解机制,受理业主投诉,办理信访案件,及时协调解决业主提出的物业管理方面的合理诉求;

(四)街道办负责协调建设单位与前期物业服务企业、业主与物业服务企业的关系。对不具备成立业主大会条件的旧住宅区、分散小区由街道办通过社区居委会托管、社会组织代管、业主自管进行物业管理。

(五)社区居民委员会负责辖区内业主大会筹备、召开的具体事务,负责指导、督促业主大会和业主委员会依法履行职责;开展物业管理法律、法规、规章以及相关政策宣传。各社区居民委员会主任为社区物业服务管理工作的第一责任人,辖区内的物业管理实行网格化管理。

第六条　民政、自然资源、应急管理、生态环境、公安、发展改革、市场监管、卫健、综合执法等行政主管部门依据各自职责做好物业管理区域的相关监督管理工作。供水、供电、供气、供热、通信、有线电视等专业运营单位负责对物业服务区域内相关设施设备的维修、养护和更新。

第二章　前期物业管理

第七条　建设单位承担前期物业服务管理责任。

(一)建设单位应当依法通过招投标的方式选聘具有相应资质的物业服务企业,签订《前期物业服务合同》,开展物业管理工作,前期物业服务期限一般不超过两年。物业期限届满前,业主委员会或者业主与新物业服务人订立的物业服务合同生效的,前期物业服务合同终止。在《房屋买卖合同》备案时,一并将招投标材料报物业主管部门备案。《前期物业服务合同》应当作为《房屋买卖合同》的必备附件。已竣工但尚未出售或者尚未交付物业买受人的物业,物业服务费用由建设单位承担。建设单位选聘的物业服务企业应当与物业买受人签订前期物业服务协议。

(二)建设单位应当为新建住宅物业无偿配置具有产权的物业服务用房。物业服务用房的配置应当符合下列规定:

1.建筑面积在5万平方米以内的,按不低于建筑总面积的4‰配置,最少不低于120平方米;

2.建筑面积超过5万平方米的,除按照5万平方米的4‰配置外,超过部分按不低于2‰的标准配置;

3.建设单位配置的物业服务用房,必须满足办公之需,且具备基本装修和水、暖、电、采光、通风等功能,可直接投入使用;不得将地下或地上车库等附属建筑作为物业用房。

物业管理用房原则上应在第一批工程竣工前建成,并经验收合格后交付使用;商品房交付使用过半的新建小区,物业服务用房属于全体业主共有,任何单位和个人不得转让、抵押或者改变其用途。建设单位应将物业管理用房全部交付前期物业管理企业使用。

第八条　建设单位应当在物业交付使用

15日前向建设行政主管部门申请实施物业承接查验和综合验收。规划、园林、市政、消防、民政、城管、质监、住房保障和交易服务中心、街道办等部门，按照《宁夏回族自治区新建商品房交付使用和物业承接查验暂行规定》，履行综合验收职责，共同做好相关管理工作。

建设单位、前期物业服务企业不履行交接义务或不移交有关资料、财物的，根据国务院《物业管理条例》第五十九条之规定、《宁夏回族自治区物业管理条例》第五十条之规定，由物业行政主管部门责令限期整改，逾期仍不移交有关资料、财物的，依法依规对建设单位、前期物业服务企业予以通报，并处1万元以上，10万元以下的罚款。

第九条　已建成的住宅小区，交付业主的专有部分建筑面积达到建筑总面积50%以上的，或者物业交付使用已超过一年，且交付使用的物业建筑面积达到30%的，建设单位应当向街道办或社区书面申请成立业主大会。街道办、社区在接到建设单位书面申请60日内，推举业主代表担任筹备组组长，组织成立首次业主大会会议筹备组，召开首次业主大会会议。筹备组主要由业主代表组成，也可以吸收建设单位、前期物业服务企业、街道办或社区的代表各一人参加。

筹备组成员名单确认后，应当将其成员名单和工作职责在物业管理区域内显著位置公示。

建设单位未按规定时限申报召开首次业主大会的不予交付使用；街道办、社区在接到建设单位申请后不按规定程序、时限组织召开业主大会，选举产生业主委员会的，在当年考核考评中予以扣分。

第三章　业主、业主大会与业主委员会

第十条　业主通过业主大会或者业主代表大会和业主委员会对物业管理区域共有部分实施共同管理，监督物业服务企业履行物业服务合同。

第十一条　业主在物业管理活动中，享有下列权利：

（一）按照物业服务合同的约定，接受物业服务企业提供的服务；

（二）提议召开业主大会，并就物业管理的有关事项提出建议；

（三）提出制定和修改管理规约、业主大会议事规则的建议；

（四）参加业主大会，行使投票权；

（五）选举业主委员会委员，并享有被选举权；

（六）监督业主委员会的工作；

（七）监督物业服务企业履行物业服务合同；

（八）对物业共用部位、共用设施设备和相关场地使用情况享有知情权和监督权；

（九）监督住宅专项维修资金的使用执行情况；

（十）法律、法规规定的其他权利。

第十二条　业主应当履行下列义务：

（一）遵守国家和地方相关物业管理的规定；

（二）遵守管理规约、业主大会议事规则；

（三）遵守物业管理区域内物业共用部位、共用设施设备的使用、公共秩序和环境卫生的维护等方面的规章制度；

（四）执行业主大会的决定和业主大会授权业主委员会作出的决定；

（五）按照合同约定按时缴纳物业服务费用；

（六）按照有关规定缴纳住宅专项维修资金；

（七）配合物业服务企业的服务活动；

（八）法律、法规规定的其他义务。

第十三条 未设立业主大会，发生物业服务企业停止服务或者其他重大、紧急物业管理事件，需要业主共同决定解聘、选聘物业服务企业或者其他事项的，由物业主管部门指导和街道办或者社区协助业主决定有关事项。

第十四条 业主委员会办公用房由建设单位在物业管理用房中提供，最高不超过30平方米。首次业主大会物业管理办公设施、办公用品、会议等费用由建设单位承担。

第十五条 业主委员会成立以后，办公经费和成员工作津贴、业主大会和业主委员会开展工作的经费由全体业主承担或从业主共有部分的收益中列支；经费的筹集、管理、使用等具体事项，由业主大会议事规则规定；业主委员会的收支和业主大会、业主委员会工作经费的使用情况应当定期以书面形式在物业管理区域内公告，接受业主监督、质询。

第十六条 业主大会履行下列职责：

（一）制定和修改业主大会议事规则及管理规约；

（二）选举业主委员会或者更换业主委员会成员；

（三）监督业主委员会工作，听取业主委员会的工作报告，改变或者撤销业主委员会不适当的决定；

（四）选聘、解聘物业服务企业；

（五）筹集和使用物业专项维修资金；

（六）决定改建、重建建筑物及其附属设施；

（七）决定物业管理区域内的其他物业管理事项。

第十七条 业主委员会应当自选举产生之日起20日内，持以下材料向物业所在地街道办备案：

（一）业主大会设立和业主委员会选举情况报告；

（二）业主大会决议；

（三）管理规约、业主大会议事规则；

（四）业主委员会委员名单。

街道办应当在收到备案材料3日内将备案证明复印件分送物业主管部门和公安局、社区居民委员会。本条（二）（三）（四）项内容发生变更时，应当及时办理备案变更手续。

第十八条 主要配套设施、设备和相关场地共用的旧住宅区、分散小区可以划分为一个物业管理区域。业主可以向街道办申请成立一个业主大会。

不具备成立业主大会的旧住宅区、分散小区，街道办应当组织业主自行管理，或者经过半数业主同意，委托他人进行清洁卫生、园林绿化、秩序维护等物业管理。

第十九条 业主大会、业主委员会应当依法履行职责，不得作出与物业管理无关的决定，不得从事经营活动或与物业管理无关的其他活动。

业主大会或者业主委员会的决定，对业主具有约束力。

业主大会、业主委员会作出的决定违反

法律法规的，街道办、社区应当责令限期改正或者撤销其决定，并通告全体业主。

第二十条 业主大会分为定期会议和临时会议。业主大会定期会议应当按照业主大会议事规则的规定由业主委员会组织召开。

有下列情况之一的，业主委员会应当及时组织召开业主大会临时会议：

（一）经共有部分占建筑总面积20%以上且占总人数20%以上业主提议的；

（二）发生重大事故或者紧急事件需要及时处理的

（三）业主大会议事规则或者管理规约规定的其他情况。

业主委员会未按业主大会议事规则规定组织召开业主大会定期会议，或者发生应当召开业主大会临时会议的情况，业主委员会不履行召开会议职责的，物业主管部门或者街道办、社区可以责令业主委员会限期召开；逾期不召开的，可由街道办、社区的指导和监督下组织召开。

第四章 物业服务

第二十一条 业主委员会根据业主大会的决定，与通过招投标或者协议方式选聘的物业服务企业或者其他管理人签订物业服务合同。物业服务合同应当包括下列事项：

（一）物业管理区域范围以及基本情况；

（二）物业共用部位、共用设施设备的使用、管理和维护；

（三）物业服务用房的配置、使用、维修和管理；

（四）公共绿化的维护，以及公共区域的环境卫生、消防、安全等秩序维护；

（五）车辆的停放管理；

（六）物业服务质量标准；

（七）物业服务费用收取标准和方式；

（八）物业档案资料的保管；

（九）物业服务合同期限；

（十）双方的权利义务；

（十一）违约责任；

（十二）物业服务合同终止、解除条件；

（十三）物业服务交接；

（十四）物业服务的承诺；

（十五）其他事项。

正式签订合同前，业主委员会应当将拟签订的物业服务合同文本在物业管理区域内公示，公开征求业主的意见，并提交业主大会通过。公开征求意见的期限不得少于7日。

物业服务合同签订后，物业服务企业应当将签订的物业服务合同在物业管理区域内公示，或者以电子邮件等形式告知业主，业主有权进行查询。

第二十二条 旧住宅区、分散小区的业主将物业服务委托给物业服务企业的，物业主管部门、街道办或社区应当协助承包合同的签订并监督履行。

第二十三条 物业服务企业应当制定物业管理区域内安全防范应急预案，对突发性事件采取应急措施，及时报告街道办和物业主管部门，并协助做好救助工作。

第二十四条 提升物业服务行业人员素质，开展职业技能培训和职业技能等级认定，提高从业人员整体素质和技能水平。

第五章 物业的使用与维护

第二十五条 业主对其建筑物共有部分享有占有、使用、收益和处分的权利。业主行使权利不得危及建筑物的安全,不得损害其他业主的合法权益。业主对建筑物专有部分以外的共有部分,享有权利,承担义务;不得以放弃权利不履行义务。

第二十六条 业主、使用人应当按照物业主管部门批准的设计用途使用物业,不得擅自改变物业使用性质。确需改变物业使用性质的,除遵守法律、法规以及管理规约外,应当经有利害关系的业主同意。

第二十七条 物业企业及业主委员会对物业管理区域内用于停放车辆的车库、车位进行科学合理规划,应当优先满足业主、物业使用人的停车需要,出租给业主、物业使用人。在满足业主、物业使用人的需要后,可以将物业管理区域内的车库、车位出租给物业管理区域业主以外的单位和个人,租赁合同期限由双方协商约定,车库、车位租赁费归全体业主,用于业主委员会办公经费、成员津贴、公共设施设备的维护维修等。

物业管理区域内规划利用停放车辆的车库、车位尚未充分利用的,不得占用业主共有的道路或者其他场地停放车辆。确需占用物业管理区域内业主共有的道路或者其他场地停放车辆的,应当经业主大会同意并收取车位场地使用费,车位场地使用费属于全体业主共有。

停放车辆的,不得堵塞消防通道,不得妨碍行人和其他车辆正常通行。

小区内自行车棚、车库、车位管理以及物业用房的出租管理均由物业服务企业统一实施,业主委员会、社区物业办监督使用。物业管理区域内实行机动车停放服务收费的,应严格按照《宁夏回族自治区物业服务收费管理实施办法》(宁价费发〔2004〕149号)和《宁夏回族自治区机动车停放服务收费》(宁价费发〔2018〕1号)文件执行。

第二十八条 物业使用人应当遵守有关规定,安全使用电梯。物业企业按照《物业服务合同》约定承担电梯使用单位的维护管理责任和义务。建立安全责任、隐患治理、应急救援等安全防范管理制度,制定安全操作规程。并将登记标志、检验标志、安全使用说明、安全注意事项、警示标志置于电梯显著位置。

第二十九条 物业管理区域内,禁止下列行为:

(一)违法修建建筑物、构筑物,或者违规在建筑物、构筑物上悬挂、张贴、涂写、刻画;

(二)损坏或者擅自变动房屋承重结构、主体结构和房屋外观;

(三)损坏或者擅自占用、改建物业共用部位;

(四)损坏或者擅自占用、移动、改装共用设施设备;

(五)擅自改变房屋设计用途,影响相邻关系人的生活;

(六)存放、铺设超负荷物品;

(七)发出超过规定标准的噪音;

(八)存放不符合安全标准的易燃、易爆、剧毒、放射性等危险物品;

(九)擅自改变房屋用途,将住宅改变为经营性用房;

（十）随意倾倒或者丢弃垃圾、杂物；

（十一）损毁树木、绿地；

（十二）违规停放车辆、电动车违规停放充电；

（十三）占用堵塞公共消防通道行为。

有前款行为之一的，其他业主、业主委员会、物业服务企业有权予以制止，要求行为人停止侵害、消除危险、排除危害、赔偿损失。制止无效的，物业服务企业、业主委员会应当及时报告街道办或社区接到报告后应依法处理。

第三十条　装修人在住宅室内装饰装修工程开工前，应当向物业服务企业或者房屋管理机构申报登记，缴纳装修保证金和垃圾清运费。装修人，或者装修人和装饰装修企业，应当按规定与物业服务企业或者房屋管理机构签订住宅室内装饰装修管理服务协议。装修人对住宅进行装饰装修前，应当告知邻里，物业服务企业应当将装饰装修服务管理协议在单元门口显著位置公告。

任何单位和个人对住宅室内装饰装修中出现的影响公众利益的质量事故、质量缺陷以及其他影响周围住户正常生活的行为，都有权检举、控告、投诉。街道办或社区接到物业管理单位关于装修人或者装饰装修企业有违反装饰装修服务管理协议或者其他相关违法行为的报告后，应当及时到现场检查核实，依法处理。

物业服务企业或者社区应当对装饰装修工程全程监督检查。装修人不得拒绝和阻碍物业管理单位依据住宅室内装饰装修管理服务协议的约定，对住宅室内装饰装修活动的监督检查。

第三十一条　物业出现危及安全、影响观瞻、侵害公共利益或者影响他人正常使用等情况时，责任人应当及时维修养护。物业服务企业对物业共用部位、共用设施设备进行维修养护时，相关业主和使用人必须给予配合。因阻挠维修养护造成物业损坏或者财产损失的，责任人应当负责修复或者赔偿。

第三十二条　住宅小区内公用设施设备维护管理、公共照明、保洁、绿化等物业服务过程中的用水、用电、用气价格，按照当地居民生活使用价格执行。住宅小区绿化用水免收污水处理费。

第三十三条　业主、物业服务企业不得擅自占用、挖掘物业管理区域内的道路、场地，损害业主利益。因维修物业或者业主公共利益需要，业主确需临时占用、挖掘道路、场地的，应当征得业主委员会和物业服务企业的同意；物业服务企业确需临时占用、挖掘道路、场地的，应当征得业主委员会的同意。业主、物业服务企业应当将临时占用、挖掘的道路、场地，在约定期限内恢复原状。

第三十四条　物业主管部门要研究制定各类住宅维修资金缴存标准和续缴办法，对个人账户维修资金余额不足30%的，由街道办、社区、业主委员会及时动员业主及时续缴。住宅专项维修基金的归集、使用、管理，按照《中卫市住宅专项维修资金管理办法》执行。

第六章　附　则

第三十五条　本办法自2021年6月9日起施行。

全县群众性精神文明创建工作管理办法

（海文明委发〔2021〕号）

（2021年8月17日）

第一章 总 则

第一条 为进一步推动我县文明城市、文明村镇、文明单位、文明校园、文明家庭创建工作，提升创建工作科学化规范化制度化水平，建设具有强大生命力和创造力的社会主义精神文明，根据《中国共产党宣传工作条例》、中央文明委《关于深化群众性精神文明创建活动的指导意见》精神和区、市《全区群众精神文明创建工作管理办法》，结合我县实际，制定本管理办法。

第二条 开展群众性精神文明创建活动要以习近平新时代中国特色社会主义思想为指导，深入学习贯彻习近平总书记关于精神文明建设的重要论述和视察宁夏重要讲话精神，增强“四个意识”，坚定“四个自信”，做到“两个维护”，围绕把握新发展阶段、贯彻新发展理念、融入新发展格局，明显提高群众文明素质和社会文明程度，促进全体人民在理想信念、价值理念、道德观念上紧紧团结在一起，开创我县精神文明建设工作新局面，为加快建设黄河流域生态保护和高质量发展先行区先行市，继续建设经济繁荣、民族团结、环境优美、人民富裕的美丽新宁夏，提供坚强思想保证、强大精神动力、丰润道德滋养、良好文化条件。

第三条 “县级文明村镇”“县级文明单位”“县级文明校园”“县级文明家庭”是海原县文明委授予精神文明建设成效突出，在全县发挥创建示范引领作用的村镇、单位、学校和家庭的综合性荣誉称号。

第四条 深化群众性精神文明创建活动是各级党委、政府承担精神文明创建主体责任的主要任务。各乡镇（街道办、海兴开发区管委会、甘盐池种羊场）、部门（单位）要健全党委统一领导、党政齐抓共管、文明委统筹协调、有关部门各负其责、全社会积极参与的领导体制和工作机制。群众性精神文明创建工作由海原县文明委统一指导，海原县文明办负责督促和管理，各级党委和政府负责组织实施，动员群众广泛参与、监督和评价。

第五条 文明单位、文明村镇、文明校园（中小学、中职）、文明家庭实行逐级创建，即达到县级文明创建级别的，才能申请创建。

第二章 创建标准

第六条 县级文明村镇创建标准：

（一）领导班子坚强有力。基层党组织战

斗堡垒作用、党员先锋模范作用发挥充分，组织制度、工作制度、学习制度健全，乡镇党政领导班子和村“两委”班子重视农村精神文明建设工作，切实履行主体责任。认真贯彻落实中央八项规定精神，“四风”问题有效治理，领导班子勤政廉洁、无违纪违法行为，干群关系和谐融洽。

（二）乡风民风文明淳朴。建好用好新时代文明实践所（站），道德教育实践活动和志愿服务活动深入开展。“星级文明户”“文明家庭”“最美家庭”“移风易俗模范户”等创建活动广泛开展，道德模范、“百孝之星”、“好媳妇、好儿女、好公婆”等评选活动常态开展，移风易俗持续推进、成效明显。重视宣传教育，农民法治意识、科学素养和文化素质得到提升，文明健康绿色环保生活方式蔚然成风。

（三）人居环境整洁美丽。突出地方特色，村镇建设规范有序。实施乡村清洁工程，环卫保洁机制完善，农村环境综合治理成效显著。基础设施建设不断完善，乡村数字化水平不断提升，农民生活条件持续改善。有效保护生态环境和自然资源，家庭、院落和公共空间得到净化绿化美化，“厕所革命”成效显著。

（四）乡村文化丰富多彩。持续深入推进文化惠民工程，管好用好乡镇综合文化站、村综合文化服务中心和“农家书屋”等公共文化设施，群众参与文化体育活动积极广泛，农民自办文化更加活跃，农民精神文化生活不断丰富。弘扬中华优秀传统文化，乡村文化振兴取得进展，文化思想阵地更加巩固。

（五）社会治理秩序良好。乡村治理机制完善，德治、法治、自治相结合的乡村治理体系健全。农村社会保障制度健全，公益性活动机制完善，农民群众合法权益得到有效维护。平安乡村建设推进有力，农村治安防控体系完善，无黑恶势力，农民群众安全感不断提升。

（六）民族团结社会和谐。深入开展马克思主义国家观、历史观、民族观、文化观、宗教观宣传教育，“三个离不开”“五个认同”“六个相互”等思想观念深入人心，中华民族共同体意识进一步增强。坚持宗教中国化方向，党的宗教工作基本方针得到全面落实，宗教领域突出问题得到有效治理，依法治理宗教事务水平切实提升。

第七条　县级文明单位创建标准：

（一）组织领导有力，创建工作扎实。党政领导高度重视创建工作，将文明单位创建工作纳入单位整体规划，与业务工作同部署、同落实。党组织领导核心作用和党员先锋模范作用充分发挥，“党建+文明创建”机制健全、目标责任明确、开展活动经常、有一定经费投入。领导班子团结协作、勤政廉洁，发动广大干部职工积极参与创建活动。

（二）思想教育深入，道德风尚良好。社会主义核心价值观教育实践活动深入开展，新时代公民道德建设和爱国主义教育实践活动持续推进，劳模精神、劳动精神和工匠精神大力弘扬，道德讲堂、志愿服务活动广泛开展，道德模范、“最美人物”普遍涌现，干部职工思想觉悟、道德水准、文明素养不断提升。党政机关和执法部门廉洁高效、依法行政，群众满意度高。企事业单位诚信经营、科学管理，经济效益和社会效益稳步提升。

（三）加强民主管理，严格遵纪守法。行

业规章、服务标准、管理制度、工作流程等各项管理制度健全、运行规范有序、服务高效便捷,民主与法制教育经常化、制度化。政务厂务公开,职工的知情权、参与权、表达权、监督权得到有效维护。领导干部无违法违纪,员工无违法犯罪,单位无重大安全责任事故,无失信行为、无邪教、无“黄赌毒”、无封建迷信等现象。

(四)学习风气浓厚,文体卫生先进。注重涵育单位文化,单位凝聚力和向心力不断增强。广泛开展干部职工职业教育及培训,全员学习、终身学习的良好风尚逐步形成。重视宣传思想文化阵地建设,不断丰富创建内涵、创新活动载体,“全民阅读”“全民健身”等职工文体活动丰富多彩、经常开展。扎实推进爱国卫生运动,单位环境整洁优美,生产工作场所井然有序,卫生防疫制度健全。

(五)服务优质高效,认真履行社会责任。大力倡导以人为本的服务理念,组织实施窗口单位文明素质提升工程,职工文明服务意识增强,服务优质规范。创新管理方式,诚信经营,服务水平持续提升,“一站式”服务不断深化,经济效益和社会效益稳步提高。选树优质服务典型,示范带动作用发挥明显。充分发挥单位自身优势,助力脱贫攻坚、促进乡村振兴、参与志愿服务活动,切实履行社会责任。

第八条 县级文明校园创建标准:

(一)思想道德建设好。推动党的创新理论进教材、进课堂、进头脑。强化理想信念教育,积极培育和践行社会主义核心价值观。坚持立德树人,加强和改进思想政治理论课、道德与法治课教育,组织开展多种形式的教育实践。开展内容丰富的主题实践活动。推进学雷锋志愿服务制度化常态化。学校思想政治工作扎实有力,道德建设广泛有效。

(二)领导班子建设好。加强党对学校工作的全面领导,把握正确办学方向,履行管党治党、办学治校和意识形态工作的主体责任。全面推进学校党的建设,充分发挥学校党组织的战斗堡垒作用和党员的先锋模范作用。深入贯彻落实中央八项规定,“四风”问题得到有效治理,领导班子勤政廉洁。

(三)教师队伍建设好。强化师德监督,建立师德师风建设长效机制。加强师德养成,用“四有好老师”标准、“四个引路人”“四个相统一”和“四个服务”等要求引领教师成长发展。把师德考核纳入教师考核评价体系,实行师德“一票否决”。教师队伍师德师风良好,学校师生关系和谐融洽。

(四)校园文化建设好。凝练和归纳学校教育思想、办学理念等精神内涵,弘扬优良校风、教风、学风。开展各种形式的文明创建宣传引导,强化学生中华民族共同体意识。创新校园文化载体,学校文体、科学教育设施和场馆完善。组织开展丰富多彩的文体活动,校园文化生活健康丰富。

(五)优美环境建设好。校园建筑、设施、布局、景色安全健康、温馨舒适。积极组织开展爱国卫生运动,做好卫生、后勤服务和绿化、美化工作,校园环境整洁优美,无卫生死角。加强校园安全教育和综合治理工作,完善学校平安创建机制。开展生态文明教育和节约教育,培育师生良好行为习惯。

(六)活动阵地建设好。巩固学校思想政

治工作阵地，把握正确导向，充分发挥育人功能。强化校园文化阵地建设，建好管好用好校报、校刊、校内广播电视、校园网和“两微一端”新媒体等宣传阵地，加强报告会、研讨会、讲座、论坛等日常管理。深化网络文化建设和网络素养教育。建好用好各类学校少年宫、未成年人心理健康辅导站(室)。

第九条 县级文明家庭创建标准：

(一)爱国守法，尊德守礼。家庭成员拥护中国共产党领导，爱国爱社会主义，维护国家利益和民族尊严。遵纪守法，自觉履行法定义务、社会责任和家庭责任。崇德尚礼，注重社会公德、职业道德、家庭美德、个人品德养成，生活理念、生活态度、生活方式、行为习惯科学文明健康。

(二)平等和谐，敬业诚信。家庭成员之间民主平等、相互尊重、和谐相处、彼此扶助。与亲属之间、邻里之间友善和睦、守望相助、相互包容。树立尚德守法、爱岗敬业、忠于职守、真诚做人、守信做事的优良品德。

(三)家教良好，家风淳朴。父母尊师重教、言传身教，注重子女思想品德、行为习惯和良好个性的培养，引导子女形成正确的世界观、人生观、价值观，家庭学习氛围浓厚。弘扬中华优秀传统美德，带头移风易俗，传承好家训、树立好家规、培育好家风。

(四)绿色节俭，热心公益。家庭成员践行文明健康绿色环保生活方式，勤俭持家、厉行节约。主动参与社会公共事务，积极参加慈善捐助、义务劳动、社区服务等社会公益活动和邻里守望、扶贫济困、生态环保、法律援助、文化体育等学雷锋志愿服务活动。

第三章 评选表彰

第十条 县级文明村镇、文明单位、文明校园、文明家庭实施届期制，每三年评选表彰一届。

第十一条 凡本区内被命名两年以上的县级文明村镇，符合市级文明村镇创建标准的全县各乡镇、行政村均有资格申报市级文明村镇，经乡党委、政府研究决定后，由乡党委向县文明办推荐申报，经审核确认参评资格后，按照县级文明城市创建标准开展创建活动。

凡本区内被命名两年以上的县级文明单位，符合市级文明单位创建标准的实行独立核算、具有独立法人资格的全县各级党政机关、人民团体、企事业单位、非公有制经济组织及社会组织均有资格申报市级文明单位，由所在党委(党组)向市级文明办推荐申报。县党委、政府工作部门和直属机构及区市驻海单位可以通过县直机关推荐申报。

凡本县内被命名两年以上的县级文明校园，符合市级文明校园创建标准的国民教育体系内实行全日制教学管理的各级各类小学、中学(含九年一贯制、中职学校)、普通高中均有资格申报市级文明校园先进学校。小学、中学(含九年一贯制、中职学校)、普通高中由所在县教体局推荐申报。

凡本区内被命名两年以上的县级文明家庭，符合市级文明家庭创建标准的家庭均有资格申报市级文明家庭，由街道办向县文明委推荐，县文明委向区、市文明办推荐申报。

第十二条 创建周期之初，各县直机关文明委，有关企业文明办，向县文明办上报申请创建县级文明城市、文明村镇、文明单位、文明校园名单，根据本管理办法和相关要求，县文明办择优遴选，对创建情况进行跟踪考核。

第十三条 县级文明村镇、文明单位、文明校园、文明家庭名额根据全县文明村镇、文明单位、文明校园、文明家庭的数量及所辖村镇、单位、学校、家庭数量，按照比例分配。

第十四条 县级文明村镇、文明单位、文明校园、文明家庭的评选按照自愿申报、逐级推荐、审核评定的程序进行。

1. 自愿申报。具备申报资格的村镇、单位、学校、家庭，根据相应创建测评体系对自身创建工作进行自查，符合创建标准的，按规定程序自愿向本级文明办提出申请。

2. 逐级推荐。县文明委按照县级文明村镇、文明单位、文明校园、文明家庭的评选标准，对符合申报资格的创建主体进行审核和测评验收。按照择优推荐的原则，将拟推荐名单征求相关部门和社会各界意见，以适当方式进行公示后，逐级向上一级文明委推荐。

3. 审核评定。县文明办依据相应测评体系对各乡镇（街道办）、各有关部门（单位）推荐的村镇、单位、校园、家庭组织开展审核验收，提出评选表彰候选名单，以适当方式征求相关部门意见，经县文明委审议后进行公示。综合公示和核查情况，提出建议名单，报县文明委审定后予以表彰，颁发牌匾或证书。

第四章 管理和奖惩措施

第十五条 按照谁推荐谁负责的原则，各级文明办负责对县级文明村镇、文明单位、文明校园、文明家庭进行日常管理考核。县文明办在创建周期第三年，对获得和保持县级文明村镇、文明单位、文明校园、文明家庭荣誉称号的村镇、单位、学校、家庭，进行综合复查考核。

第十六条 各乡镇（街道办）、各部门（单位）对获得文明村镇、文明单位、文明校园、文明家庭荣誉称号的单位干部职工和家庭，以精神奖励为主，并给予一定物质奖励。县文明办对首次获得县文明村镇荣誉称号的乡镇、村分别给予2万元、1万元经费补贴，用于开展创建活动。

第十七条 干部职工个人在本年度受到严重党纪政务处分的，其本人不得享受本年度文明奖励。

第十八条 县级文明村镇、文明单位、文明校园、文明家庭在年底需对创建工作进行自查，并由乡镇（街道办）、各部门（单位）将创建有关情况及负面清单情况汇总上报县文明办。县文明办组织随机抽查和集中复查，对存在创建工作开展不积极、领导重视程度不高、上级党组织巡视巡察中发现问题较多被通报批评等问题的创建主体，将施以适当惩戒。

县级文明村镇、文明单位、文明校园、文明家庭：

1. 通报批评。对创建明显滑坡或抽查检查中问题突出的文明村镇、文明单位、文明校园、文明家庭，县文明办予以通报批评，并责令限期整改三个月。

2. 限期整改一年。届期内被两次通报批评、存在违纪违法情形尚不构成取消荣誉称号或届满复检考核测评成绩低于80分的，限期整改一年。

3.取消荣誉称号。对触发负面清单所列情形的文明村镇、文明单位、文明校园、文明家庭,取消荣誉称号。对整改一年期间,再次发生严重问题或创建工作无明显起色的,取消荣誉称号。对到届不再申报继续确认的,撤销荣誉称号,两个届期内不再接受申报。

4.重新申报。凡被取消县级文明村镇、文明单位、文明校园荣誉称号的(到届自动放弃申报确认的除外),经过两年以上的整改,可重新向县文明办提出申报。被取消文明家庭荣誉称号的,不得参加今后的申报评选。

第十九条 在自查工作中隐瞒事实、弄虚作假、骗取荣誉的,一经发现,县文明办将对其通报批评,并撤销荣誉称号,收回有关奖励,两年内(含两年)不得再次申报。

第二十条 各级创建主体中,因机构改革、单位撤并等原因而变更单位隶属关系或更名的,应及时向命名机关报告备案。创建主体变更名称的,荣誉称号继续保留;创建主体撤销的,荣誉称号自行终止;创建主体合并、分拆的,视情况取消或保留荣誉称号。

第二十一条 县级精神文明创建评选表彰执行负面清单审查制度,根据不同情况确定参评资格或取消荣誉称号。

(一)县级文明村镇发生下列情况之一的,撤销其荣誉称号;申报村镇一年内发生下列情况之一的,不得参加县级文明村镇评选:

1.乡镇党政领导班子、村两委主要负责人严违纪违法;

2.发生重大刑事案件;

3.发生重大安全生产、食品安全、环境污染事故、文物盗掘损毁事故;

4.发生重大群体性事件;

5.被列为严重失信主体或被列入失信联合惩戒对象;

6.违反国家退耕还林、退耕还草、退耕还湿政策以及发生破坏森林资源重大案件;

7.发生影响恶劣的“黄赌毒”案件,邪教、非法宗教活动或与精神文明建设要求极不相符的其他事件;

8.发生其他命名机关认为应撤销荣誉称号的。

(二)县级文明单位发生下列情况之一的,撤销其荣誉称号;申报单位一年内发生下列情况之一的,不得参加县级文明单位评选:

1.领导班子成员严重违纪、违法犯罪被查处,受到撤销党内职务(含)以上处分或政务(纪)撤职(含)以上处分,或被追究刑事责任;

2.单位或单位法人被列为失信联合惩戒对象或被列入严重失信违法“黑名单”;

3.单位人员违法犯罪被追究刑事责任[注:员工不超过100人的单位,有1人(含)以上被追究刑事责任;员工不超过500人的单位,有3人(含)以上被追究刑事责任;员工超过500人的单位,有5‰(含)以上的员工被追究刑事责任];

4.落实意识形态责任制不力造成严重后果;

5.发生重大安全生产责任事故、重大农产品食品药品安全事故、重大环境污染事故;

6.发生负面影响较大的群体性事件、舆论事件或严重道德失范、造成社会恶劣影响的其他恶性事件或案件;

7.发生社会影响恶劣的黄、赌、毒、黑、恶案件或邪教、非法宗教活动;

8.在本地或本级绩效考核中确定为较差等次；

9.创建工作滑坡严重，失去示范引领作用；

10.创建工作中发生形式主义、弄虚作假、扰民行为等造成社会恶劣影响问题。

（三）县级文明校园发生下列情况之一的，撤销其荣誉称号；县级文明校园先进学校在申报县级文明校园前一年内发生下列情况之一的，不得参加县级文明校园评选：

1.领导班子成员出现严重违纪、违法行为，受到撤销党内职务或政务（纪）撤职（含）以上处分；

2.党的建设和意识形态工作出现严重问题；

3.发生影响社会稳定的重大事件；

4.发生重大校园安全责任事故、重大消防责任事故、重大不诚信事件、重大卫生防疫事件、重大舆情、重大环境安全事件等；

5.发生造成重大社会影响的师生员工违法犯罪案件；

6.发生严重违规办学（办班）、违规招生和违规收费问题；

7.教师中发生严重违反师德行为，或学生中发生欺凌、暴力行为，以及师生存有吸毒现象，造成恶劣社会影响。

（四）县级文明家庭发生下列情况之一的，撤销其荣誉称号，并不得参加今后的评选；申报家庭发生下列情况之一的，不得参加县级文明家庭评选：

1.家庭成员违法违纪；

2.家庭成员非法参与重大群体性上访事件；

3.家庭成员参与“黄、赌、毒”、封建迷信、非法宗教及邪教等活动；

4.家庭成员放弃中华人民共和国国籍；

5.发生家庭暴力等行为；

6.违反国家计划生育政策；

7.对未成年子女监护主体责任落实不力；

8.家庭成员利用荣誉称号进行炒作或商业牟利；

9.家庭成员在文明、诚信等方面有不良记录；

10.家庭成员有违反社会公德、职业道德、家庭美德、个人品德等其他不宜保留荣誉称号的情形。

第五章　附　则

第二十二条　本办法由海原县文明办负责解释，所作解释与本办法具有同等效力。

第二十三条　本办法自印发之日起施行。

第二十四条　县级文明行业作为文明单位创建中激励工作的评选，不单独列入精神文明创建项目，评选复检工作每届期随自治区级文明村镇、文明单位、文明校园等一并进行复查评选。

第二十五条　各乡镇（街道办）、各部门（单位）、有关企业文明委（文明办）可根据本办法制定具体管理细则。

统计公报

海原县2021年国民经济和社会发展统计公报

海原县统计局

（2022年5月12日）

2021年，面对复杂严峻的发展环境和国内疫情散发、多发等多重挑战，在县委和政府的坚强领导下，全县上下深入学习贯彻习近平总书记视察宁夏重要讲话精神，坚决贯彻落实党中央、国务院及区、市、县党委各项决策部署，扎实做好"六稳"工作，全面落实"六保"任务，全县经济持续恢复发展，农业经济稳定增长，工业经济快速发展，投资增长持续发力，消费市场持续恢复，财政金融保持稳定，城乡居民收入平稳增长，全县高质量发展稳步推进，实现了"十四五"良好开局。

一、综合

初步核算，全年全县实现地区生产总值88.97亿元，按不变价格计算，同比增长8.0%。其中，第一产业增加值15.51亿元，同比增长3.8%；第二产业增加值19.80亿元，同比增长15.9%；第三产业增加值53.66亿元，同比增长7.0%。从三次产业看，全年三次产

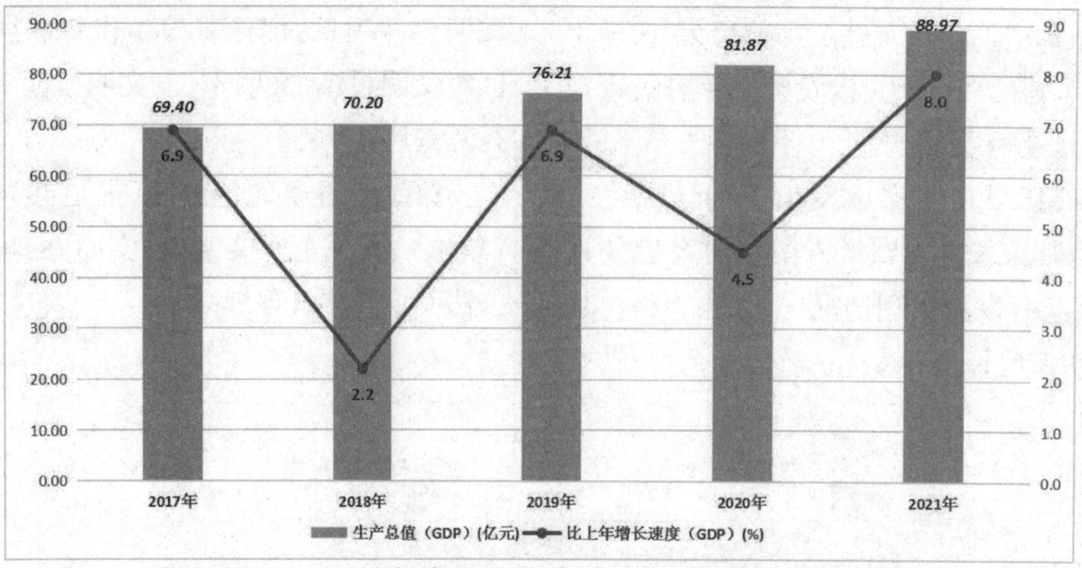

图1　2017—2021年海原县生产总值及其增长速度示意图

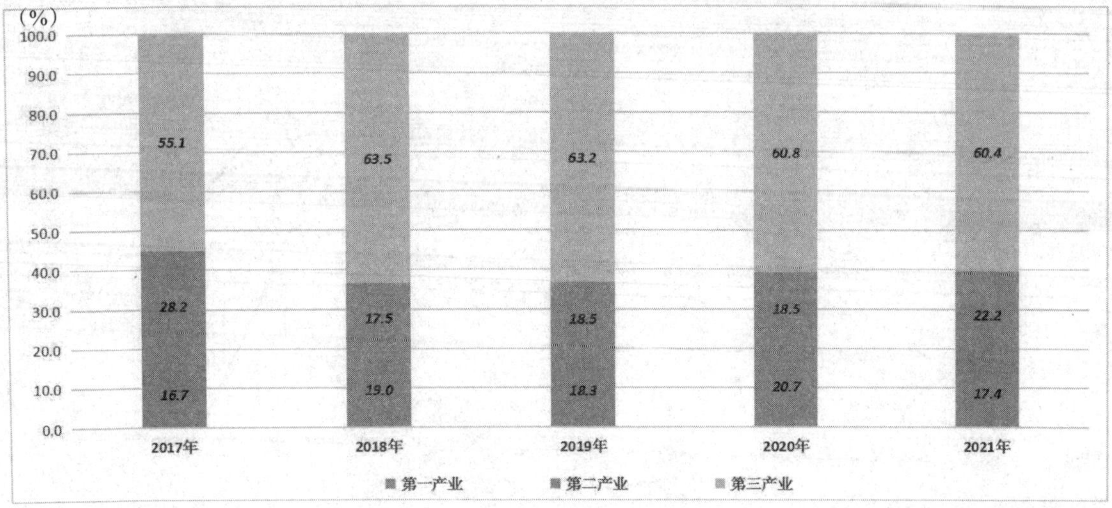

图2 2017—2021年海原县三次产业增加值占地区生产总值比重示意图

业增加值占GDP的比重分别为17.4%、22.2%和60.4%。

年末全县户籍人口131586户454662人。其中，城镇人口90209人，乡村人口364453人，城镇人口比重为19.84%。男女性别比为102.3（以女性为100），全年全县人口出生率12.64‰，人口死亡率4.45‰，人口自然增长率8.19‰。

年末全县常住人口10.7万户33.7万人，年平均人口33.5万人。其中，城镇人口12.0万人，乡村人口21.7万人，城镇人口的比重（常住人口城镇化率）为35.61%。其中，回族25.82万人，占总人口的76.63%；汉族7.8万人，占总人口的23.16%；其他少数民族0.08万人，占总人口的0.21%。其中，男性17.2万人，女性16.5万人，平均家庭人口数3.14人/户。出生人口0.53万人，出生率15.82‰；死亡人口0.25万人，死亡率7.46‰；自然增长人口0.28万人，自然增长率8.36‰。

全年全县城镇新增就业1148人，同比增加251人。年末全县城镇登记失业率为3.89%，同比下降0.21个百分点。全县劳务输

表10 2021年海原县居民消费价格比上年涨跌幅度一览表

类 别	上年价格=100
一、居民消费价格总指数	101.6
食品烟酒	102.5
衣 着	95.9
居 住	101.7
生活用品及服务	100.0
交通和通信	104.3
教育文化和娱乐	100.0
医疗保健	101.4
其他用品和服务	98.6
二、商品零售价格总指数	102.4

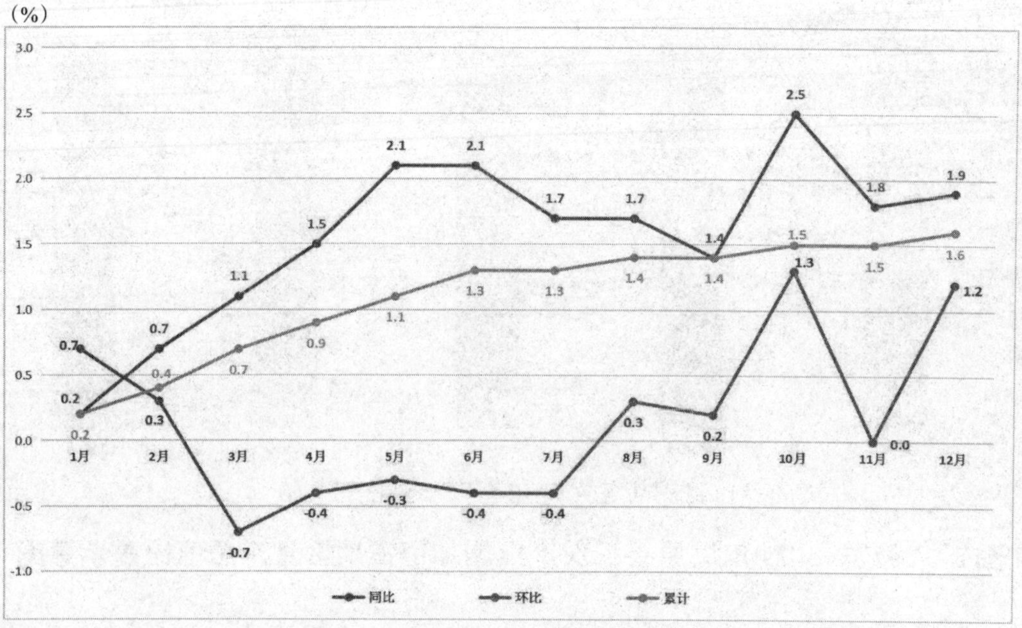

图3 2021年海原县居民消费价格月度涨跌幅度示意图

出10.08万人,同比增长1.95万人。

全年居民消费价格总水平(CPI)同比累计上涨1.6%。其中,食品烟酒、居住、交通和通信、医疗保健分别上升2.5%、1.7%、4.3%、1.4%;衣着、其他用品和服务分别下降4.1%、1.4%;生活用品及服务、教育文化和娱乐较上年基本持平。

二、农业

全年全县实现农林牧渔业总产值31.64亿元,同比增长3.7%。其中,农业产值18.19亿元,同比下降5.9%;林业产值0.59亿元,

同比增长382.2%;牧业产值11.80亿元,同比增长27.2%;农林牧渔服务业产值1.05亿元,同比增长4.2%。实现农林牧渔业增加值16.19亿元,同比增长3.8%。

全年全县粮食作物播种面积109.83万亩,同比增长0.1%,粮食总产量20.67万吨,同比下降11.1%。其中,小麦播种面积5.53万亩,同比下降37.4%,总产量0.68万吨,同比下降38.2%;玉米播种面积35.50万亩,同比增长10.9%,总产量11.47万吨,同比下降1.3%;其他谷物32.90万亩,同比增长0.3%,总产量2.10万吨,同比下降34.23%;豆类播种面积2.00万亩,同比下降35.5%,总产量0.15万吨,同比下降37.9%;薯类播种面积33.90万亩,同比增长2.7%,总产量6.27万吨(鲜薯31.36万吨),同比下降11.6%。全年全县油料播种面积8.02万亩,同比下降21.4%,总产量0.68万吨,同比下降43.4%。全年全县中草药材播种面积3.20万亩,同比下降55.1%,总产量0.51万吨,同比下降50.3%。全年全县瓜果类播种面积4.05万亩,同比下降26.3%,总产量7.80万吨,同比下降18.6%。全年全县蔬菜及食用菌播种面积8.82万亩,同比增长1.4%,总产量17.69万吨,同比下降6.5%。

年末全县生猪存栏2.3万头,同比下降15.8%,出栏3.2万头,同比增长70.5%。肉牛存栏12.7万头,同比增长33.0%,出栏5.7万头,同比增长6.6%。肉羊存栏48.8万只,同比增长0.5%,出栏45.7万只,同比增长7.9%。蛋

禽存栏21.5万只，同比下降15.1%，出栏25.8万只，同比增长25.2%，蛋产量2773吨，同比下降27.3%。

三、工业和建筑业

全年全部工业增加值11.89亿元，同比增长33.4%，占地区生产总值比重13.4%。其中，规模以上工业增加值同比增长45.3%。

全年全县规模以上工业企业利润6.38亿元，同比增长81.4%。分门类看，制造业利润0.01亿元，电力、热力、燃气及水生产和供应业利润6.37亿元。全年全县规模以上工业企业营业收入16.38亿元，同比增长74.7%，营业收入利润率为39.0%，同比增加1.4个百分点。

全年全县完成建筑业总产值2.31亿元，同比下降36.3%。全县二级资质等级及以上的建筑企业5家。建筑业房屋建筑施工面积8.42万平方米，其中房屋新开工面积1.85万平方米。房屋建筑竣工面积3.79万平方米，竣工价值0.63亿元。

四、固定资产投资

全年全县固定资产投资（不含农户）同比增长26.3%。其中，县属固定资产投资同比增长4.0%，区属投资同比增长106.6%。分投资主体看，国有投资同比下降24.1%，民间投资同比增长178.6%。

在县属固定资产投资（不含区属和农户）中，第一产业投资同比下降32.8%；第二产业投资同比下降14.2%；第三产业投资同比增长13.6%。基础设施投资同比下降11.0%。工业投资同比下降14.2%。新能源投资同比下降

表11　2021年海原县分行业县属项目固定资产投资（不含农户）增长速度一览表

行业	比上年增速（%）
总计	−8.3
农、林、牧、渔业	30
采矿业	—
制造业	−25.6
电力、热力、燃气及水的生产和供应业	−12.9
建筑业	—
批发和零售业	−100
交通运输、仓储和邮政业	−20.3
住宿和餐饮业	—
信息传输、软件和信息技术服务业	—
金融业	—
房地产业	168.5
租赁和商务服务业	—
科学研究和技术服务业	85.2
水利、环境和公共设施管理业	18.4
居民服务和其他服务业	−100
教育	42.4
卫生和社会工作	−33.7
文化、体育和娱乐业	−59.9
公共管理和社会组织	—

12.1%。生产性投资同比下降9.6%。

全年全县房地产开发企业完成投资11.6亿元,同比增长52.6%。其中,住宅投资8.18亿元,同比增长94.7%;商业营业用房完成投资2.4亿元,同比下降13.2%。年末全县住宅待售面积18.65万平方米。

五、服务业

全年全县服务业增加值53.66亿元,同比增长7.0%,占地区生产总值60.4%,对经济增长的贡献率达到53.5%。其中,农林牧渔服务业增加值0.68亿元,同比增长3.6%;批发和零售业增加值7.97亿元,同比增长16.4%;交通运输、仓储和邮政业增加值8.74亿元,同比增长13.2%;住宿和餐饮业增加值1.16亿元,同比增长16.4%;金融业增加值3.44亿元,同比下降0.1%;房地产增加值3.44亿元,同比增长6.5%;营利性服务业增加值5.31亿元,同比增长9.9%;非营利性服务业增加值22.90亿元,同比增长2.2%。

全年全县规模以上服务业企业营业收入0.74亿元,同比增长11.0%;限额以上批发零售企业完成销售额1.27亿元,同比下降9.3%;限额以上批发零售个体完成销售额0.31亿元,同比增长101.8%,限额以上住宿餐饮企业完成营业额0.23亿元,同比增长9.9%。

全年全社会消费品零售总额完成销售额29.62亿元,同比增长3.1%。分地域看:城镇地区实现社会消费品零售额16.55亿元,同比增长4.9%;乡村地区实现社会消费品零售额13.07亿元,同比增长0.8%。分行业看:批发业实现社会消费品零售额9.48亿元,同比增长6.1%;零售业实现社会消费品零售额17.09亿元,同比增长0.7%;住宿业实现社会消费品零售额0.16亿元,同比增长4.3%;餐饮业实现社会消费品零售额2.89亿元,同比增长8.1%。按登记注册类型看:国有经济实现社会消费品零售额0.29亿元,同比增长33.3%;集体经济实现社会消费品零售额0.02亿元,同比增长0.8%;私营经济实现社会消费品零售额2.13亿元,同比下降1.5%;个体经济实现社会消费品零售额21.69亿元,同比增长1.0%;股份制经济实现社会消费品零售额4.26亿元,同比增长17.3%,其中国有控股实现社会消费品零售额4.13亿元,同比增长

表12 2021年海原县房地产开发和销售主要指标及增长速度一览表

指标	单位	绝对值	比上年增长(%)
投资额	亿元	11.60	52.6
其中:住宅	亿元	8.18	94.7
房屋施工面积	万平方米	95.01	6.1
其中:住宅	万平方米	68.67	0.7
房屋新开工面积	万平方米	28.18	18.9
其中:住宅	万平方米	17.14	11.2
房屋竣工面积	万平方米	12.97	-27.0
其中:住宅	万平方米	6.73	-61.5
商品房销售面积	万平方米	22.96	58.8
其中:住宅	万平方米	21.13	52.7
本年到位资金	亿元	12.12	89.4

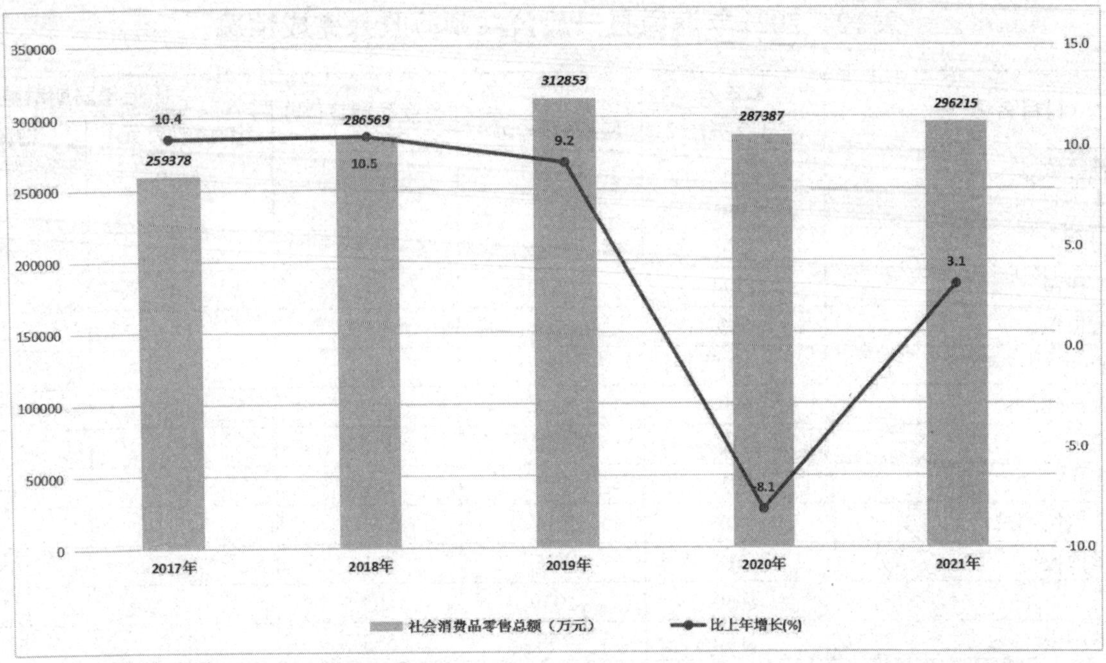

图4 2017—2021年海原县社会消费品零售总额及增长速度示意图

18.0%；其他各种经济实现社会消费品零售额1.23亿元，同比增长0.8%。按消费形态看：餐饮收入实现社会消费品零售额3.04亿元，同比增长7.9%；商品零售实现社会消费品零售额26.58亿元，同比增长2.5%。

六、交通和邮电

年末全县公路通车里程达3528.8公里，公路密度为55.33公里/百平方公里。按行政等级分国道265.7公里，省道480.0公里，乡道605.3公里，村道2073.8公里，专用公路104.0公里；按技术等级分高速公路181.0公里，一级公路15.3公里，二级公路284.9公里，三级公路472.1公里，四级公路2575.5公里。

目前全县客运企业7家，客运车辆共625辆，营运线路111条。其中，跨省班线客车2辆，营运线路2条；跨市班线车辆45辆，营运线路21条；跨县班线车辆13辆，营运线路7条；县内农村客运车辆146辆，营运线路65条，其中农村班线车辆101辆，农村公交45辆；城市公交62辆，营运线路16条；出租车辆357辆。普通货物运输企业82家，其中规模以上货运企业9家(50辆车以上)，全县在册货运车8914辆，其中不含挂6007辆。

全年全县邮政支所18处，邮政行业业务收入3142万元，同比增长17.7%，邮政业务总量2629万元，同比增长28.9%。快递业务总量77.86万件，同比增长39.8%；国内普通包裹0.63万件，同比下降25.0%；函件0.45万件，同比增长45.2%；报刊累计229.71万份，同比下降12.6%；杂志累计7.11万份，同比下降23.9%。

七、财政金融

全年全县地方一般公共预算收入2.38亿元，同比增长11.0%。其中：税收收入1.37亿元，同比增长16.5%；非税收入1.01亿元，同比增长4.4%。全县一般公共预算支出61.81亿元，同比下降2.4%。八项支出中：一般公共服务支出3.08亿元，同比下降3.5%；公共安全支

表12 2021年海原县一般公共预算收入完成情况

科目名称	本年数（万元）	上年同期数（万元）	为变动预算（%）	比上年同期增减	
				增减额（万元）	增减（%）
一般公共预算收入	23800	21434	106.3	2366	11.0
税收收入	13662	11727	108.4	1935	16.5
增值税	4201	3885	102.5	316	8.1
企业所得税	1394	1539	87.1	-145	-9.4
个人所得税	560	549	93.3	11	2.0
资源税	0	0		0	0
城市维护建设税	699	626	107.5	73	11.7
房产税	315	163	175.0	152	93.3
印花税	371	313	109.1	58	18.5
城镇土地使用税	176	134	125.7	42	31.3
土地增值税	1118	675	153.2	443	65.6
车船税	1160	1039	104.5	121	11.6
耕地占用税	2180	359	573.7	1821	507.2
契税	1383	2443	49.9	-1060	-43.4
环境保护税	105	2		103	5150.0
其他税收收入	0	0		0	0
非税收入	10138	9707	103.4	431	4.4
专项收入	2175	3079	60.4	-904	-29.4
行政事业性收费收入	1787	876	188.1	911	104.0
罚没收入	1557	1521	94.4	36	2.4
国有资源（资产）有偿使用收入	982	1348	61.4	-366	-27.2
捐赠收入	1634	1077		557	51.7
政府住房基金收入	2003	1585	100.2	418	26.4
其他收入	0	221		-221	-100.0
政府性基金预算收入	9865	35207	164.4	-25342	-72.0

出1.39亿元，同比下降4.8%；教育支出10.47亿元，同比下降4.5%；科学技术支出0.07亿元，同比下降64.7%；社会保障和就业支出10.93亿元，同比增长33.5%；卫生健康支出3.72亿元，同比下降40.8%；节能环保支出1.68亿元，同比增长31.8%；城乡社区支出3.22亿元，同比增长6.2%。

全年全县金融机构各项存款余额92.01亿元，同比增长4.7%。其中，住户存款52.78亿元，同比增长15.11%；非金融企业存款5.74亿元，同比增长5.14%；机关团体存款33.49亿元，同比下降8.45%。全年全县金融机构各项贷款余额69.07亿元，同比增长14.79%。其中，住户贷款56.07亿元，同比增长36.28%；非金融企业及机关团体贷款13.00亿元，同比下降31.69%。

八、人民生活和社会保障

全年全县常住居民人均可支配收入14371元，同比增长9.1%。

城镇常住居民人均可支配收入29478元，同比增长7.2%。其中：工资性收入25478元，同比增长6.7%，占可支配收入比重为86.4%；

表13　2021年海原县一般公共预算支出完成情况表

科目名称	本年数（万元）	上年同期数（万元）	为变动预算（%）	比上年同期增减	
				增减额（万元）	增减（%）
一般公共预算支出	618096	633471	92.5	−15375	-2.4
一般公共服务支出	30752	31874	99.4	−1122	-3.5
公共安全支出	13938	14646	97.4	−708	-4.8
教育支出	104677	109629	94.0	−4952	-4.5
科学技术支出	692	1959	84.4	−1267	-64.7
文化旅游体育与传媒支出	5993	9814	78.9	−3821	-38.9
社会保障和就业支出	109328	81922	98.7	27406	33.5
卫生健康支出	37244	62953	96.3	−25709	-40.8
节能环保支出	16753	12710	97.3	4043	31.8
城乡社区支出	32154	30265	65.1	1889	6.2
农林水支出	169433	171370	96.6	−1937	-1.1
交通运输支出	10538	10187	94.1	351	3.4
资源勘探工业信息等支出	2679	2425	93.3	254	10.5
商业服务业等支出	305	1652	90.0	−1347	-81.5
自然资源海洋气象等支出	3439	5256	98.0	−1817	-34.6
住房保障支出	68836	73277	97.6	−4441	-6.1
粮油物资储备支出	37	172	19.8	−135	-78.5
灾害防治及应急管理支出	3048	3855	84.4	−807	-20.9
其他支出	225	2074	2.0	−1849	-89.2
债务付息支出	8025	7431	100.0	594	8.0
政府性基金预算本级支出	7187	56947	57.2	−49760	-87.4

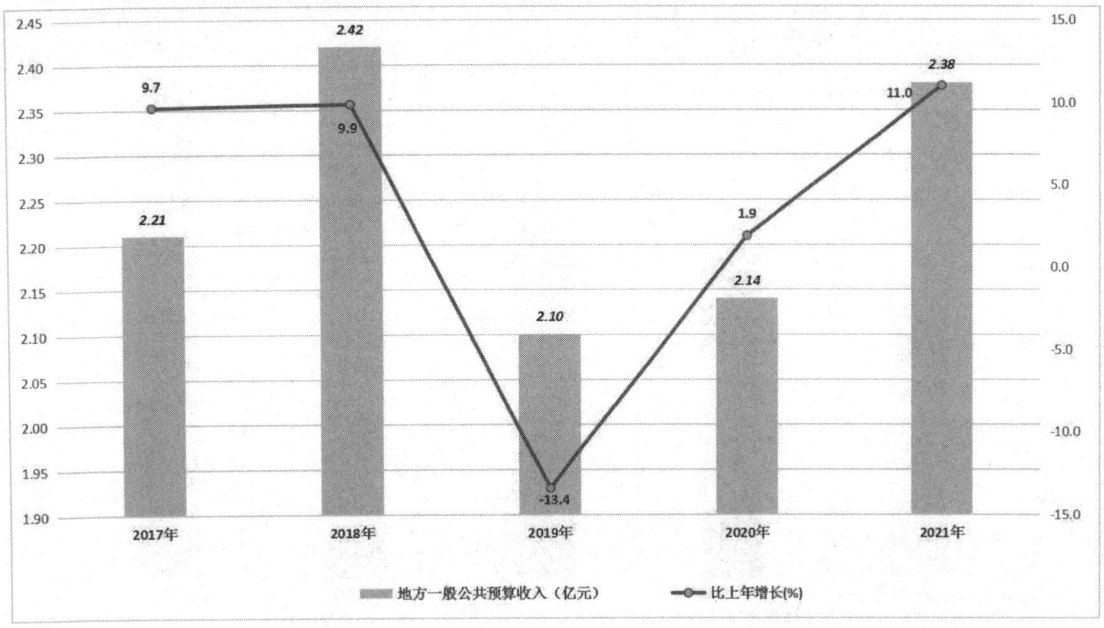

图5　2017—2021年海原县地方一般公共预算收入及增长速度示意图

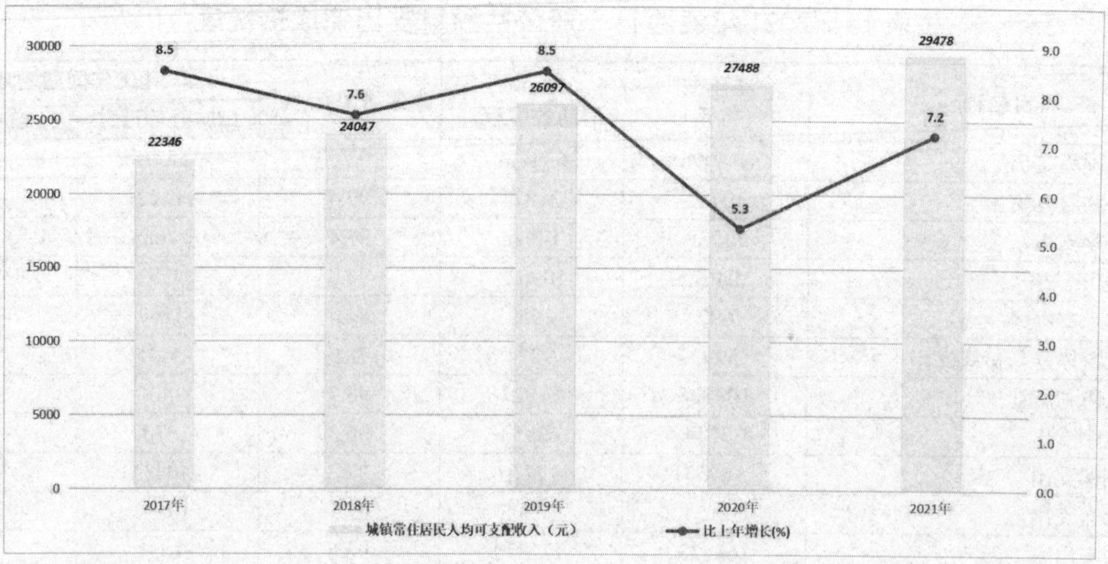

图6 2017—2021年海原县城镇居民人均可支配收入及增长速度示意图

经营净收入1704元，同比增长14.7%，占可支配收入比重为5.8%；财产净收入518元，同比增长12.3%，占可支配收入比重为1.8%；转移净收入1778元，同比增长7.5%，占可支配收入比重为6.0%。全年城镇居民人均消费支出17239元，同比增长13.1%。

农村常住居民人均可支配收入11742元，同比增长10.3%。其中：工资性收入5479元，同比增长12.9%，占可支配收入比重为46.7%；经营净收入4031元，同比增长7.3%，占可支配收入比重为34.3%；转移净收入2124元，同比增长9.9%，占可支配收入比重为18.1%；财产净收入108元，同比增长11.6%，占可支配收入比重为0.9%。全年农村居民人均生活消费支出10765元，同比增长16.6%。

年末全县基本养老保险参保人数28.57

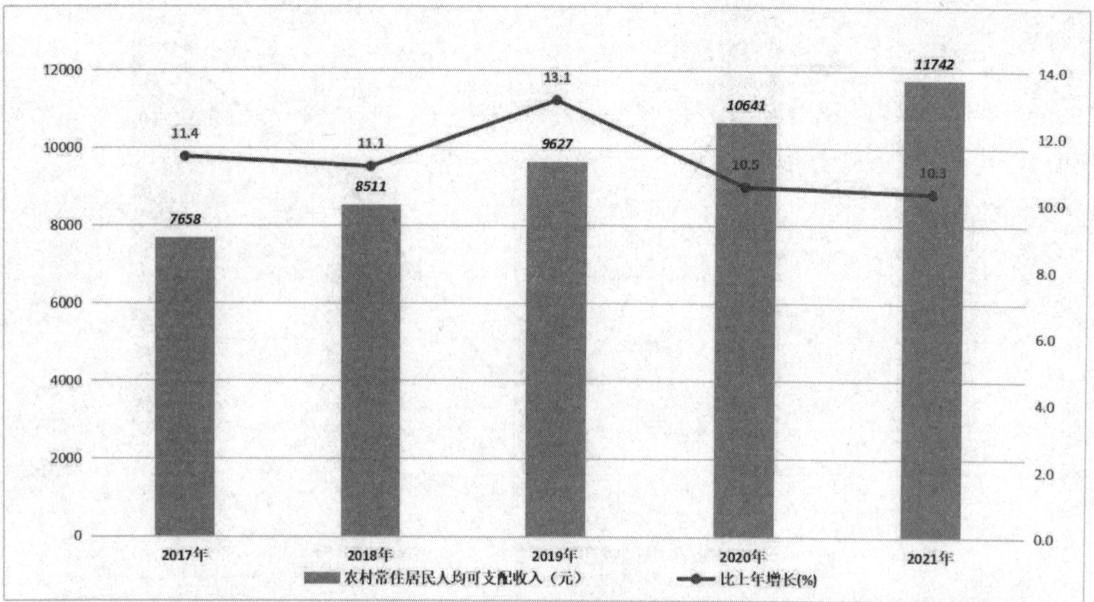

图7 2017—2021年海原县农村居民人均可支配收入及增长速度示意图

万人。其中，城镇企业职工参保人数2.18万人，参保率100%；机关事业单位参保人数1.28万人，参保率100 %；城乡居民养老保险参保人数25.11万人，参保率100 %。失业保险参保人数0.99万人，参保率100%。工伤保险参保人数2.33万人，参保单位422个，参保项目122个，参保率135.0%。

参加基本医疗保险人数39.12万人，同比下降0.8%。其中，参加职工医疗保险人数1.99万人，同比增长7.6%；参加城乡居民统筹医疗保险人数37.13万人，同比下降1.2%。参加失业保险人数0.99万人，同比增长2.1%。

九、文教卫生

2020—2021学年，全县共有学校276所。其中，小学193所（县城小学10所，乡镇中心小学13所，村级小学77所，教学点93所）；中学19所（高级中学2所，完全中学1所，初级中学11所，九年一贯制学校5所）；职业技术学校1所；特殊教育学校1所；幼儿园62所（其中普惠性民办幼儿园2所）。

全县共有教学班2340个。其中，学前429个（幼儿园258个），小学1240个，初中402个，普通高中189个，职业高中74个，特教学校6个。

全县现有教职工4738人（在编教师4628人、特岗教师110人）。其中，女教职工2562人，专任教师4728人。按学校类别分：幼儿园教职工91人，小学教职工2355人，初中教职工1267人，高中学校教职工742人，特殊教育学校教职工13人，职业中学教职工159人，局机关等职工111人。

全县共有在校学生86144人。其中，女生42209人，占49.0%；少数民族75154人，占87.2%。学前幼儿13125人（女生6364人，少数民族10983人）。小学阶段39859人（女生19165人，少数民族35412人）。初中阶段19378人（女生9452人，少数民族17110人）。普通高中10232人（女生5564人、少数民族8668人）。中等职业3492人（女生1639人，少数民族2934人）。特殊教育学校58人（女生25人，少数民族47人）。

全县共有寄宿制学校30所（小学10所，一贯制学校5所，初级中学11所，高级中学2所，完全中学1所，职业技术学校1所）。共有住校生29116人（小学2447人，初中14859人，高中8318人，职中3492人）。

全县共有4~6周岁幼儿15174人。其中，在园幼儿13125人，学前三年毛入园率86.50%。共有7~12周岁适龄儿童49713人。其中，缓免入学11人，应入学49702人，实际入学49702人，入学率100%。共有13~15周岁初中适龄人口22651人。其中，缓免入学11人，应入学22640人，实际入学22405人，入学率98.96%。共有15~17周岁高中适龄人口22009人。其中，在高中阶段学校就读20718人，高中阶段毛入学率为94.13%。

年末全县共有各级各类卫生健康机构217家（不含宁南医院）。其中，综合医院1家，中医医院1家，乡镇卫生院17家，社区卫生服务站6家，民营医院1家，标准化村卫生室157家，诊所（卫生所、医务室）30家，专业公共卫生机构3家，卫生行政部门1家。实有床位数1253张。卫生技术人员1490人（不含宁南医院）。全县在册执业（助理）医师总数635人。5岁以下儿童死亡率5.74‰。婴儿死亡率2.58‰。产妇住院分娩比例100%。

十、资源、环境和应急管理

全年全县总用水量11502.58万立方米，同比增长5.9%。其中，生活用水852.38万立方米，同比增长29.4%；农业用水10620.66万立方米，同比增长4.5%；生态用水29.54万立方米，同比下降30.4%。

全年全县完成造林面积8680公顷。其中，新造林面积4513公顷，退化林修复4167公顷。森林抚育面积1333公顷，四旁（零星）植树144.6万株，年末实有封山（沙）育林面积4399公顷。

全年全县平均气温为9.0℃，较常年偏高1.3℃。年总降水量为380.4毫米，较常年同期偏多21.4毫米。年平均日照时数为2393.1小时，较常年偏少309.5小时。全年全县累计优良天数为315天，有效监测天数356天，达标率88.5%，与上年同期相比，优良天数减少28天，达标率下降7.6个百分点。PM10浓度均值为93微克/立方米，较上年同期（59微克/立方米）上升57.6%；PM2.5浓度均值为29微克/立方米，较上年同期（26微克/立方米）上升11.5%。

全年全县发生道路交通类生产安全事故1起，死亡1人，亿元GDP生产安全事故死亡人数0.011人。事故起数、死亡人数均呈下降趋势。

注释：

1. 本公报中的年度数据均为初步统计数据。正式数据以《海原县2021年经济要情手册》为准。部分数据因四舍五入的原因，存在分项与合计不等的情况。

2. 地区生产总值、各产业增加值和人均地区生产总值绝对数按现价计算，增长速度按不变价格计算。

3. 物价和居民收入数据来源于国家统计局海原调查队，财政数据来源于县财政局，交通数据来源于县交通运输局，金融数据来源于中国人民银行中卫市中心支行，邮政数据来源于市邮政管理局，教育、卫生、就业、社会保障、环境和安全生产等数据来源于相关部门。

4. 本公报农业相关数据为2021年四季度快报数据，具体数据以2021年年报反馈数据为准。